왕국

The Kingdom

by Witness Lee

Originally Published by
Living Stream Ministry, Anaheim, California, U. S. A.

Printed in Korea.

왕국

위트니스 리

한국복음서원

차례

* 이 책에 인용된 성경 본문은 〈회복역 성경〉을 사용하였습니다. 이 책은 위트니스 리 전집 1972년 2권의 내용으로서, 일부 내용을 〈회복역 성경〉에 맞게 수정하여 출판하였습니다.

* 이 책에 인용된 찬송가는 특별한 언급이 없는 경우 한국복음서원 찬송가입니다. 영어 찬송가는 리빙 스트림 미니스트리(Living Stream Ministry)에서 출간한 것입니다.

서문

왕국은 성경에서 매우 핵심적인 위치를 차지하지만, 이것을 합당하게, 정확하게, 충분히 이해한 그리스도인들이 많지 않았다. 이 책에 실린 메시지들은 1972년 로스앤젤레스에서 열린 특별 집회에서 전한 것들인데, 주로 왕국의 생명 방면을 제시한다. 어떤 장들은 교리적이고 객관적인 방면을 다루기도 하지만, 주된 부담은 생명 방면에 있다. 이 메시지들이 주님의 자녀들에게 왕국에 대한 그들의 책임을 진지하게 고려하게 하고, 신성한 생명에 의해 왕국의 실재 안에서 오늘을 살기를 열망하게 하기를 바란다. 그럴 때 그들은 오는 시대에 왕국이 출현할 때, 주님과 함께 왕국의 누림 안으로 들어갈 것이다.

1980년 8월
미국 캘리포니아주, 애너하임
위트니스 리

1

신약에서의 왕국

The Kingdom
in the New Testament

제1장
신약에서의 왕국

성경: 마 3:1-2, 10:7, 16:19상, 4:17, 23, 24:14, 요 3:3, 5, 눅 4:43, 9:2상, 60, 행 1:3, 8:12상, 19:8, 20:25, 28:23하, 31, 롬 14:17, 골 1:13, 4:11하, 살전 2:12, 살후 1:5하, 딤후 4:18상, 히 12:28상, 약 2:5, 벧후 1:3-4, 11, 계 1:9상, 12:10상, 11:15

창세기 1장에 따르면, 하나님은 그분의 형상대로 사람을 창조하셨고, 또한 모든 피조물을 다스리도록 그분의 권위를 사람에게 주셨다. 하나님의 창조에서 두 가지가 사람에게 매우 중요하다. 하나는 신성한 형상이고, 다른 하나는 신성한 권위이다. 사람은 하나님을 표현하기 위해 하나님의 형상대로 창조되었으며, 하나님을 대표하기 위해 하나님의 권위를 받았다. 우리에게는 하나님을 대표하고 그분의 원수를 정복하기 위해 하나님의 권위가 필요하다. 하나님은 사람이 땅을 정복하기를 갈망하시는데, 특히 그분의 원수인 사탄을 정복하기를 갈망하신다.

하나님을 표현하기 위한 하나님의 완전한 형상을 가지려면, 또 하나님의 원수를 정복하는 데 있어서 하나님을 대표하기 위한 그분의 완전한 권위를 실현하려면, 우리에게는 우리의 생명이 되시는 하나님이 있어야 한다. 그러므로 창세기의 처음 두 장에는 형상과 권위가 있을 뿐 아니라 또한 생명나무로 상징된 생명도 있다. 우리는 두 가지 이유에서 하나님의 신성한 생명을 받아들여야 한다. 곧 긍정적인 면에서는 우리가 하나님을 표현할 수 있기 위해서이고, 부정적인 면에서는 우리가 하나님을 대표하여 그분의 원수를 정복할 수 있기 위해서이다. 성경 전체에 걸쳐서 왕국과 관련된 권위의 노선이 있다.

하나님께서 사람 안에 생명으로 들어오셔서 그분의 목적을 수행하시기 전에, 간교한 뱀이 사람을 타락하게 만들었다. 타락으로 말미암아 아담 족속이 하나님의 기대에 부응하지 못했으므로, 그분은 또 다른 족속인 노아 족속을 선택하셨다. 그 족속도 역시 실패하여 하나님의 기대에 어긋났으므로, 하나님은 세 번째 족속인 아브라함 족속을 선택하셨다. 창세기 12장 1절부터 3절까지에 의하면, 하나님은 왕국을 가지시려는 의도로 아브라함을 선택하셨다. 하나님은 아브라함을 큰 민족이 되게 하겠다고 약속하셨다. 이것은 하나님께서 그를 왕국으로 만드시겠다는 뜻이다.

하나님의 왕국이란 무엇인가? 그것은 바로 하나님의 다스림 또는 통치를 의미한다. 하나님은 반드시 그분의 목적을 성취하시기 위해 그분의 권위를 행사할 왕국을 가지셔야 한다. 바로 이 때문에 마태복음 6장에서, 주 예수님은 그분의 기도의 바로 시작 부분과 끝부분에서 왕국에 관한 것을 기도하셨던 것이다. 기도의 시작에서 그분은 "왕국이 오게 하시며"라고 하셨고, 기도의 끝에서는 "왕국…이 … 아버지의 것입니다."라고 하셨다. 하나님의 목적은 왕국에 의해 매우 많이 좌우된다. 그래서 주님께서 왕국에 관해 기도하신 것이다. 만일 하나님께서 그분의 권위를 행사하실 수 있는 곳인 왕국이 그분께 없다면, 그분은 대단히 많은 제한을 받으신다. 그러므로 하나님은 아브라함과 그의 후손들을 선택하시어 한 민족, 한 왕국이 되게 하셨다. 이스라엘 민족은 바로 이렇게 해서 존재하게 되었다. 주님은 이스라엘 민족을 이집트에서 이끌어 내신 후, 그들에게 "너희는 나에게 제사장의 왕국이 되고 거룩한 민족이 될 것이다."(출 19:6)라고 말씀하셨다.

신약에서 침례자 요한이 와서 전파했을 때, 그가 처음 한 말은 "회개하십시오. 천국*이 가까이 왔습니다."(마 3:2)였다. 주 예수님도 전파하러 나오셨을 때 동일한 말씀을 하셨다. "회개하십시오. 천국이 가까이 왔습니다."(마 4:17) 주 예수님께서 누가복음 9장에서 열두 제자를 보내시고, 10장에서 칠십 명의 제자를 보내셨을 때, 그분은 그들에게 왕국에 관해 전파하라고 하셨다. 결국 성경의 마지막 책인 요한계시록에서 우리는 "세상의 왕국이 우리 주님과 그분의 그리스도의 왕국이 되었으니, 그분께서 영원무궁히 왕으로서 다스리실 것입니다."(11:15)라는 말씀을 듣는다. 주님은 그분의 모든 이기는 성도들과 함께 왕으로서 다스리실 것이다. 이같이 우리는 성경 끝에서, 하나님께서 결국 그분의 영원한 목적을 성취하시는 데 있어서 그분의 권위를 최대한으로 행사하실 수 있는 곳인 그분의 왕국을 가지신 것을 볼 수 있다. 여러분은 성경에 그런 노선이 있다는 것을 깨달은 적이 있는가? 하나님께서 그분의 영원한 목적을 성취하시기 위해 그분의 권위를 행사하실 수 있는 것은 오직 왕국을 통해서이다. 마태복음부터 요한계시록에 이르기까지 신약의 거의 모든 책에서 왕국이 다루어진다. 왕국은 성경에서 이처럼 중대한 문제이다. 부활하신 후에 주 예수님은 사십 일 동안 왕국에 관해 사도들과 말씀을 나누셨다(행 1:3). 사도 바울은 에베소에 있는 회당에서 석 달 동안 하나님의 왕국에 관하여 변론하고 설득하면서 보냈다(행 19:8).

비록 왕국이 신약 전체에 걸쳐 다루어지고 있기는 하지만, 대부분의 그리스도인들은 그것을 충분히 보지 못했다. 한 세기 한 세기 거듭해서 지나갔지만, 교회들은 왕국을 합당하게 보지 못했다. 이 왕국의 문제를

* 천국은 하늘들의 왕국(the kingdom of the heavens)을 뜻함. 이 책 전반에 걸쳐 특별한 설명이 없다면 '왕국'으로 통칭하기도 함—역자 주

다룬 대부분의 책들은 왕국이란 그저 하나의 시대이거나, 하나님께서 그 안에서 다스리시는 영역 또는 범위라고 말한다. 그러나 만일 우리가 왕국을 단지 하나의 시대나 영역으로만 간주한다면, 우리의 깨달음에는 큰 부족이 있는 것이다. 왕국은 이보다 더 위대하고 더 높고 더 깊다.

우리가 왕국의 문제를 볼 필요가 있는 것은 그것이 속생명과 관련될 뿐 아니라 또한 교회생활과도 많이 관련되기 때문이다. 만일 합당한 교회생활을 실현하고 체험하고자 한다면, 우리는 반드시 왕국에 관한 것을 보아야 한다. 또한 속생명을 실지적으로 체험하고자 한다면, 우리는 반드시 왕국에 관한 것을 알아야 한다.

"왕국을 위해 회개하십시오."

신약의 전파에 있어서 첫 번째로 전파된 항목은 왕국이었다. 신약에서 첫 번째 전파자는 침례자 요한이었는데, 그의 입에서 나온 첫마디는 "회개하십시오. 천국이 …"(마 3:2)였다. 그것은 단지 죄가 있거나 지옥에 가거나 평안과 기쁨을 얻는 문제가 아니다. 그것은 단지 우리가 구원을 얻기 위해 회개하는 문제도 아니다. 우리는 반드시 왕국을 위해 회개해야 한다.

'회개'라는 단어는 여러분의 생각을 바꾸고 사고방식을 바꾸는 것을 의미한다. 그것은 여러분의 추론 방식을 바꾸고, 여러분의 관념과 개념과 철학과 심지어 신학을 바꾼다는 뜻이다. 우리 모두는 회개할 필요가 있다. 여러분의 낡은 관념에서 돌이켜 회개하라. 철학과 조직 신학에서 돌이켜 회개하라. 낡은 성경 지식에서, 낡은 성경 주해와 해석에서 돌이켜 회개하라. 우리는 자신의 관점을 바꾸어야 한다.

왜 왕국을 위해 회개해야 하는가? 왜냐하면 붙들고 있는 관념들이 무엇인지와 관계없이, 우리는 왕국을 위하지 않기 때문이다. 아마 여러분은 교육이나 종교를 위하고 있을지 모른다. 여러분은 기독교나 소위 교회들을 위하고 있을지도 모른다. 여러분은 복음 전파나 혹은 선교 현장을 위하고 있을지도 모른다. 여러분은 선한 일을 위하고 있을지도 모른다. 여러분은 영적 은사에 열심을 내거나 하나님의 능력을 추구하고 있을지도 모른다. 나는 여러분이 무엇을 위하고 있는지 모르지만, 여러분이 왕국을 위하고 있지 않을까 봐 염려된다. 여러분은 반드시 회개해야 한다. 여러분의 존재에서 돌이켜 회개하라. 여러분이 있는 곳에서 돌이켜 회개하라. 현재 여러분이 하고 있는 것과 생각하고 있는 것에서 돌이켜 회개하라. 여러분의 모든 관념에서 돌이켜 회개하라. 나는 여러분의 관념이 좋은지 나쁜지에 관심이 없으며 하나님도 그러하시다. 그것은 아무것도 아니다. 여러분이 왕국을 위하고 있지 않는 한, 그것은 아무런 차이가 없다. 우리 모두는 반드시 왕국을 위해 회개해야 한다. 신약은 왕국을 위해 있다. 신약 시대가 올 때 왕국이 온다. 만일 여러분이 왕국 안에 있지 않다면, 왕국을 위해 살고 있지 않다면, 여러분은 회개할 필요가 있다.

예수님의 전파

침례자 요한은 "회개하십시오. 천국이 …"(마 3:2)라고 말함으로써 신약의 전파를 시작했다. 그런 뒤에 주 예수님께서 오셔서 침례자 요한의 전파를 반복하셨다(마 4:17). 오늘날 말씀 전파자들이 다른 사람의 전파를 반복하기를 꺼려 하는 것은 부끄러운 일이다. 만일 한 사람이 "회개하십시오. 천국이 …"라고 전한다면, 다른 사람은 새로운 것을 전파하려고 한다. 그들은 다른 사람들이 전파한 것을 따라 하기를 꺼려 한다. 그러나 주 예수님은 뒤따르는 분이 되셨다. 그분은 침례자 요한을 뒤따르셨다. 왕국을 위한 회개를 처음으로 전한 사람은 주 예수님이 아니었다. 주님은 두 번째이셨다. 주 예수님께서 침례자 요한의 전파를 반복하시고 이어 가셨다는 것은 놀랍다. 확실히 이것은 왕국의 중요성을 보여 준다. 만일 왕국을 전파하는 것이 그렇게 중요하지 않았다면, 주 예수님께서 그것을 반복하지 않으셨을 것이다. 그분께서 침례자 요한의 전파를 되풀이하셨기 때문에, 우리는 왕국을 전파하는 것이 매우 중요하다는 강한 증거를 갖는다.

제자들의 전파

주 예수님은 얼마간의 제자들을 부르셨는데, 열두 명만이 아니라 최소한 칠십 명의 제자들을 부르셨다. 그분은 그들을 보내시며 분부하시기를, "천국이 가까이 왔습니다."(마 10:7, 눅 10:1, 9)라고 말하면서 왕국을 전파하라고 하셨다. 주님 자신이 왕국 복음의 전파를 반복하시고 이어 가셨을 뿐 아니라, 제자들에게도 그것을 반복하라고 분부하셨다.

누가복음에 따르면, 한 사람이 와서 이렇게 말하였다. "내가 먼저 가서 아버지를 장사하도록 허락하여 주십시오."(9:59) 그러자 주님은 "죽은 사람이 자기네의 죽은 사람을 장사하도록 하고, 그대는 가서 하나님의 왕국을 곳곳에 전파하십시오."(60절)라고 대답하셨다. 주님은 마치 이렇게 말씀하신 듯하다. "죽은 사람들이 죽은 일들을 하게 놔두십시오. 만일 그대가 살아 있고자 한다면, 반드시 나를 좇고 하나님의 왕국을 전파해야 합니다. 죽은 사람들이 죽은 사람들을 장사하도록 하십시오. 그러나 살아 있는 사람들은 반드시 왕국 복음을 전파해야 합니다." 침례자 요한은 왕국을 전파했고, 주 예수님도 왕국을 전파하셨으며, 또한 그분의 모든 제자도 왕국을 전파하라는 분부를 받았다. 심지어 누가복음에 언급된 그런 작은 제자조차도 왕국을 전파하라는 말씀을 들었다. 이것은 놀랍다!

왕국 복음

주 예수님께서 제자들을 떠날 준비를 하고 계셨을 때, 그분은 왕국 복음이 온 세상에, 모든 민족에게 전파될 것이라고 예언하셨다(마 24:14). 어떤 성경 교사들은 왕국이 시대적인 문제라고 가르쳤다. 그들은, 주님께서 왕국을 가지고 오셔서 그것을 유대인들에게 제시하셨는데, 그들이 그분을 배척하자 그분께서 왕국을 거두어들이시고 다른 시대까지 그것을 연기하셨다고 가르쳤다. 그들의 가르침에 따르면, 지금은 교회 시대이지 왕국 시대가 아니다. 왕국은 보류되었으므로 어느 날 다시 올 것이며, 주님께서 다시 오실 때 보류된 왕국을 가지고 오신다는 것이다. 이런 종류의 가르침은 하나님의 순수한 말씀에 따른 것이 아니다. 성경에 따르면, 하나님의 왕국은 결코 보류된 적이 없다. 마태복음 21장 43절에서 주 예수님은, 유대인들이 하나님의 왕국을 빼앗길 것이고, 다른 백성 곧 교회에게 왕국이 주어질 것이라고 말씀하셨다. 이것은 왕국이 결코 보류된 적이 없음을 가리킨다. 만일 왕국이 보류되었다면, 주님께서 부활하신 후에 제자들에게 사십 일 동안 왕국에 관해 말씀하실 필요가 없었을 것이다(행 1:3). 나는 젊었을 때 왕국이 보류되었다는 가르침을 받았는데, 나는 이 가르침을 대단한 것으로 생각했다. 왜냐하면 나는 성경에 관해 무언가를 배웠기 때문이다. 그러나 결국 나는 내가 부정확하게 배웠다는 것을 깨달았다.

마태복음 24장 14절은 은혜의 복음이나 구원의 복음이 아닌 '왕국 복음'을 말한다. 비록 여러분 가운데 많은 사람들이 마태복음을 여러 번 읽었을지라도, 결코 '왕국 복음'이란 용어를 주목해 본 적이 없었을 것이다. 그러나 주 예수님은 이 왕국 복음이 온 세상에 전파될 것이라고 말씀하셨다. 온 세상은 사람이 거주하는 온 땅을 의미한다. 왕국 복음은 온 세상에 전파되어 모든 민족에게 증거가 될 것이다. 왕국 복음은 유대인들에게만

이 아니라 모든 민족에게도 전파될 것이다. 헬라어에서 '민족'으로 번역된 단어는 다른 곳에서 '이방인'으로 번역된 단어와 동일하다. 할렐루야! 우리 가운데 대부분은 이방인들이다. 우리 모두는 왕국 복음을 들을 특권을 갖고 있다. 이 복음은 반드시 사람이 거주하는 온 땅 구석구석에 전파되어야만 한다. 우리가 교회의 회복을 가지고 가는 곳마다 왕국 복음이 전파될 수 있도록 주님은 이 문제를 우리에게 열어 주셨다.

복음으로서의 하나님의 왕국

누가복음 4장 43절에는 또 다른 용어, '하나님의 왕국의 복음'*이 있다. 이 절은 주 예수님과 그분의 제자들이 하나님의 왕국을 복음으로 전했다고 말한다. 여러분은 하나님의 왕국을 전파하는 것이 바로 복음을 전파하는 것임을 주목해 본 적이 있는가? 왕국은 신약의 복음이다. 신약의 복음은 바로 왕국이다.

어떤 이들은 신약이 생명의 복음과 은혜의 복음과 구원의 복음을 말한다고 주장할 것이다. 그러나 이 모든 것은 왕국의 여러 다른 방면들이다. 왕국이 중심이고 바퀴통이며, 다른 모든 항목은 바큇살들로 간주될 수 있다. 모든 바큇살은 바퀴통을 중심으로 삼는다. 생명의 복음이 왕국을 위한 것이고, 구원의 복음도 왕국을 위한 것이며, 죄들을 용서함의 복음도 왕국을 위한 것이다. 복음의 서로 다른 이 모든 방면이 왕국을 위한 것이다. 왕국이 참된 복음이다. 우리의 관념이 전환될 필요가 있다. 이전에 우리는, 복음은 복음이고 왕국은 다른 어떤 것이라고 생각했을지도 모른다. 우리는 자신에게 복음이 필요하다는 것은 깨달았지만, 왕국의 경우 아마 장래의 일로 치부해 버렸을 것이다. 이것은 절대적으로 틀렸다. 왕

* 영어 〈회복역 성경〉 직역—역자 주

국이 복음이다. 만일 우리가 왕국을 모른다면, 복음을 완전하게 알지 못하는 것이다. 만일 복음을 완전히 알고자 한다면, 우리는 반드시 왕국이 모든 것을 포함한 복음이라는 것을 인식해야 한다. 주 예수님과 그분의 제자들은 하나님의 왕국을 복음으로 전파했다.

왕국에 들어가기 위해 거듭남

마가복음은 많은 점에서 마태복음과 누가복음과 비슷하므로, 우리는 일단 마가복음을 건너뛰어서 요한복음으로 가고자 한다. 요한복음 3장 3절과 5절을 살펴보기로 하자. 주 예수님은 "누구든지 물과 그 영으로 나지 않으면 하늘을 보거나 하늘에 들어갈 수 없습니다."라고 말씀하셨는가? 그렇지 않다! 거듭남은 하늘에 가기 위한 것이 아니다. 그럼에도 불구하고, 나는 젊었을 때 분명히 그렇게 배웠다. 나는 나의 죄 많은 생명은 나를 하늘에 갈 수 있게 하는 생명이 못 되며, 하늘에 들어가려면 내게 더 좋은 생명이 요구된다고 들은 것이다. 나는 하늘이 어두운 것이 전혀 없이 밝으며, 죄악된 것이 전혀 없이 거룩하며, 악한 것이 전혀 없이 선하다고 들었다. 그러나 나는 또한 자신이 악하고 어둡고 죄가 많기 때문에 천당에 갈 자격이 조금도 없다는 말을 들었다. 만일 하늘에 가고자 한다면 나에게 또 다른 생명이 필요하다고 들었다. 따라서 나는 다시 태어날 필요가 있었다. 이런 생각은 오늘날에도 여전히 흔한 관념이다. 엄밀히 말해서, 거듭남은 하늘에 들어가기 위한 것이 아니다. 거듭남은 왕국에 들어가기 위한 것이다.

만일 우리가 어떤 종류의 왕국에 들어가기 원한다면, 우리에게는 어떤 종류의 생명이 필요하다. 동물의 생명이 없다면 우리는 결코 동물의 왕국에 들어갈 수 없다. 만일 내가 개의 생명을 받아 개가 될 수 있다면, 즉시 나 자신이 동물의 왕국 안에 있는 것을 발견할 것이다. 마찬가지로 만일 우리에게 신성한 생명, 즉 하나님의 생명이 없다면, 우리는 결코 하나님의 왕국에 들어갈 수 없다. 우리가 하나님의 왕국에 들어가고자 한다면, 반드시 하나님의 생명을 가져야 한다. 그러므로 거듭남은 우리가 또 다른 왕국, 즉 하나님의 왕국에 들어가기 위한 것이다. 이것은 왕국을 단지 하나의 시대로 보는 것보다 훨씬 더 실지적이다. 이것이 우리가 다시 태어남으로써 들어가는 곳인 하나님의 왕국이다.

이미 우리가 다른 출판물에서 지적했듯이, 요한복음은 생명의 책일 뿐 아니라 건축의 책이기도 하다. 그러나 요한복음은 또한 왕국의 책이기도 하다. 생명과 건축은 모두 왕국을 위해 있다. 생명은 건축을 위한 것이고, 건축은 왕국을 위한 것이다.

사도행전에서의 왕국

어떤 그리스도인들은 주 예수님께서 십자가에 못 박히시고 부활하신 후에 왕국을 보류하셨고 또 다른 시대인 교회 시대가 오순절 날에 시작되었다고 말한다. 달리 말해서, 그들은 왕국이 잠시 제쳐 두어졌고 교회 시대가 시작되었다고 보는 것이다. 그러나 사도행전 1장 3절은 주 예수님께서 부활하신 후 사십 일 동안 왕국에 관하여 제자들에게 말씀하셨다고 말한다. 더 나아가, 오순절 뒤에 빌립은 사마리아인들에게 하나님의 왕국을 전파했다(행 8:12). 또한 사도행전 19장 8절은 사도 바울이 하나님의 왕국을 전했다고 말한다. 사도행전 20장 25절에서 바울은 에베소의 장로들에게 말하기를, 자기가 그들과 함께 있었을 때 하나님의 왕국을 전했다고 말했다. 로마에 있었을 때 바울은 하나님의 왕국에 관하여 사람들에게 말했다(행 28:23하, 31). 이 모든 참고 절을 볼 때, 어떻게 왕국이 보류되었다고 말할 수 있겠는가?

서신서들에서의 왕국

왕국은 또한 서신서들에서도 계시된다. 로마서 14장 17절은 "하나님의 왕국은 먹는 것과 마시는 것이 아니라 의와 화평, 그리고 성령 안에 있는 기쁨이기 때문입니다."라고 말한다. 로마서 14장의 문맥에 따르면, 왕국은 교회생활이다. 교회생활의 실재는 왕국이다. 왕국은 단지 하나의 시대나 하나의 영역만이 아니다. 왕국은 의와 화평, 그리고 성령 안에 있는 기쁨이다. 하나님의 왕국은 성령 안에 있는 어떤 것이다. 이것이 교회생활이다. 나중에 보겠지만, 로마서 12장은 우리에게 '몸의 생활'에 대해 말하고, 로마서 14장은 왕국 생활에 대해 말한다. 로마서에서 왕국 생활은 바로 몸의 생활의 실재이다.

고린도전서에서 하나님의 왕국은 참된 교회생활을 가리킨다(4:20, 6:9-10, 15:50). 또한 갈라디아서와 에베소서 둘 다 우리에게 같은 것, 즉 그 영 안에 있는 왕국이 합당한 교회생활이라는 것을 말해 준다(갈 5:21, 엡 5:5).

이제 우리는 골로새서 1장 13절에 왔다. 하나님은 '우리를 어둠의 권세에서 구출'하셨다. 어둠의 권세는 사탄의 왕국이다. 하나님은 우리를 사탄의 왕국에서 구출하시어 그분께서 사랑하시는 아들의 왕국 안으로 '옮기셨다'. 우리 모두는 옮겨졌다. 한때 우리는 사탄의 왕국 안에 있었으나 지금은 하나님의 아들의 왕국 안에 있다. 할렐루야! 이 어떠한 옮김인가! 여러분은 옮겨졌는가? 우리 모두는 반드시 담대하게 간증해야 한다. "나는 사탄의 왕국에서 하나님의 왕국 안으로 옮겨졌다!" 여러분 자신에 대해서는 잊어버리고 주 예수님을 바라보라. 여러분은 이렇게 말해야 한다. "할렐루야! 나는 옮겨졌다! 나는 하나님의 왕국 안에 있다!"

아마 여러분은 하나님의 왕국이 장래 어느 날에 올 것이며, 오늘날 교회 시대는 왕국과 아무런 관계가 없다는 말을 들었을 것이다. 아마 여러분은 교회 시대는 지금이며, 장차 오는 시대 곧 천년왕국은 왕국 시대가 될 것이라는 말을 들었을 것이다. 그러나 여기 골로새서 1장 13절에서 우리는 왕국 안으로 옮겨졌다는 말을 듣는다. 여러분은 자신이 하나님의 왕국 안으로 옮겨졌다고 확신하는가? 만일 오늘날이 교회 시대이어서 왕국이 아직 오지 않았다면, 어떻게 여러분이 지금 왕국 안에 있을 수 있겠는가? 여러분은 자신이 현재 왕국 안에 있다는 것을 확신하는가? 나는 여러분이 이 책을 내려놓고 나면 의심하기 시작할까 봐 몹시 염려된다. 여러분은 우리가 현재 왕국 안에 있다고 말하는 것이 너무 지나치다고 생각하기 시작할 것이다. 여러분은 아내를 보면서 '순종하지 않는다!'라고 생각할지도 모른다. 여러분은 남편을 보면서 "사랑이 없다!"라고 말할지도 모른다. 또 여러분은 자녀들을 보면서 "너무 게으르고 너무 산만하다!"라고 말할지도 모른다. 우리가 왕국 안에 있다는 것을 여러분이 믿든 안 믿든, 우리에게는 순수한 말씀이 있다. 우리에게는 골로새서 1장 13절이 있다. 할렐루야! 우리 모두는 그분께서 사랑하시는 아들의 왕국 안으로 옮겨졌다.

골로새서 4장 11절에서 바울은 왕국에 관하여 추가적으로 무언가를 더 말한다. 그는 자신과 자신의 동역자들이 하나님의 왕국을 위해 일했다고 말한다. 여러분은 현재 있는 도시에서 무엇을 하고 있는가? 우리는 모두 왕국을 위해 일하고 있다고 단호하게 선포할 수 있어야 한다.

데살로니가전서 2장 12절은 우리가 왕국 안으로 부름받았다고 말한다. 기독교는 하늘로 부름받는 것에 대해 말한다. 나는 우리가 하늘로 부름받았다고 말해 주는 절을 단 한 절도 찾지 못했다. 그러나 우리는 하나님의 왕국과 영광 안으로 그분께 부름받았다고 말해 주는 성경의 절들을 가지고 있다. 또한 데살로니가후서 1장 5절은 우리가 왕국에 합당한 사람들이라고 말한다. 이것은 놀라운 것이다! 디모데후서 4장 18절에서 바울은 주님께서 그분의 하늘에 속한 왕국 안으로 그를 구원하시리라는 것을 확신했다. 바울은 하나님께서 하늘의 저택이 아니라 하늘에 속한 왕국 안으로 그를 구원하실 것이라고 말했다. 그런 다음 히브리서 12장 28절은 우리가 흔들리지 않는 왕국을 받았다고 말한다. 우리는 결코 흔들릴 수 없는 왕국을 받았다. 할렐루야! 야고보서 2장 5절은 우리가 하나님을 사랑하는 사람들이며 왕국의 상속자들이라고 말한다. 우리는 왕국을 상속받을 것이다. 이것이 우리의 소망이다. 베드로후서 1장 3절은 하나님께서 우리에게 그분의 신성한 능력으로 생명과 경건에 관련된 모든 것을 주셨다고 말한다. 그러므로 우리는 신성한 본성에 동참하는 사람들이다(벧후 1:4). 이것은 우리가 왕국 안으로 넉넉히 들어가기 위한 것이다(11절). 생명과 경건에 속한 모든 것, 심지어 신성한 본성에 동참하는 것조차도 왕국 안으로 넉넉히 들어가기 위한 것이다.

요한계시록에서의 왕국

요한계시록 1장 9절은 "여러분의 형제이며 예수님 안에서 환난과 왕국과 인내에 참여한 사람인 나 요한은"이라고 말한다. 요한은 자신이 왕국 안에 있음을 알았다. 그에게 있어서 왕국은 단지 장래의 시대만이 아니었다. 그는 이미 왕국 안에 있었다. 그러므로 그는 "여러분의 형제이며 … 왕국과 인내에 참여한 사람인 나 요한은"이라고 말할 수 있었다.

어느 날 하나님의 왕국이 나타나게 될 것이다. 그것은 요한계시록 12장 10절의 성취가 될 것이다. 하나님의 왕국은 완전한 출현 가운데서 도래할 것이다. 세상 왕국은 '우리 주님과 그분의 그리스도의 왕국'(계 11:15)이 될 것이며, 그분은 영원토록 왕으로서 다스리실 것이다.

2

왕국이 오는 것과 그 과정

The Coming of the Kingdom and Its Process

제2장

왕국이 오는 것과 그 과정

성경: 마 19:8, 눅 17:20-21, 마 13:55-56, 12:28, 골 1:13, 마 16:28, 막 9:1, 마 17:1-2, 막 4:26-29, 눅 18:29, 막 10:29, 요 3:3-5, 벧후 1:3-4, 11, 막 10:17, 23

주 예수님께서 오셨을 때 이 땅에 유대교라는 종교가 있었다. 그것은 이교도의 종교가 아니었다. 그것은 하나님께 경배하고 하나님을 섬기는 종교, 하나님의 신성한 말씀에 따라 형성된 종교였다. 만일 여러분이 주 예수님이 이 땅에 계셨던 당시에 살았다면, 여러분은 주 예수님 편에 섰겠는가 아니면 유대교 편에 섰겠는가? 나는 우리 중 많은 이들이 유대교 편에 섰을 것이라고 믿는다. 유대교는 이교(異教)가 아니었다. 유대교의 성전과 제단은 하나님의 말씀에 따른 것이었다. 희생 제물과 예물도 하나님의 말씀에 따른 것이었다. 제사장 체계와 경배와 봉사도 모두 하나님의 말씀에 따른 것이었다. 그러나 주 예수님께서 오셨을 때, 그분은 유대교를 전혀 관심하지 않으셨다는 것을 여러분은 생각해 본 적이 있는가? 그분은 유대교가 하고 있던 것은 무엇이든지 없애 버리셨다. 유대교는 안식일을 지켰으나, 그분은 안식일에 일하셨다. 바리새인들, 곧 유대교도들은

'안식일 순찰대'를 내보냈고, 그들은 주님께서 안식일을 깨뜨리고 계신 것을 포착했다.

지금 기독교는 주 예수님과 사도들 당시의 유대교보다 오백 살 정도 더 나이가 들었다. 주 예수님과 그분의 사도들이 이 땅에 있을 당시 유대교는 단지 천오백 살 정도였지만, 지금의 기독교는 거의 이천 살이나 되었다. 우리는 지금 주 예수님 당시의 유대교보다 오백 년이나 더 나이 든 종교를 마주하고 있다.

나는 여러분 대부분이 기독교에서 왕국에 관한 어떤 가르침을 받았으리라고 믿지만, 여러분에게 순수한 말씀으로 돌아오라고 요청하고 싶다. 바리새인들이 이혼에 관해 주 예수님께 따지려고 와서 여러 가지를 말했지만, 주 예수님은 이렇게 답변하셨다. "본래 그런 것은 아닙니다."(마 19:8) 본래로 돌아가자. 전통적인 가르침들은 잊어버리고, 순수한 말씀에서 왕국을 보기 위해 본래로 돌아가자.

왕국은 볼 수 있게 오지 않음

누가복음 17장 20절과 21절에서, 바리새인들은 주 예수님께 와서 하나님의 왕국에 관해 질문했다. 오늘날의 많은 그리스도인들처럼 그들도 나름대로의 관념을 갖고 있었다. 그러나 주 예수님은 즉시 그들에게 하나님의 왕국은 볼 수 있게 오는 것이 아니라고 말씀하셨다. 즉 만일 그들이 왕국을 찾고 있다면 왕국을 볼 수 없으리라는 것이었다. 왕국이 볼 수 있게 오지 않는다는 것은 무슨 말인가? 그것은 왕국이 눈에 보이지 않는다는 뜻이다. 왕국은 여러분의 타고난 능력으로는 볼 수 없는 어떤 것이다. 그러므로 여러분의 사고, 여러분의 이해력, 여러분의 지식, 여러분의 지각에 기대지 말라. 그것들은 하나님의 왕국을 인식하는 데 있어서 전혀 쓸모가 없다.

주 예수님께서 왕국이 볼 수 있게 오지 않는다고 하신 것은 왕국이 실현될 수 없다는 뜻이 아니었다. 예컨대, 만일 여러분에게 귀가 없다면, 여러분은 결코 내 말을 알아들을 수 없을 것이다. 여러분에게 실체화시키고 실현시키는 능력이 결여되었기 때문에 여러분은 내 말을 알아들을 수 없는 것이다. 그것을 실현시키는 능력은 청각 기관, 즉 귀이다. 여러분에게는 듣는 기관이 필요하고 또 그것을 사용해야 한다. 그럴 때 여러분은 내 말을 알아들을 수 있다. 주 예수님은 바리새인들에게, 왕국이 그들이 볼 수 있게 오는 것이 아니라고 말씀하셨다. 그런 식으로 보는 것은 틀린 것이다. 그들은 자신의 지력에 기대었고 지나치게 자신의 지식을 사용했다. 그들은 그들의 타고난 능력으로는 결코 하나님의 왕국을 볼 수 없었다. 그들에게 하나님의 왕국은 볼 수 없게 임했다.

왕국이 그들 가운데 있음

〈흠정역 성경(King James Version)〉의 누가복음 17장 21절에서 '안에'로 번역된 헬라어 단어는 '안에'와 '가운데' 둘 모두의 의미를 갖고 있다. 이 절에서 어느 것이 정확한 의미인지를 결정하기는 어렵다. 나는 주님의 말씀이 두 면을 모두 함축하고 있다고 믿는다. 주 예수님께서 그들과 함께 계셨기 때문에 하나님의 왕국이 그들 가운데 있었다. 하나님의 왕국을 "보아라, 여기 있다."라고 하거나 "저기 있다."라고 하지 말라. "보아라, 하나님의 왕국이 여러분 가운데 있다." 이 말씀은 무슨 뜻인가? 이것은 주 예수님을 뜻한다. 그분께서 계신 곳에 하나님의 왕국이 있다. 여러분에게 질문을 하나 하겠다. 여러분은 주 예수님께서 그 당시에 모든 바리새인에게 자신을 보이셨다고 믿지 않는가? 어떤 이들은 이렇게 말했다. "이 사람은 그 목수의 아들이 아닙니까? 그의 어머니는 마리아, 그의 형제들은 야고보, 요셉, 시몬, 유다가 아닙니까? 그의 누이들은 다 우리와 함께 있지 않습니까?"(마 13:55-56) 그들은 이 모든 것을 알았으나 여전히 왕국을 볼 수 없었다. 주 예수님께서 그들 가운데 왕국으로 계셨지만, 그들은 잘못된 기관을 사용하고 있었기 때문에 그분을 볼 수 없었다. 그들은 합당한 기관, 곧 그들의 영을 사용해야 했다. 주 예수님께서 그들 가운데 계셨을 때, 그분은 단지 사람이셨을 뿐 아니라 하나님의 체현이시기도 했다. 그들은 그들의 영 안에서 이것을 깨달아야 했다. 그들이 이것을 깨닫는 데 실패했기 때문에, 그분은 그들 가운데 계셨지만 그들 안에는 계실 수 없었다. 만일 그들이 그들의 영 안에서 하나님을 보았다면, 그분은 즉시 그들 안에 왕국으로 오셨을 것이다.

왕국은 주 예수님이고 그분께서 바리새인들과 함께 계셨는데, 왜 그들은 그분께 "하나님의 왕국이 언제 옵니까?"라는 질문을 했는가? 그것은 그들이 문자로 된 성경을 머리로 아는 데 너무 많은 주의를 기울였기 때문이다. 그들은 어떻게 그들의 속부분, 즉 그들에게 있는 사람의 영을 사용하는지를 전혀 몰랐다. 그들은 그들의 겉사람으로는, 그들의 타고난 능력으로는 주 예수님께서 왕국의 실재이시라는 것을 볼 수 없었다. 비록 주 예수님, 곧 하나님의 왕국이 그곳에 존재했지만, 그들은 그분을 볼 수 없었다. 만일 그들이 자신의 영을 사용함으로써 그분을 보았다면, 이 놀라우신 분은 즉시 그들 안으로 오셨을 것이다. 그분은 다만 그들 가운데 계셨을 뿐 아니라 그들 안에도 계셨을 것이다. 주 예수님께서 그들 가운데 계실 뿐 아니라 그들 안에도 계시는 것은 그들이 자신의 영을 사용하여 그분을 보는 것에 달려 있었다.

왕국은 영이신 주 예수님임

왕국이 주 예수님이라고 말할 수 있겠지만, 그것은 육체 안에 계신 주 예수님이 아니라 영이신 주 예수님이어야 한다. 왕국은 영이신 주 예수님이다. 그분은 바리새인들에게 "내가 하나님의 영에 의해 귀신들을 쫓아낸다면, 하나님의 왕국이 이미 여러분에게 와 있는 것입니다."(마 12:28)라고 말씀하셨다. 이 절은 왕국이 바로 하나님의 영의 실재라는 것을 우리에게 알려 준다. 하나님의 영께서 실재가 되실 때, 이 실재화가 왕국이다. 주 예수님은 그분께서 하나님의 영의 능력으로 귀신들을 쫓아내신다고 말씀하셨는데, 이것은 하나님의 왕국이 거기에 있다는 것을 가리킨다. 왕국은 주 예수님의 영적인 실재화이다. 우리가 그분을 영적으로 실재화할 때, 우리에게 왕국이 있다.

하나님의 영은 주 예수님의 실재이시다. 영은 그분의 인격이시며, 그분의 인격은 그분의 실재이다. 사람의 실재가 그의 인격인 것처럼 주 예수님의 실재는 그분의 인격이고, 그분의 인격은 영이다. 그분께는 영이 계셨으며, 영은 그분의 인격이셨다. 이 인격, 곧 영이 주 예수님의 실재이셨다. 그 당시 그분께서 귀신들을 쫓아내심으로써 그분의 실재가 완전히 나타났다. 그러므로 그것은 하나님의 왕국이었다. 이제 우리는 왕국이 단지 하나의 시대나 하나의 영역만이 아님을 볼 수 있다. 왕국은 주 예수님의 실재를 실재화하는 것이다.

골로새서 1장 13절은 두 가지, 곧 어둠의 권세와 그리스도의 왕국을 대조하고 있다. 우리는 어둠의 권세 안에 있었지만, 어느 날 그리스도의 왕국 안으로 옮겨졌다. 종종 어떤 것들을 대조하여 볼 때 더 분명히 이해할 수 있게 된다. 부정적인 것을 봄으로써 긍정적인 것을 알게 된다. 그리스도의 왕국은 어둠의 권세와 대조된다. 왕국은 단지 하나의 시대나 영역만이 아니다. 왕국은 매우 실지적인 어떤 것이다. 왕국은 주 예수님의 실재를 실재화한 것이다.

여러분 중 많은 이들은, 전에 여러분이 아담 안에 있었지만 어느 날 하나님께서 여러분을 아담에게서 그리스도 안으로 옮기셨다는 말을 들었다. 이제 여러분은 더 나아가, 여러분이 그리스도 안에 있으므로 또한 왕국 안에 있다는 것을 깨달아야 한다. 왜냐하면 그리스도는 왕국이시기 때문이다. 가령 아담 안에서 태어난 개구쟁이 소년 한 명이 있다고 하자. 어느 날 그는 복음을 듣고 주님의 이름을 불러 아담에게서 나와서 그리스도 안으로 옮겨진다. 그는 전에 아담 안에서 태어났지만, 지금은 그리스도 안에 있다. 비록 이 어린 형제가 그리스도 안으로 옮겨졌다 하더라도, 그는 그리스도를 합당하게 실재화하는 것이 부족할지 모른다. 교리적으로는 그가 그리스도 안에 있을 때 또한 왕국 안에 있는 것이다. 그러나 체험적으로는 그가 그리스도 안에 오 년 동안 있어 왔을지라도 여전히 왕국 안에 있지 않을 수 있다. 그는 그리스도 안으로 옮겨졌으나 여전히 불순종한다. 전에 그는 개구쟁이 소년이었는데, 지금은 개구쟁이 형제이다. 나는 그가 그리스도 안에 있지 않다거나 그가 형제가 아니라고 말할 수는 없다. 그러나 체험적인 면에서 그는 왕국 안에 있지 않다. 왜냐하면 그는 주 예수님의 실재를 실재화하지 못하기 때문이다. 주 예수님의 실재를 실재화할 때, 그는 그리스도 안에 있을 뿐 아니라 왕국 안에도 있게 될 것이다.

왕국 안에 있다는 것은 주 예수님의 실재를 완전히 실재화하고 있음을 의미한다. 주 예수님은 만일 그분께서 그 영에 의해 귀신들을 쫓아내신다면 하나님의 왕국이 이미 그들에게 와 있는 것이라고 말씀하셨다. 귀신은 더럽고 부정하고 악한 영이다. 그런데 귀신의 원칙은 간단히 말하면 반역이다. 원래 귀신들은 일종의 창조된 존재들이었다. 사탄이 하나님을 거슬러 반역했을 때, 그들은 사탄을 따랐고 귀신들이 되었다. 그러므로 귀신들은 반역을 의미한다. 만일 여러분의 매일의 행함 가운데에 하나님의 다스림 아래 있지 않은 어떤 것들, 여전히 하나님을 거스르는 어떤 것들이 있다면, 그것들은 원칙상 귀신들이다. 그것들은 주 예수님에 의해 쫓겨나야 한다. 우리는 이렇게 기도해야 한다. "주 예수님, 오셔서 제 귀신들을 쫓아내십시오. 심지어 오늘도 저는 여전히 반역적입니다." 여러분은 물건을 살 때 반역적일지 모른다. 아마 여러분 안에 계시는 주 예수님께서 여러분에게 백화점에 가지 말라고 말씀하시는데도 여러분은 그냥 갔을 것이다. 일단 여러분이 백화점에 가서 어떤 물건을 집어 들었을 때, 주 예수님께서 그것을 내려놓으라고 말씀하셨음에도 여러분은 그것을 구입했고 지금도 그것을 집에 간직하고 있다. 이것이 반역이며 귀신의 원칙이다.

여러분은 늘 그리스도의 다스림 아래 있는가? 우리는 주님을 사랑한다고 말하면서도 그분의 다스림은 받아들이지 않을 수 있다. 우리는 그리스도께서 우리의 생명이심을 말하지만, 우리의 생명이신 그리스도께서 우리에게 그다지 실재가 아니실지도 모른다. 단지 용어상으로만 그럴 뿐 실재가 아닌 것이다. 그리스도께서 우리에게 생명이 되시는 실재가 전혀 실재화되지 않을 수 있다. 주 예수님의 생명은 다스리는 생명이다. 각종 생명체마다 그 핵심을 이루는 요소가 있는데, 그것이 그 생명체의 율이자 법칙이다. 우리는 안에 그리스도의 생명을 갖고 있지만, 그분의 생명의 다스림 아래 있지 않을 수 있다. 그러므로 어떤 의미에서 우리는 여전히 많은 귀신들에게 사로잡혀 있는지도 모른다. 주 예수님께서 그 귀신들을 쫓아내어 주시는 것이 우리에게 필요하다. 그럴 때 우리는 참으로 왕국 안에 있을 것이다. 왕국은 그리스도의 실재를 실재화하는 것이다. 우리는 어둠에서 나와 그리스도의 왕국 안으로 옮겨졌다. 그러나 일상생활에서 우리에게는 왕국의 실재가 결여되어 있는지도 모른다. 왕국의 실재는 바로 주 예수님의 실재가 실재화된 것이다. 우리가 주 예수님의 실재를 실재화할 때, 그 실재화가 바로 왕국이다.

왕국이 옴

어느 날 주 예수님은 제자들에게, 그들 중에는 죽음을 맛보기 전에 사람의 아들이 자기 왕국 안에서 오는 것을 볼 사람들도 있을 것이라고 말씀하셨다(마 16:28). 마가복음에 따르면, 주님은 그곳에 서 있는 사람들 중에는 하나님의 왕국이 능력을 가지고 오는 것을 볼 사람들도 있을 것이라고 말씀하셨다(막 9:1). 이 말씀을 하시고 나서 얼마 되지 않아, 그분은 산꼭대기에 올라가셔서 그곳에서 변형되셨다(마 17:1-2). 주 예수님의 변형은 그분의 존재가 실재화된 것이었다. 그분께서 그분의 육체 안에 제한되어 계셨을 때, 사람들은 그분을 단지 작은 나사렛 사람으로만 생각했다. 왕국이 그분 안에 있었지만, 그들은 그것을 볼 수 없었다. 마치 전기가 건물 안에 있는 것처럼 왕국은 그분 안에 있었다. 그러나 스위치를 켜지 않는 한 아무도 전기를 볼 수 없다. 일단 스위치를 켜면 등이 빛을 낼 것이다. 이 빛남이 바로 전기의 표현이다. 하나님의 왕국이 주 예수님 안에 있었지만, 그것은 그분의 육체 안에 감추어지고 가려지며 제한되어 있었다. 그분께서 바리새인들 가운데 서 계셨지만, 그들은 그분 안에 무언가 놀라운 것이 있음을 볼 수 없었다. 심지어 그분 자신의 제자들도 그것을 볼 수 없었다. 육 일 후에 그분은 산꼭대기로 가셨고, 그곳에서 그분의 '스위치가 켜졌다'. 그분은 빛을 내셨다. 그분의 빛남은 하늘에서부터가 아니라 안에서부터 나온 것이었다. 그분 안에 있는 어떤 것이 빛을 내고 있었다. 비록 이 실재가 그분의 변형 이전에도 그분 안에 존재했지만, 사람들은 그것을 볼 수 없었다. 그러나 그분께서 변형되셨을 때, 제자들은 그분 안에서부터 무언가 빛이 나는 것을 볼 수 있었다.

우리는 이것을 주 예수님의 빛남이나 주 예수님의 변형이라고 말할지 모르지만, 주 예수님 자신은 그것을 왕국이 온 것이라고 말씀하셨다. 산꼭대기에서 주 예수님께서 빛나신 것은 왕국이 온 것이었다. 이것은 단지 하나의 시대나 영역만이 아니다. 그것을 묘사하기에는 우리의 어휘가 충분하지 않다. 산 위에서의 주 예수님의 변형, 빛남은 왕국이 능력을 가지고 오는 것이었다! 왕국은 바로 여러분에게 빛을 내시는 주 예수님이다. 나는 이 문장이 여러분에게 깊은 인상을 주기 바란다. 즉 왕국은 주 예수님의 빛남이며, 왕국은 여러분에게 빛을 내심으로써 주 예수님이 확장되시는 것이다. 그분은 베드로와 야고보와 요한에게, 그분께서 그분의 왕국 안에서 오시는 것을 그들이 보게 될 것이라고 말씀하셨다. 즉 그들이 하나님의 왕국이 능력을 가지고 오는 것을 보게 되리라는 것이었다. 그들은 무엇을 보았는가? 그들은 주 예수님의 빛남을 보았다. 베드로와 야고보와 요한이 모두 그분의 빛남 아래 있었을 때, 그들은 왕국 안에 있었다. 또한 모세로 대표되는 죽은 성도들과 엘리야로 대표되는 살아 있는 성도들 역시 나타났으며 주 예수님께서 확장되시는 그런 빛남 아래 있었다.

예를 들어 설명해 보자. 가령 다섯 명의 형제들이 형제의 집에서 함께 산다고 하자. 만일 이 형제들이 참으로 주 예수님의 빛남 아래 있다면, 왕국이 그 형제의 집에 존재할 것이다. 여러분이 그들을 방문할 때마다 빛남과 다스림과 통치와 질서 정연함을 느끼게 될 것이다. 비록 규칙을 적어 놓은 표를 발견할 수 없을지라도, 그 빛남에 의해서 모든 것이 질서 정연하다. 그러나 그들이 그 빛남 아래 살지 않고, 서로 사랑하는 체하면서 도리어 서로 헐뜯고 멸시한다고 하자. 만일 여러분이 그들을 방문한다면, 공동묘지에 들어섰다는 느낌이 영 안에 들 것이다. 비록 모든 것이 조용할지라도 거기에는 끔찍한 죽음의 임재가 있다. 비록 아무도 싸우지 않고 모든 것이 질서 정연하다 해도, 죽음과 어둠의 권세가 여전히 그곳에 있다. 거기에는 빛남이 전혀 없다.

왕국은 주 예수님의 실재의 빛남이다. 그분께서 여러분에게 빛을 내고 계시고 여러분이 그 빛남 아래 있을 때마다, 여러분은 왕국 안에 있는 것이다. 비록 왕국을 묘사하거나 정의하기가 쉽지 않지만, 나는 지금쯤 여러분이 최소한 조금은 이해했으리라고 믿는다. 왕국은 단지 하나의 시대나 영역이나 범위만이 아니다. 그것은 주 예수님의 실재를 실재화하는 것이다. 언제든지 그분께서 여러분 위에 빛나심으로 확장되실 때마다, 여러분은 왕국 안에 있는 것이며 왕국이 능력을 가지고 온 것이다.

왕국의 과정

마가복음 4장 26절부터 29절까지에서 주 예수님은, 왕국은 어떤 사람이 땅에 씨를 뿌리는 것과 같다고 말씀하셨다. 씨가 자랄 때 싹이 나고 이삭이 나고 마지막으로 수확된다. 왕국은 땅에 심어져서 다 여물어 수확될 때까지 자라나는 씨와 같다. 그 씨는 빛나는 분이신 주 예수님이다. 우리 모두는 주 예수님께서 씨로서 심어지신 흙이다. 그 씨는 성장하여 마침내 수확물을 산출할 것이다. 곧 왕국이 완전하게 나타나는 것이다. 이같이 왕국은 생명의 씨이신 주 예수님으로서, 그분은 우리 안에 심어지셨고 수확 때까지, 곧 완전히 익을 때까지 우리 안에서 자라신다. 곡식이 익을 때 수확, 곧 왕국의 완전한 출현이 있게 될 것이다. 씨가 우리 속에서 성장하는 것이 왕국의 과정이다. 한 면으로 우리는 왕국 안에 있지만, 다른 한 면으로 우리는 왕국의 과정 안에 있다. 예컨대, 밀밭에서 씨들은 흙 속에 심어진다. 그런 다음 여린 싹이 날 때까지 씨는 자란다. 계속해서 자랄 때, 싹이 이삭을 내고 열매를 맺으며 마침내 완전히 여물게 된다. 그런 다음에 밭의 수확이 있다. 이것이 왕국의 과정과 출현을 보여 주는 그림이다. 지금 우리는 왕국의 과정 안에 있다. 오늘 우리 속에서는 왕국의 씨가 자라고 있다. 이 왕국이 자랄 때 우리는 수확으로 이끌릴 것이며, 이 수확은 왕국의 완전한 출현이 될 것이다.

왕국이 복음임

누가복음 18장 29절과 마가복음 10장 29절을 비교해 보자. 누가복음 18장 29절은 왕국을 위해서 우리가 어떤 것들을 버려야 한다고 말한다. 마가복음 10장 29절은 복음을 위해서 우리가 동일한 것들을 버려야 한다고 말한다. 이것은 왕국이 곧 복음임을 입증한다. '왕국'과 '복음'은 동의어이며 서로 바꾸어 사용할 수 있다. 우리는 왕국이 복음이라고 선포해야 한다. 만일 복음이 왕국임을 깨닫지 못한다면, 복음에 대한 우리의 이해는 부족함이 있는 것이다. 복음은 단지 죄들을 용서함, 구속, 의롭게 됨, 거룩하게 됨 또는 구원의 문제만이 아니다. 복음은 또한 왕국의 문제이기도 하다. 왕국이란 무엇인가? 왕국은 우리 안으로 들어온 생명의 씨이신 주 예수님이다. 이 생명의 씨가 우리 안으로 들어왔을 때 우리는 거듭났다. 거듭남에 의해서 우리는 왕국 안으로 태어났다(요 3:3, 5). 거듭남은 우리를 옮기는 것이었다. 거듭남으로써 우리는 어둠의 권세에서 나와 하나님의 왕국 안으로 옮겨졌다. 할렐루야! 이것이 참복음이다!

왕국 안으로 들어가는 것은 외적으로 들어가는 것이 아니고, 내적으로 다시 남에 의해 들어가는 것이다. "누구든지 물과 그 영으로 나지 않으면, 하나님의 왕국에 들어갈 수 없습니다."(요 3:5) 달리 말해서, 주 예수님께서 우리 안으로 들어오실 때 그분은 왕국을 우리 안으로 가져오신다. 이렇기 때문에 주님은 "하나님의 왕국이 여러분 가운데 있기 때문입니다."(눅 17:21)라고 말씀하셨다. 이것은 우리 안에 심어져서 줄곧 자라고 있는 생명의 씨이신 주 예수님이다. 우리는 왕국의 과정 안에 있다.

이제 우리는 베드로후서 1장 3절과 4절, 그리고 11절에 왔다. 이 절들은 하나님의 신성한 능력이 우리에게 생명과 경건에 관련된 모든 것을 주었다고 말한다. 이것들에 의해 우리는 신성한 본성에 동참하는 사람들이 된다. 우리는 신성한 본성과 생명과 경건에 관련된 모든 것에 참여하기 때문에, 왕국 안으로 넉넉히 들어갈 수 있다. 주 예수님이 우리 안으로 들어오실 때, 그분은 하나님의 본성을 포함하여 생명과 경건에 관련된 모든 것을 함께 가지고 들어오신다. 이로써 우리는 왕국 안으로 넉넉히 들어갈 수 있다. 이것이 왕국의 과정이다. 이처럼 왕국은 단지 하나의 시대만이 아니다.

우리는 어떻게 왕국 안으로 들어가는가? 그것은 배우거나 연구하거나 밖의 규정들을 지켜서 되는 것이 아니다. 그것은 거듭남에 의해서 이루어진다. 주 예수님께서 우리 안으로 들어오시고, 생명과 경건에 관련된 모든 것을 우리에게 주심으로써 우리는 왕국 안으로 들어간다. 생명과 경건에 관련된 모든 것이 이제 우리 안에 있다. 작은 씨라고 무시하지 말라. 이 작은 씨에 모든 것이 포함되어 있다. 곧 뿌리, 줄기, 가지, 잎, 꽃, 열매 등 이 모든 것이 그 작은 씨에서 나온다. 생명과 경건에 관련된 모든 것이 우리에게 주어졌다. 그러므로 우리는 신성한 본성에 동참하는 사람들이다(벧후 1:4). 이로써 우리는 왕국 안으로 넉넉히 들어감을 얻게 된다. 그저 들어가는 것만이 아니라 넉넉히 들어가는 것이다.

마가복음 10장 17절부터 23절까지에서, 한 부자 청년이 주 예수님께 와서 어떻게 하면 영원한 생명을 상속받을 수 있는지를 질문하였다. 그는 율법을 지키면 영원한 생명을 상속받을 수 있으리라고 생각했다. 그가 실망하여 떠난 뒤에, 주 예수님은 부자가 하나님의 왕국 안으로 들어가는 것이 어렵다고 말씀하셨는데, 이로써 그분은 하나님의 왕국 안으로 들어가는 것이 바로 영원한 생명을 소유하는 것임을 지적하셨다. 그 둘은 동의어이며, 같은 것을 가리킨다.

이와 같이 왕국은 주 예수님에 대한 영적인 실재화이다. 언제든지 그분께서 우리에게 빛을 내시고 우리 안에서 확장되실 때마다 우리는 왕국 안에 있다. 왕국의 씨이신 주 예수님은 우리 안에 심어지셨다. 지금 우리는 왕국이 성장하는 과정 중에 있다. 주님께서 우리 안에서 다 자라실 그 때가 바로 왕국이 나타날 때이다.

3

하나님의 목표는 왕국임

God's Goal Being the Kingdom

제3장
하나님의 목표는 왕국임

성경: 마 16:18-19, 고전 4:17하-20, 6:9-11,
갈 5:21-22, 24-25, 롬 14:17, 히 12:28

왕국은 성경의 기본 구조가 되는 한 항목이지만, 대부분의 그리스도인들은 왕국을 소홀히 취급해 왔다. 왕국은 신약 전체에 스며들어 있는 주제이다. 그것은 마태복음부터 요한계시록에 이르기까지 거의 모든 책에 스며들어 있다. 비록 여러분이 그리스도인이 된 지 수년이 지났을지라도, 아마 왕국에 관해서는 거의 들어 보지 못했을 것이다. 신약의 전파가 왕국으로 시작되었고 왕국이 신약의 기본 주제임에도 불구하고, 원수의 간교함 때문에 왕국은 수 세기 동안 매우 소홀히 취급되어 왔다.

하나님의 궁극적인 목표

과거에 우리는 교회가 하나님의 목표라고 말해 왔지만, 하나님의 궁극적인 목표는 교회가 아니라 왕국이다. 영원 안에서 영원토록 하나님은 왕국을 가지실 것이다. 교회는 왕국의 주된 부분이다. 결국 하나님은 영원토록 왕국을 가지실 것이다. 주 예수님께서 다시 오실 때 어떤 의미에서 교회는 완결되겠지만, 교회를 포함하고 있는 왕국은 영원토록 지속될 것이다. 하나님의 궁극적이고도 영원한 목표는 왕국이다.

사탄의 책략

하나님의 원수인 사탄은 하나님의 목표를 알고 있다. 그렇기 때문에 여러분이 왕국을 위하지만 않는다면, 사탄은 많은 것을 하도록 여러분을 놓아둘 것이다. 하나님의 의도는 왕국을 세우는 것이고, 원수의 의도는 이 왕국을 파괴하는 것이다. 원수는 사람들을 왕국에서 벗어나게만 할 수 있다면, 그들을 다른 어떤 것으로든 향하게 할 것이다. 만일 그가 죄악된 것이나 세상적인 것들을 이용할 수 없다면, 그는 종교적인 것들을 이용할지도 모른다. 여러분이 왕국에서 빗나가는 한, 사탄은 만족할 것이다.

"왕국을 위해 회개하십시오."

왕국을 위해 회개하는 것에 대한 침례자 요한의 전파는 이방인들을 향한 것이 아니라 하나님의 백성인 이스라엘 사람들을 향한 것이었다. 그의 전파는 거룩한 말씀을 손에 쥐고 있는 종교적인 사람들, 즉 성경에 따라 하나님께 경배하려고 최선을 다했던 사람들을 향한 것이었다. 요한은 이렇게 말하지 않았다. "여러분이 하나님께 경배하고 있으니 나는 기쁩니다. 나는 하나님에 대한 여러분의 경배를 개선시키기 위해 여기에 있습니다. 하나님께서 나를 보내신 것은, 여러분이 희생 제물을 드리고, 분향하고, 등불을 켜고, 노래하고, 찬양하고, 감사드림으로써 하나님께 경배하도록 격려하기 위해서입니다." 이렇게 말하는 대신, 요한은 종교적인 사람들에게 전파하면서 "왕국을 위해 회개하십시오."라고 말했다.

하나님의 왕국은 어디에 있는가? 온 땅은 귀신들로 가득하다. 우리가 보았듯이, 귀신의 원칙은 반역이다. 여러분이 아내를 사랑하거나 남편에게 순종하거나 좋은 가정생활을 영위할지라도 하나님의 왕국은 위하지 않을지 모른다. 여러분이 행하는 모든 것이 그리고 여러분의 모든 존재가 전적으로 귀신의 원칙 안에 있을지도 모른다. 주님은 왕국을 갖고자 하신다. 여러분이 어떤 존재이든, 여러분이 무엇을 하든, 여러분이 어디를 가든, 그것들은 모두 그분의 생명의 다스림 아래 있어야 한다. 여러분의 머리 모양과 옷차림, 기타 모든 것이 주 예수님의 생명의 다스림 아래 있어야 한다. 그것이 왕국이다.

만일 여러분이 형제의 집에 살고 있다면, 여러분이 화를 내든 아니면 화를 참든 그것은 별로 차이가 없다. 만일 여러분이 성질을 낸다면, 그것은 흉한 귀신이다. 만일 여러분이 예의 바르게 참는다 하더라도 왕국의 다스림 아래 있는 것이 아니라면, 그 예의 바름과 인내는 귀여운 귀신에 불과하다. 여러분이 성질을 내든 성질을 참든, 여전히 여러분은 하나님을 거슬러 반역하고 있다. 심지어 여러분의 조용함, 여러분의 인내, 여러분의 예의 바름조차도 주 예수님의 다스림 아래 있지 않을 수 있다. 오직 주 예수님의 다스림 아래 있는 것만이 왕국 안에 있다.

여러분의 생활은 어떤가? 여러분의 매일의 생활과 행함은 어떤가? 여러분은 사람의 눈에는 아주 선할지 몰라도, 주님의 눈으로 볼 때 여러분은 그분의 다스림 아래 있지 않다. 그분은 여전히 여러분 속에서 왕국을 얻지 못하신다. 여러분은 도덕적이고 착하고 온순하고 종교적일지 모르지만, 그분의 생명의 다스림 아래 있지 않다. 여러분 속에는 주 예수님의 왕국이 없다. 우리가 왕국을 볼 수 있도록 주 예수님께서 우리의 눈을 열어 주시기를 바란다. 왕국은 단지 하나의 시대나 영역이 아니다. 왕국은 바로 주 예수님으로서, 이분은 우리 안에 심어지셔서 수확이 있을 때까지, 곧 왕국이 나타날 때까지 우리 안에서 자라시고, 다스리시며, 통치하시고, 지배하시며, 성숙하게 되신다.

왕국의 성장 과정

우리는 다시 한번 왕국의 성장 과정을 예를 들어 설명할 필요가 있다. 마가복음 4장 26절부터 29절까지에서 주님은 비유를 들어 하나님의 왕국을 설명하셨다. 주님은 왕국이 땅에 뿌려진 씨와 같다고 하셨다. 이 씨는 성숙할 때까지 자란 후 수확된다. 씨를 뿌린 때부터 수확 때까지가 왕국의 성장 과정이다. 수확은 왕국의 완전한 출현이다. 이 비유를 통해, 우리는 지금 성장 과정에 있음을 알 수 있다. 가령 내게 작은 카네이션씨 하나가 있어서 그것을 땅에 심는다고 해 보자. 얼마의 시간이 지나면 연한 싹이 틀 것이다. 그런 다음 그 연한 싹이 더 자라 최종 완결 상태, 곧 카네이션 왕국의 출현에 이를 것이다. 여러 성장 단계에 있는 카네이션꽃들을 생각해 보라. 어떤 것은 연한 싹의 단계에 있다. 또 어떤 것은 줄기가 길게 뻗어 나오는 단계에 있고, 또 어떤 것은 봉오리가 나오는 단계에 있다. 마지막으로 어떤 것은 꽃봉오리가 활짝 핀 단계에 있다. 이것은 카네이션 왕국이 완전히 나타난 것으로서, 씨를 땅에 심는 것부터 시작하여 꽃이 활짝 피는 데까지, 곧 카네이션 생명의 최종 나타남이 있는 데까지 전진해 나간 것이다.

주 예수님은 우리에게, "왕국이 오게 하시며"(마 6:10)라고 기도하라고 하셨다. 그러나 왕국은 많은 그리스도인들이 생각하는 방식으로 오지 않을 것이다. 어느 의미에서 왕국은 이미 왔다. 그러나 다른 의미에서 왕국은 오고 있는 중이다. 앞의 예를 다시 한번 들면, 어느 의미에서 카네이션 왕국은 이미 씨의 형태로 왔다. 어느 날 카네이션꽃이 활짝 피게 될 때, 그것은 카네이션 왕국이 완전히 임한 것이 될 것이다. 마찬가지로 그리스도의 왕국은 이미 왔다. 주님께서 그분 자신을 사람이라는 땅에 뿌리신 날로부터 그리스도의 왕국은 오기 시작했다. 성장 과정은 완전한 수확 때까지 계속 이어질 것인데, 바로 그때가 그리스도의 왕국이 완전히 나타날 때이다.

왕국이란 무엇인가? 왕국은 바로 우리 안으로 심어지시고, 우리 안에서 자라시며, 우리 안에서 성숙하시면서 수확의 때에 이르는 그리스도이다. 왕국은 단지 어떤 시대나 영역이 아니다. 그것은 그리스도께서 그분의 모든 활동 가운데 우리에게 생명이 되시는 것의 총체이다.

동물원에 가면 동물의 왕국을 볼 수 있다. 그것은 단지 하나의 시대이거나 영역인가? 만일 그 동물 모두를 없애 버린다면 그 영역은 남아 있겠지만, 그것은 더 이상 동물의 왕국이 아니다. 동물의 왕국은 모든 동물의 생명과 더불어 그 모든 활동의 총체이다. 새는 날고, 원숭이는 기어오르며, 거북이는 물속에서 헤엄친다. 동물의 왕국이란 바로 동물의 생명과 함께 그 모든 활동의 총체이다. 마찬가지로 그리스도의 왕국은 우리에게 생명이 되시는 그리스도와 그분의 모든 활동의 총체이다. 우리 모두는 그리스도를 우리 안에 생명으로 갖고 있으며, 또한 그리스도 안에서 많은 활동을 한다. 이것이 그리스도의 왕국이다. 최근에 나는 집회에서 지체들의 매우 많은 활동을 지켜보고 관찰하고 누린 적이 있다. 여러분은 그것이 교회 집회였다고 말할 것이다. 나도 동의한다. 그러나 그것은 또한 그리스도의 생명과 활동들이 있는 그리스도의 왕국이기도 했다.

교회가 하나님의 왕국임

이제 우리는 마태복음 16장 18절과 19절에 이르렀다. 이 절들은 베드로가 아버지에게서 예수님은 그리스도이시고 살아 계신 하나님의 아들이시라는 계시를 받은 후에, 주 예수님께서 그에게 하신 말씀이다. 주님은 베드로가 하나의 돌이라는 것과, 그분께서 반석이신 그분 자신 위에 교회를 건축하실 것임을 말씀하셨다. 음부의 문은 결단코 이 교회를 이길 수 없다. 그런 다음 그분은 베드로에게 왕국의 열쇠들(교회의 열쇠들이 아님)을 주시겠다고 말씀하셨다. 이것은 18절의 교회가 분명 19절의 왕국이고, 또 19절의 왕국이 확실히 18절의 교회임을 암시한다. 주 예수님은 베드로에게 천국의 열쇠를 주시겠다고 말씀하셨다. 오순절 날 주 예수님은 유대인들이 들어올 수 있도록 문을 여는 열쇠를 베드로에게 주셨다. 또한 고넬료의 집에서는 이방인들이 들어올 수 있도록 문을 여는 열쇠를 그에게 주셨다. 주님께서 왕국의 이 두 열쇠를 베드로에게 주신 후에 교회들이 세워졌다. 먼저 예루살렘에 교회가 세워졌고, 그 뒤에 이방인들 가운데서 교회들이 세워졌다. 베드로는 왕국의 열쇠들을 사용하여 교회들을 세웠다. 이것은 교회들이 왕국임을 가리킨다.

교회는 '에클레시아(ekklesia)' 즉 회중이다. 이것은 교회가 하나님께 부름받은 사람들이 함께 모인 모임이라는 뜻이다. 교회는 또한 하나님의 집이고 그분의 거처이다. 또한 교회는 그리스도의 몸인데, 이것은 교회가 그리스도의 살아 있는 표현이라는 뜻이다. 또한 교회는 그리스도의 신부인데, 이것은 교회가 그분의 사랑이요 만족임을 의미한다. 이 모든 방면 외에 교회는 또한 왕국이다. 이것은 교회가 그리스도를 통한 하나님의 통치임을 뜻한다. 교회는 왕이신 그리스도의 다스림이다. 왕국의 요구들보다 더 높은 요구들은 없다. 교회가 회중이나 하나님의 집이나 그리스도의 몸이나 그리스도의 신부가 되기 위한 요구들은, 교회가 하나님의 왕국이 되기 위한 요구들만큼 높지 않다. 마태복음 5장과 6장과 7장에 언급된 요구들보다 더 높은 요구는 없다. 왕국의 요구들이 높은 이유는 교회가 왕이신 그리스도의 통치, 그리스도의 다스림이기 때문이다. 만일 교회가 왕국이라는 것을 우리 모두가 깨닫는다면, 우리의 생활에 큰 변화가 있을 것이다.

고린도전서에 있는 하나님의 왕국

이제 고린도전서 4장 17절부터 20절까지를 보기로 하자. 여기에서 우리는 교회가 왕국임을 입증하는 또 다른 증거를 본다. 바울은 자신이 각처 각 교회에서 같은 것을 가르쳤다고 말한다. 17절 말씀은 전적으로 교회와 관련된 것처럼 보인다. 그러나 20절에서 바울은 하나님의 왕국을 언급하고 있다. 만일 우리가 17절과 20절의 문맥을 고려해서 읽고 그 모든 방면을 함께 고찰한다면, 참된 교회생활이 왕국이라는 것을 볼 것이다. 왕국은 말에 있지 않고 능력과 영향력에 있다. 교회는 왕국이고, 왕국은 교회생활의 실재이다.

이제 고린도전서 6장 9절부터 11절까지를 보자. 이 절들은 왕이신 주 예수님의 다스림 아래 있지 않은 악하고 부도덕한 사람들은 왕국에 참여할 수 없다고 우리에게 말한다. 11절은 비록 우리가 과거에 그런 사람들이었지만, 주 예수님의 이름 안에서 또 우리 하나님의 영 안에서 씻어졌고 거룩해졌으며 의롭게 되었다고 말한다. 이 절에 있는 세 번의 '그러나'에 주목하라.* 우리는 그러한 사람들이었다. 주 예수님의 이름 안에서, 또 우리 하나님의 영 안에서 '그러나' 우리는 씻어졌고, '그러나' 우리는 거룩하게 되었으며, '그러나' 우리는 의롭게 되었다. 지금 우리는 그 영 안에 있다. 이 문맥이 분명히 밝히고 있듯이, 우리는 그 영 안에 있기 때문에 확실히 왕국에 참여할 것이다. 우리는 왕국 안에 있으며, 어떤 의미에서 우리가 왕국이다.

---

* 원문 및 영어 번역본 참조—역자 주

우리는 전통적인 가르침들은 잊어버리고 처음으로, 순수한 말씀으로 되돌아가야 한다. 만일 우리가 주 예수님의 이름을 부르고 또 이 모든 절을 기도로 읽는다면, 정확히 같은 것을 보게 될 것이다. 우리는 오늘날 왕국이 바로 참된 교회생활임을 보게 될 것이다.

갈라디아서에 있는 하나님의 왕국

아마도 갈라디아서 같은 책에서 '하나님의 왕국'이라는 용어에 주의를 기울인 사람은 거의 없었을 것이다. 다시 한번 바울은 악하고 부도덕한 사람들은 "하나님의 왕국을 상속받지 못할 것입니다."(갈 5:21)라고 말한다. 그런 뒤에 바울은 그 영의 열매를 언급한다(22절). 이것이 교회생활이고 그리스도인의 행함이며, 그리스도인의 행함이 왕국이다. 그는 계속해서, 그리스도께 속한 우리는 육체를 십자가에 못 박았다고 말한다(24절). 하나님의 왕국과 아무 관련이 없는 것은 십자가에 못 박혔다. 육체와 그 모든 정욕이 십자가에 못 박혔다. 우리는 십자가에 못 박힌 사람들이다. 그러나 이것은 부정적인 방면에 불과하다. 우리에게는 또한 긍정적인 방면도 있다. 25절에서는 우리가 그 영을 따라 산다면, 또한 그 영을 따라 행해야 함을 듣는다. 그 영을 따라 살고 그 영을 따라 행하는 것이 교회생활이며, 이 교회생활이 곧 왕국이다. 이것을 통해 우리는 왕국이 단지 장래에 속한 것만이 아니고, 오늘날 현재의 것이라는 것을 볼 수 있다.

로마서에 있는 하나님의 왕국

로마서 14장 17절은 놀라운 절이다. 이 절은 "하나님의 왕국은 먹는 것과 마시는 것이 아니라 의와 화평, 그리고 성령 안에 있는 기쁨이기 때문입니다."라고 말한다. 달리 말해서, 왕국은 전적으로 그 영 안에 있는 삶이다. 그 영 안에서의 삶이 왕국이고, 이 왕국이 교회생활의 실재이다.

기독교가 혼돈과 분열로 가득 차 있기 때문에 많은 그리스도인들은 교회가 왕국이라는 것을 볼 수 없다. 널리 인정되는 것처럼, 기독교를 왕국이라고 하기는 어렵다. 그러나 주님의 회복 안에서 왕국은 교회생활이다. 교회생활은 하나님의 왕국이다. 왕국은 단지 하나의 시대에 불과한 것이 아니다. 먹는 것과 마시는 것이 하나의 시대인가? 왕국은 먹는 것과 마시는 것이 아니라 의와 화평, 그리고 성령 안에 있는 기쁨이다. 성령 안에서 살 때 우리는 영적인 생활을 가지며, 주 예수님의 다스림 아래 있는 이 영적인 생활이 바로 교회생활의 실재이다. 이것이 흔들리지 않는 왕국이다 (히 12:28). 음부의 문들이 왕국을 이길 수 없기 때문에, 이 왕국은 결코 흔들릴 수 없다. 교회는 흔들리지 않는 왕국이다.

왕과 왕국

성경에 의하면, 왕국은 그분 자신을 생명의 씨로 우리 안에 뿌리기 위해 오신 주 예수님이다. 그분께서 자신을 우리 안으로 뿌리실 때, 그분은 우리 안에서 왕국이 되신다. 그분 자신 안에서 주 예수님은 왕이시다. 그분께서 우리 모두의 안으로 오실 때, 그분은 '왕(king, 王)' 더하기 '국(dom, 國)'이시다. 왕국은 바로 '왕' 더하기 '국'이다. 이사야서 53장 2절은 육체 안에 계신 이 예수님께 흠모할 만한 아름다움도, 매력도 없었다고 우리에게 말해 준다. 그러나 그분은 왕이시다! 그분은 왕국의 씨이시다. 그렇지만 이 왕은 그분 홀로 있는 것에 결코 만족하지 않으실 것이다. 그분은 '국'을 갖기를 원하신다. 어떻게 그분은 왕국을 가지실 수 있는가? 우리와 같은 사람들 안으로 그분 자신을 확장하심에 의해서이다. 주 예수님은 '왕'이시고 우리는 '국'이다. 그러므로 우리는 왕국이다.

4
왕국의 씨
The Seed of the Kingdom

제4장
왕국의 씨

성경: 마 1:1-2, 6, 11, 16-18, 20-21, 23, 2:1-13, 16, 19-20, 22, 23

우리가 보았듯이, 왕국은 우리 안에 뿌려지시고, 우리 안에서 자라시며, 우리 안으로 확장되시고, 완전한 수확에 이르기까지 우리 안에서 성숙하시는 생명의 씨이신 그리스도 자신이다. 완전한 수확은 왕국의 출현이다.

신약의 첫 장에는 놀라우신 분인 그리스도에 대한 기록이 있다. 이분은 우리에게 왕국의 씨로 천거되신 분이시다. 우리에게 이 왕국의 씨에 대한 더 깊은 이해가 필요하다. 여러분은 왕국의 씨가 주 예수님이라고 말할지 모른다. 그러나 그분이 참으로 누구이신지에 대한 여러분의 이해는 아주 피상적일지도 모른다.

계시의 영

성경을 흰 종이 위의 검은 글자로 읽기가 쉽다. 물론 이런 방법으로 읽어도 쉽게 어떤 의미를 파악하거나 인상을 받을 수 있다. 그러나 성경 말씀을 읽는 것과 영적인 의미를 보는 것은 서로 다른 별개의 일이다. 예를 들면, 바리새인들이 심지어 성경을 인용하여 주 예수님께 이혼에 관하여 따졌을 때, 그분은 매우 독특한 방식으로 답변하셨다. 그분은 "본래 그런 것은 아닙니다."(마 19:8)라고 말씀하셨다. 또 다른 경우에는 사두개인들이 부활에 관하여 주 예수님과 논쟁했다. 그들은 부활을 믿지 않는 그 당시의 현대주의자들이었다. 그들은 어떤 성경의 절을 인용했고, 주 예수님 또한 성경의 절을 인용하셨다(마 22:23-33). 그분은 출애굽기 3장 6절을 인용하여 하나님의 칭호에 대하여 다음처럼 말씀하셨다. "나는 아브라함의 하나님이요, 이삭의 하나님이요, 야곱의 하나님이다." 만일 우리가 단지 흰 종이 위의 검은 글자만을 읽는다면, 하나님께서 이 세 사람의 하나님, 즉 아브라함과 이삭과 야곱의 하나님이시라는 정도는 이해할 것이다. 초등학생이라 할지라도 그 말씀을 읽고 이해할 수 있다. 그러나 주 예수님은 하나님의 이 칭호에서 생명과 부활에 속한 어떤 것을 계시하셨다! 하나님은 아브라함과 이삭과 야곱의 하나님이시고 그 세 사람은 모두 죽었는데, 하나님은 죽은 사람들의 하나님이 아닌 산 사람들의 하나님이시므로 확실히 하나님은 부활의 하나님이심에 틀림없다! 이로써 주 예수님은 또한 이 죽은 성도들 모두가 부활하게 될 것임을 증명하셨다. 이러한 영적인 계시가 흰 종이 위의 검은 글자 안에 담겨 있지만, 우리는 단순히 문자만 가지고는 이것을 알 수 없다. 우리에게는 무언가가 더 필요하다. 우리에게는 지혜와 계시의 영이 필요하다(엡 1:17).

어떤 의미에서 마태복음 1장을 읽어 나가는 데는 어려움이 없다. 이것은 '다윗의 자손이시요, 아브라함의 자손'이신 예수 그리스도의 계보이다. 이들이 주 예수님의 조상이라는 것과, 마리아가 그분의 어머니라는 것을 이해하기는 어렵지 않다. 그러나 이 장에 관하여 우리에게 필요한 것은 계시이다! 왕국을 알려면 반드시 왕국의 씨를 알아야 한다. 이 씨는 무엇인가? 여러분은 그 씨가 주 예수님이라고 말하겠지만, 그분은 어떤 분이신가? 나는 주 예수님께서 '누구이신가'를 묻는 것이 아니라 '어떤 분이신가'를 묻고 있다. 단지 교리적인 답변을 훨씬 뛰어넘는 어떤 것이 우리에게 필요하다. 인류의 많은 세대들이 신성과 연합함으로 나온 결과가 주 예수님이시라는 것을 보기 위해서는 우리에게 계시가 필요하다. 인류의 많은 세대들이 삼일 하나님과 연합함으로 나오신 그분은 예수와 임마누엘이라 불리신다(마 1:21, 23).

인류의 사십이 대

이 계보 안에 사십이 대가 포함되어 있다. 이들은 각각 십사 대씩 세 부분으로 나뉜다. 첫 부분은 아브라함으로 시작해서 평민인 다윗 때까지 이른다. 둘째 부분은 왕인 다윗으로 시작한다. 이렇게 다윗은 이 대로 계수되는데, 하나는 첫 부분을 끝맺는 한 평민으로 계수되고, 두 번째는 둘째 부분을 시작하는 왕으로 계수된다. 셋째 부분은 포로 시기부터 예수 그리스도의 출생 때까지에 이른다. 이 사십이 대는 매우 의미가 깊다.

첫 부분은 보통 사람들의 부분이다. 아브라함은 보통 사람이었고, 야곱도 그러했으며, 심지어 평민일 때의 다윗도 그러했다. 둘째 부분은 왕들과 왕가의 계보에 대한 부분이다. 다윗왕은 솔로몬왕을 낳았고, 솔로몬왕은 또 다른 왕을 낳았으며, 이런 식으로 계속해서 한 왕이 또 다른 왕을 낳았다. 셋째 부분은 포로 된 이들과 귀환한 이들의 세대 전부를 포함한다. 만일 포로 됨에서 귀환하는 것이 없었다면, 주 예수님께서 베들레헴에서 거룩한 족속으로 출생하시는 것이 불가능했을 것이다. 왜냐하면 거룩한 족속 거의 대부분이 이방 세계 도처에 흩어져 있었기 때문이었다. 이렇게 포로 됨에서 귀환한 것은 주 예수님께 땅에 처음 오실 수 있는 기회를 드렸다. 주 예수님의 오심은 이 모든 인간 세대, 곧 일반적인 보통 사람들의 세대와 왕들의 세대와 포로 되었다가 돌아온 세대의 산물이다.

주 예수님은 놀라운 분이시다! 그분은 아브라함의 자손, 즉 참이삭이셨다. 성경의 그림에서 이삭은 죽었다가 부활했으며, 신부인 교회의 예표인 리브가와 결혼했다. 주 예수님은 또한 다윗의 자손, 즉 그처럼 뛰어난 지혜를 소유했고 하나님의 성전을 건축했던 솔로몬이셨다.

신약의 처음 열일곱 절을 이해하려면 구약 전체에 대한 완전한 계시가 필요하다. 왜냐하면 그 열일곱 절은 구약 전체의 개요를 캡슐 형태로 우리에게 제공하기 때문이다. 만일 이 열일곱 절을 다루고자 한다면, 우리는 창세기부터 말라기서까지에 있는 것들을 다루어야만 할 것이다.

주 예수님은 그러한 자손, 곧 아브라함의 자손이시요 다윗의 자손이시며 또한 여자, 즉 처녀의 자손이셨다. 아브라함에게 그의 자손에 관하여 주어진 약속이 있었고(창 22:18), 다윗에게도 그의 자손에 관하여 주어진 약속이 있었다(삼하 7:12-13). 또한 여자의 자손에 관한 약속도 있었다(창 3:15). 이 여자의 씨가 뱀의 머리를 깨뜨리도록 되어 있었다. 사십이 대 가운데 이들은 오직 셋뿐이다. 즉 아브라함의 자손인 이삭은 죽음에 넘어졌다가 부활했으며 다시 옴으로써 신부를 맞이하게 되었다. 다윗의 자손인 솔로몬은 지혜를 가졌으며 하나님의 성전을 건축하였다. 여자의 자손인 그리스도는 사탄의 머리를 깨뜨리셨다. 주 예수님은 그러한 자손이셨다.

삼일 하나님과의 연합

주 예수님은 그렇게 간단하게 출생하지 않으시고 매우 의미심장한 방식으로 출생하셨다. 즉 아브라함과 이삭과 야곱에서부터 왕들을 거쳐서 포로가 되었다가 귀환한 이들에 이르기까지 온갖 종류의 인류 세대들의 자손으로 출생하셨다. 그러나 이것은 주 예수님의 한 면일 뿐이다. 또 다른 면은 삼일 하나님과의 연합이다. 그분은 인류의 여러 세대들의 자손이셨을 뿐 아니라 또한 삼일 하나님과 연합하셨다. 그분은 인류의 사십일 대가 거룩하신 아버지, 거룩하신 아들, 거룩하신 영과 연합함으로 나온 결과이셨다. 성경의 계시에 따르면, 아버지는 아들 안에 계시고(요 14:11), 아들은 그 영이시며(고후 3:17), 그 영은 연합된 인성에 대한 삼일 하나님의 적용이시다(고후 13:14). 주 예수님을 가질 때 우리는 모든 것을 갖는다. 이 한 분 안에서 우리는 아브라함과 이삭과 야곱과 요셉과 다윗과 솔로몬과 마리아를 갖는다. 또 우리는 거룩하신 아버지와 거룩하신 아들과 거룩하신 영을 갖는다. 그분은 사십일 대의 인간 세대와 삼일 하나님의 연합의 결과이셨다. 우리가 이 점을 완전히 이해하려면 영원의 시간이 걸릴 것이다. 오직 영원 안에서만 우리는 주 예수님께서 '어떤 분'이신지를 완전히 이해할 것이다.

주 예수님은 그렇게 낮지 않으시고 그렇게 간단하지 않으시다. 그분은 가련한 죄인들을 불쌍히 여기시고 그들을 지옥에서 구원하시는 구주보다 훨씬 그 이상인 분이시다. 그분은 놀라운 분이시다! 우리는 구약의 모든 역사를 비추어 보면서 마태복음 1장을 다시 기도로 읽어야 한다. 그럴 때 우리는 그분께서 '어떤 분'이신지를 볼 것이다.

예수와 임마누엘

예수는 '여호와 더하기'라는 뜻이다. 예수는 다만 여호와만이 아니시다. 그분은 여호와 '더하기(+)'이시다. 히브리어에서 예수라는 이름에는 여호와라는 이름이 포함되어 있다. '예수'란 여호와 더하기 '구주' 또는 여호와 더하기 '구원, 구출'을 의미한다. 예수란 여호와 더하기 모든 것을 포함한 구원이다. 임마누엘은 '우리와 함께 계시는' 하나님을 의미한다. 또 다른 '더하기'가 있는 칭호이다. 주 예수님은 하나님이실 뿐 아니라, '우리와 함께 계시는' 하나님이시다. 우리는 유대인 친구들에게, 우리가 그들보다 더 부요하다고 말해 줄 수 있다. 그들에게 있는 것이 우리에게 있지만, 우리에게 있는 것은 그들에게 없다. 그들은 여호와가 있고 하나님이 있다. 그러나 우리는 여호와 더하기 '구원'과 하나님 더하기 '우리와 함께 계심'을 갖고 있다. 우리는 그들을 초대하여, 와서 우리에게 동참하라고 할 수 있다. 그들은 얻는 것은 있어도 잃는 것은 전혀 없을 것이다. 그러나 우리는 결코 그들에게 동참하지 않을 것이다. 왜냐하면 우리는 더 부요하고, 더 높고, 더 좋고, 더 위대한 것을 가졌기 때문이다. 그것은 바로 주 예수님이다. 모든 인류 세대와 삼일 하나님의 연합에서 나온 결과이신 그분은 '여호와 더하기'이시요 '하나님 더하기'이시다. 지금부터 여러분은 주 예수님의 이름을 부를 때 틀림없이 다른 맛을 느낄 것이다. 그분의 이름은 너무도 풍성하고 너무도 달콤하며, 그분은 그분의 이름을 부르는 모든 사람에게 풍성하시다(롬 10:12). 할렐루야, 예수여! 할렐루야, 여호와 더하기여! 할렐루야, 임마누엘이여! 할렐루야, 하나님 더하기여! 여호와 더하기와 하나님 더하기가 우리 안에 심어진 그 씨이다.

시험 후의 성취

이제 42라는 숫자의 의미를 보는 데 이르렀다. 성경에는 40이라는 숫자와 42라는 숫자가 있다. 성경의 계시에 의해 우리는 숫자 40이 시련과 고난과 시험과 유혹을 뜻한다는 것을 안다. 성경에는 사십이 많이 나온다. 사십 년 동안 이스라엘 백성은 광야에서 많은 고난을 겪으며 하나님께 시험받고 연단되었다. 모세가 사십 일간 산 위에 있었을 때, 그것은 이스라엘 백성에게 하나의 시험이었다(출 24:18). 엘리야와 관련된 사십 주야의 기간이 있었고(왕상 19:8), 주 예수님도 친히 사십 일 동안 시험받으셨다(마 4:1-2). 부활하신 후, 주님은 그분 자신을 입증하는 어떤 일도 하지 않으시고, 또 하늘과 땅의 모든 권위가 그분께 주어졌음을 증명하려는 어떤 일도 하지 않으심으로써, 사십 일간 제자들을 시험하셨다. 만일 내가 베드로였다면, 아마 삼십구 일 동안 아무 일도 일어나지 않은 채 하루하루, 한 주 한 주를 기다릴 인내가 없었을 것이다. 그 사십 일은 정말 시험의 기간이었다. 분명히 40이란 숫자는 시험과 시련과 유혹과 고난을 뜻한다.

물론 42는 40 더하기 2로 이루어졌다. 2는 증언 혹은 증거의 수이다. 사십이는 시험과 시련의 시기가 지난 뒤에 하나님의 목적을 이루기 위한 무언가가 성취된다는 것을 의미한다. 할렐루야! 아브라함의 때부터 요셉의 아버지가 태어날 때까지 사십 대의 기간, 즉 시험의 기간이 있었다. 이때는 아브라함에게 주신 약속이 아직 이루어지지 않았고, 다윗에게 주신 약속도 이루어지지 않은 상황이었다. 이스라엘 자손에게 주어진 수많은 좋은 약속들이 아직 이루어지지 않았다. 이들은 정말 시험받는 세대들이었다.

그러나 두 세대가 더 지난 뒤에 그 성취가 이루어졌다. 주 예수님께서 오신 것이다! 그분은 육체가 되신 하나님이시다! 그분은 인류의 두 번째 세대에서 육체가 되지 않으셨고, 스무 번째 세대에서도, 마흔 번째 세대에서도 육체가 되지 않으셨다. 하나님은 창조된 족속인 아담으로부터 계수하지 않으시고, 약속의 백성인 아브라함의 자손으로부터 계수하셨다. 많은 약속들이 있었지만, 하나님은 마흔두 번째 세대, 즉 시험과 시련과 실패의 장구한 세월이 지난 후의 두 번째 세대에 이르러서야 육체가 되셨다.

아브라함부터 말라기서까지의 기록은 한편으로 하나님의 모든 약속에 대한 기록이다. 그러나 다른 한편으로, 그것은 시험과 패배와 실망과 실패의 기록이다. 틀림없이 우리 같았으면 포기했을 것이다. 우리는 말하기를, 하나님께서 사십 대 이전에 우리 조상 아브라함에게 약속들을 하셨지만 아무 일도 일어나지 않았다고 했을 것이다. 그러나 지금 마흔두 번째 세대에 이르러서 하나님 자신이 육체가 되셨다. 마흔두 번째 세대는 주 예수님으로서, 곧 하나님의 약속들과 목적의 성취이시고, 심지어 하나님께서 하고자 하셨던 모든 것의 성취이신 분이다. 40 더하기 2는 고난과 시험에 하나님의 목적의 성취가 더해진 것을 의미한다. 사십이 대 후에 하나님의 목적과 관련된 모든 것이 이루어졌다.

요한계시록 12장 6절에는 마흔두 달 혹은 삼 년 반이 있다. 그 마흔두 달의 끝이 대환난의 종결일 것이다. 그 종결 때에 주 예수님께서 다시 오실 것이며, 그것은 하나님의 목적의 성취가 될 것이다.

마태복음 1장에 있는 사십이 대는 세 부분으로 나뉜다. 마태복음 1장 17절은 아브라함부터 다윗까지가 열네 대요, 다윗왕부터 포로로 끌려갈 때까지가 또 열네 대요, 포로로 끌려간 때부터 예수 그리스도의 출생 때까지가 또 한 무리의 열네 대라고 말한다. 첫 번째 열네 대는 주로 아버지 하나님과 관계있고, 두 번째 열네 대, 곧 왕들의 세대는 의심할 바 없이 왕이신 아들 하나님과 관계있으며, 수많은 고난과 체험들을 포함하고 있는 세 번째 열네 대는 성령과 관계있다. 그러므로 이 사십이 대 속에는 삼일성이 암시되어 있으며, 이 모든 세대의 결과 혹은 산물은 마흔두 번째 세대이신 주 예수님이다. 그분은 이 세대들이 아버지와 아들과 영과 연합함으로 나온, 모든 것을 포함한 결과이시다. 그래서 그분의 이름은 '여호와 더하기'요 '하나님 더하기'이다. 이것을 보기 위해서 우리는 지혜와 계시의 영이 필요하다. 우리 주 예수님은 얼마나 놀라우신가! 우리 인간의 어휘는 그분을 묘사하는 데 충분하지 않다. 그분은 약속을 받은 백성의 모든 세대와 삼일 하나님이 연합하여 된 결과로서 '여호와 더하기'이시요 '하나님 더하기'이시다.

모든 것을 포함한 씨

이 놀라운 분은 씨이시다. 이 씨 안에는 죽음과 부활이 있다. 이 씨 안에는 신부를 맞이함과 지혜와 하나님의 집의 건축과 뱀의 머리를 깨뜨림이 들어 있다. 이 씨 안에는 모든 시험과 유혹과 고난을 통과하여 결국에는 목표에 도달함이 들어 있다. 이 씨 안에는 사람의 요소와 하나님의 요소, 즉 인성과 신성이 들어 있다. 아브라함과 이삭이 포함되어 있고, 또 다윗과 솔로몬도 포함되어 있다. 거룩하신 아버지와 거룩하신 아들과 거룩하신 영이 모두 이 씨 안에 포함되어 있다. 이 작은 씨는 모든 것을 포함하신 놀라운 분이시다! 우리가 믿는 바로 이 예수님은 어떠한 분이신지! 이 예수님, 이 놀라운 분이 왕국의 씨이시다. 신약은 왕국에 관한 책이며, 그 첫 책은 주 예수님을 씨로 제시하고 있다. 이 씨는 '여호와 더하기', '하나님 더하기'라고 불린다.

그 씨가 왕이심

이방인들에게 받아들여지심

마태복음 2장은 이 왕국의 씨가 왕이심을 보여 준다. 주 예수님은 종교도 성경 지식도 없고, 종교적인 형식도 교리도 없으며, 가르침도 없는 이방인들에게 받아들여지셨다(1-2절). 그렇게 단순한 사람들이 그분을 왕으로 받아들였다. 그들은 성경을 몰랐다. 놀라운 인격이신 예수님은 바로 그런 사람들, 곧 성경 지식도 없고 종교적인 관념도 없으며 심지어 하나님께 경배하고 섬기는 법도 몰랐던 단순한 사람들에게 계시되셨다. 그분은 그들에게 계시되셨고 또 그들에게 받아들여지셨다.

종교는 그분을 소홀히 여김

그와는 반대로, 종교인들은 주 예수님을 소홀히 여겼다. 대제사장들과 율법학자들은 종교인들 중에서 최고로 높은 지위에 있었다. 그들에게는 지식이 있었다. 그들은 성경을 알았으며, 심지어는 그리스도께서 태어나실 곳도 알고 있었다. 그러나 그들 중 누구도 그분을 주의하지 않았다. 그들이 그분의 탄생 소식을 들었을 때, 어느 누구도 그분을 보려고 베들레헴에 가지 않았다. 그들은 그저 미가서 5장 2절 말씀을 논했을 뿐이었다. 그들은 무관심했기에 주 예수님을 소홀히 여겼다.

오늘날 많은 종교인들도 마찬가지이다. 많은 경우, 종교인들은 예배를 볼 때는 예수님에 대해 말하지만, 끝난 후에는 자기 갈 길을 간다. 어떤 이들은 고기를 잡으러 가고, 어떤 이들은 도박을 하거나 세상 즐거움을 추구한다. 나의 대학 동기 중 한 명은 그리스도인이 되고서, 주일 저녁에 자기 집에서 몇 사람과 함께 성찬 예배를 갖기 시작했다. 그들은 소위 성찬 예배가 끝나면 상 위의 테이블보를 걷어 내고 그 동일한 상을 도박하는 데 사용했다. 오늘날 그리스도인들 가운데 많은 사람들이 주 예수님에 대해 말하지만, 그분을 주의하는 사람은 거의 없다. 그들의 예수는 성당이나 강대상이나 제단에 속해 있을 뿐이다. 종교적인 예배가 끝나고 나면 그들은 자기들이 하고 싶은 대로 한다. 만일 여러분이 그들의 멋진 성당에 들어가서 그들에게 주 예수님께서 진실로 어떤 분이신지를 말한다면, 그들은 마음이 상할 것이다. 그들은 자신의 성직자들이나 목사들에게서 그러한 가르침을 결코 들어 본 적이 없기 때문에, 여러분이 잘못 가르친다고 말할 것이다. 그렇기 때문에 마태복음 2장은 왕국의 씨를 받아들이기에 합당한 사람들을 보여 준다. 즉 그들은 성경 지식이 있는 종교인들이 아니고, 하늘에 속한 이상을 받아들일 수 있는 단순한 사람들이자 하늘의 별이 나타날 수 있는 단순한 사람들이다.

정치에 의해 박해를 받으심

이 놀라운 씨는 종교에 의해 거절당하셨을 뿐 아니라 또한 정치에 의해 박해를 받으셨다. 헤롯왕은 그분의 탄생 소식을 들었을 때 매우 당황하였다. 그는 많은 어린 생명들을 죽이면서 주 예수님을 박해했다(마 2:16).

성경을 이해하려면 우리는 반드시 계시를 가져야 한다. 신약의 첫 장에서 우리는 주 예수님께서 왕국을 위한 생명의 씨로서 얼마나 놀라운 분이신지를 본다. 2장에서 우리는 주 예수님을 받아들이기에 합당한 사람들, 곧 종교적인 사람들이나 정치적인 사람들이 아니라, 성경 지식도 없고 정치적인 야심도 없는 평범하고 단순한 사람들을 보게 된다. 만일 여러분이 정치계에서 영향력 있는 사람이 되기를 꿈꾼다면, 여러분은 주 예수님에 관한 한 끝난 것이다. 조만간에 여러분은 그분을 박해할 것이다.

우리는 하늘의 별을 가진 단순한 사람들이 되어야 한다. 우리는 미가서 5장 2절에 있는 예언에 관해 아무것도 모를 수 있지만, 우리에게는 '하늘의 별' 즉 우리 안에 살아 계신 분의 생생한 인도가 있다. 이것은 놀랍다! 이제 우리는 어떻게 해야 하는가? 우리는 단순히 우리의 모든 것을 그분께 드리고 다른 길로 가야 한다(마 2:12). 이 말은 우리가 결코 이전과 같을 수 없음을 의미한다. 주 예수님을 받아들이기 위해 단순해지고 하늘의 별을 좇는 사람이라면, 누구든지 틀림없이 다른 길을 갈 것이다. 이 부분을 읽은 후 여러분 중 다수는 다른 길을 갈 것이다. 여러분은 더 이상 정치가나 종교인이 아닐 것이다. 여러분은 하늘의 별을 가진 단순한 사람들, 즉 다른 길을 가는 사람들일 것이다. 이런 사람들이 왕국 백성이다. 이런 사람들이 그리스도를 받아들이는 사람들이다. 그리스도는 오직 그런 사람들에게만 받아들여지신다. 마태복음 2장에는 세 종류의 사람들이 있다. 곧 단순한 이방인들과 종교인들, 그리고 정치 지도자들이다. 우리는 그리스도를 받아들일 수 있는 그런 단순한 사람들이 되자.

비천한 나사렛 사람

마태복음 2장은 이 놀라운 분이, 종교나 정치와는 아무런 관련이 없는 단순한 사람들에 의해서만 인정되시고 받아들여지실 수 있음을 계시한다. 종교인들은 그분을 무시하고, 정치인들은 그분을 거절하고 박해한다. 그러나 단순한 사람들은 그분을 받아들인다. 결국 이 놀라운 분은 비천한 나사렛 사람이 되셨다(마 2:23). 1장 끝에서 그분은 임마누엘이라 불리시고, 2장 끝에서는 나사렛 사람이라 불리시는데, 이것은 그분이 보잘것없고 멸시당하고 명성이 없는 분이시라는 것을 의미한다. 우리의 임마누엘은 나사렛 사람이시다. 세상에게, 정치인들에게 그리고 종교인들에게, 주 예수님은 나사렛 사람이시다. 그러나 우리에게 그분은 '여호와 더하기'이시요, '하나님 더하기'이시다.

5

왕국의 씨를 뿌림

The Sowing of
the Seed of the Kingdom

제5장

왕국의 씨를 뿌림

성경: 마 3:1-2, 4, 7-12, 16-17, 4:1-2, 11, 12-22,
막 4:26-29

왕국이란 무엇인가? 왕국은 그분의 모든 활동과 함께 우리 안으로 확장되시는 생명이신 그리스도의 총체이다. 왕국은 교리나 다른 어떤 것들의 총체가 아니고, 그분의 모든 활동과 함께 우리 안으로 확장되시는 생명이신 그리스도의 총체이다. 마가복음 4장 26절부터 29절까지를 잊지 말라. 그 비유에서 주 예수님은 왕국을 하나의 씨에 비유하셨다. 이 씨는 땅에 심어져서 자라고 열매를 맺으며 결국에는 수확물을 산출한다. 수확은 왕국의 완전한 출현을 상징한다. 수확이 있기 오래전에 왕국은 이미 하나의 씨로 임했다. 엄밀히 말해서, 왕국이 오는 것은 씨가 옴으로써 시작되었다. 왕국의 출현은 성장의 과정을 통하여 있게 된다.

이것은 왕국이 보류되었다가 어느 날 갑자기 땅에 내려올 것이라고 가르치는 어떤 그리스도인 교사들의 관념과는 전적으로 다르다. 이런 관념은 완전히 그릇된 것이다. 왕국은 땅에 심어져 자라서 수확물을 산출하는 하나의 씨로 온다. 수확은 왕국의 완전한 임함이요 완전한 출현이다. 왕국이 오는 것은 거의 이천 년 전에 주 예수님께서 씨로 오셨을 때 시작되었으며, 그 이후로 성장의 과정을 통하여 점진적으로 오고 있다. 오늘날 우리는 여전히 성장하는 과정 중에 있으며 언젠가 수확할 곡식이 여물게 될 때를 기대하고 있다. 수확할 곡식이 무르익을 때, 그때가 바로 왕국이 완전히 출현하는 날이 될 것이다. 왕국이 오는 것은 수확으로 완결된다.

이것은 단지 예언의 해석이 아니다. 이것은 순수한 말씀에 대한 합당한 이해이다. 마가복음만이 우리에게 그러한 비유를 주는 유일한 책이 아니다. 만일 여러분이 신약의 다른 책들에서 성경의 절들을 뽑아 본다면, 그 절들이 마치 조각 그림 맞추기 게임을 할 때의 여러 그림 조각처럼 함께 맞추어져서, 약 이천 년 전에 씨로 오셨던 놀라운 인격이신 그리스도에 대한 완전한 그림을 제시해 주는 것을 볼 것이다. 그리스도는 왕국의 씨로 오셨을 뿐 아니라 왕국을 심는 분으로서 그분 자신을 사람이라는 토양에 심으러 오셨다. 바로 그때 왕국이 오기 시작했다. 이 놀라운 씨가 우리 안에 뿌려진 후 자라기 시작했다. 그것이 자라고 또 자라도록 물을 주자. 오늘날 그 씨는 여전히 자라고 있다. 이 자람이 바로 그분의 점진적인 오심의 과정이다. 이 과정은 어느 날 성장을 통해 수확물이 산출될 때까지 왕국이 점진적으로 오는 것이다. 그것은 왕국이 오는 것의 완결일 것이다. 추수는 왕국의 완전한 출현이 될 것이다.

나는 우리가 합당한 왕국 복음을 들은 것으로 인해 매우 기쁘다. 이 왕국의 문제는 수 세기 동안 감추어지고 덮이고 또 너울에 가려져 왔었다. 그러나 주님의 긍휼과 은혜로 그 너울이 벗겨졌다. 오늘날 우리에게처럼 왕국이 열리고 수정같이 투명했던 적이 결코 없었다. 왕국은 그분의 모든 활동과 함께 우리 안으로 확장되시는 생명이신 그리스도의 총체이다. 왕국이 오는 것은, 그리스도께서 그분 자신을 사람이라는 토양에 심으시기 위해 오셨을 때 시작되었다. 이것은 그분께서 자라시고 성숙하시고 왕국의 완전한 출현인 수확물을 산출하시기 위해서이다. 왕국이 왔다! 지금 왕국은 자라고 있고, 이 성장 과정을 통해서 오고 있다. 우리 모두는 씨를 갖고 있으며, 우리 모두는 자라는 과정 중에 있다. 어느 날 우리는 수확물 가운데 있을 것이다. 우리에게는 놀라운 씨이신 주 예수님이 계신다. 여러분은 그분께서 우리에게 그처럼 엄청난 분이 되신다는 것을 이전에 깨달아 본 적이 있는가? 그분은 수많은 인류 세대들이 삼일 하나님과 연합한 결과이시다. 그분은 '여호와 더하기'이시고 '하나님 더하기'이시다! 그처럼 놀라운 분이 씨이시다.

마태복음 1장에서는 씨가 제시된다. 2장에는 그 씨를 받아들인 합당한 사람들이 있다. 이제 3장의 시작에서 우리는 이 왕국의 씨가 어떻게 뿌려지는지를 본다. 먼저, 마태복음 3장은 주 예수님을 씨로 뿌리는 것은 문화나 종교와 아무 관계가 없음을 말해 준다. 〈그리스도냐 종교냐〉라는 책에서, 우리는 주 예수님의 선주자인 침례자 요한이 어떤 문화나 종교 없이 등장했다는 것을 지적한 바 있다. 그 당시 유대인들은 히브리 종교와 함께 최상의 문화를 소유하고 있었다. 침례자 요한은 최고의 종교와 문화 안에서 태어났다. 그러나 요한이 등장했을 때, 그는 종교와 문화 밖으로 나갔다. 종교의 중심지는 성전과 제단이 있는 예루살렘에 있었지만, 요한은 그곳에 가지 않았다. 비록 그는 제사장 가문에서 태어났지만, 성전 밖으로, 거룩한 성 밖으로 나갔다. 그는 인간의 문화나 종교에서 멀리 떨어진 광야로 갔다. 그는 거칠고 부정한 것인 낙타털 옷을 입었다. 레위기 11장 4절에 의하면, 낙타는 부정한 동물이었다. 요한은 낙타털 옷을 입었을 뿐 아니라 메뚜기와 야생 꿀을 음식으로 먹었다(마 3:4). 요한과 관련된 모든 것에는 종교도 문화도 없었다.

침례자 요한은 특이한 방식으로 말씀을 전파했다. "회개하십시오. 천국이 가까이 왔습니다."(마 3:2) 또 그는 이상한 실행을 했다. 만일 여러분이 그가 전파한 것을 받아들인다면, 그는 여러분에게 가르침을 주려고 하지 않는다. 그는 단순히 여러분을 물속으로 넣는데, 이것은 그가 여러분을 장사 지내고 끝낸다는 것을 의미한다. 사실상 요한은 이렇게 말한 것이다. "여러분은 반드시 끝나야 합니다! 여러분은 반드시 장사되어야 합니다! 여러분은 왕국을 위해 회개합니까? 그러면 나는 여러분을 끝낼 것입니다. 나는 여러분을 죽음 안에 넣을 것입니다. 여러분이 반드시 알아야 할 것은, 여러분은 아무데도 쓸모가 없다는 것입니다. 여러분은 오직 장사되는 것에만 쓸모가 있습니다!" 소극적인 면에서, 요한은 사람들을 침례의 물속에 매장했다(5-6절).

적극적인 면에서, 요한은 그들을 성령 안에서 침례 주실 분이 오실 것이라고 말했다. 요한은 사람들을 끝냈지만, 오실 분은 그들에게 새로운 시작을 주실 것이다. 무엇이 이 새로운 시작인가? 바리새인들과 사두개인들이 요한에게 왔을 때, 아마 그들은 자기들이 개선될 필요가 있는데, 이 이상한 사람이 그들이 개선되도록 무언가를 해 줄 것이라는 관념을 갖고 있었을 수 있다. 요한이 그들에게 한 말을 들어 보라. 요한은 이렇게 말하지 않았다. "여러분 바리새인들과 사두개인들은 모두 신사들입니다. 그러나 충분히 신사적이지는 않습니다. 나는 여러분을 개선시키고 더 신사답게 만들기 위해 이곳에 있습니다." 요한은 그렇게 말하는 대신에 "독사의 자손들이여, 누가 여러분에게 다가올 진노를 피하라고 일러 주었습니까?"(마 3:7)라고 말했다. 다른 말로 한다면, 요한은 이렇게 말한 것이다. "좋고 나쁨에 관해서 생각하지 마십시오. 여러분은 독사들, 즉 독이 있는 뱀들이요 독사의 자손들입니다. 여러분의 행동을 바꾸는 것은 아무 의미가 없습니다. 여러분 자신을 세련되게 할지라도 여러분은 여전히 독사들입니다. 여러분이 자신을 개선한다면, 여러분은 개선된 독사들일 것입니다. 여러분은 겉의 행동이 바뀌는 것이 필요하지 않습니다. 여러분의 출생이 바뀌어야 합니다. 여러분에게는 생명의 바뀜, 본성의 바뀜이 필요합니다."

요한은 바리새인들과 사두개인들에게 “아브라함이 우리 조상이다.”라고 말할 생각을 하지 말라고 했다(마 3:9). 그가 그들에게 “아브라함이 우리 조상이다.”라고 말할 생각을 하지 말라고 한 것은, 그들이 ‘우리는 아브라함의 자손들이요, 우리의 위대한 조상은 아브라함이다.’라고 생각하고 있었기 때문이다. 이것은 바로 그들이 옛 전통에 근거하여 그들의 생각을 사용하고 있었음을 의미한다. 아브라함은 그들에게 옛 전통이었다. 유대인들이 아브라함에 관해 생각하지 않기란 매우 어려운 일이었다. 요한은 바리새인들과 사두개인들이 아브라함을 생각하면서 그들의 생각 안에 있다는 것을 알았다. 그러므로 요한은 이렇게 말했다. “… 생각을 하지 마십시오. 그렇게 생각하기를 멈추고 회개하십시오. 여러분의 생각에서 돌이켜 회개하십시오. 아브라함이 여러분의 조상이라는 생각을 하지 마십시오. 하나님은 생명이 없는 돌들에서도 아브라함의 자손들을 일으키실 수 있습니다. 하나님은 이 돌들에 그분의 생명을 넣으셔서 아브라함의 자손들로 일으키실 수 있습니다.” 어떻게 하나님께서 돌들을 자손들로 만드셔서 아브라함에게 주어진 약속을 물려받게 하실 수 있는가? 오직 한 가지 길이 있으니 곧 생명의 길이다.

그런 다음 요한은 계속해서 다음과 같이 말하는 듯하다. “여러분 독사들은 가장하고서 내게로 옵니다. 여러분이 나를 기만할 수 있을지라도 결코 그분을 속일 수 없습니다. 나는 여러분을 물속에 넣습니다. 만일 여러분이 정직하고 진심으로 왕국을 위해 회개한다면, 내 뒤에 오시는 분이 여러분을 성령 안으로 넣으셔서 여러분이 새 생명을 갖게 하실 것입니다. 만일 여러분이 정직하지 않다면, 그분께는 여러분을 다루실 또 다른 방법이 있습니다. 즉 그분은 여러분을 불속에 넣어서 완전히 태워 버리실 것입니다.”(마 3:10-11)

많은 그리스도인들은 성령 안에 그리고 불속에 침례 받는 것에 관한 마태복음 3장 11절을 인용할 때 불을 무언가 긍정적인 것으로 생각한다.

여러분이 10절부터 12절까지를 주의 깊게 읽어 본다면, 각 절이 '불'이라는 말로 끝남을 볼 것이다. 10절은 도끼가 이미 나무뿌리에 놓여 있으니, 좋은 열매를 맺지 않는 나무마다 찍혀 불속에 던져진다고 말한다. 여기서의 '불'은 긍정적인 것인가? 확실히 그렇지 않다! 11절에서 요한은 "나는 여러분을 회개시키려고 물속에 침례 주지만, 내 뒤에 오시는 분은 나보다 더 능력이 많으시니 … 그분은 직접 여러분을 성령 안에 그리고 불속에 침례 주실 것이요"라고 말한다. 성령 안의 침례가 될지 아니면 불속의 침례가 될지는 여러분에게 달려 있다. 그다음 절에서 요한은 말하기를, 오시는 분께서 손에 키를 드시고 자기의 타작마당을 완전히 깨끗하게 하실 것이라고 했다. 만일 여러분이 알곡이라면 분명히 곳간에 모아질 것이요, 여러분은 그분께서 성령 안으로 넣으실 사람이 될 것이다. 그러나 여러분이 쭉정이라면 그분은 여러분을 불속에 넣으실 것이다. 이것이 위의 절들에 있는 '불'의 올바른 의미이다. 세 절 모두에서 불은 부정적인 의미로 쓰인다. 주 예수님은 여러분을 성령 안으로 넣거나 불속에 넣으실 능력을 갖고 계신다.

주 예수님의 침례

주 예수님께서 침례 받으셨을 때, 성령께서 비둘기의 형체로 그분 위에 내려오셨다. 그분은 성령으로 잉태되셨으므로(눅 1:31, 35, 마 1:20), 성령은 내적으로 그분의 인간 본성과 연합되셨다. 주 예수님께서 침례 받으러 오셨을 때, 그분은 이미 그분의 인간 요소가 신성과 연합된 사람이셨다. 그분께서 이미 그 영과 연합되셨는데 어떻게 그 영께서 온전한 한 단위로서 그분 위에 내려오실 수 있었는가? 두 성령이 계신단 말인가? 주 예수님은 이미 성령을 소유하지 않으셨는가? 비록 그분께서 성령으로 잉태된 분이셨지만, 그럼에도 불구하고 성령은 하나의 완전한 단위로서 하늘에서 그분 위에 내려오셨다. 주 예수님은 놀라운 분이시다! 그분은 이미 성령과 연합되셨지만, 여전히 성령께서 그분 위에 내려오셨다.

요한은 말하기를 "그분은 직접 여러분을 성령 안에 그리고 불속에 침례 주실 것이요"(마 3:11)라고 했다. 이것은 어떤 문제를 제기한다. 어떻게 그분께서 우리를 침례 주시는가? 언제 그분께서 우리를 침례 주시는가? 만일 1세기부터 현재까지의 모든 성경 교사를 함께 모이게 한다면, 그들은 이 한 항목만 갖고서도 영원토록 다툴 것이다. 그 누구도 그것을 체계화할 수 없다. 아무도 그것을 분명하게 밝힐 수 없다. 그럼에도 불구하고 나는 주 예수님께서 베드로를 침례 주신 것을 알고, 나를 침례 주신 것을 알며, 또 여러분을 성령 안에 침례 주신 것을 안다. 그분께서 어떻게 그것을 행하셨는지 누구도 충분하게 설명할 수 없다. 시편 139편은 우리가 어떻게 하나님에 의해 조성되고 창조되었는지조차도 모른다는 것을 지적한다. 하지만 우리는 하나님께서 우리를 창조하셨다는 것을 분명히 알고 있다. 여러분은 어떻게 하나님께서 여러분을 창조하셨는지를 내게 말해 주는 데 어려움을 느낄 것이다. 비록 여러분은 자신이 어떻게 창조되었는지 모르지만, 여러분이 창조되었다는 사실은 분명히 알고 있는데, 그것은 여러분이 여기에 존재하고 있기 때문이다. 마찬가지로 나는 주 예수님께서 어떻게 나를 침례 주셨는지 참으로 모르지만, 내가 그분께 침례를 받았다는 것은 분명히 알고 있다. 왜냐하면 내가 그분에 대하여 너무도 열광하고 있기 때문이다. 만일 내가 그리스도께 침례를 받은 적이 결코 없다면, 그분에 대해 그처럼 열광할 수는 없을 것이다. 우리는 침례를 받았다. 어떻게 받았는지는 모른다. 그러나 그분은 우리를 성령 안에 침례 주셨다. 분석하려고 애쓰지 말라. 분석은 해를 끼칠 뿐이다. 성경에는 조직 신학과 같은 것이 없다. 우리는 자신이 그 영 안에서 침례를 받았다는 것과, 우리가 안에 씨를 가지고 여기에 있다는 것을 확실히 알고 있다. 주 예수님은 문화와 종교가 없는 방식으로 우리 안에 뿌려지셨다.

승리하는 씨

이제 마태복음 4장에 이르렀다. 주 예수님은 우리 안으로 뿌려진 왕국의 씨이시지만, 우리 안으로 뿌려지시기 전에 먼저 시험을 통과하셔야 했다. 그분은 원수를 패배시키셔야 했다. 그래서 그분은 원수를 만나기 위해 광야로 가셨으며, 승리를 거두셨다. 귀신들의 우두머리는 패배했다. 마귀는 하나님께 패배당한 것이 아니라, 한 사람 즉 나사렛 사람 예수님께 패배당했다. 원수는 사람의 위치에 서지 않도록 주 예수님을 유혹하며 이렇게 말했다. "그대가 하나님의 아들이라면, 이 돌들이 떡덩이가 되도록 말해 보시오."(마 4:3) 그분은 대답하시기를 "사람이 떡으로만 살 것이 아니라"(마 4:4)라고 하셨다. 그분은 한 사람으로 서서 원수를 패배시키셨다.

큰 빛

원수를 패배시키신 후에, 주 예수님은 이방인의 땅 갈릴리로 가셨다(마 4:12-17). 만일 성경에 아무 기록이 없다면, 우리는 그분께서 갈릴리에 가신 것이 큰 빛의 비춤이었다는 것을 결코 깨닫지 못할 것이다. 그분은 어둠에 앉아 있는 모든 사람에게 빛을 비추시기 위해 그곳에 가셨다. 그것은 그저 외적인 설교에 불과한 것이 아니라 빛을 비추는 것이었다. 주 예수님께서 젊은 어부들에게 하신 말씀은 "나를 따라오십시오."(18-22절)가 전부였는데, 어떻게 그들은 그분을 따라나섰는가? 그분은 많은 것을 전하지 않으셨다. 그분은 베드로와 안드레에게 "나를 따라오십시오."라고 말씀하셨고, 그들은 다만 그분을 따라갔다. 나사렛 사람 주 예수님은 사람들에게 그분을 따르라고 하셨고, 그들은 그렇게 했다. 베드로와 안드레는 배와 바다를 남겨 두고 떠났다. 야고보와 요한은 그물과 자기들의 부친을 떠났다. 왜 사람들이 모든 것을 버려두고 그분을 따르려고 했는가? 큰 빛이신 그분께서 그들에게 빛을 비추셨기 때문이다. 주 예수님께서 그 바닷가에 가셨을 때 젊은 어부들에게 빛을 비추셨고, 그러자 그들은 그분을 따라갔다. 우리 중 많은 이들이 동일한 체험을 했다. 나는 큰 빛이신 주 예수님의 빛 비춤을 체험한 적이 있다고 간증할 수 있다. 어떤 의미에서 그분은 우리 모두에게 빛을 비추셨다. 심지어 오늘날에도 우리는 여전히 그분의 빛 비춤 아래 있다. 우리는 결코 그분에게서 떠날 수 없다. 그 빛 비춤이 우리를 그분께 매어 놓는다.

사도 바울이 다소의 사울이었을 때, 그는 교회를 박해했다. 다마스쿠스로 가는 도중에 주 예수님께서 하늘에서부터 그에게 빛을 비추셨다(행 9:3-5). 사울은 말하기를 "주님, 누구십니까?"라고 했다. 그러자 주 예수님은 "나는 네가 박해하는 예수다."라고 말씀하셨다. 바울은 주 예수님의 빛 비춤을 체험하였고, 그것에 의해 눈멀게 되었다. 우리 모두는 주 예수님의 빛 비춤에 의해 눈멀게 되고 매혹되었다.

주 예수님께서 어둠에 앉아 있는 사람들에게 빛을 비추시러 오셨을 때, 오직 청년들만이 사로잡혔다. 세베대의 아들들인 야고보와 요한은 아버지와 함께 그물을 깁고 있었다. 두 아들만 그분을 따라갔다. 그들의 부친은 따라가지 않았다. 그분께서 부르신 사람들은 모두 젊은이들이었다. 만일 여러분이 어떤 것에 사로잡혀 있지 않다면 여러분은 젊다고 할 수 있다. 주 예수님께서 태어나셨을 당시에, 하나님을 추구하는 두 노인들인 시므온과 안나가 성전에 있었다. 그들은 참으로 주님을 사랑했다. 그러나 주님은 성전에 가셔서 그들을 부르지 않으셨다. 그분은 바닷가로 가셔서 젊은이들을 부르셨다. 어느 나라든지 포구는 더러운 곳이며 하류층 사람들이 많이 있는 곳이다. 그러나 주님은 젊은 어부들을 찾기 위해 포구로 가셨다. 주 예수님은 젊고 배운 것이 없는 이들 어부들에게 빛을 비추셨고, "나를 따라오십시오."라고 말씀하셨다. 그들은 모든 것을 버려두고 그분을 따라갔다. 젊은이들, 거친 이들, 뒤떨어진 이들, 배우지 못한 이들 그리고 더러운 이들, 이런 사람들이 주님을 따라나섰다.

오늘날 주님의 움직임에 적합한 이들은 젊은이들이다. 이것은 비단 미국에서뿐 아니라 유럽과 아프리카와 온 세계에서도 마찬가지이다. 아마 시므온과 안나는 주 예수님께서 사역하러 나오셨을 때쯤에 이미 생을 마감했을 것이다. 그럼에도 불구하고 주 예수님은 성전에 가셔서 자기를 따르게 하려고 나이 든 사람들을 부르지 않으셨다. 오히려 그분은 포구에 가셔서, 어떤 것에도 사로잡히지 않은 몇몇 젊은 어부들을 부르셨다. 그들은 더러웠지만 비어 있었고, 무언가에 사로잡혀 있지 않았다. 사로잡혀 있다는 것은 낡아 있다는 것이다. 그들에게는 종교도 성경 지식도 없었으며, 가진 것이라고는 오직 고기잡이라는 비천한 배경뿐이었지만, 주 예수님은 그들을 불러 그분을 따르게 하셨다. 오늘날에도 원칙은 동일하다. 우리 모두는 젊어야 하고, 점유되어 있지 않아야 한다. 주님은 땅 위에서의 그분의 움직임을 위해 결코 나이 들고 점유되어 있는 사람들을 사용하지 않으실 것이다. 우리 모두는 젊은 설교자나 젊은 제사장이나 젊은 바리새인이 아닌 매우 단순하고 매우 비어 있고 전혀 사로잡혀 있지 않은 젊은 어부들이 되어야 한다. 이런 사람들이야말로 주님의 왕국에 적합한 이들이다.

6

왕국의 씨의 성장

The Growing of
the Seed of the Kingdom

제6장

왕국의 씨의 성장

성경: 마 5:1-3, 8, 10, 20, 45상, 48, 6:10, 33,
7:16-18, 21-23, 19:7-8, 10, 벧전 3:4

마태복음 4장에서 한 무리의 사람들이 주 예수님께 매혹되었고, 5장에서 주님은 그들을 높은 산으로 데려가셨다(1절). 그들은 주님을 따라다니고 있었지만, 주님께서 그들 안으로 들어가실 필요가 여전히 있었다. 주님께서 그들을 높은 산으로 데려가신 사실은 매우 의미심장하다. 우리가 어떤 중요한 문제를 고려할 때에는 모든 것을 벗어나 종종 높은 산에 오르는 것이 좋다. 이것이 바로 그분께서 제자들에게 행하셨던 바이다. 그곳 높은 산 위에서 주님은 그들에게 그분이 그들 안으로 들어가실 수 있는 길을 보여 주셨다.

확장을 위한 씨 뿌림

땅은 스스로의 의지를 갖고 있지 않기 때문에 땅에 씨를 뿌리는 것은 쉬운 일이다. 땅은 어떤 욕망도, 관념도, 생각도, 사고도 갖고 있지 않다. 땅은 생명이 없기 때문에 땅에 씨를 심는 것은 쉽다. 그러나 우리는 간단하지 않기 때문에 주님께서 그분 자신을 우리 안으로 뿌리시는 것은 쉬운 일이 아니다. 사실 우리는 매우 복잡하며, 두 가지 중대한 문제가 있다. 첫 번째 문제는 우리 존재의 가장 깊은 부분인 우리의 영과 관계된다. 두 번째 문제는 우리의 영을 둘러싸고 있는 우리 마음과 관계된다. 우리가 신약을 주의 깊게 읽으면서 조각 그림 맞추기를 할 때처럼 조각들을 맞추어 본다면 분명한 그림이 나타날 것이고, 거기서 우리는 마음이 영을 둘러싸고 있음을 볼 것이다. 영은 마음 한가운데에 있다. 우리의 마음은 사고하는 기관인 생각, 사랑하는 기관인 감정, 결정하는 기관인 의지 그리고 양심으로 구성된 복잡한 기관이다. 우리의 마음속에 감추어 있는 우리의 영은 심지어 '마음에 숨겨진 사람'(벧전 3:4)이라 불린다. 그리스도께서 그분 자신을 우리 존재 안으로 뿌리시기 위해 그분은 먼저 우리의 영 안으로 들어오셔야 하며, 영에서부터 우리 마음의 각 부분으로 그분 자신을 확장하셔야 한다. 이러한 방법으로 그분은 우리 존재를 완전히 점유하실 것이다. 그분은 자신을 우리의 영 안에 씨로 뿌리실 뿐 아니라 우리의 속부분들인 생각, 감정, 의지 그리고 양심 안으로 자라실 것이다. 그럴 때 우리의 모든 속부분이 그리스도로 채워지게 될 것이다.

영 안에서 가난함

주 예수님은 우리에게, 우리가 그분을 따르고 그분께서 자신을 우리 안으로 뿌리시는 것을 허락해 드리기 위해 영 안에서 가난하게 되어야 한다는 것을 분명하게 말씀하셨다(마 5:3). 영 안에서 가난하다는 것은 다름 아니라 영 안에서 비어 있는 것, 어떤 종류가 됐든 우리의 영을 점유하는 것이 없는 것을 의미한다. 주 예수님께서 유대인들에게 오셨을 때, 그들의 영은 다른 많은 것들로 채워져 있었다. 그들에게는 거룩한 말씀, 성전, 제단, 거룩한 의식과 형식 그리고 하나님에 대한 봉사를 맡는 거룩한 제사장 체계가 있었다. 그들은 이런 종교적인 것들과 얽혀 있었기 때문에 자신이 하나님을 안다고 생각했다. 그들은 조상들로부터 하나님을 알도록 교육을 받아 왔고, 그들에게서 귀중한 전통들을 많이 물려받았다고 느꼈다. 주 예수님께서 그들에게 오셨을 때, 그들의 영은 유대교의 모든 교리와 전통으로 가득 차 있었다. 그들이 소중하게 여긴 모든 것이 그들을 가득 채워서, 주 예수님께 속한 어떤 것도 그들 안으로 들어갈 수 없었다.

이와 같이 오늘날 아주 많은 그리스도인들은 영이 채워져 있고 어떤 것에 점유되어 있다. 그들이 사람의 영이 무엇인지를 모르고 심지어 자신에게 영이 있다는 것도 모른다 하더라도, 그들의 영은 이미 점유되어 있다. 오늘날 그리스도인들에게는 구약과 신약 모두가 있다. 많은 이들이 창세기, 출애굽기, 시편, 마태복음, 요한복음 그리고 사도행전에 대해서 아는 것이 있다. 그들은 로마서의 믿음으로 의롭게 됨과 요한계시록의 열 뿔들에 대하여 아는 것이 있다. 그들은 이처럼 성경을 문자적인 방법으로는 알고 있지만, 영적인 의미를 지닌 계시는 거의 없다. 왜냐하면 그들의 영이 가득 차 있기 때문이다. 그들은 이미 가득 차 있기 때문에, 추가적으로 주 예수님께 속한 어떤 것이 그들 안으로 들어갈 수 없다. 그들은 영 안에서 가난하지 않은 것이다.

씨이신 주 예수님을 받아들이려면, 우리는 영 안에서 가난하고, 비어 있고, 점유되어 있지 않아야 한다. 물론 영 안에서 가난하다는 것은 우리에게 빈곤하거나 약한 영이 있다는 뜻이 아니다. 우리는 모두 이렇게 기도할 필요가 있다. "주님, 제가 제 영 안에서 비어 있을 수 있도록 저에게 긍휼을 베풀어 주십시오. 주님, 저는 영 안에서 정말 가난하고 싶습니다. 당신이 제 안에 들어오실 수 있도록, 제가 점유되지 않고 비어 있도록, 가치 없는 모든 것을 없애 버리십시오."

마음이 순수함

우리의 영과 관련된 문제 외에 추가적인 문제가 있는데, 그것은 우리 마음의 문제이다. 주 예수님은 이렇게 말씀하셨다. "마음이 순수한 사람들은 복이 있습니다. 왜냐하면 그들이 하나님을 볼 것이기 때문입니다."(마 5:8) 마음의 순수함은 동기의 문제이다. 우리는 하나님 자신 외에 다른 어떤 목표를 가져서는 안 된다. 마음이 순수한 것은 오로지 하나님만을 구하는 것이다. 우리의 갈망과 우리의 생각과 우리의 결정은 오직 하나님 자신만을 추구하는 것이어야 한다. 우리는 모두 이렇게 기도할 필요가 있다. "주님, 저에게 순수한 마음을 주십시오. 제가 단일한 목표를 갖고, 저의 온 존재가 하나님께 완전히 초점이 맞추어지기까지 저의 동기를 순수하게 해 주십시오." 우리는 다른 어떤 것을 주의해서는 안 되고, 다른 어떤 것도 추구해서는 안 된다. 우리는 평안이나 기쁨이나 물질적인 축복이나 영적인 축복에만 주의해서는 안 된다. 우리는 그러한 것들을 추구해서는 안 된다. 우리의 마음은 하나님께 고정되어야 한다. 하나님께서 우리의 목표이시고, 그분께서 우리의 동기이시다. 우리가 단일하고 단순하게 되어 하나님 자신께 완전히 초점을 맞추어, 하나님 외에는 다른 어떤 것을 구하지 않는 정도에 이르기까지 주님께서 우리의 마음을 처리하시기를 바란다.

만일 여러분이 그리스도를 받아들이기 원한다면, 이렇게 기도할 필요가 있다. "주님, 저를 저의 영 안에서 가난하게 해 주시고, 제 마음이 순수하게 해 주십시오. 주님, 저의 영을 비워 주시고 저의 마음을 순수하게 해 주십시오. 저에게 주님을 위한 단일한 마음을 주십시오." 이런 식으로 우리의 영과 마음이 준비된다면, 우리는 그분께서 우리 안으로 들어오실 수 있도록 준비된 것이다. 그럴 때 주 예수님께서 즉시 우리 안으로 들어오실 것이다. 먼저 그분은 우리의 영 안으로 들어오시고, 그런 다음 우리의 영에서부터 우리의 마음으로 그분 자신을 확장하기 시작하실 것이다. 그분은 왕국의 씨로서 우리 안으로 들어오실 뿐 아니라 또한 우리 안에서 자라신다. 그분께서 자라실 때, 줄곧 우리 안에서 확장하시고 증가하신다. 이것이 바로 왕국의 자람이며, 이것이 왕국이 점진적으로 오는 것이다.

우리 안에서 그리스도께서 자라시는 것이 왕국이 오는 것임

많은 그리스도인들은 "왕국이 오게 하시며"(마 6:10)라고 기도해 왔다. 우리가 "왕국이 오게 하시며"라는 말을 자주 되풀이했을지라도, 왕국은 아직 오지 않았다. 그것은 우리가 그리스도를 받아들이기 위하여 영 안에서 가난하지 않고, 하나님을 향하여 우리의 마음이 순수하지 않기 때문이다. 여러분이 이러한 기도를 아무리 많이 반복할지라도, 여러분이 영 안에서 가난하지 않고 마음이 순수하지 않다면 아무 일도 일어나지 않을 것이다. 만일 여러분이 "주님, 당신의 왕국이 오게 하십시오."라고 기도한다면, 주님은 "너의 영은 어떠냐? 너의 마음은 어떠냐?"라고 물으실 것이다. 그분은 외적인 방식으로 오시지 않고 내적인 방식으로 오신다. 그분은 하늘에서부터 오시지 않고 여러분의 영과 마음에서부터 나오신다.

왕국의 임함을 갖기 위해서는 그리스도께서 우리 안에서 줄곧 자라셔야 한다. 우리 안에서 그리스도께서 자라시는 것이 왕국이 오는 것이다. "왕국이 오게 하시며"라고 기도하는 것도 좋지만, "주님, 제 안에서 자라십시오."라고 기도하는 것이 보다 실지적이다. "왕국이 오게 하시며"라고 기도하는 것은 아마 판에 박힌 종교적인 문구에 불과할지도 모른다. 수많은 그리스도인들이 이런 기도를 천구백 년 이상 반복해 왔지만, 아직도 왕국은 오지 않았다. 주님께서 그러한 기도에 응답하시는 것은 어렵지 않으나, 그분께서 우리 안에서 자라시도록 허락해 드리는 것은 어렵다. 왕국이 오는 것은 그리스도께서 우리 안에서 자라시는 것이다. 영 안에서 가난하고 마음이 순수함으로써 우리는 그리스도께 우리 안에서 자라실 수 있는 입지를 드릴 수 있고, 이러한 자람이 참되게 왕국이 오는 것일 것이다. 우리가 그분께서 우리 안에서 자라시도록 더 신속히 허락해 드릴수록 왕국의 옴이 더 앞당겨질 것이다.

하나님을 따라 하나님의 다스림 아래서 의로움

마태복음 5장부터 7장까지에서 우리는 왕국이 의(義)의 문제라는 것을 본다. 의는 옳음을 뜻하고, 옳은 것은 하나님의 다스림 아래 있는 것을 의미한다. 심지어 의를 위하여 박해를 받는 것조차도 왕국의 문제이다. "의를 위하여 박해를 받는 사람들은 복이 있습니다. 왜냐하면 천국이 그들의 것이기 때문입니다."(마 5:10)

주 예수님께서 돌아오실 때, 많은 그리스도인들이 그날 그분께 "주님, 주님! 우리가 주님의 이름으로 예언하였으며, 주님의 이름으로 귀신들을 쫓아냈으며, 주님의 이름으로 많은 능력의 일을 행하지 않았습니까?"(마 7:22)라고 말할 것이다. 주 예수님은 그들이 이러한 일들을 했음을 부인하지 않고 인정하실 것이다. 그럼에도 불구하고 그분은 "불법을 행하는 사람들이여, 나에게서 떠나가십시오."(23절)라고 말씀하실 것이다.

마태복음 7장 23절에서 합당한 번역어는 '죄악(iniquity)'이 아니라 '불법(lawlessness)'이다. 죄악은 하나님께서 보시기에 어둡고 죄가 가득하고 가증한 것이다. 그러나 불법은 다소 다르다. 좋은 예로, 법에 의하면 우리는 운전할 때 고속 도로의 흰 선 안에서 운전해야 한다. 흰 선 밖으로 차가 나가도록 운전하는 것은 불법이다. 하지만 그것은 죄악이거나 부도덕은 아니다. 그러한 운전은 옳지 않은 것이며 부주의하고 법을 지키지 않는 것이다.

주 예수님께서 불법을 행하는 사람들에게 그분에게서 떠나가라고 말씀하실 때, 그분은 그들에게 그분의 이름으로 그런 것을 행하는 것을 결코 허락한 적이 없으셨다고 말씀하실 것이다. "나는 여러분을 도무지 알지 못합니다."(마 7:23)라는 말은 "내가 여러분에게 결코 허락하지 않았습니다."로 번역할 수 있다. 동일한 단어가 로마서 7장 15절에서는 다음과 같이 번역되었다. "나는 내가 행하는 것을 허락하지 않습니다."(흠정역 성경) 바울은 자신이 행하고 있는 것이 무엇인지를 알았지만, 그것을 행하는 것을 그 스스로는 허락하지 않았다. 즉 그는 그것에 찬성하지 않았다. 그러므로 사실상 주님의 말씀은, 그들이 그분의 이름으로 예언하고 그분의 이름으로 귀신을 쫓아내며 그분의 이름으로 기적들을 행했지만, 그분은 그것을 행하는 것을 그들에게 결코 허락하지 않으셨다는 것이다. 그들은 그 모든 것을 불법적으로 행했다. 그들이 행한 것은 모두 불법이었다. 그들은 아버지의 뜻을 행해야 했다. 옳은 것은 인간적인 의미에서 좋은가 나쁜가, 옳은가 그른가와 관련이 없다. 하나님께서 보시기에 옳은 것은 하나님의 뜻을 행하는 것과 관련이 있다.

만일 우리가 자신의 관념대로 도로에서 운전한다면, 경찰은 우리의 선한 의도를 인정하지 않을 것이다. 만일 우리가 법을 지키지 않는다면, 교통 위반 딱지를 떼일 것이다. 우리의 가장 선한 의도에 따라 옳다고 해서 하나님의 뜻에 따라 옳은 것은 아니다.

의는 하나님의 뜻에 따라 옳은 것이고, 의를 위하여 박해를 받을 때 복이 있다(마 5:10). 오늘날 우리는 주님의 회복을 위하여 박해를 받고 있다. 우리는 소문과 악한 풍문의 확산과 함께 비판과 유죄판결을 받고 있다. 이러한 고난은 우리가 하늘에 속한 차선 안에서 차를 몰고 있기 때문에 오는 것이다. 우리는 이러한 차선에서 벗어날 수 없다. 어떤 그리스도인들은 분열을 고집한다. 그러나 성경에는 분열이 있어서는 안 된다는 차선이 매우 분명하게 그어져 있다. 이것은 다른 사람들에게 매우 편협하거나 배타적인 것으로 보일 수 있지만, 우리는 반드시 하늘에 속한 차선 안에 머물러야 한다. 중국에서 수고했던 많은 선교사들은 우리가 몸의 하나를 옹호했다는 단지 그 이유만으로 우리에 대해 적극적인 소문을 내려고 하지 않았다. 그들은 자기들의 교파를 세우려고 왔으므로, 협력하자는 그들의 말에 우리가 설득되지 않자 그들은 우리가 외국인들을 반대한다는 느낌을 받았다. 사실 우리는 오직 분열을 반대했다.

의란 하나님의 뜻에 따라 옳은 것을 의미한다. 하나님의 눈에 옳은 것은 영 안에서 가난하고 마음이 순수하며 우리가 행하는 모든 일에서 옳은 것이다. 우리는 사람의 관념에 따르거나 우리의 의도와 기호와 갈망에 따라서가 아니라, 하나님의 뜻에 따라 모든 행실과 활동에서 옳아야 한다. 이것이 왕국의 실재요, 이것이 그리스도이다. 주 예수님은 내 안에 들어오셨고, 지금 그분은 나를 통해서 그분 자신을 표현하고 계신다. 그분은 안으로 들어오셨고, 지금은 그분 자신을 표현하시기 위해 나의 밖으로 나오고 계신다. 이것이 왕국이 되기 위해 확장되시는 그리스도이다.

천국의 의는 뛰어난 의로서 다른 모든 사람의 의보다 뛰어나며, 또 율법의 의보다도 뛰어나다(마 5:20). 만일 여러분이 아내와 이혼하고 싶으면, 모세의 율법에 따른 의의 요구를 이루기 위해 다만 이혼 증서를 써서 그녀를 내보내면 된다(마 19:7). 그러나 주 예수님은 "본래 그런 것은 아닙니다."(8절)라고 말씀하셨다. 하나님에 따르면, 본래 그렇지 않았다. 하나님에 따르면, 한 남편에 한 아내요 한 아내에 한 남편이다. 제자들은 그것을 어렵게 생각했고, 심지어 결혼하지 않는 편이 더 낫겠다고 생각했다(10절). 주 예수님은 그것이 어렵다는 것에 동의하셨는데, 이것은 그들이 그저 모세의 율법에 따라서가 아니라 하나님 자신에 따라 옳아야 했기 때문이다. 주님은 그들을 본래로 되돌리심으로써 그들을 하나님께로 되돌리셨다.

하나님에 따라 옳은 것은 여러분이 기꺼이 다른 쪽 뺨도 돌려 대는 것을 의미한다. 즉 누가 여러분의 한쪽 뺨을 때리면 여러분은 그에게 기꺼이 다른 쪽 뺨까지도 돌려 대어야 한다. 만일 누가 여러분에게 억지로 일 밀리온을 가게 하면, 그 사람과 자발적으로 이 밀리온을 가야 한다. 타고난 생명 안에서 우리 중 그 누구도 하나님에 따라 옳은, 이러한 수준의 의에 도달할 수 없다.

하나님의 생명이 필요함

결국 주 예수님은 "그러므로 여러분의 하늘의 아버지께서 온전하신 것같이, 여러분도 온전하게 되십시오."(마 5:48)라고 말씀하셨다. 그분은 우리가 신사처럼 온전해야 한다고 말씀하시지 않고, 하늘의 아버지처럼 온전해야 한다고 말씀하셨다. 어떻게 이것이 가능한가? 만일 우리에게 아버지의 생명이 없다면 그것은 불가능하다. 만일 누가 우리에게 온순한 어린양처럼 온전해야 한다고 요구하면, 우리에게 양의 생명이 없기 때문에 우리는 그것이 불가능하다고 말해야 할 것이다. 양처럼 온순해지려면 우리에게는 양의 생명이 필요할 것이다. 그렇게 되면 온순해지는 것이 더 이상 어려운 문제가 아닐 것이다. 마찬가지로, 만일 우리에게 아버지의 생명이 없다면 우리의 하늘의 아버지같이 온전해지기란 불가능하다.

생명에 따른 표현

마태복음 7장 16절에서 주 예수님은 "가시나무에서 포도를, 엉겅퀴에서 무화과를 따겠습니까?"라고 말씀하셨다. 여러분은 자신을 가시나무로 여기는가 아니면 포도로 여기는가? 여러분은 무화과인가 아니면 엉겅퀴인가? 우리가 반드시 시인해야 할 것은, 우리 자신 안에서 우리는 포도나 무화과가 아니라 가시나무와 엉겅퀴라는 것이다. 우리는 전혀 소망이 없는 사람들이다. 우리는 가시나무이기 때문에 결코 포도를 맺을 수 없다.

우리는 엉겅퀴이기 때문에 결코 무화과를 낼 수 없다. 우리 자신 안에서 우리는 소망이 없지만, 그리스도 안에서 우리는 소망이 가득하다. 그리스도의 생명은 포도를 맺는 생명이고 무화과를 산출하는 생명이다. 이 포도를 맺는 생명과 무화과를 산출하는 생명이 우리 안으로 들어왔다! 이 생명이 우리 안으로 들어올 때, 생명의 표현으로서 포도와 무화과가 나올 것이다.

우리는 영 안에서 가난하고, 마음이 순수하며, 행하는 모든 일에서 옳고, 하나님의 뜻에 따라 옳도록 주님의 긍휼을 바라며 기도해야 한다. 우리가 이런 식으로 기도한다면, 주 예수님은 우리를 조금씩 차지하실 것이고, 또 한 부분씩 우리를 채우실 것이다. 그분은 우리 안에서 자라실 것이고, 끊임없이 우리 속에서 증가하실 것이다. 결국에 가서 우리는 더 이상 가시와 엉겅퀴를 내지 않고 포도와 무화과를 맺을 것인데, 이 두 가지는 왕국 생활의 두 가지 표현일 따름이다. 포도와 무화과는 둘 다 다른 사람들을 먹이는 데 쓰인다.

이것이 왕국 생활이다. 이것은 외적인 품행이 아니라 속생명, 곧 우리 존재 안에서 확장되시는 그리스도의 표현이다. 그분께서 우리의 모든 속 존재 안으로 확장되시려면, 우리는 우리의 영 안에서 가난해야 하고, 우리의 마음이 순수해야 하며, 또 우리의 관념대로가 아니라 하나님 자신에 따라 모든 행함에서 옳아야 한다. 이것이야말로 우리가 단체적인 생활을 가질 수 있도록 그리스도께서 그분 자신을 우리 안으로 뿌리시고 또 우리 존재 안에서 그분 자신을 확장하시는 길이다. 이 단체적인 생활이 왕국이다. 이것이 교회생활의 실재이다. 생명이신 그리스도는 그분 자신을 우리 안으로 확장하고 계신다. 이제 우리는 왕국이 그분의 모든 활동과 함께 우리 안으로 확장되시는 생명이신 그리스도의 총체임을 더 온전하게 볼 수 있다.

7

형상과 통치권

Image and Dominion

제7장
형상과 통치권

성경: 창 1:26, 2:9, 3:1, 18상, 요일 3:9–10상,
요 8:44, 마 23:33, 12:34, 3:7, 9, 7:16,
5:9, 45상, 48, 13상, 14상, 16, 계 22:1–2

창세기 1장 26절에서 우리는 하나님께서 두 가지 중요한 방면을 가진 사람을 창조하셨음을 듣게 된다. 첫째로, 사람은 하나님의 형상대로 창조되었다. 이 '형상'이라는 단어는 성경에서 중요한 단어이다. 사람이 하나님의 형상대로 창조되었다고 말하는 것은 사람이 하나님을 따라 창조되었다는 뜻이다. 하나님의 형상은 그리스도이다(고후 4:4). 그러므로 사람은 그리스도를 따라 창조된 것이다. 둘째로, 하나님은 그분의 통치권을 사람에게 위임하셨다. 하나님은 바다의 물고기와 하늘의 새와 온 땅을 다스리는 통치권을 사람에게 주셨다. '통치권'은 왕국을 가리킨다. 그것은 신성한 왕국이다. 형상과 통치권은 하나님께서 사람을 창조하심에 있어서 두 가지 중요한 방면들이다. 형상은 하나님의 표현을 위한 것이고, 통치권은 하나님의 권위를 위한 것이다. 사람은 하나님을 표현하고 대표하기 위해 창조되었다. 하나님을 표현하기 위해서는 하나님

의 형상이 요구되고, 하나님을 대표하기 위해서는 하나님의 권위가 요구된다.

하나님의 생명에 의해서만

우리는 형상과 통치권, 이 두 가지가 하나님의 생명이 없이는 결코 성취될 수 없다는 것을 깨달아야 한다. 단지 하나님의 형상과 권위의 외양만 갖는 것으로는 불충분하다. 사람이 하나님을 표현하고 하나님을 대표하려면, 그에게 하나님의 생명이 필요하다. 하나님의 생명이 없다면 우리는 하나님을 표현하고 대표하는 데 있어서 완전히 무능하고 자격이 없다. 우리에게는 하나님의 생명이 필요하다. 그러므로 즉시 창세기 2장 9절은 생명의 문제를 언급한다. 하나님은 사람을 그분의 형상대로 창조하시고 사람에게 그분의 권위를 위임하신 후에 사람을 생명나무 앞에 두셨는데, 이것은 사람이 생명이신 하나님을 음식의 형태로 받아들여야 한다는 것을 가리킨다. 하나님은 그분 자신을 음식의 형태로 사람에게 제시하셨다. 사람을 창조하신 후에 하나님은 사람이 그분을 그 안으로 받아들일 수 있도록 그분 자신을 음식으로 제시해 주셨다. 어떤 것을 우리 안으로 받아들이는 데에는 먹는 것이 가장 좋은 방법이며 심지어 유일한 방법이다. 태초에 하나님은 사람이 그분을 그 안에 받아들이기를 원하셨다. 만일 하나님께서 사람 안에 들어가셔서 사람의 생명이 되실 수 있다면, 사람은 자동적으로 하나님을 표현할 수 있을 것이다. 하나님을 표현한 결과, 사람은 또한 하나님을 대표할 자격을 갖게 될 것이다. 만일 우리가 누구를 표현할 수 있다면 또한 그를 대표할 수 있다. 대표하는 것은 표현하는 것에서 비롯된다. 하나님을 표현하는 사람은 하나님을 대표할 자격이 있다. 이것이 태초부터 사람에 대한 하나님의 의도였다.

또 다른 근원 — 뱀

그러나 창세기 2장 9절은 하나님 외에 또 다른 근원, 곧 하나님의 대적인 악한 자 사탄을 계시한다. 선과 악의 지식나무는 그 근원이 사탄에게 있다. 창세기 1장에서 의미 깊은 단어는 '형상'과 '통치권'이다. 창세기 2장에서 의미 깊은 단어는 '생명' 곧 생명나무이다. 하나님의 형상과 통치권은 하나님의 생명을 요구한다. 이 세 가지, 곧 형상과 통치권과 생명은 매우 긍정적인 것들이다. 창세기 3장에는 중요하긴 하지만 매우 부정적인 또 하나의 단어가 나온다. 그것은 '뱀'이다. 긍정적인 두 장 뒤에 갑자기 뱀이 들어온다.

주 예수님은 바리새인들과 사두개인들을 책망하셨을 때, 그들을 뱀들이자 독사의 자손들이라고 부르셨다(마 23:33, 12:34). 그분은 가볍게 말씀하지 않으셨다. 그분은 사탄이 뱀이고, 그들은 모두 뱀의 새끼들이라고 말씀하신 것이다. 즉 사탄은 아버지요 그들은 모두 그의 자녀들이었다. 그들의 아버지는 뱀이었다. 그러므로 그들은 뱀 가족에게 속했다. 또한 요한복음 8장 44절에서 주 예수님은 바리새인들에게 그들의 아버지가 마귀라고 말씀하셨다. 바리새인들은 아브라함이 자기들의 아버지라고 주장했으나, 주 예수님은 만일 아브라함이 그들의 아버지였다면 그들이 아브라함이 행한 일을 했을 것이라고 하셨다. 그분은 그들의 아버지가 아브라함이 아니고 거짓의 아버지인 뱀, 곧 마귀라고 그들에게 말씀하셨다.

뱀은 먼저 사람을 유혹하여 그의 생각을 취하게 함으로써 사람 안으로 들어왔다. 하나님은 아담과 하와에게 그들이 죽지 않도록 선과 악의 지식나무를 먹지 말라고 말씀하신 적이 있다(창 2:17). 그러나 뱀이 들어와서 의문을 제기했다. "하나님께서 정말로 … 하셨어요?" 만일 물음표를 본다면, 여러분은 그것이 뱀의 모습과 닮았음을 알 것이다. 그 작은 뱀이 머리를 치켜들고 여러분에게 질문을 할 때, 뱀의 모습은 물음표와 같은 모습이다. 사탄에게 속한 뱀의 생각이 먼저 사람의 생각 속으로 들어왔다. 둘째로, 사람은 손을 내밀어 지식나무를 먹었다. 이런 식으로 악한 자 뱀이 인류 안에 들어왔다. 먼저 사탄은 사람의 생각 속으로 들어갔고, 그 다음으로 그는 사람의 물질적인 몸 안으로 들어갔다. 이 때문에 사람의 정신 상태는 엉망이 되었다. 사람의 생각은 악한 뱀에게 완전히 점유되어 있기 때문에 악하고 끔찍하다. 또한 사람의 몸도 온갖 정욕들로 부패되었다. 성경은 정욕들이 사람의 물질적인 몸 안에 있다고 우리에게 말해 준다(갈 5:24, 약 4:1). 사람의 몸은 육체가 되었다. 그것은 원래 하나님에 의해 몸으로 창조되었지만, 사탄에 의해 중독되고 부패된 뒤에는 육체가 되었다. 창조된 몸은 선하고 깨끗하고 순수했지만, 육체는 악하고 더럽고 부패하고 정욕들로 가득하다. 사탄이 사람 안으로 들어온 것이다. 그러므로 이제 사람은 더럽혀진 몸과 부패한 생각을 갖고 있다.

사탄이 사람 안으로 들어왔을 때, 사람은 단지 죄가 있게 되었을 뿐 아니라 그의 내적 조성 또한 사탄의 요소로 부패하였다. 밖의 행동과 안의 본성이 둘 다 오염되었다. 이 부패한 사람을 묘사하는 데에는 많은 부정적인 단어들이 필요하다. 사람의 온 존재와 그가 하는 모든 것이 부패했다. 사랑하든 미워하든 사람은 사탄의 독소로 가득하다. 사람은 내적으로 사탄으로 조성되었으며 사탄적이 되었다. 사람은 사탄과 혼합되었다. 그는 여전히 사람이긴 하지만 사탄과 혼합된 사람이다. 주 예수님께서 바리새인들을 뱀이라고 부르실 정도가 되기까지 사람은 사탄과 혼합되었다(마 23:33). 겉으로 보기에 인간 존재는 여전히 사람이다. 그들이 거리를 거닐 때 신사나 숙녀처럼 보인다. 그러나 사실상 하나님의 눈에 그들은 뱀들이다. 이것은 밖의 행실의 문제가 아니라 절대적으로 내적 요소, 내적 본성의 문제이다.

요한복음 3장 14절은 광야의 놋 뱀이 그리스도의 예표였음을 우리에게 보여 준다. 모세는 불 뱀들에게 물려 중독된 사람들을 구원받게 하려고 놋 뱀을 만들어 장대 위에 달았다(민 21:9). 장대 위의 놋 뱀은 십자가 위에 달리신 주 예수님의 예표였다. 주님은 십자가 위에 계셨을 때 뱀의 형체로 계셨다. 마찬가지로 그 놋 뱀은 오직 뱀의 형체만 갖고 있었을 뿐이다. 그것은 뱀의 본성이나 독을 갖고 있지 않았다. 십자가 위에서 주 예수님은 뱀의 형체를 취하셨는데, 이것은 내적 본성이 뱀이 되어 버린 사람을 위해 그분께서 죽으셨기 때문이다. 하나님의 눈에 인류는 뱀이 되었다. 겉으로 보기에, 사람은 여전히 사람이지만 사실상 그는 뱀이었다. 그러므로 주 예수님께서 뱀이 된 모든 사람을 위한 대치물로서 죽으셨을 때, 그분은 뱀의 형체로 계셨던 것이다.

가시와 엉겅퀴

창세기 3장 18절은 두 가지 부정적인 단어, 곧 '가시'와 '엉겅퀴'를 언급하고 있다. 주 예수님은 "가시나무에서 포도를, 엉겅퀴에서 무화과를 따겠습니까?"(마 7:16)라고 물으셨다. 가시와 엉겅퀴는 타락으로 말미암아 생겼다. 그것들은 타락 이전에는 존재하지 않았다. 하나님의 창조물 안에는 가시와 엉겅퀴가 없었다. 타락 후에 땅이 가시와 엉겅퀴를 낸 것은 하나님의 눈에 아담의 모든 자손이 가시와 엉겅퀴가 되었음을 나타낸다. 여러분이 은행장이든 은행 강도이든, 카지노장의 도박사이든 성당의 설교자이든, 하나님께서 보시기에 여러분의 본성은 가시들과 엉겅퀴들로 구성되어 있다. 주 예수님은 가볍게 바리새인들을 뱀들이라고 부르지 않으셨다. 마찬가지로 그분은 아무 의미 없이 가시와 엉겅퀴라는 말을 쓰지 않으셨다. 예수님은 '뱀'이라는 용어를 사용하셨을 때, 틀림없이 창세기 3장의 뱀을 염두에 두고 계셨다. 마찬가지로, 그분은 가시와 엉겅퀴라는 말을 쓰셨을 때 창세기 3장을 가리키고 계셨다.

성경은 포도나무가 주 예수님이라고 우리에게 말해 준다(요 15장). 거듭났을 때 우리는 이 포도나무의 가지들이 되었다. 아담 안에서 우리는 가시와 엉겅퀴였지만, 그리스도 안에서 우리는 참포도나무의 가지들이다.

하나님은 사람이 그분을 표현하고 대표할 수 있도록 사람을 그분의 형상대로 창조하셨고 또 사람에게 그분의 권위를 주셨다. 그러나 그 대신 사탄이 사람 안으로 들어왔고, 사람을 강탈하여 사람의 생명을 차지했다. 심지어 사탄은 사람의 몸을 그의 독 있는 요소로 적셔서 몸이 육체가 되게 했다. 비록 주님께서 사람의 영을 보존하시기 위해 선을 그어 놓으셨지만, 사탄은 사람의 생각을 부패시켰고 사람의 몸을 차지했다. 그 결과 사람은 뱀에게 속한 존재가 되었고 또 가시와 엉겅퀴가 되었다.

사탄의 왕국

어떤 왕국은 어떤 생명의 총체이다. 생명이 없으면 왕국이 없다. 예를 들어, 식물의 생명이 없으면 식물의 왕국을 갖기란 불가능하다. 의자의 왕국, 돌의 왕국, 벽돌의 왕국이라는 말은 없는데, 이것은 이런 것들에 생명이 없기 때문이다. 어떤 생명이 존재한다면, 그 생명은 그 활동들과 함께 하나의 왕국을 형성한다. 사람의 생명은 사람의 왕국을 형성하고, 식물의 생명은 식물의 왕국을 형성하며, 동물의 생명은 동물의 왕국을 형성한다. 생명이 있으면 왕국이 있는 것이다. 사탄은 사탄의 생명을 갖고 있다. 이 사탄의 생명이 사람 안에 들어올 때, 그것은 사탄의 왕국이 된다.

왕국은 가족의 뻗어 나옴이다. 식물과 동물의 왕국이 있기 전에 식물과 동물의 가족이 있어야 한다. 가족이 없는 왕국이란 있을 수 없다. 먼저 개개인이 있고, 그다음에 개개인이 가족으로 형성된다. 가족들을 단체적으로 함께 둘 때 왕국이 된다.

사탄이 사람 안에 들어왔을 때, 사람은 사탄을 아버지로 삼는 사탄의 가족이 되었다. 요한복음 8장 44절에서 주 예수님은 종교 지도자들에게 사탄이 그들의 아버지라고 말씀하셨다. 요한일서 3장 10절은 어떤 사람들이 마귀의 자녀들이라고 말한다. 사탄은 아버지이고, 이 사람들은 그의 자녀들이다. 가족은 아버지로부터 시작된다. 가족이 확장될 때 그것은 왕국이 된다. 사탄의 왕국은 사탄의 가족에게서 비롯되고, 사탄의 가족은 사탄의 생명에서 비롯된다. 여러분은 타락한 인류가 사탄의 가족이 되었다는 것을 생각해 본 적이 있는가? 사탄은 아버지이고 타락한 모든 인간은 그의 자녀들이다. 사탄은 한 가족을 낳았고, 이 가족이 하나의 왕국으로 형성되었다.

이것은 전적으로 생명의 문제이다. 사탄의 왕국의 일원이 되는 것에는 사탄의 생명이 요구된다. 만일 여러분에게 마귀의 생명이 없다면, 여러분은 결코 마귀의 자녀가 될 수 없다. 마귀의 자녀가 되는 것이 쉬운 일이라고 생각하지 말라. 오늘날 대부분의 그리스도인들은 생명의 문제를 소홀히 여긴다. 만일 여러분이 은행을 털려면 은행 강도의 생명이 필요하다. 여러분에게 강도질하는 생명이 없다면 결코 여러분은 강도질할 수 없다. 새에게 짖으라고 가르치거나 강요할 수 있는가? 아무리 새가 짖으려고 해도 짖을 수 없는 것은 새에게 짖는 생명이 없기 때문이다. 거짓말하는 것도 마찬가지이다. 거짓말을 하려면 거짓말하는 생명이 필요하다. 거짓말하는 생명이 없으면 거짓말하기가 불가능하다. 의자는 생명이 없기 때문에 거짓말을 할 수 없다. 그러나 사람은 거짓말하는 생명을 갖고 있기 때문에 거짓말하기가 쉽다. 부모들은 자녀들에게 거짓말하라고 가르치지 않고 반대로 거짓말을 하지 말라고 가르친다. 그럼에도 불구하고 자녀들은 여전히 거짓말을 한다. 그들은 거짓말하는 생명을 갖고 있기 때문에 거짓말하는 것을 배울 필요가 없다. 이 거짓말하는 생명은 어디에서 나왔는가? 그것은 거짓의 아버지인 사탄에게서 나왔다. 모든 사람은 사탄의 생명을 소유하고 있기 때문에 거짓말을 하는 것이다.

처음에 우리는 사탄의 가족이었는데 결국에는 그의 왕국이 되었다. 내가 이런 예를 드는 것은 왕국이 단지 어떤 시대나 영역에 불과한 것이 아니라는 사실을 여러분에게 더 깊이 확신시키기 위해서이다. 왕국은 어떤 생명의 총체이다. 하나님의 왕국은 바로 하나님의 생명의 총체이다.

두 종류의 자녀들

이 우주 안에는 사실상 두 아버지, 즉 거룩하신 아버지이신 하나님과 악한 아버지인 사탄이 있다. 그러므로 인류 가운데에는 오직 두 종류의 자녀들, 즉 하나님 아버지의 자녀들과 사탄의 자녀들이 있다. 요한일서 3장 10절은 우리가 하나님의 자녀들이거나 사탄의 자녀들이라고 선포하고 있다. 과거에 내가 이 문제, 곧 타락한 인류가 사탄의 생명을 소유하고 있다는 점에 대해 말했을 때, 어떤 이들은 내게 그렇게 말하면 안 된다고 했다. 나는 그들에게 '마귀의 자녀들'을 말하는 요한일서 3장 10절을 가리켰다. 여러분은 마귀의 자녀들이 마귀의 생명을 갖고 있다고 생각하지 않는가? 어떻게 여러분은 여러분의 아버지의 자녀이면서도 아버지의 생명을 갖고 있지 않다고 말할 수 있는가? 만일 그렇다면 여러분은 분명히 양자(養子)일 것이다. 그러나 사탄은 결코 누구도 양자로 삼은 적이 없다. 사탄의 모든 아들은 다 그에게서 태어났다.

현재 여러분은 어떤 생명을 갖고 있는가? 오늘날 여러분은 세 가지 생명, 곧 창조된 타고난 생명과 사탄의 생명과 신성한 생명을 갖고 있다. 우리는 자신에게 사탄의 생명이 있음을 부인할 수 없다. 최근에 여러분은 성질을 내지 않았는가? 그것은 창조된 생명의 표현이 아니라 사탄의 생명의 표현이다. 나는 하나님께서 창조하신 생명은 결코 성질을 내지 않을 것이라고 확신한다. 창조된 사람의 생명에는 성질이 없음에도 우리는 매우 쉽게 성질을 낸다. 이것은 우리 속에 있는 사탄의 생명에서 나온다. 인내하기는 어렵다. 인내하려면 힘에 겹도록 애를 써야 한다. 그와 반대로 성질을 내는 것은 쉽다. 그것은 자연스럽고 억지로 힘들일 필요가 없다. 우리는 사탄의 생명을 갖고 있기 때문에 성질을 쉽게 낸다.

우리는 세 가지 생명을 갖고 있기 때문에 아주 복잡하다. 아담 안에서 창조되었을 때, 우리에게는 오직 하나의 생명, 곧 사람의 생명만 있었다. 우리 모두는 아담 안에서 에덴동산 안에 있었다. 그때에 우리는 오직 사람의 생명, 곧 죄가 없고 순수하며 단순한 생명만을 갖고 있었다. 이 생명은 성질도 없었고 증오도 없었다. 그것은 사람의 생명이었고, 하나님은 그것이 매우 좋다고 하셨다(창 1:31). 창세기 3장에서 타락이 있었을 때, 또 다른 생명인 사탄의 생명이 우리 안에 주입되었다. 그 생명은 가시와 엉겅퀴를 산출했다. 그러므로 타락 후에 우리는 사람의 생명과 사탄의 생명을 갖게 되었다. 모든 인간이 이 두 생명을 갖게 되었다. 믿지 않는 사람들은 모두 사람의 생명과 사탄의 생명을 갖고 있다. 때때로 여러분은 어떤 사람에게서 사람의 생명을 볼 수 있다. 또 어떤 때에는 같은 사람에게서 사탄의 생명을 볼 수 있다. 아마 아침에 남편은 신사였을 것이다. 그러나 저녁에 일터에서 돌아올 때에 그는 '마귀-사람'의 얼굴을 하고 있을지도 모른다.

우리 그리스도인은 이것보다 한층 더 복잡하다. 왜냐하면 주 예수님을 받아들였을 때 우리는 세 번째 생명인 신성한 생명을 받아들였기 때문이다. 우리에게는 사람의 생명과 사탄의 생명과 신성한 생명이 있다. 우리는 사람의 생명을 갖고 있기 때문에 사람이 될 수 있다. 우리는 사탄의 생명을 갖고 있기 때문에 마귀-사람이 될 수 있다. 우리에게는 신성한 생명이 있기 때문에 우리는 '하나님-사람'이 될 수 있다. 같은 한 사람이 아침에는 신사, 저녁에는 마귀-사람, 집회에서는 '하나님-사람'일 수가 있다.

우리는 사람의 생명을 갖고 있기 때문에 사람의 왕국 안에 있다. 또한 우리는 사탄의 생명을 갖고 있기 때문에 사탄의 왕국 안에 있다. 그리고 우리는 하나님의 생명을 갖고 있기 때문에 하나님의 왕국 안에 있다. 교회 집회에 올 때마다 나는 하나님의 왕국을 본다. 우리는 하나님의 생명을 갖고 있기 때문에 하나님의 왕국 안에 있다. 왕국이란 어떤 생명의 총체이다.

생명의 문제

성경의 가장 마지막 장에는 하나의 보좌가 있다(계 22:1). 이 보좌는 왕국을 위한 것이다. 보좌에서 생명수가 흘러나오고, 생명수 안에서 생명나무가 자라는데, 그 나무에는 먹기 위한 열매와 치료하기 위한 잎들이 있다. 이것은 왕국의 문제이다. 왕국은 전적으로 생명의 문제이다. 창세기 1장과 2장에서 하나님의 형상과 통치권은 하나님의 생명을 요구했다. 요한계시록 22장에서는 생명이 하나님의 보좌에서 나와서 왕국을 산출하는데, 이 왕국이 하나님을 표현하고 하나님을 대표한다. 새 예루살렘을 보라. 거기에서 우리는 하나님의 형상과 통치권을 볼 수 있다. 요한계시록 21장과 22장은 창세기 1장과 2장에서 보인 하나님의 뜻의 성취이다. 왕국은 생명의 총체이며, 생명은 왕국을 산출하기 위해 보좌에서 나온다. 본질적인 문제는 바로 왕국이 전적으로 생명의 문제라는 것이다. 생명이 없으면 왕국도 없다. 만일 생명이 있으면 틀림없이 왕국이 있을 것이다.

자녀들, 소금, 빛

우리는 하나님의 생명을 갖고 있기 때문에 하나님의 자녀들이다. 하나님에 대하여 우리는 자녀들이다. 땅에 대하여 우리는 소금이다(마 5:13). 세상에 대하여 우리는 빛이다(14절). 소금은 세균들을 죽이며 모든 부패를 제거한다. 빛은 어둠을 삼킨다. 하나님의 왕국이요 하나님의 자녀들인 우리는 땅의 부패를 죽이는 소금이고, 세상의 어둠을 삼키는 빛이다. 이것이 하나님의 왕국의 기능이다. 소금으로서 우리는 결국 땅을 치료할 것이다. 생명나무는 잎들을 산출하며, 이 잎들은 민족들을 치료할 것이다(계 22:2). 이것이 소금을 치는 것이다. 우리는 땅을 향한 소금이며, 모든 어둠을 삼켜 버리는 빛이다. 오늘날 하나님의 왕국이 가는 곳마다 부패가 죽음을 당하게 될 것이고, 어둠이 삼켜질 것이다. 그러나 이것은 개인적인 문제가 아니라 단체적인 문제이다. 우리는 함께 소금이고 빛이다.

8

두 왕국

Two Kingdoms

제8장
두 왕국

성경: 마 12:22-28, 눅 22:3상, 행 5:3, 요 12:31, 요일 5:19, 엡 2:2-3, 5, 빌 2:13, 엡 6:11-12, 행 26:18상, 골 1:13

지난 장에서 우리는 우주 안에 두 근원이 있다는 것과, 이 두 근원은 두 생명이며 이 두 생명에서 두 왕국이 나온다는 것을 분명하게 보았다. 하나님은 그분의 생명을 갖고 계시는데, 그 생명에서 하나님의 왕국이 시작되어 존재하게 된다. 사탄도 그의 악한 생명을 갖고 있으며, 그 생명에서 사탄의 왕국이 시작되어 존재하게 된다. 그러므로 우주 안에는 두 왕국, 곧 하나님의 왕국과 사탄의 왕국이 있다.

사탄의 왕국

우리는 하나님의 왕국과 사탄의 왕국이 둘 다 생명에 속한 것임을 보아야 한다. 하나님의 왕국은 신성한 생명의 문제이고, 사탄의 왕국은 사탄의 생명의 문제이다. 여러분이 세계정세를 고찰해 본다면, 온 인류의 족속이 하나의 왕국인데 인간 생명에 속한 왕국에 불과한 것이 아니라, 그보다 훨씬 더 사탄적인 생명에 속한 왕국이라는 것을 보게 될 것이다. 오늘날의 인간 사회는 사탄의 생명에 속한 왕국이다. 인류는 사탄의 모든 활동을 따르는 사탄적인 생명의 총체가 되어 버렸다. 이같이 사람의 왕국은 사탄적인 왕국, 즉 사탄의 왕국이 되었다.

마태복음 12장 22절부터 28절까지는 사탄의 왕국을 언급한다. 사람들이 귀신 들려 눈멀고 말 못 하는 한 사람을 주 예수님께 데려왔다. 이 책의 2장에서 언급했듯이 성경에서 귀신은 하나님을 거스르는 반역을 의미한다. 주 예수님은 귀신들을 내쫓으셨다. 우리의 이해에 따르면, 이것은 단순히 귀신을 내쫓는 것이고 사람을 회복하는 것이다. 그러나 주님의 해석에 의하면, 무언가 더욱 큰 것이 거기에 함축되어 있었다. 이것은 단지 귀신을 내쫓고 병든 사람을 치료한 문제만이 아니었다. 이것은 하나님의 왕국이 온 것이었다. 귀신이 내쫓기는 곳마다 거기에 하나님의 왕국이 온다. 바리새인들은 주 예수님을 미워했으므로, 그분이 귀신들의 왕인 바알세불을 힘입어 귀신들을 쫓아냈다면서 그분의 행동을 비난했다. '바알세불'이란 명칭은 귀신들의 왕을 뜻한다. 바리새인들은 사탄이 귀신들의 왕임을 알고 있었다. 그럼에도 그들은 주 예수님께서 사탄을 힘입어 귀신들을 내쫓는다고 비난하면서 그분을 멸시했다. 그분은 그들을 꾸짖으시며 이렇게 말씀하셨다. "내가 바알세불을 힘입어 귀신들을 쫓아낸다면, 여러분의 아들들은 누구를 힘입어 쫓아냅니까?"(12:27) 바리새인들이 주 예수님께 말한 것은 거짓말이었지만, 그분께서 그들에게 하신 말씀은 진실이었다. 바리새인들이 극도로 종교적이었음을 기억하라. 스스로가 보기에 또 스스로의 이해에 따르면, 그들은 하나님께 경배하는 사람들이었다. 그러나 주 예수님은 그들에게, 그들의 아들들이 사탄을 힘입어 귀신들을 쫓아낸다고 말씀하셨다. 스스로의 관념에 따르면, 그들은 하나님께 경배하고 있었다. 그러나 사실상 그들은 사탄과 연결되어 있었다. 틀림없이 바리새인들은 자신들이 하나님을 섬기고 있고, 하나님께 경배하고 있으며, 또 하나님을 기쁘시게 해 드리려고 모든 것을 하고 있다고 여겼을 것이다. 그들은 이방인들이 아니었다. 그들은 우상숭배자들도 아니었고, 마술을 행하지도 않았다. 그들은 하나님께 경배하고 하나님을 섬기려고 애쓰는 사람들이었다. 그러나 주님은 그들의 아들들이 사탄의 능력으로 귀신들을 내쫓는다고 말씀하심으로 그들을 드러내셨다. 이것은 그들이 사탄과 하나였다는 뜻이다.

바리새인들에게 하신 말씀 가운데서 주님은 사탄에게 그의 왕국이 있음을 계시하셨다(마 12:26). 하나님의 왕국 외에 또 하나의 왕국이 있다. 오늘날의 상황도 원칙상 동일하다. 비록 어떤 사람들은 명목상 형식적으로 하나님께 경배하고 있을지라도, 사실상 그들은 사탄과 연결되어서 사탄을 섬기고 있다. 그들은 자신들이 하나님의 왕국 안에 있다고 생각하지만, 사실상 그들은 사탄의 왕국 안에 있다. 심지어 그들은 하나님께 경배하고 있는 동안에도 사탄의 왕국 안에 있을 가능성이 있다. 그들은 자신들이 하나님의 왕국을 위해 일하고 있다고 생각할지 모르지만, 부지불식간에 사탄의 왕국을 위해 일하고 있을 수 있다.

우리는 이 두 왕국, 곧 하나님의 왕국과 사탄의 왕국을 볼 필요가 있다. 결국에 가서는 하나님의 왕국이 사탄의 왕국을 삼켜 버릴 것이다. 아담은 하나님께 창조되었을 때 죄가 없었다. 하나님은 아담을 두 근원, 곧 하나님과 사탄을 나타내는 두 나무 앞에 두셨다. 하나님께서 사람을 창조하신 의도는 왕국을 세우시는 것이었다. 성경에 따르면, 하나님의 일의 최종 완결은 왕국이다. 성경에서 집은 가족을 나타내고, 성은 왕국을 나타낸다. 영원 안에서는 집이 아닌 성, 곧 새 예루살렘이 있을 것이다. 사도 요한은 그 성안에서 성전을 보지 못했다고 말했다(계 21:22). 성전은 확대되어 성이 될 것이고, 그 성은 왕국을 나타낸다. 결국 하나님은 그분의 왕국을 세우실 것이다.

어떻게 하나님께서 그분의 왕국을 세우시는가? '세우다'라는 말을 들을 때, 우리는 그것이 여러 조각들이나 재료들을 나란히 두어 함께 조립하는 것이라고 생각할지도 모른다. 그러나 하나님의 방법은 그렇지 않다. 하나님의 방법은 그분 자신을 생명으로 사람 안에 넣으시는 것이다. 이 생명은 왕국을 산출할 때까지 우리 안에서 자랄 것이다.

하나님께서 사람 안으로 들어오시기도 전에, 사탄이 매우 간교하게 사람 속으로 들어왔다. 사탄은 모든 사기꾼이 그러하듯이 화술이 뛰어난 자였다. 그는 간교한 말을 통해 자신의 생각으로 사람을 세뇌하였다. 즉 사람의 생각 속에 그의 악한 사상들을 주입한 것이다. 오늘날에도 원칙은 동일하다. 여러분이 어떤 생각을 받아들일 때마다, 여러분은 그것에 의해 행동할 것이다. 생각이 먼저 오고 행동이 뒤따른다. 사람들이 받아들인 사상은 결국 그들의 행동에 영향을 미친다. 사탄이 그의 악한 사상들을 사람의 생각 속에 주입한 후, 사람은 자신의 몸을 사용해서 선과 악의 지식나무의 열매를 자신 안으로 취했다.

두 나무

태초에 두 나무, 곧 생명나무와 선과 악의 지식나무가 있었음을 깨닫는 것은 지극히 중요하다(창 2:9). 생명나무는 하나님을 상징하고, 지식나무는 사탄을 상징한다. 사람은 지식나무를 자신 안으로 받아들였는데, 이것은 사탄이 사람 속으로 들어갔음을 의미한다. 인격화된 죄인 사탄은 지금 사람 속에 있다(롬 7:8, 11, 17, 20). 사탄은 사람 속에 들어온 후 사람을 적시고, 사람에게 독을 주입하며, 사람을 완전히 점유하기 시작했다. 이렇게 하여 사람은 부패하였고 어두워졌다. 사탄에 의해 부패하고 어둡게 된 것은 사탄의 권위 아래 놓이게 되었다는 뜻이다. 사람은 사탄의 왕국의 시민이 되어 사탄의 다스림에 복종하게 되었다. 사람에게서 태어난 사람은 예외 없이 누구나 사탄의 왕국의 시민이다. 모든 인간은 태어나면서 사탄의 지배를 받는다. 그러므로 사람은 훔치고 싸우고 죽인다. 이것이 사탄의 왕국이다. 이것이 사탄의 생명과 그 모든 활동의 총체이다.

어느 날 '여호와 더하기'이신 분이 오셨다. 하나님께서 육체를 입으시고 사람이 되셨다. 하나님의 갈망은 사람 안으로 들어오시는 것이다. 우리가 주 예수님의 이름을 부를 때, 그분은 우리 안에 생명으로 들어오신다. 바로 그때부터 하나님은 우리 안에서 자라신다. 하나님께서 우리 안에서 자라신다는 것은 그분께서 우리 안에서 확장되신다는 뜻이다. 하나님은 자라실수록 더 많이 확장되시고, 우리 안에서 더 많은 입지를 차지하신다. 더 많은 입지를 차지하실수록 그분은 더욱더 왕으로서 다스리신다. 왕국은 속생명의 자람을 통한 우리 안에서의 하나님의 신성한 다스림이다. 하나님의 왕국은 하나님께서 우리에게 생명이 되시고, 우리 안에서 확장되시며, 우리 안에서 입지를 차지하시고, 우리의 온 존재를 다스리시는 것이다.

두 영

두 왕국이 있고 두 영이 있다. 요한복음 4장 24절은 하나님께서 영이심을 보여 주고, 에베소서 2장 2절은 공중의 권세를 잡은 통치자인 사탄도 역시 영이라는 것을 계시한다. 이 악한 영은 현재 모든 인간 속에서 운행하고 있다. '운행하다'는 단어는 헬라어에서 강한 의미를 지니는 말이다. 사탄은 분명한 목적을 갖고 분명한 방식으로 운행하며 일하고 있다. 각 사람 안에는 극악무도한 운행자, 즉 불순종의 아들들 안에서 운행하고 있는 영이 있다. 사람들은 자유와 해방과 독립에 관해 말한다. 누구나 얽매이지 않는 것을 좋아한다. 그러나 타락한 사람은 그 누구도 독립할 수 없다. 왜냐하면 그는 사탄의 운행 아래 있기 때문이다.

이 세상의 왕

마태복음 12장 26절은 사탄에게 왕국이 있음을 지적하고, 요한복음 12장 31절은 사탄을 이 세상의 왕으로 기술한다. 사탄은 운행하는 자일 뿐 아니라 통치자이기도 하다. 그는 온 땅을 다스린다. 그의 휘하에는 많은 부하들, 곧 많은 군대들이 있는데, 에베소서 6장 12절은 그들을 가리켜 통치자들과 권세자들이라고 한다. 이들은 사탄의 왕국에서 여러 계급에 속한 이들이다. 사탄은 이 세상의 왕이며, 또한 공중의 권세를 잡은 통치자이기도 하다. 땅 위에는 인류가 있고, 공중에는 반역적인 천사들의 세력이 있다. 사탄의 왕국은 타락한 인류와 반역적인 천사들로 구성된다. 땅 위에서는 타락한 인류의 구성원들이 사탄의 왕국의 시민들이고, 공중에서는 반역적인 천사들의 세력과 통치자들이 사탄을 위해 이 땅을 다스린다. 그는 공중의 권세를 잡은 통치자이다. 악한 영인 사탄은 모든 인간 속에 들어와 있다. 그는 예외 없이 모든 인간 속에서 운행하고 있다. 그렇게 운행하는 자가 됨으로써 사탄은 왕국을 산출했다. 사탄은 지금 사람의 몸 안에 거하고 있다.

만일 여러분이 귀신을 내쫓아 본 체험이 있다면, 여러분은 귀신이 사람의 몸을 자기 거처로 삼기를 좋아한다는 것을 알 것이다. 몸 안에 있는 그의 작전 기지로부터 사탄은 사람의 전 존재, 곧 사람의 생각과 감정과 의지를 통제하려고 할 것이다. 귀신 들린 사람은 언제나 자신의 생각 속에 깊이 빠져 있다. 만일 여러분이 그 사람으로 하여금 그의 생각의 감옥에서 영으로 돌이키게 할 수 있다면, 대부분의 경우 귀신은 사라질 것이다. 그러나 이렇게 하기가 쉽지 않다. 그러므로 반드시 여러분은 주 예수님의 이름으로 귀신을 내쫓아야 한다. 귀신이 내쫓긴 후에 여러분은 귀신이 나간 그 사람이 생각을 너무 많이 사용하지 않고 자신의 영으로 돌이키도록 도와주어야 한다. 그렇게 하지 않으면 귀신들이 되돌아와서 그를 다시 사로잡을지도 모른다.

하나님의 왕국

사탄은 사람의 몸을 그의 거처로 삼지만, 주 예수님은 사람의 영을 그분의 거처로 삼으신다. 하나님은 그분의 주권 안에서 그분 자신을 위해 사람의 영을 보존해 놓으셨다. 비록 사람의 몸이 악한 몸과 부패한 정신에 의해 죽게 될 정도로 영향을 받았을지라도, 우리는 성경에서 사탄이 사람의 영 안으로 들어간 적이 있다는 어떤 암시도 찾을 수 없다. 우리가 회개하고 주 예수님을 믿을 때, 즉시 그분은 우리의 영 안으로 들어오셨다. 원수는 사람의 영이라는 이 항목을 그리스도인들에게 숨기려고 최선을 다하고 있다. 성경은 주 예수 그리스도께서 우리의 영과 함께 계신다고 우리에게 분명히 말해 준다(딤후 4:22). 그분은 우리의 영으로부터 자라시고 우리 안에 확장되시면서, 우리 존재 안에서 더 많은 입지를 차지하고 계시는 중이다. 우리 안에서 더 많은 입지를 차지하심으로써, 그분은 사실상 우리 안에서 다스리신다. 이것이 주 예수님의 내적인 다스림이다.

최근에 구원받은 한 청년의 경우를 생각해 보자. 구원받기 전에 그는 전적으로 귀신의 원칙 안에 있었다. 그는 존재의 모든 부분에서 하나님께 대항했고 반역적이었다. 그러나 어느 날 주 예수님께서 그의 안으로 들어가셨다. 그가 더 "할렐루야!"라고 외칠수록, 더 말씀을 기도로 읽을수록, 주 예수님은 그의 안에서 더 많이 확장되신다. 그가 더 "오, 주 예수님!"이라고 부를수록, 주님은 그의 안에서 더 입지를 차지하신다. 그가 주님을 부르고 주님을 찬양할 때, 주님은 그의 안에서 확장되신다. 그러나 많은 때에 주님은 돌파하실 수 없다. 주 예수님께서 그 사람의 정신, 그 사람의 사상을 관통하실 수 없다. 그의 관념들은 요새이기 때문에 주님은 돌파하실 수 없다. 그의 존재 중 어느 부분은 주 예수님의 다스림 아래 있지만, 다른 부분들에는 그분의 다스림에 저항하는 요새들이 있다. 그것은 반역이며, 귀신의 원칙 안에 있는 것이다. 만일 주 예수님께서 몇 차례 시도하신 후에도 이 요새를 꿰뚫으실 수 없다면, 이 청년은 기도하고 말씀을 읽고 주님의 이름을 부르는 것에 대한 입맛을 잃을 것이다. 시도해 보지만 돌파하실 수 없다면 그분은 기다리실 것이다. 아마 두 주 후나 두 달 후 또는 이 년 후에 그분은 다시 한번 시도하실 것이다. 아마 이 젊은 형제는 결국 어떤 형제에게서 도움을 좀 받고 신선한 자극을 받아 주님을 위하게 될 것이다. 주 예수님은 어떤 문제도 그냥 넘어가지 않으시기 때문에 다시 한번 그 요새를 건드리실 것인데, 이번에는 그 형제가 공과를 배웠으므로 즉시 주님께 굴복하면서 "아멘, 주님."이라고 말한다. 결국 주 예수님은 돌파하시고 더 많이 확장되신다. 이것은 그분께서 이 젊은 형제 안에서 더 많이 자라시고, 그의 안에서 더 많은 입지를 차지하신다는 뜻이다. 이 성장이 바로 하나님의 왕국이 그의 안에 점진적으로 오는 것이다. 결국 그의 모든 속부분, 곧 그의 생각과 감정과 의지가 주 예수님으로 완전히 적셔지게 될 것이다. 달리 말해서, 주님은 이 형제 안에서 완전히 자라셨다. 어느 의미에서 그분은 그의 안에서 추수의 단계에 도달하셨다. 그는 익었고 준비되었으며 성숙되었다. 그는 현명한 다섯 처녀 중 한 명과 같다(마 25장). 만일 주님을 추구하고 있는 많은 그리스도인들이 이와 같다면, 왕국의 완전한 출현이 올 것이다.

이제 우리는 어떻게 왕국이 오는지 이해할 수 있다. 주 예수님은 그분 자신을 하나의 씨로 우리 안에 뿌리시고, 우리를 그분이 자라시는 밭으로 삼으신다. 한 단계 한 단계 조금씩 그분은 우리 안에서 자라신다. 그분은 매우 인내가 있으시므로, 점진적으로 우리의 온 존재를 소유하실 것이다. 결국 주 예수님은 우리를 완전히 차지하실 것이다. 그분은 우리의 생각, 우리의 감정, 우리의 의지, 그리고 우리 존재의 모든 속부분을 점유하실 것이다. 이런 식으로 그분은 우리 안에서 다스리실 것이며, 왕국이 충만하고도 완전하게 임할 것이다. 왕국은 갑자기 오지 않는다. 왕국은 생명이신 그리스도께서 우리 안에서 자라시는 문제이다. 그러나 엄밀하게 말하면 이것은 개인적인 문제가 아니다. 우리는 반드시 다른 그리스도인들과 함께 자라야 한다.

많은 그리스도인들이 각종 종교적인 것들에 사로잡혀 있다. 여러분은 그리스도께서 여러분의 영 안에 계심을 깨달으면서, 이 모든 것을 제쳐두고 여러분의 영으로 돌이켜야 한다. 여러분의 참된 필요는 여러분 안에서 그리스도께서 확장되시는 것이다. 비록 의식(儀式)을 주의하는 것이 사람을 도울지 몰라도 결국에는 좌절하게 하는 요인이 된다. 또 근본주의적인 가르침도 사람들에게 도움을 주긴 해도 결국에 가서는 하나님의 영원한 목적을 이루지 못하도록 사람들을 제지한다. 은사주의적인 체험도 마찬가지이다. 비록 많은 그리스도인들이 그것들에 의해 도움을 받았지만, 결국 그들은 도움을 준 바로 그것들에 의해 좌절되었다. 오늘날 우리의 기본적인 필요는 우리가 사랑하는 주 예수님께서 우리의 영 안에 계시고, 우리 안에서 자라시고 확장되신다는 것을 깨닫는 것이다. 우리는 이렇게 기도할 필요가 있다. “주님, 제게 긍휼을 베풀어 주십시오. 언제나 당신께 ‘아멘’이라고 할 수 있는 은혜를 주십시오. 오, 주님, 제 안에서 자라시고, 제 안에서 확장되시며, 저를 차지하십시오. 주님, 제 존재의 모든 부분을 점유하십시오.” 이것이 오늘날 우리의 필요이다. 우리 모두는 사탄의 왕국에서 나와서 그리스도의 왕국 안으로 옮겨졌다. 우리는 그리스도께서 그분 자신을 우리 안에 확장하시고 모든 입지를 얻으시는 것이 필요하다. 이것은 결국 왕국의 완전한 출현을 가져올 것이다.

9

두 왕국의 전쟁터

The Battlefield of the Two Kingdoms

제9장
두 왕국의 전쟁터

성경: 마 12:26, 행 26:18상, 빌 2:13, 마 10:19-20, 엡 2:2, 4:17-18, 고후 4:4, 엡 6:11-12, 고후 10:4-5, 11:2-3, 롬 8:6

성경은 우주 안에 세 편, 곧 하나님과 사람과 사탄이 있음을 계시한다. 창세기 2장에 의하면, 사람은 두 나무 앞에 두어졌다. 생명나무는 하나님을 상징했고, 지식나무는 악한 자 사탄을 의미했다. 성경의 계시는 하나님의 의도가 사람 안에 들어와 사람과 하나 되는 것임을 선포한다. 그러나 하나님께서 그것을 하시기 전에 사탄이 사람 속으로 들어갔다. 사탄이 먼저 발을 내디뎌, 하나님의 방식이 아닌 그 자신의 악한 방식에 따라 사람 안으로 들어갔다. 여기에서 하나님의 주권이 나타나는데, 왜냐하면 하나님께서 사탄이 사람에게 하고 싶은 대로 할 자유를 어느 정도 허락하셨기 때문이다. 그러나 하나님은 사탄이 하고 싶은 대로 다 하도록 그에게 허락하지는 않으셨다. 욥기는 이 원칙을 보여 준다. 하나님은 사탄이 욥에게 어떤 일을 하는 것을 허용하셨지만 여전히 그를 제한하셨다(욥 1:12, 2:6).

사람의 영

비록 하나님께서 사탄에게 사람을 손상하는 것을 허락하셨을지라도, 결코 그가 사람의 영 안으로 들어가는 것은 허락하지 않으셨다. 왜냐하면 사람의 영은 여호와의 등이기 때문이다(잠 20:27). 하나님은 사람을 매우 특별하게 창조하셨다. 어떤 이들은 사람을 일종의 동물로 여기지만, 하나님은 사람을 동물로 생각하지 않으신다. 새나 물고기나 짐승 중에 영을 가진 것은 없다. 그것들은 영을 갖고 있지 않기 때문에 동물들이다. 우리는 영을 갖고 있기 때문에 사람들이다. 하나님은 영이시고, 우리에게도 영이 있다. 하나님께 경배하는 사람들은 반드시 영 안에서 경배해야 한다(요 4:24). 동물은 결코 하나님께 경배하지 않는다. 원숭이가 성전을 세우고 하나님께 경배한다는 말을 들어 본 적이 있는가? 개나 고양이가 하나님께 경배하는 것을 본 적이 있는가? 그러나 고대로부터 현재까지 세계 역사를 연구해 보면, 사람은 언제나 하나님께 경배했음을 알 수 있다. 물론 사람이 늘 합당하게 경배한 것은 아니지만, 어쨌든 사람은 항상 경배해 왔다. 왜냐하면 사람 안에는 경배하는 기관인 사람의 영이 있기 때문이다. 동물에게 사람과 공통되는 몇 가지가 있지만, 사람에게는 동물에게 없는 어떤 것이 있다. 사람에게는 사람의 영이 있다. 그러므로 우리는 동물이 아니다. 우리는 인간 존재들이다. 동물과 인간의 차이는 바로 이 한 가지, 즉 사람만이 사람의 영을 갖고 있다는 데에 있다.

역대로 사탄은 사람의 영이라는 이 항목을 간교하게 감추어 왔다. 사람의 영에 관해 말하는 그리스도인들은 매우 드물다. 어떤 이들은 사람의 영이 사람의 혼과 같은 것이라고 말하기까지 한다. 개나 고양이에게는 혼이 있지만 영은 없다. 우리 사람의 영은 하나님께 경배하는 특별한 기관이다. 그러므로 우리의 영은 주님의 등이기도 하고 하나님의 성소이기도

하다. 히브리서 4장 12절부터 16절까지에 따르면, 우리의 영은 지성소이다. 우리의 영은 여호와의 등이며 또 지성소이다.

하나님은 사탄이 사람을 만지는 것을 허용하셨다. 이것은 하나님의 지혜이다. 하나님은 심지어 사탄이 사람 속에 들어가는 것도 허용하셨지만, 사람의 영에까지 들어가는 것은 허락하지 않으셨다. 사탄은 사람의 영을 죽게 하고 어둡게 하는 것까지는 허락받았지만, 그 안으로 들어가는 것은 결코 허락받지 않았다. 그러나 사탄은 사람의 물질적인 몸 안에 들어왔다. 바로 이런 이유로 로마서 7장과 같은 장은 죄와 그 모든 정욕이 우리 몸의 지체들 안에 있다고 말한다. 죄와 그 정욕들이 우리 몸의 지체들 안에 있는 것은 우리 몸이 사탄의 거처이기 때문이다. 사탄은 우리의 물질적인 몸 안에 인격화된 죄로 거한다(롬 7:17, 20). 오직 살아 있는 인격만이 어느 곳에 거할 수 있다. 사탄은 우리의 물질적인 몸 안에 있는 그의 근거지로부터 우리의 혼을 차지하고, 우리의 혼을 그의 절대적인 통제 아래 두고 싶어 한다. 그러나 할렐루야! 온 성경에서 우리의 영이 사탄의 통제 아래 있다고 말하는 절은 단 한 절도 없다. 사람들에게 복음을 전할 때, 여러분은 그들의 영을 만져야 한다. 즉 그들의 영의 주요 부분인 양심을 만져야 한다. 복음을 전할 때 결코 사람들과 논쟁하지 말라. 여러분이 논쟁하면 할수록 그들은 더 대꾸할 말이 있게 되며, 또 더 그들의 생각이 자극될 것이다. 사람들과 논쟁할 때, 여러분은 그들의 혼을 강화하는 것이다. 죄인들과 논쟁함으로써 그들을 설득하기란 불가능하다. 오히려 하나님의 은혜와 능력으로 그들의 양심을 만지라. 그들의 양심은 그들의 영의 한 부분이므로, 여러분이 그들의 양심을 만질 때 그들의 영도 감동될 것이다. 나는 생각으로는 하나님과 계속 다투었지만, 양심 안에서는 스스로를 유죄판결 한 사람들을 많이 보아 왔다. 그들은 생각으로는 하나님과 다투었지만, 그들의 영 안에서는 하나님 앞에 회개했다. 언제든 사람들을 도울 때 결코 그들의 사고를 만지지 말라.

왜냐하면 사람의 생각은 사탄의 요새이기 때문이다. 군대의 장군들은 전투에서 적의 강한 지점은 공격하지 말아야 한다는 것을 안다. 그들은 늘 적의 취약한 곳을 타격한다. 사람의 생각을 만지지 말라. 여러분이 그의 생각을 건드린다면, 사탄의 왕국 전체가 여러분을 대항하여 일어날 것이다.

가령 남편과 아내가 말다툼을 하면서 서로 심한 말을 주고받는다고 하자. 그 후 그 아내가 자신들의 문제를 해결하는 데 도움을 얻으려고 여러분에게 올 것이다. 그럴 때 그 자매가 자기 남편에 대해 말하는 것을 들으면서 여러분의 생각이 자극되지 않거나 여러분이 사탄에게 사로잡히지 않기란 쉽지 않다. 그러나 원수의 간교함을 안다면, 여러분은 그 형제에게 접근할 때 그의 생각을 만지는 방식으로 하지 않을 것이다. 여러분은 요새에 맞서 싸우지 않을 것이다. 여러분은 다른 방식을 택할 것이다. 여러분은 다른 쪽으로 접근해서 취약한 곳을 공격할 것이다. 그와 아내 사이의 문제를 다루지 말라. 그의 아내에 관해서는 아예 언급하지도 말라. 왜냐하면 아내 문제가 온통 그의 생각을 사로잡고 있고 그의 사고에 가득하기 때문이다. 그를 대하는 방법은 그의 영을 만지는 것, 그의 양심을 만지는 것이다. 그의 아내에 관해 말하지 말고 주님을 사랑하는 것에 관해 말하라. 그의 생각은 아내에 대한 생각으로 가득 차 있고, 이것은 매우 민감하고 폭발적인 사안이다. 그에게 주님에 대해 말하라. 그의 영과 양심을 만지라. 십 분 후에는 그가 기도할 수 있을 것이다. 여러분이 그와 함께 기도하면 할수록 그의 영이 더욱더 만져지게 될 것이다. 결국 주님은 그의 영에서 그의 생각 안으로 확장되실 길을 얻을 것이다. 그럴 때 그는 자기가 아내를 다룬 방식에 대하여 회개하고 자백할 것이며, 심지어 울기까지 할 것이다.

사탄은 우리 몸 안으로 들어왔으며, 우리 몸에서부터 우리의 혼을 지배한다. 이같이 사탄은 밖에서부터 안으로 일한다. 주님은 반대 방향으로, 즉 안에서부터 밖으로 일하신다. 어느 날 주님은 우리 존재의 중심이고 축인 우리의 영 안에 들어오셔서, 우리의 영을 그분의 거처로 삼으셨다(롬 8:16, 딤후 4:22, 고전 6:17). 우리의 영 안에 있는 이 거처로부터 그분은 혼을 향해 바깥쪽으로 일하신다. 사탄은 우리의 몸 안에서 우리의 혼을 향해 일하지만, 주님은 우리의 영에서부터 우리의 혼을 향해 일하신다.

이제 우리는 세 편 모두가, 곧 하나님과 사람과 사탄이 사람 안에 있음을 볼 수 있다. 에덴동산에서 아담은 두 가지 선택에 직면했다. 곧 생명나무가 아니면 선과 악의 지식나무였다. 오늘날 교회생활 안에서 지식나무는 우리의 몸 안에 있고, 생명나무는 우리의 영 안에 있다. 이제 두 근원이 우리 안에 있다. 우리는 자신 안에 세 편이 있는 복잡한 사람들임을 인식해야 한다. 우리는 우리 존재에 세 부분, 곧 영과 혼과 몸이 있음을 알고 있다. 여러분은 사탄이 그의 거처를 여러분의 몸, 즉 여러분의 육체 안에 만들었다는 것을 아는가? 그리고 여러분은 주님께서 여러분의 영 안에 그분의 거처를 만드셨다는 것을 아는가? 몸과 영 사이에는 혼, 즉 자아가 있다. 여러분 자신은 여러분의 혼 안에 거한다. 그러므로 사탄은 여러분의 몸 안에 거하고, 주 예수님은 여러분의 영 안에 거하시며, 여러분은 여러분의 혼 안에 거한다. 이것은 매우 복잡한 상황을 만들어 낸다! 구원받기 전에 여러분은 그렇게 복잡하지 않았다. 그때 여러분은 계속해서 사탄과 함께했기 때문에 퍽 단순했다. 그러나 여러분이 주 예수님을 믿은 그날부터 논란이 시작되었다. 여러분 안에는 세 거주자, 즉 여러분의 몸 안의 사탄, 여러분의 영 안의 그리스도, 여러분의 혼 안의 여러분 자신이 있기 때문에 현재 끊임없는 싸움이 있다. 아마 오늘도 여러분은 안에 있는 이 복잡한 상황 때문에 어떤 어려움을 겪었을 것이다.

세 왕국

사탄이 우리 안으로 들어왔고 또한 주 예수님도 우리 안으로 들어오셨기 때문에, 우리가 세 왕국 안에 있는 것이 가능하게 되었다. 우리가 우리의 혼 안에서 산다면, 우리는 분명히 사람의 왕국 안에 있다. 우리가 육체를 따라 산다면, 우리는 사탄의 왕국의 일부분이 된다. 우리가 영 안에서 행하고 영을 따라 산다면, 우리는 하나님의 왕국 안에 있다. 그러나 어떤 사람이 사람의 왕국 안에 있기란 정말 어렵다. 우리의 혼 안에 있는 사람의 왕국은 매우 연약하고 무너지기가 쉽다. 작은 타격만 가해도 그것은 깨어지고 정복되어 버린다. 따라서 인간적이 되려고 할 때마다 우리는 단지 마귀적이 될 뿐이다. 선해지려고 할 때마다 우리는 자신이 악하다는 것을 발견한다. 인내하거나 온유하거나 성질을 내지 않으려고 할 때마다 우리는 성질을 내고야 만다. 왜 그런가? 우리가 합당한 사람이 되는 것을 악한 자가 허락하지 않기 때문이다. 사탄은 항상 우리를 정복하려고 하고 우리를 그의 지배 아래 두고자 한다. 사람의 왕국은 독립적이 되기가 어렵다. 기껏해야 사람의 왕국은 사탄의 왕국 안에 있는 작은 식민지이다. 사람의 왕국은 항상 사탄의 왕국의 지배 아래에 있다. 실지적으로 말한다면, 사실상 오늘날 이 땅 위에는 두 왕국, 곧 정복된 사람의 왕국을 포함하고 있는 사탄의 왕국과 하나님의 왕국이 있을 뿐이다.

생각 속에 있는 요새들

이 두 왕국의 전쟁터는 우리의 생각이다. 사탄의 왕국은 우리의 생각이라는 전쟁터에서 하나님의 왕국에 맞서 싸운다. 하나님과 사탄 사이의 영적 전쟁은 전적으로 우리의 생각 속에 있다. 비록 주 예수님께서 지금 우리의 영 안에 계실지라도 그분께는 커다란 문제가 있다. 그것은 그분께서 우리의 생각을 뚫고 들어오시기가 쉽지 않은 것이다. 우리의 생각은 요새로서, 주 예수님께서 그 안으로 들어오시기가 어렵다. 고린도후서 10장 4절과 5절은 우리 안에 요새들이 있음을 계시해 주는데, 그것들은 우리의 타락한 생각에 속한 반역적인 사상들이다. 바울은 영적 전쟁이 바로 사상들, 즉 우리 생각 속의 이론들을 무너뜨리는 것이라고 말한다. 이론들을 무너뜨린다는 것은 생각을 정복하고 생각을 점령한다는 뜻이다. 오늘날 많은 그리스도인들은 그들의 생각 안에서 사탄의 통제 아래에 있다. 요새들은 관념들, 이념들, 의견들, 판단들 심지어 사고방식으로 구성된다. 그 모든 것은 생각 속의 요소들이다. 많은 때 사람들은 "나는 그것에 동의하지 않습니다!"라고 말한다. 이것은 바로 그들이 생각 속에서 어떤 것을 고집한다는 뜻이다.

부패하여 단순성을 잃어버림

나는 바울이 고린도후서 11장 3절에서 사용한 말을 좋아한다. 바울은 고린도 사람들의 생각이 부패하게 되어 그리스도를 향한 단순성을 잃어버릴까 두렵다고 말했다. 비록 수년 동안 주님의 일 안에 있어 왔지만, 나는 아직도 참으로 단순한 사람을 만나 보지 못했다. 그럼에도 나는 가장 축복된 사람들은 단순한 사람들, 매우 단순하고 단일한 사람들이라고 말하고 싶다. '단순성'이란 말은 '단일성'으로 번역될 수도 있다. 오늘날 대부분의 그리스도인들은 단순하지 않다. 그들은 온갖 종류의 교리들을 끌어모았기 때문에 매우 복잡하다. 그들은 더 많은 교리를 가지면 더 좋을 것이라고 생각하지만, 실상 교리를 더 가질수록 그들은 더 복잡하게 된다.

여기에서 '부패한'이라는 단어는 매우 의미가 깊다. 고린도후서 11장 3절의 이 부분은 다음과 같이 번역될 수도 있다. "여러분의 생각이 유혹으로 말미암아 부패하게 되어 … 단순성…을 잃어버릴까 두렵습니다." 우리의 생각이 유혹을 받아 그리스도를 향한 단순성과 순수성에서 떠날 때마다, 우리의 생각은 부패하게 될 것이다. 사람들을 가르침으로 채우기는 쉽지만, 그들에게서 가르침을 비워 내는 일은 어려운 작업이다. 사람들에게 가르침을 안겨 주기는 쉽지만, 일단 그 가르침이 그들 속에 들어가면 그것을 내려놓기는 어느 누구에게도 지극히 어려운 일이다. 그러나 우리가 생각 속에 유혹적인 가르침을 간직하는 한, 우리의 생각은 부패할 것이다. 그리스도의 풍성을 체험하고 그분을 누리려면 우리 모두가 단순할 필요가 있다. 단순하지 않다면, 우리는 유혹되고 부패한 정신 상태에 있게 될 것이다. 이것은 두려운 상태이다. 오늘날 영적 전쟁은 주로 생각을 사로잡는 것이며, 생각 속에 있는 요새를 무너뜨리는 것이다. 영적 전쟁은 일차적으로 우리의 생각 속에 있는 원수와 싸우는 문제이다.

강한 자를 결박함

마태복음 12장 29절에서 주 예수님은 강한 사람을 결박하지 않고서는 아무도 그의 집에 들어가 살림살이를 강탈할 수 없다고 말씀하셨다. 우리가 그의 살림살이, 심지어 그의 온 집을 강탈하려고 한다면, 먼저 강한 자를 결박해야 한다. 강한 자는 사탄이며, 사탄은 우리 육신의 몸속에 있으면서 우리 생각을 지배하려고 애쓴다. 우리는 우리 생각 속에 있는 사탄, 즉 강한 자를 결박할 필요가 있다. 그런 다음에야 우리는 그의 살림살이를 강탈할 수 있다.

교회들 안에서 책임을 지고 있는 모든 형제들은 교회들에 있는 대부분의 문제들이 형제들과 자매들의 생각에서 비롯된다는 점을 깨달아야 한다. 성경에 따르면, 가장 문제가 많았던 교회는 고린도에 있는 교회였는데, 문제들의 주된 원인은 서로 일치하지 않는 의견들이었다. 물론 의견들은 생각 안에 있는 문제들이다. 그러므로 바울은 그들이 같은 생각과 같은 의견으로 조율될 필요가 있다고 말했다(고전 1:10). 비록 모든 성도들이 같은 생각과 같은 의견으로 조율될 필요가 있다 하더라도, 인도하는 형제들은 또한 기도 안에서 전투를 수행해야 한다. 그들은 사람들과 논쟁하지 말고 분명하게 이렇게 기도해야 한다. "주님, 강한 자를 결박하십시오. 사랑하는 성도들의 서로 다른 생각들 속에 있는 강한 자를 결박하십시오! 오, 주님, 우리는 할 수 없습니다! 강한 자를 결박하시기를 당신께 구합니다!" 자매들의 생각은 예민하고 형제들의 생각은 폭발하기가 쉽다. 여러분이 생각을 만진다면 손실을 입을 것이다. 가장 좋은 길은 생각을 만지는 대신 권위의 보좌를 만져서 강한 자를 결박하는 것이다. 일단 강한 자를 결박하면, 여러분은 그의 살림살이를 강탈할 수 있다. 결국 여러분은 모든 사랑스러운 형제자매들이 한 명씩 한 명씩 도움을 얻는 것을 보게 될 것이다. 그들은 여러분이 논쟁하거나 설득하는 것에 의해서가 아니라 강한 자를 결박하는 것에 의해 도움을 얻을 것이다. 교회 안에서 문제가 발생할 때, 결코 생각을 만지지 말라. 강한 자를 결박하시기를 주님께 구하면서 항상 보좌를 만지라. 이것은 왕국의 문제, 곧 사탄의 왕국이냐 아니면 하나님의 왕국이냐의 문제이다. 생각은 전쟁터이며, 우리는 모두 생각을 사로잡기 위해 전투를 해야 한다.

고린도후서 4장 4절은 이 시대의 신이 믿지 않는 사람들의 생각을 눈멀게 하였다고 말한다. 사탄의 계교(計巧)는 항상 사람들의 생각을 눈멀게 하는 것이다. 우리는 강한 자를 결박하기 위해, 이 시대의 신을 결박하기 위해 기도해야 한다. 에베소서 4장 17절과 18절은 '헛된 생각'을 말한다. 세상 사람들은 그들의 헛된 생각을 따라 행한다. 그들의 생각 속에 있는 모든 것이 헛되다. 18절은 '그들은 이해력이 어두워져서'라는 또 다른 표현을 사용한다. 세상 사람들의 이해력은 어두워져 있다. 또한 '그들의 마음이 굳어져'라는 세 번째 표현이 있다. 위 두 절에서 우리는 헛된 생각과 어두워진 이해력과 굳어진 마음을 본다. 여러분의 생각이 헛된 것으로 가득하고, 여러분의 이해력이 어두워졌으며, 여러분의 마음이 굳어졌다고 해 보자. 여러분은 얼마나 가련한 사람이 되겠는가! 오늘날 세상 사람들이 이와 같을 뿐 아니라 많은 그리스도인들도 정확히 그런 상태이다. 그들의 생각은 헛된 것으로 가득 차 있고, 그들의 이해력은 완전히 어두워져 있으며, 그들의 마음은 온통 굳어져 있다. 이 상황을 어떻게 해야 하는가? 우리는 강한 자를 결박하기 위해 기도해야 하며, 그럴 때 우리는 그의 모든 살림살이를 강탈할 수 있다. 그 살림살이는 하나님의 것이었지만 원수가 탈취했다. 이제 우리는 강한 자를 결박함으로써 왕국을 위해 그것들을 건져 내야 한다.

주님의 회복

우리는 주님의 회복 안에 있다. 주님의 회복은 오늘날의 기독교와 근본적으로 다르다. 얼마나 신중하든, 얼마나 합당하게 처신하든 우리는 결코 논란을 피할 수 없다. 우리는 어떻게 해야 하는가? 결코 논쟁하지 말라. 왜냐하면 논쟁해 봐야 아무 소용이 없기 때문이다. 주님의 회복 안에서 우리가 취할 수 있는 최상의 행동 방침은 기도로 강한 자를 결박하는 것이다. 우리가 보좌 앞에서 더 많은 시간을 보내면서, 가장 높은 권위를 만지고 가장 높은 권위에 호소하며 주님께 강한 자를 결박해 주시기를 구한다면, 우리는 분명히 무언가가 일어나는 것을 볼 것이다.

오늘날 주님의 회복과 기독교 사이에 논쟁이 있는 것은 전적으로 생각과 관련된다. 많은 사람들이 자신의 교리를 고집한다. 주 예수님께서 이 땅에 계셨던 당시에도 동일했다! 여러분이 사복음서의 기록을 따라 주 예수님께서 땅에 계실 때 직면하셨던 상황을 고찰해 본다면, 주 예수님과 바리새인들, 율법학자들, 율법사들 사이에 계속되는 논쟁, 곧 전투가 있었음을 볼 것이다. 그들 모두는 많은 교리와 가르침을 습득했기에, 성경을 가지고 주 예수님과 맞서 싸웠다. 주 예수님과 모든 종교인 사이에는 전투가 끊이지 않았다. 사복음서에서 어떤 이방인들이 주 예수님과 맞서 싸웠다는 기록은 찾아 보기가 힘들다. 그분과 맞서 싸운 사람들은 자신의 성경 지식을 고수한 사람들이었다. 전투는 그들의 생각 속에 있었다. 오늘날 주님의 회복과 기독교 사이의 논쟁도 동일하다. 우리가 지식의 영역 안에 머무른다면 아무것도 성취할 수 없다. 율법학자들이나 율법사들이나 바리새인들 중 어느 한 사람도 주님의 주장에 설득되지 않았다. 우리가 논쟁할수록 사람의 생각 속에 있는 사탄의 요새, 사탄의 왕국은 더 강하게 된다.

영을 훈련함

그러나 우리에게 한 가지 길이 있는데, 그것은 우리의 영을 훈련하여 강한 자를 결박하는 것이다. 우리는 사탄이 사람의 몸 안에 있으면서 사람의 생각을 지배하고 있다는 것과, 주 예수님께서 사람의 영 안에 계시면서 그분 자신을 사람의 혼의 모든 속부분 안으로 확장하실 기회를 기다리고 계신다는 것을 지속적으로 깨닫고 인식해야 한다. 우리는 우리의 영을 훈련하여 항상 주 예수님과 협력해야 한다. 우리의 영을 훈련하는 최상의 길은 우리의 생각을 잊어버리고 단순하게 "오, 주 예수님!"이라고 부르는 것이다. "오, 주 예수님!"이라고 부를 때, 여러분은 단순하게 될 것이다. 여러분이 이렇게 주님을 부르면 부를수록 여러분은 더욱더 단순하게 될 것이다. 여러분은 단순해지지만 강한 영을 갖게 될 것이다. 그럴 때 여러분에게 더 이상 논쟁하고 싶은 마음이 없을 것이다. 여러분이 사람의 생각을 만질 때 사탄의 요새를 만지는 것이다. 여러분이 그 요새를 만진다면 손상을 당할 것이다. 그렇게 하는 대신 영으로 돌이키라. 여러분이 영으로 돌이킬 때 사탄은 두려워서 떨 것이다.

노심초사하지 않음

마태복음 10장 19절에서 주 예수님은 "노심초사하지 마십시오."('흠정역 성경' 직역)라고 말씀하셨다. '노심초사하지 마십시오.'라는 말은 매우 의미가 깊다. 이른 아침에 우리는 노심초사하려는 유혹에 빠진다. 그러나 그때 노심초사하지 말라. 인도하는 형제들에 대하여 노심초사하지 말라. 자매들이나 급우나 아내에 대하여 노심초사하지 말라. 여러분이 아내에 대하여 노심초사할수록 더 그녀를 나무랄지도 모른다. 여러분의 남편에 대하여 노심초사하지 말라. 모든 경우와 모든 환경에서 노심초사하지 말고 그 영과 협력하라. 세상 사람들의 경우 노심초사하지 않으려 한다면 아무 할 말이 없을 것이다. 왜냐하면 그들에게는 아버지의 영이 없기 때문이다. 그러나 우리에게는 그분이 계신다. 그러므로 우리는 노심초사하지 말고 단순히 그 영을 따라야 한다. 여러분이 아내에 대하여 계속 노심초사한다면, 석 달 후에 여러분에게는 많은 문제가 있을 것이다. 아내가 남편에 대해 노심초사하는 것도 마찬가지이다. 여러분의 남편에 대하여 노심초사하지 말고 그 영과 함께 나아가라. 그러면 하루하루 여러분은 "할렐루야! 주님을 찬양합니다."라고 말할 것이다. 우리에게는 우리 자신의 생각보다 더 좋은 것이 있다. 우리는 더 유력한 것, 즉 높고 풍성하고 살아 있는 어떤 것을 갖고 있다. 바로 삼일 하나님이다. 아버지의 영은 삼일 하나님의 적용이다. 우리는 우리의 영 안에 삼일 하나님을 가지고 있다. 이것이 왕국이다. 여러분이 노심초사하지 않을 때 사탄은 멈춘다. 여러분이 그 영과 협력할 때 사탄은 두려워 떤다. 그러면 여러분은 승리를 얻는다. 노심초사하지 않고 그 영과 함께 나아가는 것이 하나님의 왕국이다. 주님께서 하나님의 영으로 귀신들을 쫓아내셨을 때, 그것은 하나님의 왕국이 왔음을 의미했다. 그 영과 협력하는 한, 여러분은 왕국 안에 있다.

생각을 영에 둠

우리는 모두 로마서 8장 6절에 익숙하다. 생각을 육체에 두면 죽음이다. 죽음은 사탄의 왕국의 문제이다. 생각을 영에 두는 것은 생명과 평안이다. 이것은 하나님의 왕국의 문제이다. 우리가 우리의 생각을 영에 둔다면, 우리는 하나님의 왕국 안에 있다. 그러나 우리의 생각을 육체에 둘 때, 우리는 사탄의 왕국 안에 있다. 우리가 사탄의 왕국에 남아 있느냐 하나님의 왕국에 남아 있느냐는 전적으로 우리의 생각이 어디에 있는가에 달려 있다. 우리의 생각을 육체에 두는 것은 사탄의 왕국 안에 있는 것인 반면, 우리의 생각을 영에 두는 것은 하나님의 왕국 안에 있는 것이다. 우리의 생각을 육체에 둔다면 모든 귀신이 일어나 들끓을 것이다. 그러나 우리의 생각을 영에 둔다면 귀신들이 사라질 것이다. 생각을 영에 두는 것은 실로 귀신들을 쫓아낸다. "그러나 내가 하나님의 영에 의해 귀신들을 쫓아낸다면, 하나님의 왕국이 이미 여러분에게 와 있는 것입니다."(마 12:28) 왕국 생활의 실행은 다만 우리의 생각을 영에 두는 것이며, 내주하시는 영과 함께 나아가는 것이다. 왕국 생활을 할 방법이 우리에게 있다. 왕국 생활의 실행은 영 안에 있다. 왕국 생활을 할 때, 우리는 노심초사하지 않고 우리의 생각을 영에 둔다.

10

왕국과 혼생명

The Kingdom and the Soul-life

제10장
왕국과 혼생명

성경: 마 10:37-39, 눅 14:26-27, 17:31-33,
마 16:21-26, 막 8:34-36, 눅 9:23-25,
요 12:24-25

우리는 사탄이 우리의 육체 안에 있고, 주 예수님은 우리의 영 안에 계시며, 우리 자신은 우리의 혼 안에 있다는 것을 보았다. 사탄이 승리하느냐 아니면 주 예수님께서 승리하시느냐는 우리의 태도가 어떠하냐에 달려 있다. 우리의 태도가 사탄과 하나라면 사탄이 승리할 것이다. 우리의 태도가 주 예수님과 하나라면 그분께서 승리하실 것이다.

사복음서에서 주님은 혼을 여러 차례 언급하신다. 많은 사람들이 주 예수님께서 혼에 대해 말씀하신 사복음서의 관련 절들을 연구해 왔지만, 이 절들이 왕국과 연계된다는 점은 보지 못했다. 우리는 우리의 혼이 왕국과 밀접하게 관련된다는 것을 깨달아야 한다.

지난 장에서 우리는 우리 생각이 하나님의 왕국과 사탄의 왕국 사이의 전쟁터라는 것을 지적했다. 생각은 혼의 인도하는 부분이다. 혼을 구성하는 두 번째와 세 번째 부분은 사랑하는 기관인 감정과 의도하고 결정하는 기관인 의지이다. 우리 안에는 생각과 감정과 의지 외에 또 다른 것이 있는데, 그것은 바로 우리의 혼 안에 꼭꼭 감추어져 있는 매우 강한 부분인 자아이다.

혼과 세상

우리의 혼은 또한 세상과 관련된다. 우리 그리스도인의 생활을 가장 방해하는 것은 죄가 아니라 세상이다. 죄는 두려운 것이며 유죄판결을 받아야 한다. 그러나 세상은 한층 더 파괴적이며 우리 그리스도인의 생활을 손상한다. 주님과 함께 전진하는 데 있어서 죄보다는 세상 때문에 방해를 받는 그리스도인들이 더 많다. 죄는 우리의 육체와 관련되며, 세상은 우리의 혼과 관련된다. 로마서 6장 6절은 우리의 옛사람이 그리스도와 함께 십자가에 못 박혔기 때문에 죄의 몸이 무력하게 되었다고, 곧 해고되었다고 우리에게 알려 준다. 우리의 몸은 할 일이 없어졌다. 그러므로 죄의 문제는 우리의 몸, 곧 우리의 육체와 관련된다. 그 반대로 세상은 우리의 혼과 연결되어 있다. 이러한 연결은 마태복음 16장 26절에서 입증되는데, 거기에서 주 예수님은 사람이 온 세상을 얻고도 그 대가로 자기 혼생명을 잃어버리면 무슨 유익이 있겠느냐고 말씀하셨다.

혼과 혼생명

'혼'과 '혼생명'은 헬라어에서 동일한 단어이다. 번역자들은 어떤 영어 단어를 사용해야 할지 결정하는 데 애를 먹는다. 어떤 절들에서는 헬라어 '프쉬케(psuche)'가 '혼'으로 번역되고, 다른 절들에서는 '생명', 즉 '혼-생명'으로 번역된다. 많은 경우에 〈흠정역 성경〉은 이 단어를 '생명'으로 번역한다. 이 때문에 문제가 아주 복잡해졌는데, 왜냐하면 이런 경우 '생명' 이라는 단어가 영원한 생명과 동일하다는 인상을 줄 수도 있기 때문이다. 그러나 혼생명은 영원한 생명과는 전혀 다른 것이다.

혼과 관련된 항목들

사람의 혼은 복잡하다. 적어도 여섯 개의 항목들이 혼과 관련된다. 생각, 의지, 감정은 모두 혼 안에 있다. 거기에 더하여 자아와 혼생명과 세상이 혼과 관련된다.

우리가 보았듯이, 사탄은 우리의 육체 안에 있으면서 그의 왕국을 위해 운행하고, 주 예수님은 우리의 영 안에 계시면서 하나님의 왕국을 위해 운행하신다. 에베소서 2장 2절은 공중 권세의 통치자인 사탄이 지금 불순종의 아들들 안에서 운행하고 있는 영임을 우리에게 알려 준다. '운행하다'는 단어는 빌립보서 2장 13절에 쓰인 것과 같은 단어인데, 그 절은 하나님께서 우리 안에서 운행하고 계신다고 우리에게 말한다. 그러므로 우리 안에는 운행하는 이들이 둘 있다. 하나는 우리의 육체 안에 있고, 다른 하나는 우리의 영 안에 있다. 이 운행하는 이들 모두 혼을 목표로 일하고 있다. 사탄은 밖에서부터 안으로 일하며, 하나님은 안에서부터 밖으로 일하신다. 둘 다 사람의 혼을 목표로 하고 있으며, 이로써 우리의 혼은 매우 전략적인 지점이 된다. 하나님께서 그분의 왕국을 가지실지 아니면 사탄이 그의 왕국을 가질지는 우리의 혼에 달려 있다. 우리의 혼은 두 왕국 모두에 전략적인 곳이다. 이것이 주 예수님께서 마태복음과 마가복음과 누가복음에서 혼과 관련해서 십자가를 지는 것에 대해 그처럼 많이 말씀하신 이유이다(마 16:24-25, 막 8:34-36, 눅 9:23-24). 사탄이 우리의 육체 안에 거하며 우리의 혼을 지배하고자 하기 때문에, 우리는 십자가를 우리의 혼에 적용해야 한다. 우리의 혼은 사탄 자신으로 적셔져 왔다. 우리의 생각, 의지, 감정, 자아, 혼생명, 그리고 세상과의 관계는 사탄으로 적셔지고 침투되어 왔다.

베드로가 사탄과 하나였음

마태복음 16장은 어느 날 주 예수님께서 제자들과 아주 좋은 교통을 가지신 후, 그분 자신이 종교인들에게 박해를 받아 죽었다가 제삼 일에 살아나게 된다는 것을 제자들에게 말씀하셨다고 알려 준다. 베드로는 주님의 교통을 들었으나 '살아나게 된다'는 말은 듣지 못하고 '죽었다가'라는 말만 들었다. 베드로는 주님을 사랑했기 때문에, "주님, 그럴 수 없습니다."라고 말했다. 이것은 좋은 제안이었으며, 선한 의도와 염려에서 나온 것이었다. 만일 베드로의 제안에 대한 주님의 답변이 기록되지 않았다면, 우리는 베드로의 염려가 사탄적이었다는 것을 결코 알지 못했을 것이다. 그러나 주 예수님은 이것을 꿰뚫어 보시고 베드로를 꾸짖으시며 담대하게 "사탄아! 내 뒤로 물러가거라."라고 말씀하셨다. 베드로가 그처럼 고결하게 주님에 대한 염려를 나타내는 동시에 사탄과 하나일 수 있다는 것을 여러분은 상상할 수 있겠는가? 얼마나 간교한가! 베드로는 자신이 주님을 사랑한다고 생각했다. 그는 자신의 제안이 사탄에게서 온 것이었음을 깨닫지 못했다. 그는 자신이 주 예수님의 좋은 제자답게 주님에 대한 진정한 관심을 표명하고 있다고 생각했다. 주님께서 그처럼 강하게 베드로를 책망하지 않으셨다면, 우리는 모두 베드로가 주님을 염려한 것을 칭찬했을 것이다. 주님은 베드로가 생각을 하나님의 일에 두지 않고 도리어 사람의 일에 두었기 때문에 그를 책망하셨다(마 16:23). 생각을 사람의 일에 둘 때마다 우리는 사탄과 하나이다. 이것은 심각한 일이다. 우리가 생각을 하나님의 일에 두지 않고 사람의 일에 둔다면 즉시 우리는 사탄과 하나이다.

사람의 혼은 사탄으로 적셔져 있음

우리는 우리의 혼이 철저히 사탄으로 적셔졌다는 것을 깨달아야 한다. 우리는 우리의 혼 안에서 사탄과 하나이며 사탄에 의해 침투되었다. 여러분이 선한 의도를 갖고 있든 악한 의도를 갖고 있든, 사람들을 사랑하든 미워하든, 신사이든 범죄자이든 여러분은 사탄으로 적셔져 있다.

무엇이 주님을 위한 고결한 염려보다 더 좋을 수 있겠는가? 베드로는 주 예수님에 대해 그렇게 염려하는 마음을 가졌지만 주님은 그를 책망하셨다. 그 이유는 베드로가 사탄에게 사로잡혀 있었기 때문이다. 여러분이 생각을 하나님의 일에 둔다면 그것은 매우 좋다. 그러나 여러분이 생각을 사람의 일에 둔다면, 여러분은 사탄의 왕국 안에 있다. 마태복음 16장의 이 부분은 타락한 상태에 있는 우리의 혼이 사탄과 하나임을 계시한다. 이것이 우리의 혼의 상태이기 때문에, 우리는 우리의 혼에 십자가를 적용해야 한다.

나는 마태복음 10장 37절부터 39절까지에 있는 주님의 말씀을 귀히 여긴다. 주님은 부모나 자녀를 그분 자신보다 더 사랑하는 사람은 그분께 합당하지 않다고 말씀하셨다. 여러분이 주 예수님보다 여러분의 부모나 자녀를 더 사랑한다면, 그분과 관련해서 여러분은 끝난 것이다. 또 누가복음 14장 26절과 27절에서 주님은 미워하는 것에 대하여 말씀하셨다. 주님은 누구든지 그분께 오는 사람이 자기 부모와 처자와 형제와 자매뿐만 아니라 심지어 자기 혼생명까지도 미워하지 않는다면, 그분의 제자가 될 수 없다고 말씀하셨다. 함께 연결되는 이 두 단락은 여러분이 사탄과 하나인 한, 여러분이 사랑하든 미워하든 그것은 아무런 차이가 없다는 것을 입증해 준다. 우리의 혼 안에서 우리가 어떤 존재인지를 볼 수 있도록 우리의 눈이 열려야 한다. 우리의 혼 안에는 사탄의 왕국이 있다. 우리의 혼은 완전히 사탄으로 적셔졌고, 그의 왕국 곧 그의 지배 영역이 되었다.

십자가를 짐

혼을 처리하는 하나님의 방법은 십자가이다. 십자가가 반드시 우리 안에서 그 일을 해야 한다. 우리는 이미 십자가 위에 두어졌지만 반드시 그곳에 머물러야 한다. 십자가를 진다는 것은 십자가 위에 머문다는 말이다. 우리의 혼의 운명과 종착지는 십자가이다. 좋은 혼이든 나쁜 혼이든, 사랑하는 혼이든 미워하는 혼이든 십자가 위에 놓였다. 하나님께서 여러분의 혼을 십자가 위에 두셨으므로 그 혼은 그곳에 남아 있어야 한다. 주 예수님은 먼저 십자가를 지시고 그 후에 십자가에 못 박히셨다. 그와는 반대로 우리는 먼저 십자가에 못 박혔고 이제 지속적으로 십자가를 진다. 결코 십자가를 떠나지 말라. 왜냐하면 하나님께서 여러분을 그곳에 두셨기 때문이다. 십자가에서 내려올 때마다 즉시 우리는 사탄과 하나가 된다. 앞 장에서 우리는 우리의 생각이 전쟁터이기 때문에, 주님께 강한 자를 결박하시기를 기도해야 한다는 것을 보았다. 그러나 사랑하고 미워하는 기관인 우리의 감정과 관련해서도 우리는 십자가를 져야 한다. 우리의 생각과 관련해서 우리는 강한 자를 결박해야 하며, 우리의 감정과 관련해서 우리는 십자가를 져야 한다.

세상을 십자가에 못 박음

세상과 우리의 관계 또한 우리에게 십자가를 질 것을 요구한다. 성경은 세상을 매우 많이 사랑했던 한 여인, 곧 롯의 아내에 대하여 우리에게 말해 준다. 주 예수님은 "롯의 아내를 생각해 보십시오."(눅 17:32)라고 말씀하시면서 그녀와 관련해서 우리에게 경고하셨다. 롯의 아내는 소돔 성에서 세상적인 것들을 사랑했다. 비록 그녀는 그 성에서 빼내어졌을지라도 세상적인 것들에 대한 추억을 마음에 품고 있었다. 그녀는 세상을 잊을 수 없었다. 그래서 그녀는 뒤를 돌아보다가 소금 기둥이 되었다. 그러므로 주 예수님은 우리에게 롯의 아내를 생각해 보라고 경고하셨다.

롯의 아내와 같이 세상의 것들을 사랑하는 형제가 있다고 가정해 보자. 여러분이 이 형제를 위해 기도하면서 “주님, 강한 자를 결박하십시오.”라고 한다면, 그것은 효과가 없을 것이다. 이런 기도는 의견이 가득한 강한 생각을 가진 형제에게는 효과가 있겠지만, 세상을 사랑하는 형제에게는 그렇지 않을 것이다. 세상을 사랑하는 형제는 십자가를 질 필요가 있다. 우리의 감정 안에 있는 세상에 대한 사랑을 처리하는 것은 강한 자를 결박하는 문제가 아니라 혼 안에서 십자가를 지는 문제이다. 많은 사랑스러운 자매들이 쇼핑이 참으로 누림이 된다고 생각한다. 어떤 이들은 물건을 살 돈이 없지만 구경하는 것을 즐긴다. 그들은 세상의 것들을 사랑한다. 우리가 십자가 위에 머문다면, 분명히 그처럼 쇼핑을 많이 다니지 않을 것이다. 세상에 대한 혼적인 사랑은 십자가로 제해져야 한다. 혼생명 안에 있는 세상에 대한 이런 사랑이 사탄적인 왕국이다. 이것이 십자가로 제해지지 않는다면, 우리의 영 안에 계신 주 예수님은 우리의 감정 안으로 확장되실 길이 없을 것이다. 자매들이 쇼핑하는 것을 사랑한다면, 그들의 감정은 주님에게서 완전히 멀어질 것이다. 많은 사랑스러운 자매들이 세상적인 것들을 매우 사랑하기 때문에 주님 안에서 일 인치도 자라지 못하고 있다. 그들의 감정 안에는 주 예수님께서 들어오실 여지가 없다. 그들의 감정의 거의 모든 부분이 세상적인 것에 점유되었다. 여러분이 자신에게 세상적인 소유물이 얼마나 있는지를 쉽게 잊어버릴 수 있다면, 그것은 여러분이 그것들을 사랑하지 않는다는 표시일 것이다. 그러나 대부분의 자매들은 자신이 가지고 있는 것들을 잊어버리기가 어렵다. 모든 자매들이 그것들을 매우 잘 생각해 낸다. 어떤 자매들은 마태복음이 몇 장으로 되어 있는지는 모르지만, 자신에게 드레스가 몇 벌이 있는지는 아주 잘 기억한다. 어떤 사람들은 그리스도인이 된 지 이십 년 이상 되었지만,

사도행전이 몇 장인지 정확히 말할 수 없을지도 모른다. 무엇이 여러분의 감정을 점유하고 있는가? 여러분의 사랑은 어디에 있는가? 여러분의 사랑의 대상은 무엇인가? 이것은 사탄의 왕국인가 아니면 하나님의 왕국인가의 문제이다. 주님께서 우리에게 왕국이 한 시대나 한 영역만이 아님을 보여 주셨기 때문에, 우리는 이러한 실지적인 예들을 사용했다. 왕국은 그리스도인의 생활의 총체이다. 그것은 반드시 실지적이어야 한다.

십자가 위에 남아 있음

주 예수님께서 혼에 대하여 말씀하신 모든 절은 하나님의 왕국과 관련된다. 우리의 혼은 사랑의 문제에 있어서 처리되어야 한다. 무엇을 사랑할지, 어디에 우리 사랑을 두어야 할지가 반드시 처리되어야 한다. 우리가 어떻게 사랑을 실행하는가는 반드시 십자가에 의해 실지적으로 다루어져야 한다. 우리의 혼이 사랑의 문제에 있어서 십자가에 의해 다루어진 적이 없다면, 어떻게 생각한다 하더라도 우리는 사탄의 왕국 안에 있다. 우리가 우리의 영 안에서는 하나님의 자녀일지라도 우리의 혼 안에서는 사탄의 왕국의 일부로 남아 있다.

그것은 그저 죄가 있거나 세상적인가의 문제가 아니다. 그것은 사랑의 문제에 있어서 우리의 혼이 십자가로 처리되었느냐의 문제이다. 우리가 사랑한다면, 우리의 사랑은 먼저 십자가로 제해져야 한다. 우리가 미워한다면, 우리의 미움 또한 십자가로 제해져야 한다. 우리는 사랑할 필요가 있고 미워할 필요가 있으나, 우리의 사랑과 미움은 먼저 십자가로 제해져야 한다. 모든 혼이 십자가로 처리되어야 한다. 주님은 이미 우리의 혼을 십자가로 제하셨다. 갈라디아서 2장 20절은 "나는 그리스도와 함께 십자가에 못 박혔습니다."라고 선포한다. 우리는 그리스도와 함께 십자가에 못 박혔으므로 십자가 위에 남아 있어야 한다. 우리는 자신이 이미 십자가로 제해진 그 자리에 머물러야 한다. 이것은 우리가 십자가를 져야 하며, 사탄에게 우리의 혼에 어떤 입지도 주어서는 안 된다는 뜻이다. 우리는 우리의 혼을 십자가 위에 두어야 한다. 특별히 사랑의 문제에 있어서 그래야 한다. 우리가 어떤 것이나 어떤 사람을 사랑하기 원한다면, 우리의 혼을 십자가로 제함으로써 그것을 사랑해야 한다. 이것은 이론이 아니다. 이것은 왕국 생활의 실행이며, 실지적인 왕국 생활이다.

종종 여러분은 영적인 사람이 되려고 시도할 것이다. 여러분은 "나는 주님을 앙망하며 그분께서 어떻게 인도하시는지를 볼 것입니다. 나는 모든 쇼핑을 주님의 인도를 따라 할 것입니다."라고 말할지도 모른다. 이것은 매우 영적인 말처럼 들린다. 그러나 여러분은 주님께서 어떻게 인도하시는지에 관계없이 여전히 백화점에 간다. 주님은 여러분에게 아무런 인도도 주지 않으셨는데 여러분은 많은 물품을 샀고, 결과적으로 이러한 물품들은 여러분의 집에 있으면서 여러분을 유죄판결 한다. 이것들은 죄악된 것들은 아니지만 세상적인 것들이다. 주님은 여러분이 그것들을 사도록 인도하지 않으셨다. 여러분은 여러분의 혼 안에 있는 사랑에 따라 그것들을 샀다. 이것이 사탄의 왕국이다. 이것은 단지 죄가 없거나 거룩하거나 세상에서 해방되는 문제가 아니다. 그것은 전적으로 사탄의 왕국 안에 있느냐 아니면 하나님의 왕국 안에 있느냐의 문제이다. 여러분의 혼이 지속적으로 십자가 위에 있다면, 여러분이 사랑하고 미워하는 것은 다 하나님의 왕국 안에 있을 것이다. 그렇지 않으면 여러분의 사랑과 미움 모두는 사탄의 왕국 안에 있게 될 것이다.

자아

이제 우리는 세상을 사랑하는 것보다 더 깊고 더 감추어진 것인 자아에 이르렀다. 자아는 우리 가족이나 자녀에 대한 사랑보다 더 감추어져 있고 더 간교하다. 우리는 자아가 혼 안에 있다는 것을 알지만, 이 자아가 어떻게 표현되는지 아는가? 다시 한번 생각으로 돌아가 보자. 혼 안의 자아는 대개 우리의 의견으로 표현된다. 우리의 관념들과 의견들은 예외 없이 혼 안의 자아를 표현한다. 베드로는 "주님, 그럴 수 없습니다."라고 말했다. 이것은 하나의 관념이요 의견이며, 주님을 향한 좋은 생각이다. 그러나 이 의견은 베드로의 자아를 드러냈다. 이 자아는 바로 사탄의 요소이다. 우리는 이 문장의 순서를 바꾸어 사탄의 요소가 자아라고 할 수도 있다. 반대하는 생각이나 다른 의견을 표현할 때마다 우리는 자아를 표현한다.

생각, 자아, 사탄

마태복음 16장에서 주 예수님은 "사탄아! 내 뒤로 물러가거라."라고 하시면서 베드로를 책망하셨다. 그러고 나서 주님은 베드로에게, 그가 생각을 하나님의 일에 두지 않고 사람의 일에 두었다고 말씀하셨다. 이것에 뒤이어 주 예수님은 그분을 따르는 사람들은 자기를 부인해야 한다고 말씀하셨다. 이로써 우리는 사탄과 생각과 자아가 하나 안에 있는 세 가지임을 볼 수 있다. 사탄은 생각 안에 있고 생각은 자아 안에 있다. 자아는 생각 안에 있으며 생각은 사탄 안에 있다. 이들 세 가지는 나눌 수 없다. 자아를 생각에서 분리하거나 생각을 사탄에게서 분리하기가 어렵다.

자아는 간교하며 감추어져 있다. 우리는 우리의 관념이 단지 관념일 뿐이며 우리의 견해도 단지 견해일 뿐이라고 생각할지도 모른다. 그러나 사실상 우리의 관념과 우리의 견해는 우리의 자아이다. 아마 우리는 우리의 견해나 반대하는 사상이 자아의 표현이고, 우리의 자아는 사탄과 하나라는 것을 결코 깨닫지 못했을 것이다. 우리 모두는 십자가로 제해져서 반대하는 사상이나 관념이 없어야 한다. 그것은 누가 옳고 누가 그른가의 문제가 아니다. 강한 관념은 자아의 표현이다. 자아는 항상 혼 안에 있는 사탄과 하나이며, 자아는 반드시 관념 속에서 표현된다.

이것은 우리가 더 이상 어떤 관념도 가져서는 안 된다는 뜻이 아니다. 우리는 관념을 가질 필요가 있다. 우리는 의자나 테이블이 아니다. 테이블이나 의자는 관념이 없지만, 사람으로서 우리는 관념을 가져야 한다. 우리는 관념을 가질 필요가 있으나, 모든 것은 자아가 그 관념 속에 담겨 있느냐의 여부에 달려 있다. 자아가 그 관념 속에서 표현되고 있는가? 비록 많은 관념들이 자아의 표현이라는 것이 사실이라 할지라도, 많은 때 우리는 그 안에 자아의 흔적을 찾아 볼 수 없는 관념을 가질 수 있다. 자아가 처리된 것이다. 교회생활에서 인도 직분이나 책임을 짊어질 때, 우리는 많은 것들에 대하여 함께 교통할 필요가 있다. 예를 들어, 몇 시에 모이며 어느 요일에 집회를 가져야 할 것인지에 대한 어떤 관념들이 우리에게 필요하다. 교통하기 위해 함께 모일 때 우리는 무언가를 말할 필요가 있다. 우리는 그것이 관념 자체의 문제가 아니고 관념 뒤에 있는 어떤 것이나 관념 속에 있는 어떤 것의 문제임을 이해해야 한다. 관념 속에 감추어진 자아는 처리되어야 한다. 왜냐하면 그 자아는 사탄과 하나이기 때문이다. 그러나 이 말을 어떤 관념을 갖기 위한 변명으로 삼지 말라. 많은 관념들이 없는 편이 더 낫다. 우리가 계속해서 우리의 관념들을 표현한다면, 우리의 자아를 표현하게 될 것이다. 여러분은 어떤 왕국 안에 있는가? 그 모든 것은 혼이 십자가로 제해졌는지의 여부에 달려 있다.

혼적인 생명

혼적인 생명은 혼적인 존재를 가리킬 뿐만 아니라, 우리가 일을 해 나갈 수 있게 하는 능력과 힘도 가리킨다. 우리가 우리의 존재나 우리의 능력에 따라 교회 안에서와 주님의 일 안에서 어떤 것을 한다면, 그것은 혼적인 생명을 나타내는 것이다. 그것은 처리되어야 한다. 혼적인 힘은 처리되어야 한다. 왜냐하면 우리가 그것에 기댈수록 우리는 더 사탄의 왕국 안에 살기 때문이다. 혼 안에 감추어진 자아가 처리되어야 할 뿐 아니라, 혼적인 생명, 혼적인 힘, 혼적인 존재도 처리되어야 한다. 우리의 전 존재와 우리가 할 수 있는 모든 것이 십자가로 제해져야 한다. 이것은 십자가 위에 두어져야 하며 항상 그곳에 간직되어야 한다.

우리는 모두 그리스도 안에 있는 믿는 이들이기 때문에 우리의 영 안에는 하나님의 왕국이 있다. 그러나 또한 우리의 혼 안에는 사탄의 왕국도 있다. 우리의 모든 소유, 우리의 전 존재, 우리가 할 수 있는 모든 것, 우리가 우리의 혼 안에 간직하고 있는 모든 것이 십자가로 철저히 처리되어야 한다. 노심초사하지 않는 것은 좋은 것이지만 그것은 단지 일부분일 뿐이다. 사탄의 왕국이 우리의 혼 안에 있기 때문에, 우리는 우리의 전 존재와 우리가 가진 모든 것과 우리가 우리의 혼 안에서 할 수 있는 모든 것이 처리되어야 함을 깨달아야 한다. 우리의 혼이 십자가로 더 제해질수록, 내주하시는 그리스도께 그분 자신을 우리의 영에서부터 우리의 혼 안으로 확장하실 기회가 더 부여될 것이다. 이런 식으로 우리의 혼은 순수하게 되고 주님 자신으로 적셔질 것이다. 그럴 때 하나님의 왕국은 우리 안에서 증가하고 확장되며 다시 올 것이다. 이것이 그리스도의 풍성을 갖는 길이다. 이것이 주님의 능력과 영향력과 축복을 소유하는 길이다. 이것이 하나님의 왕국과 관련된 우리 그리스도인의 생활의 중심적이고도 전략적인 중점이다. 그러므로 우리는 모두 우리의 추구와 주의를 다음 한 가지의 것에 집중해야 한다. 그것은 우리가 십자가를 지고, 항상 주님께 그분 자신을 우리의 영에서부터 우리의 혼으로 확장하실 수 있는 기회를 드리는 것이다. 그럴 때 우리에게 실지적인 왕국 생활이 있을 것이다.

11

왕국의 비밀들(1)

The Mysteries of the Kingdom (1)

제11장
왕국의 비밀들(1)

성경: 마 13:3-6, 11, 18-21, 고전 3:9

마태복음은 왕국에 대한 책이다. 우리가 보았듯이, 침례자 요한은 천국을 선포했고, 주 예수님도 후에 뒤따라 이것을 전파하셨으며, 그분의 제자들에게도 동일한 것을 하도록 가르치셨다. 그분은 열두 명을 내보내시고 또 칠십 명을 내보내시면서 천국을 전파하라고 하셨다(마 10:5-7, 눅 10:1, 9). 마태복음에 언급된 것들은 왕국과 관련이 있는데, 이것은 왕국이 이 책의 주제이기 때문이다. 사람들이 마태복음을 읽을 때 빗나가기가 쉽다. 많은 그리스도인 독자들이 훌륭한 이야기들이나 뛰어난 가르침들에 의해 빗나갔다. 어떤 그리스도인들은 마태복음을 이야기책으로 생각하는 반면에, 다른 그리스도인들은 그 책을 가르침이나 교리의 책으로 여긴다. 이러한 접근 방식들은 모두 마태복음의 주제인 왕국을 소홀히 하게 한다. 마태복음은 단지 이야기나 교리의 책이 아니다. 그것은 왕국에 관한 책이다.

침례자 요한은 "천국이 가까이 왔습니다."(마 3:2)라고 선포했지만, 실제로 일어난 일은 사람이신 예수님께서 오신 것이었다. 이것은 왕국이 그분 자신 안에서뿐 아니라, 우리를 포함한 많은 사람들 안에서도 바로 주 예수님이심을 가리킨다. 이 놀라운 인격이신 주 예수님은 그리 간단한 분이 아니시다. 그분은 왕국이시다. 여러분은 '여호와 더하기'이시며 '하나님 더하기'이신 이 놀라운 인격에 대한 기록을 우리에게 제시하는 마태복음 1장을 결코 잊지 말라. '여호와 더하기'이시며 '하나님 더하기'이신 놀라운 분이신 주 예수님은 왕국이시다. 왕국은 주 예수님 자신이며, 그분의 모든 믿는 이들 안에 계신 주 예수님이다. 왕국은 그분의 모든 활동과 더불어 우리 안으로 확장되신, 생명이신 그리스도의 총체이다. 왕국이 그리스도라고 말하는 것 또한 정확하다. 나는 이러한 설명을 모두 높이 평가한다. 왕국은 하나의 시대 혹은 하나의 영역만이 아니다. 왕국은 또한 우리 안으로 확장되고 지속적으로 성숙에 이르기까지 자라는 생명이신 그리스도이기도 하다. 이 성숙이 왕국의 완전한 출현일 것이다.

왕국의 비밀들

주 예수님은 여러 비밀들을 말씀하셨는데, 그중의 하나가 씨를 뿌리는 사람의 비유이다. 이 비유는 단지 교리나 가르침이 아니다. 그것은 하나의 비밀이다. 많은 사람들은 교리에는 주의를 기울이지만 왕국의 비밀은 소홀히 한다. 천국은 하나의 비밀이다. 심지어 사람 자신에게도 많은 비밀들이 있다. 외적으로 우리는 사람의 신체적인 특징들, 곧 머리와 어깨와 팔과 다리와 피부색이 어떤지를 볼 수 있다. 이 모든 외적 특징은 아주 뚜렷하기 때문에 그렇게 비밀스럽지 않다. 그러나 사람 자신은 여러 가지 비밀들을 포함한다. 그중 하나가 그의 육신의 생명의 비밀이다. 실제 사람과 동일한 색깔과 크기와 형태를 지닌 밀랍 인형을 만들어 낼 수 있다. 유일한 차이라면 이 인형에는 생명이 없다는 점이다. 우리가 사람의 모든 부분을 검사하기 위해 그 사람을 해부한다면 생명이 사라질 것이다. 그러나 우리가 그를 살아 있는 채로 그대로 둔다면 생명이 남아 있을 것이다. 어떤 사람도 사람의 육신의 생명을 제대로 다 설명할 수 없다. 생명은 비밀스럽다.

사람과 관련된 또 다른 비밀은 사람의 영이다. 사람의 영이란 무엇인가? 사람 내부의 어느 곳에서 그것을 발견할 수 있는가? 그의 심장에서인가? 머리에서인가? 아니면 위장에서인가? 성경에 따르면, 우리에게는 사람의 영이 있다(살전 5:23). 그런데 그것이 어디에 있는가? 우리의 눈과 코와 귀의 위치를 찾기는 쉽지만 우리의 영의 위치를 찾기는 어려운데, 이것은 영이 하나의 비밀이기 때문이다.

더 깊은 비밀은 심장과 관련된다. 사람은 두 개의 심장을 가지고 있다. 하나는 물질적인 심장으로서, 이 심장은 항상 움직이면서 지속적으로 피를 펌프질한다. 그러나 성경은 사람의 마음이 부패하였고 치료할 수 없을 정도로 사악하다고 말한다(렘 17:9). 물론 이것은 육신의 심장을 가리키지 않는다. 성경에서 사람의 마음이 부패했다고 말할 때, 그것은 또 다른 심장인 마음의 심장을 가리킨다. 따라서 우리는 두 개의 심장, 곧 육신의 심장과 마음의 심장을 갖고 있다. 비록 우리 가운데 육신의 심장에 문제가 있는 사람은 많지 않더라도, 우리 모두는 마음의 심장에 문제가 있다. 이 마음의 심장은 어디에 있는가? 여러분은 자신에게 그러한 심장이 있다는 것을 알지만, 그 위치를 찾기는 어렵다. 왜냐하면 마음의 심장 또한 하나의 비밀이기 때문이다. 사람은 많은 비밀들을 갖고 있다. 사람의 생명과 사람의 영과 마음의 심장은 모두 비밀들이다. 우리의 생각과 감정과 의지와 양심 또한 비밀들이다.

일곱 가지 비밀

마태복음 13장은 천국과 관련해서 많은 비밀들이 있음을 계시해 준다. 이 장에 있는 비유들은 단지 가르침이나 이야기가 아니다. 그것들은 사람들이 이해하기 어려운 비밀들이다. 마치 사람의 생명이나 사람의 영이나 심리적인 심장이 비밀들인 것처럼 그것들은 비밀들이다. 우리는 우리 생각이나 양심이나 마음이나 영이나 생명에 대하여 제한적으로 조금 이해하지만, 그것들은 여전히 비밀들로 남아 있다. 씨를 뿌리는 사람의 비유도 마찬가지로 비밀이다. 왕국의 다른 비밀들은 가라지, 겨자씨, 누룩, 보물, 진주, 그물의 비유를 포함한다. 마태복음 13장에는 적어도 일곱 가지 비밀이 있다.

이러한 비밀들을 이해하기 위하여 우리에게는 열린 마음이 필요하며, 또 우리는 영 안에서 가난해질 필요가 있다. 주님은 제자들에게, 그들에게는 왕국의 비밀들을 아는 것이 허락되었으나 다른 사람들에게는 허락되지 않았다고 말씀하셨는데, 이것은 그들의 마음이 굳어졌고 그들의 영은 다른 것들로 채워져 있었기 때문이다(마 13:11-15). 주님은 굳어져 있고 다른 것들로 채워져 있는 사람들에게서 돌아서셨다. 우리는 이렇게 기도할 필요가 있다. "주님, 우리를 영 안에서 가난하게 해 주십시오. 다른 모든 것을 제해 주십시오. 교리들과 낡은 성경 지식을 제해 주십시오. 주님, 우리의 영을 비워 주시고, 우리를 영 안에서 가난하게 해 주십시오. 우리의 영 안에서 우리는 아무것도 고집하지 않습니다." 여러분은 이렇게 기도해야 한다. 그러지 않으면 여러분은 이 모든 장을 읽은 후에도 아무것도 얻지 못할 것이다. 주님께서 우리를 우리의 영 안에서 어떤 낡은 것도 갖지 않도록 지켜 주시기를 바란다. 마찬가지로 우리는 주님을 향하여 순수하고 열린 마음이 필요하다. 우리가 영 안에서 가난하고 우리 마음이 주님을 향하여 열려 있다면, 즉시 계시가 올 것이고 우리는 왕국의 비밀들을 이해하게 될 것이다.

씨를 뿌리는 사람

무엇보다도 먼저 주 예수님은 그분 자신을 교사가 아닌 씨를 뿌리는 사람에 비유하셨다. 많은 그리스도인들은 그분을 위대한 교사로 여길 뿐이다. 요한복음 3장의 기록에 따르면, 니고데모는 "랍비님, 우리는 선생님께서 하나님에게서 오신 분이신 줄 압니다."(2절)라고 말하면서 주님께 접근했다. 즉시 주님은 니고데모에게 그가 다시 날 필요가 있다고 말씀하셨다. 주 예수님은 우리에게 왕국의 교리를 가르치는 교사로 오시지 않고 왕국을 우리 안에 심기 위해 오셨다. 성경은 이 씨가 주 예수님 자신임을 계시해 준다. 그분은 씨를 뿌리는 사람이시며 또한 그 씨이시기도 하다. 그분은 우리 안에 그분 자신을 생명의 씨로 뿌리기 위해 씨를 뿌리는 사람으로 오셨다.

사복음서에서 그 씨는 땅속에 뿌려진다. 사도행전에서 그 씨는 부드러운 싹을 낸다. 서신서들에서 우리는 점진적인 성장과 개화를 보게 되며, 요한계시록에서는 그 수확을 갖는다. 요한계시록 14장은 수확물이 익었음을 선포한다. 씨이신 주 예수님은 마태복음에서 뿌려지셨다. 이 씨는 사도행전에서 하나의 싹으로 성장한다. 서신서들에서 우리는 그 씨가 자라 꽃이 피는 것을 보고, 결국 요한계시록에서는 수확이 있게 될 것이다.

씨를 뿌리는 사람의 비유에서 씨는 땅속으로 뿌려졌는데, 땅은 우리 존재를 나타낸다. 우리는 땅이다. 고린도전서 3장 9절은 우리가 하나님의 경작지라고 말한다. 땅의 모든 곳이 다 씨를 뿌리기에 적합한 것은 아니다. 농부는 이것을 알기에 항상 씨를 뿌리기에 가장 적합한 장소를 고른다. 그는 어떤 땅은 씨가 자랄 기회를 제공하지 못한다는 것을 안다. 우리 사람의 영은 주 예수님께서 그분 자신을 우리 안으로 뿌리시기 위한 곳이며, 우리의 마음은 그분께서 우리 안에서 자라시기 위한 곳이다. 그분은 그분 자신을 우리의 영 안으로 뿌리시며, 그분 자신을 우리 마음 안으로 자라게 하신다.

마태복음 5장에 있는 주 예수님의 가르침에서 시작하는 말씀은 "영 안에서 가난한 사람들은 복이 있습니다."였다. 이것이 그분께서 다루신 첫 번째 항목이었다. 많은 그리스도인들이 이것을 놓쳤다. 주 예수님은 사람의 영을 첫 번째 항목으로 삼으셨지만, 대부분의 그리스도인들은 그것을 마지막 항목으로, 심지어 아무것도 아닌 것으로 여긴다. 이것에 뒤이어 주님은 "마음이 순수한 사람들은 복이 있습니다."(8절)라고 하셨다.

사람의 영에 대한 진리는 마태복음 5장에서 뿌려지고, 서신서들 전체에 걸쳐 여러 절들에서 발전된다. 마찬가지로 사람의 마음에 대한 진리도 마태복음 5장 8절에서 뿌려져 서신서들에서 자란다. 요한계시록도 사람의 영에 대한 여러 절들을 담고 있다. 예를 들어, 1장 10절에서 요한은 "주님의 날에 내가 영 안에 있었으며"라고 말한다. 또 4장 2절에서 요한은 다시 자신이 영 안에 있었다고 말한다. 17장 3절과 21장 10절에서 그는 영 안에서 이끌려 갔다고 말한다. 요한계시록에는 사람의 영에 대한 진리의 수확이 담겨 있다.

이와 같이 마태복음에서 뿌려진 첫 번째 항목은 사람의 영이었으며, 두 번째 항목은 사람의 마음이었다. 이들 두 항목이 먼저 언급된 것은, 그 두 곳이 바로 주님께서 그분 자신을 뿌리시고 이어서 그분 자신을 확장하시는 곳이기 때문이다. 주 예수님께서 사람 안으로 오실 때 그분은 마음이 아닌 영에 들어오신다. 우리가 이미 지적했듯이, 베드로전서 3장 4절은 영이 우리 마음의 중심, 곧 축이라고 말한다. 영은 마음에 숨겨진 사람이다. 우리의 마음은 우리의 영을 둘러싸고 있다. 영은 주 예수님께서 사람 안으로 들어오시는 특별한 지점이다. 그곳에서부터 그분은 마음의 각 부분으로 확장되실 기회를 찾고 계신다.

길가

씨를 뿌리는 사람의 비유에서, 주 예수님을 받아들이는 사람들은 네 종류의 땅으로 비유된다. 첫째는 밭의 가장자리인 길가이다. 밭의 이러한 가장자리 혹은 경계는 밭과 길 사이에 놓여 있으며, 길도 밭도 아닌 다소 어중간한 곳이다. 이런 종류의 땅은 길가와 가까워서 세상의 통행에 의해 굳어지고 이미 점유되어 있어서 씨가 들어가기가 어렵다. 공중의 새들이 이러한 상황을 알고 즉시 와서 그 씨를 낚아채어 가 버린다. 어떤 사람들은 왕국 복음의 말씀을 들을 때 마음이 이미 세상적인 왕래와 통행에 점유되어 있는 상태이다. 그들이 메시지를 들을 때 동의의 표시로 머리를 끄덕일지 모르지만, 그들의 마음은 굳어져 있다. 메시지가 끝난 후, 말씀이 그들의 마음에서 낚아채어졌기 때문에 그들은 간직한 것이 하나도 없다. 주 예수님은 공중의 새들이 악한 자 사탄을 의미한다고 우리에게 분명히 알려 주셨다(마 13:4, 19). 사탄은 땅 위에서 움직이지만 공중에 거주한다. 그곳에서부터 그는 땅을 감시하고 있다. 사탄은 결코 잠들지 않는다. 그는 항상 땅 위에서 일하고 있으며, 굳어진 마음들로부터 왕국의 말씀을 낚아챌 기회를 엿보고 있다. 세상적인 통행과 거기에 수반되는 모든 복잡한 것들이 사람들의 마음을 굳어지게 한다. 우리는 기도할 필요가 있다. "주 예수님, 길가가 되지 않도록 저를 지켜 주십시오. 제 마음이 이 세상의 통행에 의해 굳어지지 않게 해 주십시오."

흙이 얕게 덮인 바위

여러분은 여러분의 마음이 길가에 있는 땅과 같지 않다고 해서 여러분에게 아무런 문제가 없다고 확신하지 말라. 여전히 두 번째 종류의 땅, 곧 흙이 얕게 덮인 바위가 있다. 주 예수님은 흙이 얕게 덮인 바위가, 겉으로 보기에는 어떤 것을 자라게 하는 데 아주 좋을 것 같은 부드러운 흙으로 덮여 있다고 말씀하셨다. 그러나 사실은 흙이 얕다. 아마 일 인치(2.54cm) 정도밖에 되지 않을 것이다. 표면의 흙은 좋고 부드럽지만 밑에는 돌들이 있다. 이 돌들은 주로 죄 있는 것들을 의미하지 않고, 우리의 타고난 생각과 감정과 의지를 의미한다. 우리의 새로워지지 않은 생각, 처리되지 않은 감정, 굴복되지 않은 의지가 우리의 마음 안에 있는 세 가지 커다란 돌들이다.

수년 동안 나는 이 나라에서 여행하고 방문하며 사역해 왔다. 나는 이 기간 동안 매우 많은 성도들 가운데서 생명의 성장이 있는 것을 보게 되어 아주 기쁘다. 그러나 나는 어떤 형제자매들에 대해 매우 염려하는 마음이 있다. 왜냐하면 해를 거듭해도 그들에게는 성장이 거의 없는 것처럼 보이기 때문이다. 그들 안에서 주 예수님의 증가와 확대를 볼 수 없는 것이다. 그들은 선하고 온순하며 좋을지 모르나 그리스도의 증가는 거의 없었다. 왕국은 괜찮은 사람이 되는 문제가 아니라, 그리스도께서 우리 안에서 확장되시는 문제이다. 마음에 감추어진 돌들 때문에 주 예수님은 어떤 형제자매들 안에서는 확장되실 수 없었다.

첫 번째 돌은 타고난 생각이다. 우리는 그것을 종교적인 생각, 교리적인 생각 혹은 성경 지식으로 가득 찬 생각이라고 할 수도 있다. 여러분은 그러한 생각에 잘못된 것이 없다고 느낄지 모르지만 왕국을 위하여 그것들은 파쇄되어야 한다. 마태복음은 주 예수님께 가장 어려움을 주었던 사람들이 종교적인 생각을 가진 사람들이었음을 계시해 준다. 따라서 왕국의 씨이신 그리스도께서 우리 안에 자라시게 하려면, 우리는 우리의 생각 안에 있는 것을 내려놓고, 우리의 생각 안에 있는 낡은 관념들을 비워 내어야 한다. 우리는 주 예수님께서 우리 안에 깊이 뿌리를 내리시지 못하게 하는 것이 부드러운 흙 밑에 있는 타고난 생각임을 깨달아야 한다. 다른 사람을 위하여 이것을 읽지 말고 여러분 자신을 위하여 읽으라. 여러분이 전에 이것을 들어서 이미 이해한다고 생각한다면, 이런 태도 또한 돌이다. 여러분은 "주님, 제 생각과 이해를 비워 주십시오."라고 기도할 필요가 있다.

또 다른 큰 돌은 다루어지지 않은, 처리되지 않은 감정들이다. 여러분의 감정들이 다듬어지지 않았고 어떤 의미에서 상하기 쉽다면, 그것들은 아마 결코 처리되지 않았거나 주님에 의해 연단되지 않았다는 것을 의미한다. 여러분의 감정들이 주님에 의해 연단되고 다룸을 받았다면, 여러분은 다른 사람들에게 쉽게 마음이 상하지 않을 것이다. 여러분은 유연하지만 상하지 않을 것이다. 우리 감정들은 주님에 의해 깊게 처리되고 다룸을 받아야 한다. 우리는 주님께서 우리의 감정들을 처리하시도록 기도할 필요가 있다. 교회들 안에서 어떤 문제들은 상하기 쉬운 감정들로 말미암아 발생한다. 자매들이여, 여러분의 감정들은 어떠한가? 여러분이 무언가를 어떤 자매에게 확신시키려고 한다면 그렇게 많이 말할 필요가 없다. 그저 두 눈에서 눈물을 흘리기만 하면 된다. 두 줄기의 눈물로 그 자매는 완전히 설득될 것인데, 이것은 그녀의 감정들이 처리되지 않았기 때문이다. 주님께서 우리의 감정들을 처리하실 필요가 얼마나 많은지!

어느 날 대제사장 아론의 두 아들들이 주님에 의해 불에 타 죽음을 당했다(레 10:1-7). 아버지로서 아론이 어떻게 눈물을 억제할 수 있고 아들들을 위해 통곡하지 않을 수 있겠는가? 그러나 모세는 아론에게 울지 말라고 명했다. 우리는 모세에게 인간적인 감정이 없었다고 생각할지도 모른다. 아론이 자신의 감정들을 제어하여 눈물을 억제할 수 있었다는 사실은 그가 그러한 대제사장이 될 자격이 있었음을 가리킨다. 하나님의 왕국 안에서, 교회생활 안에서 감정들을 따라 행하지 말라. 자매들은 감정적이 되어 울며 눈물을 흘리기가 매우 쉽다. 그러나 주님의 긍휼로, 또 우리 안에 있는 그분의 생명에 의해, 우리 모두는 우리의 감정들을 굴복시킬 수 있으며 그것들이 철저히 다룸 받게 할 수 있다. 우리의 감정들은 깊이 파내져야 하며, 우리의 감정이라는 바위가 계속해서 파내어져야 한다. 우리의 감정들이 처리되지 않는다면, 주님은 우리 안에서 깊이 뿌리를 내리실 수 없다. 감정이라는 커다란 바위는 그리스도의 성장을 방해한다.

이제 우리는 생각이나 감정보다 한층 더 딱딱한 돌인 의지에 왔다. 이것은 아마도 특별히 형제들 가운데 있는 문제일 것이다. 나는 강한 의지를 가진 몇몇 형제들을 보았다. 그들이 일단 어떤 결정을 내리면 어떤 것도 그들을 바꿀 수 없다. 물론 어떤 형제들은 '우유부단하지만' 대부분은 아주 강하다. 때때로 강한 의지를 가진 형제들은 사역의 말씀이나 장로들의 말을 들으려고 하지 않는다. 형제들이여, 여러분의 의지는 파쇄되고 깨뜨려지고 갈려서 가루가 될 필요가 있다. 나는 강한 의지를 가진 형제들이 주님께 그들의 의지를 다루시게 해 드리기를 소망한다. 그럴 때 교회는 구출될 것이다. 여러분은 이렇게 기도할 필요가 있다. "오, 주님, 저를 긍휼히 여겨 주십시오. 제 마음이 세상의 통행으로 굳어지지 않게 해 주십시오. 저의 타고난 생각, 감정, 의지라는 바위들을 파내십시오. 제 영에서부터 제 마음의 각 부분 안으로 확장되십시오."

12

왕국의 비밀들(2)

The Mysteries of the Kingdom (2)

제12장

왕국의 비밀들(2)

성경: 마 13:24-33, 갈 1:15상, 16상, 2:20, 4:19, 엡 3:17상

가시덤불

지난 장에서 우리는 마태복음 13장으로 왕국의 비밀들을 다루기 시작했다. 우리는 주 예수님께서 씨 뿌리는 분이시자 그 씨이심을 보았다. 그분께서 씨를 뿌리셨을 때, 어떤 씨들은 세상의 통행으로 굳어진 길가에 떨어졌다. 다른 씨들은 흙이 얕게 덮인 바위 위에 떨어졌는데, 지표면 바로 아래에 있는 돌들이 씨의 성장을 방해했다. 이제 우리는 다음 유형의 땅에 이른다. 그것은 가시로 가득한 땅이다. 우리는 가시들의 근원이 뱀이라는 것을 기억해야 한다(창 3:18). 마태복음 13장 22절에서 주 예수님은, 가시들이 이 세상의 염려와 재물의 속임수를 의미한다고 우리에게 말씀하셨다. 이러한 가시들이 말씀을 숨 막히게 하여, 우리 안에서 주 예수님의 성장을 막는다. 우리는 모두 이 세상의 염려나 재물의 속임수를 잘 알고 있다.

미국은 사람들이 생계를 꾸리기가 쉬운 곳이지만, 이곳의 환경은 유혹으로 가득하다. 이 유혹은 현대적인 것들과 우리의 정욕이 합작함으로 일어난다. 우리는 땅 위에서 생존을 유지하기 위해 생계를 꾸려야 한다. 이것에는 문제가 없다. 그러나 사탄은 매우 간교하다. 하나님의 의도는 우리가 생계비를 버는 것이지만, 사탄의 간교한 음모는 우리 안에서 그리스도의 성장을 방해하기 위해 숨 막히게 하는 것이다. 주님의 길을 안다면, 우리는 생활 수준을 더 높이려고 애쓰기보다 더 낮추려고 애쓸 것이다. 우리는 생활 수준을 높이고자 하고, 더 나은 차와 더 좋은 집을 갖고자 하는 유혹에 지속적으로 직면할 것이다. 그것은 끝없이 순환되는 노예살이이다. 사탄은 우리를 생활 수준의 노예가 되게 만들려고 한다. 그는 우리를 유혹하여 보다 많은 돈을 벌도록 더 많이, 더 열심히 일하게 한 후에, 그 돈을 쓰는 데 더 많은 시간을 들이게 할 것이다. 이렇게 하기보다 우리의 생활을 단순하게 하는 것이 훨씬 더 현명하다. 이렇게 할 때 상당한 시간이 절약될 것이다. 우리는 그처럼 열심히 일한 후에 돈을 소비하는 데에 그처럼 많은 시간을 들일 필요가 없다. 이러한 세상의 염려는 참으로 덫이다. 그 덫에 걸리지 말라. 많은 그리스도인들이 이 덫에 걸렸고 이 세상의 염려라는 함정에 빠져 있다.

그 반대로 많은 형제자매들은 이주(移住)를 위해 생활 수준을 낮추는 것을 마다하지 않았다. 그들은 자신의 생활 수준을 희생했으며, 이로써 여러 곳으로 이주할 길을 얻었다. 한 도시에서 다른 도시로 이주한다는 것은 쉬운 일이 아니다. 우리는 참된 히브리인들이고 이 땅의 순례자들이다. 우리는 정착민들이나 거주민들이 아니다. 주님께서 허락하신다면, 우리는 계속해서 이주의 방식으로 더 많은 도시를 얻을 것이다. 그러나 우리가 항상 우리의 생활 수준을 높이고자 한다면, 이주와 관련해서 우리는 끝난 것이다. 우리에게 음식과 음료와 의복이 있는 한 그것으로 충분하다. 우리는 우리의 생활 수준을 위해 여기에 있지 않고, 주님의 회복을 위해 이 땅에서 산다.

많은 방면에서 미국은 교회생활하기에 좋은 곳이다. 모든 것이 여기에 있다. 우리는 하루에 여덟 시간, 한 주에 오 일 근무하는 직장을 매우 쉽게 찾을 수 있다. 이것은 교회생활을 실행할 수 있도록 우리에게 토요일과 주일 그리고 모든 저녁 시간을 제공해 준다. 이러한 상황은 교회생활을 위해 아주 좋다. 그러나 여러분이 교회생활을 위하지 않는다면, 미국인의 생활 방식은 위험천만하다. 여러분에게 교회생활이 없다면 무엇이 여러분을 점유하겠는가? 주말과 저녁에 여러분은 무엇을 하겠는가? 여러분은 어디에 가겠는가? 의심할 바 없이, 여러분은 다양한 오락과 스포츠와 나이트클럽 등에 마음이 끌릴 것이다. 이 모든 것이 덫이 될 것이다.

우리는 교회생활을 위해 여기에 있다! 미국이 교회생활을 위해 존재하는 것에 대해 주님을 찬양한다. 미국은 이 나라의 교회생활을 위해 있을 뿐만 아니라, 전 세계의 교회생활의 확산을 위해 존재한다. 여러분은 미국의 지리적인 위치가 전략적이라는 것을 눈여겨본 적이 있는가? 미국은 독수리의 두 날개처럼 대서양과 태평양이라는 두 큰 대양을 양편에 낀 채 세계의 교차로에 위치하고 있다. 미국을 기점으로 어느 방향으로도 움직이기가 쉽다. 태평양 해안으로부터 우리는 아시아와 동아시아를 돌볼 수 있으며, 대서양 해안으로부터 유럽과 아프리카를 돌볼 수 있다. 우리는 또 북아메리카와 남아메리카도 돌볼 수 있다. 이것은 놀랍다! 이것은 하나님의 주권이다. 주님은 결코 틀리실 수 없으며, 그분은 교회생활의 회복을 위하여 미국을 선택하셨다.

모든 현대적인 편의 시설도 역시 교회생활을 위한다. 지난 세기에는 뉴욕에서 로스앤젤레스로 여행하는 데 여러 달이 걸렸다. 지금은 비행기를 타고 여섯 시간도 채 안 되어서 갈 수 있다. 우리가 비행기를 위해 있는 것이 아니라 비행기가 우리를 위해 있다. 우리가 이 시대를 위해 존재하는 것이 아니라 이 시대가 우리를 위해 존재한다. 우리는 이 시대를 관심할 필요가 없다. 주님께서 우리를 돌보시며, 우리가 주님의 회복을 위하는 한 이 시대는 우리를 위한다. "다만 여러분은 먼저 그분의 왕국과 그분의 의를 추구하십시오. 그러면 이 모든 것을 여러분에게 더하실 것입니다."(마 6:33) 우리가 왕국을 산다면(buy), 모든 것을 거저 얻을 수 있다. 왕국을 얻으려면 무언가 대가가 요구된다. 우리는 그것을 위해 대가를 지불해야 한다. 우리가 왕국을 얻는 데 대가를 지불한다면, 우리는 우리의 생계에 필요한 것을 거저 얻을 수 있을 것이다. 우리가 이 세상을 관심하지 않는다면, 주님께서 우리를 돌보실 것이다. 우리는 재물의 속임수를 경계해야 한다. 물론 여러분이 이 세상을 관심한다면, 돈은 여러분에게 큰 의미가 있을 것이고 여러분을 덫에 걸리게 할 것이다. 우리가 이 세상의 염려에서 해방된다면, 우리는 돈에 관심을 두지 않을 것이다. 우리는 주님의 회복을 위해 돈을 벌 것이다.

좋은 땅

우리는 가시가 자라는 저주받은 밭이 아니다. 우리는 참밀이신 그리스도가 자라는 축복받은 밭이다. 우리의 근원은 뱀이 아니다. 우리의 근원은 생명의 하나님이다. 그러므로 우리는 저주를 받지 않고 축복을 받았다. 가시를 산출하는 땅은 저주받은 땅으로서 그 근원은 뱀이다. 그러나 우리는 또 다른 근원, 즉 생명의 하나님이신 우리 아버지에게서 나왔다. 그러므로 우리는 우리 아버지께 많은 축복을 받은 밭이자 농장이다. 우리는 그리스도, 곧 참밀을 자라게 한다. 우리는 길가나 흙이 얕게 덮인 바위나 가시덤불이 있는 땅이 아니다. 우리는 그리스도를 자라게 하는 좋은 땅이다. 우리가 보았듯이, 그 씨들은 마태복음에서 뿌려졌고, 그 씨들의 발전은 서신서들에서 이루어진다. 이 원칙을 기억한다면, 우리는 신약을 읽을 때 많은 것을 발견할 것이다.

씨의 발전

이제 마태복음 13장에서 고린도전서 3장으로 나아가자. 이 장에서 바울은 우리가 하나님의 경작지이며, 자신은 심었고 아볼로는 물을 주었지만 하나님께서 자라게 하셨다고 분명히 말한다. 이것은 마태복음 13장의 발전이다. 고린도전서 3장은 그 씨의 발전에 있어서 하나님의 동역자들은 심는 이들이요 물을 주는 이들임을 보여 준다. 그 절은 바울이 가르쳤고, 아볼로가 교화하였으며, 하나님은 졸업 증서를 주셨다고 하지 않는다. 이 장에는 교사가 없으며 심는 이가 있다. 교화하는 사람이 없으며 물을 주는 이가 있다. 심는 것과 물을 주는 것과 자라게 하는 것으로 인해 하나님께 감사한다. 이것은 발전의 한 방면이다.

또 다른 방면은 갈라디아서에서 발견된다. 갈라디아서 1장 15절 하반절과 16절 중반절에서 사도 바울은 "하나님께서 … 그분의 아들을 내 안에 계시하시기를 기뻐하실 때에"라고 말한다. 이것은 하나님께서 그리스도를 바울 안에 심으셨다는 뜻이다. 하나님 아버지께서 그분의 아들을 우리 안에 계시하실 때, 그분은 그리스도를 생명의 씨로 우리 안에 심으신다. 갈라디아서 2장 20절에서 바울은 "그리스도께서 내 안에 사십니다."라고 말한다. 먼저 그리스도께서 우리 안에 계시되시고, 두 번째로 그리스도께서 우리 안에 사신다. 이것은 성장과 발전을 가리킨다. 갈라디아서 4장 19절에서 바울은 "여러분 속에 그리스도의 형상이 이루어지기까지"라고 말한다. 그리스도는 우리 안에 사실 뿐 아니라 우리 속에 그분의 형상을 이루고 계신다. 우리 속에 그리스도의 형상이 이루어진다는 사실은 그리스도께서 우리 안에 완전히 자리를 잡으신다는 뜻이다. 많은 때 나는 장갑을 예로 들어 사용해 왔다. 장갑은 손을 넣도록 만들어졌다. 때때로 우리는 우리의 손을 장갑 안에 제대로 넣기가 어려울 때가 있다. 우리는 각 손가락이 장갑의 손가락 안에 정확하게 들어맞을 때까지 힘을 주어 조금씩 집어넣어야 한다. 이것은 우리 안에 사시며 우리 속에 그분의 형상이 이루어지도록 애쓰시는 그리스도를 보여 주는 그림이다. 그분은 우리 존재의 모든 속부분에 확장되실 기회를 기다리고 계신다. 이렇게 하실 수 있을 때, 그분은 우리 속에 형상을 이루실 것이다.

이것이 "그리스도께서 여러분의 마음에 거처를 정하시게 하시며"라고 말하는 에베소서 3장 17절의 실재일 것이다. 마음은 생각과 감정과 의지와 양심으로 구성된다. 우리 마음의 중심에는 우리의 영이 있다. 그리스도는 이 중심에 계시면서, 우리의 영에서부터 우리의 생각과 감정과 의지로 확장되실 기회를 기다리고 계신다. 그런 다음 그리스도께서 그분 자신을 우리 마음의 각 부분 안에 정착시키실 것이다. 이것은 그리스도께서 우리의 마음에 거처를 정하심으로 우리 전 존재를 점유하시고 소유하신다는 뜻이다. 이것이 내주하시는 그리스도의 확장이다. 내주하시는 그리스도의 확장은 바로 우리 안에 있는 생명의 씨의 증가이다.

비록 우리가 전에 우리 안의 그리스도의 증가에 대하여 들었을지라도, 우리 안의 이러한 증가가 바로 왕국의 증가라는 점은 깨닫지 못했을 수 있다. 우리 안의 그리스도의 증가는 왕국의 증가이자 동시에 왕국이 점진적으로 오는 것이기도 하다. 왕국은 그리스도의 증가에 의해 온다. 내주하시는 그리스도께서 우리의 속부분 안에서 확장되시고 자라실 때 왕국이 오고 있는 것이다. 비록 우리 혼생명의 상태 때문에 다소 더디기는 하지만, 지금도 왕국은 오고 있다. 우리가 주님께 더 충분히 협력해 드린다면, 왕국이 오는 속도는 더 빨라질 것이다.

많은 사람들은 하나님의 왕국이 자동적으로 올 것이므로, 우리는 왕국이 나타나기를 기다리면서 수면을 취할 수 있다고 생각한다. 이런 식으로 받아들인다면, 여러분이 이천 년 동안 잠잘지라도 왕국은 여전히 오지 않을 것이다. 왕국은 그러한 방식으로 오지 않는다. 성경의 계시에 따르면, 왕국은 내주하시는 그리스도의 성장 과정을 통해 온다. 내주하시는 그리스도께서 우리 안에서 자라실 때, 그것은 왕국이 더 많은 입지를 얻는다는 것을 의미한다. 왕국이 완전히 오는 것은 그리스도의 성장이 다 이루어진 성숙한 상태일 것이다. 우리 속에서 그리스도의 성장이 다 이루어져 성숙한 상태가 되는 것이 왕국이 완전히 임하는 것이다. 우리는 성장하는 방식으로 왕국의 임함을 기다리고 있다. 우리는 기다리는 동안 자라고 있다. 우리가 자라는 동안 왕국은 오고 있다. 왜냐하면 우리의 자람이 왕국의 임함이기 때문이다.

가라지들

마태복음 13장에서는 또 다른 세 가지 비유가 발견된다. 곧 가라지의 비유와 겨자씨의 비유와 누룩의 비유이다. 이 세 가지 비유들은 씨를 뿌리는 사람의 비유와 더불어 하나의 그룹을 형성한다. 그것들은 모두 식물성 생명과 경작과 관련된다. 첫 번째 비유에서 씨를 뿌리는 사람은 씨를 뿌린다. 두 번째 비유에서 가라지가 나타나 농장에서 자란다. 세 번째 비유에는 밭에서 자라는 겨자씨가 있다. 네 번째 비유에서 밭에서 산출된 밀알들로 가루가 만들어진다. 그러므로 이들 네 가지 비유는 성장에 대한 것이다. 그것들은 서로 관련되며 분리되어서는 안 된다.

우리는 하나님의 의도가 그리스도께서 우리 안에서 자라실 수 있도록 그리스도를 우리 안에 생명으로 심는 것임을 보았다. 이 성장 과정이 왕국의 임함이다. 그러나 하나님의 원수인 사탄은 결코 잠자지 않는다. 그는 항상 바쁘다. 일단 그는 하나님의 농장에서 밀이 자라고 있는 것을 보자 거짓된 씨인 가라지를 심으러 왔다(마 13:24-30). 이것에 앞서 그는 이미 상당한 손상을 일으킨 바 있다. 먼저 그는 길가에서 씨를 낚아채 가는 새에 비유되었다. 얼마의 씨들이 밭에 뿌려졌음을 인해 주님을 찬양하자. 그러나 어떤 땅 아래에는 바위들, 곧 새로워지지 않은 생각과 감정과 의지가 있었다. 이것들이 우리의 존재 안에 있는 것들인 사탄으로 적셔진 요소들이다. 사탄으로 적셔진 생각과 감정과 의지가 흙 아래에 있는 단단한 바위들이다. 사탄은 외적으로 말씀을 낚아채 갈 수 없었지만, 내적으로 생각과 감정과 의지를 장악하고서 그것들을 거대한 돌들로 만들었다. 그 후 사탄은 가시들을 산출하는 일을 함으로써 이 세상에 대한 염려와 금전에 대한 사랑과 재물의 속임수로 숨 막히게 하여 그리스도의 성장을 막았다. 이것은 간교한 자 사탄이 쉴 새 없이 바쁘다는 것을 가리킨다. 그는 씨를 낚아채 가고, 사람들을 굳어지게 하며, 가시들이 자라게 한다. 그러나 사탄이 끼칠 수 있었던 모든 손상에도 불구하고 하나님은 여전히 승리를 얻으셨다. 밀을 산출하는 얼마만큼의 좋은 땅이 있었던 것이다.

이 일 후에 사탄은 거짓된 씨인 가라지를 밭에 뿌리려고 들어왔다. 수년 전에 나는 전문가들이라 하더라도 잎이 나기까지는 가라지와 밀의 차이를 분간할 수 없다고 말한 기사를 읽은 적이 있다. 달리 말해서, 열매가 나온 후에라야 밀과 가라지를 분간할 수 있다는 것이다. 가라지는 모든 면에서 밀과 유사하다. 열매가 나타난 후에야 둘 사이의 차이가 명백해진다. 진짜 밀은 밀알을 산출하고, 가라지는 다른 어떤 것, 거짓된 어떤 것을 산출한다. 그때에는 밀과 가라지의 차이를 분별하기가 쉽다. 사탄은 매우 간교하여 위조품, 즉 거짓 그리스도인들을 산출했으며, 그들을 참된 그리스도인들 가운데에 심어 상황을 혼란스럽게 만들고 성장을 좌절시켰다. 우리는 모두 경계해야 한다. 사탄은 사람들이 잠자고 있을 때, 즉 그들이 경계하고 있지 않을 때 가라지들을 뿌렸다. 모든 교회들에서 우리는 깨어서 사탄이 거짓된 씨를 뿌리지 못하도록 해야 한다. 사탄 자신은 결코 잠자지 않을 것이다. 어떤 교회가 아무리 좋아도 사탄은 거짓된 씨를 뿌리려 하며, 참된 것과 아주 유사한 것이 자라게 할 것이다. 이것이 참밀알의 성장을 저지하고 숨 막히게 할 것이며, 하나님의 농장을 혼란스러운 상태가 되게 할 것이다. 우리는 주의해야 한다. 어떤 사람들이 어떤 제안을 할지 모르는데, 이것은 그들이 가라지들이고 참밀알들이 아니라는 표시일 수 있다. 그들이 처음 나타났을 때에는 다른 사람들과 동일한 모습을 지니고 있었다. 그들이 어떤 제안을 하기 전까지는 전문가들이라 하더라도 그들이 참된지 거짓된지를 분별할 수 없었다. 그 후 몇몇 사람들은 그들이 가라지들일 수도 있음을 깨닫기 시작했다. 교회 안에서 인도하는 이들은 가라지들에게 속임을 당하지 않도록 특별히 깨어 있어야 한다. 사탄은 혼돈과 좌절과 손상을 야기하고 참밀알의 성장을 저지하기 위해 가라지들을 뿌리려고 할 것이다. 그 사람이 누구든 밀알이 자라지 못하게 할 어떤 것을 제안하는 사람이라면 우리는 그 사람을 주의해야 한다. 그것은 가라지의 표시일 수 있다.

겨자씨

이제 우리는 겨자씨의 비유에 이르렀다(마 13:31-32). 주 예수님은 겨자씨가 씨들 중에서 가장 작은 것이지만 자라서 커다란 나무가 된다고 말씀하셨다. 비록 그것이 쉽사리 눈에 띄는 것은 아닐지라도, 이것 또한 사탄이 주는 손상이다. 창세기 1장에 따르면, 모든 식물은 각기 그 종류대로 재생산되어야 하며, 동물들도 각기 그 종류대로 재생산되어야 한다. 예를 들어, 복숭아나무는 그 종류대로 열매를 맺어야 하며, 사과나무도 그 종류대로 열매를 맺어야 한다. 그러므로 푸성귀는 그 종류대로여야 하며, 나무도 그 종류대로여야 한다. 그러나 이 비유에서 우리는 그 종류대로 자라지 않는 어떤 것을 본다. 곧 푸성귀가 자라 나무가 된 것이다. 이것은 균형을 벗어난 성장이며, 생명의 법칙을 위반한 성장이다. 모든 종류의 생명에는 생명의 본질과 생명의 능력과 생명의 형태와 생명의 법이 있다. 우리는 복숭아 싹이 나면 그것이 복숭아나무가 되고, 정상적인 복숭아나무의 크기에 이르러 복숭아 열매를 맺으리라는 확신을 갖는다. 우리는 복숭아나무가 자라서 다른 종류의 나무가 되어 복숭아 열매를 맺지 못할까 봐 염려할 필요가 없다. 그것은 불가능한 일이다. 왜냐하면 복숭아 싹 안에는 복숭아의 생명이 있고, 복숭아의 생명 안에는 복숭아의 발전을 규제하는 복숭아의 본질과 복숭아의 법이 있기 때문이다. 복숭아나무의 생명의 법을 따라서 복숭아의 싹은 자라서 복숭아나무가 될 것이고 복숭아 열매를 맺을 것이다.

큰 나무

그러나 겨자씨는 자라서 큰 나무가 되었다. 그 모양과 본성과 형태가 바뀌었다. 그것은 생명의 법칙을 깨뜨렸고 균형을 벗어났다. 이것은 기독교계를 나타낸다. 기독교계는 큰 나무가 되었다. 본성에 따르면, 겨자씨는 작고 먹기에 좋다. 그러나 이 씨가 균형을 벗어나게 자라 큰 나무가 됨으로써 많은 악한 새들이 그 가지에 깃들였다. 따라서 그것은 더 이상 먹기에 좋지 않게 되었다. 동일한 장 앞부분에서 주 예수님은 새들이 마귀와 그의 천사들이라고 말씀하시면서 우리에게 새들에 대한 해석을 알려 주셨다. 많은 악한 영들이 오늘날 기독교계 안에 깃들어 있다. 가지들은 귀신들이 깃드는 곳이 되었다. 이것은 우리에게 단지 교리가 되어서는 안 되며, 우리는 이것을 실지적으로 적용해야 한다.

균형을 벗어나 크게 자람

겨자씨는 생명의 법칙을 깨뜨리고 균형을 벗어나 크게 자람으로써 큰 나무가 되었다. 이것은 무엇을 의미하는가? 많은 그리스도인들은 크게 되려는 야심을 갖고 있다. 크게 되기를 바라는 것은 매우 위험하다. 왜냐하면 그것은 생명의 법칙을 깨뜨릴 수 있기 때문이다. 우리는 이 나라에서 그분의 회복의 움직임이 수년에 걸쳐서 점진적으로 발전해 온 것으로 인해 주님께 감사드린다. 우리가 1969년에 "시편 훈련 집회"를 가졌을 때, 칠백 명의 참석자들이 있었다. 1972년에 우리의 인수는 1969년의 세 배가 되는 이천이백 명에 가까웠다. 이것은 정상적인 증가였다. 그것은 다소 더딘 바가 있었지만 그럼에도 정상적인 증가이다. 지난해 동안 우리는 천천히 성장해 왔다. 그것은 우리가 큰일을 벌이기를 좋아하지 않기 때문이다. 그러므로 우리는 선전과 광고를 사용하지 않는다. 최근에 한 신문기자가 우리에 대한 광고를 실어 알리고 싶다면서 형제들 중 한 명을 접촉했다. 그 형제는 그 기자에게 우리는 광고하는 것을 좋아하지 않는다고 말했다. 우리는 감추어져 있기를 더 좋아한다. 우리는 작은 겨자씨이다. 우리는 큰 나무가 되기를 원하지 않는다. 타고난 사람의 관념에 따르면, 하룻밤 사이에 자라는 버섯이 되는 것이 좋다. 버섯은 하룻밤 사이에 자라지만 또한 하룻밤에 사라진다. 어느 것이나 빨리 오는 것은 빨리 사라질 것이다. 여러분은 이것을 확신할 수 있다. 생명의 법칙에 따라 균형 있게 이루어지는 성장, 그 종류대로 자라는 성장을 추구하자. 우리는 균형을 벗어나고, 그 종류대로가 아닌 성장을 원하지 않는다. 우리는 빨리 올라가지 않을 것이며 빨리 내려가지도 않을 것이다. 우리는 생명의 법칙에 따라 자라야 하며, 합당한 균형 안에서 그 종류대로 존재해야 한다. 나는 여러분에게 어떤 선전도 하지 말라고 권하겠다. 여러분이 이름을 떨치고자 한다면, 나쁜 이름을 얻는 편이 더 낫다. 사람들이 여러분에 대해 악하게 말하게 하라. 여러분의 좋은 점들을 사람들에게 전시하지 말라. 사람들이 여러분을 점검하기 위해 오면, 여러분은 그들에게 여러분의 약점을 발견하게 하라. 우리는 크게 되기를 원하지 않기 때문에 항상 이것을 실행해 왔다. 우리는 작은 겨자씨로 남아 있기를 갈망하고 결코 큰 나무가 되기를 갈망하지 않는다. 주님의 회복 안에서 우리에게는 거인들이 없다. 어떤 사람이 여러분의 지방에 와서 누가 사역자냐고 묻는다면, 여러분은 그에게 모든 사람이 사역자라고 말해 주어야 한다. 작은 자매들이라 할지라도 사역자들이다. 우리에게는 위대한 인도자가 없다. 우리는 작은 겨자씨들이다.

음식으로 좋음

겨자씨들은 음식으로 좋다. 온 세상은 배고프다. 배고픈 세상에는 큰 나무가 필요하지 않고, 사람들을 먹이고 온 인류의 배고픔을 채워 줄 작은 겨자씨가 필요하다. 모든 지방에 있는 교회들이여, 작아지자. 우리에게 큰 인수가 있다 할지라도, 우리는 본성에 있어서 작아야 한다. 우리는 항상 생명의 법칙을 유지해야 하며, 균형을 벗어나 크게 자라서는 안 된다.

누룩

다음은 누룩의 비유이다. 악한 새인 사탄은 말씀을 낚아채 가고, 흙 아래에 단단한 돌들을 내며, 가시들로써 숨 막히게 하여 생명의 성장을 막고, 가라지들을 심음으로써 혼란을 주며, 균형을 벗어난 성장이 이루어지게 한다. 이 모든 것은 하나님의 밭에서의 합당한 생명의 성장을 손상하고 지연하는 사탄의 일이다. 그러나 하나님은 승리하신다! 얼마의 밀알이 여전히 산출된다. 그러므로 우리는 고운 밀가루를 얻는다. 사탄이 하나님의 농장을 망가뜨리려고 얼마나 많은 시도를 하든, 하나님의 농장은 한 덩어리의 떡을 만들기에 적합한 밀가루를 여전히 산출한다. 물론 밀알들이 먼저 갈리고 섞이고 요리되어야 한다.

이 지점에서 사탄은 누룩을 더함으로써 밀가루를 손상하기 위해 다시 들어왔다. 구약과 신약에서 누룩은 악하고 더럽히는 요소를 의미한다. 우리가 성경에서 누룩에 대해 연구한다면, 그것이 사탄적이고 죄에 속하며 세상적이고 육체에 속한 것들을 대표함을 볼 것이다.

혼합

이 비유에는 밀가루와 누룩과 여자가 있다. 마태복음 13장의 이 여자는 로마 가톨릭교회를 의미한다. 그녀는 요한계시록 2장에 언급된 여자인 이세벨이기도 하다. 이 악한 여자인 큰 창녀는 고운 가루에 누룩을 더하여 참과 거짓, 선과 악, 그리스도의 요소들과 사탄의 요소들의 혼합물을 산출했다. 기독교계에서 여러분은 어느 정도의 참된 것들과 어느 정도의 거짓된 것들, 어느 정도의 거룩한 것들과 어느 정도의 세상적인 것들, 어느 정도의 그리스도의 요소들과 어느 정도의 사탄의 요소들을 볼 수 있는데, 모든 것이 함께 혼합되어 있다. 로마 가톨릭교회와 모든 교파들 안에는 참된 그리스도인들이 많이 있지만 또한 누룩도 많이 있다. 로마 가톨릭교회는 이교적인 것들을 많이 받아들여 그것들을 그리스도께 속한 것들과 혼합하였다. 예를 들면, 여러분은 크리스마스의 기원이 이교도에서 비롯되었다는 것을 아는가? 크리스마스 날, 즉 12월 25일은 태양신의 출생을 경축하는 날이었다. 로마 가톨릭교회는 이 이교도의 경축일인 12월 25일을 그들에게서 가져와서 그리스도의 탄생일로 삼았다. 많은 그리스도인들은 크리스마스가 복음을 전파하기에 아주 좋은 기회이며, 사람들이 크리스마스를 기념할 때 그들에게 그리스도를 전파할 기회를 붙잡을 수 있다고 주장한다. 이것이 누룩이며 원수의 간교함이다. 부활절 또한 누룩이다. 로마 가톨릭교회가 중국에 들어갔을 때, 심지어는 조상 숭배까지도 받아들였다. 로마 가톨릭교회 안에서만이 아니라 교파 안에서도 많은 세상적인 것들과 정욕에 속한 것들이 그리스도께 속한 것들에 더해져 혼합물이 산출되었다. 우리 눈이 열려 이런 혼합을 볼 필요가 있다.

우리는 공중의 새들을 반대한다. 우리는 부드러운 흙 밑에 있는 바위들을 반대한다. 우리는 가시들을 반대하며, 가라지들을 반대한다. 우리는 큰 나무의 균형을 벗어난 성장을 반대하며, 또한 누룩을 반대한다. 우리는 부패시키는 모든 것을 반대한다. 이것은 주님의 회복과 왕국의 문제이다. 이 비유들이 왕국의 비밀들이다.

13

왕국의 비밀들(3)

The Mysteries of the Kingdom (3)

제13장
왕국의 비밀들(3)

성경: 마 13:44-50, 출 19:5, 시 135:4, 고전 10:32, 행 20:28

마태복음 13장의 비유들은 왕국의 비밀들에 관한 것들이다. 이것은 이 비밀들이 실재가 아니라는 뜻이 아니다. 사실상 이 비밀들은 그 자체로 실재이다. 차이점이라면 주 예수님께서 이 비밀들을 제자들에게 공개적인 방식이 아닌 비밀스러운 방식으로 제시하셨다는 점이다. 그분은 하나님의 갈망을 추구하는 마음을 가진 사람들만이 이해할 수 있는 그런 방식으로 왕국의 비밀들을 제시하셨다. 하나님의 관심사에 냉담한 사람들은 이 비유들이 매우 이해하기가 어려움을 발견할 것이다.

마태복음 13장 11절부터 15절까지에서 주 예수님은 그분이 왕국의 비밀들을 계시하시기 위한 수단으로 비유들을 사용하신 이유를 제자들에게 알려 주셨다. 그분께서 비유로 말씀하신 이유는 종교 지도자들이 비록 겉으로는 매우 종교적이고 하나님을 위하는 듯하지만, 사실상 하나님께서 관심하시는 것에 대해 냉담했기 때문이다. 그들은 하나님을 추구하는 형식과 외형은 가지고 있었지만 실재는 없었다. 그들은 하나님의 갈망을 관심하는 데 있어서 진지하지 않았다.

이보다 앞서, 마태복음 12장 46절부터 50절까지에서 주 예수님의 모친과 형제들이 그분과 대화하기를 원하여 그분을 보러 왔다. 주 예수님께서 이것을 아셨을 때 "누가 나의 어머니이며, 누가 나의 형제들입니까?"라고 물으셨다. 그분은 사람들을 육체에 따라서가 아니라, 하나님의 뜻에 대한 그들의 관심에 따라서 그분의 형제들과 자매들로 인정하셨다. 하나님의 뜻을 관심하는 사람마다 그분의 형제요 자매요 모친이다. 이것은 마태복음 12장에 이르렀을 때쯤에 주 예수님께서 유대 백성을 포기하셨음을 보여 준다. 육체에 따르면, 유대인들은 주님의 형제들이다. 그러나 마태복음 12장 끝에서 주 예수님은 그 관계를 포기하셨다. 더 이상 그분은 어떤 사람과도 육체에 따른 관계를 맺지 않으셨다. 이후로 그분과의 관계는 영 안에 있고 하나님의 뜻과 관련되었다. 유대 백성이 형식과 외형만을 관심하고 하나님의 관심을 돌보지 않았기 때문에 주 예수님은 그들을 포기하셨다. 이 일 후에 그분은 공개적인 방식으로가 아닌 비밀스러운 방식으로 비유들을 들어 왕국의 실재에 대하여 말씀하기 시작하셨다.

과거 수 세기에 걸친 그리스도인의 역사에서 이 비유들은 온전히 이해되지 못했다. 구원받은 후 첫 일 년 동안 나는 마태복음을 읽기 시작했다. 젊은 그리스도인으로서 나는 성경을 철저히 알고자 하는 웅지가 컸다. 그래서 나는 이해하지 못하는 모든 절을 적어 두기로 했는데, 결국에는 그런 절들이 너무 많게 되었다. 이 때문에 나는 책을 몇 권 구입했는데, 특별히 마태복음 13장에 대한 것들을 샀다. 어떤 사람들은 우리가 바로 밭을 구입한 사람들이라고 가르쳤다(13:44). 그들은 빌립보서 3장 7절과 8절을 참고 절로 제시하면서, 우리가 밭을 사기 위하여 모든 것을 팔아야 한다고 지적했다.

다른 책들은 큰 나무가 긍정적인 어떤 것이라고 지적했다(마 13:32). 이 책들은 기독교가 시작 당시에는 주 예수님께서 심으신 작은 씨와 같았으나, 지금은 그 크기가 놀랍고 거대한 어떤 것이 되었다고 말했다. 이러한 유형의 해석은 그들이 눈멀어 있음을 가리킨다. 바로 이 장에서 주 예수님은 우리에게 새들에 대한 해석을 제시하시면서, 그것들이 사탄과 그의 악한 천사들임을 알려 주셨다(19절). 이 악한 영들, 곧 새들은 큰 나무에 깃들인다. 큰 나무의 가지들에 깃들이는 것은 삼일 하나님이나 성도들이 아니라 공중의 새들이다. 이것은 큰 나무가 사탄과 관련된다는 것을 입증해 준다. 그러한데 우리가 어떻게 큰 나무를 긍정적인 의미로 여길 수 있겠는가? 교회는 하나님께서 거하시는 곳이며, 하나님께서 그분의 거처를 정하시는 곳이다. 그러나 큰 나무는 다르다. 교회는 요한복음 15장의 포도나무에는 비유될 수 있으나, 마태복음 13장의 큰 나무에는 비유될 수 없다. 포도나무는 물질적인 재료를 산출하는 데에는 유용하지 않다. 여러분은 일찍이 포도나무로 건축된 가구나 집을 본 적이 있는가? 포도나무는 포도와 포도주, 곧 먹을 것과 마실 것을 산출하는 데 적합하다. 마찬가지로 교회는 커다란 구조물이 아니라 뭔가 먹고 마실 것으로 가득한 작은 것이어야 한다. 악한 새들이 큰 나무의 가지들에 깃들인다는 사실은 이 나무가 부정적인 어떤 것임을 입증해 준다.

다른 책들은, 만일 빵에 누룩이 없다면 사람들이 먹기에 어렵다고 말하면서 누룩 또한 좋고 긍정적인 것이라고 지적했다. 이 말은 맞는다. 그러나 레위기 2장 4절에 따르면, 하나님은 어떤 누룩도 소제물에 더해지는 것을 허락하지 않으셨다. 소제물에 누룩이 더해져서는 안 되었다. 로마 가톨릭교회는 누룩이 없으면 사람들이 그리스도를 받아들이기가 어렵다고 말하면서 누룩을 사용하는 것에 대해 변명을 한다. 로마 가톨릭교회는 크리스마스나 부활절이라는 누룩이 없이는 사람들이 주 예수님의 출생이나 그리스도의 부활의 단순한 진리를 받아들이지 못할 것이라고 주장한다. 그리스도(Christ)는 고운 가루이시지만 '마스(mas)'는 누룩이다. 크리스마스는 '그리스도' 더하기 '마스', 즉 고운 가루 더하기 누룩이다. 그리스도의 부활 더하기 누룩이 부활절이다.

나는 이 상황을 연구하기 위하여 필리핀에 있는 로마 가톨릭교 성당을 방문한 적이 있다. 성당 입구 옆에서 나는 예수님의 상(像)을 발견했다. 나는 그들과 토론하면서 이렇게 말했다. "성경은 우리가 어떤 형상이나 우상을 만들어서는 안 된다고 분명히 말합니다. 왜 여러분은 예수님의 상을 만듭니까?" 그들은 반박하며 이렇게 대답했다. "예수님의 상이 없으면 사람들이 예수님에 대하여 어떤 깨달음을 갖기가 어렵습니다. 우리가 그런 상을 세워 둔 것은, 누구든지 들어오면서 그분에 대한 어떤 인상을 갖도록 하기 위해서입니다." 이것이 악한 누룩이다. 아마 여러분도 여전히 여러분의 집에 예수님을 아름답고 멋있게 묘사해 놓은 몇 점의 초상화를 갖고 있을지도 모른다. 성경은 주 예수님께 매력적인 모습도 멋진 풍채도 없으셨다고 말한다(사 53:2). 많은 그리스도인들은 누룩이 포함되어 있다는 것도 깨닫지 못한 채 집에 그러한 예수님의 초상화를 가지고 있다.

1936년에 내가 중국의 중심부에서 사역하고 있었을 때, 예수님의 초상화를 경배한 결과 귀신에 사로잡히게 된 한 젊은 자매를 만난 적이 있다. 그녀는 기도할 때마다 그 초상화 앞에서 무릎을 꿇고 그것을 향하여 기도했었다. 예수님의 초상화를 없앴을 때 그녀는 귀신에게서 놓였다.

성직자—평신도 제도 또한 일종의 누룩이다. 모든 그리스도인들이 그리스도의 몸의 지체이며, 그는 한 지체로서 기능을 발휘해야 한다. 그러나 오늘날 상황은 어떠한가? 그리스도인의 예배라고 하는 것을 보면, 한 사람이 설교하고 있는 동안에 대부분의 그리스도인들은 잠잠한 채로 있다. 이것이 성직자—평신도 제도이다. 사람들은 오늘날은 과학의 시대이며, 누구나 성경을 알거나 누구나 설교를 할 수 있는 것도 아니라면서 스스로를 변명하려고 한다. 성직자–평신도 제도를 옹호하는 사람들은 다음과 같이 말한다. "하나님을 섬기는 법을 모두가 아는 것은 아닙니다. 그러므로 어떤 사람들은 하나님을 섬기는 기술과 방법을 배우기 위해 신학교에 가는데, 이것은 마치 어떤 사람들이 의술을 배우기 위해 의과 대학에 가고 또 어떤 사람들은 변호사가 되는 법을 배우기 위하여 법학전문대학원에 가는 것과 같습니다." 이 제도를 변호하는 사람들은, 많은 그리스도인들이 하나님의 일을 배울 시간이 부족하며 어떻게 사역하고 말하는지를 모른다는 주장을 펼친다. 따라서 몇몇 사람들이 자신을 드려 신학교나 성경 학교에서 공부한 후에 하나님을 섬기러 나와야 한다는 것이다. 이것은 그럴듯한 변명처럼 보인다. 그러나 사실상 이것은 사람들이 하나님을 쉬운 방법으로 섬기도록 돕는 누룩일 뿐이다.

여러분 중 많은 사람이 기독교 안에서 태어나 자랐기 때문에 여러분은 성직자–평신도 제도에 깊이 영향을 받았다. 여러분이 교회 집회에 올 때마다, 여러분은 무의식적으로든 잠재의식적으로든 여전히 성직자–평신도 제도라는 누룩의 영향 아래 있다. 여러분은 집회가 어떤 인도하는 사람들에 의해 진행되어야 하고, 여러분이 해야 할 일은 다만 앉아서 듣고 보며 분별하는 것이라고 생각한다. 결국 여러분은 비판적이 되는 것을 배운다. 집회에 올 때 여러분은 그 집회에서 기능을 발휘해야 한다는 부담이나 갈망이나 관념을 갖고 있는가? 나는 여러분 중 많은 사람에게 이러한 인식이 없을까 봐 두렵다. 여러분의 관념은 다른 어떤 사람이 그것을 하리라는 것이다. 이것이 그 여자가 고운 가루 속에 집어넣은 누룩의 일부이다.

성경에서 누룩은 항상 부정적인 어떤 것이다. 그것은 도움이 될 수도 있겠지만 부정적인 방식으로 그렇다. 우리가 하나님의 뜻에 대한 참된 관심과 열려 있고 진지한 마음을 갖고 있다면, 그분은 우리에게 지혜와 계시의 영을 주셔서 우리가 이 모든 것을 보게 하실 것이다. 그분의 긍휼로 그분은 이 비유들 안에 있는 모든 상징의 참된 의미를 우리에게 보여 주셨다. 마태복음 13장의 처음 네 가지 비유에는 여섯 가지 긍정적인 것들이 나온다. 곧 씨를 뿌리는 사람, 씨, 좋은 땅, 밀, 겨자씨, 고운 가루이다. 씨를 뿌리는 사람은 씨이신 그분 자신을 좋은 땅 안으로 뿌리러 오신 주 예수님이시다. 좋은 땅에서는 밀이 자라며 또한 겨자씨가 자란다. 밀과 겨자씨 모두 음식이 되기에 좋다. 겨자씨는 사람을 위한 음식인 반면 밀은 사람뿐만 아니라 하나님을 위한 음식이기도 하다. 왜냐하면 소제물에서 밀은 하나님께 드리는 떡을 만드는 데에 사용되었기 때문이다. 고린도전서 10장에서 우리는 또한 밀로 만들어진 한 떡을 본다. 그것은 주님의 상에 있는 떡으로서 하나님과 사람 모두를 위한 음식이다. 교회는 이와 같아야 한다. 곧 겨자씨와 같아야 하고, 하나님과 사람 모두의 음식을 제공하기 위한 고운 밀가루를 산출하는 밀이 되어야 한다. 그럴 때 하나님과 사람 모두가 만족하게 된다.

이들 네 가지 비유에는 몇 가지 부정적인 것들도 있다. 곧 공중의 새들, 바위들, 가시덤불들, 가라지들, 큰 나무, 누룩, 여자, 악한 자가 그것들이다. 우리는 모두 이런 항목들에 대해 분명해야 한다. 새들은 악한 자 사탄을 나타낸다. 바위들은 새로워지지 않은 생각, 처리되지 않은 감정, 굴복되지 않은 의지를 의미한다. 가시덤불은 이 세상의 염려와 재물의 속임수를 의미한다. 가라지들은 거짓 그리스도인들을 의미한다. 큰 나무는 오늘날의 기독교계를 의미한다. 누룩은 이교도의 모든 관습, 세상적인 것, 죄 있는 것, 우상숭배를 의미한다. 여자는 로마 가톨릭교회, 심지어 기독교계를 의미하며, 악한 자는 사탄 자신이다. 이 모든 항목을 주님께 가져가서 그것들이 여러분에게 투명할 정도로 분명해질 때까지 기도해 보라. 이것은 여러분에게 커다란 구출과 보호 장치가 될 것이다.

보물, 진주, 그물

이제 우리는 마태복음 13장의 나머지 세 가지 비유들인 보물과 진주와 그물에 이르렀다. 이것들까지 더하면 모두 일곱 가지 비유가 되는 셈이다. 성경에서 숫자 7은 4 더하기 3이나 3 더하기 4나 6 더하기 1로 구성된다. 마태복음 13장에서 7이라는 숫자는 먼저 4 더하기 3으로 구성된다. 처음 네 가지 비유들이 한 그룹을 형성하고, 나머지 셋이 또 다른 그룹을 형성한다. 성경에서 처음으로 7이라는 숫자가 발견된 경우는 6 더하기 1로 이루어지는데, 창세기 1장과 2장에는 하나님의 일을 위한 엿새와 하나님의 안식을 위한 하루가 있다. 우리가 6 더하기 1을 가질 때마다, 그것은 하나님께서 그분의 안식을 위한 완성을 가지심을 의미한다. 이 비유들에서 숫자 7은 두 가지 방식으로 구성된다. 먼저 그것은 4 더하기 3으로 구성된다. 그다음 그것은 6 더하기 1로 구성된다. 마지막 것인 그물의 비유는 독립적으로 따로 있는 비유이다. 이 비유의 때가 완성되었을 때, 그것은 시대의 완성, 종결이 될 것이다. 그럴 때 하나님은 안식하실 것이다.

요한계시록 6장과 8장에는 일곱 봉인이 있는데, 그것들은 처음 네 봉인과 나중의 세 봉인으로 이루어져 있다. 또한 그것들은 여섯 봉인에 하나의 봉인이 더해진 것이기도 한데, 왜냐하면 일곱째 봉인에 뒤이어 완성이 있기 때문이다. 그때에 하나님의 진노가 임할 것이다. 동일한 원칙이 요한계시록 8장과 9장과 11장의 일곱 나팔에 적용된다. 먼저 네 나팔이 있고 다음에 세 나팔이 있다. 또 그것은 여섯 나팔 더하기 마지막 나팔이기도 하다. 마지막 나팔이 울릴 때 하나님의 진노가 나타난다. 마태복음 13장의 일곱 번째 비유가 끝날 때, 그것은 하나님의 안식을 위한 완성을 의미한다. 이 비유에서 '이 시대가 종결될 때에도'라는 구가 있다. 이것은 일곱 번째 비유가 종결임을 가리킨다. 이 비유가 종결될 때, 그것은 하나님의 안식을 위한 때가 될 것이다.

보물과 진주

첫 번째 그룹의 네 가지 비유는 각각 식물의 생명과 관련된 어떤 것을 포함하고 있다. 뒤따르는 두 가지 비유인 밭에 감추어진 보물과 진주는 모두 광물과 관련된다. 보물은 보석들이나 금을 포함하고 있음에 틀림없는데, 이 두 가지가 다 광물이다. 진주도 광물의 한 형태인데, 이것은 진주의 기본 구조, 즉 작은 돌이 일종의 광물이기 때문이다.

세 범주의 사람들

여기에 많은 것이 관련되어 있다. 주 예수님은 매우 지혜로우시다. 비록 그 비유들은 단순하지만 위대한 지혜가 담겨 있다. 마지막 세 비유들을 하나의 그룹으로 보면 인류 전체가 망라되어 있다. 인류는 세 범주의 사람들, 곧 유대인들과 교회와 이방인들로 구성된다. 고린도전서 10장 32절은 오늘날 인류 가운데에 오직 세 범주의 사람들, 곧 유대인들과 교회와 헬라인들로 대표되는 이방인들이 있음을 계시해 준다.

두 세계

하나님의 눈에는 오직 두 세계가 있는데, 하나는 성경에서 땅으로 상징되고 다른 하나는 바다로 상징된다. 이방인들은 바다-세계에 속하며, 유대인들은 땅-세계에 속한다. 다니엘서 7장과 요한계시록 13장 모두 이방 세계가 바다-세계임을 계시해 준다. 밭에, 즉 땅에 감추어진 보물은 이스라엘과 함께하는 왕국을 가리킨다. 진주는 교회를 가리킨다. 따라서 보물은 왕국이며 진주는 교회이다. 둘 다 궁극적으로는 왕국을 위한 것이다. 거듭나지 않은 상태에서 바다에서 나온 물고기는 얼마는 좋고 얼마는 나쁜데, 이것들은 이방인들을 나타낸다. 이 비유는 이 시대 끝에 있을 이방 세계의 종결을 가리킨다. 주 예수님께서 돌아오실 때 유대 백성과 교회와 이방인들이 있을 것이다. 참된 유대 백성은 하나님의 눈에 일종의 보물이다. 교회는 그분의 눈에 진주이다. 나머지 인류인 이방 세계는 바다의 물고기로 분류된다. 이 시대 끝에 천사들이 그들을 주 예수님께로 모을 것이고, 그분은 그들에 대한 심판을 집행하실 것이다.

교회

유대 백성이 땅으로 대표되고 이방인들이 바다로 대표된다면 교회는 어디에 있는가? 교회는 땅에 속하지도 않고 물속에 있지도 않은, 물에서 나온 어떤 것이다. 진주는 죽음의 물속에서, 즉 죽음의 세상에 살고 있는 조개로 말미암아 형성된다. 작은 모래알이 조개 속으로 들어가 그것에 상처를 낸다. 그럴 때 조개는 생명 즙을 분비하여 그 모래알을 덮는다. 작은 모래알 주위에 이렇게 생명 즙이 분비될 때 진주가 산출된다. 그런 다음에 진주는 귀한 어떤 것으로서 물속에서 취해진다. 우리는 모두 이 비유의 영적인 의미를 볼 수 있다. 살아 있는 조개는 죽음의 물속으로 오신 주 예수님을 가리킨다. 우리는 그분께 상처를 입힌 작은 모래알이다. 그분께 상처를 입힌 후에, 우리는 십자가에 머물며 그분의 상처 속에 남아 있게 된다. 그럴 때 그분의 부활 생명이 분비되어 우리를 겹겹이 싸서 진주가 되게 한다. 우리는 물에서 건져졌으며, 땅에도 물에도 속하지 않는다. 이와 같이 우리는 하나님의 소유가 된 백성이다(벧전 2:9). 우리는 땅에도 바다에도 속하지 않는 백성이다. 우리는 죽음의 바다에서 건져진 진주들이다.

개인 소유의 보물

하나님께서 이스라엘 사람들을 이집트에서 이끌어 내어 시나이산으로 데려가셨을 때, 그분은 모세에게 그들을 모든 민족 가운데에서 그분께서 소유하시는 보물로 취하실 것이라고 말씀하셨다(출 19:5). 시편 135편 4절도 하나님께서 이스라엘을 선택하시어 그분 자신이 소유하시는 보물로 삼으셨음을 우리에게 말해 준다. 이 절들은 하나님의 눈에 유대인들이 그분께 개인 소유의 보물임을 입증해 준다. 마태복음 13장 44절에서 보물이 다시 언급되면서, 하나님의 보물인 유대인들이 왕국의 일부이기도 함을 보여 준다. 이 비유는 보물이 밭에 감추어져 있었는데 어떤 사람이 그것을 발견하고는 숨겨 두었다가 자기의 모든 소유를 팔아 그 밭을 샀다고 말해 준다. 와서 보물을 발견하고 그것을 숨겨 둔 그 사람은 주 예수님이다. 그분은 먼저 유대인들에게 왕국을 제시하셨으나, 그들이 그분을 거절했으므로 그것을 숨겨 두고 믿지 않는 유대인들에게 감추셨다. 보물을 발견하고 숨겨 두신 후에 주 예수님은 십자가로 가셔서 그분의 모든 소유를 팔아 보물뿐만 아니라 밭 전체를 사셨다. 그분은 보물을 위하여 온 땅을 구속하셨다. 밭에 있는 보물은 참된 이스라엘과 함께하는 왕국을 의미한다. 요한계시록 21장과 22장에서 새 예루살렘은 열두 사도의 이름만이 아니라 이스라엘 열두 지파의 이름도 포함하고 있다. 이스라엘과 교회를 대표하는 보석들과 진주들이 있다.

하나님은 그분의 소유로 삼고자 유대 족속에서 일부 사람들을 얻으셨다. 그분은 또한 이방 세계로부터 일부 사람들을 얻으셨다. 그리스도의 죽음과 부활로 말미암아 그리고 그리스도의 생명의 분비로 말미암아 이방 세계에서 나온 이 백성들은 진주가 되었다. 하나님은 이 두 백성들을 함께 두어 보석들과 진주들로 구성된 한 성 새 예루살렘을 산출하셨다.

그물

이방 세계 가운데 남은 이들은 어떻게 되는가? 주님께서 다시 오실 때, 그들 중 많은 사람들이 여전히 그리스도인이 아닐 것이다. 주님은 그들을 어떻게 다루실지를 아신다. 그분은 천사들을 보내어 그들 모두를 그분께로 모아 그들에 대한 심판을 집행하실 것이다. 이것이 그물의 비유의 의미이며, 이것은 인류에 대한 주님의 다루심의 완성이 될 것이다. 이 심판 후에 하나님은 안식할 수 있으실 것이다.

씨에서 진주로

왕국의 비밀들에 관한 이러한 비유들은 주 예수님께서 씨를 뿌리기 위한 씨 뿌리는 사람으로 오셨다는 것과, 결국에는 그분께서 진주를 얻으셨다는 것을 우리에게 보여 준다. 진주는 그 씨로부터 나온다. 그리스도는 그 씨이시며 교회는 진주이다. 주 예수님께서 진주를 사시기 위하여 그분의 모든 소유를 다 팔아야 했다는 것은 이상한 일이 아니다! 우리는 자신을 파는 사람이나 사는 사람이라고 생각해서는 안 된다. 우리는 가난하여 지불할 능력이 없다. 우리는 팔 수 있는 어떤 것도 갖고 있지 않다. 진주는 매우 귀하여 그 값이 너무 비싸다. 주 예수님은 그분의 모든 소유를 다 팔아 그 값을 지불하고 교회를 사셨다. 사도행전 20장 28절은 주 예수님께서 그분 자신의 피로 교회를 사셨음을 계시해 준다. 그분은 그처럼 값비싼 대가를 지불하고 교회를 사셨다. 주 예수님은 그분 자신을 씨로 뿌리셨으며, 그분은 결국 진주를 얻으실 것이다. 이것은 주님께 어떠한 즐거움이겠는가!

성장과 변화

마태복음 13장을 살펴봄으로써 우리는 두 가지를 알게 된다. 첫째는 성장이다. 씨는 자랄 필요가 있다. 우리가 전에 지적했듯이, 바울은 심었고 아볼로는 물을 주었으며 하나님은 자라게 하셨다(고전 3:6). 둘째는 변화이다. 진주는 하나님께서 원래 창조하신 항목이 아니다. 그것은 한 알의 모래가 변화된 것이다. 모래는 그 자체로는 귀하지 않지만, 분비된 보배로운 요소로 덮이고 변화된다. 변화는 자기 교정이나 단지 외적인 바뀜이 아니다. 그것은 우리 안으로 더해진 새로운 요소로부터 산출된 신진대사적인 바뀜이다. 한때 우리는 모두 작은 모래알들이었다. 그때 그리스도의 부활 생명이 우리에게 더해졌다. 거듭해서 부활의 요소가 우리 위에 분비되었고 생명 안의 변화를 산출했다. 이것이 변화이다. 마태복음의 이 한 장에서 우리는 성장과 변화 모두를 본다. 날마다 우리는 성장과 변화를 체험할 필요가 있다. 다음 장에서 우리는 성장과 변화가 항상 건축에 수반된다는 것을 볼 것이다. 결국에는 많은 진주들이 아닌 하나의 큰 진주가 있다. 이것은 하나 안으로 함께 건축된 많은 사람들로 구성된 한 실체를 의미한다. 이것이 건축이다. 이와 같이 우리에게는 성장과 변화와 건축이 있다.

씨와 밀과 밀가루에 대해서는 악한 자가 부정적인 어떤 것, 부패시키는 어떤 것을 가져옴으로써 손상할 여지가 있다. 그러나 진주나 보물에 대해서 사탄은 아무것도 할 수 없다. 보물과 진주의 비유에서는 사탄이 언급되지 않는다. 교회 안에서 변화가 있을 때마다 사탄은 끝난다. 사탄은 새 예루살렘에 맞서 아무것도 할 수 없다. 그때 그는 불 못에 있게 될 것이다. 원칙은 오늘날에도 동일하다. 교회가 변화된다면 사탄은 직업을 잃게 될 것이다. 우리의 성장이 씨나 밀이나 밀가루 단계에 머물러 있다면, 사탄은 손상하고 좌절시킬 많은 기회를 얻게 될 것이다. 그러나 우리가 변화될 때 사탄은 끝날 것이다. 그는 더 이상 누룩을 넣을 수 없을 것이다. 우리는 성장이 필요하며, 변화는 더더욱 필요하다.

우리는 단지 밀이나 밀가루가 아니다. 결국 우리는 진주가 된다. 우리는 처음에는 식물이지만 성장과 변화에 의해 광물질이 된다. 성경의 계시에 따르면, 보석과 진주는 하나님의 건축물을 위한 것들이다. 건축물은 성장과 변화로부터 온다. 건축물을 위해서 식물의 생명으로는 충분하지 않다. 우리에게는 광물질이 필요하다. 우리에게는 보석과 진주가 필요하다.

14

성장과 변화와 건축

Growth, Transformation,
and Building

제14장

성장과 변화와 건축

성경: 요 1:42, 마 16:18-19, 18:17-18, 21:42,
행 4:11-12, 벧전 2:2, 4-5, 7, 계 22:1-2

신약의 대부분의 진리가 마태복음에서 씨로 뿌려졌다. 마태복음 13장에 성장과 변화의 씨가 있으며, 이 둘은 건축을 위한 것들이다. 16장 16절을 보면, 베드로는 주 예수님께서 그리스도이시고 살아 계신 하나님의 아들이시라는 것을 인식했다. 베드로가 이런 선포를 한 후에 주님은 이렇게 말씀하시는 듯하다. "그대는 내가 그리스도이고 하나님의 아들이라는 것을 인식했지만, 나는 그대에게 무언가를 더 말해야겠습니다. 그대가 나를 아는 것만으로는 충분하지 않습니다. 그대는 그대가 돌이라는 것과, 내가 돌인 그대를 사용하여 내 교회를 건축할 것임을 깨달아야 합니다." 마태복음에는 신약의 기본적인 중점들 대부분이 담겨 있다. 마태복음은 우리에게 성장과 변화와 건축의 씨를 제공한다. 이 모든 항목은 교회와 관련될 뿐 아니라 왕국과도 관련된다. 마태복음 16장 18절과 19절은 주 예수님께서 '교회'와 '왕국'이라는 용어를 서로 바꾸어 쓰셨음을 계시해 준다.

“내가 이 반석 위에 내 교회를 건축할 것이니 … 내가 천국 열쇠들을 그대에게 주겠습니다.” 교회는 왕국이고, 왕국은 교회이다. 주 예수님께서 살아 있는 돌들로 건축하시는 교회는 왕국이다.

건축을 위한 돌

마태복음은 주 예수님을 우리 안에 생명의 씨를 뿌리러 오신 놀라운 분으로 묘사한다. 씨를 뿌린 후에는 성장과 변화와 건축이 있다. 건축은 왕국인 교회의 건축이다. 요한복음 1장 42절은 베드로가 주 예수님께 처음으로 온 것에 대해 우리에게 말해 준다. 그의 형제 안드레가 그를 주님께 데려왔을 때, 주님은 그에게 가르침이나 지침을 주시지 않고 오히려 그의 이름을 시몬에서 게바로 바꾸셨다. 어떤 의미에서 이것은 예언이었다. 주님은 시몬이 게바로 불릴 것이라고 그에게 예언하셨다. ‘게바’와 ‘베드로’는 ‘돌’을 뜻한다.

마태복음 16장에 기록된 사건은 요한복음 1장 42절에서 베드로가 주님을 처음 만난 후 약 이 년이 지나서 일어났다. 베드로가 그분이 그리스도이시고 살아 계신 하나님의 아들이시라고 고백했을 때, 주님은 그에게 “그대는 돌입니다.”라고 상기시켜 주셨다. 베드로가 그분이 그리스도이시고 하나님의 아들이심을 아는 것으로는 충분하지 않았다. 그는 또한 자기 자신이 건축을 위한 돌임을 깨달을 필요가 있었다. 주님은 왕국을 세우려고 하셨다. 그분은 베드로를 교회 안으로 건축하고자 하셨고 그에게 천국 열쇠들을 주시려고 하셨다. 사도행전에 따르면, 베드로는 적어도 두 개의 열쇠를 사용하였다. 그는 오순절 날 유대 백성이 천국으로 들어가도록 문을 열기 위해 한 열쇠를 사용하였다(행 2:38-42). 그는 고넬료의 집에서 이방인들이 왕국으로 들어올 수 있도록 문을 열기 위해 또 다른 열쇠를 사용하였다(10:34-48). 열쇠들이 베드로에게 주어졌으며, 묶고 푸는 권위 또한 베드로에게 위임되었다. "그대가 땅에서 묶는 것은 무엇이든지 하늘에서 이미 묶인 것이고, 그대가 땅에서 푸는 것은 무엇이든지 하늘에서 이미 풀린 것입니다."(마 16:19) 이와 같이 베드로는 두 개의 열쇠와 묶고 푸는 권위를 부여받았다.

묶고 풂

나는 마태복음 18장 17절과 18절이 성경에 있다는 것이 매우 기쁘다. 로마 가톨릭교회는 베드로의 후계자인 교황이 묶고 풀 유일한 권위를 가지고 있다고 말한다. 그러나 마태복음 18장에는 각 지방에 있는 교회가 언급된다. 두세 명의 믿는 이들이 해결할 수 없는 문제가 있다면, 여러분은 이 문제를 교회에 가져올 수 있다. 여기에서 교회는 분명히 각 지방에 있는 교회임에 틀림없다. 그것은 우주적인 교회일 리가 없다. 마태복음 18장의 교회가 우주적인 교회라면, 두세 명의 믿는 이들이 해결할 수 없는 문제가 있을 때, 우리는 어디에서 교회를 찾을 수 있겠는가? 마태복음 18장의 교회는 분명히 각 지방에 있는 교회이며, 각 지방에 있는 교회는 묶고 푸는 권위를 갖고 있다. 마태복음 16장 19절에서 주 예수님은 베드로에게 그가 묶고 푸는 권위를 가졌다고 말씀하셨지만, 마태복음 18장 18절에서 주님은 주어를 단수에서 복수로 바꾸셨다. 마태복음 16장 19절은 "그대가(단수) 땅에서 묶는 것은 무엇이든지"라고 말하며, 마태복음 18장 18절은 "여러분이(복수) 땅에서 묶는 것은 무엇이든지"라고 말한다. 이것은 우리 또한 묶고 푸는 능력을 가지고 있다는 뜻이다. 베드로가 가졌던 권위를 우리 또한 갖는다. 여러분은 자신의 위치를 보았는가? 여러분은 자신의 권위와 지위를 보았는가? 베드로가 했던 대로 우리 모두가 묶고 풀 수 있다. 베드로는 돌이었고 우리 또한 돌들이다. 베드로는 묶고 푸는 권위를 가졌으며 우리 또한 이 권위를 가지고 있다.

진흙에서 돌로

많은 그리스도인들이 그들에게 위임된 권위와 위치를 보지 못한다. 그러나 우리가 우리의 위치와 권위를 깨달으려면 변화되어야 한다. 우리는 진흙덩이였으나 돌들이 되어야 한다. 시몬은 사람의 본성상 진흙이었지만, 주 예수님은 그의 생명을 바꾸셨고 그의 존재를 변화시키셨다. 주 예수님은 시몬의 이름을 바꾸셨을 뿐 아니라 그의 존재를 변화시켜 돌이 되게 하셨다. 새 예루살렘에는 그 위에 베드로의 이름이 새겨진 하나의 기초가 있다(계 21:14). 그는 더 이상 한 덩어리의 진흙이 아니다. 그는 하나의 기초가 되었다. 사복음서에서 베드로는 종종 실수를 하는 데 앞장서는 진흙이었다. 그러나 여러분이 신약을 주의 깊게 읽는다면, 이 진흙덩이인 베드로가 변화의 과정 아래 있었음을 볼 것이다. 사도행전 1장에서 베드로는 더 이상 진흙덩이가 아니었다. 그는 한 조각의 투명한 보석이 되었다. 사복음서에서 베드로는 다소 불투명했지만, 사도행전 1장에서 그가 일어섰을 때 그는 투명했다.

그 영에 의한 하나

어떤 그리스도인들은 소위 오순절적인 체험들을 주장하면서 그것들이 없이는 우리가 성령을 가질 수 없다고 말한다. 베드로는 어떠한가? 사실상 오순절이 이르기 전에 베드로는 투명했었다. 그는 매우 담대하고 강하고 적극적이었으며, 예루살렘에 남아서 백이십 명과 함께 한마음 한뜻으로 십 일 동안 기도하고 있었다(행 1:14). 백이십 명의 사람들이 이견이나 다툼이 없이 십 일 동안 한마음 한뜻으로 기도했다. 여러분은 그들에게 성령이 계셨음을 의심하는가? 성령이 계시지 않았다면 그들은 그렇게 할 수 없었을 것이다. 그들은 유대인들의 위협에도 불구하고 자기 고향을 버리고 예루살렘에 남아 있던 갈릴리 사람들이었다. 백이십 명의 사람들이 한마음 한뜻으로 십 일 동안 기도했다! 만일 그들에게 그 영이 없었다면, 그들은 단 열 시간도 지나지 않아서 다투기 시작했을지도 모른다. 그들이 한마음 한뜻 안에서 계속해서 기도했다는 사실은 오순절 날 이전에 그들 안에 그 영이 계셨음을 보여 준다.

변화

베드로는 새로운 요소를 상징하는 새 이름과 새로운 존재를 부여받았다. 그는 변화되었다. 변화된다는 것은 단지 외적으로 바뀌는 것이 아니다. 그것은 우리의 존재 안에 새로운 요소가 더해지는 것이다. 변화는 새로운 요소를 가져오며 옛 요소를 없앤다. 변화된다는 것은 채워지기도 하고 비워지기도 하는 것이다. 변압기가 전기로 채워지듯이 우리 모두는 그리스도로 채워질 필요가 있다. 그리스도가 우리 안으로 채워지실 때, 그분은 많은 옛것들을 배출하실 것이다. 이런 식으로 우리는 새롭게 되고 변화될 것이다. 변화는 단지 외적인 바뀜이나 교정을 갖는 것만이 아니다. 변화의 과정 중에 새로운 요소가 옛것을 대체하기 위해 더해진다. 이 과정이 계속될 때 우리는 새로워지고 변화된다. 이것이 바로 베드로가 체험했던 것이다. 옛 진흙인 시몬이 배출되었고, 베드로는 보석이 되었다.

오늘날 각 지방에 있는 교회 안에서 우리는 모두 변화의 과정 아래 있다. 날마다 그리스도는 그분 자신을 우리 안으로 채우고 계시며, 모든 옛 요소를 배출하며 빼내고 계신다. 이러한 채움과 비움의 과정이 변화이다. 과거 수년에 걸쳐서 나는 특별히 젊은이들에게서 어느 정도의 변화를 보았다. 각 지방에 있는 교회 안에 있는 많은 젊은이들이 규정이나 외적인 교정이 없이도 변화되어 왔다. 아무도 그들을 가르치거나 바꾸려고 하지 않았지만 그들은 변화되었다. 그리스도께 속한 어떤 새로운 요소들이 그들 안으로 더해졌고 옛 요소는 배출되었다.

건축

변화는 건축을 위한 것이다. 마태복음 13장에서 우리는 씨를 뿌리는 사람, 씨, 성장, 변화를 본다. 식물들이 광물들로 변화된다. 비록 우리가 밀이라 할지라도, 우리는 변화에 의해 보석들과 진주들이 될 수 있다. 보석과 진주 둘 다 변화된 항목들이다.

마태복음 13장에서는 성장과 변화의 목적을 볼 수 없다. 그 목적을 보려면 마태복음 16장으로 계속 나아가야 한다. 이 장에서 우리는 다음의 매우 중요한 진술을 본다. "그대는 베드로(돌)입니다."(마 16:18) 주 예수님께서 그리스도이심을 인식하는 것만으로는 충분하지 않다. 우리는 또한 우리가 돌들이라는 것을 깨달아야 한다. 그리스도를 아는 것은 매우 좋지만, 우리는 또한 우리 자신을 알아야 한다. 자매들이여, 여러분은 돌들인가? 나는 여러분이 내일 아침에 아주 쉽게 눈물을 흘리는 것을 볼까 봐 두렵다. 여러분은 울음이 나오려고 할 때, 자신이 돌이라는 것을 스스로 상기해야 한다.

더 나아가 돌은 결코 성질을 내지 않을 것이다. 형제들이여, 여러분은 돌인가? 여러분의 아내가 내일 아침에 여러분을 힘들게 한다면 여러분은 어떻게 하겠는가? 성질을 내겠는가? 여러분이 성질을 낸다면, 그것은 여러분이 돌이 아니라 최소한 어느 정도는 여전히 진흙임을 가리킨다.

살아 있는 돌들

주 예수님은 베드로에게 그가 돌임을 두 번 말씀하셨다(요 1:42, 마 16:18). 분명히 베드로는 그것을 결코 잊지 않았다. 왜냐하면 베드로가 그의 첫 번째 서신을 썼을 때 그리스도께서 살아 있는 돌이시라고 말했을 뿐만 아니라, 그분께로 나아오는 모든 사람 또한 하나님을 위한 영적인 집으로 건축될 살아 있는 돌들이라고 말했기 때문이다(벧전 2:4-5). 주님은 베드로에게 그가 돌임을 상기시키셨고, 나중에 베드로는 우리에게 우리 또한 돌들임을 상기시켰다.

순수한 말씀에 의한 성장

마태복음 13장은 우리에게 성장의 필요성에 대하여 말한다. 베드로전서 2장 또한 우리가 자랄 필요가 있음을 말한다. 갓난아기들로서 우리는 자라서 살아 있는 돌들이 될 수 있도록 말씀의 순전한 젖을 사모해야 한다. 변화는 성장의 과정 안에 포함되어 있기 때문에 우리는 자람으로써 살아 있는 돌들이 될 수 있다. 우리가 베드로전서 2장에 있는 절들을 살펴본다면, 성장과 변화 모두 그곳에서 발견됨을 깨달을 것이다. 성장과 더불어 변화가 이루어지지 않는다면, 젖을 사모하는 사람이 어떻게 살아 있는 돌이 될 수 있겠는가? 분명히 젖을 사모하는 사람들은 아직 살아 있는 돌들이 아니다. 그러나 말씀의 젖을 마신 후에 그들은 자라고 변화되어 건축을 위한 살아 있는 돌들이 될 것이다. 다시 성장과 변화와 건축이 있다. 마태복음 13장에 성장과 변화가 있으며, 마태복음 16장에 건축이 있다. 우리는 돌들이며, 주님은 우리를 왕국인 교회 안으로 건축하고 계신다. 건축된 교회는 권위를 가지며, 사탄의 세력을 상징하는 음부의 문들은 교회를 이길 수 없다. 이것이 변화된 재료들로 이루어진 건축물인 교회이다.

각 지방에 있는 교회

우리 모두는 왕국이 무엇인지를 보아야 한다. 그것은 단지 하나의 시대나 영역이 아니다. 왕국은 거듭나고 변화된 사람들의 건축이다. 이 건축은 각 지방에 있는 교회 안에서 성취된다. 마태복음 16장의 건축된 교회는 마태복음 18장의 각 지방에 있는 교회가 된다. 우리는 이 두 장을 분리할 수 없다. 마태복음 16장에서 건축된 것은 마태복음 18장에서 발견되는 각 지방에 있는 교회이다. 어떤 사람들은 교회가 우주적일 뿐이라고 말한다. 그렇다면 우주적인 교회는 어디에 있는가? 한 몸이 몸의 모든 지체들의 총체이듯이 우주적인 교회는 모든 지방에 있는 교회들의 총체이다. 지체들이 없다면 몸도 없다. 우주적인 교회는 그 자체로 존재하지 않는다. 그것은 모든 지방에 있는 교회들의 구성체이다. 우주적인 교회에 대해서만 말하는 사람들은 각 지방에 있는 교회 안에서 다른 사람들과 함께 건축되는 것을 두려워한다. 돌들로서 우리는 반드시 각 지방에 있는 교회로 건축되어야 한다.

다른 사람들과 함께 건축됨

주님은 베드로에게 그가 교회 건축을 위한 돌이라는 것을 상기시켜 주셨다. 그는 일반적인 방식으로 우주적인 교회 안으로 건축된 것이 아니라, 실지적인 방식으로 예루살렘에 있는 교회 안으로 건축되었다. 여러분이 단지 교회 안에 있다고 말하지 말라. 여러분은 어떤 지방에 있는 교회 안에서 건축되고 있는가? 여러분이 그리스도의 몸의 지체일 뿐이라고만 말하지 말라. 여러분은 어떤 장소에 있어야 한다. 일단 여러분이 어떤 장소에 있다면, 여러분은 더 이상 떠돌아다니는 별들이 아니다(유 13). 우리는 어떤 장소를 갖고 건축되어야 한다. 일단 우리가 어떤 장소에 있게 되면, 건축될 좋은 기회를 얻는다. 먼저 우리는 어떤 장소에 있게 되며 그다음에 건축된다. 이주(移住)는 놀랍지만, 이 도시 저 도시로 옮겨 다니지 말라. 우리는 우리가 어떤 장소에 있게 되었으며, 이제 특정 지방에 있는 교회 안으로 건축되고 있다는 것을 온 우주에 선포할 수 있어야 한다. 우리는 마태복음 16장의 우주적인 교회 안에 있어야 할 뿐 아니라, 마태복음 18장의 각 지방에 있는 교회 안에도 있어야 한다.

성장과 변화와 건축은 동시에 일어난다. 우리는 이것들이 세 가지 구분된 단계라고 생각해서는 안 된다. 성장과 변화와 건축이 분리된 세 단계라고 말하는 것이 논리적으로 들릴지라도, 교회와 왕국 안에서의 영적인 생명에 따르면 이것은 사실이 아니다. 성장과 변화와 건축은 함께 진행된다. 우리는 자랄수록 더 변화된다. 우리는 변화될수록 더 건축된다. 변화의 정도는 성장의 정도에 달려 있고, 건축의 정도는 변화의 정도에 달려 있다.

생명의 성장의 필요

앞으로 주님은 교회들의 숫자와 교회들 안의 성도들의 인수 또한 증가시키실 것이다. 점점 더 많은 성도들이 교회들에 더해질 것이며, 더 많은 교회들이 건축될 것이다. 주님께서 그분의 회복 안에 있는 교회들이 오늘날의 기독교와는 전적으로 다르다는 것을 우리에게 매우 분명히 해 주시기를 바란다. 기독교는 주로 형식주의나 근본주의나 오순절주의로 이루어져 있다. 형식주의는 정확한 형식을 강조하고, 근본주의는 가르침들과 교리들을 강조하며, 오순절주의는 은사들을 강조한다. 그러나 각 지방에 있는 교회 안에서 우리는 오직 한 가지, 곧 생명의 성장이 필요하다. 우리에게 다른 것들이 필요한 것이 아니다. 비록 사람들이 형식주의나 근본주의나 오순절주의로부터 도움을 받아 왔다 할지라도, 간교한 원수는 사람들이 이 세 가지 것들을 넘어서서 더 나아가지 못하도록 방해하기 위하여 최선을 다할 것이다. 우리는 모두 주님의 회복이 일차적으로 생명의 성장을 필요로 함을 보아야 한다. 우리가 형식주의나 근본주의나 오순절

주의로부터 얼마만큼 도움을 받았다 할지라도, 우리는 생명의 성장을 추구하기 위해 더 나아가야 한다. 생명의 성장만이 우리를 목표로 이끌 수 있다.

하나의 생명의 길

새 예루살렘은 동서남북의 네 방향을 향하여 있다. 이 성에는 각 방향으로 세 개씩 있는 열두 문이 있으며(계 21:13), 유일한 길이 있는데 곧 생명의 길이다. 여러분이 어느 방향에서 들어오고 어떤 문을 통하여 그 성 안으로 들어가느냐는 중요하지 않다. 일단 새 예루살렘 안에 있으면, 여러분은 자신이 생명의 길에 있음을 발견할 것이다. 교리의 길이나 형식주의의 길이나 은사의 길이나 다른 언어로 말하는 길이 없다. 유일한 한길, 곧 생명의 길이 있다. 이 길의 본질은 생명이다. 이 길에서 생명수, 생명수의 강, 생명나무를 발견할 수 있다(계 22:1-2). 이 길을 따라 나아가는 것마다 생명과 관련된다. 여러분은 형식주의나 근본주의나 오순절주의라는 문을 통하여 이 성안으로 들어갔을지 모른다. 그러나 일단 참으로 새 예루살렘 안에 있게 되었다면, 여러분은 생명의 길 위에 있을 것이다. 다른 길은 없다.

각 지방에 있는 교회가 생명 이외의 다른 길을 갖는다면, 우리는 각 지방에 있는 교회의 본성을 잃어버릴 것이고 분열이 발생할 것이다. 우리가 생명을 강조하는 데 실패한다면 기독교의 역사를 반복할 것인데, 그것은 분열의 이야기이며 여러 길의 이야기이다. 장로교인들은 장로교의 길을 걷고, 침례교인들은 침례교의 길을 걸으며, 오순절주의자들은 다른 언어로 말하는 길을 걷는다. 우리는 생명의 길을 취해야 한다. 그것은 우리가 무엇을 말하는가에 달려 있지 않고 우리가 어떤 존재인가에 달려 있다. 주님의 회복을 위하여 우리는 생명의 중요성을 보아야 한다. 우리는 성경에 있는 어떤 긍정적인 항목도 반대하지 않는다. 그러나 우리는 사랑스러운 주님의 사람들 모두가 더 전진하여 생명의 성장을 추구하기를 갈망한다. 우리는 성장과 변화에 있어서 전진할 필요가 있다. 다른 사람들과 건축되는 귀하고 투명한 돌이 되도록 계속 나아가자. 이로써 하나님은 그분의 왕국을 가지실 것이다. 왕국은 변화된 성도들의 건축이다. 우리는 자랄수록 더 변화되고 더 건축되어 왕국의 실재를 갖게 될 것이다.

모퉁이 돌

마태복음 21장에서 유대인들은 주 예수님의 흠을 찾아내고, 그분을 유죄판결 하며, 그분으로 하여금 실수를 하게 하려고 최선을 다하고 있었다. 이들 종교인들은 외적으로는 매우 성경적이어서, 모든 것을 성경에 따라 하려고 했다. 그러나 주 예수님은 그들에게 "여러분은 성경에서 '건축자들이 버린 돌이 모퉁이의 머리 돌이 되었습니다. …'라고 한 것을 읽어 본 적이 없습니까?"(42절)라고 물어보셨다. 주님의 마음속에는 그분과 그분의 제자들이 건축을 위한 돌 조각들이라는 사상이 있었다. 제자들이 돌들이었으며 주 예수님 자신은 모퉁이 돌이셨다. 주 예수님은 구주요 구속자이셨지만 그분께 따지는 종교인들을 대하셨을 때, 그분은 그들에게 그분 자신이 하나님의 건축물을 위한 모퉁이 돌이시라고 말씀하셨다. 그분은 그들이 거절한 사람이 하나님의 건축물을 위한 모퉁이 돌임을 그들에게 말씀하셨다. 베드로는 이것을 기억했으며, 종교 지도자들이 그를 박해했을 때 시편에서 동일한 절을 인용했다(행 4:11, 시 118:22). 사도행전 4장 12절은 그리스도인들이 종종 인용하는 절이지만, 그들 가운데 건축에 관한 11절을 인용하는 이들은 극소수에 불과하다. 오늘날 대다수의 그리스도인들은 자신의 구원만을 관심한다. 그들은 하나님의 건축물에는 관심이 없다. 주님의 회복 안에서 우리는 온전히 하나님의 건축물에 주의를 기울여야 한다. 우리가 이 건축물 안에 있는 한, 우리는 구원받는다. 어떤 그리스도인들은 영원한 보장에 대하여 말하기를 좋아한다. 그러나 참된 보장은 하나님의 건축물 안으로 건축되는 것이다. 이 건축물 안으로 건축된다면 우리는 보장될 것이다. 다른 사람들은 거룩함에 대하여 관심한다. 우리가 참으로 하나님의 건축물 안으로 건축된다면, 우리는 분별되고 거룩하게 될 것이다. 또 다른 사람들은 인내가 부족하고 성질을 내는 문제 때문에 힘들어한다. 우리가 각 지방에 있는 교회 안으로 건축된다면, 우리의 성질은 끝날 것이고 우리는 필요한 인내를 얻을 것이다. 먼저는 건축에 대한 사도행전 4장 11절 말씀이고, 다음이 구원에 대한 사도행전 4장 12절 말씀이다. 우리가 하나님의 건축물 안으로 건축된다면, 우리는 확실히 구원받는다. 주 예수님은 구속자이실 뿐 아니라 하나님의 건축물을 위한 모퉁이 돌이시기도 하다. 이것이 마태복음에 있는 주님의 건축이다. 그리스도는 모퉁이 돌이시며, 그분의 제자들은 하나님의 건축물을 위한 살아 있는 돌들이다.

15

성장과 변화와 건축의 발전

The Development of Growth,
Transformation, and Building

제15장

성장과 변화와 건축의 발전

성경: 마 16:28, 막 9:1, 마 16:18-19, 롬 14:17-18,
고전 4:17, 20, 3:2, 6, 9-12, 16

성경에서 하나님의 계시는 매우 중요한 원칙을 따르는데, 그것은 처음에 언급된 것이 끝에서 그 완결을 갖는다는 것이다. 성경은 시작부터 끝까지 하나의 노선과 하나의 흐름을 계시한다. 창세기 2장은 생명나무를 언급하고, 요한계시록 22장도 생명나무를 언급한다. 성경 전체에 걸쳐 계시되고 있는 주요 항목은 생명이다. 성경은 생명으로 시작하고 생명으로 끝난다.

신약도 동일한 방식으로 쓰였다. 마태복음에는 시작이 있고 요한계시록에는 완성이 있다. 마태복음에서는 씨가 뿌려지고, 사도행전에서는 싹이 자라며, 서신서들에서는 열매가 맺히는 것을 볼 수 있고, 요한계시록에서는 추수가 이루어진다.

우리는 성장과 변화와 건축의 문제에도 이 원칙을 적용해 볼 수 있다. 씨이신 주 예수님은 우리 안에서 자라시고 우리를 변화시키시며 우리를 건축하시기 위하여 우리 안으로 심어지셨는데, 이 모든 것이 왕국의 방면들이다. 우리 안에서 그리스도가 성장하는 것이 왕국의 방면이다. 생명에 의한 변화 또한 왕국의 방면이다. 우리의 타고난 이해와 관념에 따르면, 왕국은 단지 하나의 시대, 하나의 기간 또는 하나의 영역이다. 비록 왕국에 대한 신약의 의미가 시간과 영역의 관념을 포함하고 있다 할지라도, 그 의미하는 바는 이것을 훨씬 넘어선다. 시간과 영역이 모두 왕국에 대한 신약의 관념 안에 포함되어 있지만, 그것들이 왕국 자체는 아니다. 그것들은 왕국의 실재가 아니다. 왕국의 실재는 그분 자신을 우리 안으로 일해 넣으시면서 성숙에 이르기까지 우리 존재를 통하여 그분 자신을 확장하시는 그리스도이다. 왕국은 주님께서 씨를 뿌리실 때 오기 시작했으며, 그분께서 우리 안에서 자라심에 따라 점진적으로 계속 오고 있다. 우리 안에 계신 그리스도께서 성숙에 이르시게 될 때, 그것은 왕국이 완전히 오는 것, 곧 왕국이 충만히 나타나는 것이 될 것이다.

침례자 요한이 천국이 가까이 왔다고 선포했을 때, 주 예수님 자신이 오셨다. 요한은 "보십시오. 메시아가 가까이 오셨습니다."라거나 "구속자께서 가까이 오셨습니다."라고 말하지 않았다. 오히려 그는 "회개하십시오. 천국이 가까이 왔습니다."(마 3:2)라고 말했다. 그는 왕국을 선포했는데 온 것은 한 인격이었다. 주 예수님도 그분의 제자들에게 왕국을 전파하도록 분부하셨는데, 먼저는 열둘에게, 나중에는 칠십 명에게 분부하셨다. 제자들은 살아 계신 그리스도의 인격을 전파했다. 이것은 마태복음에 계시된 왕국이 살아 계신 그리스도의 인격이라는 뚜렷한 증거이다.

주 예수님이 어떤 분이신지 잊지 말라. 그분은 마태복음의 첫 장에 계시된 놀라운 분이시다. 곧 여호와 더하기이시요 하나님 더하기이시며, 여호와 구원자이시요 우리와 함께하시는 하나님이시다. 그분은 인류의 많은 세대들과 삼일 하나님의 연합의 결과이다. 이 놀라운 인격이 우리 안으로 심어지고 우리 안에서 계속 자라며 최종적으로 성숙에 이르는 왕국의 씨이시다. 그 씨는 마태복음에서 뿌려지고, 사도행전에서 싹이 트며, 서신서들에서 자라고 꽃이 피어 요한계시록에서 수확된다. 우리는 계시와 실재를 보기 위해 주님 앞에서 이 절들을 상고하면서 이 요점들을 두고 많이 기도해야 한다. 우리는 왕국의 통제하는 이상 아래 살아야 한다.

왕국의 계시

마태복음은 단지 이야기책이나 교리책이 아니라 왕국에 대한 계시를 우리에게 주는 책이다. 왕국은 우리 안으로 심어지시고, 우리 안에서 자라시며, 우리가 성숙에 이를 때까지 우리를 변화시키시는 놀라우신 그리스도이다. 결국 수확의 때가 이를 것이며, 그것은 왕국의 완전한 출현이 될 것이다. 우리는 반드시 이것을 보아야 한다. 우리는 이야기나 교리나 가르침의 관점에서가 아닌 하늘에 속한 관점에서 마태복음을 볼 필요가 있다. 우리가 마태복음을 하늘에 속한 관점에서 본다면, 우리는 그것이 주 예수님을 왕국의 씨로, 왕국의 점진적인 성장으로, 왕국의 완전한 성숙으로 계시해 주고 있음을 보게 될 것이다. 우리는 그러한 견지에서 마태복음을 보아야 한다.

신약은 주 예수님을 사람들 안으로 심기신 왕국의 씨로 계시해 준다. 씨가 그들 안에서 자랄 때 그것이 바로 왕국의 성장이다. 그분께서 사람들 안으로 확장되실 때 그것이 바로 왕국의 확장이다. 어느 날 그분은 그분을 사랑하는 수많은 사람들 안에서 성숙하실 것이다. 성숙의 때가 이를 때, 그때는 수확의 때, 곧 왕국의 완전한 출현일 것이다.

주 예수님의 확장

왕국이 주 예수님의 확장이라는 것을 어떻게 입증할 수 있는가? 가장 뚜렷한 증거는 마태복음 16장 28절에서 볼 수 있는데, 그곳에서 그분은 제자들에게, 그들 중에는 죽음을 맛보기 전에 사람의 아들이 자기 왕국 안에서 오는 것을 볼 사람들도 있을 것이라고 하셨다. 이에 상응하는 구절인 마가복음 9장 1절은 "하나님의 왕국이 능력을 가지고 오는 것을 볼 사람들도 있습니다."라고 말한다. 육 일 후에 그분은 세 명의 제자와 함께 산꼭대기로 올라가셔서 그들 앞에서 변형되셨다. 주 예수님의 변형은 그분의 확장이었다. 여호와 더하기이시요 하나님 더하기이신 분이 작은 나사렛 사람 예수 안에 내주하고 계셨다. 산꼭대기에서 여호와 더하기이시요 하나님 더하기이신 분이 나사렛 사람으로부터 빛을 발하셨다. 베드로는 놀라서 "주님, 우리가 여기 있는 것이 좋습니다."(마 17:4)라고 말했다. 어떤 의미에서, 베드로는 어떻게 반응해야 할지 몰랐다. 우리가 변형이라고 부르는 것은 주님의 말씀으로 하면 하나님의 왕국이 오는 것이었다. 왕국이 오는 것은 주 예수님의 빛남, 확장, 해방, 덮음이었다. 어느 날 왕국이 완전히 오는 것을 체험할 때, 우리는 베드로가 그랬던 것처럼 놀라게 될 것이다. 우리는 무슨 말을 해야 할지 모를 것이다.

로마서에서의 왕국

이제 우리는 서신서들에서 몇 단락을 살펴볼 필요가 있다. 로마서 14장 17절과 18절은, 왕국이 오늘날 존재하고 있으며 왕국이 바로 합당한 교회생활임을 보여 준다. 어떤 교사들에 의하면, 왕국은 아직 오지 않았다. 그들은 오늘날은 교회 시대이고, 다음 시대는 왕국 시대가 될 것이라고 말한다. 그러나 바울은 "하나님의 왕국은 …이기 때문입니다."(롬 14:17)라고 말한다. 그는 하나님의 왕국이 '…일' 것이라고 하지 않는다. 그는 현재 시제를 사용하여 하나님의 왕국이 '…이다'라고 말한다. "하나님의 왕국은 먹는 것과 마시는 것이 아니라 의와 화평, 그리고 성령 안에 있는 기쁨이기 때문입니다.”

그는 계속해서 로마서 14장 18절에서 “그리스도를 이렇게 섬기는 사람은 하나님을 기쁘시게 하고 사람에게도 인정을 받습니다.”라고 말한다. 이 절들은 왕국이 그리스도를 섬기는 것임을 보여 준다. 그리스도를 섬기는 것은 주로 그리스도를 위해 일하는 것이 아니라, 우선적으로 그리스도를 사람들에게 공급하는 것이다. 먼저 우리는 그리스도를 체험하며, 그리스도는 우리의 것이 된다. 그다음에 우리는 우리가 얻은 그리스도를 다른 사람들에게 공급한다. 이것이 그리스도를 섬기는 것이 의미하는 바이며, 이렇게 그리스도를 섬기는 것이 왕국이다.

여러분 중 몇몇은 수년 동안 로마서를 읽어 왔고, 로마서를 구원과 믿음으로 의롭다 함을 얻는 것에 관한 책일 뿐이라고 생각했을지도 모른다. 여러분은 로마서에 그리스도를 섬기는 것인 왕국이 있음을 눈여겨본 적이 있는가? 로마서 14장은 전략상 중요한 요점을 제시하는데, 그것은 하나님의 왕국이 그리스도를 섬기는 것이며 그리스도를 다른 사람들에게 공급하는 것이라는 것이다. 그러므로 로마서 또한 왕국에 대한 책이다.

고린도전서

오순절 운동이나 기적적인 것들에 관련되어 온 많은 사람들은 고린도전서가 다른 언어들로 말하는 것에 관한 책이라고 생각한다. 그들은 바울 자신이 고린도의 모든 사람보다 더 많이 다른 언어들로 말했다고 말하는 고린도전서 14장 18절을 인용한다. 이것으로부터 그들은 우리 모두가 다른 언어들로 말해야 한다고 추정한다. 고린도전서에 분명히 그런 절이 있다. 그러나 고린도전서 4장 17절과 20절을 살펴보자. 17절은 “내가 각처 각 교회에서 가르치고 있는 것”이라고 말한다. 문맥을 살펴본다면 여러분은 이 절이 다른 언어들로 말하는 것과 아무런 관련이 없음을 알 것이다. 20절은 "하나님의 왕국은 말에 있는 것이 아니라 능력에 있기 때문입니다."라고 말한다. 우리가 이 두 절을 함께 놓고 문맥을 살펴본다면, 교회가 하나님의 왕국임을 깨달을 것이다. 17절에서 바울은 '각처 각 교회에서'라고 말한다. 20절에서 그는 '하나님의 왕국'을 말한다. 바울은 자신이 각 교회에서 가르쳤다고 말한 후에 왕국이 말에 있지 않고 능력에 있다고 말한다. '교회'와 '왕국'은 서로 바꿔 쓸 수 있는데, 이것은 합당한 교회생활이 왕국이라는 것을 입증한다.

오늘날 기독교의 상태는 비정상적이어서 우리가 참된 것을 보기 어렵게 한다. 많은 사람이 오늘날은 교회 시대이고 장래 어느 때에 왕국 시대가 올 것이라는 관념을 고수해 왔다. 어떤 이들은 오늘날에는 합당한 교회생활을 가질 필요가 없거나 그것이 가능하지 않다고 가르친다. 교회가 무엇인지 아는 사람이 거의 없으며, 교회가 왕국이라는 것을 아는 사람은 더더욱 없다.

교회생활은 왕국임

로마서와 고린도전서 모두에서 바울은 교회생활이 왕국임을 분명히 지적하고 있다. 마태복음도 같은 것을 보여 준다. "내가 이 반석 위에 내 교회를 건축할 것이니 … 내가 천국 열쇠들을 그대에게 주겠습니다."(마 16:18-19) 주 예수님에 의해 건축된 교회는 왕국이다. 마태복음에서 뿌려진 씨는 서신서들에서 자란다. 이와 같이 바울도 교회가 왕국임을 우리에게 말해 준다. 마태복음은 씨를 담고 있기 때문에 주 예수님은 왕국인 교회에 대하여 간단하게 말씀하셨다. 서신서들에서 바울은 더 온전한 방식으로 왕국인 교회에 대하여 설명한다. 왕국인 교회에 대하여 알려면 로마서 전체와 고린도전서 전체가 필요하다.

왕국을 위하여 먹임

이것에 근거하여 우리는 고린도전서 3장에 이르렀다. 물론 '왕국'이라는 말이 이 장에서 발견되지 않지만, 이 책의 다른 절들은 교회생활이 왕국임을 지적해 준다(4:17, 20). 무엇보다도 먼저, 바울은 "나는 여러분에게 젖을 먹이고"(고전 3:2)라고 말한다. 왕국인 교회를 소유하기 위해서는 먹일 필요가 있다. 바울은 "나는 여러분을 가르치고"라고 하지 않고 "나는 여러분에게 젖을 먹이고"라고 말한다. 우리에게는 가르침이 필요하지 않다. 우리에게는 먹이는 것이 필요하다. 우리는 먹고 마실 필요가 있다. 2절에 언급된 젖과 단단한 음식은 그리스도이다. 그분이 우리의 음식이시다. 바울이 "나는 여러분에게 젖을 먹이고"라고 말했을 때, 그것은 그가 그들을 그리스도로 먹였다는 것을 의미한다. 우리는 모든 지방에 있는 교회들의 인도하는 이들이 끊임없이 어린 믿는 이들을 그리스도로 먹이는 것을 보기를 얼마나 갈망하는지!

비록 바울은 위대한 교사였지만, 그는 또한 놀라운 먹이는 이였다. 그는 그리스도로 사람들을 먹였다. 바울은 계속해서, 자신은 심었고 아볼로는 물을 주었지만 하나님께서 자라게 하셨다고 말한다(고전 3:6). 결국 바울은 그가 자신에게 주어진 은혜를 따라 지혜로운 주 건축자가 되었다고 말했다(10절). 바울은 놀라운 사람이었다. 그는 먹이는 이였고 심는 이였으며 건축자였다. 하나님의 왕국을 위하여 오늘날 각 지방에 있는 교회 안에서 우리 또한 먹이고 심고 건축할 필요가 있다. 우리는 사람들을 먹일 필요가 있으며 씨를 심을 필요가 있다. 우리는 성장과 변화에 의해 광물들—금, 은, 보석—이 될 식물들을 심을 필요가 있다. 어떻게 식물이 광물이 될 수 있겠는가? 바울은 어떤 종류의 나무를 심었기에, 그것이 자라서 금과 은과 보석이 된 것인가? 바울은 "여러분은 하나님의 경작지이며, 하나님의 건축물입니다."(9절)라고 말한다. 이 두 가지를 어떻게 조화시킬 수 있는가? 경작지는 식물과 관련된 어떤 것이지만, 건축물은 주로 돌과 광물들로 되어 있다. 어떻게 우리는 식물과 광물 둘 다가 될 수 있는가? 그 답은 우리 안에서 자라는 생명이 변화되고 있는 생명이라는 것이다. 그것은 자랄 뿐 아니라 변화된다. 그것은 자라는 동안 변화되며, 더 자랄수록 더 변화된다. 이 생명이 우리를 식물에서 광물로 변화시킨다.

이제 우리는 고린도전서 3장에 있는 바울의 관념이 마태복음 13장에 있는 주님의 관념과 정확히 일치함을 볼 수 있다. 이미 보았듯이, 마태복음 13장의 첫 네 비유는 식물의 생명에 대한 것들이다. 씨가 자라고 성숙하여 고운 가루를 산출한다. 그다음의 두 비유는 변화된 항목들을 나타내는 보석과 진주와 관련된다. 그러므로 마태복음 13장에 성장과 변화 모두가 있다. 고린도전서 3장에도 성장과 변화가 있다. 그 관념은 동일하다. 마태복음 13장에 뒤이어 주님은 돌들이 건축을 위한 것들임을 우리에게 알려 주셨다. "그대는 돌입니다. 내가 … 내 교회를 건축할 것이니"(마 16:18, 헬라어 원문 참조). 마태복음에서 우리는 건축을 위한 돌을 산출하는 성장과 변화를 본다. 마태복음에서 이 모든 것은 씨의 형태로 있고 그다지 발전되지 않았지만, 고린도전서 3장에서는 이 씨의 성장과 꽃 핌이 매우 두드러진다. 바울은 심었고 아볼로는 물을 주었으며 하나님은 자라게 하셨다. 성장에 뒤이어 변화가 있다. 식물이 자라는 동안, 그것은 하나님의 건축물을 위한 재료들이 되기 위해 금과 은과 보석으로 변화된다. 결국 심는 이가 먹이는 이가 되며 먹이는 이가 건축자가 된다. 왕국은 심고 먹이고 물을 주고 자라고 변화되고 건축되는 문제이다. 끝으로 바울은 "여러분이 하나님의 성전"(고전 3:16)이라고 말한다. 이것은 그리스도인의 조직이나 종교적인 사회가 아니다. 이것은 교회요 왕국이다. 왕국은 심기고 자라며 변화되어, 바로 하나님의 성전으로 건축되는 어떤 것이다.

16

성장과 변화와 건축의 수확

The Harvest of Growth,
Transformation, and Building

제16장
성장과 변화와 건축의 수확

성경: 고후 3:6하, 17–18, 롬 12:2, 5, 엡 4:22–24,
계 4:2–3, 21:10–11, 18상, 19상

지난 장에서 보았듯이, 고린도전서 3장은 성장과 변화와 건축의 문제를 다룬다. 동일한 항목들을 에베소서에서 볼 수 있다. 에베소서 2장 20절부터 22절까지와 4장 12절부터 16절까지는 성장과 변화와 건축과 관련된다.

은사 있는 사람들이 성도들을 온전하게 함

에베소서 4장 11절에 언급된 은사 있는 사람들, 즉 사도들과 신언자들과 복음 전파자들과 목자들 및 교사들은 성도들을 온전하게 하기 위해 있다(12절). 은사 있는 사람들 자신이 교회들을 직접 건축하는 이들이 아니다. 그들은 온전하게 하는 이들, 즉 성도들을 온전하게 하는 이들이다. 그들의 온전하게 하는 일의 결과로 성도들은 직접 교회들을 건축하기 위해 몸의 지체로서 기능을 발휘하도록 자격을 갖추고 장비될 것이다. 주 예수님이나 사도들과 복음 전파자들처럼 은사 있는 사람들이 직접 교회들을 건축하는 것이 아니다. 오히려 온전하게 된 지체들, 즉 기능을 발휘하도록 장비되고 자격을 갖춘 지체들이 직접 교회들을 건축한다.

생명의 성장에 의해 온전하게 됨

성도들을 온전하게 한다는 것은 무슨 뜻인가? 초기 사역 때에 나는 성도들을 온전하게 하는 것이 그들에게 어떤 능력이나 영적인 기술을 주는 것으로 생각했기 때문에 사람들을 이런 식으로 훈련시켰다. 결국 나는 이것이 합당한 훈련이 아님을 깨닫게 되었다. 에베소서 4장 12절은 성도들을 온전하게 하는 것에 대하여 말한다. 13절은 충분히 성장한 사람을 언급한다. 14절은 더 이상 어린아이가 되지 않는 것을 말한다. 15절은 모든 일에서 그리스도 안으로 자라야 한다고 우리에게 말한다. 에베소서 4장의 문맥에 따르면, 성도들을 온전하게 하는 것은 바로 그들을 자라도록 돕는 것이다. 그리스도의 몸의 살아 있는 지체들로서 성도들은 자랄 필요가 있다.

사람의 몸의 경우도 마찬가지이다. 아기는 태어날 때부터 모든 기관을 구비한 상태이다. 아기는 귀와 눈과 혀와 입과 기타 모든 기관을 가지고 있다. 아기에게 더 많은 기관을 더하는 것은 불필요하며 심지어 불가능하다. 구조상 아기는 온전하다. 부모에게 있는 기관이 무엇이든 아기도 그것을 갖고 있다. 비록 아기가 구조상으로는 온전하다 할지라도 기능과 능력에 있어서는 아직 온전하지 않다. 따라서 아기는 온전하게 됨이 필요하다. 아기를 온전하게 한다는 것은 아기를 자라게 한다는 뜻이다. 일 년 동안 자란 후에 아기는 걸을 수 있을 것이다. 또 얼마의 시간이 지나면 아기는 말할 수 있게 될 것이다. 아기는 두 발과 하나의 입을 가지고 태어났지만 걷고 말하는 능력이 결핍되어 있다. 자랄수록 아기는 더 온전하게 된다. 다른 말로 하면, 아기는 장비되고 자격을 갖추게 된다. 비록 아기는 출생 때에 필요한 기관들을 모두 갖고 있었지만, 이런 기관들의 능력이 나타나기까지는 아기에게 충분한 정도의 성장이 필요하다. 예를 들어, 아기의 눈은 출생 직후에는 그렇게 유용하지 못하다. 비록 아기에게 눈이 있지만, 눈의 기능이 제한되어 제 역할을 할 수 없는데, 이것은 성장의 부족 때문이다. 충분한 성장과 함께 얼마 되지 않아 눈은 기능을 발휘하기 시작한다. 보는 기관은 출생 때부터 있지만, 보는 능력은 성장함으로써 발전된다.

그러면 교회 안의 성도들을 온전하게 한다는 것은 무슨 뜻인가? 그것은 그들에게 무엇인가를 더해 주는 것을 의미하지 않는다. 우리는 이렇게 해서는 안 되며 사실상 이렇게 할 수도 없다. 오히려 우리는 그들이 자라도록 도와야 한다. 모든 성도들은 더 이상 어린아이가 되지 말고 반드시 충분히 성장한 사람이 되도록 자라야 한다. 그들은 모든 일에서 그리스도, 곧 머리이신 분 안으로 자라야 한다.

자라는 길

자녀들이 자라도록 돕는 최상의 길, 사실상 유일한 길은 무엇인가? 어머니라면 누구나 최상의 길이 그들을 가르치는 것이 아니라 먹이는 것임을 안다. 가르침이 아닌 먹이는 것이 자녀들을 자라게 한다. 바로 이 때문에 바울은 "나는 여러분에게 젖을 먹이고"(고전 3:2)라고 말했다. 마찬가지로 우리는 어떻게 성도들을 온전하게 할 수 있는가? 우리는 그들을 가르치기만 해서는 안 된다. 우리는 그들을 먹여야 한다. 바울은 심었고 아볼로는 물을 주었다(6절). 식물에 물을 주는 것이 바로 그것을 먹이는 것이다. 성도들을 온전하게 하기 위하여 왕국인 교회들에게 필요한 것은 가르침이 아니라 먹이는 것이다. 어머니들이 알다시피, 어린아이들은 한 해 한 해 성장함으로써 온전하게 된다. 이러한 성장으로 말미암아 그들은 많은 것들을 할 수 있게 된다. 그러나 이것은 온전하게 하는 일이 있기 전 어린아이들에게 어떤 기관들이 없었다는 뜻이 아니다. 그들에게 다만 능력이 결여되어 있었다는 뜻이다. 이 능력은 온전하게 되는 것에서 나오며, 온전하게 되는 것은 먹이는 것에서 비롯되는데, 이것이 그들을 자라도록 돕는다. 왕국인 모든 교회들에게 오늘날 필요한 것은 바로 이런 먹임이다.

가르침과 은사

나의 몇 메시지들을 들은 후에, 몇몇 사람들은 마음이 상해서 이렇게 따졌다. "여러분은 우리에게 가르침이나 은사나 규정이 필요 없다고 말합니다. 여러분은 가르침이 도움이 되지 않는다고 생각합니까? 은사들이 필요하지 않습니까? 어떤 규정들은 좋다고 생각하지 않습니까?" 나의 대답은, 그 모든 것은 여러분이 그것들을 어떻게 사용하는가에 달려 있다는 것이다. 만일 이것들이 사람들을 자라도록 하는 데 도움이 된다면 전적으로 옳지만, 비극적인 것은 많은 성경 교사들이 사람들을 자라도록 도와주지는 못하고 다만 성경을 알도록 도와줄 뿐이라는 점이다. 나는 체험을 통해 이것을 알고 있다. 왜냐하면 나는 칠 년 반 동안 성경에 대한 최상의 가르침을 받았기 때문이다. 그 기간 동안 나는 그런 가르침을 받았지만 생명의 성장은 조금도 얻지 못했다. 다른 많은 사람들도 동일한 체험을 했었다. 아마 어떤 예외적인 경우에는 성경을 가르치는 것이 사람들이 조금은 자라도록 도움을 주었을 것이다. 그러나 그것들은 그렇게 많은 도움이 되지는 못했다. 모든 것은 가르침이 사람들에게 생명의 성장을 주는가에 달려 있다.

은사들의 경우도 마찬가지이다. 나는 개인적으로 은사들, 특히 다른 언어들로 말하는 것에 연루된 적이 있다. 유감스럽지만, 나는 다른 언어들로 말했던 사람들 가운데서 참된 생명의 성장을 보지 못했음을 지적할 수밖에 없다. 나는 비판하거나 경시하는 것이 아니다. 나는 진리를 말하는 데 있어서 신실하고 정직해야 한다. 다른 언어들로 말하는 수많은 사람들을 점검해 보라. 어디에 성장이 있는가? 오늘날 하나님의 왕국인 교회들은 그들을 생명 안에서 자라도록 도와줄 무언가가 필요하다. 다른 언어들로 말하는 것이 성도들을 생명 안에서 자라도록 돕는다면, 나는 그것에 찬성한다. 나 자신은 그것이 성장을 산출하지 못함을 알았기 때문에 그것을 내려놓았다. 다른 언어로 말하는 것은 여러분의 마음과 영을 분발시킬 수 있겠지만, 일단 분발되었다면 여러분은 즉시 생명으로 돌이켜야 한다. 그러지 않으면 여러분은 굶주릴 것이다. 여러분이 자신의 은사를 얼마나 많이 발휘하든, 여러분은 굶주린 채로 남아 있을 것이다. 다른 언어들로 말하는 것은 결코 여러분을 먹이지 못할 것이다. 여러분은 그것이 얼마만큼 만족을 준다고 말할지 모르지만, 여러분에게 성장이 있는가?

성장조차도 그 자체로는 충분하지 않다. 합당한 성장은 변화, 생명 안에서의 참된 바뀜, 여러분의 존재 안에서의 신진대사적인 바뀜을 산출한다. 변화가 여러분의 성장에 대한 참된 증거이다. 변화에 뒤이어 건축이 온다. 참된 성장은 변화를 산출하며, 변화는 건축을 가져온다. 그 반대로 다른 언어들로 말하는 대부분의 사람들은 매우 독립적이다. 여러분이 다른 언어들로 말하는 것에서 도움을 받았다면 주님께 감사하라. 하지만 여러분이 거기에 머무른다면, 여러분은 독립적이고 개인주의적이 될 수 있다.

나는 체험을 통해 이런 것들을 안다. 나는 그것들과 관련이 있었고 직접 그것들을 보았다. 영적 은사들을 사용하기 위해 열린 집회들에서 대부분의 사람들은 다른 사람들을 배려하지 않는다. 모두가 자신의 은사를 발휘하는 것만을 관심한다. 일상생활에서도 다른 언어들로 말하는 사람들은 다른 사람들과 하나가 되기가 매우 어렵다. 교회 역사 전체에 걸쳐서 다른 언어로 말하는 사람들보다 더 분열적인 사람들은 없었다. 다른 언어로 말하는 사람들은 거의 모두 자신 안에서도 불일치가 있다. 그럼에도 불구하고 다른 언어들로 말하는 사람들 가운데에는 일종의 확신이 있는데, 그것은 모든 믿는 이들이 다른 언어들로 말한다면 모두가 하나가 되리라는 것이다. 이것은 미신이다. 역사는 그 반대임을 입증해 준다. 다른 언어로 말하는 사람들 가운데에는 합당한 하나가 없다. 오늘날 우리에게 필요한 것은 변화와 건축을 가져오는 합당한 성장이다. 이것이 참된 하나를 산출할 것이다.

생명의 성장

왜 사도 바울은 고린도전서 3장을 그와 같이 기록했는가? 왜 그는 자신은 심었고 아볼로는 물을 주었으며 하나님은 자라게 하셨다고 말했는가? 왜 그는 지혜로운 주 건축자인 자신에게 은혜가 주어졌으며, 자신이 기초를 놓았고 다른 사람은 그 위에 금이나 은이나 보석이나 나무나 풀이나 짚으로 건축한다고 말했는가? 그가 왜 이런 식으로 기록했는지를 이해하려면 고린도전서 전체를 살펴볼 필요가 있다. 고린도전서 1장 5절과 7절에서 바울은 고린도 사람들에게, 그들이 모든 지식을 갖고 있으며 어떤 은사에도 부족하지 않았다고 말했다. 그러나 그 후 3장 1절에서 그는 자신이 그들에게 말할 때에 영적인 사람들처럼 대할 수 없었다고 말했다. 그는 그들이 여전히 육체적인 사람들, 곧 그리스도 안에 있는 어린 아기들이라고 말했다. 바로 이 때문에 우리는 성경 지식이나 은사가 그 자체로는 도움을 주지 못한다고 말하는 것이다. 고린도 사람들에게는 둘 다 있었지만, 그들의 성장은 매우 부족했다. 각 지방에 있는 교회 안에서 우리는 분파적이거나 배타적이지 않다. 우리는 주님께 속한 합당한 것이라면 모두 받아들인다. 우리는 성경 지식을 반대하지 않는다. 우리는 은사도 반대하지 않는다. 그러나 오늘날 주님의 회복은 지식이나 은사의 문제가 아니다. 그것은 생명의 성장의 문제이다. 과거 백오십 년 동안 교리들과 은사들은 회복되어 왔지만, 생명의 성장은 충분히 회복되지 못했다. 오늘날 우리의 부담은 생명의 성장을 회복하는 데에 있다. 여러분이 성경 지식을 갖고 다른 언어로 말하는 것은 좋지만, 이러한 것들에 멈추어서는 안 된다. 계속해서 생명의 성장으로 나아가라. 성경 지식을 가진 사람들은 거기에서 멈춰 버릴 그런 위험이 있으며, 은사들을 체험한 사람들도 거기에서 멈춰 버릴 그런 위험이 있다. 여러분은 나아가야 한다. 지식은 여러분을 한편에서 다른 편으로 이끄는 다리는 될 수 있지만, 그 다리에 머무르지는 말라. 여러분은 생명으로 전진할 필요가 있다.

기본 구조들

마태복음은 성경 지식이나 은사를 강조하지 않는다. 오히려 그 책은 생명의 씨와, 교회를 건축하기 위한 광물들을 산출하기 위한 그 씨의 성장과 변화를 강조한다(13장). 주님은 베드로가 돌이라는 것과, 그분께서 그분의 교회를 건축하시고 베드로에게 왕국의 열쇠를 주시겠다는 것을 그에게 말씀하셨다(16장). 이것들이 마태복음에서 발견되는 몇몇 기본적인 항목들이다. 마태복음의 일곱 가지 비유들, 곧 왕국의 비밀들 또한 기본 항목들이다. 반대로 병 고침이나 다른 언어들로 말하는 것은 기본 구조가 아니다. 기본 구조는 씨와 성장과 변화와 건축이다. 나는 성경 지식과 은사를 반대하지 않지만, 그것들을 지나치게 강조하는 것은 반대한다. 다른 언어들로 말하는 어떤 이들은 다른 언어들로 말하는 것 외에 다른 것에는 관심이 없다. 교회는 다른 언어들로 말하는 교회가 아니고, 주님의 회복은 다른 언어들로 말하는 것의 회복이 아니다. 비록 다른 언어들로 말하는 것이 사람들에게 도움을 주었다 하더라도, 그것은 기본적인 것이 아니다. 기본 항목들은 씨와 성장과 변화와 건축이다.

서신서들에서

마태복음 13장에서 씨로 심긴 것이 고린도전서 3장에서 발전한다. 거기에서 우리는 성장과 변화와 귀한 재료들로 된 건축물을 본다. 성경 지식이 좋지만 거기에 머무르지 말라. 우리 모두는 자라야 한다. 주님은 생명의 성장과 생명에 의한 변화로 말미암아 나온 건축물을 구하고 계신다. 다른 어떤 것도 그분을 만족시킬 수 없다.

성경의 최종 완결은 새 예루살렘이다. 새 예루살렘 안에는 은사들이나 지식들이나 규정들을 발견할 수 없다. 거기에는 다만 생명의 흐름과 생명나무, 금, 진주, 보석들만 있다.

성도들을 온전하게 한다는 것은 단지 그들에게 성경을 가르치거나 은사들을 사용하도록 그들을 훈련시키는 것만이 아니다. 성도들을 온전하게 한다는 것은 그들을 먹이고 그들이 자라도록 돕는 문제이다. 다른 언어들로 말하는 것과 성경 지식이 어떤 면에서 사람들에게 도움을 주었다면 우리는 하나님께 감사한다. 그러나 그들은 생명의 성장을 갖도록 적극적으로 나아가야 한다. 성도들을 온전하게 한다는 것은 그들을 자라게 하여 충분히 성장한 사람이 되게 하는 것이다. 다른 언어들로 말하는 것이 이런 유형의 성장을 산출했는가? 그것이 충분히 성장한 사람을 산출했는가? 은사들을 강조하는 사람들은 '온갖 가르침의 바람에 밀려다니거나 파도에 요동'하는 어린아이들이다(엡 4:14). 그들 가운데는 충분히 성장한 사람이 없다. 그들은 몸을 직접 건축하기 위해 어떻게 모든 일에서 그리스도 안으로 자라는지를 모른다. 에베소서 4장 15절은 우리가 모든 일에서 머리 안으로 자랄 필요가 있다고 말한다. 그다음 16절은 우리가 머리 안으로 자란 후에, 풍성한 공급을 해 주는 각 마디를 통하여, 그리고 각 지체가 분량에 따라 기능을 발휘하는 것을 통하여 함께 결합되고 함께 짜여야 한다고 말한다. 이것이 몸인 교회가 직접적으로 건축되는 방법이다.

어떤 것에 의해서도 빗나가지 말라. 성경 지식이 도움을 줄 수 있지만 그것에 의해 빗나가지 말라. 은사들이 도움을 줄 수 있지만 그것들에 의해 좌절되지 말라. 한쪽에서 다른 쪽으로 건너가기 위해 이 다리들을 이용한 후에는 그것들을 버려두고 생명의 성장으로 계속 나아가라. 그것이 충분하고 합당한 변화를 산출할 것이다. 그럴 때 우리는 하나님의 건축물을 위한 금과 은과 보석들을 소유할 것이다. 하나님의 의도는 하나의 건축물을 가지시는 것이다.

마태복음에서 우리는 은사나 성경 지식을 발견할 수 없으며, 고린도전서에서 바울은 은사들과 성경 지식을 모두 사소한 것으로 여겼다. 비록 로마서에서 손님 대접의 은사나 기타 그런 종류의 은사들이 언급된다 할지라도, 에베소서나 로마서에서는 은사들에 대하여 그리 많이 말하지 않는다. 우리에게는 손님 대접의 은사가 필요하다. 비록 여러분이 다른 언어들로 매우 많이 말한다 할지라도, 여러분의 집에 세 명의 손님을 머물게 하고 접대한다면, 여러분에게 얼마나 성장이 부족한지가 드러날 것이다. 우리에게는 생명의 성장이 필요하다. 각 지방에 있는 교회를 건축하기 위해서 우리에게는 소위 은사들이 필요하지 않고 성장이 필요하다.

요한계시록

이제 요한계시록의 수확에 이르렀다. 씨는 마태복음에 있고, 씨의 성장은 서신서들에 있으며, 수확은 요한계시록에 있다. 요한계시록 21장과

22장에 제시된 성의 그림은 매우 분명하다. 그 성은 진흙이나 벽돌로 건축되지 않는다. 원수가 위조품으로 건축한 모든 성은 벽돌로 지어졌다. 바벨탑이 벽돌로 건축되었고(창 11:3), 노예가 된 이스라엘 사람들이 건축한 파라오의 두 성도 그러했다(출 1:11, 14). 벽돌은 진흙에 사람의 손길이 더해져 만들어진다. 하나님은 결코 이런 식으로 건축하지 않으신다. 그분의 건축물은 금과 은과 보석으로 이루어진다. 진흙이나 사람의 손길에 속한 것이 없다. 하나님의 건축물은 전적으로 하나님께서 건축하신 것이기에 우리의 눈에 기이하다. 어떤 사람도 하나님의 건축물을 위한 재료를 제조할 수 없다. 금과 은과 보석은 하나님 자신이 산출하신다. 새 예루살렘의 모든 부분이 변화되었다. 이 성의 중앙에 하나님의 보좌가 있는데(계 22:1, 3), 그것은 왕국을 가리킨다. 보좌는 다스리는 권위를 상징한다. 하나님의 다스림과 통치가 거기에 있다. 그 보좌에서 성 전체를 적시는 생명수의 강이 나오며, 생명수의 강 속에서 그 성을 먹이는 생명나무가 자란다(계 22:1-2). 이것은 물을 주고 먹이는 것이 성장과 변화와 건축을 산출한다는 것을 상징하는 하나의 그림이다. 이것이 마태복음에 뿌려진 씨의 수확이다.

미리 맛봄

우리는 먹임과 물 줌과 성장과 변화와 건축을 누리기 위해 미래까지 기다릴 필요가 없다. 교회들에 대한 주님의 회복 안에 있는 우리는 지금 미리 맛볼 자격과 특권을 부여받았다. 물론 우리는 아직 완전한 맛봄을 갖지는 못하지만, 미리 맛봄이란 완전한 맛봄이 오고 있음을 가리킨다. 자매들은 식탁에 음식을 차리기 전에 부엌에서 미리 음식을 맛본다. 미리 맛봄은 완전한 맛봄이 있을 것임을 가리킨다. 사실상 음식을 미리 맛보는 것은 완전히 맛보는 것과 정확히 똑같지만 다만 규모만 작을 뿐이다. 미리 맛볼 때는 짠데 완전히 맛볼 때는 단맛이 날 리가 없다. 새 예루살렘 안에서 갖게 될 완전한 맛봄은 오늘날 우리가 각 지방에 있는 교회 안에서 미리 맛봄으로 누리는 바로 그것이다.

완전한 맛봄은 생명수의 강과 생명나무, 성장, 변화, 건축을 포함한다. 성경 지식과 은사들은 어떠한가? 그것들은 새 예루살렘에서 찾아 볼 수 없다. 새 예루살렘에서 우리는 생명수의 강과 생명나무를 볼 수 있다. 우리는 성장과 변화와 건축을 본다. 우리는 금과 진주와 보석들로 건축된 성을 본다. 이것이 우리가 볼 수 있는 전부이다. 이것들이 완전한 맛봄의 항목들이므로 우리는 미리 맛봄에 다른 것들을 추가해서는 안 된다. 그보다 우리는 미리 맛봄의 이러한 항목을 누려야 한다. 요한계시록 21장과 22장은 우리에게 완전한 맛봄으로서의 왕국에 대한 완전한 그림을 보여 준다.

변화

하나님의 건축물에 있어서 요점은 변화이다. 기독교에서는 변화에 대하여 아는 바가 거의 없다. 비록 여러분이 뛰어난 설교자들에게서 듣고 도서관과 서점을 뒤져 본다 하더라도 변화에 대하여 말하는 것은 거의 찾아보기가 힘들 것이다. 변화란 무엇인가? 변화란 생명의 씨이신 주 예수님이 그분의 모든 풍성과 더불어 여러분 안으로 더해지시는 것이다. 그분의 본질은 모든 것을 포함하신 영이다. 이 영께서 바로 주 예수님의 본질이요 요소이시다. 여러분이 구원받은 후, 그분은 그분의 요소를 여러분 안으로 넣어 주시기 시작하셨다. 날마다 여러분이 자신을 열고 그분께 기회를 드릴 때, 그분은 그분의 요소를 여러분 안으로 넣어 주실 것이다. 교리들은 그 요소가 아니다. 그리스도 자신, 곧 모든 것을 포함한 생명 주시는 영만이 그 요소이시다. 모든 것을 포함하신 영이신 그러한 그리스도는 그분 자신을 여러분의 영 안으로, 여러분의 영에서부터 여러분의 전 존재 안으로 넣어 주고 계신다. 그분은 여러분의 마음과 생각과 감정과 의지 안으로 확장되실 것이다. 그리스도의 이 요소가 참으로 변화시키는 요소이다. 일단 이 요소가 여러분 안으로 들어오면 어떤 일이 발생한다. 예를 들어, 어머니가 자녀들에게 음식을 먹인 후에, 그 음식은 자녀들에 의해 소화되고 동화된다. 그럴 때 음식의 요소가 자녀들의 핏속으로 들어가며, 그 후 그들의 세포와 유기적인 조직 안으로 침투하여 그들을 자라게 한다.

성장에는 항상 신진대사가 수반된다. 신진대사란 외적인 바뀜을 뜻하지 않고 여러분의 존재 안으로 더해진 새 요소로 말미암은 내적인 바뀜을 의미한다. 이 새 요소는 옛것을 배출하고 새로운 어떤 것을 산출한다. 한 젊은이가 얼굴이 매우 창백하다고 해 보자. 내가 그를 외적으로 바꾸기를 바란다면, 그의 안색을 바꾸기 위해 연분홍색 분을 발라 줄 수 있다. 이것은 장의사들이 사람들의 용모를 바꾸는 방식이다. 그들은 시체를 아름답게 꾸미려고 화장을 해 용모를 바꾼다. 그러나 시체가 아무리 아름다울지라도 여전히 죽어 있는 몸이다. 그러한 외적인 치장과 바꿈은 변화가 아니다. 얼굴에 분을 바름으로써 어떤 사람의 용모를 바꾸려고 하지 말라. 그보다 우유와 스테이크와 사과와 기타 좋은 음식으로 그를 먹이라. 몇 주 후에 여러분은 어떤 참된 변화를 볼 것이다. 에베소서 3장 8절에서 바울은 그리스도의 측량할 수 없는 풍성을 전했다고 말한다. 이것은 그가 그리스도의 풍성으로 사람들을 먹였다는 뜻이다. 고린도전서에서 바울은 "나는 여러분에게 젖을 먹이고"(3:2)라고 말한다. 그는 더 나아가 그리스도께서 우리의 영적인 음식이시요 영적인 음료이시라고 말한다(10:3-4).

고린도후서 3장 6절에서 바울은 문자는 사람을 죽인다고 말한다. 문자란 성경의 흑백 글자를 가리킨다. 문자는 사람을 죽이지만 영은 생명을 준다. 우리는 그 영을 가져야 한다. 그 영은 누구이신가? "마지막 아담은 생명 주시는 영이 되셨습니다."(고전 15:45) "주님은 그 영이십니다."(고후 3:17) 순수한 말씀은, 문자는 사람을 죽이며 영은 생명을 준다고 말한다. "주님은 그 영이십니다." 우리는 어떻게 해야 하는가? 우리는 단지 자신을 지속적으로 열고 주님께 "오, 주 예수님! 들어오십시오. 주 예수님, 저를 채우십시오. 주 예수님!"이라고 말해야 한다. 여러분 자신을 열고, 그리스도께서 여러분을 채우시게 하라. 여러분이 항상 철저하게 그분을 받아들이는 데 신실하다면, 그분은 여러분의 속존재 안으로 확장되실 것이다. 합당한 소화와 동화에 의해 여러분은 그리스도의 모든 양육하는 요소로 적셔질 것이다.

이러한 요소들은 양육할 뿐만 아니라 죽이기도 한다. 좋은 음식 안에 세균들을 죽이는 능력이 있는 것처럼 그리스도의 요소 안에도 죽이는 능력이 있다. 십자가의 죽이는 능력은 예수 그리스도의 모든 것을 포함하신 영 안에 있다. 여러분이 그분을 여러분 안으로 받아들일수록, 또 그분께 여러분을 침투하시도록 허락해 드릴수록, 모든 부정적이고 부패시키는 것들, 곧 육체와 누룩과 세상적인 것들이 더 죽음을 당할 것이다. 더욱이 여러분은 영양분을 얻을 것이며 자라고 변화될 것이다. 이러한 변화에 의해 여러분은 함께 건축될 것이다. 지식들과 은사들이 여러분을 변화시킬 수 없고 함께 건축되게 할 수 없다. 생명의 영만이 이러한 일을 수행하실 수 있다.

생명의 형태 지음

변화의 과정 안에는 생명의 형태 지음이 있다. 모든 형태의 생명에는 생명의 본질, 생명의 능력, 생명의 법, 생명의 형태가 있다. 그리스도의 요소는 그 안에 신성한 요소를 지니고 있다. 여러분이 그리스도를 먹고 그분을 여러분 안으로 받아들여 누릴수록, 신성한 요소가 여러분을 더 적실 것이다. 이 요소, 곧 하나님의 생명은 본질과 능력과 법과 형태를 가지고 있다. 그것이 여러분 안에서 자랄 때 여러분을 규제하고 형태 잡히게 하여, 여러분을 그리스도의 형상과 형태와 같은 형상이 되게 할 것이다. 변화될수록 여러분은 더 그리스도의 형상과 같은 형상이 될 것이다. 에베소서 4장 22절은 "옛사람을 벗어 버린 것이며"라고 말한다. 어떻게 우리는 옛사람을 벗어 버릴 수 있는가? 우리가 옛사람을 벗어 버리려고 할수록 그는 더 돌아온다. 그리스도의 요소만이 옛사람을 배출할 수 있다. 그리스도의 요소가 옛사람을 배출할수록 여러분은 더 옛사람을 벗어 버리게 된다. 여러분 자신의 옛사람을 벗어 버리는 최상의 길은 그리스도께 속한 새로운 것을 먹는 것이다. 이것이 모든 낡음을 배출할 것이다. 옛사람을 벗어 버린다는 것은 바로 이런 뜻이다. 옛사람을 벗어 버리는 실질적인 길은 그리스도를 받아들이는 것이다. 그분이 더 들어오실수록, 그분은 옛사람의 요소를 더 배출하실 것이다.

이러한 과정의 결과는 새로운 어떤 것, 곧 단체적인 그리스도, 단체적인 새사람이신 그리스도일 것이다. 새사람은 교회이며 왕국의 실재이다. 새사람을 입는 것은 왕국을 입는 것이며, 교회생활을 입는 것이 왕국을 입는 것이다. 왕국은 주 예수님의 확장이다. 그분은 우리 안으로 오신 후, 우리 안에서 그분 자신을 확장하시며 우리의 모든 낡음을 배출하신다. 그럴 때 우리는 왕국 안에 있게 된다. 에베소서 4장 24절은 새사람이 하나님을 따라 창조되었다고 말한다. 옛사람이 배출될 뿐만 아니라 새사람이 그를 대체하려고 온다. 이 새사람은 하나님의 형상을 따라 창조된 단체적인 사람이다.

창세기 1장 26절은 사람이 하나님의 형상대로 창조되었다고 말하지만, 우리가 하나님의 참된 형상을 갖고 하나님의 통치권을 행사하는 것은 오직 우리 안에서의 그리스도의 확장을 통해서이다. 우리가 하나님의 형상을 표현하지 않는다면, 하나님의 통치권을 행사하기가 어려울 것이다.

하나님의 형상은 하나님의 왕국을 위한 것이다. 우리에게 그분의 형상이 있다면, 우리는 그분을 대표할 것이다. 우리는 하나님의 대표가 될 수 있다. 이것이 왕국이다. 그러므로 형상은 왕국을 위한 것이다.

요한계시록에 올 때, 우리는 우주 안에 보좌가 있고 그 위에 하나님께서 앉아 계심을 본다. 보좌 위에 계신 그분의 모양은 벽옥과 홍보석 같다(계 4:2-3). 벽옥은 밝고 투명하고 연한 녹색 돌이며 하나님 자신을 상징한다. 홍보석은 붉은색 돌인데, 구속하는 어린양이신 그리스도를 상징한다. 요한계시록 22장 1절에서 우리는 보좌 위에 계신 하나님과 어린양을 본다.

결국 새 예루살렘의 벽은 벽옥으로 건축되며, 그 성은 벽옥의 모양을 지닌다(계 21:11, 18). 이것은 그 성이 하나님의 모양을 지닌다는 뜻이다. 왜냐하면 그 성의 영광과 그 성의 빛남이 벽옥의 영광과 빛남이기 때문이다. 또한 열두 층의 기초 가운데 첫째 층이 벽옥이다(19절). 이와 같이 온 성이 벽옥의 모양, 즉 하나님의 모양을 지닌다. 이것은 변화일 뿐만 아니라 또한 같은 형상이 되는 것이다. 하나님의 건축물인 새 예루살렘은 하나님과 같은 형상이 되어 하나님의 형상을 지닐 것이다.

오늘날 어떤 사람들은 각 지방에 있는 교회가 그 자체의 특징과 모양을 지녀야 한다고 가르친다. 요한계시록의 마지막 두 장을 읽는다면, 그들은 성 전체가 각 방향에서 같은 모양을 지니고 있음을 볼 것이다. 그 성은 하나의 표현을 갖고 하나의 형상을 지니는데, 곧 하나님의 형상과 하나님의 표현이다. 그 성은 사방을 향하고 있으나 오직 하나의 모양만 지닌다.

동일한 원칙으로, 많은 지방에 교회들이 있으나 그 모두가 금등잔대들이다. 어느 곳도 가령 은이나 구리나 대나무나 진흙과 같은 자기 자신의 표현을 갖지 않는다. 그러나 어떤 이들은 각 지방에 있는 교회마다 독특함이 있어야 한다고 말한다. 한 곳이 금을 표현하면 다른 곳은 대나무를 표현해야 한다는 것이다. 한 곳이 금으로 되어 있다면 다른 곳은 구리로 되어 있어야 한다는 것이다. 요한계시록 1장 12절과 2장 1절에 따르면, 각 등잔대는 금등잔대이다. 우리가 등잔대들의 위치를 바꾼다면 어느 것이 어느 것인지를 알기가 어려울 것이다. 교만 때문에 사람들은 독립적이고 서로 다르며 개인주의적이 되기를 좋아한다.

침례자 요한은 "천국이 가까이 왔습니다."라고 선포했으며, 주 예수님도 반복하여 동일한 말씀을 하셨다(마 3:2, 4:17). 그러나 오늘날의 상황은 매우 다르다. 한 사람이 천국이 가까이 왔다고 전파하면, 다른 사람은 동일한 말을 사용하기를 거절하면서 교회가 가까이 왔다고 선포할지도 모른다. 사람들은 자신이 얼마나 총명한가를 보여 주기 위해 새로운 어떤 것을 말하기를 좋아한다. 이것은 하나님의 왕국의 방식이 아니다. 하나님의 왕국 안에서 모든 등잔대는 금으로 되어 있다. 결국 모든 등잔대는 각자의 정체성을 잃어버릴 것이다. 일곱 등잔대가 함께 놓일 때, 우리는 그 사이에서 차이를 볼 수 없어야 한다. 결국 새 예루살렘성 전체는 하나님의 한 형상과 모양을 표현할 것이다.

17

변화—
열 처녀의 비유 안에 있는 씨

Transformation—
A Seed in the Parable
of the Ten Virgins

제17장

변화 — 열 처녀의 비유 안에 있는 씨

성경: 마 25:1-13, 24:40-42, 잠 20:27, 롬 9:21, 23-24

이번 메시지에서 우리는 마태복음 25장 1절부터 13절까지에 있는 열 처녀의 비유에 왔다. 이 비유에는 매우 기본적인 어떤 것이 발견되는데, 수 세기 동안 그리스도인들은 그것을 완전히 이해하지 못했다. 마태복음에 있는 모든 비유들 가운데서 열 처녀의 비유는 가장 비밀스럽다. 이 비유가 성경의 나머지 부분과 동떨어져 따로 있게 된다면, 우리가 그것을 이해하기란 불가능할 것이다.

앞 장에서 보았듯이, 마태복음 13장의 때부터 주님은 더 이상 공개적으로 왕국에 대해 말씀하지 않으셨다. 그분은 비밀스럽게 비유로 말씀하시기 시작하셨다. 마태복음 13장 10절부터 17절까지에서 그분은 비유로 말씀하신 이유를 설명하셨는데, 그것은 종교인들이 자신들이 하나님을 위하며 성경을 안다고 생각했지만, 사실상 하나님을 위하지 않고 성경을 이해하지 못했기 때문이다. 이와 같이 주님은 왕국을 그들에게 감추기 시작하시어 그것을 비밀로 하셨으며, 주님께 대하여 진지한 사람들, 영 안에서 가난하고 마음이 순수한 사람들에게 계시하시기 시작하셨다. 영 안에서 가난하고 마음이 순수한 사람들만이 왕국의 비밀들을 이해할 수 있다. 주님은 마태복음 13장부터 그 책의 마지막까지 왕국에 대하여 말씀하실 때마다 비밀스러운 방식으로 말씀하셨다.

오늘날 성경 전체의 계시에 의해 우리가 열 처녀의 비유를 이해하기가 어렵지 않음으로 인해 주님을 찬양한다. 우리는 이 비유의 각각의 요점을 합당하고 바르고 정확하게 해석할 수 있다. 열 처녀의 비유는 사실상 조각 그림과 같다. 이 조각 그림은 여러 개의 비밀스러운 조각들로 잘려 있으며, 우리는 모든 조각을 모아 함께 맞추는 방법을 찾아야 한다. 이 조각 그림의 모든 조각은 성경 안에 감추어져 있다. 우리가 그것들을 찾아내는 방법과 그것들을 함께 맞추는 방법을 안다면, 그것들은 우리에게 하나님의 경륜에 대한 분명한 그림을 보여 줄 것이다. 성경 전체에서 다른 어떤 그림도 우리에게 열 처녀의 비유만큼 분명하게 하나님의 경륜을 보여 주지 못한다.

숫자 10

먼저 우리는 주 예수님께서 왜 10이라는 숫자를 사용하셨는지를 알아야 한다. 왜 그분은 열다섯이나 여덟이나 두 처녀가 아니라 열 처녀를 말씀하시는가? 아마도 여러분은 숫자 10이 열 손가락이나 열 발가락처럼 완성을 의미한다고 생각할지 모른다. 우리는 이 비유가 천국에 대한 것이므로 그 수가 12가 되어야지 10이 되어서는 안 됨을 상기해야 한다. 왕국의 수는 12여야 한다. 왜냐하면 구약에서 하나님의 왕국을 대표하는 백성의 지파의 수가 12이었기 때문이다. 또한 신약에서 하나님의 모든 백성을 대표하는 사도들의 수도 12이다. 왕국 백성을 대표하는 수는 12이다. 요한계시록에서 우리는 하나님의 경륜의 최종 완결인 새 예루살렘을 본다. 새 예루살렘에서 숫자 12는 거의 독점적으로 쓰이다시피 한다. 열두 기초, 열두 문, 열두 진주, 열두 사도, 열두 지파, 생명나무의 각양 열두 열매가 있다. 또한 12 곱하기 12로 얻어지는 숫자 144도 있다(계 21:12, 14, 17, 19-21, 22:2). 그러므로 12는 하나님의 왕국을 대표하는 합당한 숫자이다.

성경에 따르면, 이 숫자 12는 독특한 방식으로 구성된다. 그것은 6 더하기 6, 또는 7 더하기 5, 또는 8 더하기 4로 이루어지지 않는다. 그것은 4 곱하기 3으로 이루어진다. 요한계시록 21장이 이것을 입증해 준다. 이 장에서 우리는 그 성이 네모반듯함을 보는데, 이것은 그 성의 사면이 동일함을 의미한다(16절). 각 면에 세 개의 문이 있는데, 이렇게 해서 전체 열두 문이 된다(12-13절). 성경에서 숫자 4는 피조물을 의미한다. 사람은 하나님의 창조에서 주도적인 피조물이며, 숫자 4는 우리 모두를 포함한 사람을 대표한다. 숫자 3은 두 가지 의미를 지니는데, 삼일 하나님과 부활 둘 다를 상징한다. 그러므로 숫자 3은 부활 안에 계신 삼일 하나님을 가리킨다.

숫자 12는 더하기의 결과가 아니라 곱하기의 결과이다. 그것이 더한 결과라면 수가 12가 아닌 7이 되어야 한다. 요한계시록의 앞부분의 장들에서 우리는 3에 4를 더한 것을 본다. 곧 일곱 교회, 일곱 등잔대, 일곱 봉인, 일곱 나팔이다(계 1:4, 12, 6:1, 8:2). 요한계시록의 시작에서 3과 4가 더해져 7이 된다. 요한계시록의 끝에서 3과 4가 곱해져 12가 된다. 이것은 아주 의미가 깊다. 오늘날 교회로서 우리는 숫자 7이다. 왜냐하면 우리는 부활 안에서 삼일 하나님께서 더해진 피조물이기 때문이다. 부활 생명 안에 계신 삼일 하나님이 우리에게 더해져서 우리는 숫자 7이 된다. 교회는 하나님이 사람에게 더해지신 것이다. 그러나 이것은 시작일 뿐이다. 왜냐하면 더하기가 곱하기로 바뀌어야 하기 때문이다. 곱하기는 연합, 즉

3과 4의 연합을 의미하는데, 그것은 부활 안에서 삼일 하나님과 사람의 연합을 상징한다. 우리가 구원받았을 때, 하나님께서 우리에게 더해지셨다. 그 이후로 더하기는 곱하기로 전환될 것인데, 그것은 우리가 완전한 곱셈에 이를 때까지, 곧 사람이 하나님과 곱해진 것, 사람이 하나님과 연합된 것인 숫자 12에 이를 때까지 그럴 것이다. 새 예루살렘은 하나님과 사람의 단체적이고도 완결된 연합이다.

그런데 왜 열 처녀의 비유에서는 숫자 12가 아닌 숫자 10이 있는가? 이것은 둘이 부족하다는 것을 의미한다. 10은 12의 대다수를 가리킨다. 구약에서 이스라엘 열두 지파 가운데 열 지파가 다윗의 집을 거슬러 반역했다. 두 지파, 즉 유다와 베냐민 지파만이 남았다. 그러므로 12 가운데 10은 12의 대다수를 의미한다. 우리는 복음서들에 있는 한 사례에서도 동일한 사상을 본다. 열두 사도들 가운데 열이 하나의 관념을 갖고 나머지 둘은 다른 관념을 가졌다(마 20:20-24). 다시 말하거니와, 10은 12의 대다수를 나타내며, 그 나머지로서 2가 있게 된다. 그러므로 숫자 10은 하나님의 백성의 대다수를 의미한다.

나머지 둘을 찾아 보려면 여러분은 그 앞 장인 마태복음 24장 40절부터 42절까지를 읽어 보아야 한다. 이 절들은 밭에서 일하는 두 남자와 맷돌을 갈고 있는 두 여자를 언급한다. 마태복음 25장에서 우리는 숫자 10을 가지며, 마태복음 24장에서 우리는 숫자 2를 갖는다. 이 두 부분의 결론짓는 말은 동일하다. "그러므로 깨어 있도록 하십시오. 왜냐하면 여러분의 주님께서 어느 날에 오실지 알지 못하기 때문입니다."(마 24:42, 25:13) 이 경고의 말씀은 둘에 대해서나 열에 대해서나 모두 주어졌는데, 이것은 그 두 경우가 하나의 짝이라는 것을 가리킨다. 2 더하기 10은 12로서 하나님의 백성의 완전한 숫자이다.

주 예수님께서 다시 오실 때 믿는 이들은 두 부류일 것이다. 우선적으로 10과 2의 구분이 있다. 두 남자와 두 여자는 일하고 있었기 때문에, 그들은 주님께서 돌아오실 때 살아 있게 될 믿는 이들을 대표한다. 그 반대로 열은 모두 잠자고 있었는데, 이것은 믿는 이들 대다수가 주님께서 다시 오시기 전에 죽어 있을 것임을 가리킨다. 어리석은 다섯 처녀들만 잠자고 현명한 다섯 처녀들은 잠자지 않았다고 생각하지 말라. 성경은 열 처녀 모두가 잠자고 있었다고 말한다. 그리스도 안에 있는 믿는 이들이 잠자고 있다는 것은 무슨 뜻인가? 데살로니가전서 4장 14절부터 16절까지는 믿는 이들이 잠자는 것은 그들이 죽었음을 뜻한다고 우리에게 분명히 말해 준다. 하나님의 눈에 죽은 믿는 이들은 사실상 죽은 것이 아니다. 그들은 잠자고 있고 안식하고 있으며 부활을 기다리고 있다.

이로써 우리는 열 처녀들이 죽은 성도들을 대표한다는 것을 알 수 있다. 어리석은 처녀들이나 현명한 처녀들이나 신랑이 더디 오므로 죽었다. 어리석은 사람들이 죽었고, 베드로, 요한, 마르틴 루터 및 다른 많은 성도들을 포함한 현명한 사람들 또한 죽었다. 그들은 주님의 다시 오심을 기대하며 기다리고 있었다. 그러나 그분께서 지체하셨으므로 그들 모두가 잠들었다. 열 처녀는 죽은 성도들을 대표하며, 나머지 둘은 살아 있는 성도들을 대표한다. 주님께서 돌아오실 때 성도들 대다수는 죽은 이들 가운데 있게 될 것이다. 살아 있는 성도들은 둘이 의미하는 바 남아 있는 이들이 될 것이다.

많은 그리스도인들은 죽음이 모든 문제를 자동적으로 해결해 준다는 관념을 갖고 있다. 이러한 관념에 따르면, 주 예수님을 믿는 한 현명했든 어리석었든, 선했든 악했든 그들이 죽을 때 모든 것이 해결된다는 것이다. 그들은 일단 그들이 죽으면 천당에 가게 되며 모든 것이 좋아지리라고 생각한다. 그들에게 있어서 죽음은 일종의 졸업이다. 그들이 과정을 끝마쳤는지 그러지 못했는지는 문제가 되지 않는다. 죽는 한 그들은 졸업하는 것이다. 매우 많은 그리스도인들이 이런 관념을 갖고 있는데, 나는 죽음이 아무런 문제도 해결해 주지 못함을 여러분에게 알려 주어야만 하겠다. 죽음이 자동적으로 모든 문제를 잘되게 해 주는 것은 아니다. 여러분과 주님 사이의 문제가 죽음 이전에 해결되었다면, 그것은 해결된 것이다. 여러분과 주님 사이의 문제가 죽음 이전에 해결되지 못했다면, 그것은 해결되지 않은 채로 남아 있게 된다. 여러분이 살아 있든 죽었든 미해결된 문제는 여전히 그대로 있게 될 것이다.

어떤 이들은 어리석은 다섯 처녀들이 거짓 믿는 이들을 나타낸다고 생각해 왔다. 그러나 이것은 논리적이지 않다. 어떻게 어리석은 처녀들이 거짓 믿는 이들이라고 말할 수 있는가? 여러 명의 자녀들을 둔 부모들은 어떤 자녀들은 현명한 반면에 어떤 자녀들은 어리석다는 것을 안다. 부모들이 어리석은 자녀들을 거짓 자녀들이라고 말할 수 있는가? 그 처녀들이 어리석기 때문에 그들이 거짓되다고 말하는 것은 한마디로 말해서 논리적이지 않다. 그들은 각 방면, 곧 본성과 본질과 칭호와 위치에 있어서 모두 처녀들이었다. 모두가 처녀들이었지만, 유일한 차이점은 그들의 행동에 있었다. 한 부부에게 여러 명의 자녀가 있을 수 있다. 자녀들 중 몇몇은 현명해서 행동거지가 바르다. 어떤 자녀들은 어리석어서 말썽꾸러기같이 처신한다. 우리는 말썽꾸러기 자녀들, 어리석은 자녀들을 거짓 자녀들이라고 말할 수 있는가? 그들이 어리석다고 해서 부모들이 그들을 자기 자녀로 인정하지 않을 수 있는가? 마찬가지로, 처녀들은 현명하든 어리석든 처녀들이다.

더 나아가 모든 처녀들은 불타는 등을 가지고 있었다. 마태복음은 현명한 이들의 등만 불타고 있으며 현명하지 못한 이들의 등은 그들이 거짓되기 때문에 불타지 않았다고 하지 않는다. 모든 등이 불타고 있었다. 거짓 그리스도인이 어떻게 불타는 등을 가질 수 있는가? 이것은 불가능하다! 마태복음은 또한 처녀들 모두가 맞으러 나갔다고 말한다(마 25:1). 이것은 그들 모두가 신랑을 만나기 위해 세상에서 나왔음을 뜻한다. 현명한 다섯 처녀들이 신랑을 맞으러 나갔을 뿐 아니라 어리석은 다섯 처녀들도 나갔다. 믿는 이로서 여러분은 주님을 만나기를 기대하고 있다. 그러나 여러분은 깨어 있어야 한다. 여러분은 현명한가 아니면 어리석은가? 여러분이 현명한지 아니면 어리석은지는 여러분의 총명한 생각에 달려 있지 않다. 그것은 여러분이 여러분의 그릇에 기름을 가졌는지에 달려 있다. 현명한 다섯 처녀들은 불타는 등을 가진 것 외에도 그들의 그릇 속에 여분의 기름을 예비했다. 어리석은 처녀들은 그들의 그릇 안에 여분의 기름을 갖지 않았다. 이 하나의 요점이 누가 현명한지 누가 어리석은지를 결정한다.

그릇 안에 있는 기름

그릇에 기름을 예비한다는 것은 무슨 뜻인가? 우리는 주님께서 등과 그릇의 의미를 우리에게 보여 주셨음으로 인해 그분을 찬양한다. 성경에는 등과 그릇이 있다. 잠언 20장 27절은 사람의 영이 여호와의 등이라고 우리에게 말한다. 등은 사람의 영을 의미한다. 그러면 그릇은 무엇인가? 로마서 9장 21절과 23절과 24절은 우리가 하나님을 담도록 만들어진 하나님의 그릇이라고 말한다. 하나님의 그릇으로서 우리는 혼을 가진 사람들이다. 우리의 영은 등이고 우리의 혼은 그릇이다.

사람의 부분들

성경에 따르면, 우리는 세 부분, 곧 영과 혼과 몸을 갖고 있다(살전 5:23). 우리가 구원받은 그때 주님께서 우리의 영 안으로 오셨고, 우리는 거듭났다(요 3:6). 하지만 하나님은 우리의 영으로만 표현되실 수 없다. 그러므로 우리는 하나님을 담고 표현하기 위한 그릇으로 혼을 가지고 있다. 창세기 1장 26절과 27절은 우리가 하나님의 형상대로 만들어졌다고 말한다. 이것은 우리의 영이 아니라 우리의 혼을 가리킨다. 하나님께서 사랑의 하나님이시기 때문에, 우리는 우리의 혼 안에 사랑하는 기관을 가지고 있다. 하나님은 생각이 있으신 하나님이시기 때문에, 우리는 우리의 혼 안에 생각하는 기관을 가지고 있다. 그분은 결정을 하시는 하나님이시기 때문에, 우리는 우리의 혼 안에 결정하는 기관을 가지고 있다. 하나님의 형상은 우리의 혼의 다양한 부분들과 관계가 있다. 우리는 몸과 영을 가지고 있기 때문이 아니라 혼을 가지고 있기 때문에 '존재들'이다. 혼이 우리의 존재이다. 때때로 성경은 사람을 혼이라고 부른다. 창세기 46장 27절은 야곱의 집의 칠십 혼이 이집트로 내려갔다고 말한다. 혼이 사람의 존재, 인격이다. 엄밀히 말해서, 하나님의 그릇은 우리의 혼이다. 우리의 영은 그 자체로는 하나님을 표현할 수 없다. 하나님은 우리의 혼을 통해, 즉 우리의 생각과 감정과 의지를 통해 표현되셔야 한다. 우리가 생각하는 방식이 하나님을 표현하는 것이어야 한다. 우리가 사랑하고 미워하며 좋아하고 싫어하는 방식이 하나님을 표현하는 것이어야 한다. 우리의 결정과 선택 또한 하나님을 표현하는 것이어야 한다. 우리의 영 안에는 하나님을 표현하는 능력이 없다. 하나님을 표현하는 기능들은 우리의 혼 안에서 발견된다. 그러므로 우리의 혼은 그릇이다. 성경의 계시에 따르면, 이것은 매우 분명하다. 우리의 영은 하나님의 등이고, 우리의 혼은 하나님의 그릇이다.

많은 경우 우리는 영과 혼과 몸을 가리킬 때, 동일한 중심을 가진 세 개의 원으로 된 다이어그램을 사용했다. 그 중심에 있는 영은 생각과 감정과 의지로 구성된 혼으로 둘러싸여 있다. 성경은 세 부분이 있는 혼에 영의 한 부분인 양심을 더한 것을 마음이라 한다. 마음은 혼과 매우 비슷하지만, 그것이 영의 한 부분인 양심을 포함하고 있으므로 보다 큰 어떤 것이다. 우리가 구원받았을 때, 주님은 우리의 영 안으로 오셨다. 그러나 주님은 우리의 혼 안으로, 즉 우리의 생각과 감정과 의지 안으로는 그렇게 많이 확장되지 못하셨다. 우리 중 몇몇 사람들에게 주 예수님은 심지어 우리의 양심에도 오실 수 없다. 그분은 우리의 영이라는 작은 부분에 갇혀 계신다. 그러나 적어도 그분은 우리의 영 안으로 오시고 우리에게 빛을 비추셔서, 우리의 영은 이제 등으로서 불타고 있다.

우리가 구원받기 전에 우리의 영은 어두웠고 죽어 있었다(엡 2:1, 5). 우리에게는 우리의 영에 대한 지각이 없었으며, 우리 안에 그런 것이 없는 것 같아 보였다. 우리가 복음을 듣거나 복음의 말씀을 읽었을 때, 무엇인가가 우리 속에서 빛을 비추었으며, 우리는 그 빛을 받아들였다. 이 빛이 우리 속 깊이 들어왔을 때, 우리는 회개하고 주님의 이름을 불렀다. 즉시 우리 깊은 속에서 무언가가 살아나게 되었으며 타오르고 빛나기 시작했다. 우리는 우리 깊은 속에서 무언가가 살아 있고 불타며 빛난다는 지각을 가졌다. 이것은 하나님의 영께서 우리를 비추시고 우리를 살리시기 위하여 우리의 영 안으로 오셨음을 뜻한다(요 3:6).

비록 여러분의 영이 살아났다 할지라도, 나는 여러분의 생각이 주님으로 적셔지지 않았고, 주님께서 여러분의 감정에 침투하지 못하셨을까 봐 염려스럽다. 나는 어떤 것들에서 여러분이 주님을 거절했을까 봐 두렵다. 여러분 중 어떤 이들은 기꺼이 기도하려고 하지 않았다. 왜냐하면 어떤 특정한 일에서 여러분의 생각이나 감정이 주 예수님께 붙잡힐까 봐 두렵기 때문이다. 아마도 지난 며칠 동안 어떤 자매들은 무언가를 사랑하는 것과 관련해서, 주님께서 그들의 감정 안으로 확장되려고 하셨을 때 주 예수님을 거절하기까지 했을 것이다.

모든 그리스도인들이 그들의 등은 불타게 하고 있지만, 자신의 그릇에 기름을 예비하고자 하는 갈망이나 의도를 갖고 있는 이들은 많지 않다. 그들은 구원받았고 그들 안에 주님이 계신다. 비록 그들의 등이 불타고 있을지라도 그들은 평안한 상태에 있지 못할 것이다. 기름이 부족하기 때문에 그들은 여전히 문제가 있는 것이다. 그들은 그들의 등에 불타는 약간의 기름을 갖고 있지만, 그들 존재의 모든 속부분 안에, 곧 그들의 생각과 감정과 의지와 양심 안에 여분의 기름을 갖고 있지는 않다. 그들이 그들의 등 안에 기름을 가지고 있다는 것은 얼마나 놀라운 일인가? 하지만 혼의 경우 그들은 여전히 문제가 있다. 그들의 영 안에는 주님이 계시지만 그들의 혼 안에는 그렇지 않다.

기름

대부분의 그리스도인들은 기름이 하나님의 영의 상징임을 알고 있다. 우리는 하나님의 영이 바로 하나님 자신이심을 볼 필요가 있다. 앤드루 머리는 그의 책 〈그리스도의 영〉에서 다음과 같이 말한다. "아버지 안에서 우리는 보이지 아니하시는 하나님, 만물의 창시자를 가진다. 아들 안에서 하나님은 계시되시고 나타나시며 가까워지셨다. 그분은 하나님의 모습이시다. 하나님의 영 안에서 우리는 내주하시는 하나님을 갖는다. 즉 사람의 몸 안에 거하시며, 아버지와 아들께서 우리를 위해 소유하신 것(과) … 아버지께서 계획하신 것과 아들께서 얻으신 것이 사람의 몸에 효력이 생기게 하는 하나님의 능력이, 여전히 이곳에서 육체 안에 있는 그리스도의 지체들 안에 적용되고 효능을 미칠 수 있게 하는 것은, 오직 성령의 지속적인 중재와 활동적인 역사를 통해서 이루어진다." 이러한 인식은 정확하다. 하나님의 영은 바로 우리에게 적용되시는 하나님이시다. 하나님께서 우리에게 적용되실 때, 그분은 그 영이시다. 하나님의 영은 바로 우리에게 도달하신 하나님이시요 우리에게 적용되신 하나님이시다. 기름은 모든 것을 포함한 방식으로 우리에게 적용되시는 하나님 자신을 의미한다. 우리가 주 예수님의 이름을 부를 때, 그분은 그러한 기름, 즉 모든 것을 포함하신 하나님의 영으로서 우리의 영 안으로 오셨다. 그때 우리의 영은 빛 비춤을 받았고, 이제 우리의 영은 불타고 있다. 그러나 주님은 여전히 우리의 그릇, 곧 우리의 생각과 감정과 의지 안으로 확대되실 기회를 기다리고 계신다.

기름을 삼

주님께서 우리의 영 안으로 들어오시기는 쉽다. 그것은 거저 주어지는 선물이다. 우리가 단순히 회개하고 그분을 부르면 그분께서 들어오신다. 그러나 그분께서 우리의 속부분 안으로 들어오시기 위해서는 우리가 지불해야 할 대가가 있다. 우리는 기름을 사야 한다. 모든 것을 포함한 기름이신 삼일 하나님께서 우리의 속부분들로 확장되시기 위해서는 우리가 어떤 대가를 지불할 것이 요구된다. 대가가 지불되어야 그분은 우리 안에서 확장되신다. 우리는 대가를 지불해야 한다. 대가를 지불하지 않으면 우리의 영 안에 계신 내주하시는 그리스도께서 그분 자신을 우리의 생각과 감정과 의지 안으로 확장하시기란 불가능하다. 비록 우리가 우리의 영 안에 기름을 가지고 있다 할지라도, 우리는 우리의 혼 안에 여분의 기름을 갖기 위해서 대가를 지불해야 한다. 우리가 지금 기름을 산다면, 주님께서 다시 오실 때 우리의 그릇에 기름을 갖게 될 것이다. 그럴 때 우리는 어린양의 결혼 잔치에 들어가도록 준비된 그러한 현명한 처녀들이 될 것이다.

책임을 짐

왜 열 처녀들이 다섯 명씩 두 그룹으로 나뉘는가? 다섯의 의미는 놀랍다. 우리 열 손가락은 다섯 개씩 두 그룹으로 나뉘며, 다섯은 넷 더하기 하나로 이루어진다. 우리가 이미 보았듯이 숫자 4는 사람을 포함한 피조물을 나타낸다. 숫자 1은 창조주이신 유일하신 하나님을 나타낸다. 그러므로 4 더하기 1은 피조물인 사람이 하나님과 더해진 것을 의미한다. 4 더하기 1은 또한 책임을 의미한다. 네 손가락에 하나의 엄지손가락을 더하는 것의 의미는 우리가 반드시 책임을 짊어져야 한다는 것이다. 하나님께서 우리에게 더해지시는 것은 참으로 놀랍지만, 우리는 하나님께서 사람에게 더해지시는 것이 책임과 같음을 깨달아야 한다. 이것은 현명한 처녀들이나 어리석은 처녀들이나 모두 책임을 져야 한다는 뜻이다. 여러분이 현명하든 어리석든 그것은 여러분의 책임이다. 여러분은 현명한 처녀가 되어 여러분의 그릇에 여분의 기름을 예비할 책임을 지니고 있다.

신랑이 더디 왔기 때문에 모든 처녀들이 잠이 들었다. 바울과 요한조차도 여기에 포함된다. 주 예수님께서 그분의 다시 오심을 늦추셨기 때문에, 성숙되고 삼일 하나님으로 적셔지고 채워진 대부분의 성도들이 죽었다. 많은 사람들이 아직 준비가 되지 않았기 때문에 주님은 지체해 오셨다. 이것은 수확물이 아직 익지 않았다는 뜻이다. 주 예수님은 수확물이 익기를 기다려 오셨다.

밤중에 "보십시오, 신랑입니다!"(마 25:6)라는 외침이 있었다. 우리는 이것을 데살로니가전서 4장 16절과 비교할 수 있는데, 거기서는 그리스도께서 오실 때 외침이 있을 것이라고 말한다. 천사들의 나팔 소리는 한밤의 외침이 될 것이다. 현명하든 어리석든 모든 처녀들이 일어날 것이다. 이 '일어나다'라는 말은 '부활'에 사용되기도 한다(고전 15:52). 부활은 일어나는 것을 의미한다. 그러므로 죽은 모든 성도들이 부활할 것이다. 데살로니가전서는 살아 있는 성도들이 죽은 이들을 앞서지 못하리라는 것을 우리에게 분명히 말해 준다. 죽은 이들이 먼저 주님을 만나기 위해 일어날 것이다.

일반적으로 말해서, 기독교는 주 예수님을 믿는 한 어려움이 없을 것이고, 일단 죽으면 천당에 갈 것이라고 사람들에게 가르친다. 그러나 여러분이 왕국의 비밀을 안다면, 여기에 커다란 문제가 있음을 알 것이다.

예를 들어, 사도 바울과 고린도전서 5장의 죄를 지어 격리된 형제를 생각해 보자. 여러분은 죄지은 사람이 잃어버린 바 될 것이라고 생각할지 모르지만, 성경은 그렇게 말하지 않는다. 바울은 그 형제의 육체는 멸망하고 그의 영은 구원받도록 하기 위하여 그를 사탄에게 넘겨주었다고 말한다(고전 5:5). 성경에 따르면, 그는 여전히 구원받은 사람이다. 오늘날 바울도, 죄지은 그 형제도 모두 죽었다. 공정하게 논리적으로 내게 말해 보라. 한밤중에 외치는 소리가 날 때 그들 둘의 상태가 동일하겠는가? 바울은 순교하기 전에 주님으로 충만하고 적셔졌다. 주님께서 바울의 존재의 모든 속부분 안으로 오셨으며, 그는 완전히 성숙되고 준비되었다. 그는 참으로 현명한 처녀였다. 그는 불타는 등을 가졌을 뿐만 아니라, 여분의 삼일 하나님으로 가득한 그릇도 가졌다. 주 예수님은 바울에게 보상을 주시겠지만(딤후 4:8), 그 죄지은 형제에게는 "나는 여러분을 알지 못합니다."(마 25:12)와 같은 말을 하실 것이다. "나는 여러분을 알지 못합니다."라는 이러한 말은 주님께서 실제로 그를 모르신다는 뜻이 아니다. 주님은 모두를 아신다. 이 말에는 특별한 의미가 담겨 있다. 이 말과 같은 성경의 다른 절들을 비교해 보면, 로마서 7장 15절에서 바울이 "나는 내가 행하는 것을 인정하지 않습니다."라고 말한 것을 발견할 것이다. 다른 번역본들은 "나는 내가 행하는 것을 허용하지 않습니다."라고 옮긴다. 따라서 우리는 "나는 여러분을 알지 못합니다."라는 구(句)를 "나는 여러분을 허용하지 않습니다."로 번역할 수도 있다. 이것은 주님께서 승인하지 않으셨다는 뜻이다. 이것은 잃어버리느냐 아니면 구원받느냐의 문제가 아니라, 결혼 잔치 안으로 들어갈 기회를 잃느냐 얻느냐의 문제이다. 마태복음 25장을 주의 깊게 읽어 보라. 이것은 하나님의 순수한 말씀이다. 여러분은 결혼 잔치에 들어갈 기회를 잃어버릴 가능성이 있다.

바울은 분명히 결혼 잔치에 들어갈 것이지만, 고린도전서 5장의 타락한 형제는 그러지 못할 것이다. 고린도전서 9장에서 바울은 자신이 경주를 하고 있다고 말했다. 빌립보서 3장에서도 바울은 자신이 여전히 달리고 있고 아직 이르지 못했으며 푯대를 향하여 계속 힘써 전진하고 있다고 말했다. 그러나 그는 순교하기 직전 디모데후서 4장 6절부터 8절까지에서는 그가 전제물로 이미 부어지고 있으며, 그를 위하여 또 그분께서 나타나시기를 사모하는 모든 사람을 위하여 의의 면류관이 준비되어 있다고 말했다.

어떻게 여러분이 주 예수님을 믿는 한 죽을 때 아무런 문제가 없을 것이라고 말할 수 있는가? 여러분은 영원토록 구원받았기 때문에 구원과 관련해서는 문제가 없을 것이다. 그러나 여러분은 결혼 잔치에서의 몫을 잃어버릴 수 있다. 결혼 잔치가 여러분을 기다리고 있으며, 그것을 얻는지는 여러분이 현명한지 아니면 어리석은지에 달려 있다. 다른 말로 하면, 그것은 여러분이 기꺼이 대가를 지불하느냐에 달려 있다. 여러분이 지금 대가를 지불하지 않는다면, 그날 대가를 지불할 것이다. 여러분이 오늘 대가를 지불한다면, 그날 보상을 얻을 것이다. 그러나 여러분이 그날 대가를 지불한다면, 아무런 보상을 얻지 못할 것이다. 그것은 학교에 다니는 학생과 매우 비슷한 경우이다. 여러분이 공부를 잘하여 과정을 끝마치면 졸업할 때 상을 받을 것이다. 여러분이 공부를 잘하지 못한다면 낙제하고 졸업하지 못할 것이다. 그럴 때 여러분은 낙제한 그 과목을 보충해야 할 것이다. 구원받은 한 아무 문제가 없다고 생각하지 말라. 거듭났을지라도 여러분에게는 여전히 변화가 필요하다.

현명해서 죽기 전에 변화되는 편이 더 좋다. 주님께 이렇게 말씀드리라. "주님, 저는 당신의 오심을 기다리고 있습니다. 당신께서 지체하신다면 주님, 제가 죽기 전에 변화되도록 저를 도와주십시오. 저는 변화되지 않은 채 죽기를 원치 않습니다." 변화된다는 것은 무엇을 의미하는가? 변화된다는 것은 여러분의 모든 속부분이 주님으로 충만해지는 것이며, 삼일 하나님의 여분의 몫으로 적셔지는 것이다.

여러분 중에 어떤 이는 “우리가 부활하고 주님께서 돌아오신 후에도 여전히 우리는 무언가를 지불해야 할까요? 어디에서 지불하게 됩니까?” 라고 물을지도 모른다. 그렇게 많은 질문을 하지 말라. 주님은 아신다. 그러나 나는 주님의 명백한 말씀을 통해, 한밤중에 외치는 소리가 들리고, 주님께서 돌아오신 후에 그분께서 예비되지 않은 그런 어리석은 사람들을 다루실 것임을 안다. 물론 그들은 잃어버린 바 되지는 않을 것이다. 그들은 부활할 것이지만, 부활한 후에 그들은 가서 기름을 사라는 말을 들을 것이다(마 25:9). 나는 어디에서 어떻게 기름을 사는지 모른다. 왜냐하면 주님께서 그것을 계시해 주시지 않았기 때문이다. 그러나 나는 그러한 일이 있으리라는 것을 분명히 알고 있다. 주님께서 우리에게 경고로 이것을 계시해 주신 것으로 인해 그분을 찬양한다.

우리 모두는 거듭났고, 지금은 변화의 과정 중에 있다. 우리가 얼마나 많이 변화될지는 얼마나 큰 대가를 지불하는지에 달려 있다. 우리가 기꺼이 대가를 지불하고자 한다면, 주님은 분명히 우리를 적시시고 채우실 것이며, 우리는 그릇에 예비된 여분의 기름을 가져 그분의 다시 오심을 위해 준비될 것이다.

18

변화—서신서들에서의 발전

Transformation—
Its Development in the Epistles

제18장

변화 — 서신서들에서의 발전

성경: 엡 1:13-14, 2:1, 5, 3:16-17, 19, 5:5, 18

마태복음에 있는 대부분의 진리들은 씨들로 그곳에 심어져 있으며, 이 씨들의 성장은 서신서들에서 이루어진다. 지난 장에서는 마태복음 25장의 열 처녀의 비유를 살펴보았다. 이제 우리는 에베소서에서 이 비유의 성장을 볼 것이다. 열 처녀의 비유에서 우리는 하나님의 등인 사람의 영이 기름이신 삼일 하나님으로 불타고 있음을 보았다. 우리는 사람의 혼이 기름이신 여분의 삼일 하나님을 담는 그릇이라는 것도 보았다. 에베소서에서 영과 그릇은 모두 더 전진된 성장과 발전을 갖는다.

도장이신 그 영

에베소서 1장 13절은 우리가 주 예수님을 믿었을 때, 우리 안에 성령을 도장으로 받았음을 우리에게 말해 준다. 이것은 매우 분명하다. 성령은 도장으로서 우리 안으로 오신 하나님 자신이시다. 왜냐하면 주 예수님을 믿은 후에 우리는 하나님의 소유가 되었기 때문이다. 이 도장은 다름 아니라 삼일 하나님으로서, 우리를 그분의 소유로 도장 찍기 위해 우리 안으로 오신 그 영이다. 이것은 우리가 성령을 우리의 영 안으로 받아들였음을 의미한다. 에베소서 2장 1절과 5절은 우리가 구원받기 전에 죽어 있었다고 말한다. 우리는 우리의 몸이나 혼에서 죽어 있었던 것이 아니라 우리의 영 안에서 죽어 있었다. 왜냐하면 우리가 주 예수님을 믿기 전에 우리의 혼과 몸은 매우 활동적이었기 때문이다. 성령께서 우리 안으로 들어오셨을 때 우리의 죽은 영이 살아나게 되었다(엡 2:5). 우리의 죽어 있고 어두워진 영이 살아나게 되고 빛이 비추어졌다. 따라서 우리의 영은 거듭났으며 지금은 삼일 하나님의 기름으로 불타고 있다. 이제 우리의 영은 살아 있고 빛나고 있다.

에베소서 1장에서 바울은 에베소의 믿는 이들이 이미 성령으로 도장 찍혔으며, 이 영께서 다가올 유업의 계약금, 첫 지불금, 미리 맛봄, 첫 열매라는 확신이 있었다. 우리 안에서 도장 찍으시는 영은 우리가 얻은 유업의 보증이시다. 바울은 성령께서 그들의 영을 거듭나게 하시어 그들이 영 안에서 살아 있고 빛나도록 하셨다는 것을 알고 있었다. 그러나 이것은 모든 것이 괜찮다는 뜻은 아니다. 그들의 혼은 어떠했는가? 그래서 바울은 그들의 사람의 영 안에 이미 하나님의 영을 가진 이들을 위해 기도했다. 왜냐하면 그들은 그들의 혼 안에, 곧 그들의 생각과 감정과 의지 안에 여분의 기름, 즉 모든 것을 포함하신 영을 갖지 못했기 때문이다. 그는 그들의 속사람, 즉 그들의 거듭난 영이 강하게 되기를 기도했다.

우리의 마음에 거처를 정하심

우리의 영은 이제 그 안에 하나님의 생명을 가지고 있기 때문에 하나의 인격이 된다. 우리의 영은 더 이상 단지 하나의 기관이 아니다. 우리가 구원받기 전에 우리의 영은 단지 하나의 기관으로서 생명이 없었다. 그것은 인격이 아니었다. 우리의 타고난 사람 또는 타고난 존재는 혼 안에 있었고, 우리의 영은 인격이 없는 기관이었다. 그리스도께서 우리의 영으로 들어오시고 우리의 영에 생명을 주실 때, 우리의 영은 속사람이 된다. 그러므로 속사람은 성령께서 내주하시는 거듭난 사람의 영이다. 바울은 이 속사람, 즉 거듭나서 되살아난 이 영이 강하게 되기를 기도했다(엡 3:16). 이것은 우리의 거듭난 영이 성령으로 충만해야 한다는 뜻이다. 우리의 영이 성령으로 충만할 때 그것은 강해질 것이다. 이렇게 강하게 된 결과 그리스도는 우리의 영에서부터 우리 마음의 각 부분으로 그분 자신을 확장하실 것이다. 그리스도께서 우리의 마음을 완전히 점유하실 것인데, 이것은 그분이 우리의 마음에 자리를 잡으시고 거처를 정하신다는 뜻이다(엡 3:17). 우리의 그릇에 여분의 기름을 갖는다는 것은 이것을 의미한다.

우리의 생각이 새로워짐

에베소서 1장은 우리의 등이 빛 비춤을 받았으며 이제 빛나고 있다고 말한다. 에베소서 3장은 우리의 혼, 우리의 마음, 우리 속존재의 각 부분을 채우기 위해 여분의 모든 것을 포함하신 영이 필요함을 말한다. 에베소서 4장 23절은 "생각의 영 안에서 새롭게 되어"라고 말한다. 이것은 그 영이 우리의 생각 안으로 들어와서 우리의 생각의 영이 되신다는 뜻이다. 우리는 그 영께서 우리 생각의 영이 되시는 것이 필요하다. 우리의 생각 속에 있는 이 영은 새롭게 하시는 영이다. 이 영은 우리의 생각에 스며들어 우리의 생각을 적시고 소유함으로써 우리를 변화시키신다.

거듭난다는 것은 우리의 영이 빛 비춤 받고, 활발하게 되고, 살아나게 되는 것이다. 우리의 영 안에서 거듭난 후에, 우리는 혼 안에서 변화될 필요가 있다. 거듭남이란 하나님께서 우리의 영 안에 들어오시는 것이고, 변화란 하나님께서 우리의 혼을 적시시는 것이다. 우리의 영은 우리 존재의 중심이며, 우리의 혼은 우리의 영을 둘러싸고 있다. 하나님의 경륜은 그분 자신을 우리 안으로 일해 넣으시는 것이다. 하나님은 먼저 우리의 영 안에 들어오시며 우리의 영을 충만하게 하신다. 그런 다음 그분은 우리의 영에서부터 우리의 혼으로 그분 자신을 확장하시면서 우리의 혼을 적시시고 소유하시며 그 안에 완전히 거처를 정하신다. 이런 식으로 우리는 하나님께 완전히 소유되고 점유되며, 그분에 의해 적셔지고 그분과 연합한다. 이것이 거듭남과 변화이다.

거듭남은 우리의 영 안에서 이루어지며, 변화는 우리의 혼 안에서 이루어진다는 것을 결코 잊지 말라. 단지 거듭나는 것으로는 충분하지 않다. 이것은 우리 안에서의 영적 체험이 시작되는 것일 뿐이다. 거듭남, 즉 우리의 영적인 생명의 출발은 하나님께서 우리의 영 안으로 오셔서 우리를 비추시고 활발하게 하시며 살리시는 것이다. 거듭남 이후 우리는 주님과 협력하여, 그분께서 한 단계 더 전진하셔서 우리의 영에서부터 우리의 혼 안으로 그분 자신을 확장하시어 우리의 생각과 감정과 의지를 적시시도록 허락해 드려야 한다. 우리는 여러 방면으로 이러한 체험을 표현할 수 있다. 이것이 우리의 그릇 안에 여분의 삼일 하나님을 예비하는 것이고, 이것이 변화가 우리의 혼 안에서 이루어지게 하는 것이며, 이것이 우리의 전 존재가 삼일 하나님과 연합되는 것이고, 이것이 그리스도의 생명 안에서 성숙하게 되는 것이다.

마태복음에서 우리는 씨이신 그리스도께서 우리의 영 안에 심어지셨고, 그분께서 우리 안에서 자라실 것임을 보았다. 마태복음 13장은 그리스도께서 우리 안에서 자라시게 하는 것이 그분께서 우리의 영에서부터 우리의 마음 안으로, 우리 존재의 모든 속부분 안으로 확장되시게 하는 것을 의미한다고 계시한다. 이처럼 씨가 확장되는 것은 성장일 뿐 아니라 성숙이기도 하다. 우리의 영 안으로 심어진 씨는 그것이 우리의 전 존재를 적시고 우리의 모든 속부분을 소유할 때까지, 우리의 속부분 안으로 자라서 확장될 것이다. 이것이 완성될 때 우리는 성숙할 것이다.

하나님의 경륜

하나님의 경륜은 그분 자신을 우리 안으로 일해 넣으시는 것이다. 그분은 우리의 죄들을 용서하시고 우리를 의롭다 하시며 우리를 구원하시지만, 이러한 항목들은 그분의 목표가 아니다. 그분의 목표는 그분 자신을 우리 안으로 일해 넣으시는 것이다. 죄들의 용서와 의롭다 함과 구원은 모두 그분 자신을 우리 안으로 일해 넣으시려는 그분의 목표를 위한 것들이다.

이 일은 세 단계로 수행된다. 첫 번째 단계는 우리의 영의 거듭남이고, 두 번째는 우리의 혼의 변화이며, 세 번째는 우리의 몸의 변형이다. 거듭남을 위해서 우리는 어떤 것도 지불할 필요가 없다. 그것은 거저 주어진다. 마찬가지로 장래 우리의 몸의 변형을 위해서도 우리는 어떤 것도 지불할 필요가 없을 것이다. 그것 또한 거저 주어질 것이다. 그러나 하나님의 지혜로, 우리는 우리의 혼의 변화를 위해 무언가를 지불해야 한다. 하나님은 이 세 단계를 취하심으로 그분 자신을 우리의 온 영과 혼과 몸과 연합되게 하실 것이다. 우리에게 세 부분이 있기 때문에 하나님은 우리를 적시시기 위해 세 단계가 필요하시다. 그러므로 우리는 영의 거듭남과 혼의 변화와 몸의 변형을 갖는다.

대가를 지불함

하나님은 매우 지혜로우시므로 우리를 어떻게 대하실지를 알고 계신다. 하나님은 첫 번째 단계를 위해서는 우리에게 어떤 것을 지불하라고 요구하지 않으신다. 첫 번째 단계와 마지막 단계는 모두 거저 주어진다. 그러나 두 번째 단계를 위해서는 우리가 값을 지불해야 한다. 비록 우리가 가난하고 팔 만한 것이 아무것도 없다 할지라도, 우리는 여전히 무엇인가를 지불해야 한다. 예를 들어, 자매들이 쇼핑에 대한 애착을 포기한다면, 주 예수님은 그들을 채우실 것이다. 쇼핑을 하찮은 것이라고 생각하지 말라. 여러분은 자매들이 얼마나 쇼핑에 의해서 죽음을 당하는지 상상할 수 없다! 어떤 자매가 백화점에서 어떤 물건을 보고 있다고 해 보자. 자매가 그것을 보면 볼수록 안에 계신 주님은 더더욱 "그것을 만지지 마라."라고 말씀하신다. 그러나 그녀는 계속해서 그것을 보다가 마침내 그것을 산다. 적어도 삼 일 동안 그녀는 기도할 수 없을 것이다. 그러나 그녀가 물건 사기를 포기한다면, 집으로 오는 길에 그녀는 큰 소리로 주님을 찬양하면서 "할렐루야! 그리스도는 승리자이십니다!"라고 말할 것이다. 여러분이 무언가를 지불한다면 무언가를 얻을 것이다. 여러분이 쇼핑을 포기하는 대가를 지불한다면, 더 많은 기름을 얻을 것이다.

때때로 형제들은 교리와 체험에 대해 논쟁하기가 쉽다. 그러나 논쟁할수록 여러분은 더 잃어버린다. 여러분은 논쟁하는 것을 포기하는 대가를 지불해야 한다. 이렇게 한다면 여러분은 즉시 더 많은 기름을 얻게 될 것이다. 자매들은 한담하고 다른 사람들에 관해 이야기를 나누기가 쉽다. 여러분은 한담을 포기하는 대가를 지불할 필요가 있다. 여러분이 그것을 포기한다면, 더 많은 기름을 얻을 것이다.

주님과 협력함

우리가 이와 같은 문제들에 신실하다면, 주님께 최상의 협력을 해 드리는 것이 될 것이다. 이것은 우리가 자신을 열어 주님께, 조금씩 우리의 존재 안으로 확장되시도록 허락해 드린다는 뜻이다. 이런 식으로 그분은 우리를 적시시고 변화시키시며 채우시고 우리의 마음에 거처를 정하실 것이다. 우리는 우리의 그릇에 여분의 기름을 얻을 것이다. 불행히도 주님께 합당한 동역을 드리기 위해 대가를 지불하는 그리스도인들이 거의 없다. 비록 그들이 성경을 연구하거나 다른 언어들로 말할지라도, 그들에게는 내적인 전환과 생명 안의 내적인 변화가 거의 없다. 마태복음은 씨앗의 책으로서 가르침과 은사를 강조하지 않으며, 에베소서와 같은 기본적인 책도 그것들을 강조하지 않는다. 결국 수확의 책인 요한계시록에는 가르침과 은사가 없지만 생명은 있다. 흐르는 생명수의 강이 있으며 자라는 생명나무가 있다. 이러한 생명의 흐름과 자람은 우리의 협력을 요구한다. 씨는 합당한 동역이 없이는 자랄 수 없다. 합당한 동역이란 무엇인가? 그것은 바로 바위들을 제거하고 가시들을 뿌리 뽑으며 여러분 자신을 좋은 땅으로 만드는 것을 의미한다. 여러분이 주님과 협력한다면, 그분은 기회를 붙잡아 생명수의 강의 흐름과 생명나무의 자람에 의해 여러분 존재의 모든 부분 안으로 그분 자신을 확장하실 것이다. 이로써 여러분은 변화될 것이며, 삼일 하나님은 여러분의 속존재 모두를 적시실 것이다.

사실상 하나님의 경륜에서는 오직 한 가지만이 필수적이다. 곧 삼일 하나님께서 우리의 존재 안으로 그분 자신을 일해 넣으시는 것이다. 모든 것은 하나님 자신을 우리의 존재 안으로 일해 넣으시고 우리를 모든 것을 포함하신 영으로 적시시고자 하는 그분의 의도를 이루는 데 부합해야 한다. 먼저 하나님은 우리의 영에 들어오시며, 그런 다음 우리가 최종적으로 생명이신 그리스도 안에서 성숙할 때까지 그분은 우리의 혼 안으로 확장되신다. 이러한 성숙이 왕국의 완전한 임함, 완전한 출현이다.

왕국

에베소서 또한 왕국을 언급한다. 에베소서 5장 5절은 왕국 안에서의 유업에 대하여 말한다. 비록 에베소서가 교회에 대한 책이라 할지라도, 그것은 또한 왕국을 언급한다. 왜냐하면 합당한 교회생활은 곧 왕국의 실재이기 때문이다. 교회는 교회이고 왕국은 왕국이라는 전통적인 가르침을 따르지 말라. 우리는 교회와 왕국을 분리해서는 안 된다. 그것들은 한 가지 것의 두 방면이다. 참된 교회생활은 왕국의 실재이다. 우리가 성령으로 도장 찍히고, 성령으로 충만하게 되며, 모든 것을 포함하신 영이신 주님께 소유된다면, 우리는 왕국에 참여하고 있는 것이다. 우리는 에베소서 5장 18절 하반절과 3장 19절 하반절을 함께 둘 수 있다. "하나님의 모든 충만에 이르도록 … 영 안에서 충만해지십시오." 이것은 하나님의 요소의 모든 풍성으로 철저하고도 완전하게 적셔진다는 뜻이다.

우리는 주님으로 변화되기 위해 대가를 지불할 필요가 있다. 이것은 우리가 붙잡고 있는 것을 포기해야 한다는 뜻이다. 여러분이 붙잡는 그것이 곧 여러분이 지불해야 할 대가이다. 어떤 형제들은 그들의 장발을 고집한다. 문제는 장발 자체가 아니다. 그들이 장발을 고집하는 것이 문제이다. 우리가 어떤 것들을 붙잡는 것이 우리의 변화를 방해한다. 여러분이 붙잡는 것마다 여러분이 지불해야 할 대가이다. 여러분은 붙잡고 있는 것에서 손을 떼야 한다. 여러분은 어떤 것도 붙잡지 말아야 한다. 대가를 지불한다는 것은 이것을 의미한다. 우리가 대가를 지불한다면, 주님은 우리 안에서 확장되실 수 있고, 우리는 성숙될 수 있다.

19

변화—요한계시록에서의 수확

Transformation—
Its Harvest in the Book of Revelation

제19장

변화 — 요한계시록에서의 수확

성경: 고전 3:9하, 계 12:10상, 14:1, 3-4, 14-16, 21:2, 10-11, 14, 18-19, 21, 22:1-2상

왕국의 씨는 마태복음에서 뿌려지고, 그 씨의 싹 틈은 사도행전에서 이루어지며, 성장은 서신서들에서 발생한다. 그 후 요한계시록에는 성숙이 있는데, 그것은 왕국의 완전한 임함을 위한 수확이다. 요한계시록은 왕국의 성숙, 수확, 완전한 임함, 완전한 출현을 제시한다. 우리는 씨가 마태복음 13장에서 뿌려졌으며 고린도전서 3장에서 자랐음을 보았다. "나는 심었고, 아볼로는 물을 주었습니다. 그러나 하나님께서 자라게 하셨습니다."(6절) 고린도전서 3장에서 우리는 또한 변화의 문제를 보았다. 식물들이 광물들로 변화되었다. 씨의 생명이 신진대사의 작용을 통해 식물을 건축에 유용한 귀한 재료들로 변화시켰다. 금과 은과 보석들은 하나님의 건축물을 위한 보석들이다. 고린도전서 3장 9절은 우리가 하나님의 경작지요 하나님의 건축물임을 상기시켜 준다. 하나님의 경작지로서 우리는 그리스도를 자라게 한다. 자란 것은 어떤 것이든 그

후 신진대사의 작용을 거쳐 하나님의 건축물을 위한 귀한 재료들로 변화된다.

변화의 수확

요한계시록 12장 10절은 "우리 하나님의 구원과 능력과 왕국과 그분의 그리스도의 권위가 이제 나타났다."라고 말한다. 왕국의 임함이란 무엇인가? 그 대답은 요한계시록 14장에서 발견된다. 요한계시록 14장 1절과 3절과 4절은 첫 열매인 십사만 사천 명을 언급한다. 십사만 사천이란 수는 12 곱하기 12의 천 배이다. 12는 4 곱하기 3으로 얻어지며 인성과 신성의 연합을 의미한다는 것을 부디 기억하기 바란다. 이제 우리는 12에 12를 곱한 것의 천 배를 갖는다. 이것은 성숙 중의 성숙을 뜻한다. 따라서 그들은 하나님께 첫 열매이다. 그 씨가 마태복음 13장에서 뿌려져서 고린도전서 3장에서 자란다는 것을 결코 잊지 말라. 수확은 요한계시록 14장에서 발견된다. 그러므로 우리는 씨와 성장과 수확을 갖는다. 수확이란 무엇인가? 수확이란 왕국의 임함이다. 왜냐하면 요한계시록 12장 10절은 우리에게 왕국이 나타났다고 말하기 때문이다.

언제 왕국이 오기 시작했는가? 마태복음 3장에서는 왕국이 가까이 왔다는 선포가 있었지만 아직 왕국이 온 것은 아니었다. 왕국은 주 예수님께서 씨를 뿌리는 사람으로 씨를 뿌리기 위해 나타나셨을 때 오기 시작했으며, 그때로부터 계속 오고 있다. 이러한 임함이 씨가 자라고 확장되는 것이다. '임함'이란 성숙에 도달할 때까지 자라고 확장된다는 뜻이다. 이 성숙이 왕국의 완전한 임함이다. 그것이 수확이다.

수확과 관련해서 우선적으로 중요한 것은 첫 열매이다. 여러분이 레위기 23장을 읽는다면, 하나님의 경륜 안에서 하나님은 먼저 첫 열매의 수확을 얻으신다는 것을 볼 것이다. 밭에서 어떤 열매는 다른 열매보다 더 일찍 익을 것이다. 농부는 이것을 첫 열매로 수확할 것이다. 첫 열매가 수확되고 나서 얼마 후에 나머지 농작물이 수확될 것이다. 그때에 완전한 수확이 있게 될 것이다. 처음에는 첫 열매가 있으며, 후에는 완전한 수확이 있다.

주님의 오심

성경은 주 예수님께서 이 시대가 종결될 때까지 항상 우리와 함께 계신다고 분명하게 말한다(마 28:20). 그분은 우리와 함께 계시는데 어떻게 장래에 오실 수 있겠는가? 그분은 오늘 여기에 계시지 않는가? 그분께서 이미 여기에 계시는데 어떻게 오실 수 있는가? 이것은 무언가 놀라운 것이며, 체계화할 수 없는 것이다. 성경을 연구할 때 여러분의 타고난 관념을 의지하지 말라. 여러분의 타고난 관념은 여러분에게 성경에 대한 합당한 이해를 주지 못한다. 한편으로 주 예수님은 여기에 계시며, 다른 한편으로 그분은 오고 계신다. 이것은 그분께서 이미 씨로서 오셨지만, 수확으로 오고 계시며 오실 것이라는 뜻이다. 그분은 씨로 오셨으며, 씨가 자람으로써 오고 계신다. 결국 그분은 수확으로서 완전히 오실 것이다. 거의 이천 년이 지났지만 주 예수님은 여태껏 오시지 않는데, 이것은 씨가 성장이 부족하기 때문이다. 성장이 부족하기 때문에 그분께서 수확하시기가 어려운 것이다.

주님의 오심은 갑작스럽게 일어나지 않을 것이다. 어느 날 주 예수님께서 오실 것이지만, 여러분이 생각한 대로 오시지는 않을 것이다. 주 예수님은 하늘로부터만 아니라 여러분 안에서부터 오실 것이다. 여러분은 그분이 갑자기 하늘로부터 내려오시기를 기대하고 있다. 하지만 여러분은 그분이 여러분으로부터 오실 것임을 깨달아야 한다. 그러나 주 예수님께서 여러분으로부터 오실 때 여러분을 떠나시는 것은 아닐 것이다. 믿지 않는 모든 이들에게는 그분께서 하늘로부터 내려오실 것이다. 그러나 우리 믿는 이들에게 그분은 하늘로부터 오시지 않고 우리로부터 오실 것이다.

주님께서 우리와 함께하신다는 말과 그분께서 오고 계신다는 말을 어떻게 달리 해석할 길이 있겠는가? 주님은 우리 안으로 오셨고, 우리 안에서 자라고 계시며, 우리 안에서 신진대사적인 일을 수행하심으로써 우리를 변화시키고 계신다. 그분의 오심은 이 변화시키는 일의 완결이다. 주님은 단지 하늘로부터 오시지 않고 우리로부터 오실 것이다.

워치만 니 형제님과 함께 우리는 모든 학파의 신학을 살펴보았다. 우리는 함께 일했고 함께 대화했으며 읽은 것을 함께 교통했다. 이런 식으로 우리는 서로 도왔고, 이 모든 문제를 알게 되었다. 우리는 우리가 어디에 서 있는지를 알며, 주님께서 우리에게 무엇을 위임하셨는지를 안다. 우리는 주님의 재림에 관한 많은 책을 읽으면서 대환난 전과 대환난 후, 전 천년왕국과 후 천년왕국에 관한 학파를 연구하였다. 우리는 또한 휴거에 대한 다른 견해들 곧 부분 휴거, 대환난 전 휴거, 대환난 후 휴거도 연구하였다.

주님의 은혜로 말미암아 그분은 그분의 회복을 위하여 우리에게 이 비밀스러운 길, 곧 그분의 다시 오심이 우리의 관념에 따른 것이 아니라는 것을 보여 주셨다. 우리의 타고난 관념에 따르면, 주님은 갑자기 나타나실 그날까지 보좌에 앉아서 지켜보시면서 축복을 주고 계신다. 거의 모든 신학 서적이 이런 식으로 주님의 오심에 대해 말한다. 그러나 주 예수님은 하늘로부터 갑작스럽게 나타나심에 의해서가 아니라 생명의 성장에 의해서 오고 계신다. 나는 우리가 주 예수님께서 하늘로부터 오심을 기다리고 있다고 말하는 빌립보서 3장 20절을 여러분이 인용하리라는 것을 안다. 그러나 여러분은 주님께서 항상 우리와 함께 계신다고 말하는 마태복음 28장 20절도 읽어야 한다. 우리가 이 두 절을 연구하는 데에 얼마나 많은 시간을 들였는지 이루 다 말할 수 없다. 여러분은 그것들을 어떻게 조화시킬 수 있는가? 여러분은 할 수 없을 것이다. 그러나 주 예수님께서 그분 자신을 우리 안으로 심으셨고, 지금 우리 안에서 자라고 계시며, 우리를 변화시키고 계시고, 우리 안에서 성숙되고 계시는 것은 사실이다. 그분께서 우리 안에서 우리를 통해 영글고 성숙하실 때, 그때가 그분의 오심의 때가 될 것이다. 우리에게 있어서 그분의 오심은 갑작스러운 사건이 아닐 것이다.

자람으로써 깨어 기도함

많은 그리스도인들이 깨어 기도하는 것에 대하여 말하지만, 깨어 기도하는 것의 참된 의미를 깨닫는 사람들은 거의 없다. 깨어 있는 길은 바로 그리스도 안에서 자라는 것이다. 어떤 사람도 합당한 성장이 없이는 깨어 있을 수 없다. 여러분이 자라고 있는 동안 여러분은 깨어 있다. 여러분이 자라고 있을 때, 여러분은 그릇 안에 여분의 기름이신 모든 것을 포함하신 영을 준비하고 있는 것이다. 깨어 있다는 것은 이것을 의미한다. 깨어 있다는 것은 여러분이 예언을 읽고, 세계정세를 연구하며, 러시아와 이스라엘과 중동에서 일어나는 사건들을 관찰한다는 뜻이 아니다. 깨어 있는 것은 신문을 읽고 예언들을 수집하는 문제가 아니다. 이것이 여러분의 깨어 있는 방식이라면, 나는 어느 날 주 예수님께서 다시 오실 때 여러분이 그분의 다시 오심을 깨닫지 못할까 두렵다. 깨어 있다는 것은 주 예수님과 함께 자라는 것을 뜻한다. 여러분은 “주 예수님, 저는 백화점에 가려고 합니다. 저와 함께 가시겠습니까? 저는 쇼핑을 하려고 합니다. 저와 함께 가시겠습니까?”라고 기도할 필요가 있다. 주님께서 “안 된다. 나는 집에 머물기를 원한다.”라고 말씀하신다면, 여러분은 이렇게 대답해야 한다. “주님, 당신께서 집에 머물기를 원하신다면 저 또한 집에 머물겠습니다." 이것이 깨어 있는 것이다. "오, 주 예수님, 저는 머리카락을 잘라야 합니다. 주님, 제가 머리 길이를 어느 정도로 하길 원하십니까? 저는 당신과 하나입니다. 당신께서 좋아하시는 것은 무엇이든 바로 제가 좋아하는 것입니다." 깨어 있다는 것은 이것을 의미한다.

젊었을 때 나는 깨어 기도하라는 가르침을 받았다. 나는 예루살렘이 유대인들에게 반환되는 것과 같은 어떤 사건들을 눈여겨보고 그것들에 대하여 기도하라는 가르침을 받았다. 나는 깨어 있었고 기도했었다. 그러나 지금 나는 깨어서 기도하는 것이 계속적으로 주님과 함께 자라며 그분과 함께 사는 것을 의미함을 깨닫는다. 그럴 때 여러분은 왕국 안에 있다. 여러분은 왕국 안에 있을 뿐 아니라 여러분이 왕국이다. 주님과 함께 자랄 때, 여러분은 깨어 기도한다. 주 예수님께서 우리와 함께 계시며, 그분께서 우리와 함께 계신 것이 그분의 점진적인 오심이다.

요한계시록 14장은 십사만 사천이라는 수가 상징하는 것처럼 모든 성숙 중의 성숙을 계시한다. 어떤 이들은 이와 같이 될 것이다. 각 지방의 교회들에 있는 많은 이들이 성숙하겠지만, 나는 어떤 이들은 이 성숙의 정점에 있을 것이라고 믿는다. 이런 최고도의 성숙은 하나님께 첫 열매가 될 십사만 사천으로 여겨질 것이다. 이후에 수확이 있다.

생명의 길

나는 여러분에게, 이 모든 것을 여러분의 영 안으로 취하여 그것들을 기도 안에서 주님께로 가져가라고 간청한다. 여러분은 이것이 신약에 대한 정확한 깨달음임을 볼 것이다. 그것은 단지 예언들을 해석하는 문제만이 아니다. 우리는 예언 해석에 있어서 모든 훌륭한 학파를 연구해 왔다. 아마 여러분 중 몇몇은 위대한 예언들에 대한 G. H. 펨버의 저서들을 잘 알고 있을 것이다. 우리 역시 그것들을 잘 알고 있다. 그러나 그 책들은 교리나 예언들을 담고 있을 뿐이다. 거기에는 생명이 많지 않다. 주님께서 그분의 말씀으로부터 우리에게 보여 주신 것은 생명의 길이다. 주님의 다시 오심이라 할지라도 그것은 생명의 길에 따른 것이다. 그분이 씨이시며, 그분이 성장이시며, 그분이 변화이시며, 그분이 심지어 수확과 첫 열매이시다. 그분을 가장 많이 얻는 사람은 누구나 수확의 정점에 있게 될 것이고 첫 열매가 될 것이다.

변화

요한계시록 14장 14절부터 16절까지는 주님께서 밀을 수확하셨음을 우리에게 알려 준다. 그러나 요한계시록의 끝에 가 보면, 새 예루살렘 안에는 밀이 없다. 요한계시록 14장에서 주 예수님은 많은 밀을 수확하셨지만, 결국 그것은 어떻게 되었는가? 모든 밀은 금과 진주와 보석이 되었다. 요한계시록 14장에는 첫 열매와 수확이 나온다. 요한계시록 21장에는 금과 진주와 보석이 있다. 밀은 변화되었다. 14장에는 성장에서 얻는 수확이 있으며, 21장에는 밀의 변화가 있다. 나무가 규화(硅化)된 결과 돌이 되듯이, 밀은 변화로 말미암아 보석이 된다. 우리는 밀인가 보석인가? 한편으로 우리는 밀이며, 다른 한편으로 우리는 보석들 가운데 있다. 우리는 밀을 자라게 하는 하나님의 경작지요, 모든 보석으로 구성된 하나님의 건축물이다.

결국 주님의 수확은 하나의 성이 될 것이다. 요한계시록 14장에서의 밀의 수확은 요한계시록 21장의 성이 될 것이다. 수확에서 우리는 생명의 성장을 볼 수 있으나, 성에서 우리는 생명의 변화를 볼 수 있다. 변화와 더불어 건축물이 있다. 변화 없는 성장은 어떤 건축물도 산출하지 못한다. 그러나 성장과 변화와 더불어 하나의 건축물, 하나의 단체적인 몸이 있다.

생명으로 충만한 성

성경의 순수한 말씀은 주 예수님을 모든 것을 포함한 씨로 제시한다. 씨의 성장이 있고, 씨의 변화가 있으며, 씨의 성숙이 있고, 거룩한 성 안에는 씨의 확장의 최종 완결이 있다. 새 예루살렘은 변화된 재료들로 건축된다. 이것이 왕국이다. 이 성안에는 생명밖에 없다. 생명나무가 생명수의 강 속에서 자라며, 생명수의 강은 하나님과 어린양의 보좌에서 흘러나온다. 생명이 우리가 취해야 할 유일한 길이다. 우리는 모두 동일한 길에 있어야 하며, 흐르는 강과 자라는 나무가 있는 동일한 생명의 길에 있어야 한다. 이것은 하나님의 건축물을 산출할 뿐만 아니라 영원토록 하나님의 건축물을 보존하여 줄 것이다. 영원토록 하나님의 건축물은 생명의 흐름과 생명의 자람에 의해 유지될 것이다. 오늘날 우리는 완전한 맛봄에 대한 미리 맛봄을 체험할 수 있다. 각 지방에 있는 교회는 하나님의 왕국의 축소판이며, 그곳에는 귀한 재료들로 구성된 하나의 건축물을 산출하고 유지하기 위해 생명이 흐르고 있다. 왕국 안에는 하나의 생명, 하나의 길, 하나의 표현이 있다.

하나님을 표현함

성 전체가 벽옥의 모양을 지니는데, 이것은 성이 하나님의 모양을 지닌다는 뜻이다(계 4:3). 교회생활 안에도 하나의 생명과 하나의 길과 하나의 표현이 있다. 모든 지방에 있는 교회들의 수와 상관없이 길은 하나인데, 이것은 생명이 하나이기 때문이다. 그러므로 표현 또한 유일하게 하나이다. 여러분이나 나를 표현하는 것이 없어야 한다. 중국인이나 미국인의 철학이 표현되는 일도 없어야 한다. 교리나 은사들의 표현도 없어야 한다. 그 성은 하나님의 형상을 표현할 뿐이다. 하나님의 생명 안에는 본질과 형태 지음이 있다. 하나님의 생명의 본질 안에서 우리는 생명의 규제를 받는다. 결국 우리는 모두 하나님의 형상으로 형태 지어질 것이다. 우리는 우리의 종류대로가 아닌 하나님의 종류대로 있게 될 것이다. 창세기 1장에서 식물의 생명과 동물의 생명은 각각 그 종류대로 존재한다. 우리는 우리의 종류대로가 아니라 하나님의 종류대로일 것이며, 그분의 형상을 지니고 그분을 표현할 것이다. 모든 지방에 있는 교회들은 오직 하나의 생명과 하나의 길과 하나의 표현을 가져야 한다. 이 하나의 표현은 교리나 가르침이나 영적인 은사들에 있지 않다. 그것은 모든 것을 포함한 생명이신 그리스도 안에 있다.

20

삼일 하나님 안으로 침례 받음

Baptized into the Triune God

제20장

삼일 하나님 안으로 침례 받음

성경: 마 28:19, 20하, 갈 3:27, 롬 6:3, 고전 12:13, 고후 1:21-22, 3:17상, 18, 엡 6:17-18, 요 6:63, 계 3:1, 21:6, 22:17

마태복음은 놀라운 인격으로 시작한다. 그분은 인류의 많은 세대들이 삼일 하나님과 연합한 결과로 나온 분이시다. 그런 놀라운 인격이 사람들에게 왕국으로 선포되셨다. 그분 자신이 왕국으로 전파되신 것이다. 이 놀라운 인격은 왕국의 씨로 전파되셨으며 인성이라는 땅에 심어지셨다. 이 씨로부터 왕국은 성숙에 이를 때까지, 즉 왕국의 완전한 출현에 이를 때까지 자라날 것이다.

마태복음 13장과 25장은 둘 다 매우 중요한 전략적인 장들이다. 마태복음 13장은 이 놀라운 인격이 자신을 우리 안에 왕국의 씨로 심으셨으며, 이 씨가 자라서 변화된 재료들인 보석과 진주를 산출한다는 것을 우리에게 말해 준다. 다음에 나오는 장들은 이 변화된 항목들이 왕국의 실재인 교회의 건축을 위해 있음을 계시해 준다. 25장은 우리에게 왕국 안에 있는 사람들 모두가 처녀로 비유된다는 것을 말해 준다. 우리는 강도도 신사도 아닌 처녀들이다. 남성이든 여성이든 우리는 모두 우리의 신랑을 맞이하기 위해 불타는 등을 들고 이 세상에서 나가고 있는 처녀들이다. 그러나 우리는 우리의 그릇, 우리의 혼을 채우기 위해 여분의 삼일 하나님을 얻을 필요가 있다. 오늘날 우리에게 필요한 것은 기름이신, 여분의 모든 것을 포함하신 영이다. 이것은 우리 존재의 속부분 모두가 주님에 의해 채워지고 점유되고 적셔져야 한다는 뜻이다. 이것이 우리를 성숙으로 이끌 것이고, 우리를 그분의 오심을 위해 준비되게 할 것이다. 우리는 왕국의 완전한 출현을 위해 준비될 것이다.

이것이 오늘날 모든 교회들에게 지배하는 이상이 되어야 한다. 그것은 단지 지식이나 교리로 받아들여져서는 안 된다. 이것은 교회생활을 통제하는 이상이 되어야 한다. 교회생활의 각 방면은 계속해서 이 이상에 통제받아야 한다. 그분의 은혜 아래서 그분의 긍휼로 간증할 수 있는 것은 내가 이 이상 아래 있다는 것이다. 이상은 내게 단지 교리가 아니라 다스리는 원칙이 되었다.

삼일 하나님 안으로 침례 받음

이제 우리는 마태복음의 마지막에 이르렀다. 이 책은 사람들을 삼일 하나님 안으로 침례를 주라는 분부로, 이 시대가 종결될 때까지 항상 우리와 함께 계시겠다는 주님의 약속으로 끝난다(28:19-20). 이 절들은 심오하며 모든 것을 포함한다. 우리 모두는 우리가 삼일 하나님 안으로 침례를 받았다는 것을 깨달아야 한다. 삼일 하나님 안으로 침례를 받는 것은 바로 삼일 하나님 안으로 넣어진다는 뜻이다. 마태복음 28장 19절에서 삼일 하나님은 침례의 물에 비유되신다. 우리가 사람들을 물속으로 침례줄 때, 이것은 우리가 그들을 삼일 하나님 안으로 넣는 것을 의미한다.

〈흠정역 성경〉은 마태복음 28장 19절에서 '이름 안에서'라는 구(句)를 사용한다. 이러한 번역에 영향을 받아, 많은 그리스도인 교사들은 사람들을 삼일 하나님 안으로 침례를 주는 것을 단지 하나의 의식(儀式) 혹은 형식으로 여긴다. 어떤 이들은 심지어 사람들을 누구의 이름으로 침례를 주어야 하는지를 두고 논쟁을 벌인다. 곧 삼일 하나님의 이름 안으로 주느냐 아니면 주 예수님의 이름 안으로 주느냐 아니면 그리스도 예수님의 이름 안으로 주느냐를 두고 논쟁을 벌인다. 이런 논쟁 때문에 몇몇 분열들이 일어나기까지 했다. 여러 해 전 내가 필리핀에 있었을 때, 주님을 사랑하고 추구하는 한 사랑스러운 형제가 좋은 의도로 내게 와서 이렇게 말했다. “리 형제님, 나는 형제님이 수침(水浸)을 실행한다는 것을 알고 있습니다. 나는 형제님이 누구의 이름 안으로 수침을 주는지 알고 싶습니다. 형제님은 주 예수님의 이름 안으로 침례를 줍니까, 아니면 예수 그리스도의 이름 안으로 침례를 줍니까, 아니면 아버지와 아들과 성령의 이름 안으로 침례를 줍니까?” 나는 그 형제에게 무슨 뜻으로 그런 질문을 하느냐고 물었다. 그는 “형제님이 사람들을 어떤 이름 안으로 침례를 주느냐에 따라 커다란 차이가 생깁니다.”라고 대답했다. 나는 그에게 “형제님은 누구의 이름 안으로 사람들을 침례 줍니까?”라고 물었다. 그는 “우리는 사람들을 주 예수님의 이름 안으로 침례를 줍니다. 사람들을 아버지와 아들과 성령의 이름 안으로 침례를 주는 것은 틀린 것입니다. 사람들을 그리스도 예수님의 이름 안으로 침례를 주는 것도 틀린 것입니다. 형제님은 사람들을 주 예수님의 이름 안으로 침례를 주어야 합니다.”라고 대답했다. 나는 이렇게 말했다. “형제님, 형제님은 너무 지나칩니다. 이 모든 것을 잊어버리라고 형제님께 권면합니다. 형제님이 사람들을 예수 그리스도의 이름 안으로 침례를 주든, 그리스도 예수님의 이름 안으로 침례를 주든, 혹은 주 예수님의 이름 안으로 침례를 주든, 아버지와 아들과 성령의 이름 안으로 침례를 주든 아무런 문제가 되지 않습니다. 형제님이 사람들을 하나님 안으로 넣는 한, 그것은 놀랍습니다.” 그는 이렇게 대답했다. "아닙니다. 형제님, 이것은 작은 일이 아닙니다. 이곳 필리핀에서 어떤 교회들은 아버지와 아들과 성령의 이름 안으로 침례를 주는 실행을 하고 있다는 것을 형제님은 아셔야 합니다. 우리는 주 예수님의 이름 안으로 사람들에게 침례를 주는 것을 실행합니다." 나는 "형제님, 형제님의 단체는 이상하고도 특이한 종파임에 틀림없습니다."라고 대답했다. 우리는 그것이 사람들을 어떤 이름 안으로 침례를 주느냐의 문제가 아님을 보아야 한다.

언젠가 휴스턴에 있었을 때, 나는 이 주제에 대해 말하면서 심지어 목사가 어떻게 아버지와 아들과 성령의 이름 안으로 사람들에게 침례를 주는지 시연해 보이기까지 했다. 나중에 그 집회에 참석했던 남침례교 목사 한 명이 내게 와서 "형제님, 그 메시지는 대단했지만 형제님은 저를 조롱했습니다."라고 말했다. 나는 이렇게 답했다. "형제님, 저는 형제님이나 다른 어떤 사람을 조롱하려는 의도가 없습니다. 저는 침례가 의식이나 형식이 되어서는 안 된다는 진리를 주님의 백성에게 전하고 있을 뿐입니다. 그것은 반드시 실재가 되어야 합니다."

최근에 주 예수님을 믿은 사람을 우리는 어떻게 해야 하는가? 우리는 그를 삼일 하나님 안으로 넣어야 한다. 우리는 그를 삼일 하나님 안으로 침례를 주어야 한다. 그럴 때 그는 삼일 하나님 안에 있는 사람이 될 것이다. 우리가 사람들을 침례 줄 때마다, 우리는 반드시 주님의 분명하고도 신실한 말씀에 근거하여 믿음을 사용해야 한다. 주님은 "그러므로 여러분은 가서, 모든 민족을 나의 제자로 삼아, 아버지와 아들과 성령의 이름 안으로 침례를 주고"라고 말씀하셨다. 〈흠정역 성경〉과 달리 여기서의 헬라어 전치사는 '안에서(in)'가 아닌 '안으로(into)'로 번역되어야 한다. 주님은 우리에게 사람들을 아버지와 아들과 성령의 이름 안으로 침례를 주라고 말씀하셨다. 주님께서 우리에게 그런 믿을 만한 말씀을 주셨으므로, 우리는 완전한 믿음과 권위로 이 말씀 위에 서야 한다. 우리가 사람들에게 침례를 줄 때마다 살아 있는 방식으로 침례를 시행해야 한다. 우리는 사람들을 삼일 하나님 안으로 침례를 주기 위해 주님의 말씀 위에 서야 한다.

그리스도 안으로 침례 받음

갈라디아서 3장 27절은 "그리스도 안으로 침례를 받은 여러분 모두는 그리스도로 옷 입은 것입니다."라고 말한다. 이것은 놀라운 절이다. 이 말씀은 '그리스도 안에서 침례를 받은'이라고 하지 않고 '그리스도 안으로 침례를 받은'이라고 한다. 여기에는 커다란 차이가 있다! 우리는 그리스도 '안에서' 침례를 받지 않고 그리스도 '안으로' 침례를 받았다. 그리스도 안으로 침례를 받은 사람들은 모두 그리스도로 옷 입었다. 여러분이 그리스도 안으로 침례를 받았다면 여러분은 분명히 그리스도로 옷 입은 것이다.

동일한 관념이 로마서 6장 3절에서 표현되었다. "그리스도 예수님 안으로 침례를 받은 우리 모두가 그분의 죽음 안으로 침례를 받았다는 것을 여러분은 모르십니까?" 우리는 그리스도 예수님 안으로 침례를 받았으며, 지금 그리스도 예수님께서 우리를 덮고 계신다. 우리는 그리스도로 옷 입었다. 이것이 공허한 말에 의해 행해진 형식이나 의식인가? 절대로 그렇지 않다! 이것은 주님의 신실한 말씀에 따라 이루어진 실재이다.

그러나 우리에게는 여전히 문제가 있다. 여러분은 그리스도 안으로 침례를 받았으며, 지금 그리스도께서 여러분을 덮고 계신다. 그러나 여러분은 언제 그리스도 안으로 침례를 받았는가? 어느 때 어느 장소에서 여러분은 그리스도 안으로 들어갔는가? 사실상 그것은 말하기가 매우 어렵다. 한 가지 분명한 것은 우리가 그리스도 안으로 침례를 받았다는 완전한 확신을 가지고 있다는 점이다. 우리는 그 일이 언제 일어났는지 어디에서 이루어졌는지를 모를 수 있지만, 그것이 발생했다는 것만큼은 분명히 알고 있다. 주 예수님을 믿은 후에 우리는 그리스도 안으로 침례를 받았다. 언제 어디서 그랬는지는 모르지만, 우리가 그리스도 안으로 침례를 받았다는 것을 우리는 증언할 수 있다.

어떤 이들은 자신이 그리스도 안으로 침례를 받았던 정확한 때와 장소를 분명히 안다고 말할지도 모른다. 그들이 기도하고 있었을 때 갑자기 그들에게 어떤 일이 발생했으며, 그들은 침례를 받았다. 나는 이러한 형태의 깨달음을 비판하지는 않지만 여러분에게 간청한다. 여러분의 체험을 다른 사람들이 지켜야 할 표준으로 삼지 말기 바란다. 여러분이 신약을 읽는다면, 그 영의 침례에 다양한 경우들이 있음을 발견할 것이다. 어떤 경우도 서로 정확히 동일하지 않다. 각각의 경우가 독특했다. 우리 중 많은 사람들이 우리가 삼일 하나님 안으로 넣어졌다는 확신을 갖고 있다. 많은 때 나는 내가 참으로 삼일 하나님 안에 있다는 것을 체험했다. 이것은 단지 지식이 아니다. 이것은 실재이며 나는 그것을 체험했다.

내가 다른 언어들로 말하기 전인 1935년에 나는 삼일 하나님 안에 있는 체험을 가진 적이 있다. 내가 주일 오후에 말씀을 전하고 있을 때, 구름 비슷한 무언가가 내려와 나를 덮었다. 나는 그것을 느꼈으며 내 눈으로 그것을 거의 볼 수 있을 정도였다. 갑자기 나의 말함이 바뀌었다. 물론 다른 언어로 말하는 것으로 바뀐 것은 아니다. 왜냐하면 나는 계속해서 중국어로 말했기 때문이다. 그러나 온 회중은 어떤 일이 일어났다는 것을 알아챘다. 나는 그런 경우를 어떻게 말로 표현해 내야 할지 모른다. 다른 언어들로 말하는 것이 없었고, 기적적인 일도 발생하지 않았지만, 모든 사람이 주님께서 그곳에 계신다는 깊은 확신을 가졌다. 그것은 삼일 하나님 안에 있는 것을 참되게 체험한 것이었다.

1943년 정월 초순에 나는 또 한 번 그런 체험을 가졌다. 그 집회 동안 나는 강단에 서 있었다. 찬송이 한 곡 선정되어, 오백 명이 넘는 사람들이 찬송을 부르고 있었다. 갑자기 온 회중이 흐느끼기 시작했다. 어떤 사람도 크게 울부짖거나 큰 소리로 울지 않았지만, 모두가 흐느꼈다. 나 자신도 눈물을 흘렸으며 찬송을 계속할 수 없었다. 회중 모두가 이것을 체험했다. 우리는 찬송을 하면서 흐느꼈다. 젊은이들이나 나이 든 사람들 모두가 찬송과 눈물로 범벅이 되었다. 우리는 이것을 어떻게 설명해야 할지 몰랐다. 어떤 이들은 자신이 그저 집회 장소에 들어섰는데 주님께 사로잡혔다고 증언했다. 그들은 메시지를 들을 필요가 없었다.

이뿐만 아니라, 나는 1943년의 또 다른 주일 오후의 집회를 결코 잊을 수 없다. 우리가 찬송을 한 곡 부른 후, 메시지를 전하기 전에 나는 기도하기 시작했다. 그 기도는 반 시간 이상 지속되었다. 나는 단 한마디의 말만 기도했다. “흔드십시오! 흔드십시오! 흔드십시오!” 나는 다른 언어들이 아닌 정상적인 중국어로 말했지만, 모든 말씀이 나이아가라의 폭포수처럼 쏟아져 나왔다. “우리의 가족을 흔드십시오! 우리의 가정을 흔드십시오! 우리나라를 흔드십시오!” 기도할 때 나는 서 있었지만, 사람들에게는 서라고 요구하지 않았다. 그러나 얼마 후에 모든 사람이 일어섰고, 형제들 중 한 사람이 좌석에서 나와서 내 팔을 붙들었다. 왜냐하면 내가 기도하면서 팔을 계속 든 채로 있었기 때문이다. 이것은 삼일 하나님 안에 있는 것을 참되게 체험한 것이었다.

많은 오순절파 친구들은, 고린도전서 12장에 따르면 성령의 나타남이 아홉 가지가 있다고 말한다. 그러나 사실상 더 많은 것들이 있다. 왜냐하면 고린도전서 12장에 나열된 아홉 가지의 나타남 가운데에는 꿈에 대한 언급이 전혀 없기 때문이다. 꿈은 사도행전 2장에서 언급되는데, 그곳에서는 하나님께서 마지막 때에 그분의 영을 모든 육체 위에 부어 주실 것이며, 그래서 모든 사람이 꿈을 꿀 것이라고 말한다(17절). 나는 성령 안에서 꿈을 꾼 참된 체험들이 있었다. 1943년에 두 달 동안 나는 연속해서 네 번의 꿈을 꾸었다. 전쟁 기간 동안 중국을 침략했던 일본군 헌병에 의해 투옥되기 전에 나는 꿈을 꾸었다. 투옥되던 바로 그날 그 꿈이 내게 다시 임했고, 삼 주 후에 또 다른 꿈이 임했다. 이 모든 꿈이 완전히 성취되었다. 주님은 그 꿈들로써 나를 위로하셨다. 심지어 일본군 헌병이 체포하러 오기 전에도 나는 무슨 일이 일어나리라는 것을 그 꿈을 통해서 알았다. 내가 체포되어 투옥되던 그날 밤 또 다른 꿈이 임했다. 그 꿈에서 주님은 나에게 "평안을 가져라. 너는 해를 입지 않을 것이다."라고 말씀하셨다. 정확하게 그 꿈대로 되었다. 주님을 찬양한다!

이러한 체험들은 하나님께서 우리를 그분 자신 안으로 넣으셨다는 것을 입증해 주는 표시들이다. 그리스도 안에 있는 믿는 이들로서 우리는 모두 삼일 하나님 안으로 넣어졌다. 그러나 이러한 체험을 체계화하려고 하지 말라. 사람들에게 침례를 줄 때 어떤 이름을 사용하느냐로 논쟁하는 것은 체계화하는 것이다. 다른 언어들로 말하기를 고집하는 것 또한 체계화하는 것이다. 나는 주 예수님의 이름으로 침례를 주는 것을 반대하지 않는다. 나는 다른 언어들로 말하는 것도 반대하지 않는다. 그렇지만 나는 체계화하는 것은 강력하게 반대한다. 우리는 온갖 종류의 체계화를 잊어버려야 한다.

여러분은 자신이 언제 삼일 하나님 안으로 넣어졌는지를 알고 있다고 사람들에게 말할 만큼 담대해서는 안 된다. 여러분이 어떤 식으로 느낄지 모르지만, 아마도 참된 체험은 사실 여러분의 느낌과 일치하지 않을 수 있다. 여러분은 그 일이 1971년에 샌프란시스코에서 일어났다고 느낄지 모르나, 실상은 몇 주 앞서 일어났을지도 모른다. 우리는 자신의 느낌을 신뢰할 수 없다. 간단히 말해서, 그것은 정확하지 않다. 예를 들어, 나는 기온이 섭씨 32도 이상일 때에도 춥다고 느낄지 모른다. 나는 그렇게 느끼지만 사실은 더운 날씨이다. 여러분의 느낌에 대해서는 잊어버리고, 분명하고도 명확하며 신실한 주님의 말씀에 따라 사실을 취하라. "그러므로 여러분은 가서, 모든 민족을 나의 제자로 삼아, 아버지와 아들과 성령의 이름 안으로 침례를 주고"(마 28:19).

교회들 안에서 우리는 사람들에게 침례를 줄 때, 주 예수님의 신실한 말씀에 대해 믿음을 가질 필요가 있다. 그분의 말씀에 따르면, 우리는 사람들에게 침례를 줌으로써 그들을 삼일 하나님 안으로 넣는다. 삼일 하나님이라 할 때, 우리에게 세 하나님, 곧 아버지 하나님이라 불리시는 첫째 분과 아들 하나님이라 불리시는 둘째 분과 성령 하나님이라 불리시는 셋째 분이 계신다고 생각하지 말라. 이것은 삼일성에 대한 전통적인 가르침들에서 받은 그릇된 인상이다. 우리에게 세 하나님이 계신 것이 아니다. 우리에게는 한 분 하나님, 곧 모든 것을 포함하신 한 분 하나님이 계신다. 우리에게는 아버지와 아들과 성령이신 한 분 하나님이 계신다.

우리는 결코 삼일 하나님을 다 이해할 수 없다. 사실 우리는 우리 자신조차도 완전히 이해할 수 없다. 우리에게 영과 마음과 생각과 감정과 의지가 있다 하더라도 우리가 그것들을 아주 잘 이해하는 것은 아니다. 우리가 우리 자신조차도 이해할 수 없다면 어떻게 삼일 하나님을 이해할 수 있겠는가? 우리 하나님은 아버지와 아들과 성령이신 한 분 하나님이시다. 우리는 그분을 이해할 수 없지만, 우리에게 그분이 계시며 우리는 그분 안에 있다.

앞 장에서 나는 앤드루 머리의 〈그리스도의 영〉이라는 책의 한 부분을 언급했다. 다시 한번 그 부분을 살펴보자. “아버지 안에서 우리는 보이지 아니하시는 하나님, 만물의 창시자를 갖는다. 아들 안에서 하나님은 우리에게 계시되시고 나타나시며 가까워지셨다. 그분은 하나님의 모습이시다. 하나님의 영 안에서 우리는 내주하시는 하나님을 갖는다. 즉 사람의 몸 안에 거하시며, 아버지와 아들께서 우리를 위해 소유하신 것과 … 아버지께서 계획하신 것과 아들께서 얻으신 것을 사람의 몸에 효력을 발생하게 하는 하나님의 능력이, 여전히 이곳에서 육체 안에 있는 그리스도의 지체들 안에 적용되고 효능을 미칠 수 있게 하는 것은, 오직 성령의 지속적인 중재와 활동적인 일을 통해서이다.” 나는 이 말에 동의한다. 이것이 삼일 하나님이다. 삼일 하나님 안으로 침례를 받는다는 것은 바로 그처럼 놀라우시고 모든 것을 포함하신 인격 안으로 넣어진다는 뜻이다. 그럴 때 주 예수님, 곧 여호와 더하기이시자 하나님 더하기이신 분이 이 시대가 종결될 때까지 항상 우리와 함께 계실 것이다(마 28:20). 할렐루야!

이것이 왕국이다. 우리는 삼일 하나님 안으로 넣어졌고 삼일 하나님으로 옷 입었다. 여호와 더하기이시요 하나님 더하기이신 주 예수님께서 이 시대가 종결될 때까지 항상 우리와 함께 계신다. 이것이 마태복음의 결론이다. 마태복음은 항상 우리와 함께 계실 삼일 하나님 안으로 우리를 넣는 것으로 끝마친다. 우리에게는 우리를 지배하고 통제할 그러한 이상이 필요하다.

몸 안으로 침례 받음

마태복음 28장에는 삼일 하나님 안으로 받는 침례의 씨가 있으며, 서신서들에는 씨의 성장이 있다. 우리는 이미 로마서 6장 3절을 언급한 적이 있는데, 거기서는 우리가 그리스도 예수님 안으로 침례를 받았다고 말한다. 고린도전서 12장 13절은 우리에게 두 가지를 말한다. "우리가 … 모두 한 영 안에서 한 몸 안으로 침례 받았고". 그것은 단지 삼일 하나님 안으로 넣어지는 문제만이 아니다. 일단 삼일 하나님 안으로 넣어지면 우리는 몸이 된다. 은사주의 운동은 다른 언어들로 말하는 것은 강조하지만, 성령 안의 참된 침례가 몸을 산출하기 위한 것이라는 중점은 소홀히 여긴다. 여러분이 성령 안의 침례에 대한 참된 체험을 가졌다면, 여러분은 몸을 위할 것이다. 여러분은 개인적인 것에 만족하지 못할 것이다. 여러분은 몸을 관심할 것이다. 다른 언어로 말하는 체험 모두가 참된 것은 아니다. 만일 그 체험이 참되다면, 그 사람은 몸을 관심할 것이다. 그 영 안의 참된 침례는 몸을 산출하기 위한 것이다. 몸은 우리가 체험한 침례가 참된 것인지 여부에 대한 확실한 검증이다.

마태복음 13장에 따르면, 씨는 자라서 변화를 가져오며, 변화는 건축의 결과를 낳는다. 무엇이 건축인가? 건축은 몸이다. 비록 내게는 어떤 사람을 비판하려는 의도가 없지만, 나는 다른 언어로 말하는 많은 이들에게 생명의 변화가 없다는 사실을 지적할 수밖에 없다. 나는 중국에서 그러한 사람들을 많이 보았다. 우리는 오순절주의를 우리 교회들에서 세 차례 실행해 보았는데, 그것은 매번 우리의 영적인 계정에서 일종의 차변(借邊) 항목이었다. 우리는 얼마의 대변(貸邊) 항목도 가졌지만, 결국 우리의 영적인 계정은 대변보다 차변이 더 큰 '적자 상태'였다. 우리는 손실을 입었다. 결국 모든 동역자들은 자연스럽게 그 실행을 내려놓기로 결정했다. 우리는 그 '사업'을 더 이상 하지 않기로 했는데, 이것은 그 수익이 빈곤했기 때문이었다. 나는 오순절적인 일들에 아무 이익이 없다고 말할 수는 없지만, 이익보다 손실이 더 크다고 말할 수 있다. 중국에서나 이 나라에서나 나는 '오순절적인' 일들에 의해 야기된 손상을 보았다.

참된 침례에 대한 검증

성령 안의 참된 침례인지는 몇 가지 항목을 통해 점검해 보아야 한다. 그것은 생명 안의 성장, 생명 안의 변화, 생명 안의 건축, 그리고 실지적인 몸의 생활이다. 사탄은 아주 간교하다. 가짜가 분명한 위조 화폐로 여러분을 속이려고 하는 사람은 없을 것이다. 속이려고 하는 이들은 전문가들만이 그 차이를 식별할 수 있는, 진짜 화폐와 매우 흡사한 위조 화폐를 사용할 것이다. 그러므로 최상의 예방책은 화폐를 전혀 받지 않고 금만을 받는 것이다. 여러분은 자신이 진짜와 가짜를 식별할 수 있을 만큼 충분히 영리하다고 생각하지 말라. 우리 중 그렇게 영리한 사람은 거의 없다. 그러므로 장기적으로 교회의 안전을 위해서는 어떤 '화폐'도 받아들이지 않는 것이 더 좋다. 금만 받아들이라. 어떤 이들은 종종 '화폐'를 받아들일 것이다. 그러나 여러분은 그들에게 화폐를 너무 많이 사용하지 말라고 경고해야 한다. 그러지 않으면 그들은 속임을 당할 것이다. 이것은 다른 언어로 말하는 것에 대해서만이 아니라 그 밖의 모든 은사에 대해서도 적용된다. 지식의 은사도 생명 안의 성장과 생명 안의 변화와 생명 안의 건축과 그리고 실지적인 몸의 생활에 의해 증명되어야 한다.

이것은 오늘날의 상황일 뿐만 아니라 주 예수님께서 이 땅에 계셨을 때의 상황이기도 했다. 요한복음 2장은 주님께서 예루살렘에서 많은 기적들을 행하셨으며, 이러한 표적들의 결과로서 많은 사람들이 그분을 믿었음을 우리에게 알려 준다. 그러나 그분은 기적들에 의해 이끌린 사람들에게 자신을 의탁하지 않으셨다. 요한복음 3장에서 니고데모가 왔을 때, 주님은 그에게 거듭날 필요가 있다고 말씀하시면서 그를 생명의 문제로 향하게 하셨다. 그것은 기적의 문제가 아니라 다시 태어나는 문제이다. 니고데모가 주 예수님께 왔을 때, 그의 관념은 지식에 속한 것이었으며 그는 주님을 '랍비'라고 불렀다. "랍비님, 우리는 선생님께서 하나님에게서 오신 분이신 줄 압니다."(2절) 그러나 주 예수님은 그에게 "반드시 다시 나야"(7절) 한다고 말씀하셨다. 그것은 기적이나 지식에 속한 문제가 아니다. 그것은 다시 태어남으로써 새 생명을 받는 문제이다. 각 지방에 있는 교회에게 필요한 한 가지가 있는데, 그것은 생명 및 생명의 성장과 변화와 건축이다. 결국 이 생명이 몸을 산출할 것이다.

침례와 마심

"모두 한 영 안에서 한 몸 안으로 침례 받았고, 또 모두 한 영을 마시게 되었습니다."(고전 12:13) 여기에 또 다른 방면이 있는데, 그것은 곧 영을 마시는 것이다. 그 영 안에서 침례를 받는다는 것은 여러분이 그 영 안으로 넣어진다는 뜻이며, 그 영을 마신다는 것은 그 영께서 여러분 안으로 넣어지신다는 뜻이다. 이것들은 두 방면이다. 한 면으로 우리는 그 영 안으로 넣어져야 한다. 내가 말씀을 전할 때 무언가가 내려와서 나를 덮었던 그날, 나는 그 영 안으로 넣어졌다. 그러나 나는 여전히 그 영을 내 안으로 받아들일 필요가 있으며, 날마다 시간마다 그 영을 마실 필요가 있다. 심지어 매일 물을 마셔야 하듯이 우리는 그 영을 거듭거듭 마실 필요가 있다. 하나님의 왕국인 교회들을 갖는 것은 교리나 지식이나 은사나 기적의 문제가 아니다. 그것은 전적으로 성령을 마시는 문제이다. 기도할 때 여러분은 그 영을 마셔야 한다. 성경을 읽을 때도 역시 여러분은 그 영을 마셔야 한다.

에베소서 6장 17절은 "그 영의 검을 받아들이십시오. 그 영은 하나님의 말씀이십니다."라고 말한다.* 온갖 기도로 하나님의 말씀인 그 영의 검을 받아들이라(18절). 우리는 성경 안의 하나님의 말씀을 단지 흰 바탕 위의 검은 글자로 여겨서는 안 된다. 우리는 그것을 그 영으로 취해야 한다. 요한복음 6장 63절에서 주 예수님은 "내가 여러분에게 한 말이 영이요 생명입니다."라고 말씀하셨다. 그분의 말씀은 영이므로 우리는 그것을 단지 흰 바탕 위의 검은 글자로 읽어서는 안 된다. 우리는 온갖 기도로 하나님의 말씀을 취해야 한다. 이것이 우리에게 성경을 기도로 읽는 것이 필요한 이유이다. 에베소서 6장 17절과 18절은 말씀을 기도로 읽는 것에 대한 성경적인 기초, 성경적인 근거이다. 그 말씀은 온갖 기도로 하나님의 말씀, 곧 그 영인 살아 있는 말씀을 취하라고 우리에게 말한다. 우리는 모든 말씀으로 기도할 필요가 있다. 기도함으로써 우리는 성경의 모든 말씀을 그 영께 속한 것으로 만들 것이다. 그 영을 마신다고 할 때의 의미는

* 영어 〈회복역 성경〉에서는 이 절의 두 문장이 관계 대명사 'which'로 이어지는데, 이 관계 대명사는 그 영을 가리킴—역자 주

바로 이것이다. “오, 주 예수님!”이라고 부르는 것은 그 영을 마시는 것이다. 말씀으로 기도하는 것도 역시 그 영을 마시는 것이다.

우리는 삼일 하나님께서 그 영이시라는 것을 깨달아야 한다. 아버지는 아버지이시고, 아들은 아들이시며, 그 영은 그 영으로서 서로 분리된 인격이라고 생각하지 말라. 이 셋은 모든 것을 포함하신 영이다. 고린도후서 3장 17절은 “주님은 그 영이십니다.”라고 선포한다. 고린도후서 1장 21절과 22절은 우리가 기름부음 받으신 분께 견고하게 붙여졌다고 말한다. 기름부음 받으신 분은 그리스도이시며, 그분은 모든 것을 포함하신 영이시다. 우리는 기름부음 받았고, 도장이 찍혔으며, 보증 곧 보장이 되는 그 영을 받았다. 그 기름부음은 우리가 하나님을 맛보게 한다. 기름부음 받음으로써 우리는 하나님의 본질, 요소를 받아들이며, 도장 찍힘으로써 우리는 하나님의 형상을 갖는다. 또한 보증을 가짐으로써 우리는 하나님을 맛보게 된다. 우리는 하나님의 요소, 하나님의 형상, 하나님에 대한 맛봄을 갖는다. 할렐루야! 이 모든 것은 모든 것을 포함하신 영과 관련되며, 이분은 주님 자신이시다. 모든 것을 포함하신 영에 의해 우리는 하나님으로 충만해지고, 하나님으로 적셔지며, 하나님과 연합한다.

그 결과는 우리가 변화되는 것이다. 이것이 완전히 성취되기 위해서 우리는 얼굴에서 너울이 벗어질 필요가 있다(고후 3:18). 너울이 벗어진다는 것은 덮는 것이 없다는 뜻이다. 여러분이 고린도후서 3장을 읽어 본다면, 거기서 언급된 너울이 흰 바탕에 검은 글자로 쓰인 성경임을 깨닫게 될 것이다. 나는 많은 그리스도인들이 여전히 성경에 의해 가려져 있을까 봐 염려스럽다. 다른 사람들은 그들의 기적적인 체험들이나 기타 체험들에 의해 가려져 있다. 우리에게는 모든 너울이 제거되고 관념이나 아이디어나 선입견이 없는 너울이 벗어진 얼굴이 되도록 주님의 긍휼이 필요하다. 우리는 너울이 벗어져 모든 것을 포함하신 영이신 그분을 응시할 필요가 있다. 그럴 때 우리는 그분의 형상으로 변화될 것이다.

완성

이제 우리는 요한계시록에 있는 수확에 이르렀다. 우리는 마태복음에 있는 씨와 서신서들에 있는 성장을 보았다. 요한계시록에 있는 그 영의 수확은 일곱 영과 일곱 배로 강화되신 영이다. 각 지방에 있는 교회마다 일곱 별을 위해 일곱 배로 강화되신 영이 필요하다. 각 지방에 있는 교회 안에 있는 모든 인도하는 이들은 이 강화되신 영이 필요하다는 것을 깨달아야 한다. 요한계시록 21장 6절에서 주님은 "나는 알파와 오메가요, 시작과 끝이다. 내가 생명수의 샘을 목마른 사람에게 주어 거저 마시도록 하겠다."라고 말씀하셨다. 그 영과 신부는 하나로서 사람들에게, 와서 생명수를 거저 받아 마시라고 말한다(계 22:17). 이것이 오늘날 우리의 필요이다. 형식과 의식과 교리와 은사와 기적은 잊어버리라. 모든 것을 잊어버리고, 와서 생명수를 마시라. 이것이 삼일 하나님 안으로 침례 받는 것과 그 영을 마시는 것의 완성이다.

21

왕국의 원칙들(1)

Principles of the Kingdom (1)

제21장
왕국의 원칙들(1)

성경: 마 8:1-3, 5-13, 9:9-17

마태복음은 특별히 왕국의 문제를 다루는 신약의 책이다. 거의 모든 장의 핵심 항목은 왕국이다. 이에 비해 요한복음은 생명을 강조한다. 이 두 복음서를 비교해 봄으로써 서로 선택하고 제시한 사례들이 전적으로 다르다는 것을 볼 수 있다. 왜냐하면 요한은 생명을 강조한 데 비해 마태는 왕국을 강조하기 때문이다. 복음서도 주 예수님께서 이 땅에 계셨을 때 하신 모든 일을 우리에게 알려 주지는 않는다. 그것은 불가능했을 것이다(요 21:25). 요한은 자신의 복음서에 기록되지 않은 많은 것들을 주 예수님께서 행하셨다고 우리에게 말해 준다. 그가 기록한 사례들은 그리스도께서 사람들의 생명이시라는 것과, 그분께서 생명으로 각 사람의 필요를 채워 주실 수 있음을 보여 준다(20:30-31). 그러나 마태복음의 사례들은 생명을 보여 주는 것들이 아니다. 그것들은 왕국을 보여 준다. 마태복음은 니고데모나 사마리아 여인이나 나사로의 부활을 언급하지 않는다. 이것들은 요한복음에서 발견된다. 왜냐하면 그것들은 그리스도께서 필요가 있는 사람들에게 어떻게 생명이 되시는지를 보여 주는 뛰어난 그림들이기 때문이다. 마태복음은 요한복음이 포함하고 있지 않은 다른 사례들을 담고 있다. 예를 들어, 나병 환자가 깨끗하게 된 것 등이다. 이처럼 마태복음의 사례들은 왕국의 문제를 보여 주는 반면에, 요한복음의 사례들은 생명의 문제를 보여 준다.

마태복음은 사건들이 역사적으로 발생한 순서에 따라 기록되지 않았다. 또 다른 복음서인 마가복음은 주 예수님의 생애에서 발생한 사건들을 역사적인 순서대로 제시하는 기록이다. 다른 한편으로 마태복음은 특별한 그림이나 계시를 제시하기 위하여 다양한 자료들을 함께 모은다. 마태의 목적은 사건들의 연대적인 순서를 제시하는 것이 아니다. 주님의 생애 속에서 더 나중에 일어난 어떤 사건들을 마태는 더 앞서 언급하고, 더 앞부분에서 일어난 어떤 사건들은 나중에 언급한다. 그는 우리에게 하나의 그림을 보여 주기 위해 이렇게 한다. 그 책 전체가 왕국의 그림이다.

마태복음이 보여 주는 왕국의 첫 번째 방면은 왕국의 씨이다. 1장은 왕국의 왕뿐 아니라 왕국의 씨도 제시한다. 주 예수님이 왕이시라는 것은 의심할 바 없지만, 이 왕은 왕국의 씨이시기도 하다. 주 예수님께서 다만 왕이실 뿐이라고 말하는 것은 너무 객관적이다. 우리는 주 예수님께서 왕국의 왕이실 뿐 아니라 또한 씨이시라는 것도 보아야 한다. 이것은 주관적이다. 이 씨는 우리 안으로 심어진 놀라우신 인격이다. 우리가 전에 언급했듯이, 그리스도는 인류의 여러 세대들이 삼일 하나님과 연합한 결과로 나온 분이시다. 그분은 여호와 더하기이시요 하나님 더하기이시다.

마태복음 2장은 계속해서 이 씨를 받기에 합당한 사람들이 누구인지를 보여 준다. 그다음 3장은 왕국의 전파의 시작을 제시한다. 4장에서 우리는 주 예수님께서 왕국 안으로 부르신 사람들이 어떤 유형인지를 본다. 그분은 종교인들을 부르시기 위하여 종교의 중심지나 성전으로 가지 않으셨다. 그분은 학자들이나 제사장들, 율법학자들, 율법사들을 부르지 않으셨다. 오히려 그분은 항구로 가셔서 단순한 어부들인 몇몇 젊은이들을 부르셨다. 삼 년 반 후에 이 젊은 어부들은 이 땅 위에 첫 번째로 나타난 지방에 있는 교회, 곧 예루살렘에 있는 교회의 기둥들이 되었다.

그다음 마태복음 5장부터 7장까지에서 주 예수님께 부름을 받은 이들은 그분을 따라 산 위로 갔다. 거기서 주님은 참된 왕국 생활의 정의를 그들에게 제시하셨다. 이 과정에서 주 예수님은 왕국의 실재를 말씀하셨다. 마태복음에 기록된 왕국을 예시하는 첫 번째 사례가 나오는 8장은 주님께서 산에서 내려오신 이후에 시작된다. 이제 이 첫 번째 사례를 살펴보자.

첫 번째 사례 — 나병 환자

첫 번째 사례는 주 예수님께 와서 깨끗하게 해 주시기를 구했던 나병 환자에 관한 것이다(마 8:1-4). 이 사례가 첫 번째로 언급된 것은 매우 의미가 깊다. 의심할 바 없이, 마태는 의도적으로 그것을 먼저 기록했다. 레위기 13장과 14장에 따르면, 나병 환자가 깨끗하게 되는 것은 상당히 어려운 일이었다. 그러나 마태복음 8장에서는 그것이 아주 쉬웠다. 나병 환자는 다만 와서 주 예수님께 자신을 깨끗하게 해 주시기를 구했으며, 그분은 그렇게 하셨다. 이것은 무엇을 의미하는가? 그것은 왕국에 참여하게 될 모든 사람은 나병 환자라는 것을 의미한다. 여러분은 자신이 나병 환자임을 깨달아야 한다. 우리는 모두 나병 환자들이다. 그러나 할렐루야! 주 예수님은 깨끗하게 된 나병 환자들로 그분의 왕국을 건축하실 수 있다! 주 예수님은 깨끗하게 된 나병 환자들과 함께 그리고 그들로 천국을 세우실 수가 있다. 다른 말로 하면, 그분은 나병 환자들을 하늘에 속한 시민들로 바꾸실 수 있다.

여러분은 자신이 나병 환자라고 속에서 느끼지 않는가? 천국 안으로 들어온 모든 사람이 놀라운 이들이라고 생각하지 말라. 그렇지 않다! 그들은 나병 환자들이다. 여러분은 자신이 나병 환자가 아닌 한 천국에 참여하지 못한다는 것을 깨달을 필요가 있다. 천국은 성도들을 부르지 않고 나병 환자들을 부른다. 이러한 깨달음은 참으로 우리를 겸손하게 할 것이다. 우리는 모두 자신을 낮추고 "주 예수님, 타고난 출생에 의하면 저는 당신의 왕국에 합당하지 않습니다. 본성적으로 저는 부정한 나병 환자입니다."라고 말씀드려야 한다.

주 예수님 외에 어떤 사람도 나병 환자를 깨끗하게 할 수 없다. 우리는 모두 나병 환자들이지만, 그분의 피와 그분의 생명에 의해 깨끗하게 되었다. 레위기 14장에 따르면, 나병 환자를 깨끗하게 하는 데에는 새의 피와 물이 요구되었다. 피는 주 예수님의 피를 나타내며, 물은 그분의 생명을 나타낸다. 우리는 그분의 피와 그분의 생명에 의해 깨끗하게 된다. 고린도전서 6장 9절부터 11절까지에서 부정한 사람들—어떤 의미에서 우리는 그들을 나병 환자들이라고 부를 수 있다—은 왕국을 상속받지 못한다고 말한다. 하지만 우리는 '그러나'를 기억해야 한다. "그러나 여러분은 … 씻어졌고 거룩해졌고 의롭게 되었습니다." 오늘날 주님의 구속에 의해 우리는 더 이상 나병 환자들이 아니다. 우리는 하늘에 속한 왕국의 시민들이다. 마태가 기록한 첫 번째 사례는 천국의 시민들이 깨끗하게 된 나병 환자들이라는 것을 가리킨다.

두 번째 사례 — 백부장

이제 우리는 두 번째 사례에 이르는데, 이것 또한 요한복음에서는 발견되지 않는다. 이번은 자기 종이 병들어 있던 이방인 로마 백부장의 경우이다(마 8:5-13). 백부장은 주 예수님께, 오셔서 자기 종을 치료해 주시기를 구했다. 주 예수님께서 기꺼이 가시겠다고 하시자, 백부장이 이렇게 대답하였다. "주님, 나는 주님을 나의 집에 모실 자격이 없습니다. 다만 말씀만 하십시오. 그러면 나의 종이 낫겠습니다. 나도 권위 아래 있는 사람이고, 내 아래에도 병사들이 있어, 이 사람에게 '가거라.'라고 하면 가고, 저 사람에게 '오너라.'라고 하면 오고, 나의 노예에게 '이것을 하여라.'라고 하면 합니다."(8-9절) 이것은 매우 의미가 깊다. 이것은 백부장이 주 예수님께서 하늘과 땅에 대한 참된 권위를 지니셨음을 인식했다는 것을 가리킨다. 권위에 대한 이러한 사례는 마태복음에서 찾아 볼 수 있는데, 왜냐하면 마태복음이 왕국을 보여 주기 때문이다. 왕국은 주 예수님의 권위이다. 마태복음 끝에서 주 예수님은 "하늘과 땅의 모든 권위가 나에게 주어졌습니다. 그러므로 여러분은 가서, 모든 민족을 나의 제자로 삼아, 아버지와 아들과 성령의 이름 안으로 침례를 주고"(28:18-19)라고 말씀하셨다. 우리는 복음을 전파하러 나갈 때 주 예수님의 권위를 가지고 나가야 한다. 모든 권위가 그분의 손에 있다.

백부장의 사례는 믿음을 예시해 준다. 왕국 안에 있는 사람들은 믿음의 사람들이어야 한다. 믿음이란 무엇인가? 믿음을 정의하기는 어렵다. 히브리서 11장 1절에 믿음의 정의가 있긴 하지만, 그것을 여러 번 읽어도 여전히 믿음이 무엇인지를 이해하지 못할 수 있다. 간단히 말해서, 믿음은 주 예수님의 존재에 대한 깨달음이다. 여러분이 주 예수님을 어떤 방식으로 깨달을 때마다 그러한 깨달음의 결과로 자연스럽게 여러분에게 믿음이 생긴다. 백부장은 주 예수님께 자기 집에 오실 필요가 없다고 말씀드렸다. 왜냐하면 그는 그분께서 최고의 권위이심을 깨달았기 때문이다. 모든 권위가 그분의 손안에 있었다. 그분께서 말씀을 하시면 모든 것이 말씀대로 될 것이다. 이것이 믿음이다. 이것이 주 예수님께서 어떤 분이신지를 깨닫는 것을 보여 주는 예시이다.

왕국 안에 있는 사람들은 먼저 나병 환자들이고, 그다음으로는 믿는 이들이다. 나병 환자라는 것은 부정하다는 것을 의미한다. 믿는 이가 된다는 것은 주 예수님을 믿는 믿음을 가진 사람이 된다는 뜻이다. 한 면으로 우리는 나병 환자들이다. 다른 한 면으로 우리는 주 예수님에 대한 어떤 깨달음을 갖고 있다. 이 깨달음이 믿음이다. 어떤 사람들은 믿기가 어렵다거나 믿음을 갖기가 어렵다고들 말한다. 그러나 사실 여러분이 일단 어떤 것에 대한 깨달음을 가질 때 그것을 안 믿기가 더 어렵다. 믿음을 갖기가 어렵다고 말한다면, 그것은 여러분이 믿음이 무엇인지를 모른다는 뜻이다. 믿음은 어떤 것에 대한 깨달음이다. 여러분이 주 예수님이 어떤 분이신지를 보았거나 깨달았다면, 그분을 믿지 '않기'가 어려울 것이다. 마찬가지로 어떤 이들은 걸려 넘어지기가 쉽다고 말하지만, 실제로 넘어지기는 어렵다. 지난 삼십 일 동안 여러분은 얼마나 많이 넘어졌는가? 나는 수년 동안 넘어지지 않았다. 사실 넘어지기보다 서 있기가 더 쉽다. 여러분이 넘어지려고 해 본다면, 그렇게 하는 것이 어렵다는 것을 발견할 것이다. 마찬가지로 믿음을 갖기란 어렵지 않다. 믿기가 어렵다는 거짓말을 받아들이지 말라. 우리는 모두 "할렐루야! 우리에게 믿는 것은 쉬운 일입니다."라고 선포해야 한다. 믿지 않는 것보다 믿는 것이 더 쉽다. 하늘이 사라지고 땅이 없어진다 할지라도 나는 믿지 않을 수 없을 것이다. 여러분은 자신의 믿음을 포기할 수 있는가? 여러분은 주 예수님을 믿는 것을 그만둘 수 있는가? 여러분이 여러분의 믿음을 포기하고 그분을 믿기를 그만두면서 더 이상 그리스도인이 되지 않으려고 애쓸지라도, 여러분은 결코 그렇게 할 수 없음을 발견할 것이다. 할렐루야! 우리 모두에게 믿음이 있다.

왕국의 시민들은 천연적인 출생으로 말미암은 자격을 가진 사람들이 아니라 믿음에 속한 사람들이다. 우리의 천연적인 출생에서 비롯된 것은 어떤 것도 왕국에 쓸모가 없다. 주 예수님은, 동쪽과 서쪽에서부터 많은 사람이 와서 천국에 있겠지만 왕국의 아들들, 곧 천연적인 출생으로 유대인이 된 이들은 왕국과 무관할 것이라고 하셨다(마 8:11-12). 이것은 천국으로 들어가는 것이 우리의 천연적인 출생에 달린 것이 아님을 보여 준다. 천연적인 출생을 통해 왕국에 들어갈 자격을 얻는 사람은 한 명도 없다. 여러분이 친절한 사람으로 태어났든 거친 사람으로 태어났든, 느린 사람으로 태어났든 빠른 사람으로 태어났든 그것은 중요하지 않다. 여러분이 본래 가지고 있는 것마다 왕국에 관한 한 아무것도 아니다. 여러분은 믿음을 가진 사람이 되어야 한다.

이러한 사례들은 몇 가지 기본적인 원칙을 보여 준다. 나병 환자의 사례는 우리가 모두 부정하다는 것을 예시해 준다. 백부장의 사례는 천연적인 출생에 의해서는 우리가 자격이 없다는 원칙을 포함하여 믿음을 예시해 준다. 유일하게 중요한 한 가지는 믿음이며, 믿음은 주 예수님의 존재에 대한 깨달음이다. 우리가 그분을 앙망하고 그분을 고려하며 그분을 신뢰할수록, 우리는 더 왕국 안에 있게 되며 왕국의 시민들이 된다.

정결하게 된 나병 환자들이나 천연적인 출생에 의해 왕국 안에 참여하지 못한 사람들도 믿음이라 불리는 놀라운 것을 받을 수 있다. 그것은 단순하게 온다. 그것이 어떻게, 어디에서 오는지를 말하기는 어렵다. 아마도 여러분과 여러분의 동료들은 동일한 복음 메시지를 들었을 것이다. 그들은 믿음을 받지 못했으나 여러분은 받았다. 그리고 일단 여러분이 그것을 받아들이면 자신에게서 그것을 제거할 수 없다. 날이 지날수록 그것은 여러분을 괴롭힐 것이다. 여러분은 심지어 그것을 팽개치려고 애쓸지 모르나 그렇게 할 수 없다. 그러한 믿음의 근원은 무엇인가? 사도행전 13장 48절은 믿음을 갖는 것이 우리가 하나님께 미리 정해졌음을 증명한다고 계시한다. 창세전에 하나님은 여러분을 미리 정하시고 여러분을 표시해 두셨다. 여러분이 이러한 믿음에서 피하거나 달아나려고 할지라도 그렇게 할 수 없다. 왜냐하면 여러분은 미리 정해졌기 때문이다. 나는 여러분이 미리 정해졌다는 데에 아무런 의심이 없다. 바로 그 때문에 여러분은 복음 메시지를 들었을 때 믿었던 것이다. 사실 여러분은 태어나기도

전에 선택되었다. 심지어 여러분이 그리스도인의 믿음을 포기하려고 할지라도 여러분은 그렇게 할 수 없을 것이다. 왜냐하면 하나님께서 여러분이 태어나기 전에 여러분을 선택하셨기 때문이다. 따라서 여러분은 믿음을 가지고 있다. 믿음의 근원은 하나님의 미리 정하심이다. 우리는 모두 그러한 믿음을 갖고 있으며, 우리는 모두 왕국의 시민들이다. 천연적인 출생에 의해서는 우리 중 그 누구도 왕국 안으로 들어갈 자격을 갖지 못할지라도 우리는 믿음에 의해 들어갈 수 있다. 우리는 믿음에 의해 천국 시민들이 되었다.

세 번째 사례 — 세리

마태복음 9장의 세리는 왕국을 추가적으로 예시해 주는 사례이다. 9절은 마태가 세리, 즉 세금을 거두는 이로서 로마 제국주의자들을 위하여 세금을 거두었던 유대인이었음을 말한다. 그러한 세리들은 유대인들에게 멸시를 받았다. 왜냐하면 그들은 유대 민족에게 해를 입히면서 로마 제국주의자들에게 협조하고 있었기 때문이다. 마태는 그러한 사람이었다. 영적으로 말하자면, 그는 깨끗하게 된 나병 환자였다. 비록 그의 타고난 상태는 나병 환자의 상태였을지라도 그는 믿음을 받아들였다. 나병은 나가고 믿음이 왔으므로, 주 예수님은 그와 함께 잔치하려고 가셨다. 10절에 언급된 잔치는 누가복음 5장 29절의 큰 잔치로서 마태가 준비한 것이었다. 마태는 자신이 왕국 안으로 들어간 것을 축하하기 위하여 큰 잔치를 벌였다. 이것은 확실히 그럴 가치가 있는 축하연이었다. 왜냐하면 세리가 왕국 안으로 들어갔기 때문이다. 주 예수님께서 잔치를 누리고 계셨을 때, 너무도 많은 규례를 가지고 있던 종교인들은 그것을 못마땅하게 여겼다. 구(舊) 종교인들인 바리새인들의 제자들과 신(新) 종교인들인 침례자 요한의 제자들 모두가 언짢아했다(마 9:11-14). 그들은 모두 마음이 상했다. 왜냐하면 주 예수님께서 세리들과 죄인들로 더불어 잔치하고 계셨기 때문이다. 그러므로 주 예수님은 그들에게 강건한 사람에게는 의사가 필요하지 않으나, 병든 사람에게는 필요하다고 말씀하셨다. 그분은 또한 그분이 긍휼을 원하고 희생 제물을 원하지 않는다고 하셨는데, 왜냐하면 그분께서 의인을 부르러 오신 것이 아니라 죄인을 부르러 오셨기 때문이다(10-13절).

그때에 요한의 제자들 또한 주님께 "우리와 바리새인들은 자주 금식하는데, 왜 선생님의 제자들은 금식하지 않습니까?"라고 질문하였다. 주님은 그들에게 놀라운 방식으로 답변하셨다. "신랑의 친구들이 신랑과 함께 있는 동안 슬퍼할 수 있습니까?"(마 9:15) 신랑은 항상 매우 즐거운 사람이다. 왕국의 씨로서 주 예수님은 구주이시고 주님이시며 왕이실 뿐만 아니라 또한 신랑이시다. 그분은 매우 즐거우시다. 사람들이 결혼식 날에 특별히 신랑이 있는 데서 금식한다면 얼마나 이상하겠는가? 그것은 신랑 자신에게 일종의 모욕과 수치가 될 것이다. 신랑의 면전에서 우리는 즐거워해야 한다. 우리가 즐거워할수록 신랑은 더 행복해질 것이다. 우리는 모두 주님을 누릴 필요가 있다.

첫 번째 사례인 나병 환자는 깨끗하게 됨을 의미하며, 두 번째 사례인 백부장은 천연적인 출생과 대립되는 믿음을 의미한다. 세 번째 사례인 세리는 왕국 안에 있는 사람들의 누림을 나타낸다. 일단 우리가 깨끗하게 되고 믿음을 받아들이면, 우리는 우리의 신랑이신 주 예수님과 더불어 잔치해야 한다. 우리는 가장 즐거운 분이신 그분을 누려야 한다.

결혼 예복과 새 포도주

주 예수님은 신랑이실 뿐만 아니라 결혼 예복이시기도 하다(마 9:16). 우리가 합당한 예복을 입지 않는 한 그분과 잔치할 수 없다. 그분 자신이 우리의 새 예복이시다. 그분은 또한 우리를 내적으로 채우는 새 포도주이시기도 하다(17절). 이렇게 그분은 밖으로는 새 예복이시고, 안으로는 새 포도주이시다. 우리를 덮는 새 예복으로서 그리스도는 우리의 의이시며, 우리를 채우는 새 포도주로서 그리스도는 우리의 생명이시다. 그분은 우리가 누리는 우리의 신랑이시며, 그분은 또한 우리가 그분을 누리게 하는 자격이시기도 하다. 그분은 우리가 그분을 감상하고 누리는 데 필요한 새 의복이시고, 새 힘 곧 내적인 에너지이시다. 그리스도는 또한 포도주를 보존하는 새 가죽 부대, 곧 합당한 교회생활이시다. 우리는 나병 환자들이었지만 주 예수님의 피와 생명에 의해 깨끗하게 되었다. 우리는 믿음을 받아들였고 그분을 믿는다. 이제 우리는 우리의 즐거운 신랑이신 그분과 함께 잔치하고 있다.

22

왕국의 원칙들(2)

Principles of the Kingdom (2)

제22장

왕국의 원칙들(2)

성경: 마 10:16-22, 34-39, 11:11-12, 18-19, 25-27, 28-30

마태복음 8장을 기점으로 왕국과 관련된 원칙들을 예시로 보여 주는 몇 가지 사례들이 있다. 우리는 세 가지 사례들을 이미 다루었는데, 그것들은 매우 의미가 깊다. 첫 번째 사례는 우리가 나병 환자들이지만, 나병에서 깨끗하게 되었음을 보여 준다. 두 번째 사례는 우리가 믿음으로 왕국에 들어간다는 것을 계시해 준다. 세 번째 사례는 이제 우리가 우리의 신랑이신 분을 누릴 필요가 있음을 우리에게 말해 준다. 나병은 사라졌고 누림을 위해 믿음이 왔다. 이것이 왕국 생활이다.

나병 환자는 사탄에 의해 부패된 사람을 대표한다. 하나님께서 창조하신 사람은 깨끗하고 순수했다. 하나님은 사람을 포함하여 그분이 만드신 모든 것을 보시고서 "참으로 매우 좋았다."(창 1:31)라고 말씀하셨다. 그러나 하나님께서 그분의 왕국을 세우기 위하여 육체로 오셨을 즈음에는(요 1:14) 사람이 나병 환자가 된 상태였다. 나병은 사람이 반역자 사탄에 의해 총체적으로 부패했음을 상징한다.

마태복음은 왕국을 계시하면서, 씨이신 놀라운 분에 대한 모든 것을 포함한 그림을 우리에게 제시해 준다. 그분은 그분의 원수를 처리하시고 그분의 왕국을 세우시기 위하여 육체를 입으시고 사람이 되신 하나님이시다. 하나님의 의도는 인성으로 그분의 왕국을 세우시는 것이며, 이 목적을 위하여 그분은 사람을 창조하셨다. 하나님은 사람이 온 땅을, 특히 기어 다니는 온갖 것을 통치하도록 그분 자신의 형상대로 사람을 창조하셨다(창 1:26-28). 사탄인 뱀은 기어 다니는 것들에게 속한다. 하나님께서 그분의 왕국을 세우시도록, 사람이 땅을 정복하고 원수를 굴복시키며 하나님의 권위를 회복하는 것이 하나님의 갈망이다.

그러나 사탄은 하나님께서 창조하신 사람을 부패시켜 그를 나병 환자로 만들었다. 구약의 예표들에 따르면, 나병 환자보다 더 더럽혀지거나 부패되거나 황폐하게 된 사람은 없다. 나병은 사탄이 사람을 부패시키기 위하여 행하는 그의 총체적인 일을 상징한다. 나병의 이 의미를 기억하라. 하나님께서 육체가 되어 오셨을 때, 하나님에 의해 창조되었던 사람은 완전히 부패하여 나병 환자가 되어 있었다. 그러나 사탄이 아무리 사람을 부패시키고 황폐하게 했을지라도, 하나님은 나병 환자들을 깨끗하게 하시고 회복하실 수 있다. 이것이 바로 주님께서 하신 일이다. 여러분이 레위기 14장을 읽어 본다면, 어떻게 피와 물이 나병 환자를 깨끗하게 하는 데 사용되었는지를 볼 수 있다. 주 예수님께서 십자가에서 죽으셨을 때 그분의 옆구리에서 피와 물이 나왔다(요 19:34). 피는 구속을 상징하며, 물은 생명을 상징한다. 그분은 그분의 피와 생명으로 우리를 회복하셨다. 이것은 지극히 놀라운 계시이다! 그분의 구속을 통해 우리의 나병이 사라졌다. 우리의 황폐함과 부패함이 사라졌다.

부패함이 사라지고 믿음이 왔다. 천연적인 출생에 의하면 우리는 이방인들이며, 따라서 왕국에 참여할 자격이 없다. 그러나 우리는 믿음을 가질 수 있다. 믿음은 놀라운 대상을 깨달음으로 온다. 깨달을 대상이 없다면 믿음은 공허하다. 믿음은 대상이 필요하다. 우리의 믿음의 대상은 모든 권위를 가지신 분, 자신 안에서 최고의 권위이신 분인 놀라우신 주 예수님이다. 믿음에 의해 그런 놀라운 분을 깨달을 때 우리는 자연스럽게 왕국에 들어간다.

원수로 말미암은 부패는 깨끗하게 제거되었고, 놀랍고도 비밀스러운 믿음이 우리 안으로 들어왔다. 일단 우리에게 이 믿음이 있으면, 우리는 주 예수님과 함께 앉아 잔치할 것이다. 그분은 우리의 잔치이시다. 또한 그분은 우리의 신랑이시고 가장 즐거운 사람이시며, 또 우리의 새 옷과 새 포도주로서 우리가 그분을 누리기 위한 자격과 에너지가 되신다. 그리스도는 심지어 우리의 교회생활, 곧 새 가죽 부대이시다. 우리는 다만 그분을 누릴 필요가 있다.

우리는 요한이 선정한 사례들과 마태가 선정한 사례들 사이의 차이를 상기할 필요가 있다. 요한복음에 있는 사례들은 생명과 관련되며, 마태복음에 있는 사례들은 왕국의 여러 측면을 예시로 보여 준다. 왕국 생활은 나병이 깨끗하게 되었고, 그리스도를 누리도록 믿음이 왔음을 의미한다.

성경은 매우 심오하다. 어떤 사람의 생각으로도 그러한 책을 쓸 수 없다. 성경은 매우 간단하게 구성되었지만 거기에 담긴 계시는 심오하다. 주 예수님은 심지어 하나님의 칭호, 곧 '아브라함의 하나님, 이삭의 하나님, 야곱의 하나님'에서 부활이라는 항목을 계시하기도 하셨다. 이렇게 간단한 하나님의 칭호가 죽은 이들의 부활을 암시하고 있다. 비록 성경에 기록된 이야기들은 단순해 보이지만, 그것들 안에 담긴 계시들이 뜻하는 바는 매우 심오하다.

인간 문화는 왕국과 반대됨

마태복음 10장은 왕국의 또 다른 원칙을 계시한다. 비록 우리의 나병이 깨끗하게 되었고, 우리가 그리스도를 누리도록 믿음이 여기에 있지만, 우리는 인간 문화가 하나님의 왕국과 대척점에 있다는 것을 깨달아야 한다. 인간 문화를 이루는 주된 요소들은 종교와 정치와 가정생활이다. 인간 문화는 인류의 최고 발명품이다. 그러나 우리는 사탄이 교묘한 방법으로 인간 문화를 이용하여 하나님의 왕국을 반대한다는 것을 깨달아야 한다. 여러분은 죄 있는 것들만이 왕국과 반대된다고 생각할지 모르지만, 성경에 따르면 죄 있는 것들은 인간 문화만큼 하나님의 왕국을 반대하지 않는다. 인간 문화는 사탄의 요새가 되었다. 사탄은 인간 문화를 장악하여, 그것을 자신의 왕국으로 이용하고 있다. 인간 문화는 사탄의 왕국의 기초이자 대부분을 이룬다. 우리에게는 이런 사실에 대한 계시가 필요하다.

마태복음 8장과 9장은 놀라운 그림을 제시한다. 사탄이 아무리 사람을 황폐하게 하고 부패시켰을지라도, 주 예수님은 인간 문화를 일소하시려고 오셨다. 그분께서 나타나심으로써 나병은 사라지고 믿음이 왔다. 주 예수님을 볼 때 믿음이 온다. 우리가 그분을 볼 때 믿음을 갖게 되며, 이 믿음에 의해 그분을 누린다. 하지만 이 지점에서 주 예수님은 가정과 종교와 정치로 구성된 인간 문화의 반대에 대해 왕국 백성인 우리에게 경고하시는 지혜를 보이셨다.

마태복음 10장 16절부터 22절까지에서 주님은 그분이 왕국 백성을 보내시는 것이 양을 이리들 가운데로 보내시는 것과 같다고 하셨다. 계속해서 그분은 그들이 공회에 넘겨지고 회당에서 채찍질을 당할 것이라고 하셨다. 공회(산헤드린)는 그 당시 유대교의 가장 강력한 기구였으며, 회당은 유대인들이 모여 하나님께 경배하던 장소였다. 그러나 이 회당에서 왕국 백성이 채찍질을 당할 것이다. 이것은 종교인들이 왕국 백성을 박해할 것임을 계시해 준다.

주님은 또한 그들이 총독들과 왕들 앞에 끌려갈 것이라고 말씀하셨다. 총독들과 왕들은 분명 정치인들을 가리킨다. 이 절들은 종교와 정치가 모두 하나님의 왕국에 반대됨을 우리에게 알려 준다. 왜 그것들이 하나님의 왕국에 반대되는가? 이것은 그것들이 자체의 왕국을 갖고 있기 때문이다. 종교는 종교인들을 위한 왕국이고, 정치는 정치인들을 위한 왕국이다. 헤롯왕은 주 예수님의 출생 소식을 들었을 때 당황하였는데, 이것은 그가 자신의 왕국을 잃어버릴까 봐 두려워했기 때문이다. 오늘날도 동일한 상황이다. 인간 문화 전체가 왕국과 대척점에 있다. 그렇게도 왕국을 반대한 종교는 어떤 종교였는가? 그것은 이방 종교가 아닌 전형적인 종교인 유대교였다. 성전에서 그리고 회당에서 하나님께 경배했던 사람들이 왕국 백성을 박해한 사람들이었다. 우리가 인간 문화와 종교에 맞추어 나간다면, 우리는 환영받을 것이고 박해를 당하지 않을 것이다. 그러나 우리가 주님의 왕국을 위한다면 종교가 우리를 반대할 것이다. 주 예수님과 사도들이 이 땅에 있었을 때의 상황이 그러했다. 우리가 주님의 왕국에 대하여 진지하다면, 우리는 오늘날 동일한 반대를 경험할 것이다.

주님은 종교와 정치에 대하여 말씀하신 후에 가족에 대하여 언급하셨다(마 10:21). 주님은 아버지와 아들, 어머니와 딸, 그 밖의 가족 관계에 대하여 말씀하셨다(35-37절). 여러분의 친척들 모두가 왕국에 대하여 우호적이지는 않을 것이다. 상황은 그때나 지금이나 동일하다. 오늘날에는 사람들이 그때보다 더 나아졌다고 생각하지 말라. 문명화된 사람들이 비문명화된 사람들보다 훨씬 더 모질고 더 심할 수가 있다. 나는 여러분에게 가정생활을 엉망으로 하라거나 여러분의 아버지를 대적하라거나 여러분의 아내를 박해하라고 격려하는 것이 아니다. 여러분이 주님의 말씀을 주의 깊게 읽어 본다면, 왕국 백성은 박해하는 사람들이 아니라 박해받는 사람들이 되어야 함을 볼 것이다. 우리는 원수가 되어서는 안 되고 박해하는 사람이 되어서도 안 된다. 우리는 박해받는 사람들이 되어야 한다. 우리는 피할 수 있다면 피해야 하지만, 그럴 수 없는 상황이라면 고난을 겪어야 한다. 성경의 다른 부분에 따르면, 우리는 반대자들과 박해하는 사람들을 위해 기도해야 한다(마 5:44). 우리는 그들을 사랑해야 하며, 그들이 우리와 동일한 사람들이 되도록 기도해야 한다. 주로 우리는 이 원칙, 즉 인간 문화 전체가 하나님의 왕국을 반대한다는 것을 깨달아야 한다.

우리는 이로 인해 괴로워해서는 안 된다. 왜냐하면 인간 문화의 반대는 우리가 우리의 그릇에 담을 여분의 기름을 구입할 수 있는 '주유소'가 될 수 있기 때문이다(마 25:9). 이것은 우리가 기회를 붙잡아 우리의 혼생명을 잃어버리는 대가를 지불한다는 뜻이다(10:38-39). 우리가 지불해야 할 대가는 우리의 혼생명이다. 때로 어떤 남편은 왕국에 사로잡히지만 그의 아내는 인간 문화의 일부로 남아 있다. 그럴 경우에 남편은 자신의 혼생명을 잃어야 한다. 주 예수님은 이 문제들에 대하여 분명히 말씀하셨다. 그분은 결코 우리를 속이지 않으셨다. 그분은 화평을 주러 오신 것이 아니라 칼을 주러 오셨다고 말씀하셨다(10:34).

주 예수님은 모든 제사장들을 포함하여 유대교에 문제가 되셨다. 그리고 그분은 처음에는 열두 명, 그다음에는 칠십 명의 많은 '말썽꾸러기들'을 일으켜 내보내시어 그들이 더 많은 문제를 일으키게 하셨다. 각 지방에 있는 교회들 안에 있는 우리가 주님의 왕국과 관련해 그분께 진지하다면, 그리고 우리가 왕국에 대해 신실하다면, 우리는 오늘날의 기독교에게 더 많은 문제를 일으킬 것이다. 왜냐하면 오늘날의 기독교는 인간 문화를 이루는 한 부분이 되었기 때문이다. 기독교는 현대 문화의 유력한 한 요소이기 때문에 하나님의 왕국을 강력하게 반대하는 것이 된다. 각 지방에 있는 교회와 기독교 사이에는 조화란 것이 있을 수 없다. 각 지방에 있는 교회가 왕국 안에서 또 왕국으로서 계속 나아갈수록, 우리는 인간 문화에 더 많은 문제들을 일으킬 것이다. 우리는 모두 이것을 깨달을 필요가 있다. 이것은 마태복음에 계시된 왕국의 많은 원칙들 중의 하나이다.

왕국을 맹렬히 탈취함

이제 더 많은 왕국의 원칙들을 보기 위해 11장으로 나아가자. 이 장에 계시된 원칙들 중의 하나는 우리가 하나님의 왕국에 대한 모든 반대에 대항하여 맹렬해야 한다는 것이다(12절). 우리는 그렇게 점잖지 않아야 한다. 그렇지 않으면 우리는 왕국에 들어갈 수 없을 것이다. 우리는 왕국을 위하여 맹렬해야 한다. 예를 들어, 내가 문을 통하여 들어갈 때 저항하는 것이 없다면, 나는 신사처럼 점잖게 걸어 들어갈 것이다. 그러나 어떤 원수들이 내가 못 들어가도록 막으려고 한다면, 나는 맹렬해야 하며 들어가기 위하여 힘을 사용해야 한다. 주님께서 과도기였던 침례자 요한의 사역의 때에 대해 말씀하셨을 때, 그분의 염두에 있었던 것은 이것이다. 그 기간은 구약 시대도 신약 시대도 아니었다. 요한은 "회개하십시오. 천국이 가까이 왔습니다."라고 말하면서 왕국을 선포했다. 이러한 선포를 함으로써 그는 강한 반대를 불러일으켰다. 주 예수님께서 나타나셨을 때, 그분은 동일한 메시지를 선포하셨다. 이렇게 왕국을 전파하심으로써 종교인들에게서 반대가 야기되었다. 왕국에 대한 주된 반대는 유대교로부터 왔다. 바리새인들과 사두개인들과 제사장들은 누군가가 왕국 안으로 들어가는 것을 반대했기 때문에, 그 당시에 왕국 안으로 들어가기란 매우 어려웠다. 그들은 반대함으로 말미암아 왕국의 원수들이 되었다. 비록 침례자 요한과 주 예수님께서 입구를 가리키시고 심지어 그 문을 여시기까지 했지만, 유대교 사람들은 일어나 반대했다. 여러분이 그 당시에 왕국 안으로 들어가기를 원했다면, 여러분은 맹렬해야 했다.

오늘날에도 동일한 원칙이 적용된다. 여러분이 합당한 교회생활 안으로 들어가기를 원한다면, 적어도 약간 맹렬할 필요가 있다. 왜냐하면 반대자들과 비판자들과 원수들이 여러분을 못 들어가게 하려고 싸우고 있기 때문이다. 그들은 여러분을 좌절시키려고 온갖 시도를 할 것인데 여러분은 어떻게 하겠는가? 여러분은 맹렬해야 한다! 우리의 현 상황은 요한의 전파 후에 야기되었던 상황과 상당히 동일하다. 요한이 와서 왕국을 선포했을 때, 즉시 바리새인들과 사두개인들과 율법학자들과 제사장들이 반대하려고 일어났다. 주님의 말씀에 따르면, 그 당시 왕국에 들어가는 사람마다 맹렬해야 했다. 여러분은 오늘날의 상황은 다르다고 생각하는가? 동일한 상황이다. 각 지방에 있는 교회라는 항목이 이 나라에서 선포되었으므로 반대가 야기되었다. 나는 거칠어지라고 하는 것이 아니며, 여러분에게 억세고 사나워지라고 가르치는 것도 아니다. 나는 여러분이 사나워지기를 원하지는 않지만, 여러분이 하나님의 왕국을 위하여 맹렬해지기를 기대한다.

외적인 규정들이 없음

계속해서 침례자 요한과 관련된 왕국의 또 다른 원칙을 보기로 하자. 침례자 요한에 대하여 말씀하실 때 주 예수님은 다음의 원칙을 세우셨다. 즉 종교에서와는 달리 왕국 안에는 아무런 규정이 없다는 원칙이다. 유대교에는 먹고 마시는 것에 대한 많은 규정들이 있다. 침례자 요한이 와서 정상적인 방식으로 먹고 마시지 않으므로 사람들은 그가 귀신이 들렸다고 하였다. 주 예수님께서 오셔서 먹고 마시셨을 때, 그들은 그분을 탐식가요 술꾼이라고 했다(마 11:19). 그들은 침례자 요한이 먹지도 않고 마시지도 않으니 귀신 들렸다고 했고, 주 예수님은 먹고 마시셨으므로 탐식가라고 했다. 여러분은 어느 것이 옳으냐고 물을지 모른다. 먹어야 하는가, 먹지 말아야 하는가? 마셔야 하는가, 마시지 말아야 하는가? 유대교는 이러한 것들과 관련한 많은 규정들이 있지만, 왕국 안에는 그러한 규정들이 없다. 그러나 이것은 거기에 느슨함이 있다는 뜻이 아니다. 오히려 왕국 안에는 지혜의 자녀들이 있다. 지혜는 자기 자녀들로 말미암아 의롭다는 것이 밝혀진다(참조 마 11:19 각주 4). 모든 왕국 백성은 지혜의 자녀들이다. 지혜는 무엇이며 누가 지혜인가? 그리스도께서 지혜이시며, 우리는 그분의 자녀들이다. 그러므로 그것은 더 이상 외적인 규정의 문제가 아니며 속생명의 문제이다. 우리는 외적으로 규제받지 않는다. 우리는 그리스도의 생명에 의해 내적으로 통제받으며 지시받는다. 왕국에는 외적인 규정들이 없다. 왜냐하면 왕국 백성은 그리스도의 생명을 가진 지혜의 자녀들이요 하나님의 자녀들이기 때문이다.

어린 아기들에게 계시된 왕국

마태복음 11장 25절부터 27절까지는 또 다른 기본 원칙을 계시하는데, 그것은 왕국이 전적으로 신성한 계시의 문제라는 것이다. 침례자 요한에 대하여 말씀하신 후에 주님은 아버지께 말씀드리셨다. 25절은 “그때에 예수님께서 대답하셨다.”라는 말로 시작한다. 이것은 아주 흥미롭다. 여러분의 기도가 하나님께 드리는 응답인 적이 있는가? 여러분은 하나님께 응답함으로 여러분의 기도를 시작한 적이 있는가? 25절에서 그리스도는 하나님께 응답하심으로 그분의 기도를 시작하셨다. “하늘과 땅의 주님이신 아버지! 아버지께서 이러한 일들을 지혜롭고 총명한 사람들에게는 숨기시고, 어린 아기들에게 계시하셨으니, 아버지를 높이 찬양합니다.” 이것은 놀랍다! 이 절들에 있는 주님의 기도는 아버지에 대한 응답으로 시작했다. 주 예수님께서 사람들과 대화를 나누고 계셨을 때, 하늘에 계신 아버지께서 그분에게 이런 질문을 하신 것 같다. “아버지 하나님이 왕국을 지혜롭고 총명한 사람들에게는 숨긴다는 말이냐?” 주님은 “그렇습니다. 아버지, 바로 그것입니다."라고 응답하셨다. 여기에서의 원칙은 우리가 결코 우리의 지혜나 총명을 사용해서는 안 된다는 것이다. 왕국 생활에서 우리는 자신의 지혜와 총명을 잊어버려야 한다. 왕국은 우리가 지혜롭거나 총명한 문제가 아니다. 우리가 자신을 지혜롭거나 총명하다고 생각한다면, 왕국에 관한 한 우리는 끝났다. 우리는 어린 아기들과 같아야 한다. 우리가 어린 아기들같이 된다면 계시를 받을 것이다. 하나님은 지혜롭고 총명한 사람들에게는 왕국을 숨기시지만 어린 아기들에게는 그것을 계시하신다. 그러므로 여러분의 지혜나 지성이나 총명함을 사용하지 말라. 여러분이 자신의 지식을 신뢰하는 한, 여러분은 왕국과 관련해서 끝났다. 우리 모두는 오늘날 각 지방에 있는 교회 안에서 어린 아기들이 되어야 한다. 우리가 지혜롭고 총명한 사람들이 된다면, 우리는 더 이상 왕국 생활에 참여하거나 그리스도에 대한 누림에 참여할 수 없다. 왕국 생활은 우리에게는 감추어진 것이 될 것이다. 우리는 어린 아기들과 같아야 한다. 그럴 때 우리는 계시를 받을 것이다.

이 계시는 무엇인가? 그 계시는 왕국이 다름 아닌 하나님의 아들이라는 것이다(마 11:27). 이 절은 왕국에 대한 계시가 바로 하나님의 아들 예수 그리스도에 대한 계시임을 우리에게 알려 준다. 여러분이 종교적으로 지혜롭고 총명하다면, 결코 왕국의 계시를 받을 수 없을 것이다. 왕국은 주 예수님에 대한 하늘에 속한 계시이다. 여러분이 이 계시를 받는다면, 여러분은 그처럼 풍성한 방식으로, 맛보는 방식으로, 생명의 방식으로 그분을 알 것이다. 교회생활 안에서 우리는 단지 그분에 대한 교리가 아니라 주 예수님에 대한 이상을 지속적으로 가져야 한다. 놀라우신 주 예수님이 왕국의 내용이시다. 마태복음 11장 27절은 우리에게 왕국 생활에 대한 계시를 준다. 우리가 20절로 시작하는 문맥을 고려해서 이 절을 읽어 본다면, 그것이 왕국 생활에 대한 계시임을 보게 될 것이다. 왕국 생활에 대한 계시는 아버지와 함께하시는 아들에 대한 계시이다.

여러 해 전에 나는 몇몇 뛰어난 교사들의 영향을 받으며 성경을 연구했다. 그러나 더 가르침을 받을수록 나는 더 주 예수님을 모르게 되었다. 어느 날 주님께서 나를 각 지방에 있는 교회로 이끄셨다. 얼마 되지 않아 나는 주 예수님을 알게 되었다. 교리적인 방식이 아니라 살아 있는 방식으로, 생명과 맛봄과 누림의 방식으로 알게 되었다. 비록 내가 이 길에 있어 온 지 사십 년이 넘었지만, 각 지방에 있는 교회 안에서 내게 계시된 그리스도에 대한 누림은 고갈될 수 없다. 그럼에도 불구하고 나는 몇몇 사랑스러운 이들이 종교적인 방식으로 지혜롭고 총명한 채로 있을까 봐 염려된다. 그렇다면 그들은 그리스도에 대한 참된 지식을 얻지 못할 것이며, 그분을 참되게 누리지 못할 것이다. 우리는 왕국의 계시가 어린 아기들에게 주어진다는 이 원칙을 따를 필요가 있다.

지금까지 마태복음 11장에서 다루었던 원칙들을 복습해 보자. 첫째, 인간 문화의 반대 때문에 왕국은 맹렬하게 탈취되어야 한다. 둘째, 왕국은 외적인 규정의 문제가 아니다. 왕국 생활은 그리스도의 생활이므로 우리는 어떤 외적인 규정을 표준으로 삼아서는 안 된다. 셋째, 우리가 왕국 생활을 위하여 왕국 안에 남아 있다면, 우리는 우리의 지혜와 총명을 잊어버려야 한다. 종교적으로 지혜롭고 총명하게 되는 것은 두려운 것이다. 우리는 어린 아기들처럼 매우 단순하고 단일해야 한다. 그럴 때 우리는 다른 사람이 알 수 없는 주 예수님을 알게 될 것이다. 우리는 또한 아버지를 알게 될 것이다. 아버지와 더불어 아들은 우리의 누림이 되실 것이다.

안식의 생활

왕국의 또 다른 원칙은 마태복음 11장 28절부터 30절까지에 있다. 일단 우리가 우리의 지혜와 총명을 잃어버릴 때, 우리는 주 예수님을 알게 될 것이며 그분에 대한 참된 누림을 가질 것이다. 그 후에 우리는 안식을 갖게 될 것이다. 왕국 생활은 누림의 생활일 뿐 아니라 안식의 생활이기도 하다. 여러분이 마태복음 11장에 계시된 처음 세 가지 원칙들을 적용한다면, 여러분의 모든 짐이 내려질 것이다. 여러분이 지혜롭고 총명해지려 한다면, 여러분은 무거운 짐을 질 것이다. 여러분은 짐을 내려놓을 필요가 있다. 누가 가장 무거운 짐을 진 사람들인가? 지혜롭고 총명한 사람들과 종교적인 사람들과 문명화된 사람들이다. 그 반대로 왕국 백성은 짐을 내려놓은 사람들이다. 형제자매들이여, 여러분은 짐을 내려놓았는가 아니면 지고 있는가? 여러분이 종교적으로 지혜롭고 총명한 대신에 단순하고 단일하다면, 여러분은 짐을 내려놓고 안식할 것이다. 여러분이 진 멍에는 매우 편할 것이다. 이것이 왕국 생활이다. 왕국 생활은 잔치하는 생활이고 누리는 생활이며 안식하는 생활이다.

여러분이 안식을 잃어버릴 때마다, 그것은 여러분이 왕국 생활을 체험하고 있지 못함을 가리킨다. 여러분이 왕국 생활 안에 있지 않을 때마다, 여러분은 분명히 무거운 짐을 질 것이다. 여러분의 멍에는 노예 됨의 멍에일 것이다. 그러나 여러분이 종교적인 지혜와 총명을 떨쳐 버리고 단순하게 되는 원칙을 실행한다면, 여러분은 즉시 짐을 벗을 것이다. 여러분은 자유롭고 해방될 것이며 완전히 안식할 것이다.

때때로 사람들이 내게 와서 이렇게 묻는다. "리 형제님, 형제님은 많은 짐이 있는데 어떻게 그것들을 견뎌 내실 수 있습니까?" 그럴 때 나는 이렇게 답변한다. "형제님들, 나에게는 아무런 짐도 없습니다. 나는 다만 약간의 일을 할 줄 알 뿐입니다. 일을 한 후에 나는 집에 가서 쉽니다." 이것이 왕국 생활이다. 약간의 일은 있으나 짐은 없다. 멍에가 있으나 그 멍에는 편하다. 사실상 그 멍에 또한 일종의 안식인데, 왜냐하면 그것이 없이는 우리가 주님의 길에서 떨어져 나갈 수도 있기 때문이다. 만일 우리가 주님의 길에서 떨어져 나가려고 시도한다면, 거기에 멍에가 있음을 발견할 것이다. 이것이 왕국 생활이다.

이 모든 것과 원칙들을 주님께 가져가고 이 모든 절을 가지고 기도하라. 주님께서 직접 무언가를 더 계시해 주실 것이다. 여러분은 왕국 생활을 알게 될 것이다.

마태복음은 왕국에 관한 책이다. 우리의 나병은 없어졌고, 믿음은 여기에 있다. 우리는 누리며 안식하고 있다. 종교인들이 박해하는 일을 하도록 내버려 두고, 원수들이 반대하는 일을 하도록 내버려 두라. 우리는 탈취함으로 왕국에 들어가기 위해 맹렬해야 한다. 우리에게는 외적인 규정들이 없으며, 또 아무런 짐이 없는데, 이것은 우리가 우리의 종교적인 지혜나 총명을 사용하지 않기 때문이다. 우리는 단순하다. 우리는 다른 사람들이 우리에 대해 무어라고 말하는지 주의하지 않는다. 우리는 다만 그리스도 안에 있는 안식을 관심한다. 우리가 무겁게 눌려 있을 때 사탄은 기뻐한다. 그러나 우리가 안식할 때 그는 두려워서 떤다. 이것이 왕국 생활이다.

23

왕국의 원칙들(3)

Principles of the Kingdom (3)

제23장

왕국의 원칙들(3)

성경: 마 12:1-8, 15-21, 28, 38-42, 16:1, 4

마태복음 12장은 왕국에 대해 몇 가지 추가적인 원칙들을 계시한다. 여러분은 12장의 처음 몇 마디를 주의해 본 적이 있는가? 12장은 '그때에'라는 말로 시작한다. 동일한 구가 "그때에 예수님께서 대답하셨다."로 시작하는 11장 25절에 사용된다. 마태복음 12장 1절에 언급된 때는 어떤 때인가? '그때에'라는 구는 주 예수님께서 안식에 들어가는 길을 계시하셨을 때를 가리킨다. 성경의 원본에는 장이나 절이나 단락이나 구두점이 없었다. 따라서 11장과 12장은 구분되지 않았다. '그때에' 주 예수님은 아버지께 대답하셨고 기도하셨으며, '그때에' 그분은 제자들을 밀밭으로 데려가셨다. '그때에'라는 말은 대단하지 않은 말일지 모르나 매우 중요한 어떤 것을 가리킨다. 그때에 주 예수님은 그분의 제자들에게, 안식을 발견하는 길과 왕국 안에서 안식이신 그분을 누리는 길을 계시하셨다. 9장에서 우리는 주님을 우리의 잔치로 누리는 길을 가지며, 11장과 12장에서는 그분을 우리의 안식으로 누리는 길을 갖는다.

어떤 이들은 주님을 누리는 문제가 왕국의 책인 마태복음이 아니라 생명의 책인 요한복음에서 발견될 것이라고 생각할지 모른다. 그러나 왕국은 누림의 문제이기도 하며, 이러한 누림은 바로 주 예수님 자신이다. 왕국이신 주 예수님이 단지 권위나 왕권의 문제라고만 생각하지 말라. 그렇지 않다. 왕국이신 주 예수님은 누림의 문제이시기도 하다. 여러분이 그분을 여러분의 누림으로 체험하지 못했다면, 여러분은 충만한 정도로 왕국 안에 있을 수 없다. 우리는 왕국의 생명이신 그분이 우리와 함께 계신다는 것을 깨달음으로써 주 예수님에 대한 완전한 누림을 가질 것이다. 우리가 그분을 우리의 왕국 생활로 깨달으면 깨달을수록, 우리는 더욱더 그분을 잔치로 누릴 것이다. 우리가 그리스도에 대한 누림을 별로 갖지 못한다면, 우리는 왕국을 그다지 체험하지 못할 것이다.

마찬가지로, 우리에게 안식이 없다면 우리는 왕국에 대한 체험을 많이 갖지 못할 것이다. 미국에 정부나 통치나 법이 없다고 해 보자. 여러분은 이 나라에서 안식하는 것이 가능하리라고 보는가? 안식이 없을 것이다. 그 대신 끊임없이 소란이 있을 것이다. 마찬가지로, 참된 안식은 주 예수님을 우리의 왕국 생활로 체험하는 데에서 온다. 우리가 그분을 우리의 왕국 생활로 존중하고 깨닫고 그분께 참여할 때, 그분을 안식으로 누린다. 그분은 우리의 잔치이실 뿐만 아니라 우리의 안식이시기도 하다. 잔치와 안식은 모두 왕국 안에서 발견된다. 잔치와 안식은 생명과 관련될 뿐이라고 생각할지 모르나, 그것들은 왕국 안에서도 발견된다.

교회생활 안에서의 누림

우리 중 많은 이들이 교회생활 안에서 그러한 누림을 발견했음을 증언할 수 있다. 우리는 아주 많은 잔치를 누려 왔다. 또한 교회생활 안으로 왔을 때 우리는 집에 왔음을 깨달았다. 집은 어떤 곳인가? 집은 안식하는 곳이다. 주님을 매우 많이 추구했던 많은 그리스도인들이 교회생활 안으로 들어오기 전에는 갈 바를 알지 못하고 방황했을 뿐이다. 그러나 그들이 일단 교회생활 안으로 들어왔을 때, 그들은 집에 왔다는 느낌을 받았다. 1969년과 1970년의 기간 동안 거의 매 집회에서의 간증은 교회생활 안에서 집을 발견하였다는 것이었음을 나는 결코 잊을 수 없다. 당시에 즐겨 부르던 찬송 중의 하나에는 "집에 왔네! 집에 왔네! 집에 왔네!"라는 표현이 있었다. 각 지방에 있는 교회 안에서 우리는 잔치와 안식을 갖는다. 왜냐하면 각 지방에 있는 교회는 왕국의 실재이기 때문이다. 주님은 여기에 생명으로 계실 뿐 아니라 왕국 생활로도 계신다.

더 큰 성전, 현재의 다윗, 안식일의 주

마태복음 12장 1절부터 8절까지의 사례를 살펴보자. 종교인들이 성전이나 회당이나 집에서 안식일을 지키고 있는 동안, 주 예수님은 밀밭으로 제자들을 데리고 가셔서 밀을 거두게 하셨다. 제자들이 밀 이삭을 잘라 먹는 것을 바리새인들이 보았다. 어떻게 바리새인들이 그곳에 있게 되었는가? 그들은 주 예수님과 그분의 제자들이 안식일의 법을 어기는 것을 잡아내려고 순찰을 서고 있던 '안식일 순찰대'였다. 결국 그들은 주 예수님과 그분의 제자들을 붙잡았다.(더 자세한 것을 알기 위해서는 '그리스도냐 종교냐'를 읽어 보라.) 종교적이었던 그 가련한 바리새인들은 사람들이 배고픈 채로 안식일을 지키는 것을 더 선호했다. 안식일의 참된 의미는 안식이다. 안식일을 지키는 것은 안식을 갖는 것이다. 비록 여러분이 배가 고파 힘들어한다 하더라도, 종교인들은 여러분에게 안식일의 규정을 지키라고 강요할 것이다. 여러분은 배가 고픈데 종교인들이 여러분에게 안식일의 규정을 지키라고 강요한다면, 그것이 여러분에게 안식이 되겠는가 아니면 고통이 되겠는가? 분명히 그것은 고통일 것이다. 그러나 고통은 종교인들의 안중에 없다. 그들은 안식일의 규정들을 관심할 뿐이다. 이 규정들을 지킨다는 것은 여러분 자신에게 무거운 짐을 지우는 것이다. 이제 우리는 마태복음 11장 28절에 있는 "수고하며 짐을 진 사람들이여, 다 나에게로 오십시오. 내가 여러분에게 안식을 줄 것입니다."라는 주 예수님의 말씀을 이해할 것이다. 제자들이 안식일에 배가 고팠을 뿐만 아니라, 안식일 순찰대에 있던 사람들도 배가 고팠다. 그렇지만 그들은 감히 먹지를 못했다. 그들은 안식일을 지켰으나 고통을 당했다. 이것은 그들이 무거운 짐을 지고 있었다는 뜻이다.

주 예수님은 그분이 사람들에게 안식을 주실 수 있도록, 무거운 짐을 진 사람들이 그분께 오기를 원하신다. 그분은 어떻게 그들에게 안식을 주실 것인가? 안식일을 깨뜨림으로써 그렇게 하신다! 그분은 그들이 무거운 짐을 지게 하는 율법을 깨뜨리심으로써 안식을 주실 것이다. 이것이 안식을 찾는 길이다. 많은 그리스도인들이 마태복음 11장 28절부터 30절까지를 인용할 때, 앞뒤 절들과 연결하여 보지 않은 채 그렇게 한다. 그들은 복음을 전할 때 이 절들을 사용하여 청중들에게 그들이 무거운 죄 짐을 지고 있다고 말해 준다. 그러나 엄격히 말해서, 이 절에서의 '무거운 짐을 진다'는 것은 죄로 무겁게 짐을 진다는 뜻이 아니라, 종교, 규정들, 규칙들, 의식들, 그리고 율법들로 무겁게 짐을 진다는 뜻이다. 여러분은 짐을 벗어 버릴 필요가 있다. 여러분은 자유롭게 되고 해방될 필요가 있다. 해방된다는 것은 하나님의 왕국 안에 있다는 것이다. 왕국은 예속(隷屬)이 아니다. 그것은 해방이다. 사탄의 왕국은 예속이지만 천국은 해방이다. 여러분이 천국 안으로 들어갈 때, 여러분은 완전히 짐을 내려놓게 될 것이다. 여러분은 완전히 해방될 것이고, 자유롭게 될 것이며, 벗어나게 될 것이다. 여러분은 그리스도의 인격을 누리게 될 것이다. 더 이상 여러분은 규정들의 노예가 되지 않을 것이다. 왕국 안에서 우리는 아무런 규정이 없이 살아 계신 주 예수님을 소유할 것이다. 참으로 이것은 우리의 해방이다. 왕국 백성으로서 우리는 얼마나 많은 규정을 갖고 있는가? 우리는 "우리에게는 아무런 규정이 없고 다만 살아 계신 그리스도가 계십니다."라고 말할 수 있어야 한다. 이것은 우리에게 어떠한 해방인지!

형제의 집에서 살고 있는 형제들이 스물네 가지 규정들을 적은 목록을 벽에 붙여 두었다고 해 보자. 한 젊은 형제가 형제의 집에서 살기 위해 왔다면, 모든 규정을 지키는 것이 무거운 짐이라고 느낄 것이다. 그는 그것들을 기억하고 암송해야 할 것이며, 그것들을 지키려고 애써야 할 것이다. 나는 형제의 집에서 그러한 목록을 보기를 원하지 않는다. 나는 규정들을 보고 싶지 않다. 나는 살아 계신 인격이신 그리스도를 보고 싶다. 형제의 집에는 규정이 아니라 오직 살아 계신 한 인격이 있어야 한다.

주 예수님께서 종교인들을 대하고 계셨을 때, 그분은 매우 지혜로우셨다. 바리새인들은 자신들이 매우 성경적이라고 생각했다. 그들은 자신들이 모든 것을 성경에 따라 한다고 생각했다. 그들은 성경에 따라 안식일을 지켰다. 그러나 주님은 그들이 실제로는 성경을 전혀 몰랐다는 것을 그들에게 보여 주셨다. 그들은 흰 바탕 위에 검은 글자가 쓰여 있는 성경을 알았지만, 영 안에서는 성경을 몰랐다. 그들은 그리스도 안에서 성경을 아는 것이 아니었다. 주 예수님은 다윗이 한 일을 읽어 보았는지 그들에게 물어보심으로 그들을 책망하셨다. 그분은 다윗과 그의 일행이 성전에 들어가서, 그들이 먹어서는 안 되는 진설병을 먹었다는 것을 그들에게 상기시켜 주셨다(삼상 21:1-6, 레 24:9). 그분은 또한 제사장들이 성전 안에서 안식일을 범해도 죄가 없는 것을 그들이 읽어 보았는지 물으셨다(민 28:9-10). 주 예수님은 그들과 말씀하시면서, 그분 자신이 더 큰 성전이시며 현재의 다윗이심을 계시하셨다(마 12:3-7). 많은 종교인들은 성경을 아는 것을 관심할 뿐이지만, 하나님의 의도는 우리가 그리스도를 아는 것이다. 우리는 성경을 그저 문자로만 알아서는 안 된다. 우리는 그 영 안에서 그리스도를 알아야 한다. 우리는 살아 있는 방식으로 그리스도를 알아야 하며 우리에게 모든 것이 되시는 분으로 그분을 알아야 한다. 그리스도를 떠나 성경을 아는 것은 아무런 의미가 없다.

주 예수님은 바리새인들과 제자들에게, 심지어 오늘날 우리에게도 우선적인 문제는 성경을 아는 것이 아니라 살아 계신 주 예수님을 아는 것임을 계시해 주셨다. 성경에서 발견되는 것마다 그리스도여야 한다. 성경에 성전이 있다면, 그 성전은 그리스도여야 한다. 성경에 다윗왕이 있다면, 그는 그리스도여야 한다. 성경에서 사랑까지도 그리스도여야 한다. 성경은 우리에게 부모를 공경하라고 말하지만, 그러한 공경조차도 그리스도 자신이어야 한다. 그저 알기 위한 목적으로 성경을 아는 것은 아무런 의미가 없다. 우리는 그리스도에 의해 성경을 알아야 한다. 우리는 성경 안에서 발견되는 모든 긍정적인 항목마다 그리스도라는 것을 깨달을 필요가 있다. 결국 주 예수님은 바리새인들에게, 그분이 심지어 안식일의 주라고 말씀하셨다(마 12:8). 이것은 그분께서 더 큰 성전이시라는 것과 현재의 다윗이시라는 것보다 한층 더 전진한 어떤 것이다. 주님은 주이시다! 주(主)가 의미하는 것은 이렇다. 그분께서 하고 계신 것을 정당화하는 절이 없을지라도 그분은 여전히 그것을 하실 권리가 있으신데, 이것은 그분께서 주이시기 때문이다. 그분은 안식일 준수를 위한 규칙을 세우실 권리가 있으셨고, 그러한 규칙을 폐할 권리도 있으셨다. 그분은 사람들에게 안식일을 지키라고 말씀하실 권리도 있으셨고, 안식일을 깨뜨리라고 말씀하실 권리도 있으셨다. 그분은 안식일의 주이시기 때문에 그러한 권리를 갖고 계신다.

소위 영적인 사람들이 규정들을 깨뜨리기란 매우 어려운 일이다. 그들은 성경의 문자라고 생각하는 것들에 묶여 있다. 우리가 성경 말씀을 기도로 읽을 때, 그들은 우리에게 이것에 대한 성경적인 근거가 있느냐고 묻는다. 우리가 주님을 찬양하면서 크게 외칠 때, 그들은 우리에게 이러한 실행을 정당화해 줄 절이 있는지를 묻는다. 그들은 규정들과 성경 지식으로 무겁게 짐을 져 왔다. 그들은 해방될 필요가 있다. 그들은 왕국 안에서 그것이 성경을 아는 문제가 아니라 살아 계신 주 예수님을 아는 문제임을 볼 필요가 있다.

왕국의 감추어진 특성

이것에 뒤이어, 마태는 이사야서에서 한 절을 인용했는데, 그것은 그 당시에 주 예수님이 누구이셨는지를 우리에게 알려 준다(마 12:18-21). 주 예수님은 하나님의 영이 있는 분이셨다. 그분은 다투거나 외치거나 소리치지 않으셨고, 길에서 사람들에게 그분 자신을 알리기 원하지 않으셨다. 그분은 명성도 없었으며, 자신을 위해 이름을 내지도 않으셨다. 어떤 의미에서 그분은 매우 감추어져 계셨다. 이것이 왕국 생활의 가장 중요한 방면들 중 하나이다. 우리가 크게 되고자 하고 자신을 위해 이름을 내려고 한다면, 우리는 작은 겨자씨가 되는 대신 큰 나무가 될 것이다(마 13:31-32). 주 예수님께서 이 땅에 사셨을 때, 그분은 결코 자신을 크게 만들지 않으셨다. 오히려 그분은 항상 자신을 작게 보존하셨다. 그분은 다투지 않으셨고 아무도 길에서 그분의 소리를 듣지 못했다. 심지어 우리는 그분께서 상한 갈대를 꺾지 않으시고 연기 나는 심지를 끄지 않으신다는 것을 듣는다. 갈대는 유대의 어린이들이 악기인 피리를 만드는 데 사용되었다. 피리가 상해서 제대로 소리를 내지 못할 때, 그들은 그것을 꺾어서 버리곤 했다. 많은 때 우리는 상한 갈대와 같아서 제대로 소리를 내지 못한다. 원칙적으로 한다면, 우리는 꺾여서 내던져져야 한다. 그러나 주 예수님은 결코 이렇게 하지 않으실 것이다. 또한 고대에 유대인들은 아마(亞麻)에 기름을 적셔 태우는 횃불을 만들었는데, 특히 밤길을 가는 데 사용했다. 아마로 만든 횃불에 기름이 떨어지면 더 이상 불을 밝히지 못하고 연기를 내므로, 사람들은 그것을 꺼서 버리곤 했다. 우리는 거의 모두가 상한 갈대와 같으며 연기 나는 심지와 같다. 그러나 주 예수님은 결코 우리를 내던져 버리지 않으실 것이다. 왜냐하면 그분 자신이 그러한 작은 분이시기 때문이다. 이것이 그분께서 이 땅에 계셨을 때 그분의 특성이었다.

이 모든 절은 왕국의 중요한 원칙 하나를 계시해 준다. 곧 오늘날 왕국은 대단한 모습의 어떤 것이 아니다. 모습에 있어서 왕국 생활은 작고 낮다. 각 지방에 있는 교회는 어떤 곳도 웅장한 외양을 가진 곳으로 비쳐서는 안 된다. 우리에게 많은 인수가 있다 하더라도, 우리는 결코 그것을 과시해서는 안 된다. 우리는 어떤 외형을 갖추어서는 안 된다. 우리의 외양은 보잘것없을수록 더 좋다. 우리는 작아야 하며, 더욱이 아무것도 아니어야 한다. 우리는 항상 숨겨야 하며 감추어야 한다. 우리가 이 모든 단락들을 함께 둔다면, 왕국 생활에서 안식하는 길이 크게 되거나 드러나거나 공개적이 되는 것이 아님을 발견할 것이다. 왕국 생활에서 그리스도를 우리의 안식으로 누리는 길은 작은 채로 숨겨지고 감추어진 채로 있는 것이다. 우리는 결코 큰 나무가 되어서는 안 된다. 우리는 작은 겨자 나물이 되어야 한다.

요나의 표적

또 다른 원칙이 역시 마태복음 12장에서 계시된다. 종교인들이 주 예수님께 와서 표적, 곧 기적을 구했다. 그들은 그분께서 기적을 행하여 하나님께 속한 분이심을 입증하기를 원했다. 그분은 그들에게 이렇게 답변하셨다. "악하고 음란한 세대가 표적을 찾지만, 신언자 요나의 표적 외에는 보여 줄 표적이 없습니다."(39절) 요나는 죽음의 물속에서 삼 일 밤낮을 큰 물고기 배 속에 있었던 신언자였다. 삼 일 후에 요나는 그곳에서 나왔다. 이것은 주 예수님의 십자가에 못 박히심과 부활의 예표였다. 주 예수님은 종교인들에게, 그들의 세대가 십자가에 못 박히고 부활하신 그리스도라는 유일한 표적 외에는 다른 어떤 표적을 보지 못할 것임을 지적하셨다.

우리가 살고 있는 시대의 어떤 종교인들 가운데 있는 분위기도 이와 같다. 그들은 항상 표적과 기적, 치유를 보기 원한다. 그러나 왕국 생활 안에서 우리는 표적과 경이로운 일로 우리 자신을 전시해서는 안 된다. 오히려 우리는 자신이 십자가에 못 박히고 부활한 것을 나타내야 한다. 오늘날 필요한 것은 경이로운 일이나 기적이 아니라 십자가에 못 박히고 부활한 인격이라는 표적이다.

우리는 이 모든 원칙을 함께 둘 필요가 있다. 마태복음 11장 끝에서 주 예수님은 왕국 생활 안에서 그분을 안식으로 누리는 길을 우리에게 보여 주기 시작하셨다. 12장에서 그분은 우리가 종교적인 규정들을 깨뜨릴 필요가 있지만, 우리 자신을 크게 하고 공개적으로 알려지게 하며 인기를 얻게 하는 것은 거절해야 함을 계시해 주셨다. 우리는 인기를 구해서는 안 된다. 우리는 감추어지고 작아지고 낮아질 필요가 있다. 더 나아가, 우리는 기적들과 표적들을 행함으로써 과시해서는 안 된다. 그와는 반대로 사람들이 우리에게 표적을 구하면 구할수록, 우리는 더욱더 십자가로 가야 하며, 더욱더 죽음의 물속에 장사되어야 한다. 사람들이 무엇인가 특별한 것을 하도록 우리에게 기대하면 할수록 우리는 못 박히기 위해 더욱더 십자가로 가야 하며, 장사되기 위해 더욱더 죽음의 물로 가야 한다. 십자가에 못 박힘과 장사에 뒤이어 우리는 부활을 체험할 것이다. 왕국 백성은 십자가에 못 박히고 장사되고 부활한 사람들이 되어야 한다.

우리가 죽음과 부활을 체험하는 오늘날의 요나라면, 분명 성전을 건축하는 오늘날의 솔로몬이 될 것이다. 다시 한번 우리는 마태복음이 역사적인 순서에 따른 것이 아님을 본다. 역사적인 순서에 따르면, 솔로몬이 먼저 왔고 요나가 나중에 왔다. 그러면 왜 마태복음에서는 요나가 먼저 언급되는가? 그것은 요나가 십자가에 못 박히고 부활한 분이신 그리스도의 예표이고, 솔로몬은 통치하는 분이신 그리스도의 예표이기 때문이다. 부활하신 후에 그리스도는 땅을 다스리는 왕이시다. 그러므로 역사적으로는 솔로몬이 요나 앞에 있지만, 예표에 있어서는 요나가 솔로몬 앞에 있다. 마태는 역사에 따라 기록하지 않고 계시에 따라 기록했다. 그는 우리에게 계시를 보여 주기 위해 사실들과 사건들을 선정하여 그것들을 함께 두고 있다. 주 예수님이 유일한 표적이시다. 그분은 먼저 십자가에 못 박히셨고 장사되셨으며 부활하신 분이시다. 그다음에 그분은 다스리는 그리스도이시다. 이것이 오늘날을 위한 표적이다. 십자가에 못 박히시고 장사되시고 부활하신 그리스도는 지금 다스리고 계신다. 그분께서 다스리고 계시기 때문에 왕국이 여기에 있다. 그분은 더 큰 요나이시며 또한 더 큰 솔로몬이시다. 왕국 생활을 위하여 이 세대에 다른 표적이 필요한 것이 아니다. 우리는 기적이 필요하지 않다. 우리는 오직 유일한 표적, 곧 십자가에 못 박힌 생명과, 장사된 생명과, 다스리는 생명이 된 부활한 생명이 필요하다.

24

배척받으심부터 영광에 이르시기까지(1)

From Rejection to Glory (1)

제24장

배척받으심부터 영광에 이르시기까지(1)

성경: 마 13:53-57, 14:1, 10, 12-13, 15-21, 23-32, 15:32-38, 17:1-8

앞에서 지적했듯이, 마태복음은 왕국을 계시하는 책이다. 1장부터 7장까지는 그 책의 첫 부분으로 여겨질 수 있고, 5장부터 7장까지는 왕국에 대한 정의 또는 기술이라 할 수 있다. 8장에서 시작하여 12장에 이르기까지 마태복음은 참된 왕국 생활을 예시로 보여 주는 여러 사례들을 제시한다. 왕국 백성은 한때 나병 환자들이었으나 깨끗하게 되었다. 이제 그들은 그리스도를 모든 것, 곧 잔치와 신랑과 새 옷과 새 가죽 부대와 새 포도주와 안식과 현재의 다윗과 더 큰 요나와 더 큰 솔로몬으로 누리는, 그리스도 안에 있는 믿음에 속한 사람들이다. 이러한 예시들을 통해 우리는 주 예수님께서 왕국 백성에게 모든 것이심을 깨달을 수 있다. 그분은 또한 표적이시기도 하다. 왕국 백성은 십자가에 못 박히시고 장사되시고 부활하시고 통치하시는 그리스도의 표적을 항상 지닌다.

성경의 구성은 다분히 조각 그림 맞추기의 그림들처럼 되어 있다. 그림 조각들이 이곳저곳에 있는데, 우리는 그것들을 찾아내어 함께 맞추어야 한다. 마태복음 8장부터 12장까지를 읽을 때 우리는 전체를 아우르는 관점을 지녀야 한다. 우리가 단지 한 단락 한 단락 읽어 나갈 뿐이라면 계시를 거의 얻지 못할 것이다. 기껏해야 우리는 몇몇 이야기들을 읽게 될 것이다. 나병 환자를 깨끗하게 한 사례는 단지 하나의 이야기에 불과할 것이다. 이들 다섯 장을 이해하기 위해서는 우리에게 계시와 빛 비춤이 필요하다. 우리가 이상을 보고 전체를 아우르는 관점을 갖는다면, 이들 다섯 장이 우리에게 참된 왕국 생활을 보여 주는 부분임을 깨닫게 될 것이다.

참된 왕국 생활은 나병 환자로 시작된다. 이어서 참된 왕국 생활은 십자가에 못 박히시고 장사되시고 부활하시고 통치하시는 그리스도의 표적을 지닌다. 그리스도는 우리의 잔치이시고, 우리의 신랑이시며, 우리의 새 옷이시고, 우리의 새 가죽 부대이시며, 우리의 새 포도주이시고, 우리의 안식이시다. 그분은 우리의 다윗이시고, 우리의 성전이시며, 우리의 요나이시고, 우리의 솔로몬이시며, 우리의 표적이시다. 그리스도는 우리에게 모든 것이시다! 우리가 그분을 누리는 길은 우리의 천연적인 출생으로 말미암지 않으며, 살아 있는 믿음에 의해서 그리고 종교적인 규정을 깨뜨림에 의해서이다. 그리스도를 누리려면 우리는 모든 종교적인 짐에서 완전히 놓여나야 한다.

13장부터 17장 초반부까지는 마태복음의 또 다른 부분을 구성한다. 우리가 하나의 그룹으로서 그 장들을 상고해 보지 않는다면, 그 장들에 기록된 사건들을 이해할 수 없을 것이다. 이 부분은 우리에게 무엇을 보여 주는가?

사십 년 전에, 나는 직업을 내려놓고 전시간으로 주님의 사역 안으로 들어온 후, 워치만 니 형제님과 함께 머물며 그에게서 배우려고 상하이로 가려고 했다. 그 기간 동안 주님은 내게, 마태복음의 이 부분에서 무언가를 보여 주셨다. 내가 잠시 상하이에 있었을 때, 나는 어느 주일 아침에 니 형제님으로부터 주일 메시지를 전하라는 전갈을 받았다. 메시지를 전할 때 결코 많은 주의를 주지 않는 것이 니 형제님의 방식이다. 그 전갈은 아침 집회 바로 전에야 내게 전해졌다. 나는 혼자 생각해 보았다. '나는 상하이에 막 도착했고, 상하이 교회는 가장 큰 교회이다.' 나는 두려운 마음이 들었다. 그럴 때 마태복음의 이 부분에서 보았던 것에 대한 부담이 내게 임했다. 내가 보았던 것은 나 자신에게 아주 생생했다. 오늘날에도 여전히 그러하며, 지금 하는 말은 내가 1933년에 상하이에서 전했던 것과 거의 동일하다.

종교에 의해 배척받으심

마태복음 12장 끝에는 주님의 어머니와 형제들과 관련된 사건이 하나 있다. 그분은 그들이 그분과 대화하기를 원한다는 것을 아시자, "누가 나의 어머니이며, 누가 나의 형제들입니까?"(48절)라고 물으셨다. 주님은 계속해서 그것이 천연적인 출생에 속한 문제가 아니라 하나님의 뜻을 행하는 문제임을 말씀하셨다. 하나님의 뜻을 행하는 사람들이 주님의 어머니이고 형제들이며 자매들이다. 여기에 언급된 하나님의 뜻은 사소한 어떤 것이 아니라 사실상 왕국을 의미한다. "다만 여러분은 먼저 그분의 왕국과 그분의 의를 추구하십시오. 그러면 이 모든 것을 여러분에게 더하실 것입니다."(마 6:33) "왕국이 오게 하시며, 뜻이 하늘에서 이루어진 것같이, 땅에서도 이루어지게 하십시오."(10절) 이 '뜻'은 무엇인가? 마태복음 7장 21절부터 23절까지에서 주 예수님은 이 뜻을 언급하셨다. 그분은 어떤 이들이 그분의 이름으로 기적을 행하고, 그분의 이름으로 귀신을 쫓아내며, 그분의 이름으로 예언을 했다고 말할 날이 올 것이라고 하셨다. 그때 주님은 그들이 그 모든 것을 했다는 것을 인정하시겠지만, 그분은 그들에게 그런 일들을 하도록 결코 허락하신 적이 없으며 그들은 불법을 행한 사람들이라고 말씀하실 것이다(23절). 이 사람들은 천국에 참여하지 못할 것이다. 천국에 참여하게 될 사람들은 아버지의 뜻을 행하는 사람들일 것이다. 마태복음에 따르면, 그분의 뜻은 왕국을 갖는 것이다.

주 예수님은 사람들에게, 천연적인 출생에 따른 사람들이 아니라 하나님의 뜻을 행하고 하나님의 왕국을 추구하는 사람들이 그분의 형제들이자 자매들이라고 하셨다. 주님은 그분의 제자들에게, 그분과 사람들의 관계는 천연적인 출생과는 아무런 관련이 없다는 것을 매우 분명히 하셨다. 이것은 심지어 그분의 친어머니에게도 해당된다. 마리아를 '성모(holy mother)'라고 하는 로마 가톨릭교회의 미신에 귀를 기울이지 말라. 마태복음 12장에 따르면, 주 예수님은 천연적인 출생에 따른 모든 것, 심지어 그분의 어머니까지도 거절하셨다.

뒤이어 마태복음 13장에서 주님은 모든 비유들, 즉 왕국의 비밀들을 주셨다. 타고난 지적 능력으로 이런 비유들을 이해할 수 있는 사람은 한 명도 없다. 보물이 밭에 감추어진 것처럼 주 예수님은 왕국을 하나의 비밀, 곧 감추어진 것이 되게 하셨다. 주 예수님은 왕국을 발견하셨을 때 즉시 그것을 숨겨 두셨다. 그분은 언제 어디에 왕국을 숨겨 두셨는가? 마태복음 13장에서였다. 모든 천연적인 관계를 거절하신 후에 그분은 천연적인 사람들에게서 왕국을 숨기기 시작하셨다. 13장 끝에서 그분은 천연적이고 종교적인 사람들에게 완전히 배척받으셨다. 일곱 가지 비유를 말씀하신 후에 그분은 자신의 고향으로 돌아가 회당에 들어가셨다. 회당은 종교적인 유대인들이 하나님의 일들에 관해 토론하던 곳이었다. 비록 주 예수님은 천연적인 모든 것을 거절하셨지만, 그분의 고향 사람들은 그분을 천연적으로 인식했다. 그들은 "이 사람은 그 목수의 아들이 아닙니까? 그의 어머니는 마리아, 그의 형제들은 야고보, 요셉, 시몬, 유다가 아닙니까? 그의 누이들은 다 우리와 함께 있지 않습니까?"(55-56절)라고 말했다. 종교인들은 그분을 천연적으로 알았다. 고린도후서 5장 16절에서 바울은 그가 육체에 따라, 즉 천연적인 어떤 것에 따라 그리스도를 알지 않았다고 말했다. 우리는 육신에 따라서가 아니라 영에 따라서 그분을 알아야 한다. 바리새인들과 유대교도들은 천연적인 외양을 따라 그분을 알았다. 그들은 그분의 목수 아버지, 그분의 어머니, 그분의 형제들, 그분의 자매들을 알았지만, 영을 따라서는 그분을 몰랐다. 오히려 그들은 그분을 거절했다. 주님은 천연적인 출생에 속한 모든 것을 거절하셨으며 왕국을 감추어진 비밀이 되게 하셨다. 그러므로 종교인들은 전적으로 그분을 거절했다.

정치에 의한 박해

마태복음 14장에는 헤롯왕이 침례자 요한을 죽인 이야기가 나온다. 이 소식이 주님께 전해졌을 때, 그분은 다만 광야로 물러가셨다. 마태복음이 왕국에 관한 계시의 책임을 기억하라. 주 예수님께서 모든 천연적인 것을 거절하시고 왕국을 비밀로 만드셨으므로, 종교인들은 그분과 왕국을 배척했으며, 정치인들은 왕국을 받아들인 사람들을 박해하고 죽였다. 따라서 그분은 광야로 가셨다. 만일 여러분이 그 당시에 살았었고 그분을 따르기를 원했다면 광야로 가야 했을 것이다.

이것은 무엇을 의미하는가? 마태복음 13장부터 17장 첫 부분까지는 주 예수님과 그분의 왕국이 배척당한 때부터 왕국이 완전히 올 때까지의 기간을 우리에게 보여 주는 부분이다. 그분의 배척당하심부터 왕국의 완전한 출현까지의 이 기간 동안 왕국 백성은 종교와 정치를 떠나 광야로 나감으로써 그분을 따라야 한다. 우리는 오늘날 여전히 이 기간 안에 살고 있다. 왜냐하면 그 기간은 마태복음 13장에서 시작되어 왕국이 완전히 출현할 때까지 계속될 것이기 때문이다. 왕국이 완전히 나타날 때, 모든 왕국 백성의 참되고 완전한 변형이 있게 될 것이다.

마태복음 17장에서 보는, 산 위에서의 주님의 변형은 왕국의 완전한 출현의 축소판이었다. 그것은 소규모로 왕국이 나타난 것이었다. 왕국의 완전한 출현은 장래에 있게 될 것이다. 우리가 지금 살펴보고 있는 마태복음의 이 부분은 13장부터 장래 왕국이 완전히 나타날 때까지 계속된다. 이 기간 동안 왕국 백성은 광야로 감으로써 주 예수님을 따라야 한다. 이렇게 광야로 움직이는 것의 배경에는 그분께서 종교에 의해 배척당하시고 정치에 의해 박해받으신 사건이 있다. 우리가 왕국을 위하여 주님께 진지하다면, 우리는 분명히 종교에 의해 배척당하고 정치에 의해 박해받을 것이다. 무언가를 더 기대하지 말라. 종교로부터 우호적인 태도를, 정치로부터 친절한 태도를 기대할 수 없다. 우리가 왕국 백성이 된다는 것은 종교로부터의 반대와 정치로부터의 박해를 겪어야 한다는 뜻이다. 우리가 보았듯이, 회당은 그리스도를 배척했으며, 헤롯왕은 그리스도의 선주자인 침례자 요한을 죽였다. 주 예수님께서 이 소식을 들으셨을 때, 그분은 싸우거나 어떤 말씀도 하지 않으셨다. 그분과 그분의 제자들은 광야로 물러갔다. 이것은 무엇을 의미하는가? 그것은 왕국 백성이 이 세상으로부터, 종교로부터, 정치로부터 나온 사람들임을 뜻한다. 어떤 의미에서 우리는 왕국이 완전히 올 때까지 광야에 있다. 실재에 있어서 우리는 왕국 백성이며 왕국 안에 있지만, 외적으로는 광야에 살고 있다.

광야에서의 생활

어떻게 우리는 광야에서 생활할 수 있는가? 이 질문에 대한 대답은 예수님께서 떡 다섯 개와 물고기 두 마리로 오천 명을 먹이신 사례에서 발견된다(마 14:19-21). 요한은 같은 사례를 활용하여, 그리스도께서 생명의 떡이심을 지적한다(요 6장). 그러나 마태는 이 사례를 다른 방식으로 활용하여, 주님께서 어떻게 우리가 광야에서의 삶을 유지하게 하실 수 있는지를 보여 준다. 여러분이 단순히 그분을 따르기만 한다면, 그분은 생계에 필요한 것을 여러분에게 공급하실 것이다. 우리가 동아시아에서 복음을 전파했을 때, 때때로 믿지 않는 이들이 이런 질문을 했다. "예수가 내 먹을 것을 책임지겠습니까? 예수가 생계에 필요한 것을 늘 내게 제공해 주겠습니까?" 많은 때 믿지 않는 이들은 우리에게 이런 질문을 던졌으며, 우리는 그들에게 답변할 엄두가 나지 않았다. 그러나 나는 왕국 백성인 여러분에게, 주 예수님께서 생계에 필요한 것을 참으로 우리에게 제공해 주신다고 말할 수 있다.

마태복음 6장 33절에서 주 예수님은, 우리가 먼저 왕국을 구한다면 필요한 모든 것이 우리에게 더해질 것이라고 말씀하셨다. 모든 종교적인 사람들과 정치적인 사람들은 생계비를 버느라 분주한 반면, 왕국 백성은 광야에서 주 예수님을 따른다. 제자들조차도 그들의 생계에 대하여 타고난 생각을 가지고 있었다. 제자들은 사람들의 필요를 인식하고는 그들을 보내어 마을에 들어가서 음식을 사 먹게 하자고 주님께 말씀드렸다. 사실 여기서의 먹는 것은 생계비를 버는 활동 영역 전체를 가리킨다. 주 예수님은 "그럴 필요가 없습니다. 여러분이 그들에게 먹을 것을 주십시오."(마 14:16)라고 대답하셨다. 우리는 모두 무슨 일이 일어났는지를 잘 알고 있다. 떡 다섯 개와 물고기 두 마리만으로 주 예수님은 무리 전체를 먹이셨다. 이 사례는 우리에게 하나의 원칙을 보여 준다. 주 예수님을 따르는 왕국 백성은 그들의 생계가 그들의 활동이나 일에 달려 있는 것이 아니라 주님의 돌보심에 달려 있다는 것을 깨달아야 한다는 원칙이다. 주 예수님께서 그들의 생계를 돌보신다.

이것을 읽을 때 여러분은 "우리가 다 직업을 버리고 다만 주님을 따라야 합니까?"라고 물을지 모른다. 여러분이 이렇게 할 수 있다면 그것은 놀라울 것이다. 그러나 나중에 서신서들에서 보듯이, 우리는 여전히 직업을 가져야 한다. 그러나 우리는 자신의 생계를 위해 직업을 신뢰해서는 안 된다. 우리의 직업이 우리가 주님을 따르지 못하게 해서는 결코 안 된다. 그분을 따르고 왕국을 추구하는 것이 우선이어야 하며, 그럴 때 필요한 모든 것이 우리에게 더해질 것이다. 결국 주 예수님을 따라 광야로 갔던 수천 명의 사람들은 무언가 먹을 것을 얻었다. 이것이 믿음에 의한 생활이다. 왕국 백성은 믿음에 의해 살며, 그들은 광야에서 생활한다. 오늘날 주님과 그분의 왕국은 여전히 종교와 정치에 의해 배척받고 있다. 그러므로 우리는 광야에 계신 주님께 감으로써 그분을 따라야 한다. 그분을 따르는 것이 우리의 강렬한 갈망이 되어야 한다. 여러분의 교육, 직업, 직장에 대해 염려하지 말라. 여러분이 그분을 따른다면, 그분께서 여러분의 생계를 돌보실 것이다.

풍랑이 이는 바닷길

많은 무리를 먹이신 후, 주 예수님은 기도하시러 높은 산으로 가셨고 그분의 제자들을 바다로 보내셨다(마 14:22-23). 이것은 주 예수님께서 승천하신 것과 우리 모두를 바다에 두신 것을 보여 주는 그림이다. 오늘날 왕국 백성의 삶은 광야에서의 삶이며, 왕국 백성의 길은 풍랑이 이는 바닷길이다. 우리가 가는 바닷길은 사나운 물결과 거슬러 부는 바람에 시달리는 길이다. 주 예수님을 따를 때, 우리는 많은 때 안락하다는 느낌을 갖지 못하고 거슬러 부는 바람에 직면할 것이다.

비록 우리의 삶이 광야에 있고 우리의 길이 바다에 있다 할지라도, 우리는 염려해서는 안 된다. 광야에서 주님은 먹을 음식을 제공하신다. 풍랑이 이는 바닷길인 우리의 길은 아주 위험하다. 그러나 기억해야 할 것은, 주님께서 산꼭대기, 곧 셋째 하늘에 계시면서 우리를 위해 기도하고 계신다는 점이다(마 14:23). 또한 그분은 모든 파도를 그분의 발아래 두신 채 바다 위를 걸어서 우리에게 오신다. 비록 우리가 사나운 파도 때문에 무서워할지라도, 그것은 그분의 발아래 있다(25절). 그분은 모든 파도 위를 걸으신다. 그분께서 파도를 짓밟으시는데 우리가 왜 파도를 두려워해야 한단 말인가? 주 예수님은 믿음이 작다고 베드로를 꾸짖으셨다. 왕국 백성으로서 우리의 삶은 광야에 있으며, 우리의 길은 바다에 있다. 우리의 생활과 우리의 길을 위하여 우리에게는 살아 있는 믿음이 필요하다.

많은 그리스도인들과 그리스도인 단체들의 우선적인 관심사는 어떻게 기금을 마련하는가이다. 내가 교회생활 안으로 들어온 첫날부터 기금을 모으는 것 때문에 토론할 필요가 없었음으로 인해 주님께 찬양을 드린다. 워치만 니 형제님이 내게 들려준 이야기를 여러분에게 전해 주고 싶다. 중국의 첫 번째 지방에 있는 교회는 1922년에 푸저우에서 일으켜졌다. 형제들은 기독교와 교파에서 나와서 모였다. 거의 모두가 학생들이었으며, 많은 이들이 아직 고등학교에 재학 중이었다. 니 형제님은 열아홉 살쯤 되었고 앞장서서 그들을 돕고 있었다. 그들은 작은 집에서 모이기 시작했는데, 결국에는 주님께 돌이킨 새로운 이들을 수용하기 위해 더 넓은 장소를 임대할 필요가 생겼다. 그들 중국 학생들 가운데 풍족한 사람이 거의 없었다. 대부분이 매우 가난했다. 한번은 집회 중 인도하는 한 형제가 일어서서, "형제자매님들, 여기에 어떤 형제가 바친, 겨울용 외투가 있습니다. 이것이 팔린다면, 그 돈으로 새 집회 장소 임대료를 지불할 수 있을 것입니다."라고 말했다. 그는 누가 그 외투를 바쳤는지는 말하지 않고 다만 그것을 집회에 가져와, 필요한 사람이 그것을 구입할 수 있다고 광고했다. 두 자매가 거기에 앉았는데, 그 광고가 있자마자 한 자매가 그것을 살 부담을 받았다. 그녀는 모인 방의 한쪽에서 어떤 형제가 겨울 추위로 몹시 고통스러워하고 있는 것을 보았다. 물론 그 방 안에는 난방 시설이 없었다. 그 자매는 필요가 있는 그 형제를 보고서는 그를 도와줄 부담이 생겼다. 책임 형제가 외투값이 8달러라고 알려 주자, 그녀는 옆에 앉아 있는 자매에게 "우리가 저 형제를 위해 이 옷을 사야 하지 않겠어요?"라고 물었다. 그러자 그 자매는 즉시 "나도 같은 느낌이지만 4달러밖에 없어요."라고 대답했다. 두 자매는 느낌이 동일했고 가진 금액도 동일했다. 즉시 그들은 일어나 앞으로 가서 8달러를 지불하고 그 옷을 샀다. 그리고 그들은 추위로 떨고 있는 그 형제에게 그 옷을 주라고 요청했다. 여러분은 그 형제가 누구였다고 생각하는가? 그는 바로 처음에 그 외투를 바쳤던 형제였다! 이렇게 집회소에 대한 필요와 그 형제의 필요 모두를 주님께서 돌보셨다. 우리는 그런 많은 체험들을 통해 주님의 신실하심을 보아 왔다.

좀 더 예를 들자면, 이 나라에 왔을 때 나는 돈이 거의 없었다. 나는 선교회의 보냄을 받아 이곳에 온 것이 아니며 정기적으로 지원을 받는 것도 아니었다. 타이베이에서 온 몇몇 형제들이 증언할 수 있겠지만, 나는 이 나라에 왔을 때 후원하겠다는 약속을 받고서 온 것이 아니다. 여러분은 "그러면 일이 어떻게 시작되었습니까?"라고 물을지 모른다. 그냥 시작되었다. 1963년에 이 나라에서 일이 시작되었으며, 《스트림(The Stream)》이라는 작은 간행물을 출판할 부담이 우리에게 생겼다. 비록 우리는 아무런 자금이 없었지만, 형제들은 메시지들을 기록하고 다듬어서 그것들을 인쇄할 준비를 했다. 인쇄할 때가 되자 우리는 서로를 쳐다보았다. 돈에 대하여 토론할 필요가 없었다. 우리에게 충분한 돈이 없다는 것은 우리 모두가 아는 사실이었다. 주님의 긍휼로 나에게는 이백 달러가 있었는데, 나는 그 돈을 드려 인쇄비로 쓰게 했다. 결국 계좌에는 사백 달러가 있게 되었다. 그것이 《스트림(The Stream)》이라는 간행물의 시작이었다.

우리는 주 예수님을 믿을 필요가 있다. 우리가 광야에서 생활한다면, 그분께서 우리를 돌보실 것이다. 우리가 바닷길 위에 있다면, 그분께서 산 위에서 우리를 위하여 기도하시며 모든 파도 위를 걸으실 것이다. 파도는 그분의 발아래 있다. 결국 제자들을 태운 작은 배는 안전하게 해변에 닿았다. 배 안에 남아 있는 제자들이나 배에서 뛰어내린 베드로 형제나 모두가 안전하게 보존되었다.

작은 배는 여러분의 작은 직업을 상징한다. 여러분의 교직이나 기타 직업이 작은 배이다. 그 배 안에 머무르든 배 밖으로 나오든, 여러분은 여전히 주님의 부름을 신뢰해야 한다. 나는 여러분에게 배를 떠나라고 촉구하는 것이 아니다. 그것은 여러분을 겁먹게 할 것이다. 그러나 "오십시오."라는 주님의 말씀을 듣는다면, 여러분은 배에서 뛰어내릴 수 있다. 여러분의 모든 신뢰를 배에 두지 말라. 어떤 사람들은 주 예수님을 믿지만 또한 배도 의지한다. 비록 주님께서 파도 위를 걷고 계신다 할지라도, 그들은 여전히 그들을 운반해 줄 작은 배가 필요하다. 베드로는 주님이시란 것을 알고, 배에서 뛰어내려 그분께로 갔다. 그러나 여러분이 직업을 계속 갖든 아니면 그 직업에서 뛰어내리든 결국은 아무런 차이가 없을 것이다. 주님께서 여러분을 돌보실 것이다.

마태복음의 이 부분은 주님께서 배척당하신 때부터 왕국이 완전히 올 때까지의 기간 동안 주 예수님을 따르는 길을 우리에게 계시해 준다. 그분을 따르는 길은 믿음의 길이다. 믿음은 우리의 생각이나 추론에서 비롯된 것이 아니다. 믿음은 바로 그리스도의 존재에 대한 깨달음이다. 종교가 아무리 그분을 배척하고 정치가 아무리 그분을 박해할지라도 그분은 여전히 모든 것의 주님이시다! 배척당하신 예수님, 박해받으신 예수님은 떡 다섯 개와 물고기 두 마리로 오천 명을 먹이실 수 있다. 마태복음 15장에서 주님은 광야에서 또 다른 큰 무리를 먹이셨는데, 그것은 그분께서 그들의 생계에 필요한 것을 제공하신다는 것을 다시 한번 보여 준다.

1933년에 주 예수님은 나를 부르시어 직업을 내려놓게 하셨다. 내가 왜 마태복음 14장에 있는 배가 우리의 직업을 의미한다고 말하는가? 이것이 나의 체험과 일치하기 때문이다. 직업을 내려놓던 그해에 나는 내 자신이 배를 버린 베드로와 같다고 느꼈다. 내가 느끼기에, 나의 직업은 작은 배였다. 나의 작은 배 안에서 나는 꽤나 안전했다. 배에서 뛰어내려 직업을 포기한다면 생계는 어떻게 되는가? 나는 무엇을 의지해야 하는가? 그러나 주 예수님은 그 작은 배를 버리도록 나를 부르셨으며, 나는 수년 동안 바다에서 안전하게 항해해 왔다. 다른 한편으로, 많은 사랑하는 이들은 그들의 직업과 직장에 계속 머물러 있었다. 결국에는 아무런 차이가 없다. 주님께서 둘 다 돌보신다.

우리는 오늘날도 여전히 주 예수님의 배척당하심과 왕국의 완전한 출현 사이의 기간이라는 것을 깨달아야 한다. 이 기간 동안 우리가 그분을 따를 때, 우리의 삶은 광야에서의 삶이며, 우리의 길은 바닷길이다. 이 두 가지 때문에 우리에게는 믿음이 필요하다. 믿음은 공허하지 않다. 믿음은 실재이다. 참된 분이신 주 예수님은 우리 믿음의 대상이시다. 우리는 광야에 있지만 주 예수님께서 이곳에 계신다. 우리는 바람이 거슬러 부는 폭풍우가 이는 바다 위에 있지만, 그분께서 이곳에 계신다. 그분은 파도 위를 거닐고 계시므로 파도는 모두 그분의 발아래 있다. 그러므로 우리는 평안을 갖는다. 우리는 주 예수님을 믿음으로써 평안을 갖는다. 그분은 우리가 우리 믿음의 대상으로 깨닫는 분이시다. 이것이 이 기간 동안 주 예수님을 따르는 길이다. 그분께서 배척당하시는 기간은 천구백 년 전에 시작되어 오늘날까지 계속되고 있다. 우리는 여전히 종교의 배척과 정치의 박해를 받고 있다. 우리는 광야와 바다에 있으면서 믿음으로 주 예수님을 따르고 있다. 그분은 생계에 필요한 것을 우리에게 제공하시며, 우리의 안전을 돌보신다. 우리에게 필요한 것은, 왕국이 완전히 올 때까지 주님의 왕국을 위해 그분과 함께 나아가기 위한 살아 있는 믿음이다.

25

배척받으심부터 영광에 이르시기까지(2)

From Rejection to Glory (2)

제25장

배척받으심부터 영광에 이르시기까지(2)

성경: 마 15:1-11, 17-28

이 장에서 우리는 계속해서 마태복음 13장에서 그분의 배척받으심부터 장래 왕국의 완전한 출현까지의 기간 동안 주 예수님을 따르는 문제를 살펴볼 것이다. 우리가 지적했듯이, 마태복음은 역사적인 순서에 따라 기록되지 않고 계시에 따라 기록되었다. 마태는 특별한 계시를 제시하기 위하여 땅 위에서의 주님의 노정 중 몇몇 사례들을 선정하여 엮었다. 13장부터 17장 초반부까지에서 마태는 몇 가지 사건들을 함께 배치했는데, 이것은 주님께서 배척받으신 때부터 왕국이 나타나기까지의 기간 동안 주 예수님을 따르는 합당한 길을 우리에게 보여 주기 위한 것이다. 지난 장에서 보았듯이, 우리는 그분을 따라 광야로 가야 하며, 거기서 우리의 생계에 대해 그분을 믿을 필요가 있다. 우리는 그분을 믿음으로 산다. 또한 풍랑이 이는 바닷길에서 우리는 그분을 신뢰해야 한다. 많은 풍랑과 역풍에도 불구하고 우리는 단순히 그리스도 안에서 평안을 가질 수 있다. 우리의 생명이 그분의 손안에 있으므로 우리는 바람과 파도를 두려워하지 않는다. 따라서 우리는 평안하다.

모든 왕국 백성은 주 예수님께서 매우 실지적인 분이시라는 것을 깨달아야 한다. 그분은 우리가 배고픈 때와 궁핍한 때를 아신다. 그분은 또한 우리가 폭풍을 만나고 있는 때를 아신다. 한편으로 그분은 산 위에서 우리를 위하여 기도하고 계시고, 다른 한편으로 그분은 바다 위에서 우리와 함께하시기 위해 걸어오신다. 그분은 바로 여호와 더하기이시며 하나님 더하기이시다. "보십시오, 나는 이 시대가 종결될 때까지 항상 여러분과 함께 있습니다."(마 28:20) 우리에게는 실지적인 주 예수님 안에 있는 살아 있는 믿음이 필요하다. 참된 믿음이란 바로 주 예수님의 존재를 깨닫는 것임을 결코 잊지 말라. 그분은 참되고 실지적이시다. 그분께서 실지적이시라는 것을 우리가 참으로 믿는다면, 우리는 필요가 있을 때마다 평안할 것이다. 그분은 마태복음 6장 33절에서 하나의 약속을 우리에게 주셨다. "여러분은 먼저 그분의 왕국과 그분의 의를 추구하십시오. 그러면 이 모든 것을 여러분에게 더하실 것입니다." 주님은 왕국에 더하여 추가적인 어떤 것, 곧 매일의 생활에 필수적인 것들을 우리에게 주신다. 우리가 그분의 왕국을 추구하고 있는 동안, 우리의 매일의 필요는 추가적인 어떤 것으로 공급될 것이다. 우리의 길은 항상 안전하다. 그러나 외적인 상황이나 환경으로 보자면, 그것은 안전하지 않을 수도 있다. 외적으로 말하자면 우리는 위험에 처할 수도 있다. 우리가 폭풍 가운데 있거나 격랑의 바다에 있을 수 있지만, 사실상 우리는 매우 안전하다. 주 예수님은 작은 배보다 더 안전하시며, 잔잔한 바다보다 한층 더 평온하시다. 모든 풍랑은 그분의 발아래 있다. 과거를 돌이켜 볼 때, 우리는 그분께서 신실하신 분이심을 확실히 증언할 수 있다.

실재로서의 왕국

이제 우리는 주 예수님께서 거절당하시는 기간 동안 그분을 따르는 것에 관한 세 번째 요점에 이르렀다. 왕국 생활 안에서 그분을 따르고 있는 동안 우리는 왕국을 실재로서 깨달아야 한다. 왕국은 외적인, 형식적인 모습을 지니지 않는다. 그 반대로 종교는 전적으로 거짓된 모습을 지닌다. 종교는 외양을 관심한다. 여러분이 주일 아침 11시에 교회라고 하는 곳의 주일 예배에 참석해 보면, 모든 것이 외적으로 근사해 보인다는 것을 발견할 것이다. 모든 사람이 단정하고 산뜻하며 친절하고 좋다. 그러나 그것은 형식적이며, 외적인 기만이다. 여러분은 그 예배에 참석한 사람들이 실제로 그렇게 깨끗하고 친절하며 겸손하고 좋다고 생각하는가? 성가대와 예배의 각 방면을 살펴보라. 그들에게 실재가 있는가? 마태복음 15장 2절 말씀은 그들이 외적으로는 손을 씻지만 그들의 마음은 더럽혀져 있다고 말한다. 그들은 손을 씻을지 모르지만, 그들의 마음은 부패했고 더럽다. 소위 교회 예배들은 외적으로 아주 정숙하다. 그래서 그들은 우리가 집회에서 외치고 찬양하는 것에 대해 우리를 유죄판결 하곤 한다. 외적이고, 종교적이며, 형식적인 면에서 사람들은 정숙하고 모든 것이 질서 정연하지만, 내적으로 그들은 혼돈과 부패로 가득하다.

여기에 중요한 요점이 있는데, 그것은 왕국 안에서 우리는 외적으로 손을 씻는 것을 관심하지 말아야 한다는 것이다. 외적인 상황이 엉망이라면 그것을 바꾸려고 하지 말라. 그 상태 그대로 두라. 여러분의 머리털이 길다면, 외적으로 좋게 보이려고 머리털을 짧게 자르지 말라. 여러분은 머리털이 짧아 외적으로 아주 괜찮아 보이지만 내적으로는 부패한 사람일 수 있다. 외양에 주의하지 말라. 왕국의 실재는 외양에 있지 않다. 왕국의 실재는 내적인 것이다. 여러분의 마음은 어떠한가? 여러분의 동기는 어떠한가? 여러분의 참된 어떠함은 여러분의 외적인 행위에 의해 결정되는 것이 아니라 여러분의 마음속에 있는 것에 의해 결정된다. 외적으로 여러분은 단정하고 깨끗하며, 순수하고 친절하며, 태도가 올바를지 모르지만, 내적으로 여러분은 완전히 다른 사람일 수도 있다. 이렇게 여러분은 실재로 충만하지 않고 위선과 거짓으로 가득하다.

여기에서 주 예수님은 바리새인들과 위선자들에게 그분의 지혜를 드러내셨다. 그분은 그들의 속존재의 실제 상태를 다루셨다. 바리새인들은 그들의 마음 안에 선한 것이 전혀 없다는 것을 깨달아야 했다. 우리도 동일하다. 우리의 마음에서 무엇이 나오는가? 우리의 마음에서 사랑이나 순수함이나 정직함이나 성실함이 나오는가? 마태복음 15장 18절과 19절에서 주님은 우리의 마음에서 나오는 것들 중 선한 것을 단 한 가지도 언급하지 않으셨다. 이것이 우리가 참으로 어떤 사람들이라는 것을 보여 주는 계시이다. 본성에 의해서 또 출생에 의해서 우리는 황폐해지고 부패했다. 결코 자신이 선하다고 생각하지 말라. 여러분은 비록 외적으로는 좋아 보일지라도 내적으로는 더럽혀져 있다. 여러분이 나에게 내가 외적으로는 좋아 보이나 내적으로는 좋지 않다고 말한다면, 나는 전적으로 옳다고 말할 것이다. 자매들이여, 여러분은 외적으로는 사랑스럽고 좋지만 내적으로는 그렇지 않다. 출생에 의해서 또 본성에 의해서 우리는 모두 철저히 부패했다. 주님의 말씀은 우리의 마음에서 나오는 것이 무엇인지를 보여 준다. 그러므로 왕국 안에서 그것은 외적인 행위의 문제가 아니다. 외적인 행위에 대해서는 잊어버리라. 왕국은 겉치레가 아니다. 왕국은 실재이다. 외적으로 우리의 손을 씻는 방식으로 하나님께 경배하지 말라. 주님은 그것에 관심이 없으시며, 심지어 그것을 헛된 경배로 여기신다(마 15:8-9).

내 자신은 더할 나위 없이 종교적인 사람이었다. 나는 종교적인 방식으로 교육받고 훈련받고 지도받고 심지어 건축되었다. 나는 외모를 합당하게 갖추고 반듯한 자세로 집회에 오도록 훈련받았다. 점차적으로 주님은 나에게 이 모든 것이 단지 외적인 손 씻음일 뿐임을 보여 주셨다. 그러나 우리가 일부러 의도적으로 거친 종교를 갖고자 한다면, 그것 또한 전적으로 외적인 것이다. 그것은 외적이고 다듬어지지 않은 종교일 것이다. 왕국은 실재이며, 그 안에는 거짓된 것이라고는 하나도 없다. 실재라는 것은 무엇을 의미하는가? 그것은 모든 것이 우리의 속존재로부터 나온다는 것이다. 가장하지 말라. 모든 것이 여러분의 존재에서 나오게 하라. 왕국 생활 안에서는 모든 항목과 모든 방면이 실재이고 진정한 것이어야 한다. 외양에 대하여 염려하지 말라. 우리는 모두 우리의 속존재를 돌보아야 한다. 그러나 우리는 우리의 천연적인 존재가 황폐해지고 부패했다는 것을 깨달아야 한다. 우리는 그것을 바꾸거나 교정하려고 해서는 안 된다. 그러면 우리는 무엇을 해야 하는가? 그 대답은 가나안 여인의 사례에서 발견된다(마 15:21-28).

가나안 여인

언뜻 보면, 가나안 여인의 사례는 외적인 손 씻음의 사례와 관계가 없다. 그러나 사실상 이 두 경우는 서로 밀접한 관계가 있다. 이 사례는 우리의 음식이시자 영양분이신 주 예수님에 대한 것이다. 우리는 모두 마태복음을 읽을 때 한 가지 원칙을 준수해야 하는데, 그것은 단지 흰 바탕 위의 검은 글자로 읽지 말고 주님께 가서 "주님, 여기에 무엇이 담겨 있습니까?"라고 여쭈어야 한다는 것이다. 하나님의 칭호인 '아브라함의 하나님, 이삭의 하나님, 야곱의 하나님'이 부활을 암시하나, 흰 바탕 위의 검은 글자에서는 그것을 볼 수 없는 것처럼(마 22:31-32), 마태복음 전체도 마찬가지이다. 이 책의 거의 모든 절이 왕국과 관련된다.

헛된 경배와 사람의 마음에 대하여 바리새인들에게 말씀하신 후에, 주 예수님은 이방 땅인 두로와 시돈 지역으로 물러나셨다. 그분은 제사장들에게나 성전으로 가시지 않고 이방 세계로 가셨다. 그분께서 그곳에 계시는 동안, 유대인들에게 개로 여겨진 한 가나안 여인이 그분께 왔다. 이것은 주님께서 바리새인들을 다루시는 앞의 사례와 비교해 볼 때 눈에 띄는 대조를 이룬다. 바리새인들은 외적인 것들, 곧 외적인 씻음, 외적인 교정, 외적인 개선에 대하여 말했다. 이방 여인의 경우는 그렇지 않았다. 이 경우 주님은 내적인 영양분의 문제를 다루셨다. 여인 자신이 먼저 영양분의 문제를 제기한 것은 아니다. 오히려 그녀는 주 예수님을 다윗의 자손이라 부름으로써 유대 종교를 본뜨려고 하였다. 이것은 유대인의 용어였으므로 어떤 이방인도 그것을 사용할 입지가 없었다. 주 예수님은 지극히 현명하게 여인에게 대답하셨다. 인간 역사 전체에서 그분만큼 지혜로운 사람이 없었다. 그분은 "나는 이스라엘 집의 잃어버린 양들에게만 보냄 받았습니다."(마 15:24)라고 말씀하셨다. 이 간략한 답변은 여러 가지를 함축한다. 사실 주님은 이렇게 말씀하고 계셨다. "그대가 나를 다윗의 자손이라고 부른다면 그대는 이스라엘 사람이어야 하는데, 그대는 이스라엘 사람이 아닙니다. 나는 이스라엘 자녀들을 위해서 왔습니다. 다윗의 자손으로서 나는 그대를 위한 사람이 아닙니다. 그대는 나를 그렇게 불러서는 안 되는 사람입니다." 그러나 주 예수님께서 그녀를 거절하실 의도로 그 말씀을 하셨다고 생각하지 말라. 주님은 그녀를 거절하실 의도가 없으셨다. 주님은 다만 그 여인이 그분을 다윗의 자손이라고 부를 입지가 없다는 것을 깨닫기 원하셨다. 이스라엘 사람들만이 그분을 이런 식으로 부를 수 있었다.

주님은 계속해서, "자녀들의 떡을 가져다가 작은 개들에게 던져 주는 것은 좋지 않습니다."(마 15:26)라고 말씀하셨다. 이렇게 말씀하심으로 그분은 자신이 떡이 되기 위해 오셨음을 암시하셨다. 또 그것은 가나안 여인의 위치를 암시하는 것이기도 했다. 그녀의 위치는 이방 개의 위치였다. 그러나 즉시 그 '이방 개'는 기꺼이 자신의 위치를 취하면서 자신의 몫을 주장했다. 그녀는 더 이상 '다윗의 자손'이라는 칭호를 사용하지 않았다. 그녀는 다음과 같이 말하는 것 같다. "그렇습니다. 주님, 저는 이방 개입니다. 하지만 개에게도 개의 몫이 있습니다. 자녀들에게는 자녀들의 몫이 있는데 그들의 몫은 상 위에 있습니다. 그러나 개의 몫은 상 밑에 있습니다. 자녀들의 몫이 상 아래로 떨어질 때, 그것은 개의 몫이 됩니다. 주 예수님, 당신은 자녀들의 떡이시지만 이제 상 밑에 떨어지셨습니다. 이제 당신은 이스라엘의 상 위에 있지 않고 이곳 두로와 시돈의 상 밑에 있습니다. 당신은 상 밑 바닥으로 떨어지셨으며, 지금 당신은 저의 몫이십니다." 주님은 이 말을 들으신 후에 그녀의 요구 사항을 들어주셨다.

외적인 손 씻음에 대해서는 잊어버리고 그리스도의 모든 부스러기들을 모아 그것들을 먹으라. 유대인들이 그분을 배척했기 때문에 그분은 상 위에 계시지 않다. 그분은 우리의 몫으로 상 밑에 계신다. 우리는 자녀들이 아니라 이방 개들이지만 자녀들의 음식을 먹고 있다. 그리스도를 먹음으로써 우리 이방 개들은 자녀들로 거듭나게 될 것이다.

아주 솔직하게 여러분에게 묻겠다. 여러분은 개들인가, 자녀들인가? 개들이 어떻게 자녀들로 바뀔 수 있겠는가? 외적인 씻음에 의해서인가? 여러분이 개를 하루에 삼십 번 씻겨 줄지라도 개는 여전히 개일 것이다. 개는 씻음에 의해서는 결코 바뀔 수 없다. 그러나 개들은 자녀들의 음식인 부스러기를 먹어 자녀들로 변화될 수 있다. 원래 모든 왕국 백성은 개들이었지만, 주 예수님의 부스러기를 먹음으로써 우리는 자녀들로 변화되었다. 때때로 여전히 개의 꼬리가 보일 수 있다. 종종 나는 중국인의 꼬리를 볼 수 있다. 다른 때는 미국인의 꼬리를 볼 수 있다. 또 다른 때는 일본인 또는 독일인의 꼬리도 볼 수 있다. 비록 우리 모두가 자녀들이 되었을지라도 개의 꼬리의 흔적이 남아 있다. 그러나 나는 이것 때문에 괴로워하지 않는다. 한동안이 지나면, 아마도 몇 개월이나 일 년 후면, 주 예수님을 합당하게 먹음으로써 모든 꼬리가 삼켜질 것임을 나는 온전히 확신한다. 그것은 외적인 손 씻음의 문제가 아니라 부스러기를 먹는 문제이다.

이 두 가지 사례를 연결하는 선이 있다. 주 예수님은 우리가 안으로 받아들이는 것, 즉 우리가 먹는 것이 우리를 더럽히는 것이 아니라고 말씀하셨다. 우리에게서 나오는 그것이 우리를 더럽힌다. 그러면 우리는 우리 안으로 무엇을 받아들여야 하는가? 우리는 부스러기를 받아들여야 한다. 첫 번째 사례에서 받아들이는 문제가 있다. 두 번째 사례에서 부스러기를 먹는 문제가 있다. 그리스도를 우리 안으로 받아들일 때 우리는 결코 더럽혀지지 않지만, 우리에게서 나오는 것은 다른 사람들을 더럽힐 것이다. 우리는 어떤 것이 우리에게서 나오지 않도록 주의해야 한다. 우리는 다른 사람들에게서 나오는 어떤 것도 받아들여서는 안 된다. 왜냐하면 그것들은 우리를 더럽힐 것이기 때문이다. 우리는 다만 그리스도를 받아들여야 하며, 그분으로 하여금 우리 안에 있는 모든 황폐와 부정을 삼키시도록 해야 한다. 우리는 단순히 날마다 그리스도의 부스러기를 먹어야 한다. 그럴 때 우리는 외적인 손 씻음에 의해서가 아니라, 우리의 속존재가 내적이고 신진대사적으로 씻어짐으로써 정결하게 될 것이다. 우리는 그리스도를 우리 존재 안으로 받아들임으로써 정결하게 될 것이다. 우리는 그리스도로 하여금 우리를 삼키시도록 해야 하며, 우리를 개들에게서 자녀들로 변화시키시도록 해야 한다.

어떤 누룩도 받아들이지 않음

이것에 뒤이어, 주 예수님께서 그분의 제자들에게 어떤 누룩도 받아들이지 말라고 명하신 세 번째 사례가 있다. "바리새인들과 사두개인들의 누룩을 주의하고 경계하십시오."(마 16:6) 이 세 가지 사례들은 함께 연결되어야 한다. 우리는 그리스도를 부스러기들로 받아들일 필요가 있으나 어떤 누룩도 받아들여서는 안 된다. 우리는 떡과 떡 부스러기들을 받아들여야 하지만, 누룩을 받아들여서는 안 된다. 주 예수님은 우리에게 떡을 주실 뿐 결코 누룩을 주지 않으신다.

바리새인들의 누룩

우리는 바리새인들의 누룩을 주의해야 한다. 바리새인들의 누룩이란 무엇인가? 그것은 종교적이고 성경적이며 근본주의적이고 외적으로 옳은 것이기는 하지만, 생명이 없고 영이 없으며 실재도 없고 진실함도 없는 것이다. 이 모든 단어를 기억하라. 바리새인들의 위선은 그들이 단지 악한 것들을 행하면서 선한 체 가장한 것이 아니다. 바리새인들의 위선은 그들이 종교적이고 성경적이며 근본주의적이고 외적으로 옳았지만, 그 영께 속하고 생명에 속한 것과 실재에 속하고 진실함에 속한 것이 그들에게 없었음을 의미한다. 이것이 누룩이다. 이러한 유형의 누룩은 오늘날 그리스도인들 가운데서도 여전히 발견될 수 있다. 사람들은 우리가 주님께 외치고 찬양하는 것에 대하여 우리를 미쳤다고 말하면서 비판할지 모른다. 반면에 그들은 스스로를 건전하고 좋고 근본주의적이라고 여긴다. 어떤 의미에서 그들은 오늘날의 바리새인들로서, 생명이 없고 영이 없으며 실재도 없고 진실함도 없다.

사두개인들의 누룩

사두개인들의 누룩은 무엇인가? 사두개인들의 누룩은 현세적이고 합리적이며 철학적인 것을 의미한다. 이것은 오늘날의 현대주의자와 같다. 우리는 현대주의자들이 현대판 사두개인들이며, 사두개인들이 고대의 현대주의자들이었다고 말할 수 있다. 두 부류 모두 동일 범주에 속한다. 그들은 현세적이고 철학적이며, 하나님이나 하나님의 말씀이나 부활을 믿지 않는다. 그들은 신성한 어떤 것도 믿지 않는다. 왜냐하면 그들은 너무도 철학적이고 합리적이기 때문이다. 그들 가운데에는 실재가 없다. 왜냐하면 바리새인들처럼 그들은 그 영과 생명이 결핍되었기 때문이다. 이것이 사두개인들의 누룩이다. 오늘날 우리는 근본주의와 현대주의 모두에 직면하고 있다. 바리새인들의 누룩은 바로 오늘날의 근본주의이며, 사두개인들의 누룩은 오늘날의 현대주의이다. 우리는 그리스도의 부스러기를 먹어야 하지만 어떤 누룩도 받아들여서는 안 된다.

외적으로 여러분의 손을 씻지 말라. 그것은 아무 의미가 없다. 손을 씻는 것은 외적인 교정, 개선, 조정을 나타낸다. 우리의 행위를 바꾸거나 개선하거나 교정하는 것은 손 씻음으로 상징되었다. 주 예수님은 외적인 바뀜을 관심하지 않으신다. 그분은 여러분의 속존재를 관심하신다. 여러분 안에는 무엇이 있는가? 여러분의 마음속에는 무엇이 있는가? 정말 중요한 것은 바로 이것이다. 우리가 외적으로 행하는 어떤 것도 우리를 바꾸지 못할 것이다. 그러나 우리에게는 먹기에 좋은 주 예수님이 계신다. 그분은 우리 안으로 오실 수 있다. 비록 자녀들의 떡을 먹을 자격이 우리에게 없다 할지라도, 우리는 부스러기를 먹을 자격은 충분히 갖추고 있다. 개들이 부스러기를 먹는다면 자녀들로 변화될 것이다. 그러나 어떤 누룩도 먹지 말라. 여러분이 부스러기를 먹고 있을 때 누룩을 받아들일 위험이 있다. 우리는 이 두 가지 것을 분리해야 한다. 우리는 떡을 취해야 하지만 누룩은 거절해야 한다.

우리는 각 지방에 있는 교회들 안에 그리스도의 부스러기들은 많이 있지만, 근본주의나 현대주의의 누룩은 전혀 없도록 주님을 앙망한다. 그 영과 생명과 실재와 진실함이 있게 되기를 바란다. 이것들이 우리가 누릴 부스러기들이다. 이것은 왕국 생활을 위한다. 주 예수님께서 배척받으신 기간 동안 우리가 광야에서 그분을 따르고 있을 때, 우리는 먹는 것을 주의해야 한다.

우리가 마태복음 15장으로부터 이상을 보았다면, 외적인 손 씻음을 관심하지 않을 것이다. 우리는 내적으로 부스러기들을 먹는 것만을 관심할 것이다. 나는 어떤 외적인 씻음도 주의하지 않는다. 나는 여러분이 그리스도의 부스러기들을 얼마나 많이 먹었는가에만 관심이 있다. 먹을 때 누룩을 주의하라. 배고플 때 여러분은 먹는 것을 주의할 필요가 있다. 부스러기들을 먹는 것은 놀랍지만, 누룩을 먹는 것보다는 배고픈 채로 남아 있는 편이 더 낫다. 근본주의와 현대주의 모두 누룩이다. 심지어 굶주릴지라도 어떤 누룩도 받아들이지 말라. 오직 그리스도를 취하라. 그리스도의 부스러기들은 그리 외양이 좋지 않을 수 있지만 매우 영양분이 많다. 여러분은 기꺼이 그것들을 받아들여야 한다. 그러나 누룩은 아무리 좋고 괜찮아 보일지라도 결코 받아들이지 말라. 외적인 손 씻음을 관심하지 말라. 다만 내적으로 그리스도의 부스러기들을 먹는 것을 관심하라.

26

배척받으심부터 영광에 이르시기까지(3)

From Rejection to Glory (3)

제26장
배척받으심부터 영광에 이르시기까지(3)

성경: 마 16:13-17, 18-19, 21-27, 28, 17:1-2, 3-5, 8

이제 우리는 주 예수님께서 배척받으신 기간 동안 그분을 따르는 마지막 지점에 이르렀다. 그분을 따르는 길은 절대적으로 종교 밖에 있는 것이다. 마태복음 15장에는 살아 있고 영양을 공급받는 방식으로 그리스도를 부스러기로 누리는 가나안 여인이 있었다. 이 이방 여인이 그런 방식으로 그리스도를 누리고 있었을 때, 제사장들은 성전에서 하나님께 희생 제물을 드리고 향을 피우면서 경배하고 있었다. 이 두 가지 일이 동시에 일어나고 있었을 가능성이 다분하다. 거룩한 곳에서 멀리 떨어진 이방 땅에 하나님이나 성경이나 성전이나 제단이나 희생 제물이나 제사장 직분이나 하나님에 대한 경배에 관해 아는 바가 거의 없었던 한 이방 여인이 있었다. 그녀가 이러한 것들에 대하여 아는 바가 거의 없었다 하더라도, 그녀는 그리스도를 영양을 공급하는 음식으로 누리고 있었다. 동시에 하나님을 합당하게 섬기도록 훈련받은 많은 제사장들은 성경에 따라 하나님께 경배하고 있었다. 어떤 의미에서 이 제사장들은 하나님에 대한 지식이 많았고, 그들이 성전 안에서 행하고 있었던 것은 하나님을 위하고 하나님을 향한 것이었다.

여러분이 그 당시에 이스라엘 땅에서 살았다고 해 보자. 여러분은 어느 편을 선택했겠는가? 성전 안에서 경배하는 제사장들의 편인가, 아니면 '이방 개'의 편인가? 나는 나 자신을 포함하여 우리 중 어느 누구도 '이방 개'의 편을 선택했을 것이라고 믿지 않는다. 확실히 우리 모두는 거룩한 성경을 들고 거룩한 성전에 있던 제사장들에게 합류했을 것이다. 거룩한 성 안에서는 모든 것이 합당하고 좋았지만, 이방 세계에는 개로 여겨진 한 이방 여인이 있었다. 여러분은 그런 사람과 함께하겠는가? 그 당시에 하나님은 어디에 계셨는가? 하나님은 이방 개와 함께 계셨다. 엄밀히 말해서, 주 예수님은 하나님 자신이셨으나 그 여인과 함께 계셨다. 그분은 종교적인 사람들이 성전에서 경배하고 있던 바로 그 하나님이셨다. 그러나 하나님은 성전 안에 그들과 함께 계시지 않았다. 그분은 그분께 어울리지 않을 것 같은, 멀리 떨어진 곳에 계셨다.

원칙은 오늘날에도 정확히 동일하다. 종교로서의 기독교는 성경에 따라 하나님께 경배하지만, 나는 하나님께서 그곳에 계시지 않을까 염려된다. 하나님은 어디에 계신가? 하나님은 어디든지 주 예수님께서 계시는 곳에 계신다. 그리고 주 예수님은 외적인 상황에 대하여 관심하지 않으신다. 그분은 다만 한 가지 일을 관심하시는데, 그것은 사람들이 그분을 그들 안으로 받아들이는 것이다. 이것은 종교와는 전적으로 다르다. 주님은 가나안 여인에게 "그대는 나에게 경배하는 법을 배워야 합니다. 내가 바로 이스라엘의 하나님입니다."라고 말씀하지 않으셨다. 주님은 그런 말씀을 하지 않으셨고, 종교적인 어떤 것에 대해서도 말씀하지 않으셨다. 그분은 하나님께 경배하는 것에 대하여 말씀하지 않으셨다. 그 대신 그분은 떡과 개들에 대하여 말씀하셨다. 이상하지 않은가? 다시 한번 우리는 그리스도께서 종교와 반대되신 것을 본다.

우리가 주 예수님께서 배척받으신 기간 동안 그분을 따르려 한다면, 다섯 가지 기본적인 것들을 깨달아야 한다. 곧 그리스도와 교회와 사탄과 십자가와 혼생명을 포함한 자아이다. 이것들이 왕국 안에서 그분을 따르고 있을 때 우리 모두가 알아야 할 다섯 가지 기본적인 것들이다. 모든 왕국 백성은 이것들에 대하여 익숙해야 한다. 여러분이 '성소'에 남아 있다면, 이 다섯 가지 항목들이 여러분에게 계시될 수 없다. 여러분은 예루살렘, 곧 거룩한 곳을 떠나 빌립보의 가이사랴로 가야 한다. 여러분은 이들 다섯 가지 것에 대한 이상을 보기 위해 종교적인 그 영역을 떠나야 한다.

그리스도

그리스도는 누구이시며, 어떤 분이신가? 앞 장을 읽은 후, 여러분은 그리스도께서 떡이시며 상 아래로 떨어진 부스러기이시라고 대답할 것이다. 정확한 답이다. 그러나 우리는 그리스도의 요소나 성분, 재료, 구성 요소를 알아야 한다. 그리스도는 간단한 분이 아니시다. 마태복음 16장 16절에서 베드로는 그분이 그 그리스도이시요 살아 계신 하나님의 아들이심을 인식했다. 이 두 가지 칭호는 그리스도의 사역과 그리스도의 인격에 관련된다. '하나님의 아들'은 그분의 인격을 가리키는 칭호이고, '그리스도'는 그분의 사역 또는 일을 가리키는 칭호이다. 그분의 인격으로 보자면, 그분은 하나님의 체현이시다. 하나님의 아들로서 그분은 하나님의 바로 그 표현이시며 하나님의 체현이시다. 하나님 전체가 하나님의 아들이신 그분으로 말미암아 체현되시고 표현되신다.

그분은 또한 하나님의 그리스도이시다. '그리스도'는 기름부음 받으신 분을 뜻한다. 하나님의 아들은 하나님의 목적을 성취하시기 위해 하나님께 기름부음을 받으셨다. 그분은 하나님의 목적을 성취하시기 위하여 기름부음을 받으시고 임명되셨다. 하나님의 목적을 성취하시는 데 있어서 그분은 여러 주요 단계를 거치셨다. 첫째는 창조의 단계였다. 둘째는 육체 되심의 단계였다. 다음 단계들은 십자가에 못 박히심과 부활, 승천, 강림이었다. 이후에 그분은 교회를 세우셨으며 건축하고 계신다. 장래에 그분은 더 전진된 단계를 취하실 것이다. 곧 땅 위에 하나님의 왕국을 세우시는 것이다. 이로써 우리는 창조에서부터 왕국을 세우시기까지 그리스도께서 몇 번의 기본적인 단계들을 거치셨음을 볼 수 있다. 이 모든 것들은 그리스도의 사역의 주요 단계들이다. 이 일을 위하여 그분은 '그리스도'라는 칭호를 지니신다. 그분을 그리스도로 알기 위해 우리는 그분의 일의 이 주요 단계들을 모두 이해해야 하며, 그분을 하나님의 아들로 알기 위해 우리는 그분을 바로 하나님의 체현이시자 표현으로 알아야 한다.

그리스도는 놀라우시고도 심오하시다. 그분이 누구이신지 깨닫기가 쉽지 않다. 그리스도는 빈약하지 않으시다. 그분은 모든 것을 포함하신다. 에베소서 3장 8절에서 바울은 자신이 그리스도의 측량할 수 없는 풍성을 전파했다고 말했다. 그분의 인격을 생각해 보라. 그분은 하나님의 체현이시요 표현이시다. 그분의 사역, 그분의 일의 주요 단계들인 창조와 육체 되심과 십자가에 못 박히심과 부활과 승천과 강림과 교회의 건축과 왕국의 수립을 생각해 보라. 이 어떠한 일인가! 그리스도의 풍성은 측량할 수 없다. 날마다 교회들 안에서 모든 왕국 백성은 그처럼 풍성한 방식으로 그리스도를 알 필요가 있다. 우리에게 교리가 필요하다면, 그리스도의 모든 풍성을 우리에게 계시해 주는 그런 교리가 필요하다.

교회

교회는 무엇인가? 교회를 기술하기 위해서는 많은 어휘가 필요하다.

여기에서 나는 몇 가지만 언급할 수 있을 뿐이다. 어떤 사람도 말에 있어서 주님을 능가할 수 없다. 그분의 말씀은 간단하나 심오하며, 많은 의미가 함축되어 있다. 그분은 베드로에게 "그대는 베드로(돌)입니다."(마 16:18)라고 말씀하셨다. 우리는 우리가 건축을 위한 돌들임을 볼 필요가 있다. 마태복음 16장 18절은 돌과 반석을 모두 언급한다. 우리는 모두 돌들이며, 반석은 그리스도이다. 돌들과 반석 모두가 건축을 위해 있다. 교회는 반석이신 그리스도와 돌들인 우리로 건축된다. 우리에게 반석과 돌들이 있을 수 있지만, 우리는 건축되는 것이 필요하다. 많은 추구하는 그리스도인들이 몸에 대하여 많이 말하지만, 그들은 건축을 등한시한다. 그들은 그저 교리적으로 몸에 대해 논의하지만, 우리는 실지적인 건축을 가져야 한다. 어느 방면에서 보든, 이 건축은 실지적인 문제이다.

사탄

주님은 계속하여 음부의 문들을 언급하신다(마 16:18). 음부는 죽은 이들이 보존되는 곳이며, 음부의 문들은 사탄의 권세인 죽음의 세력을 가리키는 용어이다. 그것은 또한 죽음의 체현인 사탄을 대표한다. 주 예수님께서 생명의 체현이시듯이 사탄은 마태복음 16장 18절에서 음부의 문들로 대표되는 죽음의 체현이다. 교회는 반석과 돌들로 건축된다. 여러분이 교회의 건축을 발견할 때마다 거기에는 전쟁이 있게 될 것이다. 왜냐하면 죽음의 세력이 교회에 대항하여 일어설 것이기 때문이다. 그러나 죽음의 세력은 결코 교회를 이길 수 없다. 죽음은 그리스도인들을 개별적으로 이길 수 있지만 건축된 교회는 이길 수 없다. 교회에 대항하는 전투마다 사탄은 패배할 것이다. 사탄은 결코 이길 수 없다. 왜냐하면 교회가 그를 묶을 수 있기 때문이다. 사탄이 묶을 수 있는가? 어떤 이들은 주 예수님보다 사탄을 더 믿는 것 같다. 그들은 사탄의 세력을 사용하는 방법을 알지 못한다고 말하면서, 항상 사탄의 세력에 대하여 말한다. 그러나 각 지방에 있는 교회 안에서 우리는 강한 자를 결박할 뿐만 아니라 그의 살림살이를 강탈하고 모든 그릇을 취할 수 있다. 건축된 교회는 강한 자를 결박할 권위를 갖는다. 이것은 내 말이 아니라 주 예수님의 말씀이다. "그대는 베드로(돌)입니다. 내가 이 반석 위에 내 교회를 건축할 것이니, 음부의 문들이 교회를 이기지 못할 것입니다."(마 16:18) 우리는 이 말씀 위에 서야 한다. 음부의 문들은 결코 교회를 이길 수 없다. 교회는 묶을 수 있으며, 교회가 묶는 것은 무엇이든지 하늘에서도 묶일 것이다(마 16:19).

왕국의 열쇠들은 교회를 산출하기 위한 것이며, 교회생활이 왕국이다. 결국 우리는 교회에 대한 다섯 가지 요점들을 볼 수 있다. 곧 반석과 돌과 건축과 음부의 문들의 패배와 왕국이다. 교회는 왕국이다. 오늘날 우리가 교리상이나 말로만의 교회가 아닌 건축된 교회를 깨달으려면, 교회는 많은 살아 있는 돌들로 건축되어야 한다. 각 지방에 있는 교회는 반석 위의 돌들로 건축된다. 이것이 왕국이다. 왕국은 묶고 푸는 권위를 가지고 있기 때문에 결코 음부의 문들에 패배당할 수 없다.

자아

사탄은 먼저 음부의 문들로 대표된다. 이에 더하여 사탄은 자아의 형태로 나타난다. 한편으로 베드로는 돌이었지만, 다른 한편으로 그는 갑자기 사탄이 되었다(마 16:23). 정말 그럴 수 있는지 상상하기가 어려운 일이다. 베드로는 사탄이 되었는데, 이것은 그의 자아가 사탄의 체현이었기 때문이다. 주님은 "사탄아! 내 뒤로 물러가거라."라고 하시면서 베드로를 책망하셨다. 사탄은 음부의 권세를 행사하는 것만으로는 결코 성공할 수 없다. 사탄은 그보다 한층 더 간교하다. 그는 음부의 권세를 활용할 뿐 아니라 또한 우리 안으로 들어와 자신을 우리 속존재 안으로 넣는 일을 한다. 이것은 무섭고도 간교한 것이다. 사탄은 자신의 죽음의 권세로 교회를 이길 수 없지만, 그의 간교함으로 교회를 손상할 수는 있다. 사탄의 간교함은 어디에 있는가? 그의 간교함은 사람의 자아 안에 거한다. 우리가 마태복음 16장 23절부터 26절까지를 아주 주의 깊게 읽어 본다면, 타고난 생각과 자아와 혼생명과 사탄, 이 네 가지 사이의 연결을 보게 될 것이다. 주 예수님은 베드로가 생각을 하나님의 일들에 두지 않고 사람의 일들에 두었기 때문에, 베드로를 사탄이라고 책망하셨다. 그러고 나서 주님은 혼에 대해서 또 자아를 부인하는 것에 대해서 말씀하셨다. 간략한 몇 문장으로 주님은 사탄과 생각과 자아와 혼생명을 언급하셨다. 이 네 가지는 사실상 하나 안의 넷이다. 사탄은 여러분의 생각 안에 있고, 여러분의 생각은 여러분의 자아 안에 있으며, 여러분의 자아는 혼생명 안에 있다. 혼생명이 있는 곳마다 자아가 있고, 자아가 있는 곳마다 생각이 있으며, 생각이 있는 곳마다 사탄이 있다. 비록 사탄이 그의 세력이나 권세를 행사함으로 교회를 이길 수는 없지만, 그는 여러분의 생각 안에서 여러분과 하나 되는 간교함을 통해 교회를 손상할 수 있다. 사탄의 간교함은 여러분의 생각 안에서, 여러분의 의견 안에서, 여러분의 이견(異見) 안에서 여러분과 연합되는 것이다. 어떤 교회 안에 분열의 상황이 있다면, 그 상황은 생각에서, 사탄에게서, 자아에서, 혼생명에서 비롯된 것이다. 여러분이 나름대로 다른 의견을 갖는 이유를 댄다 해도 그것은 별반 차이가 없다. 이견을 갖고 있는 한 여러분은 사탄의 간교함 아래 있다. 이견을 갖게 하는 모든 요소는 여러분의 영 안에서가 아닌 여러분의 생각 안에서 발견된다. 여러분이 생각을 사용한다면 즉시 이견을 갖게 될 것이다.

그러면 우리는 어떻게 해야 하는가? 지금 강한 자를 묶어야 한다고 말하지 말라. 그것은 잘못된 무기이다. 오히려 여러분 자신을 계속 십자가에 두라. 여러분이 자신을 계속 십자가에 둘 때마다 여러분은 사탄이 멸망하는 것을 볼 것이다. 그리스도는 죽으심으로써 죽음의 세력을 가진 자를 멸망시키셨다(히 2:14). 간교한 자인 사탄은 우리가 그를 묶는 것은 두려워하지 않지만 십자가는 두려워한다. 우리가 십자가에 남아 있다면 사탄은 두려워할 것이다.

이 짧은 부분의 말씀 안에서 우리는 사탄에 대한 두 가지 표현을 갖는데, 곧 음부의 문들과 혼생명을 가진 생각 안의 자아이다. 음부의 문들만이 사탄이라고 생각하지 말라. 여러분은 자아 또한 사탄의 체현이라는 것을 깨달아야 한다. 베드로는 사탄에게 점유되었다. 왜냐하면 그가 자신의 영을 잊어버리고 생각을 사용하여 반대 의사를 표출했기 때문이다. 의견을 달리하는 모든 생각은 사탄의 체현이다. 의견을 달리하는 어떤 생각에도 귀를 기울이지 말라. 사탄을 죽이는 최상의 길은 의견을 달리하는 여러분의 생각을 십자가 위에 두는 것이다.

우리 모두가 분명한 이상을 받기를 바란다! 그리스도께서 여기 계시고 교회가 여기 있지만, 간교한 자인 사탄 또한 여기 있다. 의견을 달리하는 여러분의 생각이 베드로처럼 좋은 의도에서 비롯된 것일 수 있지만, 그럼에도 불구하고 여러분은 사탄에게 점유되어 있다. 여러분이 의견을 달리하는 자신의 생각을 붙들고 있는 한, 여러분은 사로잡히거나 점유될 것이다. 각 지방에 있는 교회 안에서 우리는 모두 의견을 달리하는 어떤 생각도 경계해야 한다.

주 예수님은 제자들에게, 그분이 예루살렘에 가셔서 죽음을 당하시고 제삼 일에 살아나실 것이라고 말씀하셨다. 그러나 베드로의 의견을 달리하는 생각은 '죽음을 당한다'라는 말을 듣자 거기에 멈춰 섰다. 의견을 달리하는 사람들은 다른 사람의 말을 끝까지 듣는 법이 거의 없다. 그렇기에 그들은 다른 사람들의 말을 제대로 다 이해하지 못한다. 베드로는 의견을 달리했기 때문에 근시안적이었으며 표적을 놓쳤다. 그는 '죽음을 당한다'라는 말은 들었지만 부활이라는 주요 항목은 놓쳐 버렸다. 십자가에 못 박힘이 없이는 결코 부활이 있을 수 없다.

교회생활 안에서 모든 성도들은 의견을 달리하는 것을 매우 주의해야 한다. 결코 의견을 달리하지 말라. 의견을 달리하는 것은 바로 생각의 두려운 활동이다. 여러분의 의도가 어떠하든 의견을 달리하고 있는 한 여러분은 간교한 자의 덫에 붙잡힌 것이다. 여러분이 매우 거룩하고 영적이라고 생각하지 말라. 주님께서 베드로를 '돌'이라 하신 때와 '사탄'이라 하신 때의 시간 간격은 극히 짧다. 돌이 사탄이 되었다. 여러분은 여러분이 교회를 사랑한다고 말할 것이며, 나는 여러분이 그렇다는 것을 의심하지 않는다. 여러분은 여러분이 말한 것마다 좋은 의도로 한 것이라고 느낄 것이다. 많은 사랑스러운 성도들이 교회를 손상했는데, 그들은 좋은 의도로 그렇게 했고 그들 자신은 교회를 사랑한다고 주장했다. 이것은 의도가 좋은가 나쁜가의 문제가 아니다. 여러분은 여러분이 의견을 달리하고 있는지 그렇지 않은지를 물어보아야 한다. 여러분은 교회와 하나인가? 하나만이 여러분을 살아 있게 하며, 오직 하나만이 원수를 죽인다. 원수에게 이렇게 말하라. "사탄아, 나는 이런 추론에는 관심이 없다. 나는 몸의 하나를 관심할 뿐이다. 나는 다른 어떤 것도 주의하지 않는다. 몸을 위하여 나는 의견을 달리하는 생각을 사용하지 않을 것이다. 나는 나의 영으로 돌이켜서 그곳에 머무를 것이다." 십자가를 취한다는 것은 이것을 의미한다.

십자가

이제 십자가에 이르렀다. 여러분의 자아를 두기에 가장 좋은 곳은 십자가 위이다. 여러분에게 좋은 의도가 있다고 주장하지 말라. 그것은 자아를 감추기 위한 변명에 불과하다. 여러분이 교회를 사랑한다고 말하지 말라. 그것 또한 자아를 위한 또 다른 변명, 또 다른 거처이다. 여러분의 자아를 두기에 알맞은 장소는 십자가 위이다. 항상 주님의 은혜로 여러분은 자신에게 이렇게 말할 필요가 있다. "작은 자아여, 너의 위치는 십자가임을 잊지 마라. 다른 어떤 곳으로 가지 마라. 너는 이천 년 전에 십자가 위에 놓였다. 이제 십자가로 돌아가서 거기에 머물러라. 십자가를 벗어나지 마라. 십자가가 너를 위한 장소이다." 이것이 마태복음 16장 24절에 있는 주님의 말씀의 참된 의미이다. 십자가를 진다는 것은 여러분이 이미 십자가에 놓였음을 깨닫는 것이다. 주님께서 여러분을 십자가에 두셨으므로 여러분은 이제 그것을 짊어질 필요가 있다. 주님 안에 있는 한 성도가 아주 좋은 다음과 같은 말을 한 적이 있다. "여러분이 십자가를 지려 한다면 결국 십자가가 여러분을 짊어질 것이다." 그리스도는 여러분을 십자가에 두셨다. 이제 여러분은 십자가를 지고 여러분의 위치를 십자가에 두어야 한다. 십자가에서 내려오지 말라. 여러분의 위치를 떠나지 말라. 거기에 머무르라. 결국 십자가가 여러분을 짊어질 것이다. 십자가는 여러분에게 짐이 되지 않을 것이다. 여러분이 십자가에 짐이 될 것이다. 논쟁하지 말고 따지지 말며 변명하지 말라. 단지 여러분 자신을 계속 십자가에 두라.

자아와 혼생명

이제 우리는 마지막 항목인 혼생명을 포함한 자아에 이르렀다. 혼생명은 우리의 자아 안에 있으며, 자아는 우리의 생각 안에 있다. 마태복음 16장 23절부터 25절까지에서 우리는 생각과 자아와 혼생명을 발견한다. 주님은 베드로에게 생각을 하나님의 일들에 두지 않았다는 것과, 그가 자신을 부인하고 주님을 따를 필요가 있다는 것을 알려 주셨다. 생각과 자아와 혼생명은 모두 혼과 관련되며 사실 혼 안에 있다. 이것들은 전적으로 영과는 다르다. 우리는 모두 한 가지를 배워야 하는데, 그것은 곧 영으로 돌이켜 십자가 위에 머무는 것이다. 이것이 자라고 변화되며 주 예수님께 완전히 사로잡히고 점유되는 길이다. 이것이 그릇 안에 여분의 기름을 얻는 것이며, 또한 그리스도께서 우리의 마음에 거처를 정하시도록 해드리는 것이다. 이것이 왕국의 성장이며, 왕국이 점진적으로 오는 것이다. 우리가 영으로 돌이켜 십자가에 머무는 것을 실행한다면, 우리는 성숙할 것이고 왕국이 올 것이다. 우리가 그리스도, 교회, 음부의 세력이자 간교한 자인 사탄을 본 후에, 우리는 자아가 십자가 위에 계속 있어야 한다는 것을 보아야 한다. 우리가 영으로 돌이켜 자아를 계속 십자가 위에 둔다면, 우리는 왕국 안에 있게 될 것이다. 결국 우리는 왕국의 완전한 출현을 체험할 것이다.

보상

마태복음 16장 27절에서 주 예수님은 그분이 그분의 백성을 위한 보상을 가지고 아버지의 영광 안에서 오실 것이라고 말씀하셨다. 이것은 구원을 가리키는 것이 아니다. 왜냐하면 구원은 보상이 아닌 선물이기 때문이다. 선물은 거저 주어지지만, 보상은 우리에게 대가를 지불할 것을 요구한다. 주님께서 아버지의 영광 안에서 오실 때, 그분은 우리에게 보상하실 것이다. 이 보상은 무엇인가? 그것은 마태복음 25장에 언급된 결혼 잔치이다. 예비된 사람들은 결혼 잔치로 보상을 받을 것이다. 여러분이 예비되고 성숙하고 그리스도께 소유되고 점유됨을 의미하는 여분의 기름을 갖는다면, 여러분은 여러분의 보상인 결혼 잔치 안으로 들어갈 것이다. 나는 우리 가운데 꽤 많은 사람이 이러한 보상을 잃어버릴까 봐 매우 염려된다. 그들은 구원받았지만 결혼 잔치의 보상을 잃어버릴 수도 있다. 우리는 진실로 구원받았지만 결혼 잔치 안으로 들어가도록 허락받지 못한 어리석은 다섯 처녀들을 이미 살펴보았다. 그들은 결코 자신의 구원을 잃어버린 것은 아니지만, 결혼 잔치 안으로 들어갈 수는 없었다. 구원받는 것과 결혼 잔치에 들어가는 것은 별개의 일이다. 구원받는 것은 구원의 문제이지만, 결혼 잔치 안에 있는 것은 보상의 문제이다. 어떻게 이 보상을 얻을 수 있는가? 그것은 혼생명을 거절하고, 자아를 부인하며, 자아를 십자가 위에 계속 둠에 의해서이다.

두 왕국

이제 우리는 두 왕국의 규칙들을 볼 수 있다. 여러분이 여러분의 생각 안에 머무른다면, 여러분은 사탄의 왕국을 위한다. 여러분이 여러분의 영으로 돌이킨다면, 여러분은 하나님의 왕국을 위한다. 여러분이 여러분의 생각 안에 머무른다면, 여러분은 사탄의 왕국의 확장을 위한다. 여러분이 여러분의 영으로 돌이킨다면, 여러분은 하나님의 왕국의 확장을 위한다. 오늘날 하나님의 왕국의 확장은 교회의 성장이다. 여러분이 여러분의 생각 안에 머무른다면, 교회의 성장은 심각하게 제한될 것이고 심지어 무너지기까지 할 것이며, 사탄에게 그의 왕국을 증가시킬 기회를 줄 것이다. 그러므로 여러분은 자신을 계속 십자가에 두어야 한다. 그리고 여러분은 영으로 돌이켜야 한다. 계속해서 영으로 돌이킬 때, 여러분은 왕국이 성숙에 이를 때까지 확장되는 것을 알게 될 것이다. 일단 여러분이 성숙에 이르렀을 때, 여러분은 왕국의 완전한 출현 안에 있게 될 것이다. 그럴 때 주 예수님께서 변형되신 것처럼 여러분도 변형될 것이다. 여러분은 정확히 주님과 똑같아지도록 변형될 것이다. 그럴 때 빌립보서 3장 20절과 21절이 완전히 성취될 것이다. 우리 육신의 몸은 그리스도의 영광스러운 몸과 똑같게 바뀔 것이다. 그것은 우리의 변형이 될 것이며 하나님의 왕국의 완전한 출현이 될 것이다.

왕국 안에는 주 예수님 외에 다른 것이 없을 것이다. 더 이상 모세도 엘리야도 없을 것이다(마 17:8). 이것은 더 이상 율법도 신언자도 없다는 뜻이다. 더 이상 어떤 종교도 없을 것이다. 주 예수님께서 왕국 안에 오실 때마다, 그분 외에는 아무것도 남지 않는다.

27

왕국 생활에 관한 몇 가지 실지적인 문제들

Some Practical Matters concerning the Kingdom Life

제27장

왕국 생활에 관한 몇 가지 실지적인 문제들

성경: 마 17:1-8, 14-21, 24-27, 18:1-4, 17, 21-22, 33-35, 19:3-8, 롬 14:1-6

귀신들을 쫓아냄

마태복음 17장 1절부터 8절까지에서 우리는 왕국의 완전한 출현의 축소판을 보게 된다. 이 장은 하나의 대조를 제시한다. 한편으로는 산꼭대기에 왕국이 있고, 다른 한편으로는 골짜기에 귀신들이 있다. 이것은 오늘날의 상황을 보여 주는 그림이다. 때때로 교회 집회들에서 우리는 주님의 변형을 누리며 산꼭대기에 있는 것 같다. 그러나 세상과 인간 사회는 귀신들로 가득하다. 우리는 믿음을 훈련하고 심지어 금식하며 기도함으로써 이 귀신들을 쫓아낼 필요가 있다. 왜 그처럼 많은 귀신들이 있는가? 주 예수님은 우리에게 그 이유를 알려 주셨다. 바로 믿음이 없고 비뚤어진 세대 때문이다(17절). 하나님을 향하여 이 세대는 믿음이 없고, 그들 자신을 향하여는 비뚤어져 있다. 이 타락한 상황 때문에 귀신들은 사람들을 사로잡을 기회를 많이 갖고 있다. 우리는 이런 상황의 양면을 깨달을 필요가 있다. 한 면으로는 주 예수님의 변형이 있는 산꼭대기가 있고, 다른 한 면으로는 귀신들이 있는 평지가 있다. 우리는 산꼭대기에서 내려와 귀신들을 쫓아낼 필요가 있다. 물론 이것은 우리가 모든 귀신을 쫓아내야 한다는 뜻은 아니다. 그러나 적어도 우리는 그 귀신들 중 몇몇은 쫓아내야 한다. 우리는 귀신에 사로잡힌 사람들 얼마를 기도와 금식에 의해 해방시켜야 한다(14-21절).

왕국은 융통성이 있음

마태복음 17장 24절부터 27절까지에서 우리는 성전세를 거두는 사람들이 주 예수님께서 성전세를 내시는지에 대해 물었을 때, 그에 대한 베드로의 답변을 본다. 다른 경우에서 보았듯이('그리스도냐 종교냐'를 보라), 이 세금은 로마 제국에 내는 것이 아니라 성전에 내는 것이기 때문에 베드로의 대답은 틀린 것이다. 산꼭대기에서 주 예수님은 그분이 하나님의 아들이심을 베드로에게 계시하셨다. 성전은 하나님께 속했고, 하나님의 아들이신 주 예수님은 그 성전 소유자의 아들이셨으므로 성전세를 내실 필요가 없으셨다. 그러나 베드로는 산 위에서 받은 이상을 잊어버렸다. 그는 이상을 보았으나, 실지적인 상황이 발생했을 때 그것을 적용할 수 없었다. 베드로가 집 안으로 들어오자, 주 예수님은 그에게 왕의 아들들이 성전세를 낼 필요가 있는지를 물으셨다. 그때 베드로는 자신이 잘못 대답했다는 것을 깨달았다. 그러나 주 예수님은 "그러나 우리가 그들을 실족하게 해서는 안 되니, 그대는 바다에 가서 낚시를 던져, 먼저 올라오는 물고기를 잡으십시오. 그리고 그 입을 벌리면, 은화 한 닢이 있을 것이니, 그것을 가져다가 나와 그대를 위하여 그들에게 주십시오."(27절)라고 말씀하셨다. 여러분이 이 사건의 세부 상황을 알기 원한다면 〈그리스도냐 종교냐〉를 읽어 보라. 이 장에서 나는 주로 한 가지 문제를 지적하고 싶다. 그것은 왕국 생활에서 우리가 도덕성과 관련되지 않는 것들에 대해서는 융통성을 가질 필요가 있다는 것이다. 왕국에서 우리에게 실재는 필요하지만 율법적인 태도가 필요한 것은 아니다. 종교는 융통성이라고는 없는데, 이를테면 여러분은 반드시 안식일을 지켜야 한다. 어떤 의미에서, 주 예수님은 성전세를 내셔도 되지만 또 다른 의미에서 그분은 성전세를 내지 않으셔도 된다. 융통성이 있으므로 우리는 낼 수도 있고 내지 않을 수도 있다.

젊었을 때 나는 로마서 14장 때문에 곤혹스러웠다. 왜냐하면 바울이 먹는 것과 날을 지키는 것에 대해서 너무 관대한 것 같았기 때문이다. 바울은 날을 지키는 것도 안 지키는 것도 다 옳다고 말했다. 나는 바울에게 "바울 형제님, 어느 것이 그릇되고 어느 것이 옳습니까?"라고 질문하고 싶었다. 그러나 바울은 "일정한 날을 지키는 사람도 주님을 향하여 지키며, 먹는 사람도 주님을 향하여 먹습니다. 그것은 그가 하나님께 감사를 드리기 때문입니다. 그리고 먹지 않는 사람도 주님을 향하여 먹지 않으며, 하나님께 감사를 드립니다."(6절)라고 말했다. 바울에게는 둘 다 가능한 일이었다. 바울과 같은 위대한 교사가 날을 지키는 문제와 먹는 문제에 있어서 그처럼 관대한 태도를 지녔다는 것을 여러분은 상상해 볼 수 있는가? 로마서 14장과 고린도전서 8장에서 바울은 우상 앞에 바친 고기를 먹는 것에 대하여 말한다. 젊었을 때 나는 이 두 부분의 말씀을 조화시킬 수 없었다. 그는 어떤 절들에서 우상의 제물을 먹는 것을 아주 강하게 반대하는 것처럼 보였고, 다른 절에서는 먹는 것이 가능하다고 말했다. 나중에 체험을 통해 나는 바울이 의미했던 바를 이해할 수 있었다. 어떤 상황에서 여러분은 우상들 앞에 바친 제물을 먹지 않을 수도 있으며, 다른 상황에서는 그것을 먹을 수도 있다. 여러분은 율법주의적인 태도를 갖지 않고 융통성이 있을 필요가 있다.

교회들 안에서 상당수의 성도들이 한 번 이상 침례를 받았다. 어떤 사람들은 이것은 잘못된 것이며 침례는 단 한 번 받아야 한다고 말했다. 성경 어디에서 한 번보다 많이 침례를 받는 것이 틀렸다고 말하는가? 나는 그러한 절을 찾을 수 없다. 나는 재침례를 옹호하지 않지만, 율법주의적인 태도에 대하여는 맞서 싸우고자 한다. 교파 안의 많은 젊은 교인들이 도박을 하고 그 밖의 다른 악한 일들을 하지만 비판받는 경우는 거의 없다. 그러나 어떤 젊은이들은 주님께 사로잡히고 자신이 낡고 죽어 있다는 것을 느껴서, 다시 한번 침례의 물속에 장사되기를 원했을 때 비판을 받았다. 비판하는 사람들은 생명을 관심하지 않는다. 그들은 율법주의적인 것에만 마음이 있다. 종교 안에는 율법이 있지만 왕국 안에는 융통성이 있다.

"그대의 선생님은 성전세를 내지 않습니까?"(마 17:24) 여러분이 베드로였다면 어떻게 대답했겠는가? 우리는 모두 이런 식으로 대답하기를 배워야 한다. "그분은 성전세를 내실 수도 있고 내시지 않을 수도 있습니다." 우리가 날을 지켜야 하느냐 그러지 않느냐를 바울에게 물어본다면, 그는 "날을 지킬 수도 있고 지키지 않을 수도 있습니다."라고 대답할 것이다. 여러분이 날을 지키느냐 지키지 않느냐는 아무런 차이가 없다. 여러분이 한 번 침례를 받든 아니면 세 차례 침례를 받든 아무런 차이가 없다. 율법주의적인 규범 때문에 곤란스러워하지 말라. 종교의 형식은 율법주의적인 규범에 의해 유지된다. 여러분이 율법주의적인 규범을 제해 버리면 종교는 무너질 것이다. 왜냐하면 종교를 지탱해 줄 실재가 아무것도 없게 되기 때문이다. 종교의 지지 기반들은 모두 율법주의적인 것들에서 찾아 볼 수 있다.

유대교는 세 가지 중요한 율법적인 규범인 할례와 안식일 준수와 음식 규례에 의해 유지되었다. 여러분이 유대교 안에서 태어났다면, 팔 일 만에 할례를 받아야 했을 것이다. 그러고 나서 온 일생 동안 여러분은 일곱째 날마다 안식일을 지키고 음식의 규례를 따르도록 요구받았을 것이다. 이 세 가지 율법 규범들이 유대교의 기둥들이었다. 주 예수님께서 오셨을 때, 그분은 안식일의 규정을 없애 버리셨다(마 12:11). 사도행전 10장 9절부터 15절까지에서 성령은 음식 규례를 없애 버리셨으며, 갈라디아서 5장 2절부터 6절까지에서 사도 바울은 할례를 폐했다. 유대교를 지탱하는 이 세 가지 것들이 없어진다면, 유대교는 붕괴될 것이다. 마찬가지로 기독교는 그렇게 많은 율법주의적인 것들을 이용하여 종교인 기독교를 지탱하지만, 주님은 율법주의적인 것들을 없애 버리기를 갈망하신다.

오늘날의 상황을 보라. 귀신들로 가득하다. 우리는 우리의 믿음을 사용하고 때로는 금식하며 다른 사람들을 위해 기도함으로써, 귀신들을 내쫓고 사로잡힌 얼마의 사람들을 구출해 내야 한다. 우리 자신에 대하여 우리는 융통성이 있어야 하고 율법주의적인 것이 있어서는 안 된다. 나는 머리털을 짧게 자를 수도 있고 혹은 길게 놔둘 수도 있다. 나는 수염을 기를 수도 있고 혹은 자를 수도 있다. 어느 쪽이든 옳다. 나는 외칠 수도 있고 혹은 조용히 있을 수도 있다. 나는 눈을 감고 기도할 수도 있고 눈을 크게 뜨고서 하늘을 보며 기도할 수도 있다. 어느 쪽이든 잘못된 것이 아니다. 나는 "주 예수님의 이름 안에서"라는 말을 할 수도 있고 안 할 수도 있으나 여전히 주 예수님의 이름 안에서 기도한다. 우리는 율법주의적인 태도를 지녀서는 안 되고, 매우 융통성이 있어야 한다.

왕국을 위한 합당한 교회생활

이제 마태복음 18장에 이르렀다. 이 장에서 성령은 몇 가지 요점들을 함께 두어 어떻게 왕국을 위하여 합당한 교회생활을 갖는지를 우리에게 보여 주신다. 합당한 교회생활이 왕국의 실재이다. 우리에게 합당한 교회생활이 있다면 왕국의 실재가 있는 것이다.

어린아이와 같이 됨

먼저, 우리는 겸손하기를 배워야 한다. 우리는 모두 돌이켜 어린아이와 같이 될 필요가 있다. 우리 가운데에는 어떤 거인도 없어야 한다. 모두가 어린아이와 같아야 한다. 우리 중 누구도 직함이 없다. 왜냐하면 우리는 모두 어린아이들이기 때문이다. 제자들이 주 예수님께 "천국에서는 누가 가장 큽니까?"(마 18:1)라고 여쭈었다. 사람마다 크게 되기를 원한다. 주 예수님은 "그러므로 이 어린아이와 같이 자신을 낮추는 그가 천국에서 가장 큰 사람입니다."(4절)라고 대답하셨다. 여러분은 각 지방에 있는 교회 안에서 누가 큰 사람들인지를 우리에게 말해 줄 수 있는가? 그러한 관념은 천국에서 유래한 것이 아니라 어둠의 왕국에서 유래한 것이다. 크게 되는 것에 대한 관념은 사탄의 왕국에서 비롯된다. 여러분이 합당한 교회 생활을 갖기를 갈망한다면, 첫 번째로 깨달아야 할 것은 각 지방에 있는 교회 안에는 거인들이 없다는 사실이다. 교회의 모든 사람들은 작은 사람들이 되어야 한다. 우리는 어린아이들과 같아야 한다.

서로를 의지함

다음으로, 어린아이들은 다른 사람들을 매우 많이 의지한다는 것을 우리는 깨달아야 한다. 반대로 모든 거인은 독립적인 사람이다. 많은 그리스도인들은 독립적이고 자신의 성격대로 살며 혼자서도 강하게 되기를 원한다. 각 지방에 있는 교회 안에서 우리는 모두 어린아이들처럼 의존적이어야 한다. 나에게 여러분이 필요하며, 마찬가지로 여러분에게도 내가 필요하다. 우리 중 누구도 독립적일 수 없다. 우리는 모두 서로를 의지한다. 어린아이들은 서로를 의지하며 자신에게 집이 필요하다는 것을 깨닫는다. 문제가 있을 때마다 그들은 단순히 그 문제를 집 식구들에게 가져가고 그들의 말을 듣는다. 거인은 집안 식구의 말을 듣지 않는다. 비록 어떤 거인에게 문제가 있다 할지라도, 그는 그 문제를 가정에서는 감춘다. 우리의 문제를 교회에 말할 수 있다는 것은 아주 좋다. 우리는 자신이 집 식구에게 의존하는 어린아이들임을 깨달아야 한다. 교회의 말을 듣지 않는 것은 끔찍한 일이다. 마태복음 18장 17절에서 주 예수님은 어떤 사람이 교회의 말을 듣지 않는다면, 그를 이방인과 세리와 같이 여겨야 한다고 말씀하셨다. 주님 당시에 이방인과 세리라는 말은 매우 불쾌한 용어들이었다. 만일 여러분이 이방인이나 세리였다면, 여러분은 비열하고 더러운 사람으로 여겨졌다. 우리가 교회의 말을 듣지 않는다면, 주님의 눈과 교회의 눈에 우리 또한 비열하고 더러운 사람들이다. 이것은 매우 심각하다. 합당한 교회생활 안에서 우리는 모두 우리의 집 식구들을 의지하는 어린아이들이다. 우리는 자신의 문제를 집 식구들에게 가져가며 집 식구들이 그것에 대해 말하는 것을 듣는다. 우리는 〈어떻게 모여야 하는가〉라는 책에서 이 문제를 더 많이 다루었다.

다른 사람들을 용서함

마태복음 18장에서 우리는 합당한 교회생활의 세 번째 방면을 본다. 곧 가정에서 생활하는 어린아이들은 다른 사람들을 용서하는 데 있어서 빨라야 하며 준비되어 있어야 한다는 것이다. 베드로는 자기 형제를 일곱 번 용서하는 것으로 충분하다고 생각했지만, 주 예수님의 말씀은 '일곱 번씩 일흔 번까지'였다. 이것은 끝없이 용서하고 계속해서 용서할 준비가 되어 있음을 가리킨다. 어떤 사람이 아침에 여러분의 마음을 상하게 한다면, 여러분은 그를 용서해 줄 필요가 있다. 그가 정오에 다시 여러분의 마음을 상하게 한다면, 여러분은 그때도 다시 그를 용서할 필요가 있다. 그가 내일, 그다음 날, 또 그다음 날 여러분을 마음 상하게 해도 여러분은 매번 그를 용서해야 할 것이다. 주 예수님은 가볍게 말씀하지 않으셨다. 용서한다는 것은 무슨 뜻인가? 용서한다는 것은 잊어버리는 것이다. 여러분이 잊어버릴 수 없다면, 그것은 여러분이 결코 용서하지 않았다는 뜻이다.

한번은 한 형제가 나에게 와서 "형제님, 어떤 사람이 제게 어떤 일을 했는지 말씀드리겠습니다. … 그는 실로 제 마음을 상하게 했습니다. 하지만 저는 그를 용서했습니다."라고 말했다. 즉시 나는 이 형제에게 이렇게 말했다. "형제님이 한 용서는 성경에서 말하는 용서와는 아주 다릅니다. 성경은 용서한다는 것은 잊어버리는 것이라고 말합니다. 형제님은 형제를 용서했다고 말하지만, 그것을 내게 반복하여 말할 만큼 모든 것을 충분히 기억하고 있습니다. 이것은 형제님이 그의 잘못을 잊지 않았기 때문에 그를 용서하지 않았음을 의미합니다." 하나님은 우리를 용서하실 때 잊어버리신다. 비록 하나님께서 전지전능하시더라도 그분은 잊어버리실 수 있다. 그분은 우리의 실패와 범죄를 기억하실 수 없는 것이다. 그분은 일단 실패와 허물들을 용서하신다면 그것들을 잊어버리신다.

각 지방에 있는 교회 안에 있는 문제들은 항상 용서하는 이 문제와 관련된다. 예를 들어, 우리가 교회생활을 실행하려고 처음으로 함께 모일 때, 모든 사람과 모든 것이 놀라웠다. 모든 사람이 좋다 할지라도 얼마 후에 점차 어떤 마찰이 발생한다. 무심코 여러분은 내 마음을 상하게 하며, 나는 여러분 마음을 상하게 한다. 때로 여러분은 내 얼굴을 보면서 내가 여러분에 대해 기뻐하지 않는다고 느끼며, 때로는 내가 여러분의 음성을 듣고서 여러분이 나에 대해 기뻐하지 않는다고 생각한다. 이러한 일들이 거듭거듭 발생한다. 그러므로 우리에게는 용서하는 은혜가 필요하다. 우리는 모든 것을 용서하며 모든 것을 잊어버릴 필요가 있다. 우리가 잊어버리고 용서할 때마다 교회 안에서 새 생활을 갖는다. 모든 마찰과 실패, 잘못을 잊어버림으로써 우리는 새롭게 된다. 교회는 새로운 교회가 된다.

그렇지 않으면 우리 교회는 낡고 주름 잡힌 교회가 될 것이다. 사람이 늙을 때 주름이 생기기 시작한다. 여러분은 생긴 지 십 년 된 교회를 방문할 때 주름을 볼 것이다. 주름이란 무엇인가? 주름은 기꺼이 용서하지 않고 잊어버리지 않으려고 하는 것이다. 겉으로 보면 여러분은 기꺼이 용서하려고 하지만, 사실상 여러분은 기꺼이 잊으려고 하지 않는다. 이렇게 다른 사람들의 실패를 기꺼이 잊으려고 하지 않을 때 많은 주름이 생긴다. 이렇게 해서 교회는 낡은 교회가 된다. 우리가 잊어버림으로써 용서하려고 한다면 모든 주름이 다 제거될 것이다. 날마다 교회는 어떤 낡음이나 실패, 범죄, 잘못이 없는 새로운 교회가 될 것이다. 왜냐하면 이 모든 것을 서로가 잊어버렸기 때문이다.

이것은 여러분의 가정생활, 특히 여러분의 결혼 생활에 적용되어야 한다. 여러분은 매일 매시간 아내를 용서할 필요가 있다. 이것은 여러분이 여러분의 사랑스러운 아내가 여러분에게 행한 모든 것을 잊어버린다는 뜻이다. 여러분이 모든 잘못을 잊어버린다면, 여러분의 아내는 항상 사랑스러울 것이고 여러분은 좋은 가정생활을 영위할 것이다. 그러나 여러분이 아내가 여러분에게 행한 두세 가지 일이라도 기억한다면, 즉시 그녀가 더 이상 사랑스럽지 않을 것이다. 여러분은 용서하고 잊어버릴 필요가 있다.

마태복음 18장은 교회생활을 갖는 실지적인 길을 계시해 준다. 이 장에서 우리는 돌이켜 겸손한 어린아이들과 같이 되어야 한다. 우리는 다른 사람들을 의지할 필요가 있으며, 용서하고 잊어버릴 필요가 있다. 우리가 이러한 일들을 실행한다면 매우 살아 있는 교회를 갖게 될 것이다.

높은 도덕 수준

이제 계속해서 마태복음 19장으로 가서 또 다른 요점을 살펴보기로 하

자. 여기에서 제기되는 첫 번째 요점은 율법주의적인 태도에 대한 것이 아니라 높은 도덕 수준에 대한 것이다. 왕국 안에서 우리는 어떤 율법주의적인 태도를 고집해서는 안 되지만 높은 도덕 수준을 유지해야 한다. 우리는 하나님 자신만큼이나 높은 최고의 도덕성을 지녀야 한다. 따라서 우리는 시작으로 되돌아가야 한다. 성전세를 내는 것이나 머리털 길이 등의 문제들은 도덕성과 관련된 문제들이 아니며, 우리는 그것들에 대하여 융통성 있는 태도를 취할 수 있다. 왕국 안에는 절대적으로 율법주의적인 것이 없다. 그러나 우리는 여전히 사람이며 인성에 대한 하나님의 표준을 유지해야 한다. 인성에 관한 한 도덕성보다 더 중요한 것은 없다. 부도덕함은 우상숭배 다음으로 심각하다. 우상숭배보다도 하나님을 더 모독하는 것은 없으며, 부도덕함보다 인성에 더 해를 끼치는 것은 없다. 구약과 신약 모두에서 하나님은 어떤 사람에게도 우상숭배에 관련되는 것을 허락하지 않으셨다. 또한 구약과 신약 모두에서 하나님은 그분의 자녀들 중 어느 누구도 부도덕함에 관련되는 것을 결코 허락하지 않으셨다. 도덕성의 표준은 높고 절대적이어야 한다. 17장 끝에서 주 예수님은 성전세를 내는 문제에 관하여 매우 융통성이 있으셨다. 그분이 성전세를 내시든 내지 않으시든 별 차이가 없었다. 그분은 유동적일 수 있으셨다. 그러나 우리가 도덕적이든 부도덕적이든 차이가 없다고 결코 말하지 말라. 우리는 결코 그렇게 말할 수 없다.

바리새인들은 이혼에 관하여 주 예수님을 시험했다. 즉시 그분은 그들을 성경의 시작으로, 곧 창세기의 처음 두 장으로 향하게 하셔서, 하나님의 경륜에 따르면 한 남편에 한 아내, 한 아내에 한 남편이 있다는 것을 알려 주셨다. 한 남자와 한 여자가 결혼할 때, 그들은 한 육체, 즉 결코 나눌 수 없는 하나가 된다. "그러므로 하나님께서 짝지어 주신 것을 사람이 나누지 못합니다."(마 19:6) 그러나 바리새인들은 주님과 논쟁하기 위해 성경을 사용했다. 그들은 모세가 그들에게 이혼 증서를 주고 이혼하도록 허락했다고 말했다. 주 예수님은 "모세는 여러분의 마음이 굳어졌기 때문에 아내와 이혼하는 것을 허락하였으나, 본래 그런 것은 아닙니다."(8절)라고 답변하셨다. 모세가 그것을 허락했던 것은 하나님의 표준에 따른 것이 아니었다. 우리는 하나님의 표준에 따라 본래 무엇이 옳았는지를 본다.

왕국 안에서 우리는 율법주의적인 태도가 전혀 없어야 하지만, 최고의 도덕성을 유지해야 한다. 나는 이것이 모든 지방에 있는 교회들 안에서 크게 선포되기를 바란다. 왜냐하면 지금은 부도덕한 시대이기 때문이다. 오늘날 미국과 각 나라의 상황을 보라. 어떠한 수치인가! 그럼에도 불구하고 우리는 왕국이며, 왕국은 최고의 도덕성으로 충만해야 한다. 우리 모두가 율법주의적이지 않고, 최고의 도덕성을 유지하기를 배우자.

28

왕국의 보상

The Reward of the Kingdom

제28장
왕국의 보상

성경: 마 19:13-15, 16-30, 20:1-16

이 장에서 우리는 마태복음 19장 13절부터 20장 16절까지를 다룰 것이다. 이 부분은 긴 단락의 말씀이기는 하지만 매우 간단하다. 마태복음 20장 1절부터 16절까지에서 발견되는 비유는 19장 마지막 부분의 주님의 말씀에 대한 정의이다. 이 단락은 주 예수님께 데려온 어린아이들로 시작한다. 제자들이 어린아이들이 주님의 축복을 받지 못하게 하려고 했을 때, 주님은 그들을 꾸짖으시고 어린아이들에게 안수하시면서 축복하셨다. 이것은 왕국 백성이 어린아이들과 같아야 한다는 것을 다시 한번 우리에게 상기시켜 준다. 나이가 많든 젊든, 우리는 모두 어린아이들과 같을 필요가 있다. 아이들은 매우 단순하다. 그들은 영 안에서 가난하고, 어떤 의미에서 마음이 순수하여 마태복음 5장의 요구들을 충족한다. 왕국을 위하여 우리는 영 안에서 가난하고 마음이 순수할 필요가 있다. 어린아이들은 부요하지 않기 때문에 이와 같이 되기가 매우 쉽다. 반대로 어른들은 부자이다. 어떤 이들은 물질적으로 부요하고, 어떤 이들은 심리적으로 부요하며, 또 어떤 이들은 꿈속에서 부요하다. 그들은 부자가 되기를 꿈꾼다. 어린아이들은 말 그대로 가난하다. 우리는 자신에게서 그러한 꿈들을 제해 버려야 하며 어린아이들과 같이 되어야 한다. 우리가 어린아이들과 같이 되지 못한다면, 우리는 주님께 온 부자와 같을 것이다.

부자

어린아이들과 관련된 사건에 뒤이어, 우리는 영원한 생명을 얻기 위해 주 예수님을 찾아온 부자에 대하여 듣는다(마 19:16-26). 그는 '조에(zoe)' 생명을 찾고 있었다. 그는 이미 육신의 생명인 '비오스(bios)'와 혼의 생명인 '프쉬케(psuche)'를 갖고 있었다. 이제 그는 신성하고도 영원한 생명인 '조에' 생명을 찾고 있었다. 그는 선을 행함으로써 그 생명을 유업으로 얻을 것이라고 생각했다. 주님을 '선생님'이라 부르면서 그는 "내가 무슨 선한 일을 하여야 영원한 생명을 얻을 수 있습니까?"(16절)라고 물었다. 주 예수님은 매우 지혜로우셨으며, 그분의 대답은 매우 의미 깊은 어떤 것을 계시하였다. 주님은 "왜 나에게 선한 일에 관해 묻습니까? 선한 분은 한 분뿐이십니다."(17절)라고 대답하셨다. 이것은 무엇을 계시하는가? 그것은 우리가 주님을 선한 분이라고 한다면 그분이 하나님이심을 인식해야 함을 우리에게 말해 준다. 왜냐하면 하나님 외에는 선한 분이 없기 때문이다. 주님께서 하고 계신 말씀은, 그분을 선한 분이라고 부른다면 그분이 하나님이시라는 것을 인정해야 한다는 것이다.

우리는 우리 자신이 선하다고 생각해서는 안 된다. 왜냐하면 우리는 하나님이 아니기 때문이다. 하나님만이 선하시다. 이것은 우리 자신이 선하지 않기 때문에 어떤 선한 일도 할 수 없다는 것을 가리킨다. 선하지 않은 사람이 어떻게 선한 일을 할 수 있겠는가? 그것은 불가능하다. 나쁜

나무가 좋은 열매를 산출할 수 있는가(마 7:18)? 우리는 선하지 않다. 우리는 우리가 어떤 선한 일도 할 수 없음을 깨달아야 한다. 만일 우리가 자신을 선하다고 생각한다면, 그것은 하나님에 대한 모독이다. 우리는 모두 자신이 선하지 않음을 깨달아야 한다. 우리는 하나님이 아니기 때문이다. 하나님만이 선하시다.

주님은 이 부자 청년에게, 그가 생명 안으로 들어가기 원한다면 계명들을 지켜야 한다고 말씀하셨다. 그 청년이 어떤 계명들이냐고 물었을 때, 주님은 여섯 가지를 말씀하셨다. 곧 살인하지 말고, 간음하지 말고, 도둑질하지 말고, 거짓 증언하지 말고, 부모를 공경하고, 자기 이웃을 자기 자신처럼 사랑하라는 것이다. 그 청년은 "이 모든 것을 내가 지켰습니다. 나에게 아직 무엇이 부족합니까?"(마 19:20)라고 말했다. 비록 이것이 그의 참된 상태가 아니었다 할지라도 주 예수님은 그와 논쟁하지 않으셨다. 주 예수님은 그저 그에게 "그대가 온전해지기를 원한다면, 가서 그대의 소유를 팔아, 가난한 사람들에게 주십시오. 그러면 그대가 하늘에서 보화를 얻을 것입니다. 그리고 그대는 와서, 나를 따르십시오."(21절)라고 말씀하셨다. 주님의 말씀은 그 청년이 자기 이웃을 진정으로 사랑하는지를 점검하는 참된 시험이었다. 주 예수님은 그를 꾸짖지 않으셨다. 그분은 다만 그의 앞에 사실들을 두셨을 뿐이다. 그 결과 그 청년은 폭로되었고 근심하며 떠나갔다.

그때 주 예수님은 제자들에게 "부자가 천국에 들어가는 것은 참으로 어렵습니다. 다시 여러분에게 말합니다. 낙타가 바늘귀를 통과하는 것이 부자가 하나님의 왕국에 들어가는 것보다 쉽습니다."(마 19:23-24)라고 말씀하셨다. 이 말은 불가능함을 보여 주는 표현이다. 낙타가 바늘귀를 통과하는 것은 불가능하다. 이 말을 들었을 때 제자들은 낙심했다. 그들은 이해가 안 되어서 "그러면 누가 구원받을 수 있습니까?"(25절)라고 물었다. 그분은 "사람으로는 그것이 불가능하지만, 하나님으로는 모든 것이 가능합니다."(26절)라고 대답하셨다. 부자가 구원받는 것은 낙타가 바늘귀를 통과하려고 하는 것과 같다. 그것은 사람으로서는 불가능하다. 그러나 하나님은 바늘귀를 크게 하실 수 있으며, 또한 낙타의 크기를 작게 하실 수도 있다. 여러분은 그렇게 할 수 없지만 하나님은 하실 수 있다. 그러므로 염려하지 말고 안심하라.

다시 한번 우리는 베드로의 등장을 본다. 베드로로 인하여 주님께 감사드린다! 그런 좋은 형제가 없다면 많은 것들이 드러나지 않았을 것이다. 주 예수님께서 부자에게 가지고 있는 모든 것을 팔라고 하셨을 때, 분명히 베드로도 그 말씀을 들었다. 그는 그 말씀을 듣고서, 그와 그의 형제가 물고기를 잡던 어장을 떠나 주 예수님을 따랐을 때 했던 일과 비교해 보았다. 주 예수님은 베드로와 안드레에게 "나를 따라오십시오."라고 하셨으며, 즉시 그들은 모든 것을 버려두고 그분을 따랐다(마 4:19-20). 베드로는 어느 정도 자랑하고 있었다. "이 부자는 모든 것을 포기할 수 없지만 우리는 그렇게 했습니다. 주님, 주님께서 부르셨을 때 우리는 왔습니다. 주님은 우리에게 주님을 따르라고 하셨으며 우리는 그렇게 했습니다. 우리는 모든 것을 포기했습니다. 이제 주님, 우리에게 무엇을 주시겠습니까?" 주 예수님의 대답은 그분이 선하시며 또 그분이 하나님이심을 보여 준다. 그분은 베드로에게 정확히 그가 받아야 할 그것을 받을 것이라고 말씀하셨다. "복원의 때에 사람의 아들이 자기의 영광의 보좌에 앉을 때, 나를 따른 여러분도 열두 보좌에 앉아 이스라엘 열두 지파를 심판할 것입니다."(19:28) 주님은 더 나아가, 주님의 이름을 위하여 어머니나 아버지나, 형제나 자매나, 가지고 있는 모든 것을 버린 사람마다 백 배나 받을 것이며, 또 영원한 생명을 상속받을 것이라고 약속하셨다. 그분은 계속하여 베드로에게 "그러나 앞에 있다가 뒤에 있게 되고, 뒤에 있다가 앞에 있게 될 사람이 많을 것입니다."(30절)라고 말씀하셨다. 왜 그분은 베드로에게 "앞에 있다가 뒤에 있게 되고, 뒤에 있다가 앞에 있게 될 사람이 많을 것입니다."라고 말씀하셨는가? 그것은 베드로가 왕국을 살 수 있는 대가를 지불할 수 있다고 생각했기 때문이다. 그렇지만 주님은 왕국의 값은 헤아릴 수 없으므로 베드로가 결코 그것을 살 수 없음을 그에게 지적해 주고 계셨다. 왕국은 비할 데 없는 가치를 갖고 있으며 그 값은 너무나도 비싸다. 베드로는 결코 그것을 살 수 없었다. 그분이 베드로에게 포기하도록 요구하셨던 것들은 왕국을 얻기 위한 대가가 아니었다. 그분은 베드로에게 좌절시키는 것들을 포기하라고 요구하셨을 뿐이다. 왕국은 보답이 아니라 보상이다. 베드로는 왕국이 어떤 대가를 지불하여 살 수 있는 것이 아님을 깨달아야 했다. 그는 왕국을 살 충분한 자금이 결코 없을 것이다. 주님은 그에게 모든 얽매이게 하는 것과 좌절시키는 것을 버리도록 요구하셨을 뿐이다. 그럴 때 그는 보답이 아닌 보상으로서 왕국을 받을 것이다. 주님은 더 많이 지불할수록 더 많이 받을 것이라고 말하는 상업적인 원칙에 따라 행하지 않으셨다. 베드로의 관념은 너무 상업적이었다. 주님은 "앞에 있다가 뒤에 있게 되고, 뒤에 있다가 앞에 있게 될 사람이 많을 것입니다."라고 말씀하심으로써 그런 상업적인 관념을 씻어 내고 계셨다. 주 예수님은 얼마나 지혜로우신지!

왕국 안에서 수고하는 이들

주님은 그다음 말씀에서, 왕국을 얻는 것이 불가능하다는 것, 또는 왕국을 얻으려고 어떤 값을 지불하는 것이 불가능하다는 것을 비유를 들어 추가로 보여 주셨다. 그분은 포도원을 가진 집주인이 고대의 관습대로 일꾼들을 고용하기 위해 아침 일찍 나간 것에 대하여 말씀하셨다(마 20:1-16). 집주인은 여섯 시에 일꾼들을 고용하면서 그들에게 하루의 품삯으로 한 데나리온을 주기로 약속하였다. 그 후 아침 아홉 시를 의미하는 제삼 시에 그는 장터에서 하는 일 없이 서 있는 다른 사람들을 발견하고, 그들에게도 동일한 품삯을 주기로 약속하고 고용하였다. 제육 시와 제구 시, 곧 정오와 오후 세 시에 주인은 다시 시장으로 가서 하는 일 없는 더 많은 사람들을 발견하고, 그들 또한 알맞은 품삯에 고용하였다. 두 시간 뒤인 다섯 시에 그는 다시 나가서 여전히 하는 일 없이 있는 더 많은 사람들을 고용하였다.

저녁 여섯 시에 집주인은 일꾼들에게 품삯을 지불하였다. 그때 일어난 일은 아주 흔치 않은 것이었다. 그는 먼저 온 사람들부터가 아닌 나중에 온 사람들부터 시작하여 품삯을 지불하기 시작했다. 모두 다섯 무리가 있었다. 오전 여섯 시에 온 무리와 오전 아홉 시에 온 무리, 정오에 온 무리, 오후 세 시에 온 무리, 오후 다섯 시에 온 무리이다. 포도원 주인은 마지막 무리부터 품삯을 지불하기 시작하여 첫 번째 무리에게 마지막으로 지불하였다. 주인과 첫 번째 무리의 일꾼들과 맺은 합의는 열두 시간 일하고서 한 데나리온을 받는 것이었다. 그들은 아침 여섯 시부터 저녁 여섯 시까지 일했다. 마지막 무리부터 시작하여 주인은 각 사람에게 한 데나리온씩 주었다. 베드로는 틀림없이 혼자 이렇게 생각했을 것이다. '저 새로 온 사람들은 오후 다섯 시에 와서 한 시간만 일하고도 한 데나리온을 받았다. 다른 사람들은 열두 배나 일했으니 분명 열두 배는 받아야 할 것이다.' 이것이 상업적인 사고방식이다. 집주인은 결국 첫 번째 무리에 속한 사람들에게도 동일한 액수를 지불하였다. 이른 아침부터 일했던 사람들은 주인에 대해 화를 내면서 "나중에 온 이 사람들은 한 시간만 일하였는데도, 주인님은 종일 수고하며 타는 듯한 더위를 견딘 우리와 동등하게 대우하였습니다."(마 20:12)라고 말했다. 그러자 집주인은 그들에게 "내 것을 가지고 내 뜻대로 해서는 안 된다는 말이오?"(15절)라고 말했다. 주님은 베드로에게 이렇게 말씀하고 계시는 것 같다. "내가 베드로 그대와 합의하지 않았습니까? 그대는 모든 것을 버리고 나를 따랐고, 나는 그대에게 한 데나리온을 주기로 약속했습니다. 나는 약속한 그것을 그대에게 주었습니다. 나는 그대에게 앞에 있다가 뒤에 있게 되고, 뒤에 있다가 앞에 있게 될 것이라고 말했습니다." 이 동일한 표현이 마태복음 19장 30절과 마태복음 20장 16절에서도 발견되는데, 이것은 그 비유가 마태복음 19장 27절부터 30절까지에서 베드로에게 하신 주님의 말씀에 대한 정의임을 입증해 준다.

이 비유는 은혜 시대 전체를 의미한다. 아침 이른 시간은 주 예수님께서 베드로와 안드레, 야고보, 요한을 불러 왕국 안으로 들어오게 하셨을 때를 가리킨다. 그분은 그들을 불러 고용하셨으며, 그들은 왕국을 위하여 모든 것을 포기했다. 이 비유는 주님께서 보시기에 매우 의미가 깊다. 그것은 여러분이 왕국을 위하여 모든 것을 포기하지 않는다면, 여러분은 하는 일이 없는 사람이라는 것을 가리킨다. 여러분이 의사나 교수일 수 있지만, 만일 여러분이 왕국을 위하여 모든 것을 포기하지 않는다면, 주님은 여러분을 하는 일이 없는 사람으로 여기신다. 온 우주에서 하나님은 오직 한 가지 일과 한 가지 목표를 갖고 계시는데, 곧 그분의 왕국을 세우시는 것이다. 여러분이 이 일 안에 있지 않다면 여러분은 하는 일이 없는 사람이다. 우리가 우리의 온 존재와 가진 모든 것을 하나님의 왕국을 위하여 희생한다면, 그것은 우리가 하나님을 위하여 일하기 위해 그분께 고용되었음을 뜻한다. 우리는 더 이상 할 일이 없는 실직 상태가 아니다. 우리는 합당한 직업을 가지고 있다. 우리가 땅 위에서 다른 어떤 일을 한다면, 하나님의 눈에 우리는 하는 일이 없는 것이다.

1세기에 주 예수님께서 오셔서 하는 일 없이 있는 몇몇 어부들을 보셨다. 그분은 이들을 고용하여 그분의 포도원에서 일하게 하셨다. 뒤이어 온 여러 세기 동안 주님은 사람들을 불러 그분의 포도원에서 일하게 하셨다. 아마도 현시대는 은혜 시대의 오후 다섯 시일 것이다. 미국은 크고 부요하지만, 주님께서 보시기에 거의 모두가 일하지 않고 있다. 대부분이 할 일 없이 있다. 주님은 다섯 시에 우리를 부르시어 고용하셨다. 우리는 왕국을 위해 짧은 기간을 일하고 난 후 먼저 보상을 받는 이들이 될 것이다. 얼마나 놀라운가! 우리는 베드로와 요한과 야고보보다 먼저 보상을 받을 수 있다. 내가 이 비유를 읽었을 때 나는 베드로를 보고 웃었다. 그는 우리보다 훨씬 먼저 부름받았으나 우리가 먼저 보상을 받을 수 있다. 나는 주 예수님께서 우리에게 지불하시는 것보다 베드로에게 더 많이 지불하시지 않을 것이라고 확신한다.

우리는 우리가 오후 다섯 시에 부름을 받은 사람들이라고 생각하지 않는가? 여러분은 지금이 여전히 은혜 시대의 정오라고 생각하는가? 지금은 몇 시인가? 나는 지금이 은혜 시대의 늦은 오후라고 생각한다. 아마도 다비나 펄러 같은 형제들은 세 시에 부름을 받았지만, 우리는 다섯 시에 부름을 받았다. 보상이 주어질 때 우리가 먼저 받게 될 것이다. 여러분은 베드로를 보고 웃지 않겠는가? "베드로 형제님, 형제님은 협상을 잘하셨지만, 우리가 그 혜택을 얻었습니다." 나는 20세기에 태어난 것이 매우 기쁘다. 나는 아침 일찍이 아니라 은혜 시대의 늦은 오후인 이때에 부름을 받은 것이 기쁘다.

이 비유는 왕국이 상업적인 문제가 아님을 계시해 준다. 주 예수님은 우리가 어떤 대가를 지불한다고 해도 왕국을 팔지 않으신다. 상업에 물든 생각을 갖지 말라. 왕국의 보상은 전적으로 주님께서 그분의 뜻에 따라 은혜롭게 행하시는 문제이다.

우리는 우리 중 누구도 선하지 않음을 깨달아야 한다. 그러므로 우리는 영 안에서 가난해야 한다. 우리는 어린아이들과 같이 될 필요가 있다. 우리 자신에 관한 한 소망이 없다. 그러나 우리로서는 불가능한 것이 그분으로서는 가능하시다. 우리는 다만 얽매이게 하는 것들과 좌절시키는 것들과 빗나가게 하는 것들을 내려놓을 필요가 있다. 우리는 이 모든 것을 버려야 한다. 그러나 우리는 우리가 포기한 것이 왕국의 보상을 사기 위하여 지불한 대가가 된다고 생각해서는 안 된다. 우리가 행하고 드린 것마다 아무것도 아니며 아무런 가치도 없다. 결코 여러분이 왕국 보상을 살 수 있다고 생각하지 말라. 우리가 모든 좌절시키는 것들과 얽매이게 하는 것들을 내려놓을 필요가 있지만, 주님은 우리에게 상업상의 변제(辨濟)로서 왕국을 주지 않으실 것이다. 왕국은 주님께서 그분 자신의 뜻에 따라 은혜롭게 우리에게 주시는 것이다. 왕국이 상업적인 문제가 아니라 주님께서 은혜롭게 주시는 문제임을 증명하시려고, 그분은 나중에 온 사람들에게 먼저 보상하시고 먼저 온 사람들에게는 마지막으로 보상하실 것이다.

그분은 나중에 부름받은 이들에게 먼저 왕국 보상을 주실 것이다. 이 모든 장에서 우리는 왕국에 대하여 많은 말을 했다. 여러분 중 몇몇은 이것이 여러분에게 너무 어렵고 너무 높다고 생각하여 낙심할지 모른다. 혹은 베드로처럼 여러분은 어느 날 왕국을 살 수 있을 것이라고 생각할지도 모른다. 두 생각 모두 틀렸다. 우리는 우리 스스로 결코 그것을 이룰 수 없음을 깨달아야 한다. 우리는 우리의 모든 신뢰를 주님께 두어야 한다. 우리로서는 불가능하지만 하나님으로서는 전적으로 가능하시다. 우리가 주님을 따르기 위해 포기한 것이 왕국을 사는 데 드는 금액이라는 생각을 결코 하지 말라. 주님은 여러분에게 선한 행위로서 왕국 보상을 주실 것이다. 그것은 주님께서 은혜롭게 주시는 데서 비롯된다. 왕국을 결코 상업적으로 생각하지 말라. 상업화된 생각을 버리라. 우리가 이 비유에 계시된 원칙을 보았다면, 우리는 아주 많이 격려를 받을 것이다. 우리는 "할렐루야! 나로서는 불가능하지만 그분으로서는 절대적으로 가능하십니다!"라고 말할 것이다. 왕국은 우리가 살 수 있는 어떤 것이 아니다. 그것은 주님께서 은혜롭게 주시는 문제이다. 우리는 단지 그분과 협력할 뿐이다. 그분께서 우리를 부르실 때 우리는 다만 응답한다. 그분께서 우리에게 그분을 따르라고 하시면, 우리는 그분을 따른다. 그분께서 우리에게 어떤 것을 포기하라고 하시면, 우리는 그분과 보조를 맞추기 위해 모든 얽매이게 하는 것들과 좌절시키는 것들과 빛나가게 하는 것들을 자신에게서 제거할 것이다. 우리가 포기한 것들은 아무것도 아니며 아무런 가치도 없다. 왕국은 값으로 헤아릴 수 없다. 그것은 주님의 은혜로운 선물이다. 그분은 그분의 뜻에 의해 그리고 그분의 선하심에 의해 우리에게 왕국을 주실 것이다. 나는 우리가 오후 다섯 시에 부름받은 일꾼들일 수 있다는 것을 여러분에게 말해 주는 것이 매우 기쁘다. 우리는 포도원으로 부름받은 마지막 무리일지도 모른다. 이제 우리는 하나님의 영원한 목적을 위하여, 하나님의 왕국을 위하여 여기에서 일하고 있다.

29

지위에 대한 야심은 왕국 생활과 반대됨

Ambition for Position Being Contrary to the Kingdom Life

제29장

지위에 대한 야심은 왕국 생활과 반대됨

성경: 마 20:20-28, 23:8-12, 21:4-9, 15-16, 23-27, 28-32, 33-45

이제 우리는 마태복음의 몇몇 단락들을 살펴볼 필요가 있는데, 이 단락들은 기초를 이루는 하나의 사상에 의해 서로 연결되어 있다. 그것은 곧 지위에 대한 야심이다. 첫 번째 부분은 마태복음 20장 20절부터 28절까지이다. 거기에서 우리는 크게 되고자 하고 인도자가 되려고 하며 권위를 지니고자 하는 야심이 타락한 사람의 깊은 속에 있음을 본다. 이 야심의 근원은 사탄의 반역이다. 하나님께서 창조하신 사람에게는 야심을 갖거나, 인도 직분과 크게 되는 것을 갈망하거나, 권위를 주장하는 본성이 없었다. 야심이 있는 이런 본성의 근원은 하나님의 창조가 아닌 사탄의 반역이다. 지위에 대한 이런 야심은 사탄의 타락한 본성 안에 있다. 사탄은 그의 야심 때문에 타락했다. 이사야서 14장과 에스겔서 28장은 사탄이 원래 창조되던 당시에는 높은 위치의 천사, 곧 천사장으로서 매우 좋았음을 계시한다. 그러나 어느 시점에서 그는 하나님과 동등해지고자 하는 생각을 품더니 하나님께 대항하여 반역했다. 이것이 마귀의 타락한 본성이다. 사람이 마귀의 유혹을 받아 타락했을 때, 사탄의 악한 본성이 사람 안으로 주입되었다. 따라서 남자들이나 여자들이나 사람의 본성 안에는 다른 사람들보다 더 크게 되고자 하는 야심, 즉 '우두머리'가 되려는 야심이 있다. 여러분이 자매라면 여러분은 분명히 우두머리 자매가 되기를 원할 것이다. 여러분이 천 명 가운데서 우두머리가 될 수 없다면 적어도 열 명 가운데서는 우두머리가 되기를 원한다. 이것이 우리의 타락한 본성이다.

세베대의 두 아들들

세베대의 두 아들들의 어머니가 자기 아들들이 왕국에서 주님의 오른편과 왼편에 앉게 되기를 청했을 때, 주 예수님은 타락한 사람의 야심을 폭로하셨다. 이 두 제자들만이 그런 악한 야심을 지녔던 것이 아니다. 다른 사람들도 마찬가지로 그런 야심이 있었다. 다른 열 명이 이 두 제자들의 요구에 대하여 매우 분개했다는 것은 열두 제자 모두가 아주 똑같았음을 가리킨다. 그들은 야심에 있어서 서로 다를 바가 없었다.

우리는 모두 이 문제를 알아야 한다. 우리 모든 이들의 깊은 속에는 인도자가 되고 다른 사람들 위에 있으려는 감추어진 야심이 있다. 우리는 누구 밑에 있기를 좋아하지 않는다. 그 대신 우리는 다른 사람들을 우리 아래에 두기를 좋아한다. 우리의 타락한 본성 안에 있는 이러한 사상은 사탄에게서 비롯된 것이며, 전적으로 하나님의 왕국에 반대된다.

이러한 상황을 처리하실 때 주 예수님은 우리를 위하여 하나의 뛰어난 본을 세우셨다. 그분은 그녀의 두 아들들에게 그러한 지위를 줄 권위가 그분에게 없으며, 아버지만이 그녀의 두 아들들을 어디에 두실 것인지를 정할 권위를 가지고 계심을 그 어머니에게 말씀해 주셨다. 이와 같이 주 예수님 자신이 복종하는 위치를 취하심으로써 그분의 모든 제자들을 위한 합당한 본을 세우셨다.

천국 안에서는 지위에 대한 어떤 야심도 있어서는 안 된다. 어떤 의미에서는 지위라는 것조차도 없다. 주 예수님은 "누구든지 크게 되기를 원하는 사람은 여러분의 종이 되어야 하고, 으뜸이 되기를 원하는 사람은 여러분의 노예가 되어야 합니다."(마 20:26-27)라고 말씀하셨다. 주님은 우리가 종들일 뿐 아니라, 예속된 노예들, 즉 다른 사람들에게 팔린 노예들이 되어야 한다고 말씀하셨다. 그러고 나서 그분은 "사람의 아들도 섬김을 받으려고 온 것이 아니라, 도리어 섬기려 하고"(28절)라고 말씀하시면서 자신을 하나의 본으로 제시하셨다. 주 예수님께서 이것을 말씀하신 후에 모든 사람의 입이 닫혔다.

바리새인들과 율법학자들

이제 우리는 마태복음 23장 8절부터 12절까지에 왔다. 이 장에서 주 예수님은 성경을 아주 잘 알았던 율법학자들과 매우 종교적이었던 바리새인들을 꾸짖으시면서, 그들 모두를 위선자들이라고 하셨다. 그분은 그들을 여덟 차례나 책망하시면서 "여러분에게 화가 있습니다!"라고 말씀하셨다. 여덟 차례나 주 예수님은 그들을 위선자들이라 하셨다. 마태복음 5장에는 구중(九重) 축복이 있다. 23장에는 팔중(八重) 화(禍)가 있다. 위선자들을 책망하시기 전에 그분은 제자들에게, 항상 야심이 있는 바리새인들의 길을 취하지 말라고 말씀하셨다. 그들은 지위를 갖기를 좋아했으며 항상 주제넘게 무언가가 된 척했다. 그분의 제자들은 결코 그와 같아서는 안 된다. 그들 가운데 가장 큰 사람은 다른 사람들을 섬겨야 한다. 누구든지 자신을 높이는 사람은 낮아질 것이고, 누구든지 자신을 낮추는 사람은 높아질 것이다. 천국에서의 경륜은 세상의 모든 통치와는 전적으로 다르다. 왕국의 경륜은 우리 자신의 생각에서 나온 경륜과도 다르다. 왕국의 경륜에 있어서는 얻는 것이 잃는 것이요 잃는 것이 얻는 것이며, 크게 되는 것은 작아지는 것이고, 높아지는 것은 낮아지는 것이며, 낮아지는 것은 높아지는 것이다.

나의 부담은 야심을 가지는 것은 사탄적이라는 것을 다만 여러분에게 보여 주는 것이다. 야심은 하나님의 왕국의 경륜과는 반대된다. 교회 안에서 우리는 그분의 긍휼과 그분의 생명으로 온갖 종류의 야심을 거절해야 한다. 야심을 품은 온갖 생각과 의지와 갈망은 모두 사탄이 그 근원이다. 사탄은 모든 야심의 체현이다.

야심의 문제를 분명히 보여 주는 한 가지 이야기를 들려주겠다. 내가 1933년에 처음으로 상하이에 왔을 때, 나는 교회를 위하여 아주 '뜨거운' 한 형제를 만났다. 그는 매우 활동적이었다. 나는 그곳 교회에게는 낯선 사람이고 새로운 사람이었는데, 그는 나에게 아주 잘 대해 주었고 '뜨거웠다'. 때때로 그는 뜨겁다 못해 끓었다. 너무 뜨거운 어떤 것은 사람들을 상하게 한다. 여러분은 끓는 물로 세수할 수 없다. 그렇게 한다면 화상을 입을 것이다. 그때 나는 자세히 알지 못했기에 '이 형제님은 아주 좋은 형제님이구나. 형제님은 나를 아주 따뜻하게 대해 주는구나.'라고 생각했다. 후에 나는 그가 1927년에 교회 안으로 들어온 이래로 장로들 중 한 명이 되기를 기대했음을 알게 되었다. 이 야심 때문에 그는 장로가 되는 자격을 잃었다. 내가 이것을 알게 된 것은, 결국 니 형제님이 모든 이야기를 나에게 들려주었기 때문이다. 십오 년 후에도 그의 야심은 여전히 남은 채로 있었다. 많은 새로운 사람들에게는 어떤 책임이 주어졌지만, 이 형제는 만져지지 않은 채로 남아 있었다. 어떤 사람도 그를 만질 수 없었다. 왜냐하면 여전히 그에게 야심이 있었기 때문이다. 결국 그는 주님의 회복을 떠났으며, 자기 집에서 모임을 시작하고 순회 전도인을 사역자로 삼았다. 야심이 그로 하여금 교회생활을 누리지 못하게 하고 어떤 책임도 지지 못하게 가로막았다.

우리 속에 그러한 유형의 야심이 있는 한, 주님은 우리에게서 아무 일도 하실 수 없다. 결국 우리는 야심이 가득한 자인 사탄에 의해 덫에 걸릴 것이다. 이것은 작은 일이 아니다. 과거 수년간에 걸친 우리의 체험에서 우리는 이러한 사례들을 꽤 많이 보아 왔다. 어떤 사랑스러운 이들은 주님을 사랑했으며 주님을 위해 무언가를 할 능력과 의도가 있었지만, 그들의 야심 때문에 그렇게 할 수 없었다. 야심은 끔찍한 것이다! 우리는 결코 야심 있는 사람들을 인도 직분의 위치에 둘 수 없다. 그들은 교회생활 전체를 손상할 것이다.

겸손하게 오신 왕

계속해서 마태복음 21장 4절부터 9절까지를 보자. 이 단락은 야심을 품는 문제나 크게 되기를 구하는 문제와는 관련이 없는 것 같다. 여기에서 주 예수님은 참으로 왕이셨다. 그러나 그분은 야심이 없으셨다. 그분은 왕이 되려는 야심이 없으셨지만, 사실상 그분은 왕이셨다. 왕국은 그분의 것이었으며, 사람들은 그분을 위했다. 그러면 그분은 어떻게 예루살렘에 들어가셨는가? 이집트의 준마를 타셨는가? 아니다! 그분은 참된 겸손함으로 나귀를 타신 유일한 왕으로 오셨다. 그분은 왕으로 오셨지만 겸손한 모습과 모양으로 오셨다. 이것은 아주 좋다. 우리 가운데 몇몇 사랑스러운 사람들이 아주 유용하고 아주 많이 기름부음을 받고 생명으로 충만한데, 그들의 모습과 모양도 그처럼 겸손할 수 있다면 얼마나 놀랍겠는가? 우리는 다음과 같은 태도를 지녀서는 안 된다. "나는 참으로 기름부음을 받았다! 나는 매우 은사가 있다. 그러므로 나는 가장 높은 지위를 차지해야 한다." 우리는 결코 이와 같아서는 안 된다. 주 예수님은 왕으로서 오셨지만 겸손한 방식으로 오셨다. 그분은 말을 타지 않으셨으며 다 자란 나귀도 타지 않으셨다. 그분은 어린 나귀를 타셨다. 거의 모든 사람이 그분을 위했으나, 그분은 겸손한 방식으로 성으로 들어오셨다.

그러자 사람들이 그분을 위하여 말했다. 그들은 자기들의 겉옷을 벗어 길에 깔았다. 나의 관심은 이 부분의 말씀에 대한 교리적인 지식을 전달하려는 것에 있지 않고 생명 안에서 그 의미를 지적하는 것에 있다. 우리는 이 부분의 생생한 의미를 보아야 한다. 이러한 사례에서 주님의 행하심이 의미하는 바는, 비록 그분이 왕이셨을지라도 그런 모습이나 모양을 취하지 않으셨다는 것이다. 그분은 참왕으로 오셨지만 낮은 방식으로 오셨고, 자신을 위하는 한마디 말씀도 하지 않으셨다. 사람들이 자기들의 겉옷과 야자나무의 가지들을 길에 깖으로 그분을 위해 말했다.

이것을 보았을 때 바리새인들은 시기가 일어났지만 신앙심이 깊은 척했다. 사실상 그들은 그렇게 신앙심이 깊지 않았다. 그들은 그야말로 주 예수님을 시기하고 있었다. 그들은 보잘것없는 나사렛 사람이 그러한 환영을 받는 것을 보고서 마음이 상했다. 성전 안의 작은 어린아이들까지도 "호산나!"라고 소리치며 외쳤다. 바리새인들은 그러한 외침이 잘못되었다고 생각했다. 왜 예수는 어린아이들이 성전 안에서 그를 위하여 외치고 소리치도록 놔두고 있는가? 그곳은 사람들이 하나님께 경배하는 장소가 아닌가? 사람들은 경외하는 마음으로 성전에 와야 한다. 왜 그는 이 모든 아이들을 꾸짖지 않는가? 바리새인들은 아주 신앙심이 깊은 것처럼 보였다. 그러나 사실상 그것은 신앙심의 문제가 아니고 시기의 문제였다.

그들이 신앙심이 깊고 성경적인 모습이었기 때문에, 주 예수님은 그들에게 " '주님께서 어린아이들과 젖먹이들의 입에서 나오는 찬양을 온전하게 하셨습니다.'라고 하신 말씀을, 여러분은 읽어 본 적이 없습니까?"(마 21:16)라고 말씀하셨다. 그분의 대답은 어린이들이 "호산나!"라고 소리치며 외치는 것이 잘못된 것이 아님을 가리켰다. 그것은 절대적으로 성경적이고 근본주의적인 것이다. 동일한 답변이 오늘날의 기독교에도 주어질 수 있다. 어떤 이들은 우리의 집회에 와서는 "이것은 어떤 종류의 그리스도인 예배인가? 모든 외침이 마치 농구 경기나 축구 경기에서의 그것과 같다."라고 말한다. 그러나 나는 그들에게 "크게 외치고 찬양하는 것에 대하여 말하는 구약의 말씀들을 읽어 본 적이 없으십니까?"라고 묻고 싶다(스 3:10-11, 시 5:11, 95:1, 100:1).

대제사장들과 장로들

그 후 대제사장들과 장로들이 주 예수님께 왔다(마 21:23-27). 대제사장들은 종교에서 높은 지위를 지녔으며, 장로들은 사회에서 주목할 만한 지위를 지녔다. 그들은 주님께 "누가 그대에게 이런 권위를 주었소?"(23절)라고 물었다. 이 질문은 이 단락과 우리가 이미 읽은 단락들 사이의 관련성을 보여 준다. 마태복음의 이 부분들을 연결하는 밑바탕을 이루는 사상은 바로 야심과 권위이다. 이것은 손 씻음과 부스러기들을 먹는 것과 누룩이 15장과 16장의 부분들을 연결하는 것과 같다. 제자들은 권위와 지위에 대한 야심이 있었지만, 주 예수님은 자신을 내세우지 않는 방식으로 처신하셨다. 비록 그분이 왕이셨다 할지라도, 그분은 왕의 직분을 취하지 않으셨다. 그분과는 달리 반대자들, 곧 종교인들과 사회 지도자들은 야심이 있는 생각을 가졌다. '나사렛 출신의 이 작은 사람은 누구인가? 누가 그에게 이 지위와 이 권위를 주었는가? 우리는 대제사장들이며 장로들이다. 그는 누구인가?'

다시 한번 우리는 주 예수님의 지혜를 본다. 그들이 그분의 권위에 대하여 그분께 질문했을 때, 그분은 침례자 요한의 권위에 대하여 그들에게 물으셨다. "나도 한 가지를 여러분에게 물을 것인데, 여러분이 나에게 말하면, 나도 무슨 권위로 이런 일을 하는지 말할 것입니다. 요한의 침례가 어디에서 왔습니까? 하늘에서입니까, 사람들에게서입니까?"(마 21:24-25) 물론 주 예수님은 모든 것을 아셨다. 제사장들은 주 예수님이 그들이 상대할 수 있는 분이 아니라는 것을 미리 알았어야 했다. 주 예수님께서 제사장들과 장로들에게 요한의 침례에 대하여 물으셨을 때, 그들은 궁지에 몰렸다.

제사장들과 장로들은 그들에게 문제가 생겼음을 깨달았다. "그들이 자기들끼리 의논하며 '우리가 '하늘에서'라 하면, 그가 '왜 요한을 믿지 않았느냐?'라고 할 것이고, '사람들에게서'라 하면, 모든 사람이 요한을 신언자로 여기고 있으니 무리가 두렵다.'라고 하고는"(마 21:25-26). 그들은 무어라 말해야 할지 몰랐다. 마침내 그들은 거짓의 아버지를 따라 "모르겠소."라고 대답했다. 주 예수님도 "나도 무슨 권위로 이런 일을 하는지 여러분에게 말하지 않겠습니다."(27절)라고 하셨다. 그분은 그들이 알지만 기꺼이 그분께 말하지 않으려고 한다는 것을 아셨다. 그들이 모른다고 말했던 것은 거짓말이었다. 그래서 주님은 "나도 무슨 권위로 이런 일을 하는지 여러분에게 말하지 않겠습니다."라고 말씀하셨다.

주 예수님은 계속하여 그들을 마음 상하게 하는 비유를 말씀하셨다. "여러분은 어떻게 생각하십니까? 어떤 사람에게 두 아들이 있었는데, 그가 맏아들에게 가서 '얘야, 오늘 포도원에 가서 일하여라.'라고 하니, 맏아들이 '싫습니다.'라고 대답하였지만, 나중에 뉘우치고 갔습니다. 그가 또 둘째 아들에게 가서 동일하게 말하니, 둘째 아들이 '아버지, 내가 가겠습니다.'라고 대답하였지만, 가지 않았습니다. 그 둘 중에 누가 아버지의 뜻을 행하였습니까?" 그들이 "맏아들이오."라고 하자, 예수님께서 말씀하셨다. "내가 진실로 여러분에게 말합니다. 세리들과 창녀들이 여러분보다 먼저 하나님의 왕국에 들어가고 있습니다."(마 21:28-31)

이 비유를 통해 주 예수님은 세리들과 창녀들을 모든 바리새인들 위에 두셨다. 바리새인들은 그들이 꼭대기에 있고 세리들과 창녀들은 그들의 발아래 있다고 생각했지만, 주 예수님은 바리새인들을 밑바닥에 두셨다. 요한은 의의 길로 왔었고, 세리들과 창녀들은 그의 전파를 들었을 때 생각을 바꾸고 회개했다. 그러나 바리새인들은 회개하지 않았다. 그러므로 주님은 그들을 세리들과 창녀들 밑에 두셨다. 여러분은 이 비유에서 주 예수님의 지혜를 보는가? 누가 다른 사람들보다 앞서 있고, 다른 사람들보다 더 크며, 다른 사람들보다 더 높은지에 관해 말하는 노선이 다시 한번 여기에 나온다.

주님은 계속하여 또 다른 비유를 드셨다(마 21:33-45). 그분은 한 포도원을 소유한 사람이 사람들을 고용하여 자신을 대신해 그것을 돌보도록 한 것에 대하여 그들에게 말씀하셨다. 정해진 때에 그 주인은 자기 노예들을 보내어 소출을 받으려고 했다. 농부들은 그 노예들을 죽였으며, 집주인이 다른 노예들을 보냈을 때 그 노예들도 죽이거나 때렸다. 마침내 집주인은 자기 아들을 보내면서, 농부들이 분명히 그 아들은 존중할 것이라고 생각했다. 그러나 유업을 차지하려는 의도로 그들은 그 상속자를 죽였다. 이 비유는 주님의 권위에 대한 질문에 주님께서 하신 답변이었다. "무엇이 나의 권위인가? 나의 근원인가? 나의 지위인가? 나의 근원은 나의 아버지이다. 나는 그분의 아들이다. 이것이 나의 지위이다. 나의 아버지께서 이 권위를 내게 주셨다." 비유에 따르면, 반역적인 사람들은 그 상속자가 왔음을 알고 "이 사람은 상속자이다. 자, 우리가 그를 죽이고 그의 유업을 차지하자."(38절)라고 말했다.

그럴 때 주님은 계속해서 "여러분은 성경에서 '건축자들이 버린 돌이 모퉁이의 머리 돌이 되었습니다. …'라고 한 것을 읽어 본 적이 없습니까?"(마 21:42)라고 하셨다. 이 말로써 주님은 그들에게 그분이 하나님의 유업을 받으려고 오셨던 하나님의 아들이심을 보여 주셨다. 그들은 그분을 미워하여 죽일 것이었지만, 후에 그분은 하나님의 건축물을 위한 부활한 모퉁이 돌이 되실 것이었다. 이 건축물은 또 다른 백성으로도 이루어질 것인데, 이러한 건축물에 의해 하나님의 왕국은 그들에게서 취해져 다른 사람들에게 넘겨질 것이다. 그러한 다른 사람들이 건축물이 될 것이고, 그분은 그 건축물의 모퉁이 돌이 되실 것이다. 주님은 계속해서 "이것은 주님께서 이루셨으며, 우리 눈에는 놀랍습니다."(42절)라고 말씀하셨다. 그러고 나서 그분은 "이 돌 위에 떨어지는 사람은 깨어져 산산조각이 날 것이며"(44절)라고 말씀하셨다. 유대 백성과 유대 나라와 유대교 자체는 모두 그분 위에 떨어져 깨어질 것이다. 또한 "이 돌이 누구 위에든지 떨어지면, 그를 가루로 만들어 겨같이 흩을 것입니다."(44절) 여기에서 우리는 돌이신 그리스도의 세 방면을 본다. 그분은 교회를 건축하시기 위한 최고의 모퉁이 돌이시지만, 유대 백성에게는 걸림돌이시다. 유대 나라와 종교를 포함한 모든 유대 백성이 그분 위에 떨어져 깨어졌다. 다니엘서 2장 34절과 35절에 따르면, 그분은 하늘에서 내려온 돌로서 땅의 민족들 위에 떨어져 그 나라들을 산산조각 내실 것이다. 교회에 대하여 그분은 최고의 모퉁이 돌이시고, 믿지 않고 반역한 유대인들에 대해서는 걸림돌이 되셨으며, 이방 세계에 대하여는 치는 돌이 되실 것이다.

제사장들과 장로들은 주 예수님의 권위와 근원에 대하여 그분께 질문했다. 주 예수님은 아주 비밀하고도 마음 상하게 하는 방식으로 그들에게 대답하셨다. 바리새인들은 그분이 그들에 대하여 말씀하고 계셨음을 깨달았다. 사실상 주 예수님은 그들에 대하여 말씀하지 않으셨다. 그분은 자신에 대하여 말씀하고 계셨다. 그분은 그분 자신을 하나님의 아들로, 교회 건축을 위하여 거절되고 부활한 모퉁이 돌로, 믿지 않는 유대인들에게 걸림돌로, 이방 민족들에 대하여는 치는 돌로 계시하고 계셨다. 그분은 모든 것을 포함하신 분이시다. 그분은 모든 것이시다. 그분은 하나님을 위하시고 교회를 위하신다. 그분은 유대인들을 다루실 것이며 이방 세계를 다루실 것이다. 주 예수님만이 그러한 말씀을 하실 지혜를 갖고 계신다.

지위에 대한 야심을 품지 말고 그리스도에 대해 열심을 내라. 그리스도는 종교에 반대되실 뿐만 아니라 지위에도 반대되신다. 지위, 인도 직분, 크게 되는 것에 대하여 잊어버리라. 우리는 모두 그리스도에 대해 열심을 내야 한다. 그리스도께서 나의 지위이시다. 그리스도께서 나의 위대함이시다. 그리스도는 나에게 모든 것이시다. 그분은 하나님의 아들이시고, 하나님의 유업의 상속자이시며, 또한 하나님의 건축물을 위하여 거절당하시고 부활하시고 하나님께 선택되신 모퉁이 돌이시기도 하다. 돌로서 그분은 믿지 않는 유대인들에게와 모든 이방 나라에 대하여 심판하는 돌이 되실 것이다. 그리스도는 모든 것이시다! 그러므로 우리는 지위에 대한 야심을 잊어버리고 그리스도에 대해 열심을 내야 한다.

30

그리스도 대 종교, 정치, 교리 및 율법

Christ versus Religion, Politics, Doctrines, and Law

제30장

그리스도 대 종교, 정치, 교리 및 율법

성경: 마 22:1-14, 15-22, 23-33, 34-40, 41-46

마태복음 22장은 주님의 근원과 권위에 대하여 물었던 대제사장들과 장로들에게 주신 주님의 답변의 연속이다. 그분은 이미 두 비유를 들어 그들에게 답변하셨다. 첫 번째 비유에서 그분은 그들이 하나님의 왕국으로 들어가기 위해 기꺼이 회개하지 않으려고 한다는 것을 드러내셨다. 두 번째 비유에서 그분은 자신이 하나님의 아들이심과, 그분이 그들에게 거절당하신 후에 부활 안에서 하나님의 건축물을 위해서는 최고의 모퉁이돌이시고, 믿지 않는 모든 유대인에게는 걸림돌이시며, 그분이 다시 오실 때 모든 이방 나라에게는 치는 돌이 되실 것임을 그들에게 계시해 주셨다.

마태복음 22장에서 그분은 대제사장들과 장로들에 대한 답변으로 또 다른 비유를 말씀하셨다. 이번에 그분은 최종적인 항목인 그분이 누구이신지에 대해 다루셨다. 이것은 결혼 잔치의 비유이다. 포도원의 비유에 있어서 주 예수님은 "천국은 마치 … 같으니"라는 용어를 사용하지 않으셨다. 왜냐하면 엄격히 말해서 포도원의 비유를 말씀하실 때 천국은 아직 오지 않았기 때문이다. 그분은 "여러분은 하나님의 왕국을 빼앗길 것이고, 그 왕국의 열매를 맺는 백성은 받을 것입니다."(마 21:43)라고 말씀하셨다. 대제사장들과 장로들이 회개하기를 거절한 것을 묘사한 두 아들의 비유에서조차도 주님은 천국이 아니라 하나님의 왕국을 언급하셨다. "세리들과 창녀들이 여러분보다 먼저 하나님의 왕국에 들어가고 있습니다."(31절) 그 두 비유에서 천국은 아직 오지 않았다. 천국은 22장의 결혼 잔치의 비유로 시작한다.

결혼 잔치의 비유

그 비유는 이렇게 시작된다. "천국은 자기 아들을 위하여 결혼 잔치를 베푼 어떤 왕과 같습니다."(마 22:2) 여기에서 아들은 예수 그리스도이심이 아주 분명하다. 신랑으로서 그분은 결혼 잔치의 중심이시다. 하나님은 결혼 잔치를 예비하셨으며 그리스도께서 그 중심이시다. 그 비유에 따르면, 하나님은 노예들을 보내시어 사람들을 결혼 잔치에 초대하도록 하셨는데, 이것은 그들을 왕국의 누림 안으로 초대하셨다는 뜻이다. 첫 번째 무리의 종들은 주 예수님에 의해 보냄을 받은 열두 명과 칠십 명이었다(눅 9:1-2, 10:1). 이후에 그분은 죽음을 당하셨으며, 황소와 살진 짐승으로서 결혼 잔치를 위하여 요리되시고 예비되셨다. 이렇게 죽음을 당하시고 예비되신 후에, 즉 주님의 십자가에 못 박힘과 부활과 승천과 오순절 후에, 또 다른 무리의 종들이 왕국을 선포하고 사람들을 초대하여 왕국의 누림 안으로 이끌도록 보내어졌다. 베드로와 요한은 이 첫 번째 무리의 종들에게 속했다. 소식을 들은 사람들 중 얼마는 자기 밭과 사업에 점유되어 그 초대를 가볍게 여겼고, 다른 어떤 이들은 그분의 종들을 모욕하고 죽였다. 하나님은 화가 나셔서 그분의 군대를 보내어 그 성을 파괴하셨다. 역사에 따르면, 이것은 티투스(Titus) 휘하의 로마 군대가 예루살렘과 그 성전을 멸하였을 때인 주후 칠십 년경에 발생했으며, 이로써 "여기에 있는 돌 하나도 돌 위에 남아 있지 않고, 다 무너질 것입니다."(마 24:2)라고 하신 예언이 성취되었다. 예루살렘성 전체가 파괴되었다. 그런 다음 하나님은 사거리로 더 많은 종들을 보내셨다. 이것은 하나님께서 많은 종들을 이방 세계에, 온 땅에 보내시어 사람들을 왕국의 누림 안으로 오도록 초대하셨음을 의미한다.

이 비유의 중심은 그리스도 자신이다. 장로들과 대제사장들은 그분께 "또 누가 그대에게 이런 권위를 주었소?"(마 21:23)라고 물었다. 그 비유를 통해서 주 예수님은 자신이 우주의 중심이심을 말씀하고 계셨다. 그분은 하나님 아버지에 의해 우주적인 결혼 잔치의 중심으로 임명되신 신랑이시다. 그분은 하나님의 아들이시고 모퉁이 돌이시며 걸림돌이시고 치는 돌이시며 또한 우주적인 결혼 잔치에서 신랑이시기도 하다. 그분은 하나님의 경륜의 바로 그 중심이시다. 이것이 이 비유의 중심 요점이며, 그분의 권위와 근원에 대해 묻는 질문에 대한 답변의 일부를 이룬다. 주님은 신랑이시다. 결혼 잔치에서 어느 누구도 신랑보다 더 중요하지 않다. 결혼 잔치를 예비한 아버지까지도 신랑만큼은 중요하지 않다. 신랑이신 그리스도는 하나님의 모든 경륜의 중심이시자 초점이시다. 이와 같이 그분은 권위와 지위를 포함한 모든 것을 갖고 계신다. 우리는 모두 그리스도께서 우리의 누림을 위한 하나님의 경륜의 초점이시자 중심이시라는 것을 깨달아야 한다.

결혼 예복

우리는 결혼 잔치에 초대받았다. 우리는 부름을 받았으며, 그 부름을 거절하지 않았다. 그러나 우리가 초대를 받아들여서 왔다 할지라도, 그 자체로 우리가 결혼 잔치에 참여할 자격을 갖추었다는 뜻은 아니다. 부름을 받은 후에 우리에게는 결혼 예복이 필요하다. 이 결혼 예복은 무엇인가? 성경에서 예복과 옷은 우리의 의를 상징한다. 누가복음 15장 22절과 같은 어떤 절들에서는 예복이 우리의 의이신 그리스도를 상징한다. 그러나 마태복음 22장 11절과 12절, 요한계시록 19장 8절에서의 결혼 예복은 성도들의 실지적인 의를 의미한다. 시편 45편에 따르면, 교회의 예표인 왕후에게는 두 가지 예복이 있다. 하나는 우리의 의이신 그리스도 자신을 상징하고, 다른 하나는 우리가 입는 예복으로서 우리의 매일의 실지적인 행함을 상징한다. 구원받았을 때 우리는 그리스도로 옷 입었다. 우리의 의이신 그리스도는 우리가 구원받도록 의롭게 될 자격을 갖추게 하신다(고전 1:30). 그러나 구원받고 의롭게 된 후에 우리는 그리스도를 우리의 실지적인 의로 살아 낼 필요가 있다. 이것이 이기는 생활이다. 우리가 구원받고 의롭게 되었을 때, 우리는 그리스도를 우리의 의로 입었다. 우리는 우리의 의이신 그리스도로 옷 입었기 때문에 의롭게 된다. 그러나 일단 의롭게 되면 우리는 그리스도를 살아 낼 필요가 있다. 우리는 그리스도께서 우리로부터 살아 나타나실 수 있도록 그리스도에 의해 살 필요가 있다. 우리로부터 살아 나타나신 그리스도께서 우리가 입는 우리의 실지적인 의가 되실 것이다. 이것이 의의 두 번째 방면으로서, 구원에 필수적인 것은 아니지만 우리가 결혼 잔치에 참여하도록 자격을 주는 의이다. 결혼 잔치는 천년왕국, 곧 그리스도와 함께 다스리는 천 년간의 통치를 가리킨다(계 20:4-6). 그리스도의 결혼 잔치는 단지 스물네 시간만 지속되지 않고 천 년간 지속될 것이다. 결혼 예복을 입은 사람들만이 그 결혼 잔치에 참여할 것이다.

구원받기 위하여 우리는 하나님의 임재 안에서 우리를 덮는 우리의 의로서 그리스도를 소유하기만 하면 된다. 이 점에 대해 우리는 매우 분명해야 한다. 그리스도는 우리가 의롭다 함을 받게 하시는 우리의 의이시다. 그러나 이제 모든 문제가 해결되었다고 생각해서는 안 된다. 구원받는 것이 한 가지 일이고, 성숙되고 그리스도로 적셔지는 것은 또 다른 일이다. 우리는 계속해서 그리스도에 의해 살아야 하고, 그분에 의해 살 뿐 아니라 그분을 살아 내고 나타내야 한다. 우리는 지속적으로 그리스도에 의해 삶으로써 그리스도를 표현할 필요가 있다. 이런 식으로 우리가 살아 내는 바로 그 그리스도께서 우리의 결혼 예복, 우리의 실지적인 의가 되실 것이다. 우리가 의롭다 함을 받기 위해 하나님께 나아올 때, 우리는 단순히 그리스도를 우리의 의로 취한다. 그러나 그 시점에서 우리는 그리스도를 단지 받아들였을 뿐이다. 우리는 아직 그분을 체험하지 않았다. 결혼 잔치에 들어가기 위해서 우리는 받아들인 그리스도를 체험할 필요가 있다. 그리스도께서 우리의 체험이 되셔야 한다. 그리스도께서 우리의 체험이 되실 때, 그분은 우리가 결혼 잔치에 들어갈 자격을 갖추게 하는 주관적이고도 체험적인 의가 되실 것이다.

마태복음 22장 14절은 "초대된 사람들은 많으나, 선택된 사람들은 적습니다."라고 말한다. 여기에서 우리는 다시 두 단계를 본다. 부름을 받는 것이 한 가지 일이고, 선택되는 것 곧 선택을 받는 것이 또 다른 한 가지 일이다. 부름을 받는다는 것은 구원받는다는 뜻이다. 우리가 선택되었는지의 여부, 즉 결혼 잔치에 참여할 자격이 있는지의 여부는 지켜봐야 할 문제이다. 기독교는 주로 사람들에게 부름받는 것에 대해서는 전파하지만, 주님의 선택에 대해서는 거의 아무것도 언급하지 않는다. 그러나 마태복음 22장 14절과 요한계시록 17장 14절은 부름받고 선택되는 문제를 언급한다. 나는 우리 모두가 부름받았다는 것에 대해 아무런 의심이 없다. 그러나 나는 부름받은 사람들 중에 얼마나 많은 사람들이 선택될 것인지에 대해서는 참으로 염려한다. 우리는 구원받도록 부름받았지만, 결혼 잔치를 위해서는 선택되어야 한다. 예를 들어, 학교에 있는 모든 학생이 졸업하겠지만 모두가 다 상을 받는 것은 아니다. 이것은 여러분이 상을 받지 못하면 졸업하지 못한다는 말이 아니다. 여러분은 졸업하겠지만 상을 받지 못할 수 있다. 우리가 그처럼 놀랍고 우주적인 결혼식에, 천 년에 걸친 결혼 잔치에 참여할 수 있을지 없을지는 한 가지에 달려 있는데, 그것은 우리가 오늘날 그리스도를 살아 내느냐 그러지 않느냐이다.

다시 한번 우리는 그리스도께서 중심이심을 본다. 많은 사람들이 그리스도를 중심 삼는다고 주장하지만, 나는 그들이 매우 피상적인 방식으로 그리스도를 중심 삼을 수 있다고 생각한다. 우리는 다음과 같은 방식으로 그리스도를 중심 삼을 필요가 있다. 곧 그리스도께서 우리가 구원받기 위한 우리의 의이실 뿐 아니라, 우리의 주관적인 의로 우리에게서 살아 나타나셔서 우리를 그분의 결혼 잔치에 참여할 자격을 주는 방식이다. 우리 모두는 그리스도를 깨달을 필요가 있으며 그리스도를 체험할 필요가 있다. 우리는 그리스도께서 우리의 결혼 예복이 되시는 정도까지 그분을 체험해야 한다. 그럴 때 그리스도는 우리의 자격이 되실 것이며, 아버지는 우리가 결혼 잔치에 참여할 합당한 자격을 가졌다고 인정하실 것이다.

결혼 잔치의 비유는 “누가 그대에게 이런 권위를 주었소?”(마 21:23)라는 질문에 대한 답변을 마무리 짓는다. 주 예수님은 이러한 비유들을 통해 많은 것들을 계시하셨다. 사실 그분이 말씀하신 것은 이것이었다. “나는 하나님의 아들이다. 나는 하나님의 건축물을 위하여 부활한 모퉁이돌이 될 것이다. 또한 나는 믿지 않는 너희 유대인들에게는 걸려 넘어지게 하는 돌이 될 것이고, 온 이방 세계에 대해서는 치는 돌이 될 것이다. 너희는 내가 우주적인 신랑이고, 하나님의 경륜의 중심이라는 것을 깨달아야 한다. 너희는 나를 받아들일 뿐만 아니라 또한 나를 살아 내야 한다. 너희는 내가 너희의 주관적인 의가 될 정도까지 나를 체험해야 한다. 이 주관적인 의가 너희로 결혼 잔치에 들어갈 자격을 갖추게 해 줄 것이다.”

바리새인들과 헤롯당원들

비록 주 예수님께서 그렇게 분명하게 말씀하셨을지라도 그들 어리석은 사람들은 전혀 이해하지 못했고, 바리새인들과 헤롯당원들은 여전히 그분을 함정에 빠뜨리려고 했다. 바리새인들은 종교적인 단체였으며, 헤롯당원들은 정치적인 단체였다. 이들 두 단체는 습관적으로 서로 대적하는 사이였는데, 이 경우에 그들은 그리스도를 함정에 빠뜨리려고 손을 잡았다(마 22:15-21). 그 비유들에서 주 예수님께서 하신 답변은 그분 자신에게 중심이 두어지고 초점이 맞추어졌다. 그러나 바리새인들과 헤롯당원들은 그리스도에 대해서는 한마디도 알아듣지 못했는데, 이것은 그들이 자신들의 관념에, 박해를 가하고자 하는 악한 생각에 사로잡혀 있었기 때문이었다. 그들은 자신들이 아주 총명하다고 생각했으며, 따라서 주 예수님을 함정에 빠뜨릴 음모를 꾸몄다. 그들은 그분께 "선생님은 어떻게 생각하시는지 우리에게 말씀해 주십시오. 가이사에게 인두세를 바치는 것이 옳습니까, 옳지 않습니까?"라고 물었다. 이것은 그들의 책략이었다. 만일 주 예수님께서 옳다고 하신다면 그분은 바리새인들에게 덜미를 잡히실 것이고, 옳지 않다고 말씀하신다면 헤롯당원들에게 덜미를 잡히실 것이었다. 어느 경우가 되었든 그들은 그분이 덜미에 잡히실 것이라고 생각했다. 그러나 주 예수님은 이들 악한 사람들보다 더 지혜로우셔서 그들의 계획을 무산시키셨다. 바리새인들과 헤롯당원들은 그들이 주님보다 더 지혜롭다고 생각했지만, 그분이 그들의 창조주이시고 그들은 다만 그분의 작은 피조물에 불과함을 알지 못했다. 주 예수님은 "인두세로 낼 돈을 나에게 보여 주십시오."(19절)라고 말씀하셨다. 그들은 그분께 하나의 동전을 드렸는데, 그렇게 했을 때 그들은 그들의 논거를 잃었다. 주 예수님은 매우 지혜로우셨다. 그분은 돈이 없으셨지만 그들에게는 돈이 있었다. 세금을 내는 것이 합법적이든 그렇지 않든 그들이 돈을 가지고 있는 한, 그것은 그들이 덜미에 잡힌 사람들이라는 것을 뜻한다. 우리 모두는 "그러면 가이사의 것은 가이사에게, 하나님의 것은 하나님께 돌려드리십시오."(21절)라고 하신 주님의 답변을 익히 알고 있다. 비록 그들이 그분을 함정에 빠뜨리려고 무진 애썼지만, 주 예수님은 쉽게 그 함정을 벗어나셨다.

우리는 그것이 종교나 정치의 문제가 아니라 전적으로 그리스도에 관한 문제임을 보아야 한다. 우리는 그리스도를 관심해야 하며 우리 자신의 관념에 사로잡히지 말아야 한다. 우리가 우리 자신의 관념에 사로잡힌다면, 그리스도께서 우리에게 나타나실 때 그분을 받아들일 수 없을 것이다. 우리는 비워질 필요가 있다. 그럴 때 그리스도는 우리 안으로 오실 수 있다.

사두개인들

다음으로 주 예수님과 맞선 이들은 고대의 현대주의자들이라 할 수 있는 사두개인들이다. 그들은 부활에 관한 문제를 제기하였다. 그들은 어떤 사람이 아내와 결혼했는데 아무 자식이 없이 죽었다고 했다. 유대인의 관습과 모세의 율법에 의하면, 그런 경우 그 여자는 그 사람의 동생과 결혼했다(신 25:5-6). 그런데 그 동생도 아무 자식을 두지 못하고 죽었다. 같은 일이 일곱 형제 모두에게 발생했다. 그러므로 사두개인들은 부활의 때에 그녀가 누구의 아내가 될 것인지를 물었다. 사두개인들은 자신들이 영리하다고 생각했고, 그분을 함정에 빠뜨렸다고 확신했다. 그러나 주님은 그들을 책망하시면서 "여러분이 성경도 하나님의 능력도 알지 못하므로 잘못 생각하고 있습니다. 부활의 때에는 사람들이 장가도 가지 않고, 시집도 가지 않고, 하늘에 있는 천사들과 같습니다."(마 22:29-30)라고 말씀하셨다. 그날에는 남편도 아내도 없을 것이다. "죽은 사람들의 부활에 관하여, 하나님께서 여러분에게 하신 말씀을 읽어 본 적이 없습니까? '나는 아브라함의 하나님이요, 이삭의 하나님이요, 야곱의 하나님이다.'라고 하셨으니, 하나님은 죽은 사람들의 하나님이 아니시라 산 사람들의 하나님이십니다."(31-32절) 그분이 산 사람들의 하나님이시므로 아브라함과 이삭과 야곱은 분명히 부활하게 될 것이다. 그러지 않으면 하나님은 죽은 사람들의 하나님이 되실 것이다. 이 답변에 그들의 말문이 꽉 막혔다. 누가 주 예수님을 패배시킬 수 있는가?

율법사

이것에 뒤이어, 모세의 율법에 정통한 한 율법사가 주 예수님을 패배시킬 수 있다고 확신하면서 "선생님, 율법에서 어느 계명이 가장 큽니까?"(마 22:36)라고 질문했다. 이에 대해 주 예수님은 " '그대는 온 마음과 온 혼과 온 생각으로 주 그대의 하나님을 사랑해야 합니다.' … '너는 너의 이웃을 너 자신처럼 사랑해야 한다.'라는 둘째 계명도 이것에 못지않습니다."(37, 39절)라고 간단명료하게 답변하셨다. 이 대답으로 율법사의 말문도 막혔다.

주 예수님은 매 질문에 답변하셨다. 그분은 제사장들, 장로들, 바리새인들, 헤롯당원들, 사두개인들 그리고 율법사를 잠잠하게 하셨다. 그런 다음 주 예수님은 "여러분은 그리스도에 관하여 어떻게 생각합니까?"(마 22:42)라는 질문을 그들에게 던지셨다. 주님은 이렇게 말씀하고 계셨던 것 같다. "여러분은 정치와 종교와 근본주의적인 신앙과 율법에 대해 나에게 질문했습니다. 여러분은 표적을 놓쳤습니다. 이것들은 중심적인 요점이 아닙니다. 표적은 그리스도입니다. 여러분은 그리스도에 관하여 어떻게 생각합니까? 내게 말해 보십시오. 그리스도는 누구의 자손입니까?" 그들은 어느 정도 성경 지식이 있었으므로 그리스도가 다윗의 자손이라고 재빨리 대답했다. 주님은 그들의 대답이 옳다고 인정하셨지만, 다시 그들에게 "그렇다면 어찌하여 다윗이 영 안에서 그리스도를 주님이라고 부르면서 다음과 같이 말합니까?"(43절)라고 질문하셨다. 다른 말로 하면, 이것은 어떻게 할아버지가 손자를 '주님'이라 부를 수 있겠는가 하는 말이다. 다시 한번 모두의 말문이 막혔다.

그리스도의 두 본성

동일한 질문을 고려해 보자. 어떻게 할아버지가 손자를 '주님'이라 부를 수 있겠는가? 그것은 그리스도께 두 본성이 있으시기 때문이다. 한편으로 그리스도는 다윗의 자손이시며, 다른 한편으로 그분은 다윗의 주님이시다. 그분은 한 인간, 한 남자이시며, 그분의 사람의 본성에 따르면 다윗의 후손, 다윗의 자손이시다. 그러나 주 예수님은 그렇게 간단한 분이 아니시다. 그분은 기묘하시다! 그분은 인간 존재이실 뿐 아니라 신성한 존재이시기도 하다. 그분께는 사람의 본성이 있으시며, 또한 신성한 본성이 있으시다. 그분은 사람이시며 하나님이시다. 사람으로서 그분은 다윗의 자손이시다. 하나님으로서 그분은 다윗의 주님이시다. 가련한 바리새인들과 사두개인들은 주 예수님께서 그처럼 기묘하신 인격, 곧 사람이시자 하나님이심을 보지 못했다. 그분은 신성뿐 아니라 인성도 지니신 그러한 놀라운 인격이시다.

그러나 이 부분의 말씀에서는 그리스도에 관해 한층 더 많은 것이 계시된다. 그리스도는 또한 부활하시고 승천하시고 다시 오시는 분으로 제시되신다. 시편 110편에서 인용한 말씀인 마태복음 22장 44절은 "주님께서 나의 주님께 '내가 너의 원수들을 너의 발밑에 둘 때까지 나의 오른편에 앉아 있어라.'라고 말씀하셨습니다."라고 말한다. 주 예수님께서 하나님의 오른편에 앉아 계신다는 것은 그분이 부활하시고 하늘로 승천하셨음을 뜻한다. 이어서 시편 110편은 계속하여 "내가 너의 원수들을 너의 발밑에 둘 때까지"(마 22:44)라고 말한다. 이것은 그분의 두 번째 오심을 가리킨다. 그리스도께서 두 번째 오실 때 하나님은 그분의 모든 원수들을 그분의 발밑에 두실 것이며, 그들을 그분의 발등상이 되게 하실 것이다. 여기에서 우리는 놀라우신 그리스도를 본다. 그분은 인성과 신성을 갖고 계신다. 그분은 부활하신 분, 승천하신 분, 다시 오시는 분이시다. 이 그리스도께서 하나님의 목적과 경륜의 중심이시다. 그러나 많은 그리스도인들은 종교와 정치와 성경 해석에 대해 토론하는 가련한 그 유대인들과 같다. 그들은 부차적인 것들은 관심하면서도 중심 항목인 그리스도는 놓쳐 버린다. 그들은 사람이자 하나님이시며, 십자가에 못 박히신 분이시며, 부활하신 분이시며, 셋째 하늘로 높아지신 분이시며, 하나님의 오른편에 앉아 계신 분이시며, 그분의 모든 원수들을 정복하려고 돌아오실 분이신 그리스도를 놓쳐 버린다. 이 그리스도께서 중심 항목이시다.

주 예수님은 그분 자신을 반대자들에게 계시하셨지만, 그들 중 누구도 이상을 보지 못했다. 왜냐하면 그들은 그분에 대한 분노로 가득 차 있었기 때문이다. 그들은 전적으로 다른 것들에 사로잡혀 있었다. 그들은 중심이신 그리스도에 대해 한마디도 알아들을 수 없었다. 오늘날도 상황은 동일하다. 나는 자기 자신의 일들에 완전히 사로잡혀서 주님의 회복에 대해서는 아주 혼돈된 상태에 있는 많은 사랑스러운 그리스도인들을 만났다. 우리와 대화를 나누었을 때 그들은 한마디도 받아들일 수 없었다. 그들은 전적으로 자신들이 옳으며 우리는 틀렸다고 확신했다. 그들은 우리의 말을 받기 위한 최소의 여지도, 약간의 틈도 주지 않았다. 우리는 하나님의 왕국에는 종교나 정치나 교리가 들어설 여지가 없음을 반드시 보아야 한다. 왕국 안에서는 모든 구석구석이 다 그리스도를 위한 곳이다. 교회 안에서, 주님의 회복 안에서, 왕국의 실재 안에서는 모든 구석구석이 다 그리스도를 위한 곳이다.

우리가 지난 장과 이 장의 모든 요점을 요약해 본다면, 하나님의 건축물과 함께 그리스도를 볼 것이다. 우리는 또한 주 예수님을 반대한 사람들의 헛되고 쓸데없는 말들을 볼 것이다. 그리스도는 하나님의 아들이시고, 교회 건축을 위한 최고의 모퉁이 돌이시며, 걸림돌이시고, 치는 돌이시다. 교회에 대하여 그리스도는 모퉁이 돌이시고, 믿지 않는 유대인들에게는 걸림돌이시며, 이방 세계에 대하여는 치는 돌이 되실 것이다. 그분은 결혼 잔치의 중심이신 신랑이시기도 하다. 그 외에도 그분은 우리로 결혼 잔치에 참여할 자격이 있게 해 주시는 바로 그 요소인 결혼 예복이시다. 우리는 그러한 그리스도를 체험해야 한다. 그분은 하나님이시자 사람이시다. 그분은 십자가에 못 박히시고 부활하시고 하나님 오른편으로 승천하셨으며, 거기에서 그분의 모든 원수들이 정복될 때까지 기다리고 계신다. 모든 지방에 있는 교회들 안에서 우리에게는 다만 이 그리스도가 필요하다. 교회 안에서 그리스도는 중심이시고 바퀴통이시며, 교회는 바퀴의 테이다. 주님의 회복은 그리스도와 교회이다. 이것이 왕국이다. 우리는 종교나 정치나 교리나 성경 해석에 대한 어떤 것을 듣고 싶은 마음이 없다. 우리는 다만 그리스도를 관심한다.

31

부활하시고 승천하시고 다스리시는 그리스도

Christ Resurrected, Ascended, and Reigning

제31장

부활하시고 승천하시고 다스리시는 그리스도

성경: 마 22:1-14, 15-22, 23-32, 34-40, 41-46

우리는 마태복음이 왕국의 씨들이 뿌려진 책이라는 것을 기억할 필요가 있다. 마태복음에는 왕국이 있으며 또한 왕국을 위한 그리스도가 있다. 왕국이라는 항목의 씨가 있고 또 그리스도라는 항목의 씨가 있다. 왕국의 기본적인 방면들 중 많은 것이 마태복음에 씨로 뿌려졌으며, 신약의 다음 책들에서 발전한다. 그 씨는 마태복음에 있고, 싹 틈은 사도행전에 있으며, 성장과 꽃 핌은 서신서들에 있고, 성숙과 수확은 요한계시록에 있다. 그리스도의 경우도 마찬가지이다. 그리스도라는 항목의 씨는 마태복음에서 뿌려지고, 사도행전에서 싹이 나며, 서신서들에서 자라서 꽃이 피고 열매를 맺으며, 요한계시록에서 완전히 발전되고 성숙하여 충만한 수확을 얻게 된다.

거의 각 장에서 마태복음은 왕국의 어떤 방면을 계시해 주며, 또한 그리스도를 다양한 각도에서 거듭거듭 제시해 준다. 우리는 1장에서 그리스도께서 여호와 더하기이시요 하나님 더하기이시며, 여호와 구원자이시요 우리와 함께하시는 하나님이심을 보았다. 3장에서 그분은 사람들을 하나님의 영 안으로 침례 주시는 하나님의 아들로 계시되신다. 4장에서 그분은 어둠에 앉아 있는 백성에게 비추는 큰 빛으로 계시되신다. 이 비춤에 의해 그분은 그분 자신을 사람들 안으로 확장하시어 그들로 그분을 따르게 하신다. 9장에서 그리스도는 잔치이시고 신랑이시며, 새 옷이시고 새 포도주이시며, 새 가죽 부대이시다. 11장에서 그분은 우리의 안식이시며, 12장에서 그분은 성전이시고, 현재의 다윗이시며, 안식일의 주이시고, 더 큰 요나이시며, 더 큰 솔로몬이시다. 16장에서 그분은 살아 계신 하나님의 아들로, 그분의 교회를 건축하시는 그 그리스도로 계시되신다. 17장에서 하나님의 아들 그리스도는 산 위에서 변형되시며, 하나님은 이 분이 그분께서 사랑하시는 아들로서 우리가 그의 말을 들어야 할 유일한 분이시라고 선포하신다.

주 예수님의 시험받으심

그러한 방식으로 계시되신 후에, 주 예수님은 마지막으로 예루살렘에 들어가셨다. 이것은 십자가에 못 박히심으로 하나님의 영원한 목적을 성취하시기 위한 것이었다. 주 예수님은 그분 앞에 무엇이 기다리고 있는지를 아셨으며, 그러므로 갈릴리에서 예루살렘으로 여행하시는 동안 자신이 예루살렘에 가서 십자가에 못 박히고 부활하실 것을 적어도 세 번 제자들에게 알려 주셨다. 유월절의 예표에서, 어린양은 유월절이 되기 전에 며칠 동안 검사를 받아야 했다(출 12:3, 6). 유대인들의 계산 방식에 따르면 이 기간은 육 일이었다. 주 예수님은 예루살렘에 들어가셨으며, 유월절 어린양처럼 유월절에 앞서 며칠 동안 사람들에 의해 검사를 받으셨다. 그분은 백성의 지도자들, 곧 대제사장들과 장로들과 바리새인들과 헤롯당원들과 사두개인들과 율법사에게 시험을 받으셨다. 이 시험들은 적어도 네 방향에서 왔다. 곧 종교와 정치와 근본주의적인 신앙과 율법에서 왔다. 이러한 시험의 결과로 검사하는 사람들 자신이 그리스도에게서 빗나갔고 가치 없는 것들에 사로잡혀 있다는 것이 드러났다. 그들 모두는 표적을 놓쳤으며, 그들 중 누구도 진짜 보물이신 그리스도를 보지 못했다. 그들은 그리스도 이외의 것들에 온통 관심을 기울였다. 성취한 것이 많고 지식이 있으며 교육을 받은 사람들이 모두 주 예수님을 둘러싸고 그분을 조사하면서 자신들이 지혜롭다고 생각했다. 그들은 자신들이 얼마나 어리석은지를 깨닫지 못했다. 그들 중 한 사람도 진짜 보물을 구하지 않았다. 그들 중 한 사람도 하나님의 목표나 경륜을 보지 못했다. 그들 중 한 사람도 하나님의 중심과 초점을 인식하지 못했다. 그들은 그들 자신이 보기에 가치 있고 중요하게 여겨진 것만 볼 뿐이었다.

그리스도를 잃어버림

상황은 오늘날도 동일하다. 그리스도인들은 많은 것들에 주의를 기울이지만 그리스도는 소홀히 여긴다. 비록 그들은 자신을 총명하다고 생각하지만, 사실상 자신이 무엇을 하고 있는지를 알지 못한다. 주 예수님을 시험했던 사람들은 완전히 표적을 놓친 반면에, 그분은 자신이 무엇을 하고 계신지를 아셨다. 비록 그들은 표적을 놓쳤지만, 그분은 결코 그분의 목표를 포기하지 않으셨다. 그분은 그들의 어리석은 질문들에 답변하시면서도 계속 목표를 고수하셨다. 이것은 주 예수님께서 어떤 기회를 붙잡아서라도 그분 자신을 계시하신다는 것을 보여 준다. 우리는 어리석은 질문을 할 수 있지만, 주님은 항상 지혜롭게 답변하실 것이다. 우리의 질문은 그릇된 것일 수 있지만, 주님의 답변은 보배로운 어떤 것을 포함할 것이다.

그리스도를 계시함

주 예수님은 자신을 시험한 모든 사람에게 답변하시면서 그분 자신을 모든 것을 포함한 방식으로 계시하셨다. 그러나 그것은 비밀스럽고 감추어진 방식이었다. 왜냐하면 그분이 비유들을 통해 자신을 계시하셨기 때문이었다. 포도원의 비유를 생각해 보라. 그처럼 간단하고도 감추어진 방식으로 주 예수님은 그분 자신을 하나님의 아들로, 하나님의 우주적인 유업의 상속자로 계시하셨다. 그분은 또한 자신이 하나님의 건축물을 위한 모퉁이 돌로서 거절당하시고 부활하실 것을 선포하셨다. 누구든지 그분 위에 떨어지는 사람은 깨어질 것이다. 이것은 중대한 문제이다. 우리가 이 이상을 가지고 그 당시 그곳에 있었다면, 우리는 그분의 말씀의 심각성을 깨달았을 것이다. 주 예수님을 시험했던 사람들은 아주 어리석었다. 그들은 주 예수님께서 말씀하고 계신 것의 중요성을 깨닫지 못했다.

이분은 마태복음에 뿌려진 모든 것을 포함한 씨이시다. 돌이신 주 예수님께는 세 방면이 있으시다. 그분은 하나님의 건축물인 교회를 위한 모퉁이 돌이시고, 믿지 않는 유대인들에게는 걸림돌이시며, 하늘로부터 다시 오실 때에는 모든 나라 위에 떨어져 그들을 산산조각 나게 하실 치는 돌이시다(단 2:34-35). 우리는 주 예수님께서 이런 세 방면에서 돌이시라는 것을 볼 필요가 있다. 이 씨는 마태복음에서 뿌려졌고, 신약의 나머지 부분에서 발전한다. 곧 이 나머지 부분에서 세 가지 방면, 곧 싹을 내고 꽃을 피우며 완전한 수확에 이른다. 사도행전 4장 11절에서 베드로는 그리스도께서 건축자들이 배척한 돌이시지만 부활 안에서 일으켜지셔서 모퉁이의 머리 돌이 되신 것을 말했다. 그는 베드로전서 2장 6절부터 8절까지에서 이것을 반복하여 말했다. 에베소서 2장 20절에서 바울도 모퉁이 돌이신 그리스도를 언급한다. 로마서 9장 32절과 33절에 따르면, 바울은 그리스도께서 믿지 않는 유대인들에게 걸림돌이 되셨다고 말한다. 신약은 또한 그리스도께서 이방 나라들을 부수실 것이라는 사상을 발전시키고 있다(계 19:15). 그처럼 짧은 비유 안에서 주 예수님께서 그분 자신을 그처럼 많은 방면으로 계시하셨다는 것은 얼마나 놀라운가! 적어도 다섯 가지 요점이 언급되고 있다. 즉 그리스도는 하나님의 아들이시고, 하나님의 유업의 상속자이시며, 모퉁이 돌이시고, 걸림돌이시며, 치는 돌이시다. 그리스도에 대한 이 어떠한 풍성한 계시인가! 종교인들은 그분께 "누가 그대에게 이런 권위를 주었소?"라고 물었다. 주 예수님은 그분이 하나님의 아들이시고, 하나님의 유업의 상속자이시며, 모퉁이 돌이시고, 걸림돌이시며, 치는 돌이시라고 대답하셨다. 그분께 다른 어떤 권위가 필요했겠는가? 어떤 권위도 이보다 더 높을 수 없다.

결혼 잔치

그리스도는 결혼 잔치의 비유에서 더 추가적으로 계시되신다. 엄격히 말해서, 왕국은 수고의 문제가 아니라 누림의 문제이다. 우리가 이것을 아는 것은 그분이 신랑이시고, 하나님의 즐거움의 초점이시며, 하나님의 행복과 기쁨의 바로 그 중심이시기 때문이다. 고대에 아버지는 큰 기쁨으로 자기 아들을 위하여 결혼 잔치를 예비하곤 했다. 어떤 사람도 자기 아들을 위하여 결혼 잔치를 예비할 때의 아버지의 즐거움을 다 묘사할 수 없다. 우리의 하늘의 아버지 또한 그분의 아들을 위하여 결혼 잔치를 예비하실 때 그러한 기쁨이 있으시다. 비록 그분의 아들이 결혼 잔치의 초점이시고 중심이시라 할지라도, 가장 기뻐하시는 분은 아버지이시다. 이것이 아버지의 큰 기쁨이다. 아버지는 그분의 큰 기쁨에 따라 신랑인 그분의 아들을 위한 결혼 잔치를 예비하셨다.

결혼 예복

이 결혼 잔치의 기쁜 소식이 선포되었을 때 많은 사람들이 그것을 거절했다. 그러나 상당수 사람들은 반응하여 그 초대를 받아들이고 즐거움과 기쁨으로 결혼 잔치에 왔다. 불행히도 부름받아 온 사람들 중 얼마는 결혼 예복을 입지 않았다. 결혼 잔치에 오려면 결혼 예복이 필요하다. 결혼 잔치는 그리스도이고 결혼 예복 또한 그리스도이다. 성경에는 그리스도에 대한 이 두 방면이 있다. 한편으로 그분은 우리의 음식이시고, 다른 한편으로 그분은 우리의 옷이시다. 그분은 안으로는 우리의 음식이시고, 밖으로는 우리의 예복이시다.

이 비유는 그리스도에 대한 현재의 누림을 말하는 것이 아니라, 그분께서 다시 오실 때 있을 장래의 누림을 언급한다. 오늘날 그리스도에 대한 현재의 누림은 미리 맛봄이며, 그리스도에 대한 장래의 누림은 완전한 맛봄이 될 것이다. 미리 맛봄은 완전한 맛봄을 위한 것이다. 여러분이 합당한 미리 맛봄을 누리지 못한다면 완전한 맛봄을 누리기가 어려울 것이다. 이와 같이 우리 모두는 장래에 합당한 완전한 맛봄을 갖기 위하여 오늘날 그리스도로 잔치할 필요가 있다. 우리가 그리스도를 먹고 그분으로 살지게 될 때, 우리는 합당한 미리 맛봄을 가질 것이고, 그리스도는 점차적으로 우리의 속존재를 적시실 것이며, 우리의 표현으로서 우리에게서 살아 나타나실 것이다. 이러한 그리스도의 표현이 우리의 결혼 예복이 될 것이다. 안에서부터 주 예수님께서 확장되시는 것이 결국 우리의 표현, 우리의 결혼 예복이 될 것이며, 우리에게 결혼 잔치에서 완전한 맛봄을 누릴 자격을 갖게 할 것이다. 오늘날 여러분에게 미리 맛봄이 결여되어 있다면, 여러분 안에 그리스도의 확장이 없을 것이며, 그분이 다시 오실 때 여러분에게 완전한 맛봄을 위한 자격을 갖추게 하는 결혼 예복도 없을 것이다.

소수가 선택됨

이 비유에 따르면, 초대된 사람들은 많으나 선택된 사람들은 적다(마 22:14). 이것은 무엇을 의미하는가? 모든 참된 그리스도인들이 부름을 받았다. 그들은 주 예수님을 믿었다. 그러나 부름받은 후에 많은 사람이 주 예수님을 합당하게 미리 맛봄으로 누리지 못했다. 주 예수님은 그들을 적시지 못하셨고, 그들을 완전히 소유하지 못하셨으며, 그분 자신을 그들 존재의 모든 속부분 안으로 확장하지 못하셨다. 그분은 그들 존재로부터 그분 자신을 표현할 수 없으셨다. 부름받은 사람들 중 많은 이들이 그들의 개인적인 체험에서 그리스도에 대한 이런 종류의 누림을 가진 적이 결코 없었다. 그러므로 왕국이 완전히 나타날 때 그들은 결혼 예복을 갖추지 못할 것이고, 결혼 잔치를 위한 자격을 갖추지 못할 것이다. 그들은 그리스도에 대한 누림을 완전히 맛보는 데에 참여하지 못할 것이다. 이것은 우리 안으로 오시고, 그분 자신을 우리 존재 안으로 확장하시며, 그분 자신을 우리 존재로부터 표현해 내시는 그리스도에 대하여 우리가 앞에서 보았던 것과 상응한다. 그리스도께서 이렇게 표현되시는 것이 우리의 결혼 예복이 될 것이다.

여러분은 바리새인들처럼 어리석어서는 안 된다. 여러분은 예민하며 깨어 있어야 한다. 여러분은 부름을 받았지만 그리스도를 끊임없이 충분하게 누리지 못했을 수 있다. 그래도 여러분이 지금 즉시 시작한다면 너무 늦은 것은 아니다. 여러분은 합당하게 미리 맛봄을 갖고, 날마다 그리스도를 먹음으로 그분을 충분히 체험하며, 그분께 여러분의 존재에 두루 그분 자신을 확장하시도록 허락해 드리는 것을 즉시 시작해야 한다. 점차 여러분은 그리스도의 완전한 표현을 갖게 될 것이며, 그것이 여러분의 결혼 예복이 될 것이다. 때가 이를 때, 여러분은 결혼 잔치를 위한 결혼 예복을 갖출 것이다. 우리에게 있어서 그리스도는 건축하는 돌이실 뿐만 아니라 또한 결혼 잔치이시며 결혼 예복이시다. 그분은 우리의 중심이시고 우리의 초점이시다. 우리와 관계된 일인 한, 모든 것을 우리의 누림이신 그리스도께 초점을 맞추어야 한다.

보물 — 그리스도

마태복음에서 그리스도의 이런 항목들은 씨의 형태로 존재한다. 우리는 서신서들에서 꽃 핌과 요한계시록에서 수확을 볼 수 있다. 종교인들의 어리석은 질문들에 답변하신 것과 동시에 주 예수님은 그분 자신을 완전하게 계시하셨다. 그럼에도 불구하고 그 이상의 것이 있다. 지금까지 계시된 것으로는 충분하지 않다. 그리스도에 대하여 계시되어야 할 것이 더 있다. 모든 질문자들의 입이 닫혔고 모든 문제들과 질문들이 해결되었다. 마침내 주 예수님은 "여러분은 그리스도에 관하여 어떻게 생각합니까? 그는 누구의 자손입니까?"(마 22:42)라고 물으심으로써 그들에게 보물을 제시하셨다. 종교와 정치, 교리, 율법의 문제들은 잊어버리라. 질문 중의 질문은 "여러분은 그리스도에 관하여 어떻게 생각합니까?"이다. 그들이 그리스도가 다윗의 자손이라고 답변했을 때, 주님은 그들에게 "그렇다면 어찌하여 다윗이 영 안에서 그리스도를 주님이라고 부르면서 다음과 같이 말합니까?"(43절)라고 질문하셨다. 우리도 동일한 질문을 할 수 있다. 그것은 그분께서 다윗의 자손이시며 다윗의 주님이시기도 하기 때문이다. 그리스도는 사람이시며 또한 하나님이시다. 그분은 신성과 인성을 모두 갖고 계신다. 인성 안에서 그분은 다윗의 자손이시며, 신성 안에서 그분은 다윗의 주님이시다.

그 외에도, 마태복음 22장 44절에 있는 간략한 말씀으로 주님은 그분의 승천이라는 항목의 씨를 뿌리셨으며, 그분의 왕국을 세우기 위한 그분의 원수에 대한 승리라는 항목의 씨를 뿌리셨다. "주님께서 나의 주님께

'내가 너의 원수들을 너의 발밑에 둘 때까지 나의 오른편에 앉아 있어라.' 라고 말씀하셨습니다." 말씀들은 단순하고 간략하지만, 그 함축된 의미는 광대하며 멀리까지 미친다. 이 진술은 그리스도께서 부활하시고 승천하시고 하나님의 보좌 오른편에 앉으실 것임을 암시하고 있다. 그것은 또한 그리스도께서 하나님의 왕국을 세우시기 위하여 모든 원수들에 대해 승리하심으로 돌아오실 것임을 암시하고 있다. 하나님은 그분의 원수들을 그분의 발밑에 두실 것이다. 어떠한 그리스도이신가! 그분은 사람이시고, 하나님이시며, 부활하신 분이시고, 승천하신 분이시며, 다시 오시는 분이시고, 승리하신 분이시며, 그분의 원수들을 정복하고 하나님의 왕국을 세우실 분이시다. 그리스도에 대한 어떠한 계시인가! 이분이 모든 것을 포함한 씨이신 그리스도이시다.

여러분은 우리가 다룬 모든 방면을 생각해 낼 수 있는가? 그리스도는 하나님의 아들이시고, 하나님의 상속자이시며, 건축하는 돌이시고, 걸림돌이시며, 치는 돌이시고, 잔치이시며, 결혼 예복이시고, 사람이시며, 하나님이시고, 부활하시고 승천하신 분이시며, 오시고 승리하시는 분이시며, 모든 원수들을 정복하고 땅 위에 하나님의 왕국을 세우실 분이시다. 이분이 요한계시록에서 성숙에 이를 때까지 신약의 남은 부분에 두루 걸쳐서 발전하는 씨이시다.

우리는 바리새인들이나 사두개인들이나 헤롯당원들과 같아서는 안 된다. 우리는 그리스도를 우리의 상황에 적용하기 위해 항상 예민하고 깨어 있어야 한다. "오, 주 예수님, 당신은 하나님의 아들이십니다! 당신은 하나님의 상속자이십니다! 저는 당신을 건축하는 돌로 받아들입니다. 저는 당신을 결혼 잔치로, 결혼 예복으로 받아들입니다. 저는 당신을 사람으로, 하나님으로 받아들입니다. 저는 당신을 부활하시고 승천하신 분으로 받아들입니다. 저는 당신을 오시는 분으로, 승리하신 분으로, 땅 위에 하나님의 왕국을 세우실 분으로 받아들입니다." 나는 교회들 안에 있는 모든 성도들이 이러한 것들에 집중할 수 있기 바란다. 그렇게 한다면 여러분은 그리스도에 의해 빛 비춤을 받을 것이다. 여러분은 그분으로 충만해지고 적셔질 것이다. 그럴 때 여러분은 성경을 새로운 방식으로 이해하게 될 것이다. 여러분은 성경을 단순한 이야기책이나 교리책으로 이해하지 않을 것이다. 여러분은 성경을 그리스도와 그분의 모든 풍성에 대한 계시로 받아들일 것이다. 종교인들에게 주신 그리스도의 답변 가운데 계시된 그리스도의 방면들을 살펴보는 데 시간을 들이라. 진실로 그분은 모든 것이시다. 마태복음은 살아 계신 그리스도, 풍성하신 그리스도, 실지적이신 그리스도, 현재의 그리스도, 체험적이신 그리스도에 대한 책이다. 이 그리스도께서 우리의 결혼 잔치이시고, 우리의 결혼 예복이시다.

우리의 영 안에서

우리는 우리의 영 안에서 그분을 깨닫고 적용하고 체험하고 누릴 수 있다. 우리 모두는 영 안에 있어야 한다. 여러분은 그리스도에 대한 계시를 보았는가? 그렇다면 여러분의 영으로 돌이켜서 그분을 주님이라고 부르라. 다윗은 영 안에서 그분을 주님이라 불렀다. '영(spirit)'이라는 단어가 소문자 's'로 시작하는 것을 주목하라. 이것은 우리 사람의 영을 가리킨다. 다윗은 그분을 영 안에서 주님이라 불렀으며, 오늘날 우리 또한 그렇게 할 필요가 있다. 우리는 그분을 우리의 영 안에서 주님이라 부를 필요가 있다. 그것은 큰 차이를 가져다준다. 마태복음에서 주님의 가르침의 첫 번째 문장은 우리의 영에 대한 것이었다. "영 안에서 가난한 사람들은 복이 있습니다."(마 5:3) 우리는 우리의 영 안에서 그분을 부를 필요가 있다. 우리는 영 안에서 가난할 필요가 있으며, 또한 영 안에서 그분을 주님이라 부를 필요가 있다.

32
왕국의 실재(1)
The Reality of the Kingdom (1)

제32장
왕국의 실재(1)

성경: 마 5:3-12, 13-16, 20-45상, 48

마태복음 5장과 6장과 7장은 왕국의 실재를 계시해 준다. 마태복음에 따르면, 왕국에는 세 가지 중요한 방면이 있다. 곧 왕국의 실재와 왕국의 외형과 왕국의 출현이다. 우리가 왕국에 관하여 마태복음에 있는 모든 장들과 절들을 이해하려면, 왕국의 이 세 가지 주요 방면들을 보아야 한다. 마태복음에 있는 몇몇 절들은 왕국의 실재에 관한 것들이고, 다른 절들은 왕국의 외형에 관한 것들이며, 또 다른 절들은 장래 왕국의 출현에 관한 것들이다.

우리는 왕국의 실재가 존재하게 될 때 원수 사탄 또한 빗나가게 하고 좌절시키며 손상하는 일을 하려고 들어올 것임을 깨달아야 한다. 원수의 이러한 일 때문에 왕국의 외형이 산출된다. 오늘날 이 두 노선, 곧 왕국의 실재와 왕국의 외형은 함께 존재한다. 마태복음 13장에 밀이 있지만 또한 가라지도 있다. 종의 특징에 맞지 않게 너무 크게 자라는 큰 나무가 있으며, 고운 가루를 부패시키는 누룩이 있다. 가라지들과 큰 나무와 누룩은 왕국의 외형을 구성한다.

결국 왕국의 완전한 임함인 수확의 때가 있게 될 것이다. 그것은 왕국의 출현이 될 것이다. 왕국에 대한 이 세 가지 방면들을 파악하는 것이 불필요한 일이라고 생각하지 말라. 여러분이 이 세 방면들을 보지 못한다면, 마태복음이 왕국에 대하여 말하는 것을 이해할 수 없다. 이것이 바로 많은 그리스도인들이 마태복음에 있는 왕국에 대하여 결코 분명하게 본 적이 없었던 가장 큰 이유이다. 그들은 결코 왕국의 세 가지 다른 방면들을 본 적이 없었다. 왕국의 실재는 마태복음 5장과 6장과 7장에서 완전히 계시되고 다루어진다. 이 장들은 산상 수훈으로 불리어 왔다. 주 예수님은 그분의 제자들을 불러 그들을 산꼭대기로 데려가셨고, 거기서 그들에게 마태복음 5장과 6장과 7장에 기록된 말씀을 전하셨다. 이 세 장들에 계시된 것을 깨닫고 파악하기는 쉽지 않다. 과거에 사람들은 이 세 장을 완전하고 충분하고 적절하게 깨닫지 못했다. 대부분의 그리스도인들은 이 장들에 있는 몇몇 문장이나 구나 용어를 사용해 왔을지라도 그것들을 합당하게 이해하지 못했다. 이 장들은 합당한 왕국 생활에 대한 계시이며, 몇몇 절들은 아주 의미가 깊은 말씀이다. 여러분이 통제하는 원칙을 깨닫지 못한다면, 이 절들의 참된 의미를 이해하기란 어려울 것이다.

산 위에서 주신 주님의 말씀은 일곱 부분으로 나뉘는데, 왕국의 자녀들의 생활의 일곱 방면을 계시해 준다.

왕국의 자녀들의 특성

왕국 백성의 특성 또는 본성은 마태복음 5장 1절부터 12절까지에서 계시된다. 이것은 왕국의 자녀들의 요소 또는 실질 또는 본질이라고 말할 수도 있겠다. 나는 '특성'이라는 단어를 사용하고 싶은데, 왜냐하면 그것이 단지 본질이나 요소의 문제만이 아니기 때문이다. 표현되고 있는 어떤 실체적인 것이 있다. '특성'은 단순한 본성 이상의 어떤 것을 가리킨다. 그것은 나타나고 표현된 본성에 속한 어떤 것을 의미한다. 왕국의 자녀들의 특성은 하늘들에 속한 다스림 아래 있다. 그것은 어떤 땅에 속한 다스림 아래에 있지 않다. 그것은 가정이나 학교나 경찰서나 법정의 다스림 아래 있지 않다. 그것은 공동체의 어떤 조직의 다스림 아래에도 있지 않다. 그것은 하늘들에 속한 다스림 아래 있다. 천국은 실로 하늘들의 다스림을 뜻한다.

우리는 사람이 타락했을 때부터 그가 땅에 속한 다스림 아래 있기 시작했다는 것을 깨달아야 한다. 타락한 후에 사람은 하나님의 하늘들로부터의 다스림을 잃어버리기 시작했다. 오늘날 모든 세상 사람들은 신분에 상관없이, 수준에 상관없이, 선한지 악한지에 상관없이 일종의 땅에 속한 다스림 아래 있다. 그들은 가족이나 학교나 단체의 다스림을 받거나 또는 시청의 다스림을 받는다. 이것이 땅에 속한 다스림이다.

그러나 하나님께서 땅 위에 그분의 왕국을 세우실 때가 왔다. 그분의 왕국은 하늘들에 속한 것으로서 또 다른 범주의 다스림이다. 비록 그 다스림이 땅 위에서 이루어진다 하더라도 그것은 하늘들로부터 온 다스림이며 따라서 하늘들의 왕국, 곧 천국이라고 불린다. 땅에서의 다스림은 하나님께서 거하시는 하늘들로부터 온다. 그것은 단지 일반적인 방식의 하나님의 왕국이 아니라 특별한 방식의 천국이다. 하늘들이 땅을 다스리기 위해 내려왔다. 이러한 유형의 다스림 아래서, 왕국의 자녀들인 우리는 특별한 본성과 특성을 갖는다. 우리의 특성과 본질과 요소와 본성과 같은 이 모든 표현은 세상적이고 땅에 속한 다스림 아래 있는 사람들과는 전적으로 다르다. 왕국의 자녀들은 그들만의 유일한 특성과 본성을 갖고 있다.

하늘들의 다스림 아래 있는 왕국 백성의 특성은, 주로 마음과 영과 관련된 여섯 가지 내적 상태에 세 가지 외적 항목들을 더하여 구성된다. 모두 아홉 가지 항목들이 있다. 그러므로 주님은 "… 사람들은 복이 있습니다."를 아홉 번 반복하여 말씀하셨다. 내적 상태의 여섯 가지 항목들은 첫 번째 상태인 영 안의 상태로 시작하여 여섯 번째 상태인 마음의 상태로 끝맺는다. 이것은 우리가 합당한 왕국 생활을 깨달으려면 우리에게 합당한 영과 합당한 마음이 필요하다는 것을 의미한다. 우리는 우리의 영을 알 필요가 있으며 우리의 마음을 알 필요가 있다. 우리는 우리의 영과 마음 모두를 조정하고 조율할 필요가 있다.

영 안에서 가난함

내적 상태의 첫 번째 항목은 마태복음 5장 3절에 나온다. "영 안에서 가난한 사람들은 복이 있습니다. 왜냐하면 천국이 그들의 것이기 때문입니다." 첫 번째 기본적인 상태는 우리의 영과 관련되며, 이 영은 하나님께서 거주하실 수 있는 바로 그곳이다. 우리의 영은 하나님께서 우리 안에 창조하신 기관으로서, 우리가 그분을 접촉하고, 그분을 취하고, 그분을 받아들이고, 그분을 담기 위한 곳이다. 많은 그리스도인들이 이 첫 번째 상태를 놓쳤다. 그들은 왕국 생활을 위한 첫 번째 기관인 사람의 영을 놓쳤다. 많은 그리스도인들이 사람의 영에 대하여 단 한 번도 들어 본 적이 없다. 이것은 가련하고 불쌍하다! 사람들에게 그들의 영을 사용하지 않고 하나님을 접촉하라고 가르치는 것은 발을 사용하지 않고 달리도록 훈련시키는 것과 같다.

우리의 영 안에서 가난해지는 것은 우리의 영으로부터 하나님 외의 모든 것들을 비워 내는 것을 뜻한다. 우리 모두는 우리의 영을 비울 필요가 있다. 우리의 영은 하나님만을 위해서 있다. 이것은 우리의 영 안에 있을지 모르는 다른 모든 것을 비워 내야 한다는 뜻이다. 우리는 하나님을 위해 우리의 영 안에서 비어 있을 필요가 있다. 불행히도 우리 중 대부분은 우리의 영을 채우는 하나님 외의 다른 어떤 것을 가지고 있다. 여러분의 지식이 여러분의 생각 속에만 있다고 생각하지 말라. 여러분의 지식은 생각을 통해 여러분의 영으로 들어와 그곳을 점유할 수 있다. 여러분의 미움이 여러분의 마음에만 머문다고 생각하지 말라. 미움 또한 여러분의 영에 들어와 그곳을 점유할 수 있다. 여러분의 인간적이고 천연적이며 육체에 속한 사랑이 여러분의 감정 안에만 머문다고 생각하지 말라. 그것 또한 여러분의 영 안으로 들어와 그곳을 점유할 수 있다. 그럴 때 여러분의 영은 지식과 미움과 사랑으로 가득 채워질 것이다. 여러분의 영이 일단 가득 채워지면 하나님을 위한 여지는 없게 된다.

왕국이 올 때 우리는 우리의 영 안에서 비워지고 가난해질 필요가 있다. 그럴 때 우리는 하나님을 우리 안으로 받아들일 수 있다. 그러나 이것은 빈곤한 영을 갖는다는 뜻이 아니다. 빈곤한 영을 갖지 말고 여러분의 영 안에서 가난해지라. 이것은 여러분의 영 안에 하나님 외에 아무것도 갖지 않는다는 뜻이다. 바리새인들과 사두개인들과 율법학자들과 대제사장들이 주 예수님께 왔을 때, 그들은 그들이 보물로 여기고 있던 온갖 종류의 쓸모없는 것들로 그들의 영이 가득 차 있었다. 그들의 전통, 그들의 종교, 그들의 의식(儀式), 그들의 성경 지식, 그들의 형식, 그들에게 있는 낡고 종교적인 모든 유대인의 행실들이 그만큼 많은 쓰레기로서 그들의 영을 채우고 있었다. 더 나아가 그들의 관념과 철학적인 사고가 그들의 영을 채우고 점유하고 있었다. 그들은 완전히 이 모든 것들로 채워져 있었다. 그들은 주 예수님께 와서 그분과 논쟁했는데, 이것은 그들이 영 안에서 가난하지 않았기 때문이다. 그러므로 산 위에서 말씀을 시작하시면서 주님은 "영 안에서 가난한 사람들은 복이 있습니다. 왜냐하면 천국이 그들의 것이기 때문입니다."라고 말씀하셨다. 우리가 우리의 영 안에서 가난하다면 하나님은 즉시 우리 안으로 오실 수 있다. 그럴 때 우리는 천국 안에 있게 될 것이다. 이것이 우리 속부분들의 첫 번째 상태이다. 우리의 영은 비워져야 한다. 여러분의 영 안에 어떤 지식이나 전통이나 형식이나 종교나 또는 하나님 외의 다른 어떤 것도 갖지 말라. 여러분의 영에서 다른 것들이 비워지게 하고, 여러분의 영이 전적으로 완전히 하나님을 위하게 하라. 이것이 우리에게 필요한 것이다. 여러분이 기독교로부터 받은 모든 지식과 일들이 여러분의 영을 점유하지 못하게 하라. 그것들은 비워질 필요가 있다. 그것들은 아주 좋은 것처럼 보이겠지만, 주 예수님과 비교할 때 단지 배설물에 불과하다. 빌립보서 3장에서 바울은 자신이 성취했던 것이나 지식을 똥, 곧 배설물로 여겼다고 말한다. 주 그리스도 예수님을 아는 지식이 가장 탁월하기 때문에, 그는 자신의 모든 것을 배설물로 여겼다. 우리 또한 그리스도 때문에 영 안에서 비워지고 가난해지자.

애통함

우리가 영 안에서 가난하다면 분명히 애통할 것이다. 우리는 하나님의 백성 가운데의 가련한 상황과 심지어 우리 자신의 상태에 대해서도 슬퍼하며 비통해할 것이다. 오늘날 하나님의 백성 가운데의 상황은 실로 애통할 만하다. 베드로와 요한과 그 밖의 사도들은 바리새인들과 유대교도들 가운데의 가련한 상황 때문에 확실히 애통할 필요가 있었다. 왕국 생활을 위하여 우리 또한 애통할 필요가 있다. 우리는 우리 자신에 대하여, 우리 사회에 대하여, 오늘날의 기독교에 대하여 애통할 필요가 있다. 그리스도를 바라볼 때 우리는 행복하고 기뻐하지만, 우리 자신과 주변의 다른 사람들을 바라볼 때 애통해해야 한다. 때때로 나는 내 방 안에서 주님으로 기뻐했지만, 다른 때에는 근본주의적인 그리스도인들과 오순절주의 계열의 그리스도인들과 은사주의 계열의 그리스도인들로 인해 애통해했다. 기독교 신문을 읽음으로써 여러분은 상황이 가련하다는 것을 알 수 있다. 여러분이 주님과 교회를 볼 때 그것은 실로 놀랍다. 그러나 교회 밖에서, 즉 형식적인 기독교 안에서, 근본주의적인 기독교 안에서, 오순절주의적인 기독교 안에서, 심지어 은사주의 계열의 기독교 안에서도 그 상황은 매우 가련하다. 그러므로 우리는 애통해야 한다. 이것이 두 번째 내적인 상태이다.

온유함

마태복음 5장 5절은 "온유한 사람들은 복이 있습니다. 왜냐하면 그들이 땅을 상속받을 것이기 때문입니다."라고 말한다. 만일 우리가 슬퍼하고 애통해한다면, 우리는 분명히 온유할 것이다. 우리는 거만하지 않고 온유할 것이다. 우리는 기꺼이 고난을 당하며, 심지어 어떤 손실을 입는 것을 기뻐할 것이다. 온유하다는 것은 겸손하고 낮추는 것을 뜻할 뿐만 아니라 기꺼이 고난을 당하고 손실을 감수하고자 하는 것을 뜻하기도 한다. 우리가 기꺼이 고난을 당하며 기꺼이 어떤 손실을 받아들이려고 한다면, 우리는 보상—땅을 상속받음—을 받을 것이다. 왕국의 출현이 있을 때 어떤 이들은 땅을 상속받을 것이다. 누가복음 19장에 따르면, 어떤 이들은 열 도시를, 어떤 이들은 다섯 도시를 유업으로 받을 것이다. 우리는 온유한 사람들이 되어야 한다. 우리는 영 안에서 가난해야 하고, 현재의 상황에 대하여 애통해야 하며, 또 온유하고 겸손하며 겸허하고 기꺼이 고난을 받으려고 하며 어떤 손실도 기뻐해야 한다.

의에 굶주리고 목마름

우리는 의를 추구해야 할 뿐 아니라 의에 굶주리고 목말라야 한다. 우리는 하나님에 대해서 올바르기를 간절히 바라야 하며, 하나님을 따라서 사람에 대해서도 올바르기를 간절히 바라야 한다. 우리는 단지 사람의 규정과 원칙 또는 사람의 소망과 기대 또는 우리 자신의 관념과 철학에 따라서가 아니라, 하나님을 따라서 올발라야 한다. 의를 가지려면 우리는 하나님께 올발라야 하고, 하나님을 따라서 사람에 대해 올발라야 한다. 우리에게는 그러한 의에 대한 굶주림과 목마름이 있어야 한다. 이것은 우리의 동기와 관련된다. 우리는 우리의 영 안에서, 우리의 마음 안에서, 우리의 속존재 안에서 하나님께 올발라야 하며, 하나님을 따라서 다른 사람들에 대해서도 올발라야 한다.

긍휼히 여김

마태복음 5장 7절은 "긍휼히 여기는 사람들은 복이 있습니다. 왜냐하면 그들이 긍휼히 여김을 받을 것이기 때문입니다."라고 말한다. 올바르게 되고 의를 추구하며 의에 대해 굶주리는 것은 우리 자신에 대해 엄격해야 한다는 뜻이다. 그러나 긍휼히 여긴다는 것은 다른 사람들에 대해 관대해야 한다는 것이다. 우리는 하나님께 올바를 수 있고, 하나님을 따라서 다른 사람들에 대해서도 올바를 수 있다. 그러나 아마 다른 사람들은 올바르지 않을지도 모른다. 오히려 그들은 매우 느슨하다. 그럴 때 우리는 그들을 유죄판결 해야 하는가? 그렇지 않다. 우리는 그들에 대해 긍휼이 있어야 한다. 우리가 다른 사람들에게 긍휼을 보인다면, 우리는 하나님에게서 긍휼히 여김을 받을 것이다. 그러나 우리가 다른 사람들에게 엄격하다면, 하나님 또한 우리에게 엄격하실 것이다. 우리는 자신에 대해서는 엄격하지만 다른 사람들에 대해서는 동정심을 갖고 대하기를 배워야 한다. 우리는 결코 자신을 기준으로 삼아 다른 사람들을 재서는 안 된다. 우리는 다른 사람들에게 우리의 기준에 따르라고 요구해서는 안 된다. 이렇게 한다면, 그것은 우리가 긍휼이 없는 대신 율법주의적임을 의미한다. 우리 자신에 대해서는 많이 요구함으로 엄격하기를 배우고, 다른 사람들에 대해서는 어떤 것도 요구하지 않고 동정심을 갖고 대하기를 배우자. 이것이 긍휼히 여긴다는 말의 의미이다.

마음이 순수함

마태복음 5장 8절은 "마음이 순수한 사람들은 복이 있습니다. 왜냐하면 그들이 하나님을 볼 것이기 때문입니다."라고 말한다. 우리의 마음이 순수하다면, 우리는 하나님을 볼 것이다. 우리의 동기와 의도와 갈망과 목적은 순수한 마음에서 비롯되어야 한다. 순수한 마음을 갖는다는 것은 우리의 마음이 단일하여 주님 자신 외에는 아무것도 추구하지 않음을 뜻한다.

이들 여섯 가지 내적 상태들은 우리의 영으로 시작하여 우리의 마음으로 끝난다. 이것은 우리가 다 우리의 영과 우리의 마음을 조율하기를 배워야 한다는 뜻이다. 우리 모두는 "주님, 저를 조정하십시오. 저에게 합당한 영과 합당한 마음을 주십시오. 그러지 않으면 저는 결코 합당한 왕국 생활을 가질 수 없습니다."라고 기도할 필요가 있다.

화평하게 함

우리에게 주님을 향한 합당한 내적 상태가 있을 때, 자연스럽게 무언가가 외적인 상태로 표출될 것이다. 표출될 첫 번째 항목이 바로 화평하게 함이다. 우리는 화평하게 하는 사람들이 될 것이며, 하나님의 아들들이라 불릴 것이다. 이것은 하나님의 아들이신 예수 그리스도께서 화평하게 하시는 분이기 때문이다. 그분은 참된 중재자이시며, 우리는 하나님의 아들들이다. 우리가 영 안에서 가난하고, 애통하며, 온유하고, 의에 대하여 굶주리고 목마르며, 다른 사람들을 긍휼히 여기고, 마음이 순수한 사람들이라면, 우리는 확실히 화평하게 하는 사람들일 것이다. 그런 사람이 다른 사람들과 싸울 수 있다고 생각하는가? 분명히 그런 사람은 평안이 가득할 것이고 또한 화평하게 하는 사람일 것이다.

의를 위하여 박해를 받음

만일 여러분이 하나님에 대해서 올바르고, 하나님을 따라서 다른 사람들에 대해서도 올바르기를 훈련한다면, 여러분은 박해를 받을 것이다. 다른 사람들은 여러분을 귀히 여기지 않고 여러분을 박해할 것이다. 여러분은 의를 추구하는 것 때문에 고난을 겪을 것이다. 이것이 왕국의 자녀들의 특성 중 두 번째 외적 상태이다.

그리스도 때문에 박해를 받음

세 번째 외적 상태는 여러분이 그리스도 때문에 박해를 받으리라는 것이다. 사람들은 그리스도 때문에 여러분을 욕하고 여러분에 대해 악한 말을 할 것이다. 사도 바울은 악평 때문에 고난을 당했다(고후 6:8). 우리도 어떤 악평을 얻었다. 많은 때 사람들은 우리를 욕하면서 소문과 거짓말을 퍼뜨렸다. 이것이 예수 그리스도 때문에 고난을 당하는 것이다. 여러분이 주님의 회복으로 돌이켰기 때문에, 여러분의 친척들과 친구들 중 어떤 이들이 여러분에 대해 악한 말을 했을 것이다. 그들은 여러분에게 악한 어떤 것이 없음을 알면서도 자기 상상에 따라 어떤 소문을 만들어 낼 것이다. 그럴 때 여러분은 악평을 얻게 될 것이다. 주 예수님은 이런 일이 일어날 때 우리가 기뻐해야 한다고 말씀하셨다. 왜냐하면 하늘에서 우리의 보상이 크기 때문이다.

왕국의 자녀들의 특성에는 이런 항목들이 있다. 그들은 영 안에서 가난하고, 애통하며, 온유하고, 주님의 의에 굶주리고 목마르며, 다른 사람들에 대해 긍휼히 여기고, 마음이 순수하며, 항상 화평하게 하고, 의를 위하여 박해를 받으며, 그리스도 때문에 박해를 받는다. 이것이 우리의 특성이 되어야 한다. 우리는 이러한 종류의 사람들이 되어야 한다.

왕국의 자녀들이 세상에 주는 영향

우리가 그런 특성을 지닌다면 분명히 세상에 영향을 미칠 것이다. 주 예수님은 우리가 땅의 소금이며 세상의 빛이라고 말씀하셨다. 땅은 썩었고 부패했으며, 세상은 어두워져 있다. 오늘날 땅은 혼합시키는 영적 화학 반응에 의해 부패한 상태이다. 그러므로 땅은 소금으로 짜게 할 필요가 있다. 소금이 땅의 부패를 죽일 것이다. 주님은 우리를 세균과 부패를 죽이기 위한 소금으로 삼아 이렇게 부패한 혼합물 속에 넣으실 것이다. 세상, 즉 인간 사회는 어둠이 가득하다. 우리는 세상을 비추고 어둠을 물리치기 위하여 세상의 빛으로 이곳에 있다. 그러나 우리를 소금과 빛으로 조성할 수 있는 합당한 유형의 특성이 우리에게 있어야 한다. 그렇지 않다면 우리는 부패한 땅과 어두운 세상의 일부가 될 것이다. 우리 자신이 소금과 빛이 되기보다는 오히려 부패와 어둠이 될 것이다. 우리는 주님께서 모든 지방에 있는 교회들을 소금과 빛으로 충만하게 하실 것이라 믿는다.

왕국의 자녀들의 법

마태복음은 왕국의 자녀들의 특성과 영향을 다룬 후에 왕국의 자녀들의 법을 다룬다. 왕국의 자녀들은 기록된 율법, 즉 구약에 있는 모세의 율법 아래 있지 않고 생명의 법의 규제 아래 있다. 우리가 이것을 아는 것은, 주님께서 이 부분의 말씀 끝에서 우리를 아버지의 자녀들이라고 말씀하셨기 때문이다. 그분은 우리가 아버지의 자녀들이라고 하셨다. 자녀들인 우리에게는 아버지의 생명이 있다. 5장 48절에서 주님은 하늘의 아버지께서 온전하신 것같이 우리도 온전하게 되어야 한다고 말씀하셨다. 우리가 아버지께서 온전하신 것같이 온전해지는 유일한 길은 아버지의 생명을 갖는 것이다. 그러지 않는다면 우리는 결코 아버지께서 온전하신 것같이 온전해질 수 없다. 대부분의 자녀들은 그들의 아버지를 닮는다. 왜냐하면 그들에게 그들의 아버지의 생명이 있기 때문이다. 이 부분에는 모세의 율법 아래 사는 것과 생명의 법 아래 사는 것 사이의 비교가 있다.

뛰어난 의

주 예수님은 우리가 왕국 안으로 들어가려면 바리새인들이 모세의 율법에 의해 가진 의보다 뛰어난 의를 가져야 한다고 말씀하셨다. 모세의 율법은 우리에게 사람을 죽이지 말라고 말했다. 그러나 천국의 율법은 우리가 다른 사람들과 화목해야 한다고 말한다. 다른 사람들과 화목하고 다른 사람들과 조화를 이루는 것이 살인하지 않는 것보다 더 높다. 그것은 살인하지 않는 것보다 뛰어나다.

내적인 순수함

내적인 순수함은 간음을 행하는 것을 금지하는 율법을 능가한다. 간음을 행하는 것은 외적인 어떤 것이지만, 생명의 법은 내적인 순수함을 요구한다. 모세의 율법은 사람에게 간음하지 말라고 요구했지만, 생명의 법은 마음의 순수함을 요구한다. 생명의 내적인 표준은 모세의 외적인 표준보다 훨씬 더 높다. 그것은 모세의 율법보다 뛰어나다.

맹세하지 않음

거짓으로 맹세하지 않는 것보다 더 뛰어난 것은 아예 맹세하지 않는 것이다(마 5:33-37). 거짓으로 맹세하는 것은 여러분이 행하겠다고 약속하며 맹세한 것을 이행하기를 소홀히 하는 것이다. 그것은 여러분의 서약을 지키지 않는 것이다. 그러므로 구약은 거짓으로 맹세하지 말라고 말했다(레 19:12, 민 30:2). 이것은 여러분이 말한 것을 이행하기를 소홀히 하지 말라는 뜻이다. 여러분은 행하겠다고 맹세한 것은 어떤 것이든 이행해야 한다. 그러나 새로운 생명의 법은 여러분에게 아예 맹세하지 말 것을 요구한다. 맹세할 필요가 없다. 왜냐하면 여러분이 옳다고 입증할 필요가 없기 때문이다. 여러분이 옳다면 여러분은 단지 옳은 것이다. 여러분은 그것을 입증할 필요가 없다. 대답이 '예'면 다만 '예'라 말하고 '아니요'면 다만 '아니요'라고 말하라. 그것에 대하여 맹세할 필요가 없다. 그 이상의 말은 악한 자에게서 나오는 것이다(마 5:37). 아예 맹세하지 않는 것이 거짓으로 맹세하지 않는 것보다 훨씬 더 높다.

악한 사람을 대항하지 않음

"악한 사람을 대항하지 말고"(마 5:39)라고 말하는 생명의 법은 눈은 눈으로, 이는 이로 갚으라는 모세의 율법보다 뛰어나다. 모세의 율법에 따르면, 어떤 사람이 여러분의 이를 상하게 했다면 여러분은 자신의 이를 상하게 한 대로 그에게 갚아 줄 수 있다(출 21:24, 레 24:20, 신 19:21). 그러나 생명의 법은 대항하지 말라고 말한다(마 5:39). 어떤 사람이 여러분의 오른뺨을 때리거든 여러분은 그에게 왼뺨도 돌려 대야 한다. 누가 여러분에게 억지로 일 밀리온을 가고자 하거든, 여러분은 그 사람과 이 밀리온을 동행해야 한다. 누가 여러분의 속옷을 갖고자 한다면, 여러분은 그에게 여러분의 겉옷까지도 갖게 해야 한다. 이것은 구약의 율법보다 훨씬 더 높다. 그것은 뛰어난 의이다.

여러분의 원수를 사랑함

여러분의 원수를 사랑하는 것은 여러분의 이웃을 사랑하는 것보다 확실히 뛰어나다. 모세의 율법은 여러분에게 여러분의 이웃을 사랑할 것을 요구했지만(레 19:18), 생명의 법은 여러분에게 여러분의 원수를 사랑할 것을 요구한다(마 5:44). 다시 한번 이것은 모세가 준 율법보다 훨씬 더 높고 그것보다 훨씬 더 뛰어나다.

결국 이 부분의 주님의 말씀은 우리에게, 아버지의 자녀들인 우리가 아버지께서 온전하신 것같이 온전해야 한다고 말함으로 끝맺는다. 우리는 오직 아버지의 생명을 가짐으로써만 온전함을 가질 수 있다. 단지 우리 안에 뛰어난 생명이 있기 때문에 우리는 뛰어난 의를 가질 수 있다. 뛰어난 법을 가진 뛰어난 생명이 우리에게 있기 때문에 우리는 뛰어난 의를 가질 수 있다. 왕국 백성은 놀라운 백성이다! 그들의 특성과 그들이 미치는 영향과 그들의 의는 놀랍다! 이것이 각 지방에 있는 교회의 생활이어야 한다.

33

왕국의 실재(2)

The Reality of the Kingdom (2)

제33장

왕국의 실재(2)

성경: 마 6:1-34

마태복음 5장에 언급된 왕국의 실재의 모든 방면들은 생명과 관련된다. 한마디로 말해서, 우리의 타고난 생명은 여섯 가지 항목의 내적 상태와 세 가지 항목의 외적 상태를 산출할 수 없다. 우리의 천연적인 출생에 의하면, 우리는 소금이 아닌 먼지이다. 우리는 오직 거듭남으로써 소금이 된다. 일단 우리의 본성이 바뀔 때 우리의 특성 또한 바뀐다. 우리는 새 생명이 있기 때문에 먼지 대신 소금이 된다. 우리는 새로운 본성과 새로운 요소와 새로운 특성을 갖고 있으며, 그것들에 의해 땅의 소금이 된다.

더욱이 새 생명에 의해 우리는 또한 세상의 빛이다. 요한복음 1장 4절은 "그분 안에 생명이 있었으며, 그 생명은 사람들의 빛이었다."라고 말한다. 우리는 생명이 있기 때문에 빛이다. 우리에게 신성한 생명이 없다면, 우리는 결코 빛이 될 수 없을 것이다. 우리는 신성한 생명을 받았기 때문에 세상의 빛이다. 이 생명은 빛이다. 우리가 세상의 빛이라고 말하는 것은 우리에게 신성한 생명이 있다는 뜻이다.

천국이 뛰어난 의를 요구한다는 말씀을 읽을 때, 아마도 우리는 '누가 이렇게 할 수 있는가?'라고 생각할 것이다. 그러나 마태복음 5장 끝에서, 우리는 우리가 우리 아버지의 아들들이라는 것을 듣게 된다. 이것은 우리에게 아버지의 생명과 본성이 있다는 뜻이다. 우리는 양자(養子)들이 아니다. 우리는 아버지에게서 난 아들들이다. 그러므로 우리에게는 그분의 생명과 본성이 있다(벧후 1:4). 그분의 생명 안에는 온전함이 있고, 우리에게는 그분의 생명이 있다. 우리의 일차적인 책임은 아버지의 생명이 우리 안에서 발전하도록 모든 기회를 제공하는 것이다. 이러한 발전이 온전하게 함일 것이다. 안에 있는 생명이 발전하도록 허락한다면, 결국 이 생명의 발전이 우리의 온전함이 될 것이다. 그것은 우리의 행함의 문제가 아니다.

젊었을 때 기독교 안에 있었을 당시에, 나는 마태복음 5장의 절들을 인용하는 설교들을 많이 들었다. 그 설교들은 사람의 행위를 개선하는 데 5장을 적용했다. 매번 그러했다. 그러나 왕국의 요구들은 개선된 행위로 충족될 수 없다. 우리가 아무리 자신을 개선하든, 우리는 여전히 먼지일 뿐 소금이 아니다. 우리는 하나님의 생명과 본성과 본질과 실질을 받아들임으로써만 소금이 될 수 있다. 거듭나는 순간 하나님의 신성한 생명이 우리 안으로 들어올 때, 우리는 먼지에서 소금으로 변화된다. 또한 우리가 하나님의 생명을 받아들일 때, 우리는 세상의 빛이 된다.

마태복음 5장 20절에서 주 예수님은 천국에 들어가기 위한 요구 조건으로 뛰어난 의를 언급하셨다. "여러분의 의가 율법학자들과 바리새인들의 의보다 뛰어나지 않으면, 결코 천국에 들어가지 못할 것입니다." 뛰어난 의라는 이 자격 조건은 마태복음 22장 11절부터 14절까지와 요한계시록 19장 8절에서 언급된 결혼 예복이기도 하다. 요한계시록 19장에 따르면, 신부는 세마포로 옷을 입게 되는데, 그 옷은 성도들의 의이다. 이 세 부분의 말씀, 곧 마태복음 5장 20절과 22장 11절과 12절과 요한계시록 19장 8절은 모두 한 가지를 보여 준다. 즉 우리가 천년왕국 기간 동안 결혼 잔치에 들어가기 위해서는 뛰어난 의가 필요하다는 것이다. 이미 보았듯이, 이러한 의는 우리가 그리스도를 누리는 데서 나온다. 우리가 주 예수님을 받아들였을 때, 그분은 우리 안으로 오셨고 우리의 누림이 되셨다. 우리가 날마다 그분을 먹고 누릴 때, 그분은 우리 존재 안으로 확장되시며 우리를 변화시킬 기회를 얻으실 것이다. 이로써 그리스도는 우리 안에서 성숙되실 것이다. 이렇게 그리스도께서 우리 안에서 확장되시고 성숙되시는 것이 우리가 결혼 잔치에 참여하는 데 요구되는 뛰어난 의, 곧 결혼 예복이 될 것이다. 그리스도를 우리 안으로 받아들이는 것은 우리가 구원받을 자격이 있게 하며, 그리스도께서 우리 안에서 성숙하시는 것은 우리가 결혼 잔치에 참여할 자격이 있게 한다.

이것은 우리가 이 책 전반에 걸쳐 강조해 왔던 왕국의 개념과 일치한다. 왕국이란 무엇인가? 그것은 바로 주 예수님께서 우리 안으로 오시고, 왕국이 완전히 나타날 때까지 우리 안에서 성숙하시는 것이다. 만일 그분께 우리 안에서 성숙하시도록 허락해 드리지 않는다면, 어떻게 우리가 왕국의 완전한 출현 안에 있을 수 있겠는가? 그리스도는 왕국의 씨이시다. 비록 그분께서 우리 안에 씨로서 들어오셨다 할지라도, 그분은 우리 안에서 자라시고 성숙하셔야 한다. 우리가 그분께 우리 안에서 성숙하실 기회를 드린다면, 우리는 분명히 왕국의 완전한 출현인 수확에 참여하게 될 것이다. 우리 안에서 이루어진 그리스도의 성숙이 뛰어난 의이며, 또한 우리에게 결혼 잔치에 참여할 자격을 주는 결혼 예복이 될 것이다. 그리스도를 우리 안으로 받아들일 때, 우리는 구원받을 자격을 갖춘다. 그리스도께서 우리 안에서 성숙하시도록 해 드릴 때, 우리는 결혼 잔치에 참여할 자격을 갖게 된다.

왕국의 자녀들의 순수함

이제 우리는 마태복음 6장에 이르렀는데, 여기에서 우리는 왕국의 실재의 네 번째 방면, 곧 왕국의 자녀들이 그들의 의로운 행실에서 순수하다는 것을 보게 된다. 왕국의 자녀들은 의로운 행실을 하며, 그들의 의로운 행실에는 어떤 혼합이나 거짓이나 위선이나 가장이 없다. 오히려 순수함과 단일함과 단순함이 있다. 왕국 생활 안에는 가장하는 것, 거짓된 것, 위선적인 것이 없다.

여기에서 다시 한번 우리는 주 예수님의 지혜를 본다. 왕국의 자녀들의 순수함은 세 가지 방향으로 작용한다. 곧 다른 사람들에 대하여는 구제(救濟)로, 하나님에 대하여는 기도로, 우리 자신에 대하여는 금식으로 이루어진다. 다른 사람들에 대하여 우리는 그들의 필요를 돌보기 위하여 구제할 필요가 있다. 하나님에 대하여 우리는 자신의 관심사나 일을 위해서 기도하는 것이 아니라, "왕국이 오게 하시며, 뜻이 하늘에서 이루어진 것같이, 땅에서도 이루어지게 하십시오."(마 6:10)라고 기도할 필요가 있다. 이러한 기도는 하나님을 위한 것이다. 원칙적으로 왕국의 자녀들의 기도는 하나님을 위한 것, 하나님을 향한 것, 하나님과 함께하는 것이어야 한다. 금식하는 것과 관련해서, 우리는 자아를 처리해야 한다. 금식은 죄나 죄악된 것들과 관련된 것이 아니라 합법적인 것들과 관련된다. 우리가 먹고 마시는 것은 합법적인 것이다. 이것들은 우리의 권리이다. 태어난 사람은 누구나 먹고 마실 권리를 갖고 있다. 금식할 때 우리는 우리의 권리를 거절함으로써 자신을 처리한다. 이것은 우리가 잘못되었거나 세상에 속하거나 죄가 있거나 혹은 육체에 속했기 때문에 우리 자신을 처리한다는 의미가 아니다. 그렇지 않다! 우리는 단지 자신을 희생함으로 처리받기를 원한다. 우리는 다른 사람들에 대하여 구제하고, 하나님에 대하여 기도하며, 우리 자신에 대하여 금식한다. 이것들은 왕국의 자녀들에게 있는 세 가지 범주의 의로운 행실이다.

이런 일들을 할 때 우리는 위선적이지 않고 순수하며 진실할 필요가 있다. 위선이란 무엇인가? '위선자'라는 말은 다른 인물을 연기하는 배우를 의미하는 헬라어 용어에서 유래한다. 그리스와 로마의 고대 풍습에 따르면, 무대 배우들은 목소리를 크게 해 주는 커다란 가면을 쓰고 말했다. 그러므로 위선이란 외적인 거짓이다. 그것은 진짜 모습이 아닌 과장된 어떤 것을 가리킨다. 그것은 또한 드러내 놓고 선전하는 것을 암시한다. 세상에서든 기독교에서든 거의 모든 기금이 선전을 하는 방식으로 모아진다.

내가 어떤 도시에 있었을 때, 그곳에 사는 형제들이 소위 교회가 기금을 모으는 방법에 대하여 내게 말해 주었다. 그들은 전체 집회를 소집하여 회중에게 필요를 제시하곤 했다. 그러고는 가장 많은 액수를 낼 수 있는 사람은 일어서 달라고 요청했다. 부자인 교인들은 자신의 부와 관대함을 전시할 기회를 잡아 일어서서 거액의 헌금을 하곤 했다. 이 방법은 매우 성공적이었는데, 왜냐하면 그것이 타락한 사람의 본성과 잘 맞아떨어졌기 때문이다.

마태복음 6장 3절에서 주님은 우리가 구제할 때 오른손이 하는 것을 왼손이 모르게 해야 한다고 말씀하셨다. 이것은 우리가 은밀한 방식으로 구제를 할 필요가 있음을 뜻한다. 이것은 기독교의 실행과는 전적으로 어긋난다. 어떤 그리스도인 단체들은 '헌물'을 드린 사람들의 이름을 보여 주는 보고서를 인쇄하기까지 한다.

1933년과 1934년에, 중국의 주님의 회복 안에서 가장 큰 교회였던 상하이에 있는 교회는 좌석을 오백 개 배치할 집회소를 건축할 땅이 필요했다. 그 당시 땅값이 매우 비쌌기 때문에 충분한 부지를 구입하기가 어려웠다. 교회는 부지가 필요했으며 그것을 위해 기도했다. 1936년에 매우 부유했던 한 연장한 자매가 집회소 아주 가까이에 얼마의 땅을 갖고 있었다. 이 자매는 주님을 사랑했으며 대부분의 집회에 참석했다. 교회에 그런 부지가 필요하다는 것을 알게 되었을 때, 그녀는 교회에게 그 땅을 바치고 싶은 갈망이 생겼다. 그러나 동시에 그녀는 몇몇 자녀들에 대해 염려하는 마음이 있었다. 결국 그녀는 그 땅을 이만 오천 달러에서 삼만 달러 사이의 시가의 절반 가격에 교회에 팔기로 결심하였다. 교회가 이 액수의 절반을 지불함으로 구매가 완료되었고 등기도 교회로 이전되었다. 집회소 도면을 그리고 있을 때, 그 자매의 딸이 그 건물 부지가 시가의 절반 가격에 자신의 어머니가 제공했다는 것을 표명하는 비문을 새긴 돌을 집회소에 세워 주기를 교회에 요구했다. 워치만 니 형제님은 절대로 이것에 동의하지 않았고, 상당한 협의가 뒤따랐다. 니 형제님은 조금도 물러서지 않았다. 형제님은 사람의 영광을 드러내는 그런 일에 조금도 양보하지 않았다. 그 연장한 자매의 딸도 마찬가지로 조금도 물러서지 않았다. 결국 그 계약은 취소되었고, 등기는 그 가족에게로 되돌려졌으며, 그 돈은 교회에게 반환되었다. 1936년부터 1948년까지 상하이에 있는 교회는 건물을 위한 한 필지의 땅도 구입할 수 없었다. 이 때문에 교회는 고통을 겪었다. 그러나 드리는 문제에 있어서 교회가 왕국 생활의 실재의 원칙을 지키기 위해 이런 식으로 고난을 받는 것은 나름대로 가치가 있었다.

우리의 과거의 역사에서 일어난 이 일을 들을 때, 여러분은 우리가 어떤 입장을 취한지를 볼 수 있고, 드리는 문제에 있어서의 왕국 생활의 실재를 볼 수 있다. 결코 여러분의 드림을 전시하지 말라. 이 때문에 우리는 사람들이 교회에 드린 헌금 액수를 밝히지 않는다. 어떤 성당들과 교회 건물들에는 누가 어떤 물품을 기부했는지를 보여 주는 명문(銘文)이 있다. 예를 들어, 긴 의자에는 누가 그것을 드렸는지를 명기하는 문구가 적혀 있을 수 있다. 이것은 수치스러운 일이다! 기부금에 대한 감세(減稅)를 허용하는 미국의 세제(稅制)가 없다면, 우리는 드리는 사람이 어떤 식으로든 자신의 이름을 알리는 것을 허용하지 않을 것이다. 다른 세제가 적용된 중국 시절 내내, 우리는 성도들이 드림에 있어서 개인 명의의 수표를 사용하는 것을 허용하지 않았다. 각 사람이 현금을 사용했다. 따라서 아무도 누가 드린 것인지를 몰랐다. 이것은 육체와 사람의 헛된 영광이 들어오지 못하도록 문을 잠그기 때문에 좋은 실행이다.

왕국의 자녀들은 또한 기도에 있어서 내적인 순결함을 지녀야 한다. 때때로 여러분은 기도할 때 다른 사람들이 들었으면 하는 유혹을 받을 수 있다. "오, 주 예수님! 예수님은 주님이십니다!"라고 외치는 것은 놀랍다. 그러나 여러분이 기도하고 있다는 것을 다른 사람들에게 알리려고 하지 말라. 어떤 의미에서, 여러분이 기도하고 있는 것을 다른 사람들에게 감추는 것이 더 좋다. 결코 여러분의 기도 생활을 전시하지 말라.

금식과 관련해서, 주 예수님은 바리새인들과 위선자들이 금식할 때, 마치 "나를 보십시오. 나는 금식하고 있습니다."라고 말하려는 것처럼 얼굴을 흉하게 한다고 말씀하셨다. 주 예수님은 "그대는 금식할 때에 머리에 기름을 바르고 얼굴을 씻어, 그대가 금식하고 있는 것을 사람들에게 보이지 말고"(마 6:17-18)라고 말씀하셨다. 구제할 때든 기도할 때든 금식할 때든, 여러분은 결코 여러분의 의로운 행실을 전시해서는 안 된다.

재물에 대한 왕국의 자녀들의 태도

재물을 쌓아 두지 않음

우리는 계속해서 왕국의 실재의 다섯 번째 방면을 보기로 하자. 그것은 재물 혹은 부(富)에 대한 천국의 자녀들의 태도이다(마 6:19-23). 재물에 대한 왕국의 자녀들의 태도는 어떠해야 하는가? 무엇보다도 먼저, 우리는 우리 자신을 위하여 보물을 땅에 쌓아 두지 말아야 한다(19-21절). 여러분은 "저축하는 것은 땅에 보물을 쌓아 두는 것이 아닙니까?"라고 물을지 모른다. 그것은 여러분의 동기에 달려 있다. 다음 해를 위하여 혹은 자녀들의 교육을 위하여 어느 정도 예비해 두는 것은 잘못된 것이 아니다. 사실상 서신서들에서 우리는 부모가 자녀를 위하여 저축해야 한다는 말을 듣는다(고후 12:14). 우리는 그들을 합당하게 교육해야 하며, 여기에는 비용이 들어갈 것이다. 부모로서 우리는 자녀를 돌볼 책임이 있다. 이것은 외적인 규정의 문제가 아니다. 우리는 모두 이런 것들에 대하여 기도할 필요가 있다. 그럴 때 주님의 지혜가 우리와 함께할 것이며, 우리는 장래를 위하여 또 우리 자녀들을 위하여 얼마만큼 저축해야 할지에 대해 분명해질 것이다. 우리가 주님께 신실하다면, 그분은 우리에게 무엇을 해야 할지를 보여 주실 것이다. 기본적인 것은 우리의 동기를 점검하는 것이다. 통제하는 원칙은 땅에 보물을 쌓아 두는 것은 하나님의 경륜과 반대되며, 그분의 긍휼과 돌봄에 대한 일종의 불신의 표시라는 것이다. 주님의 지혜가 이 문제에 있어서 우리와 함께하기를 바란다.

재물을 섬기지 않음

재물과 관련된 왕국의 자녀들의 두 번째 방면은 재물과 하나님을 함께 섬기지 못한다는 것이다(마 6:24). 우리가 저축 계좌를 갖고 있을지라도, 우리는 하나님을 섬기듯이 그것을 섬겨서는 안 된다. 돈이나 재물이 아닌 하나님만이 우리가 섬겨야 할 유일한 주인이시다. 우리는 하나님을 섬겨야 하며, 다른 어떤 것도 섬겨서는 안 된다.

생계를 위해 우리의 아버지를 신뢰함

세 번째 요점은 우리가 생계를 위해 우리의 아버지를 계속해서 신뢰하는 것이다. 왕국의 자녀들은 마치 하늘의 새들과 들의 백합이 그런 것처럼 생계에 대하여 그들의 아버지를 신뢰한다(마 6:25-31). 주 예수님은 지혜로우셨다. 그분은 그분께서 우리가 먹는 음식을 돌보신다는 것을 새를 예로 들어 설명하셨고, 우리가 입는 옷을 돌보신다는 것을 백합을 예로 들어 설명하셨다. 주 예수님은 "하늘의 새들을 보십시오. 씨를 뿌리지도 않고, 거두지도 않고, 창고에 모아들이지도 않지만, 여러분의 하늘의 아버지께서 기르십니다."(26절)라고 하셨다. 그들에게는 밭도 창고도 없지만, 아주 많은 종들이 그들을 섬기고 있다. 모든 부유한 사람들은 하늘의 새들을 섬긴다. 새들은 부자들이 그들을 위하여 해 준 것을 누린다. 부자들은 몇 개의 창고를 갖고 있지만 새들은 많은 창고를 갖고 있다.

주님은 계속하여 "들의 백합이 어떻게 자라는지 잘 생각해 보십시오. 수고도 하지 않고 물레질도 하지 않습니다. 내가 여러분에게 말합니다. 온갖 영화를 누린 솔로몬도 이것들 중 하나만큼 입지 못하였습니다."(28-29절)라고 말씀하셨다. 누가 백합에게 이 옷을 주었는가? 하나님께서 주셨다! 우리는 하늘의 새들과 들의 백합처럼, 우리를 돌보시는 하늘의 아버지를 신뢰해야 한다.

느슨하고 게으른 어떤 사람들은 이것이 그들의 타고난 관념에 들어맞는다고 생각할지도 모른다. 그들은 이렇게 말할 것이다. "이것은 놀랍다! 우리는 일할 필요가 없다. 하나님께서 우리를 먹이시고 입히실 것이다. 우리는 하늘의 새들과 같다. 우리는 아무것도 할 필요가 없다. 하나님께서 우리를 돌보실 것이다." 그러나 그들이 이러한 태도를 취한다면, 하나님께서 그들을 돌보지 않으실 것이다. 이어지는 몇몇 절들이 있음을 결코 잊지 말라. 마태복음 6장 33절은 "다만 여러분은 먼저 그분의 왕국과 그분의 의를 추구하십시오. 그러면 이 모든 것을 여러분에게 더하실 것입니다."라고 말한다. 우리는 왕국을 추구해야 한다. 우리는 느슨하거나 게을러서는 안 된다. 우리가 먼저 하나님의 왕국과 하나님의 의를 추구할 때,

그분은 분명히 우리를 돌보실 것이다. 그러나 우리는 느슨해서는 안 되며, 하나님의 왕국과 의를 추구하는 데 있어서 진지해야 한다.

그리스도께서 왕국이심

우리는 '하나님의 왕국'이 바로 그리스도에 대한 또 다른 용어라는 것을 보았다. 왕국을 추구한다는 것은 그리스도를 추구한다는 뜻이다. 빌립보서에서는 '왕국'과 같은 용어가 없지만 동의어가 발견된다. 그것은 곧 '그리스도'이다. 먼저 왕국을 추구한다는 것은 사실상 먼저 그리스도를 추구한다는 뜻이다. 더욱이 우리는 피상적으로나 일반적으로 그리스도를 추구하지 않고 왕국 생활의 방식으로 그리스도를 추구해야 한다. 왕국 생활이란 무엇인가? 성경의 처음 시작부터 우리는 하나님의 왕국에 두 방면—형상과 통치—이 있음을 본다. 하나님은 사람을 그분 자신의 형상대로 창조하셨고, 사람에게 만물을 다스리는 통치권을 주셨다(창 1:26-28). 우리는 '형상'이 하나님의 표현과 관련되고, '통치권'이 하나님의 권위와 관련된다는 것을 보아야 한다. 하나님의 형상을 표현하기 위해서 우리에게는 하나님의 권위가 필요하다. 이것이 왕국이다. 그리스도는 하나님의 왕국이다. 그리스도에게서 우리는 하나님의 형상과 하나님의 권위 둘 다를 갖는다. 우리가 그리스도께 진지하다면, 그분은 우리의 표현과 권위가 되실 것이다. 우리에게 그리스도가 있을 때 왕국이 있는 것이다. 우리가 먼저 그리스도를 추구한다면, 하나님께서 우리의 필요를 돌보실 것이다. 그것은 포기하거나 잃는 문제가 아니다. 그것은 그리스도를 취하는 문제이다. 사람들은 우리에게 왜 어떤 일들을 하지 않느냐고 물을지 모른다. 가장 좋은 대답은 우리에게는 그런 일을 할 시간이 없다고 말해 주는 것이다. 우리는 완전히 몰두해 있다. 또한 우리에게는 어떤 여지(餘地)도 없다. 우리는 다른 어떤 것을 위한 공간이 없다. 시간과 공간에 관한 한, 우리는 완전히 그리스도로 점유되어 있다. 이것이 우리의 태도여야 한다.

왕국의 자녀들로서 우리는 모든 의로운 행실에 있어서 순수할 필요가 있다. 재물, 즉 부에 대한 우리의 태도는 우리가 하나님을 섬기듯이 그것을 섬기지 않는다는 것이며, 우리의 신뢰를 그것에 두지 않는다는 것이다. 우리는 우리 아버지께 신뢰를 둔다. 그분은 우리의 필요를 돌보신다. 우리 자신은 그분의 왕국과 그분의 의를 관심할 필요가 있다. 왕국과 의 모두는 매우 체험적인 의미에서 그리스도 자신이다. 우리는 그리스도에 의해 하나님께 올바르며, 하나님을 따라서 다른 사람들에 대해 올바르다. 우리는 하나님께 올바르고, 하나님을 따라 다른 사람들에게 올바른 일에 있어서 우리의 실지적인 의이신 그리스도를 체험할 필요가 있다. 이것이 우리로 말미암아 표현되시는 그리스도이다. 그리스도는 왕국이시며 그리스도는 의이시다. 우리가 그리스도를 왕국으로서, 의로서 추구한다면, 우리의 하늘의 아버지께서 우리의 필요를 돌보실 것이다. 우리에게 필요한 모든 것이 우리에게 더해질 것이다. 이것은 놀랍다! 이것이 왕국 생활의 실재이다.

34

왕국의 실재(3)

The Reality of the Kingdom (3)

제34장

왕국의 실재(3)

성경: 마 7:1-27, 12:36, 19:23-26

우리는 왕국 생활의 실재의 다섯 방면을 살펴보았다. 그것들은 곧 왕국의 자녀들의 특성, 왕국의 자녀들이 미치는 영향, 왕국의 자녀들의 의, 왕국의 자녀들의 의로운 행실에 있어서 그들의 순수함, 재물 또는 부에 대한 왕국의 자녀들의 태도이다. 이제 우리는 여섯 번째 방면인 왕국의 자녀들이 다른 사람들을 대하는 원칙에 이르렀다. 이것은 우리가 어떻게 사람들을 대하고 다루어야 하는지에 대한 원칙이다.

다른 사람들을 판단하지 않음

마태복음 7장 1절부터 12절까지에 있는 주님의 말씀은 매우 분명하다. 다른 사람들과 합당한 관계를 맺기 위하여 우리는 하나의 원칙을 지켜야 하는데, 그것은 다른 사람들을 판단하지 않는 것이다. 판단하는 것은 비판하는 것과 한담하는 것을 포함한다. 어떤 사람에 대해 이야기하는 것조차도 그를 판단하는 것이다. 믿지 않는 이들만이 아니라 믿는 이들도 매우 쉽게 한담에 빠져든다. 우리는 그야말로 다른 사람들에 대한 것들을 알고, 다른 사람들에 대해 말하기를 좋아한다. 이것을 피하기 위하여 성도들에 대한 것들을 모르는 편이 더 낫다. 형제자매들의 집에 초대될 때 나는 거실에 머물기를 좋아한다. 나는 부엌이나 그 집의 다른 방으로 가고 싶지 않다. 나는 거실에 갇히기를 좋아한다. 왜 그런가? 내가 어떤 형제의 집 안을 보면 볼수록 나는 그를 더 알게 되고, 한담거리를 더 갖게 되기 때문이다. 한담을 방지하는 최상의 길은 자료 수집을 멈추는 것이다. 불을 끄기 원한다면 최상의 길은 모든 연료를 제거하는 것이다. 연료가 없을 때 아무것도 탈 수 없다.

그러나 나는 슬프고도 수치스러운 것을 한 가지 발견했는데, 그것은 많은 사랑스러운 성도들이 다른 사람들에 대한 것들을 알기를 좋아한다는 점이다. 일단 그들은 다른 성도의 집에 가면 각 방 심지어 각 모서리까지 들여다보려고 최선을 다한다. 이 점에서는 동양인들이나 서양인들이나 차이가 없다. 둘 다 똑같다. 왜냐하면 우리가 모두 아담의 후손들이기 때문이다. 우리의 '깃털'은 동일한 색상이다. 우리는 모두 다른 사람들에 대한 것들을 알기를 좋아한다. 어떤 집에 초대될 때 우리는 모든 방 안에 무엇이 있는지 알기를 원한다. 어떤 성도들은 마태복음이 몇 장으로 되어 있는지를 기억하는 데는 애를 먹지만, 다른 사람의 집에서 본 것들은 매우 쉽게 기억한다.

이와는 대조적인 한 형제의 이야기를 해 주겠다. 그는 상하이에서 안과 전문의로 일했던 형제인데, 생명의 공과를 배운 사람이었다. 그는 문을 두드릴 때, 그 문이 열려 있더라도 들어오라는 말이 있기까지는 들어가려고 하지 않았다. 일단 안으로 인도되면, 그는 앉으라는 말을 듣기 전까지는 좌석에 앉으려고 하지 않았다. 그다음에 그는 아무 좌석에 앉으려고 하지 않고 자기에게 제공된 좌석에만 앉았다. 더 나아가 그는 물건들을 둘러본다거나, 책들을 집어 든다거나, 다른 방으로 들어가거나 할 권리가 자신에게 없다고 느꼈다. 그러나 어떤 성도들은 자유롭게 책들을 집어 들며, 서랍이든 찬장이든 심지어 냉장고든 주저함 없이 열어 본다. 그들이 그 집의 주인인 듯하다. 그들은 모든 것을 둘러보고, 조사하고, 한담거리를 수집하는 권리를 자신이 가지고 있는 듯이 행한다. 여러분은 여러분이 다른 사람들에 대해 알면 알수록 더 한담할 것이라는 점에 분명해야 한다. 여러분이 자료를 수집했다면 한담을 피할 수 없다. 여러분이 안으로 받아들인 것은 확실히 밖으로 나올 것이다. 어떤 것을 받아들이지 말라. 그러면 여러분은 한담을 피할 수 있을 것이다.

한담은 그야말로 또 다른 형태의 판단이다. 여러분이 남을 판단하는 그 방식대로 판단을 받으리라는 것을 기억하라. 그러므로 판단하지 않는 편이 더 낫다. 그리고 판단하지 않는 가장 좋은 길은 알지 않는 것이다. 너무 많은 것들을 알지 않기를 배우라. 최상의 길은 다른 사람들에 대해서 아무것도 알지 않는 것이다. 그럴 때 여러분은 말할 거리가 없을 것이다. 여러분은 정직하게 사람들에게 모른다고 말할 수 있다. 무엇인가에 대하여 알 때조차도 여러분은 그것에 대하여 말하기를 거절해야 한다. 이것이 다른 사람들을 판단하지 않는 합당한 길이다.

무익한 말

마태복음 12장 36절은 우리가 자신이 한 모든 무익한 말에 대하여 심판 날에 진술할 것이라고 말한다. 우리가 한 모든 무익한 말이 그날에 심판을 받을 것이다. 우리는 한담을 하고 난 후, 더 이상 아무 문제가 없다고 생각해서는 안 된다. 왜냐하면 주님께서 우리의 무익한 말이 심판을 받을 것이라고 말씀하셨기 때문이다. 내가 젊었을 때, 그때는 녹음기가 발명되기 이전이었는데, 나는 이 절을 읽고 어떻게 우리의 모든 말이 기록될 수 있는지 궁금했다. 그러나 오늘날 심지어 사람도 녹음기를 발명했다. 하늘에는 우리의 모든 말이 기록된 일종의 테이프들이 있을 것이다. 우리는 주의할 필요가 있다. 어느 날 주님은 "그 자매의 집에서 네가 나눈 대화를 기록한 이 테이프를 들어 보아라."라고 하실지도 모른다. 판단을 받지 않는 최상의 길은 말하지 않는 것이다. 나는 성도들 가운데 퍼지는 소문을 들을 때 슬프다. 이러한 소문들은 잡담 때문에 생기며, 잡담은 일종의 판단이다. 판단하는 것을 삼가려면 자신의 무익한 말을 그치라. 그러면 여러분은 "형제님, 우리의 입을 어떻게 해야 할까요? 하나님은 우리에게 두 입술과 한 혀를 주셨습니다. 우리는 입을 사용해야 합니다."라고 나에게 물을 수도 있다. 맞는다. 함께 모일 때마다 우리는 입을 사용하여 주님의 이름을 부르고 그분을 찬양해야 한다. 우리는 주님의 은혜에 대하여 교통할 필요가 있다. 우리가 이야기할 긍정적인 것들이 많이 있다. 우리가 부정적이고 무익한 것들을 이야기할 이유가 어디에 있는가?

다른 사람들을 비판하거나 그들을 교정하려고 하지 말라. 여러분은 형제의 눈 속에 작은 티가 있다고 생각하지만, 자신의 눈 속에 들보가 있는 것은 깨닫지 못한다(마 7:3). 여러분이 그 티를 제거하려면 먼저 그 원인이 여러분 자신의 눈에 있음을 보아야 한다. 여러분이 여러분의 눈 속의 들보를 제거한다면 형제의 눈 속의 티가 없어진 것을 발견할 것이다. 문제는 여러분의 형제의 눈에 있는 것이 아니라 사실상 여러분 자신의 눈에 있다. 그러므로 여러분의 형제의 눈에서 티를 빼내려고 하지 말고 여러분 자신의 눈에서 들보를 제거하라. 그러면 여러분은 그 형제의 눈 속의 티가 없어진 것을 발견할 것이다.

분별력을 가짐

여러분이 말하는 데 있어서 부주의하다면, 여러분은 분별력을 잃을 것이다. 여러분은 언제가 말하기에 합당한 때이고, 주님에 대해 무엇을 말하는 것이 합당한지를 분별할 수 없을 것이다. 여러분은 분별력을 상실했기 때문에 거룩한 것을 개에게 줄 것이며, 여러분의 진주를 돼지 앞에 던져 버릴 것이다(마 7:6). 여러분은 하나님의 거룩한 것들을 나누어야 할 합당한 사람과 합당한 때를 분간할 수 없을 것이다. 어떤 사람들은 개와 같은데, 우리는 거룩한 것을 그들에게 주지 말아야 한다. 다른 사람들은 돼지와 같은데, 우리는 우리 진주를 그들 앞에 던지지 말아야 한다. 무엇이 거룩한 것인가? 마태복음 7장 6절에서 거룩한 것은 하나님의 진리를 가리킨다. 하나님의 모든 진리가 거룩한 것이다. 진주는 그리스도에 대한 우리의 체험을 가리킨다. 사람들에게 진리를 제시할 때 우리는 분별력이 있어야 한다. 우리는 무엇을 나누어야 할지, 어느 정도까지 말해야 할지 분별해야 한다. 우리가 수다스럽다면 분별력 없이, 제한 없이 말할 것이며, 제시하지 말아야 할 사람에게 하나님의 거룩한 것을 제시할 것이다. 우리 앞에 개들이 있을 때, 우리는 그것을 식별할 분별력이 있어야 한다. 그때 우리는 우리의 영을 사용하여 우리의 대화를 제한할 필요가 있다. 우리는 어떤 사람들은 돼지들이라는 것을 깨달아야 한다. 우리는 그리스도에 대한 우리의 체험을 그들에게 제시해서는 안 된다. 우리가 그렇게 한다면 그들은 그것을 짓밟고 많은 손상을 줄 것이다.

이제 우리는 주 예수님께서 왜 이 분별의 문제를 판단의 문제와 연관시키셨는지를 이해할 수 있다. 우리가 판단하지 않는 법을 안다면, 우리의 영을 사용하여 우리의 말하는 것을 전적으로 통제하는 법을 안다면, 우리는 하나님의 진리와 그리스도에 대한 우리의 체험을 나누기에 합당한 사람이 누구인지, 합당한 때가 언제인지를 아는 분별력을 갖출 것이다. 이런 분별력을 갖는 것은 판단하기를 거절하는 체험에 달려 있다. 우리는 다른 사람들에 대하여 혹은 다른 지방에 있는 교회들에 대하여 결코 비판하는 방식으로, 판단하는 방식으로 말해서는 안 된다.

기도

우리의 말은 또 하나의 아주 중요한 문제와도 관련된다. 곧 기도의 문제이다. 마태복음 7장 7절과 8절에서 주님은 우리가 구하면 얻을 것이고, 찾으면 찾을 것이며, 문을 두드리면 우리에게 열릴 것이라고 말씀하셨다. 구하고 찾고 두드리는 것은 우리의 판단하는 것과 관련이 있다. 주님은 판단하는 사람은 합당한 기도 생활을 가질 수 없다는 것을 지적하고 계셨다. 우리는 판단하거나 잡담하거나 한담할수록 더 기도를 못하게 될 것이다. 이것은 분명하다. 그 반대로, 우리가 한담이나 잡담을 하지 않을수록 우리는 더 기도할 것이다. 한편으로 잡담이나 한담이나 판단을 하지 않고, 다른 한편으로 다른 사람들과 하나님의 진리와 그리스도에 대한 체험을 나누는 데 있어서 합당한 분별력을 사용한다면, 우리는 기도할 수 있을 것이다. 먼저 구하라. 다음으로 찾고 두드리라. 때로는 구하는 것으로 충분하다. 다른 때에는 찾고 두드릴 필요가 있다. 주님의 은혜를 구하고 주님의 인격을 찾으며 주님의 임재를 위해 두드린다고 말할 수도 있겠다. 주님의 은혜를 갖기는 쉽지만 주님의 인격을 갖기는 어렵고 주님의 임재를 갖기는 한층 더 어렵다.

합당한 기도 생활은 "판단하지 마십시오."라는 말씀과 관련된다. 느슨한 방식으로 잡담하지 않고, 하나님의 진리와 그리스도에 대한 체험들을 부주의하게 말하지 않는다면, 우리는 합당한 기도 생활을 갖게 될 것이다. 우리는 구하고 찾고 두드릴 입지를 가질 것이다.

이 단락은 "그러므로 무엇이든지, 여러분을 위하여 해 주기를 남들에게 바라는 대로, 여러분도 그들에게 그렇게 해 주십시오."라고 말하는 마태복음 7장 12절로 끝맺는다. 이것은 다른 사람들이 우리를 어떤 특정한 방식으로 대해 주기를 바란다면, 우리가 먼저 그들을 그런 방식으로 대해야 한다는 뜻이다. 여러분 자신이 해 주기를 바라는 방식과 다르게 다른 사람들을 대하지 말라. 이것이 원칙이다. 공정하라. 다른 사람들이 여러분을 어떤 방식으로 대해 주기를 원한다면 여러분은 그들을 같은 방식으로 대해 주어야 한다.

그분의 생명에 의해

우리는 천연적인 출생에 의해 얻은 생명으로는 이러한 요구들 가운데 어느 하나도 이룰 수 없다. 그렇지만 새로운 출생에 의해 우리는 그 모든 요구를 이룰 수 있는 신성한 생명을 받아들였다. 나는 여러분 안에 계신 주 예수님은 결코 수다스럽지 않으실 것이라고 확신한다. 과도하게 수다를 떠는 자매나 잡담하는 형제를 볼 때마다 나는 항상 머리를 흔든다. 왜냐하면 나는 주 예수님께서 그처럼 수다스럽지 않으시리라는 것을 깨닫고 있기 때문이다. 그러한 한담은 분명히 주님이 아니다. 그분은 결코 한담하지 않으실 것이고, 그처럼 수다스럽지 않으실 것이다. 주님을 찬양하자! 그분이 우리의 생명이시다!

왕국의 자녀들의 근거들

이제 왕국 생활의 마지막 방면으로 나아가자. 그것은 왕국의 자녀들의 생활 및 일의 근거들이다(마 7:13-29). '근거들'이 복수형임을 주목하라. 단 하나의 근거가 아니라 여러 근거들이 있다. 우리의 행함과 행위, 우리의 삶과 일은 합당한 근거가 있어야 한다. 우리의 존재와 하는 일 모두가 합당한 근거 위에 견고히 놓여야 한다.

좁은 문과 비좁은 길

첫 번째 근거는 좁은 문과 비좁은 길이다(마 7:13-14). 문과 길이 모두 좁다. 〈흠정역 성경〉은 문은 협소하고(strait) 길은 좁다(narrow)고 말한다. 이 절에서 두 단어 모두 '좁다'는 의미를 지닌다. 차이점이 있다면, 문의 좁음은 다소 짧고, 길의 좁음은 아주 길다는 점이다. 문이 좁은 것은 단거리 길이라면 길이 좁은 것은 장거리 길이라 할 수 있다. 좁은 문을 통해 들어가기는 쉬울 수 있지만 비좁은 길, 즉 협착한 길을 가기는 어렵다. 길은 아주 협착하다. 우리는 문이 협착하다고 말해서는 안 된다. 왜냐하면 문은 좁기 때문이다. 문은 협착함의 문제가 아니라 좁음의 문제이다. 그러나 길은 비좁음, 즉 협착함의 문제이다. 다른 말로 하면, 문의 너비와 길의 너비는 동일하지만, 유일한 차이점이라면 문에는 길이가 없으며 길에는 길이가 있다는 점이다. 우리의 문과 우리의 길은 모두 좁다. 우리 사람의 관념에 따르면, 시작할 때 좁은 문이 있지만 계속 가면 길이 넓어질 것이라고 생각할지 모른다. 그렇지만 왕국 안에서는 길 전체가 좁다. 여러분은 이 길을 걷겠는가? 길은 좁기 때문에 또한 협착하다. 이 길에 있는 한 우리에게 노선이 바뀔 가능성은 없다. 왜냐하면 노선이 오직 하나이기 때문이다. 우리는 고속 도로에서 운전하듯이 왼쪽 차선에서 오른쪽 차선으로 혹은 오른쪽 차선에서 왼쪽 차선으로 옮겨 갈 수 없다. 또한 다른 사람들을 앞지를 길도 없다. 우리는 인내해야 한다. 우리는 앞에 있는 어떤 이들을 따라잡으려고 해서는 안 된다. 그렇게 한다면 길에서 벗어나는 자신을 발견할 것이다. 길이 좁고 협착하다 할지라도 그것은 생명으로 이끈다. 이 절에서 '생명'은 왕국의 씨를 가리키는 것이 아니라 왕국의 수확을 가리킨다.

우리는 왕국에 두 방면, 곧 씨와 수확이 있음을 보았다. 이 둘 모두가 우리의 생명이신 그리스도이다. 그리스도는 우리의 생명으로서의 왕국의 씨이시며, 그리스도는 우리의 생명으로서의 왕국의 수확이실 것이다. 씨와 관련해서 생명이 우리 안으로 들어오는 것이 필요하며, 수확과 관련해서 생명 안으로 들어가는 것이 필요하다. 성경에는 이 두 방면이 있다. '조에(zoe)' 생명이 우리 안으로 들어오고, 우리는 '조에' 생명 안으로 들어간다. '조에' 생명이 주 예수님을 믿는 모든 사람 안으로 들어왔지만, 참된 믿는 이들 모두가 장래에 '조에' 생명 안으로 들어가는 것은 아닐 것이다. '조에' 생명을 우리 안으로 들어오게 하는 것은 우리가 구원받는다는 뜻이며, 장래 '조에' 생명 안으로 들어간다는 것은 우리가 왕국의 출현 안으로, 결혼 잔치 안으로 들어가게 된다는 뜻이다. 영원한 생명을 우리 안에 들어오게 하는 것은 우리가 그리스도를 씨로 소유한다는 뜻이지만, 장래 영원한 생명 안으로 들어간다는 것은 우리가 우리 안에서 성숙된 그리스도를 소유한다는 뜻이다. 마태복음 7장 14절에서는 '조에' 생명이 우리 안으로 들어오는 문제가 아니라, 우리가 '조에' 생명 안으로 들어가는 문제가 나온다. 어떤 문, 어떤 길이 우리를 '조에' 생명 안으로, 왕국의 수확 안으로 이끄는가? 분명히 그것은 좁은 문과 비좁은 길이다.

문과 길이 모두 좁다. 여러분이 이렇게 그리스도를 체험해 본 적이 있다면, 그것이 얼마나 좁은지를 깨달을 것이다. 비록 우리는 융통성이 있을 필요가 있지만 넓어서는 안 된다. 우리의 문도, 우리의 길도 넓어서는 안 된다. 문은 바늘귀만큼이나 좁다. 마태복음 19장 24절에서 주 예수님은 낙타가 바늘귀로 들어가는 예를 드셔서 왕국의 수확 안으로 인도하는 문의 좁음을 설명하셨다. 여러분은 태생적으로 자신이 얼마나 큰지를 알고 있는가? 여러분은 적어도 낙타만큼이나 크다. 출생에 의해 여러분은 낙타가 되었고 이후 무거운 짐을 지게 되었다. 이것이 마태복음 19장 24절에 있는 주님의 말씀의 합당한 의미이다. 우리는 천연적인 출생에 의해서는 낙타들이며, 바늘귀는 우리가 왕국의 성숙 안으로 들어가기 위한 좁은 문이다. 낙타들로서 우리는 세상적인 것들로 가득 짐 지워져 있다. 그것들이 우리가 바늘귀를 통과하지 못하게 한다. 그러나 주님은 그것을 하실 수 있다. 그분은 우리를 감소시키실 수 있다. 우리 모두는 주님의 감소시키심을 체험했다. 그분께는 그렇게 하실 방법이 있다. 여러분이 "오, 주 예수님, 저는 당신을 사랑합니다!"라고 말할 때, 그분은 이렇게 답변하신다. "나는 너를 감소시키겠다. 너는 나를 사랑하면 할수록 내가 너를 감소시킬 준비를 더 해야 한다. 그럴 때 네가 바늘귀를 통과하기가 쉬워질 것이다." 문이 얼마나 좁은지와 관계없이 우리는 감소된 후에는 쉽게 통과할 수 있다. 감소된 사람들로서 우리는 좁은 문 안으로 들어갈 수 있으며 비좁은 길을 따라 전진할 수 있다. 이것이 왕국의 성숙 안으로, '조에' 생명 안으로 인도되는 길이다. '조에' 생명이 이미 우리 안으로 들어왔지만, 이제 우리는 '조에' 생명 안으로, 왕국의 수확 안으로, 왕국의 성숙 안으로 들어가기 위하여 비좁은 길을 걷고 있다. 왕국의 이러한 성숙이 '조에' 생명의 완전한 출현이다.

많은 그리스도인들은 어떤 일들에서 자신이 옳다고 주장한다. 우리는 그들의 주장에 귀를 기울이는 것이 아니라, 좁은 문과 비좁은 길을 기준으로 하여 그들을 점검해 보아야 한다. 그들은 넓은 길을 걷고 있는가? 그들은 다른 사람들을 앞지르기가 쉽다는 것을 발견하는가? 그들은 원하는 대로 할 수 있는가? 그렇다면 그들은 왕국의 수확 안으로 이끄는 비좁은 길에 있지 않다. 그 대신 그들은 넓은 길 위에 있다. 넓은 문과 넓은 길은 파멸로 이끈다. 파멸에 해당되는 헬라어에는 두 가지 의미가 있다. 한 의미는 '멸망하는 것' 혹은 '잃어버린 바 되는 것'이고, 또 다른 의미는 '파멸되는 것'이다. 여기서는 멸망하는 것이나 잃어버린 바 되는 것을 의미하지 않는다. 그것은 여러분의 모든 일이 파멸된다는 뜻이다. 동일한 사상이 모래 위에 건축한 집을 언급하는 마태복음 7장 24절부터 27절까지에서 언급된다. 비가 쏟아지고, 큰물이 밀어닥치고, 바람이 몰아칠 때, 그 집은 무너질 것이다. 사람인 여러분은 보존되겠지만 여러분의 일은 파멸될 것이다. 이것은 여러분 자신은 구원을 받게 되지만 여러분의 일, 즉 여러분이 구원받은 후에 성취한 모든 일은 파멸된다는 뜻이다. 이 두 절의 관념은 구원받느냐 아니면 잃어버린 바 되느냐와 관련되지 않는다. 생명 안으로 들어가는 것은 구원받는다는 뜻이 아니다. 왜냐하면 구원받지 못한 사람은 결코 좁은 문을 통해 들어갈 수 없기 때문이다. 구원받지 않는다면 그 누구도 비좁은 길을 걸을 수 없다. 좁은 문을 통과하고 비좁은 길을 걷는 사람마다 구원받은 사람이다. 오히려 그것은 우리가 구원받은 후에 우리의 행위와 일을 살펴보아야 한다는 뜻이다. 이것들이 우리의 장래에 영향을 미칠 것이다. 우리의 일이 파멸된다면 우리는 손실을 입게 될 것이다(고전 3:15). 우리의 일이 남아 있다면 우리는 왕국 안으로 들어가는 보상을 받게 될 것이다. 구원받는 것과 왕국의 완전한 누림 안으로 들어가는 것은 별개의 문제이다. 왕국에 대한 이런 완전한 누림은 결혼 잔치로 상징된다.

부름받는 것은 구원받는 것이다. 그러나 우리가 선택될지의 여부, 곧 결혼 잔치에 참여할 자격이 있을지의 여부는 아직은 미지수이다. 그것은 우리가 들어가는 문과 우리가 걷는 길에 달려 있다. 우리가 넓은 문으로 들어가고 넓은 길을 걷는다면, 우리의 일과 행함은 파멸될 것이고 우리는 결혼 잔치를 놓칠 것이다. 우리가 좁은 문과 비좁은 길을 취한다면, 이것은 우리를 생명 안으로, '조에' 생명의 성숙 안으로, 왕국의 수확 안으로 이끌 것이다. 그럴 때 우리는 결혼 잔치에 들어갈 것이다.

좋은 나무의 열매

왕국의 자녀들의 생활 및 일의 두 번째 근거는 좋은 나무에서 맺히는 열매이다(마 7:15-20). 이 절들에는 포도와 무화과가 있으며 또한 가시와 엉겅퀴도 있다. 이것들은 두 근원에서 비롯된다. 우리는 가시와 엉겅퀴가 사탄에게서 비롯된다는 것을 이미 보았다. 창세기 3장 18절에서 사탄은 가시와 엉겅퀴들의 근원으로 계시된다. 신약에서 우리는 바로 하나님의 표현이신 그리스도께서 포도와 무화과의 근원이심을 본다. 이 두 근원은 두 생명이다. 사탄은 가시와 엉겅퀴를 산출하는 생명의 근원이며, 하나님의 표현이신 그리스도는 포도와 무화과를 산출하는 생명의 근원이시다.

결코 가르침과 실행에 속지 말라. 열매를 점검해 보라. 근본주의자들은 자신들이 옳다고 말할지 모르고, 오순절주의자들도 자신들이 옳다고 말할지 모르며, 형식을 중시하는 믿는 이들도 자신들이 옳다고 말할지 모른다. 우리는 그들의 주장에 영향을 받지 말고 그들의 열매를 살펴보아야 한다. 각 지방에 있는 교회 중 어떤 곳에서 자신들이 옳다고 주장할지라도 우리는 그들의 열매를 점검해 보아야 한다. 그것은 전적으로 가르침이나 주장의 문제가 아니다. 그것은 열매의 문제이다. 열매가 근거이다. 오늘날 그리스도인들 가운데 있는 어떤 사람이나 단체나 활동이 어떠한지를 알아보려면, 우리는 반드시 열매를 점검해 보아야 한다. 평가는 열매를 근거로 이루어져야 한다. 우리는 사람들이 아무리 많이 말하고 가르치고 주장하더라도 거기에 인상을 받아서는 안 된다. 우리는 열매를 살펴보아야 한다. 주 예수님께서 직접 두 부류의 열매가 있다고 우리에게 분명히 말씀하셨다. 그릇된 사람들은 자신이 틀렸다는 것을 결코 인정하지 않을 것이다. 그 대신 그들은 자신이 옳다고 주장할 것이다. 그러므로 우리는 사람들의 말에 영향을 받지 말고 열매를 살펴보아야 한다. 우리는 열매로 나무를 아는 것처럼 또한 열매로 일을 알아야 한다. 오직 열매를 주의해 보라. 어떤 지방에 있는 교회가 합당하다면 우리는 분명히 열매를 볼 것이다. 열매는 무엇인가? 그것은 생명에 속한 것으로서, 가시나 엉겅퀴로서가 아닌 포도나 무화과로서 자신을 표현한다. 우리는 교회와 개개인과 일을 그 열매에 의해 알아야 한다. 열매가 근거이다.

하나님의 뜻

세 번째 근거는 어떤 일이 아니라 하나님의 뜻이다(마 7:21-23). 많은 사람들이 주님 앞에 나와서 "주님, 주님! 우리가 주님의 이름으로 예언하였으며, 주님의 이름으로 귀신들을 쫓아냈으며, 주님의 이름으로 많은 능력의 일을 행하지 않았습니까?"라고 말할 날이 오고 있다. 그렇지만 주님은 그들에게 "나는 여러분을 도무지 알지 못합니다. 불법을 행하는 사람들이여, 나에게서 떠나가십시오."라고 선언하실 것이다(마태복음 7장 23절에서 '알다'로 번역된 동일한 헬라어가 '흠정역 성경' 로마서 7장 15절에서는 '허락하다(allow)'로 번역되어 있다. "나는 내가 하는 일을 허락하지 않습니다."). 이것은 그분이 모르셨다는 뜻이 아니라 허락하지 않으셨다는 뜻이다. 이곳 마태복음 7장 23절에서 주님께서 그들을 모르셨던 것이 아니다. 그들이 그러한 일들을 하도록 주님께서 허락하지 않으신 것이다. 그들은 예언을 했으나 주님은 결코 그들에게 예언하도록 허락하지 않으셨다. 그들은 귀신들을 쫓아냈지만 주님은 결코 그들에게 그런 식으로 귀신들을 쫓아내도록 허락하지 않으셨다. 그들은 기적을 행했지만 주님은 그들에게 그러한 방식으로 기적을 행하도록 허락하지 않으셨다. 주님께서 그들이 하기를 원하셨던 것은 하나님의 뜻이었다. 하나님의 뜻은 무엇인가? 그것은 왕국이 오는 것이다. "왕국이 오게 하시며, 뜻이 하늘에서 이루어진 것같이, 땅에서도 이루어지게 하십시오."(마 6:10)

서신서들에서 우리는 하나님의 뜻이 몸의 생활이라는 것을 듣는다. 로마서 12장 2절은 우리에게 이 시대를 본받지 말고 오직 생각이 새로워짐으로 변화되어 하나님의 뜻이 무엇인지 분별해야 한다고 말한다. 하나님의 뜻은 유일하다. 그것은 교회, 곧 왕국을 갖는 것이다. 그것은 신언하거나 귀신들을 쫓아내거나 기적을 행하는 문제가 아니다. 그것은 교회생활과 왕국을 갖는 문제이다.

하나님의 뜻 안에 있지 않은 사람이 기적을 행할 수 있다고 말하는 것은 논리적이지 않은 것처럼 들린다. 하나님의 뜻에서 벗어나 있는 사람이 기적을 행할 수 있겠는가? 여러 해 전에 나도 같은 생각을 가졌다. 그러나 체험을 통해 나는 사람들이 하나님의 뜻을 떠나서도 어떤 기적들을 행할 수 있다는 것을 알게 되었다. 최근에 나는 주님의 이름으로 여러 기적을 행했으나 그 개인의 삶은 저급하고 부도덕한 한 사람을 알게 되었다. 이제 우리는 왜 주님께서, 그분의 이름으로 기적을 행했다고 말하면서 그분께 오는 사람들의 주장을 부인하지 않으시는지를 이해할 수 있다. 주님은 그들의 주장은 부인하지 않으시겠지만, 그들에게 그러한 일을 하도록 결코 허락하지 않으셨다는 것을 말씀하실 것이다. 주의하라! 여러분의 예언이 성취되는 한 여러분이 옳다고 생각하지 말라. 여러분이 행하는 기적이 여러분을 정당화해 줄 것이라고 생각하지 말라. 귀신을 쫓아내는 것도 그 자체로는 여러분을 정당화해 주지 못할 것이다. 우리에게 유효한 유일한 정당성은 왕국을 추구하는 것이다. 왜냐하면 하나님의 유일한 뜻은 왕국을 갖는 것이기 때문이다.

그리스도의 말씀

이제 우리는 마지막 근거, 곧 반석인 그리스도의 말씀에 왔다. 우리의 일은 죽은 문자를 따라서는 안 되고 그리스도의 살아 있는 말씀을 따라야 한다. 그리스도의 살아 있는 말씀이 우리가 그 위에 건축할 수 있는 반석이다. 우리의 일이 반석인 그리스도의 말씀 위에 건축된다면, 비가 쏟아지고 큰물이 밀어닥치며 바람이 몰아칠 때도 그것은 그대로 서 있을 것이다. 그러지 않으면 우리의 일은 이 세 방향으로부터 시험이 올 때 무너질 것이다. 비는 하나님에게서 오는 시험을 상징한다. 큰물은 사람에게서 오는 시험을 상징한다. 바람은 사탄에게서 오는 시험을 상징한다. 어떤 시험들은 하나님에게서 오고, 어떤 시험들은 사람에게서 오며, 또 어떤 시험들은 사탄에게서 온다. 우리의 일이 반석인 그리스도의 말씀 위에 기초를 두고 있다면, 그것은 시험에도 불구하고 서 있을 것이다. 하나님께서 보내시는 시험인 비가 그 일을 무너뜨리지 못할 것이다. 반대로 비가 쏟아지면 쏟아질수록 그 일은 더 강하게 될 것이다. 마태복음 5장부터 7장까지에는 왕국 백성의 생활의 여러 방면들이 주님의 말씀에 의해 다루어지고 있다. 주님께서 우리의 눈을 열어 주셔서 보게 하시고, 우리 마음을 열어 주셔서 받아들이게 하시기를 바란다. 그러나 주님은 결코 우리가 이러한 말씀들을 우리 스스로 수행하기를 바라신 것이 아니라는 점을 우리는 깨달아야 한다. 이러한 말씀들은 바로 왕국 생활의 실재에 대한 계시이다. 우리의 타고난 인간 생명은 이 말씀들을 수행하는 일에 부적절하다. 마태복음 5장부터 7장까지에서 우리는 신성한 생명이신 주 예수님의 생활과 실재를 본다. 이것을 본 후에 우리는 모두 이렇게 말해야 한다. "주 예수님, 당신이 실재이십니다. 당신이 왕국의 실재를 위한 생명이십니다. 당신의 생명은 왕국의 요구들을 충족합니다. 주님, 제 자신을 열 수 있도록 저를 도와주십시오. 주님, 날마다 오셔서 저를 양육하시고, 저를 적시시며, 저를 소유하시고, 저를 변화시키시며, 저를 당신의 성숙의 일부가 되게 하시고, 왕국의 완전한 출현에 참여할 몫을 저에게 주십시오." 머지않아 이 세 장들에 있는 왕국의 실재의 각 방면들은 우리의 삶 속에서 발견될 것이다. 우리의 매일의 생활과 일은 이 장들에 기록된 말씀과 정확하게 일치될 것이다. 우리는 왕국의 실재 안에 있게 될 것이며, 심지어 왕국의 실재가 될 것이다.

35

왕국의 외형

The Appearance
of the Kingdom

제35장
왕국의 외형

성경: 마 5:3, 8, 10–11, 20, 7:21, 18:3, 13:24–33, 16:6, 막 8:15

앞서 언급했듯이, 마태복음 5장과 6장과 7장은 왕국의 실재를 계시한다. 우리는 이 장들이 단지 시대적인 것이며, 오직 장래에 있는 일을 말하는 것이라고 생각해서는 안 된다. 이 장들은 교회생활 안에서 우리의 현재 상황에도 적용되어야 한다. 합당한 교회생활이 왕국의 실재이다. 왕국의 실재는 합당한 교회생활 안에서 찾아 볼 수 있다.

우리는 또한 마태복음에 진리의 씨들이 많이 담겨 있음을 보았다. 씨들은 마태복음에서 뿌려지고 서신서들에서 발전한다. 예를 들어, 마태복음 5장에서 사람의 영이라는 항목의 씨가 뿌려진다. 주님은 "영 안에서 가난한 사람들은 복이 있습니다."라고 말씀하셨다. 마음이라는 항목의 씨 또한 여기에 뿌려져 있는데, 이것은 주님께서 "마음이 순수한 사람들은 복이 있습니다."라고 말씀하셨기 때문이다. 서신서들에는 우리의 영과 마음에 대한 많은 절들이 있다. 마태복음은 우리의 영과 마음을 아주 간략

천국과 하나님의 왕국의

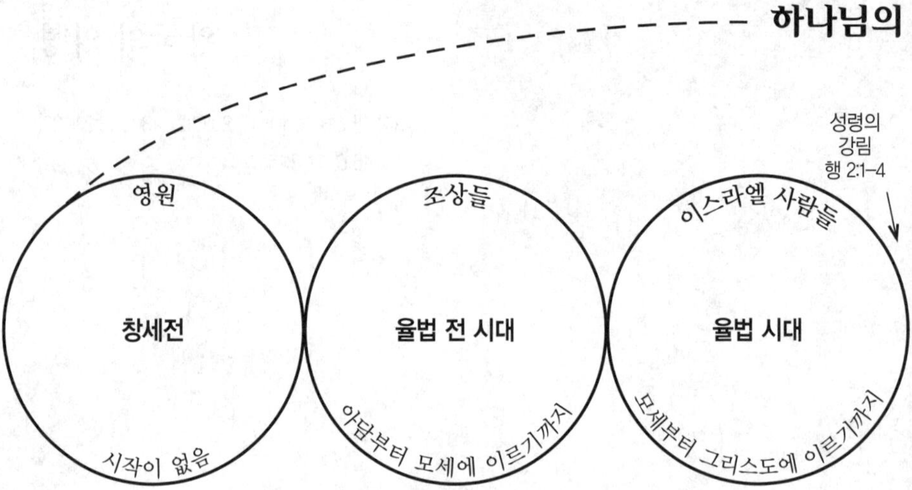

영원 과거	아담이 창조된 때부터 율법이 반포되기까지	율법이 반포된 때부터 은혜가 오기까지
엡 1:4 벧전 1:20	롬 5:13-14	요 1:17

차이점을 보여 주는 도표

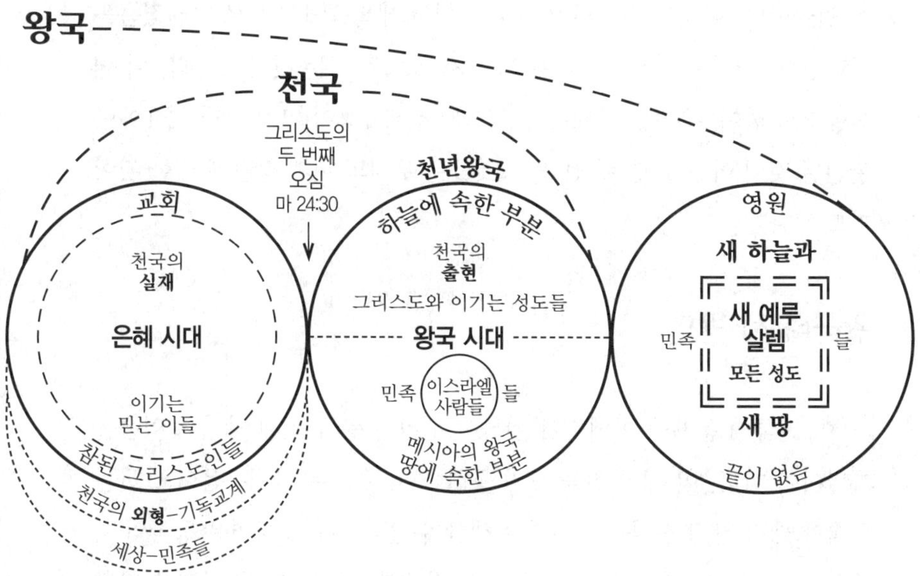

천국이 가까이 옴 마 3:2, 4:17, 10:7 천국이 시작됨 마 16:18–19, 13:24, 22:2 교회 딤전 3:15, 엡 1:22하–23 천국의 실재 마 5–7장 천국의 외형 마 13:24–42	**천년왕국** 계 20:4–6 **(1) 하늘에 속한 부분** 천국의 출현 마 24:46–47, 25:19–23, 눅 19:15–19, 계 2:26–27, 3:21, 딤후 2:12 '아버지의 왕국' 마 13:43 그리스도와 이기는 성도들이 왕들이 됨 **(2) 땅에 속한 부분** 메시아의 왕국 삼하 7:13 '다윗의 장막' 행 15:16 복원된 이스라엘 왕국 행 1:6 '사람의 아들의 왕국' 마 13:41, 계 11:15 (a) 구원받은 이스라엘 사람들이 롬 11:26–27, 슥 12:10, 겔 36:25–28 제사장들이 됨 슥 8:20–23, 사 2:2–3 (b) 복원된 민족들이 행 3:21 백성이 됨 마 25:32–34	**새 하늘과 새 땅** 사 65:17, 66:22, 벧후 3:13 (1) 새 예루살렘이 행정의 중심이 됨 히 12:22, 계 21장 (a) 구속받고 온전하게 된 모든 성도인 하나님의 아들들로 구성됨 계 21:6–7 (b) 이 온전하게 된 성도들이 왕들이 됨 계 22:5 (2) 정화된 민족들이 백성이 됨 계 21:3–4, 24, 26, 22:2하

한 방식으로 언급하는 반면, 서신서들은 우리의 영과 마음을 여러 절들에서 언급한다. 이것은 우리의 영과 마음이 마태복음에서 씨로 뿌려졌음을 가리킨다. 이어서 서신서들에는 그 씨가 꽃으로 피는 것이 나온다. 이 원칙에 기초하여, 우리는 마태복음 5장과 6장과 7장이 그저 장래 시대에만 관련된 것이 아님을 볼 수 있다. 그것들은 우리의 현재 상황에 대한 것이기도 하다.

왕국의 세 방면

이 천국의 문제를 이해하기 위하여 우리는 왕국에 세 방면이 있음을 깨달아야 한다. 이 세 방면을 보지 못한다면, 우리는 마태복음이 말하는 왕국에 대한 참된 정의를 완전히 이해할 수 없다. 이 세 방면은 왕국의 실재와 왕국의 외형과 왕국의 출현이다. 마태복음에서 이 세 방면은 각각 세 부분의 긴 단락에서 다루어진다. 마태복음 5장부터 7장까지에서 주 예수님은 천국의 실재를 제시하셨다. 마태복음 13장에서 바닷가에서 말씀하신 비유들은 왕국의 외형을 계시했으며, 마태복음 24장과 25장에 있는 예언들은 왕국의 출현을 계시했다. 왕국의 실재와 왕국의 외형은 오늘날 현존하지만, 왕국의 출현은 장래에 있게 될 것이다. 왕국의 이 세 방면 사이의 차이점을 좀 더 잘 이해할 수 있도록 천국과 하나님의 왕국의 차이점을 보여 주는 도표를 제시하겠다(492-493쪽 도표 참조). 이 도표에 따르면, '하나님의 왕국'은 여섯 방면을 포함하는 일반적인 용어이다. 하나님의 왕국은 영원 과거부터 영원 미래에 이르는 하나님의 다스림 혹은 통치이다. 첫 번째 원은 창세전의 하나님의 왕국의 부분을 나타낸다. 두 번째 원은 율법 전 시대, 즉 아담부터 모세에 이르기까지의 하나님의 왕국의 부분을 나타내며(롬 5:14), 세 번째 원은 율법 시대, 즉 모세부터 그리스도에 이르기까지의 하나님의 왕국의 부분을 나타낸다(요 1:17). 네 번째와 다섯 번째 원은 천년왕국을 포함한 천국을 나타낸다. 마지막 원은 새 예루살렘이 있는 새 하늘과 새 땅을 나타낸다.

네 번째 부분에는 천국의 다양한 방면들을 의미하는 네 개의 원들이 있다. 가장 안쪽에 있는 원이 천국의 실재를 나타낸다. 이 원 안에 있는 이들은 이기는 믿는 이들이다. 이들은 마태복음 5장과 6장과 7장에서 언급된 사람들과 같다. 그들은 영 안에서 가난하고, 마음이 순수하며, 의에 굶주리고, 온유하며, 긍휼히 여기고, 뛰어난 의를 소유한다. 이 사람들은 단지 믿는 이들이 아니라 이기는 믿는 이들이다. 따라서 그들은 왕국의 실재를 나타낸다. 그들은 왕국의 실재 '안에' 있으며, 그들이 왕국의 실재 '이다'.

이 가장 안쪽에 있는 원을 둘러싼 두 번째 원이 있는데, 그것은 모든 참된 그리스도인들로 이루어진 교회를 나타낸다. 이것은 참된 믿는 이들 모두가 왕국의 실재 안에 있는 것은 아니지만, 그들이 교회 안에 있다는 것을 가리킨다. 그들은 어린양의 피로 사 온 바 되고, 성령으로 거듭났기 때문에 참된 그리스도인들이다. 따라서 그들은 교회의 일부분이다. 그러나 거듭난 후에 그들이 이기는 이들이 될 것인지는 아직 결정되지 않았다. 교회 안에는 두 범주의 참된 그리스도인들이 있다. 한 범주는 거듭났으나 이기지 못하는 이들이다. 더 높은 범주는 이기는 그리스도인들이다. 이기는 그리스도인들은 왕국의 실재를 나타낸다. 이기는 그리스도인들에다가 참되지만 패배한 모든 그리스도인들을 더할 때 교회가 이루어진다.

두 번째 원 밖에는 세 번째 원이 있는데, 그것은 왕국의 외형을 나타낸다. 오늘날 어떤 이들은 이름뿐인 그리스도인들이다. 그들은 소위 명목상의 그리스도인들이다. 그들은 진짜가 아니다. 그들은 기독교계 안에는 있으나 교회 안에는 있지 않다. 그들은 결코 피로 구속된 적이 없고, 결코 그 영으로 거듭난 적이 없다. 그들은 이름뿐인 그리스도인들이다. 이것은 그들이 밀이 아닌 가라지라는 뜻이다. 세 번째 원 밖에는 세상 또는 민족들을 나타내는 네 번째 원이 있다. 이 도표에 따르면, 왕국의 실재와 교회와 왕국의 외형이 있다. 왕국의 외형은 오늘날의 기독교계이다. 기독교계와 세상 사이에는 차이나 분별이 거의 없다.

따라서 우리는 기본적으로 세 종류의 그리스도인들이 있다고 말할 수 있다. 첫째는 왕국의 실재 안에 있는, 즉 교회 안에 있는 승리하고 이기는 그리스도인들이다. 두 번째는 패배한 참된 믿는 이들이다. 그들은 참된 믿는 이들이기 때문에 교회 안에 있지만 왕국의 실재 안에 있지는 않다. 세 번째 무리는 이름뿐인 그리스도인들이다. 기독교계는 그런 명목상의 그리스도인들로 가득하다. 이들은 사실상 교회 안에 있지 않다. 물론 기독교계 밖에는 믿지 않는 모든 이들로 이루어진 세상이 있다. 오늘날 땅 위에 있는 사람들 중 가장 큰 무리는 믿지 않는 이들이다. 아마도 두 번째로 큰 무리는 기독교계의 거짓 그리스도인들이다. 그다음으로 큰 무리는 교회인 참된 그리스도인들이며, 가장 작은 무리는 교회 안에 있는 이기는 이들이다. 이 세 무리의 사람들이 교회 시기, 즉 교회 시대에 포함된다.

이 부분에 뒤이어 천국의 두 번째 부분인 왕국의 출현이 있다. 교회 시대 후에 주님께서 다시 오실 것이고, 천국이 나타날 것이다. 이 방면은 장래에 있게 될 것이며, 천년왕국을 포함할 것이다. 신약에는 천년왕국이 두 부분으로 구성되어 있다는 것을 분명히 계시한다. 그것은 더 높은 부분인 하늘에 속한 부분과 더 낮은 부분인 땅에 속한 부분이다. 더 높은 부분은 왕국의 출현이다. 이것은 주 예수님과 모든 이기는 성도들이 왕으로서 다스리게 될 곳인 하늘에 속한 부분이다. 더 낮은 부분은 복원된 이스라엘 나라로 구성되는데, 그들은 중앙에 위치하면서 민족들에게 하나님께 경배하는 법을 가르친다.

마태복음 5장과 6장과 7장은 우리에게 왕국의 실재를 보여 준다. 그 장들은 왕국 안에서 발견되는 내적인 실재 또는 비밀한 실재를 계시한다. 왕국의 실재 안에서 살고 있는 사람들의 첫 번째 방면은 그들이 영 안에서 가난하다는 것이다. "영 안에서 가난한 사람들은 복이 있습니다. 왜냐하면 천국이 그들의 것이기 때문입니다."(마 5:3) 이것은 실재하는 어떤 것이다. 여기의 동사가 미래 시제가 아님을 주목하라. 왕국이 그들의 것이 '될' 것이라고 말하지 않는다. 오히려 왕국이 그들의 것'이라'고 말한다. 이것은 왕국의 실재가 오늘날 실재하고 현존하는 어떤 것이라는 뜻이다. 그것은 단지 장차 올 어떤 것이 아니다. 또 다른 절은 "의를 위하여 박해를 받는 사람들은 복이 있습니다. 왜냐하면 천국이 그들의 것이기 때문입니다."(마 5:10)라고 말한다. 의롭기 때문에 박해를 받는 사람들이 여기에 있다. 그리고 그들 자신은 의에 굶주리고 목마르다. 그들은 심지어 의를 위하여 기꺼이 대가를 지불하며 고난을 당하려고 한다. 이것은 그것이 그들에게 얼마나 실재인지를 가리킨다. 다시 말하지만, 이것 또한 단지 장래를 위한 어떤 것이 아니라 오늘날을 위한 어떤 것이다. 분명히 이것은 왕국의 실재이다. 그다음 마태복음 7장 21절은 "나에게 '주님, 주님!' 하는 사람이라고 다 천국에 들어가는 것이 아니고, 다만 하늘에 계신 내 아버지의 뜻을 행하는 사람이라야 들어갑니다."라고 말한다. 이것 또한 실재에 속한 어떤 것이다. 또 다른 절인 마태복음 18장 3절은 "내가 진실로 여러분에게 말합니다. 여러분이 돌이켜 어린아이와 같이 되지 않으면, 결코 천국에 들어가지 못할 것입니다."라고 말한다. 이 네 절은 첫 번째 방면인 왕국의 실재를 가리킨다. 이 절들은 매우 실지적이고 순수하며 참된 어떤 것을 가리킨다.

왕국의 외형

마태복음 13장에는 왕국의 외형을 가리키는 세 가지 비유들이 있다. 이 세 가지 비유들은 가라지의 비유와 큰 나무가 된 겨자씨의 비유와 누룩의 비유이다. 천국의 실재와는 대조적으로 이 세 가지 비유들은 우리에게 실지적이지 않고 참되지 않은 것들을 보여 준다. 가라지들은 거짓된 이들이며, 큰 나무는 합당하지 않은 것이다. 그 나무는 제 종류대로 성장하지 않고 원래의 크기에서 벗어나 크게 자랐다(창 1:11-12). 더 나아가, 누룩은 황폐하고 부패된, 심지어 부패시키는 어떤 것을 가리킨다. 우리는 모두 이 세 가지 비유에 대해 매우 분명해야 한다. 그럴 때 우리는 우리가 어디에 있어야 하는지에 대해 분명해질 것이다. 주님께서 우리 모두에게 아주 투명한 하늘을 주시기를! 그분께서 구름과 안개를 불어 날리시고, 우리를 맑은 궁창, 수정처럼 맑은 하늘 아래로 이끄시기를 바란다(겔 1:22).

가라지들

두 번째 비유인 마태복음 13장 24절부터 30절까지에서 주 예수님은 "천국은 마치 …과 같습니다."라는 어구를 사용하기 시작하셨다. 자기 밭에 좋은 씨를 심은 사람은 첫 번째 비유에서 씨를 뿌리는 사람이신 주 예수님 자신이었다. "사람들이 자는 동안, 그의 원수가 와서 밀 가운데 가라지를 뿌리고 갔습니다."(25절) 우리는 이 말씀이 오순절 후 오래되지 않아 성취되기 시작했음을 안다. 오순절 날부터 수많은 믿는 이들이 교회에 더해졌으며, 얼마의 거짓된 이들도 더해졌다. 이들은 밀 가운데 있는 가라지들이었다. 사도행전을 읽어 봄으로써 여러분은 그러한 가능성이 있었음을 깨달을 수 있다. 이 가라지들의 비유는 천국의 시작부터 교회와 관련된다. 천국은 두 번째 비유로 시작된다. 왜냐하면 주 예수님께서 "천국은 마치 …과 같습니다."라는 문구를 사용하신 것이 바로 이때이기 때문이다. 우리는 모두 생각해 볼 필요가 있다. 심지어 우리가 가라지인지 밀인지에 대하여 우리의 상황을 재고해 볼 필요가 있다. 우리는 우리가 밀이라는 완전한 확신을 가져야 한다. 참된 밀이 된다는 것은 무슨 뜻인가? 어떤 사람이 참으로 주 예수님을 믿는다면, 즉 주 예수님께서 그의 죄들 때문에 죽으셨고, 부활하셨으며, 이제 주 예수님께서 그의 안에 거하시는 생명 주시는 영이심을 믿는다면, 분명히 그 사람은 밀이다. 어떤 사람들은 자신이 그리스도인이며 주 예수님을 믿는다고 말하지만, 성경이 하나님의 신성한 계시라는 것은 믿지 않는다고 말한다. 그러한 소위 그리스도인들은 분명히 가라지들이다. 우리는 그러한 사람을 우리의 형제로 여겨서는 안 된다. 우리가 밀이라는 것은 우리가 성경이 하나님의 신성한 계시이고 완전히 하나님의 영의 영감으로 된 것임을 믿는다는 뜻이며, 또 우리가 성경을 최종적이고도 완전한 권위로 여긴다는 뜻이다.

소위 자칭 그리스도인들인 또 다른 무리는 예수님께서 하나님이심을 믿지 않는다. 그들 중 대부분은 그리스도가 선하고 뛰어난 사람이었음을 믿을 뿐이다. 이것은 엄청난 이단이다. 왜냐하면 그들은 예수 그리스도께서 하나님의 아들이신 것을, 심지어 하나님 자신이신 것을 믿지 않기 때문이다. 그러한 사람들 또한 가라지들이다.

가라지들인 또 다른 무리는 소위 그리스도인이라고 하지만 주 예수 그리스도께서 우리의 죄들 때문에 십자가에서 죽으셨다는 것을 믿지 않는 이들이다. 오히려 그들은 주님께서 십자가에 못 박히신 것을 일종의 순교로 여긴다. 우리는 주 예수님께서 순교자로서 십자가에서 죽으신 것이 아니라 우리의 구속을 성취하시기 위하여 죽으셨음을 깨달아야 한다. 주 예수님은 오전 9시부터 오후 3시까지 여섯 시간 동안 십자가 위에 계셨다. 9시부터 12시까지 처음 세 시간 동안 그분은 사람에게 박해를 받으시고 손상을 입으셨다. 그러나 마지막 세 시간 동안인 정오 12시부터 오후 3시까지 그분은 사람의 손이 아닌 하나님의 손에 의해 고난을 당하셨다. 그때에 하나님은 우리를 대신하여 그분을 심판하시면서 그분을 우리의 대치물로 여기셨다(고후 5:21). 먼저 그분은 사람에게 박해를 받으셨고, 그다음에는 하나님께 심판을 받으셨다. 이와 같이 그분의 죽음은 일종의 박해나 순교가 아니라 우리를 위한 구속을 성취하는 것이었다. 소위 그리스도인이라

하는 어떤 이들은 주 예수님께서 우리의 구속을 위하여 십자가에서 죽으셨음을 믿지 않는다. 이것은 그들이 이사야서 53장을 믿지 않는다는 뜻이다. 이것은 그들이 가라지들임을 가리킨다. 요약하자면, 어떤 사람이 스스로 그리스도인이라고 주장하지만, 성경의 모든 말씀이 하나님의 영감으로 된 것과, 주 예수님께서 하나님의 아들이시며 심지어 하나님 자신이신 것과, 주 예수님께서 우리의 구속을 위하여 십자가에서 죽으셨다는 것을 믿지 않는다면, 그 사람은 가라지이다. 그는 진정한 참된 믿는 이가 아니다.

그러면 어떤 이가 참된 그리스도인인가? 참된 그리스도인은 자신이 죄가 있고, 타락했으며, 잃어버린 바 된 사람이었음을 깨닫는 사람이다. 그는 주 예수님을 육체가 되어 사람이 되셨고, 우리의 죄들 때문에 십자가에서 죽으셨으며, 죽은 사람들 가운데서 부활하시어 생명 주시는 영이 되신 하나님의 아들로 믿는다. 그는 그 영이신 주 예수님께서 지금 그의 생명과 모든 것으로 그의 안에 계신 것을 믿는다. 이 사람이 참된 그리스도인이며, 이 사람이 밀이다. 여러분이 밀인지 가라지인지를 여러분의 느낌에 따라 점검하지 말라. 여러분의 느낌은 매우 변덕스럽다. 아침에 여러분은 자신을 밀이라고 느끼지만, 저녁 무렵이 될 때는 자신이 가라지라고 느낄지도 모른다. 여러분의 느낌을 신뢰하지 말라. 오히려 사실들을 신뢰하라. 여러분이 주 예수님께서 하나님의 아들이신 것과, 그분께서 육체를 입으시어 사람이 되신 것과, 그분께서 여러분의 죄들 때문에 십자가에서 죽으신 것과, 오늘날 그분께서 주님이시며 여러분 안으로 오신 생명 주시는 영이시라는 것을 믿으면, 여러분은 확실히 밀이다. 다른 언어, 침례, 만찬, 머리덮음, 발 씻음, 휴거, 대환난, 안식일, 그 밖의 많은 것들에 관한 교리들에 사로잡히지 말라. 여러분이 이 모든 교리와 관련하여 어느 입장을 취하든, 주 예수님께서 여러분을 위하여 죽으시고, 살아나시고, 지금은 하나님의 오른편에 앉아 계시는 하나님의 아들이심을 믿는 한, 여러분은 밀이다. 그러나 기독교계에는 밀뿐만 아니라 가라지들도 포함되어 있음을 기억하라.

마태복음 13장 38절에 있는 주님의 분명한 정의에 따르면, 가라지들이 자라고 있는 밭은 우리의 마음이나 교회가 아닌 세상이다. 주 예수님은 밭이 세상이라고 말씀하셨다. 그분은 가라지들이 세상에서 자라고 살도록 그대로 두어야 한다고 말씀하셨는데, 이것은 그것들을 뿌리 뽑다가 얼마의 참된 밀들이 손상을 입지 않게 하기 위함이었다. 어떤 이들은 밭은 교회이며, 밀과 가라지들이 교회 안에 함께 존재하도록 허락되었다고 생각했다. 그것은 전적으로 틀렸다. 가라지들은 교회 안에서가 아닌 세상에서 자란다. 교회 안에 함께 자라는 얼마의 참된 그리스도인들과 얼마의 거짓된 그리스도인들이 있어야 하는 것이 아니다. 모든 지방에 있는 교회들 안에서 우리는 오직 참된 밀만을 받는다. 우리는 가라지들을 받지 않는다. 많은 교파들은 가라지들로 가득하다. 어떤 교파들 안에는 참된 그리스도인들보다 가라지들이 더 많다. 얼마나 가련한 상황인가! 그것이 천국의 외형이다. 그것은 주님을 위한 참되고 진정한 상황이 아니다. 오히려 그것은 거짓되다. 그것은 천국의 실재가 아닌 외형을 가졌을 뿐이다. 마태복음 13장에서 주 예수님은 천국을 가리키는 이 세 가지 비유들을 드셨다. 그분은 천국이 가라지와 큰 나무와 누룩에 비유된다고 말씀하셨다. 우리는 이것이 참된 것이 아니라 거짓된 것임을 깨달아야 한다. 마태복음 13장에 언급된 것과 마태복음 5장과 6장과 7장에 언급된 것을 비교함으로써 우리는 이것들이 두 가지 다른 방면들임을 볼 수 있다. 5장과 6장과 7장에는 천국의 실재의 방면이 있다. 그러나 가라지와 큰 나무와 누룩이 있는 13장에는 왕국의 외형이 있다.

겨자씨

세 번째 비유는 겨자씨의 비유이다. "또 다른 비유를 드셔서 말씀하셨다. '천국은 마치 어떤 사람이 자기 밭에 갖다 심은 겨자씨 한 알과 같습니다. 겨자씨는 어떤 씨보다도 작으나, 자라서 푸성귀보다 커져 나무가 되니, 하늘의 새들이 와서 그 가지들에 깃들입니다.'"(마 13:31-32) 여기에 언급된 씨는 생명의 씨이며 작은 겨자씨로 나타난다. 겨자는 먹기에 좋은 것이다. 이것은 교회의 합당한 상태를 의미한다. 합당한 교회는 생명의 씨로부터 나와야 하며, 겨자처럼 먹기에 좋아야 한다. 그 본성과 형태에 따르면, 겨자는 작아야 하고 먹기에 좋아야 한다. 그러나 이 비유에서 작은 겨자는 그 형태와 본성과 상태가 바뀌어서 하늘의 새들이 깃들일 수 있는 큰 나무가 되었다. 첫 번째 비유에 대한 주님의 설명에서, 새들은 악한 자 마귀를 의미한다(19절). 마귀는 사람들에게서 생명의 말씀을 낚아채 가기 위해 오는 자이다. 단수의 새는 마귀를 의미하지만, 복수의 새들은 마귀와 관련된 사람들이나 악한 영들이나 다른 것들을 의미한다. 마귀와 관련된 모든 악한 영들과 악한 사람들이 큰 나무 안으로 와서 깃들이게 되었다.

이 큰 나무는 무엇인가? 교회사에 따르면, 주후 313년에 콘스탄티누스 황제는 기독교를 로마 제국의 국교로 채택하였다. 이로써 그는 거듭나지 않은 많은 사람들이 교회 안으로 들어올 문을 열어 놓았다. 그는 사람들을 그리스도인들이 되도록 격려하였고 상을 주었다. 침례를 받는 사람마다 옷 한 벌과 얼마의 은전을 받았다. 로마 제국은 교회를 박해하는 대신 교회를 환영하기 시작했다. 그때로부터 계속해서 교회는 큰 나무가 되었다. 바로 기독교계가 된 것이다. 헤아릴 수 없이 많은 악한 새들과 악한 영들과 악한 사람들이 그 나무의 가지들에 깃들이게 되었다. 얼마나 많은 악한 사람들과 악한 영들이 그 가지들에 깃들여 있는지를 누가 말할 수 있겠는가!

오늘날 기독교계 안에는 많은 거짓된 이들이 있다. 이들 중 많은 이들이 높은 성취와 지위를 가진, 합리적이고도 철학적인 인물들이다. 그들은 기독교가 제 종류에 따르지 않고 원래의 크기에서 벗어나 자라도록 도왔다. 그들은 작은 겨자씨가 그 종류대로 되지 않고 오히려 큰 나무가 되게 했다. 작은 나물은 마땅히 먹기에 좋은 것을 산출해야 한다. 그러나 큰 나무는 악한 자가 거주하는 곳이 되어 버렸다. 이것이 정확히 오늘날의 기독교의 상황이다. 거기에는 악한 사람들이 깃들이기에 알맞은 가지들이 아주 많이 있다. 이것이 천국의 외형이다.

누룩

천국의 외형에는 가라지와 큰 나무가 있을 뿐 아니라, 감추어진 어떤 것 곧 누룩도 있다. "예수님께서 또 다른 비유로 말씀하셨다. '천국은 마치 어떤 여자가 밀가루 서 말 속에 몰래 집어넣어 그 전체를 부풀게 한 누룩과 같습니다.' "(마 13:33) 성경에서 누룩은 긍정적인 의미를 지니지 않는다. 오히려 그것은 부패시키는 악한 어떤 것을 가리킨다. 여기에서 여자는 로마 가톨릭교회를 상징한다. 요한계시록 17장 3절에서 요한은 진홍빛 짐승 위에 앉아 있는 한 여자를 보았다. 그 여자는 로마 가톨릭교회이며, 그 짐승은 로마 제국이다. 이것은 종교와 정치가 연합한 것을 가리킨다. 기독교가 로마 제국의 국교가 되었을 때, 교회는 작은 겨자 나물에서 악한 것들로 가득한 큰 나무로 변질되었다.

그 여자는 죄가 있고 악하며 부패시키는 것들을 의미하는 누룩을 취하여 그것을 고운 가루 속에 넣었다. 고운 가루는 음식의 형태로 계신 생명이신 그리스도를 의미한다. 로마 가톨릭교회는 밀가루가 나타내는 그리스도에 관한 참된 것들을 취하지만, 누룩이 나타내는 거짓된 것들을 거기에 더한다. 개신교 교회들 가운데 몇 곳에는 주 예수님께서 하나님의 아들이시라는 것이나 그분께서 하나님이시라는 것이나 그분께서 처녀에게서 태어나셨다는 것을 믿지 않는 현대주의자들이 있다. 로마 가톨릭교회에는 이런 유형의 이단은 없다. 그들은 그리스도께서 하나님의 아들이시고 심지어 하나님 자신이시며, 또 그분께서 처녀에게서 나셨음을 분명히 인정한다. 이런 의미에서 그들은 고운 가루를 갖고 있다. 그러나 그들은 여러 이교도적인 가르침과 이단과 이교적인 것들을 포함한 많은 누룩을 고운 가루 속에 더하였다. 예를 들어, 그리스도의 출생은 고운 가루로 여겨질 수 있으나 크리스마스는 일종의 누룩으로서 더해진 것이다. 그리스도의 육체 되심은 고운 가루이지만 크리스마스는 누룩이다. 그리스도는 고운 가루이시지만 그리스도를 조각한 상(像)과 그림들은 누룩이다. 어떤 믿는 이들의 집에서 나는 그리스도를 묘사한 그림들을 보았다. 그런 것들은 그리스도의 실제 모습이 아니다. 그 그림들은 그리스도를 수려한 인물로 묘사한다. 그러나 사실 성경은 주 예수님께서 이 땅에 계셨을 때, 그분께 매력적인 모습이 없었다고 말한다(사 53:2). 그런 그림들은 누룩이다.

과거에 내가 알고 있었던 한 젊은 자매는 주님에 대한 사랑을 표현하기를 갈망했다. 그녀는 어린 그리스도인이었고 더 나은 것에 대한 분별력이 없었으므로 주 예수님의 초상화를 사서 자신의 방에 걸어 두었다. 날마다 그녀는 그 그림을 귀히 여기고, 그 그림에 존경을 표하며, 심지어 거기에 절하기까지 했다. 나중에 그녀는 귀신에 사로잡히기 시작했다. 그녀가 그 그림을 없애 버렸을 때 귀신이 떠나갔다. 나는 여러분에게 예수님을 그린 모든 그림을 없애 버리기를 간청한다. 그것들은 일종의 누룩이다. 얼마나 많은 누룩이 고운 가루이신 그리스도 안으로 넣어졌는지!

동아시아에는 주 예수님의 이름을 결코 부른 적이 없었을지라도, 여전히 크리스마스를 경축일로 기념하는 사람들이 많이 있다. 12월 25일에 그들은 무도회를 열면서 그것을 거룩한 연회라고 부른다. 고대 역사에 따르면, 12월 25일은 태양신의 탄생일로 기념되었다. 기독교가 주후 313년에 국교로 채택되었을 때, 사람들은 12월 25일을 그들의 이방 신들을 위한 축제일로 기념하는 데 익숙해 있던 상태였다. 사람들을 실망시키지 않으려고 로마 가톨릭교회는 그 축제를 그리스도의 탄생을 기념하는 행사로 유지하자고 제안했다. 이것이 악한 누룩이다. 누룩이란 무엇인가? 누룩은 누릴 만하고 먹기 쉬운 빵을 만들려고 고운 가루에 더해진 어떤 것이다. 누룩을 제거하면 빵은 너무 딱딱해져서 먹기가 힘들다. 이 원칙에 근거하여, 로마 가톨릭교회는 그리스도를 더 쉽게 받아들이게 하려고 많은 것들을 그리스도에 더했다. 그리스도께서 그 영이시라고 말하는 것은 사람들에게 너무 비밀스럽기 때문에, 로마 가톨릭교회는 사람들이 그리스도를 이해할 수 있도록 그리스도를 나타내는 형상을 세워 두는 편이 더 낫다고 느꼈다. 사람들이 그리스도를 접촉하도록 돕겠다는 취지로 형상이나 그림을 세워 두는 것은 악한 누룩이다. 어떤 곳에서 나는 미신에 사로잡힌 사람들이 와서 마리아 석상의 발에 입 맞추고 손을 만지는 것을 보았다. 이것이 누룩이다. 그들은 그리스도를 전파하지만, 그리스도에 온갖 이교 신앙과 야만적인 풍습과 많은 우상들을 더하여 전파한다. 이러한 것들은 천국의 외형이다. 그것들은 참된 것이 아니다.

오늘날 그리스도인들 가운데에는 온갖 종류의 누룩이 있다. 교리의 누룩, 실행의 누룩, 능력의 누룩, 권위의 누룩이다. 마태복음 16장 6절과 마가복음 8장 15절에서는 세 종류의 누룩이 언급된다. 곧 바리새인들의 누룩과 사두개인들의 누룩과 헤롯당원들의 누룩이다. 여자가 고운 가루에 섞어 놓은 마태복음 13장의 누룩은 로마 가톨릭교회가 채택한 악하고 이단적이며 이교적인 모든 것을 가리킨다.

그분의 긍휼로 우리는 각 지방에 있는 교회들 안으로 어떤 누룩도 넣지 않을 것이다. 우리는 그리스도만 취할 것이다. 우리는 순전한, 생명 주시는 영만 받아들일 것이다. 천국의 실재와 천국의 외형이라는 이 항목이 우리의 발명품이라고 생각하지 말라. 그렇지 않다! 이것은 하나님의 거룩한 말씀 안에 있는 하나님의 계시이다. 마태복음의 이 두 부분을 비교함으로써 우리는 거기에 큰 차이가 있음을 볼 수 있다. 5장부터 7장까지에는 순수하고 참되며 실재에 속한 것들이 많이 있다. 그러나 마태복음 13장의 세 가지 비유들에는 거짓되고 악한 것들이 있다. 이와 같이 천국의 실재가 있으며, 천국의 외형이 있다. 우리는 왕국의 외형 안에 있지 않고 왕국의 실재 안에 있다. 우리는 가라지나 큰 나무나 누룩과는 아무런 관계도 가져서는 안 된다. 이것은 천국의 실재 안에 있는 것과 관련되며, 이것이 합당한 교회생활이다.

36

왕국의 출현(1)

The Manifestation of the Kingdom (1)

제36장

왕국의 출현(1)

성경: 마 25:1, 6, 10–12, 14–30

마태복음에서 주 예수님은 세 번에 걸쳐 왕국에 관하여 말씀하셨다. 마태복음 5장과 6장과 7장의 산상 수훈에서 그분은 왕국의 실재에 대하여 말씀하셨다. 마태복음 13장에 있는 바닷가에서 주어진 말씀에서 그분은 왕국의 외형에 대하여 말씀하셨다. 그 후 올리브산에서 주 예수님은 왕국의 출현에 대하여 말씀하셨다. 왕국의 출현은 주님의 두 번째 오심과 관련된다. 어떤 의미에서, 그분의 두 번째 오심은 왕국의 출현을 가져온다. 우리는 또한 왕국이 우리 안에서 성숙될 때, 이 성숙이 주님의 두 번째 오심을 이끌어 온다고 말할 수도 있다. 왕국의 출현은 바로 그리스도께서 다시 오실 때 있을, 우리 안에 계신 그분의 성숙이다.

열 처녀

왕국의 출현을 계시하는 마태복음 25장은 세 가지 중요한 항목, 곧 열 처녀의 비유와 달란트의 비유와 양과 염소의 비유를 담고 있다. 셋 모두 주님의 두 번째 오심과 관련되며, 또한 셋 모두 왕국의 출현과 관련된다. 이 장에서 우리는 처음 두 가지 비유만 다룰 것이다. 열 처녀의 비유는 왕국의 출현과 관련되는데, 이것은 그 비유에서 왕국이 열 처녀와 같다고 말하기 때문이다. 한밤중에 주님께서 돌아오시고, 열 처녀가 모두 일어나서 그분을 맞으러 나간다. 그때 현명한 다섯 처녀는 상을 얻고 결혼 잔치에 들어갈 수 있으며, 어리석은 다섯 처녀는 결혼 잔치에 들어가지 못하게 된다. 달리 말해서, 다섯은 보상을 얻고 다섯은 보상을 잃는다. 주 예수님께서 다시 오시고 왕국이 나타날 때, 모든 참된 그리스도인들은 심판을 받게 될 것이다. 우리가 구원받은 이후에 행했던 것이 그때 주 예수님께 심판을 받게 될 것이다(고전 3:12-15). 이것은 우리가 구원받느냐 아니면 잃어버린 바 되느냐를 결정하는 심판이 아니라 우리가 보상을 얻느냐 잃느냐를 결정하는 심판이 될 것이다. 이것은 우리가 결혼 잔치에 들어갈지 아니면 문이 닫혀서 들어가지 못할지를 결정하는 것이다. 이 문제는 열 처녀의 비유에서 아주 분명하다. 과거 수 세기에 걸쳐서, 계시의 부족으로 인해 많은 그리스도인들은 어리석은 다섯 처녀들이 구원받지 못했다고 여겨 왔다. 그러나 순수한 말씀에 따르면 다섯 명의 어리석은 처녀들은 진짜 처녀들이다. 그들은 어리석을지라도 거짓되지는 않다. 사람이 어리석다고 해서 거짓된 것은 아니다. 사람이 어리석을지라도 여전히 참될 수 있다. 어리석은 다섯 처녀들은 참된 그리스도인들이지만, 주님께서 왕국의 출현 안에서 다시 오실 때 그들은 무언가를 놓칠 것이다. 얼마의 참된 그리스도인들은 결혼 잔치를 놓칠 것이다.

달란트

이제 우리는 달란트의 비유에 이르렀다. 참된 그리스도인들로서 우리와 주님의 관계에는 두 방면이 있다. 첫 번째 방면은 생명의 관계이고, 두 번째 방면은 주님을 향한 우리의 일 또는 기능의 관계이다. 우리는 주님과 생명의 관계와 일의 관계 둘 다를 맺고 있다. 한편으로 우리는 주님의 다시 오심을 기다리고 있는 처녀들이다. 이것은 생명의 방면이다. 다른 한편으로 우리는 주님의 노예들로서, 그분께서 우리에게 주신 달란트를 갖고 그분을 섬긴다. 이것은 일의 방면이다. 처녀들에게는 사랑의 문제가 아주 중요한 부분이다. 노예들에게는 기능을 발휘하고 섬기는 문제가 중요한 부분이다. 우리는 이 두 방면을 돌보아야 한다. 생명에 있어서 우리는 우리의 그릇을 삼일 하나님으로 가득 채우는 현명한 처녀들과 같아야 한다. 일과 사역의 문제와 관련해서, 우리는 주님에게서 받은 모든 달란트를 활용하고 사용하는 신실한 노예들이 되어야 한다.

처녀들로서 우리는 우리의 그릇에 기름이 필요하다. 노예들로서 우리는 우리의 달란트를 사용할 필요가 있다. 기름은 우리의 영을 채우시고 결국에는 우리 속부분 전체를 채우시는 그 영을 상징한다. 달란트는 그 영의 은사와 기능을 상징한다. 모든 참된 그리스도인들은 주님께서 주신 어떤 은사와 기능을 소유하고 있다. 이 기능들은 그 영께 속한 것이다. 우리가 주님을 사랑하며 그분의 다시 오심을 기다리는 사람들이 되려면, 우리에게는 생명의 성숙을 위한 그 영의 내적 충만이 필요하다. 더 나아가 우리는 주님을 섬기도록 그 영께서 우리에게 주신 은사 또는 달란트를 사용할 필요가 있다.

달란트의 비유에서 그리스도인들은 세 가지 범주에 속한다. 첫 번째 범주의 사람은 다섯 달란트를 받았고, 두 번째 범주의 사람은 두 달란트를 받았으며, 세 번째 범주의 사람은 한 달란트를 받았다. 비유에 따르면, 문제는 첫 번째와 두 번째 범주의 사람에게 있지 않고 오직 세 번째 범주의 사람에게 있었다. 다섯 달란트를 받은 사람이나 두 달란트를 받은 사람에게는 문제가 없었으나, 한 달란트만 받은 사람에게는 문제가 있었다.

다섯 달란트를 가진 사람은 더 많은 은사와 기능을 소유한 보다 강한 믿는 이를 나타낸다. 다섯 달란트를 가진 사람이나 두 달란트를 가진 사람이 기능을 발휘하며 주님을 섬기기란 다소 쉬운 것 같다. 그러나 달란트를 더 적게 받은 지체가 주님을 섬기는 데에는 더 많은 어려움이 있는 것 같다. 왜 그런가? 그것은 그가 매우 적게 받았다고 생각하기 때문이다. 그는 그의 기능과 봉사와 일이 아무것도 아니라고 생각한다. 그는 큰 몫을 갖고 있지 않기 때문에, 보다 은사 있는 사람이 그의 기능을 대신하게 하려는 경향이 있다. 위험은 한 달란트 가진 사람이 자신의 기능을 포기하는 데 있다. 그러나 거기에는 변명이 있을 수 없다. 모두가 봉사해야 한다. 한 달란트 가진 지체의 생각에는 주님이 엄한 주인이시다. 그분은 키질하지 않으신 데서 모으시고, 씨를 뿌리지 않으신 데서 거두신다.

어느 날 주님은 다시 오실 것이며, 다시 오실 때 그분의 모든 노예들과 계산하실 것이다. 그분의 모든 노예들이 그분과 결산해야 할 것이다. 주님께서 다시 오실 때, 문제는 다섯 달란트나 두 달란트 가진 믿는 이에게 있지 않을 것이다. 문제는 한 달란트 가진 이에게 있을 것이다. 그는 주님이 너무 마음이 굳은 분이시라고 말하면서 자신을 변명할 것이다. 그러나 주님은 그분이 마음이 굳은 분이심을 부인하지 않으실 것이다. 어떤 의미에서 주님은 참으로 마음이 굳은 분이시다. 그분은 씨를 뿌리지 않으신 데서 거두시고 키질하지 않으신 데서 모으신다. 그러므로 어떤 의미에서 주님이 마음이 굳은 분이시라고 말하는 것은 옳다. 여러분이 주님을 섬기는 일에 관여해 본 적이 있다면, 분명 어떤 의미에서 주님이 마음이 굳은 분이심을 체험했을 것이다. 예를 들어, 교회 집회와 관련해서, 주님께서 여러분에게 무언가를 주셨다고 느끼기 때문에 기능을 발휘할 수 있다고 생각하지 말라. 많은 때 상황은 그렇지 않다. 오히려 여러분이 집회에 올 때, 여러분은 자신에게 아무것도 없다고 느낄지도 모른다. 그럴지라도 주님은 여전히 여러분에게 기능을 발휘하라고 요구하신다. 여러분은 주님께서 여러분에게 아무것도 주지 않으셨다고 말하면서 스스로를 변명할 것이다. 이것은 주님께서 여러분에게 어떤 것도 키질하지 않으셨고 여러분 안에 어떤 것도 심지 않으셨는데도 이제 어떤 추수, 어떤 수확을 요구하심을 의미한다. 많은 때 이것이 하나님의 경륜 안에 있는 원칙이다. 이것이 주님의 방식이다. 이것은 우리 모두가 한편으로 근면하기를 배워야 하고, 다른 한편으로 믿음으로 섬기는 사람들이 되어야 한다는 것을 의미한다.

때때로 우리는 게으르고 풀어져서 느슨하게 집회에 온다. 우리는 피곤하다는 변명을 대면서 기능을 발휘할 의도도 없이 온다. 우리는 단지 안식하기 위해, 간증들을 좀 누리기 위해, 말씀을 듣기 위해, 어쩌면 조금 비평하기 위해 온다. 이것이 우리의 누림이 된다. 심지어 비평하는 것도 누림이 된다. 이것이 풀어지고 느슨하고 게으르다는 것이다. 이와 반대로 우리는 "주님을 찬양합니다!"라고 말하면서 집회에 와야 한다. 우리의 피곤함과 상황에 관계없이, 우리는 기능을 발휘할 필요가 있다. 우리는 피곤할 수 있지만 그분은 제한받지 않으신다. 우리는 아무것도 아니지만 그분은 모든 것이시다. 우리는 피곤하지만 그분은 결코 피곤하지 않으시다. 우리에게 말할 것이 하나도 없지만, 여전히 우리는 무언가를 말해야 한다. 우리가 공급할 것이 하나도 없지만, 우리는 믿음으로 기능을 발휘해야 한다. 여러분이 입을 연다면 말씀이 나올 것이다. 여러분의 묻혀 있는 달란트를 발굴하는 길은 여러분의 입을 여는 것이다. 여러분의 달란트를 묻어 두지 말라. 그것을 파내라. 어떤 이유로도 자신을 변명하지 말라.

많은 형제자매들이 그런 식의 변명을 갖고 내게 오지 않기를 배웠다. 나는 결코 그들을 동정하지 않는다. 그들이 내게 와서 자신이 얼마나 연약하며 얼마나 도움이 필요한지를 말할 때, 나는 그들을 동정하지 않는다. 그들이 더 연약할수록 나는 그들을 덜 동정한다. 그들은 자신이 연약하다고 말하기 때문에 연약하다. 결국 여러분은 자신이 어떠하다고 말한 그대로 될 것이다. 우리는 모두 자신이 연약하지 않다고 선포해야 한다. 고린도후서 12장 10절에서 바울은 그가 연약할 그때가 곧 강할 때라고 말했다. 그러므로 변명이 있을 수 없다. 여러분이 내게 와서, 여러분의 지역에 있는 모든 형제자매들이 강하고 그리고 잘하고 있다고 말한다면, 나는 여러분을 방문하고 싶어질 것이다. 그러나 여러분이 자신이 얼마나 약하며 얼마나 많은 도움이 필요한지를 말한다면, 나는 여러분에게 스스로 대책을 강구하라고 말할 것이다. 여러분은 자신의 상황을 돌보기 위해 일어나야 한다.

여러분은 주님께서 마태복음 25장 28절에서 말씀하신 것을 주목해 본 적이 있는가? "그에게서 그 한 달란트를 빼앗아, 열 달란트를 가진 사람에게 주어라." 주님은 계속해서 29절에서 "있는 사람마다 더 받아 풍족하게 될 것이지만, 없는 사람은 갖고 있는 것마저도 빼앗길 것이다."라고 말씀하신다. 이것은 여러분이 더 많이 가질수록 주님께서 여러분에게 더 많이 주실 것이라는 뜻이다. 여러분이 더 적게 가지고 있다면 주님은 여러분에게서 더 빼앗으실 것이다. 이것이 주님의 경제학이다. 주님은 오직 부요한 사람에게만 주신다. 가난한 사람은 누구든지 아무것도 받지 못한다. 심지어 주님은 가난한 사람에게서 빼앗아 부요한 사람에게 주신다. 열 달란트를 가진 사람에게 주님은 하나를 더 주신다. 여러분이 집회에 올 때, 결코 자신에게 아무것도 없다고 생각하지 말라. 여러분이 자신에게 아무것도 없다고 생각한다면, 주님은 여러분에게 있는 것을 빼앗아 다른 사람에게 주실 것이다. 이것이 주님의 경제학이다. 이것이 나의 관념이라고 생각하지 말라. 이것은 마태복음 25장에 계시된 주님의 경제학이다. 많은 때 말씀을 전하러 집회에 왔을 때, 내게는 아무것도 없었다. 그러나 내가 강단에 올라가서 입을 열었을 때, 결국 성경의 한 책이 제시되고, 한 절이 제시되며, 한 메시지가 제시되었다.

1968년 정월 주일 아침에, 나는 모든 성도들에게 기능을 발휘하라고 격려하는 말을 하려고 일어섰다. 그때 나는 그들에게 적어도 네 마디는 할 수 있다고 말했다. 이렇게 말했을 때 내 속에는 '어떤 네 마디인가?'라는 질문이 있었다. 나는 "첫째"라고 말했지만, 그때조차도 무슨 말을 해야 할지 몰랐다. 그때 나는 "오"라고 말했고, 둘째는 "주"라고 말했으며, 셋째는 "아멘"이라고 말했고, 넷째는 "할렐루야"라고 말했다. "오, 주! 아멘! 할렐루야!"는 이렇게 해서 나온 것이다. 집회 후에 나는 집에 돌아와서 내가 성도들에게 이 말들의 순서를 잘못 전하지 않았는지 생각해 봤다. 아마도 '아멘' 앞에 '할렐루야'를 두어야 하지 않았을까? 분명 '아멘'은 모든 것 뒤에 있어야 한다. 그런데 나는 사람들에게 "오, 주! 아멘! 할렐루야!"라고 할 수 있다고 말해 버렸다. 그러나 그때 요한계시록 19장이 떠올랐다. 그곳에서의 순서는 "할렐루야! 아멘!"이 아닌 "아멘, 할렐루야!"이다. 여러분이 그것을 살펴본다면 "오, 주! 할렐루야! 아멘!"이라고 하는 것은 작곡하기에 불편함을 발견할 것이다. 네 마디를 이 순서로 해서 작곡하기는 어렵다. 그러나 "오, 주! 아멘! 할렐루야!"라고 하는 것은 아주 잘 들어맞는다. 이러한 예는 우리가 믿음 안에서 입을 연다면, 주님께서 우리에게 무언가 말할 것을 주시리라는 점을 설명해 준다.

우리는 모두 주님께서 마음이 굳은 분이시라는 것을 깨달아야 한다. 그분은 여러분에게 어떤 것을 주시지 않고 여러분에게서 무언가를 구하신다. 그분은 결코 씨를 뿌리지 않으신 곳에서 거두시고, 키질하지 않으신 데서 모으신다. 여러분이 입을 열어 기능을 발휘할 때마다, 여러분은 즉시 주님께서 나오시도록 길을 열어 드리게 된다. 그분은 여러분 안에서 풍성하시지만, 여러분은 믿음으로 기능을 발휘해야 한다. 많은 그리스도인들이 자신이 구원받은 후에 생명 안에서 성장하는 현명한 처녀들이 되어야 하고, 주님께서 그들에게 주신 달란트를 갖고 주님을 섬기는 합당한 노예들이 되어야 한다는 점을 깨닫지 못하는 것은 얼마나 안타까운 일인지! 우리는 모두 현명한 다섯 처녀들이 되어야 하며, 우리의 달란트를 사용하는 사람들이 되어야 한다. 그러지 않으면 주님께서 다시 오실 때 우리에게 문제가 있을 것이다. 왕국이 나타날 때, 우리는 우리의 부족함에 관해 회계(會計)해야 할 것이다. 많은 그리스도인들이 한 가지, 즉 구원받고 천당에 가는 것을 관심할 뿐이다. 그들은 자신이 구원받은 한 언젠가는 천당에 갈 것이며, 모든 일이 다 괜찮을 것이라고 생각한다. 우리는 강하게 "그렇지 않다!"라고 말해야 한다. 여전히 어떤 문제가 있을 것이다.

마태복음 13장에서 우리는 주님이 씨를 뿌리셨다는 것과 우리가 다 밀이라는 것을 보았다. 그러나 그것은 단지 씨 뿌리는 단계였다. 수확을 거두는 것은 24장과 25장에 있다. 13장에서 주님은 씨를 뿌리셨으며, 24장과 25장에서 그분은 거두러 오신다. 여러분은 주님께서 여러분 안에 무언가를 심지 않으셨다고 말할 수 없다. 여러분은 주님께서 마음이 굳은 분이시라거나 여러분에게 결코 아무것도 뿌리지 않으셨다고 말할 수도 없다. 그분께서 여러분에게 적어도 한 달란트를 뿌리셨기 때문에 그렇게 말하는 것은 공정하지 않다. 여러분은 주님에게서 아무것도 받지 않았다고 말할 수 있는가? 여러분은 주님에게서 적어도 약간의 몫은 받았다. 여러분이 주님에게서 받은 은사나 달란트가 아무리 적을지라도 여러분은 그것을 사용해야 한다. 여러분이 그 적은 은사를 더 사용할수록 그것은 더 증가할 것이다. 여러분이 그것을 사용한다면 그것은 증대될 것이다. 여러분이 자신의 달란트를 더 사용할수록 주님은 여러분에게 더 주실 것이다. 그러나 여러분이 주님께서 여러분에게 주신 은사와 달란트를 더 적게 사용할수록, 여러분은 더 손실을 입을 것이다. 주님은 여러분에게서 무언가를 빼앗아 가실 것이다. 이것은 심각한 상황이다.

마태복음 25장 30절도 읽어 보자. "그 쓸모없는 노예를 바깥 어둠 속으로 내던져라. 거기서 슬피 울며 이를 갈게 될 것이다." 여러분은 이 말씀이 주님의 말씀임을 깨달아야 한다. 이 절에 있는 주님의 말씀에 따르면, 심지어 구원받은 사람이라도 일종의 어둠 속으로 내던져질 수 있다. 어떤 종류의 어둠인지를 내게 묻지 말라. 분명히 그곳은 즐거운 곳이 아닐 것이다. 여러분이 그 어둠 속에 있다면, 웃거나 즐거워할 수 있겠는가? 어떤 이들은 이 게으른 종이 결코 구원받지 못했다고 말한다. 이것은 논리적이지 않다! 그가 결코 구원받지 못했다면, 어떻게 주님의 노예가 될 수 있겠는가? 더 나아가 그가 결코 구원받지 못했다면, 어떻게 주님께서 그에게 한 달란트 혹은 은사를 주실 수 있겠는가? 분명히 이 게으른 노예는 구원받은 사람이다. 셋 모두가 노예들이며, 셋 모두가 얼마의 달란트를 받았다. 이것은 그들 모두가 구원받았음을 강하게 입증해 준다. 구원에 관한 한, 그들 셋 사이에는 차이가 없다. 한 사람이 달란트가 적기 때문에 구원받지 않았다고 말할 수 있는가? 다섯 달란트 가진 노예는 완전히 구원받았고, 두 달란트 가진 노예는 절반만 구원받았고, 한 달란트 가진 노예는 구원받지 못했다고 말할 수 있는가? 그가 한 달란트를 받았다면, 그는 분명히 구원받았다. 어떤 사람이 게으르기 때문에 구원을 잃어버릴 수 있다고 말하는 것은 구원이 은혜로 말미암지 않고 행위로 말미암는다고 말하는 격이 될 것이다. 그러나 신성한 원칙에 따르면, 구원은 은혜로 말미암는다. 이 비유는 구원과 관련된 것이 아니라 구원 그 이상의 것과 관련된다. 그것은 우리가 구원받은 후에 어떻게 주님을 섬기는가와 관련된다.

열 처녀 모두가 구원받은 사람들이며, 세 노예 모두도 구원받은 사람들이다. 여기서의 요점은 우리가 구원받은 사람들이라 하더라도 현명한 처녀들로서 부지런히 그 영으로 충만해야 하고, 부지런한 노예들로서 주님을 섬기는 데 신실해야 한다는 것이다.

마태복음 25장 21절은 "주인이 그에게 '잘하였다, 착하고 신실한 노예야. 네가 적은 일에 신실하였으니, 내가 많은 일을 너에게 맡길 것이다. 네 주인의 기쁨에 참여하여라.'라고 하였습니다."라고 말한다. 이 절은 구원과 관련되지 않고 보상과 관련된다. 어떤 사람이 주인의 기쁨에 초대되었다. 다섯 달란트 받았던 노예는 많은 일을 맡게 되었으며, 그의 주인의 기쁨에 참여하였다. 주인의 기쁨에 참여하는 것은 구원을 말하지 않는다. 이것은 그가 구원에 더하여 보상으로서 무엇인가를 받았음을 뜻한다.

게으른 사람에 대하여 주인은 24절부터 28절까지에서 다음과 같이 말했다. "그다음에 한 달란트 받은 사람도 나아와 '주인님, 주인님은 심지 않으신 데서 거두시고 키질하지 않으신 데서 모으시는, 마음이 굳은 분이신 줄 알았으므로, 두려워하며 물러가서, 주인님의 달란트를 땅에 감추어 두었습니다. 보십시오, 주인님의 것이 여기 그대로 있습니다.'라고 하자, 주인이 그에게 대답하였습니다. '악하고 게으른 노예야, 내가 심지 않은 데서 거두고, 키질하지 않은 데서 모으는 줄 알았으면, 너는 마땅히 내 돈을 돈 바꾸는 사람들에게 맡겼다가, 내가 돌아왔을 때, 본전과 이자를 되찾게 해야 했다. 그에게서 그 한 달란트를 빼앗아, 열 달란트를 가진 사람에게 주어라.' " 이것은 게으른 사람에게서 구원을 빼앗아 간다는 뜻이 아니라, 그가 부지런하지 않으므로 고난을 당한다는 뜻이다.

우리가 주 예수님께서 우리에게 주신 달란트들을 사용하는 신실한 노예들이라면, 그분은 돌아오셔서 우리에게 보상을 주실 것이다. 그분은 왕으로서 다스리도록 우리에게 많은 것들을 할당해 주실 것이고, 그분의 기쁨에 참여하도록 우리를 초대하실 것이다. 그러나 우리가 구원받았는데도 느슨하여 그분께서 우리에게 주신 달란트들을 사용하는 데 신실하지 않았다면, 그분은 다시 오실 때 우리와 계산하실 것이다. 여러분이 구원받았기 때문에 아무 문제가 없을 것이라고 생각하지 말라. 여러분이 봉사에 있어서 신실하지 못하다면, 참으로 문제가 생길 수 있다. 요컨대 여러분은 보상은커녕 어떤 징벌을 받게 될 가능성이 있다. 우리는 주님의 순수한 말씀에 주의를 기울여야 한다. 이 장을 '시대적인 것'으로 보고 전적으로 미래의 일로 치부하지 말라.

칼뱅주의와 아르미니우스주의

이제 우리는 구원의 문제와 관련해서 두 가지 기본적인 개념 혹은 학파를 살펴볼 필요가 있다. 하나는 칼뱅주의 학파이며, 다른 하나는 아르미니우스주의 학파이다. 칼뱅주의 학파는 영원한 보장을 가르치며 미리 정하심을 믿는다. 칼뱅주의 학파에 따르면, 우리는 창세전에 미리 정해졌다. 그런 다음 우리는 태어났고, 부름을 받았으며, 의롭게 되었고, 하나님의 선택을 따라 구원받았다. 일단 구원받으면 우리는 영원히 보장된다. 의심할 바 없이 이것은 하나님의 말씀에 따라 전적으로 옳다. 많은 절들이 미리 정하심과 영원한 보장의 문제를 지지해 준다. 요한복음 10장에서 주 예수님은 일단 우리가 영원한 생명을 받으면 결코 잃어버린 바 될 수 없다고 말씀하셨다. 한편으로 칼뱅주의자들은 영원한 보장에 있어서 옳다. 그러나 다른 한편으로 그들은 마태복음 25장 30절을 보지 못했기 때문에 무언가 부족함이 있다. 그들은 사람이 구원받은 후에 그에게 어떤 문제가 있을 수 있음을 보지 못했다. 그들은 이 절이 참된 믿는 이들에게 적용되지 않고 거짓 믿는 이들에게 적용된다고 잘못 말하곤 한다.

아르미니우스주의 학파는 믿는 이의 영원한 보장을 믿지 않는다. 그들의 가르침에 따르면, 여러분은 아침에 구원받았다가 저녁에는 구원을 잃어버릴 수 있다. 그러다가 여러분은 며칠 후에 다시 구원받을 수 있다. 나중에 여러분은 또 구원을 잃어버릴 수 있다. 이러한 관념에 따르면, 사람들은 여러 번 구원받을 수 있고 여러 번 구원을 잃어버릴 수 있다. 우리는 이것을 '승강기 구원'이라 부를 수 있다. 그들은 구원받을 때 올라가며, 잃어버릴 때 내려간다. 그들은 체험에서 여러 번 올라가고 내려간다. 즉 여러 번 구원받기도 하고 잃어버리기도 한다. 이런 식의 관념은 옳지 않다. 그들은 주님께서 다시 오실 때 보상과 징벌이 있다는 관련 절들을 뽑아서, 그것들을 믿는 이들이 그들의 구원을 잃어버릴 수 있다는 데 적용한다. 그들의 관념에 따르면, 한 사람이 어떤 징벌을 받는 것은 그가 다시 구원을 잃어버리는 것을 의미한다. 우리는 마태복음 25장에서 언급된 세 노예들이 모두 구원받았으나, 마지막 사람은 바깥 어두운 데 내던져짐으로 어떤 징벌을 받았다는 것에 대해 분명해야 한다. 전통적인 가르침들을 잊어버리고 순수한 말씀으로 돌아오라. 성경은 셋 모두가 노예들이라고 말하며, 성경은 세 번째 노예가 그의 느슨함으로 인해 어떤 징벌을 받았다고 말한다. 주님의 면전에서 이 절들을 읽고 심지어 기도로 읽으라. 여러분은 다섯 달란트를 가진 노예인가, 두 달란트를 가진 노예인가, 아니면 한 달란트를 가진 노예인가? 우리는 모두 주님께서 우리에게 주신 달란트들을 사용하는 데 신실해야 한다. 어느 날 주님께서 오실 것이며 우리와 계산하실 것임을 기억하라. 우리는 우리의 달란트들을 내놓고 그분과 결산해야 할 것이다. 우리는 주님께서 우리에게 주신 것들을 사용하는 데 신실해야 한다. 그렇지 않으면 주님께서 다시 오실 때 왕국의 출현 안에서 우리는 어떤 징벌을 받게 될 것이다. 우리는 구원을 잃지 않겠지만, 어떤 고통을 당할 것이다. 우리는 확실히 천년왕국 동안 주님과 함께 다스리는 것을 놓칠 것이다. 주님께서 우리 모두에게 긍휼을 베푸시기를 바란다!

37

왕국의 출현(2)

The Manifestation
of the Kingdom (2)

제37장
왕국의 출현(2)

성경: 눅 19:11-27, 마 24:44-51, 눅 12:42-48,
마 19:28, 20:21-23, 딤후 2:12상, 계 2:26-27,
3:21, 12:5, 20:4-6

앞서 보았듯이, 마태복음은 천국의 세 방면을 계시한다. 마태복음 5장과 6장과 7장에서 우리는 왕국의 실재를 본다. 거기에서 왕국은 실지적이고 순수하며 참된 방식으로 계시된다. 왕국의 실재 안에 있는 사람들은 영 안에서 가난하고, 마음이 순수하며, 뛰어난 의를 소유하고, 하나님의 뜻을 행하며, 어린아이들과 같이 되었다. 이 부분에서 왕국은 얼마나 순수하고 참된지!

그러나 두 번째 부분인 마태복음 13장에는 세 가지 끔찍한 것들이 있는데, 곧 가라지들, 원래의 크기에서 벗어나 자란 큰 나무, 그리고 고운 가루에 더해진 누룩이다. 이 두 부분 사이에는 커다란 대조가 있다. 그것들은 너무 달라서 마치 다른 두 왕국인 것처럼 보인다. 그러나 사실상 이것은 두 방면을 가진 한 왕국이다. 첫 번째 방면은 왕국의 실재이고, 두 번째 방면은 왕국의 외형이다.

마태복음의 마지막 부분은 주 예수님께서 땅에 다시 오실 때 있을 왕국의 출현과 관련된다. 주 예수님께서 다시 오실 때, 그분은 그분과 함께 왕국을 가져오실 것인데, 그것이 왕국의 출현이 될 것이다. 마태복음 25장에 있는 두 비유들은 매우 의미가 깊다. 그것들은 왕국이 나타날 때 어떤 성도들은 주인의 기쁨에 참여할 것이지만, 어떤 성도들은 참여하지 못할 것임을 우리에게 보여 준다. 열 처녀의 비유에서 현명한 다섯 처녀들은 결혼 잔치에 들어갈 것이지만, 어리석은 다섯 처녀들은 들어가지 못하고 기름을 사도록 보내어질 것이다. 이것은 현명한 다섯 처녀들은 왕국의 실재 안에 살고 있지만, 어리석은 다섯 처녀들은 살고 있지 않다는 것을 가리킨다. 이어서 달란트들의 비유에서, 다섯 달란트 가진 노예와 두 달란트 가진 노예는 주인의 기쁨에 참여할 수 있었지만, 한 달란트 가진 노예는 그러지 못했다. 한 달란트 가진 노예는 그 기쁨을 놓쳤으며 또한 어둠 속으로 내던져져 거기서 슬피 울며 이를 갈게 되었다. 이 어둠이 어디에 있는 것인지, 또 그것이 어떤 종류의 어둠인지를 내게 묻지 말라. 나는 여러분에게 말해 줄 수 없다. 그렇지만 내가 아는 것은 주님의 입에서 나온 그런 말씀과 성경에 기록된 그런 말씀이 우리에게 있다는 것이다. 여러분이 요한복음 3장 16절을 귀히 여긴다면 또한 마태복음 25장 28절부터 30절까지도 귀히 여겨야 한다. 여러분은 자신의 입맛에 따라 주님의 어떤 말씀들을 선택할 수 없다. 많은 그리스도인들이 이렇게 하고 있다. 그들은 자신의 관념에 맞는 절들을 선택한다. 그들은 요한복음 3장 16절을 인용하기 좋아하지만, 마태복음 25장 28절부터 30절까지는 인용하는 경우가 거의 없다. 우리에게는 이 왕국 복음이 필요하다. 요한복음 3장 16절은 생명의 문제에 관해서는 적합하지만, 오늘날 많은 그리스도인들은 왕국 복음을 들을 필요가 있다. 이것이 우리의 큰 위임이다. 수침(水浸)을 전파하는 것이 아니라 왕국 복음을 전파하는 것이다.

오늘날 어떤 그리스도인들은 마태복음이 오직 유대인의 경륜과만 관련된다고 말하면서 마태복음을 받아들이려고 하지 않는다. 그들은 마태복음이 그리스도인들이나 이방인들을 위해서가 아니라 유대인들을 위해 기록된 책이라고 말한다. 그러나 마태복음이 우리를 위한 것이 아니라면, 1장에서의 주 예수님 또한 우리를 위한 분이 아니시다. 예수 곧 여호와-구원자이시며, 임마누엘 곧 우리와 함께 계시는 하나님이신 분이 우리를 위한 분이 아니시게 된다. 이 책에서 주 예수님이 단지 유대인 믿는 이들만을 위한 분이시라고 말하는 것은 논리에 맞지 않는다. 사실 교회 안에는 유대인도 헬라인도 없다(골 3:11). 이 책이 다른 이들을 위한 것이라고 치부해 버리면 결국 우리는 마태복음을 잃게 된다. 마태복음이 다른 이들을 위한 것이고 우리 자신을 위한 것은 아니라고 여긴다면, 그것은 실로 어리석은 짓이다. 우리가 요한복음 3장 16절을 사랑한다면, 마태복음 25장 28절부터 30절까지도 사랑해야 한다. 여러분이 요한복음 3장 16절이 적힌 액자를 벽에 걸어 둔다면, 분명 마태복음 25장 28절부터 30절까지가 적힌 액자도 걸어 두어야 한다.

이 문제에 대하여 교리적으로 따지지 말라. 자신의 체험을 볼 때 여러분은 다섯 달란트를 갖고 있는가, 두 달란트를 갖고 있는가, 아니면 한 달란트를 갖고 있는가? 여러분이 한 달란트를 가진 세 번째 범주의 사람들이라면, 여러분은 신실한 노예인가 그렇지 않은가? 여러분은 주 예수님께서 돌아오실 때 여러분과 계산하실 것임을 깨달아야 한다. 주님께서 결산하러 오실 때 여러분의 상황은 어떠할 것인가?

어떤 사람들이 마태복음은 유대인들을 위한 책일 뿐 우리를 위한 책이 아니라고 말하기 때문에, 우리는 이제 누가복음을 보기로 하자. 원칙적으로 누가복음에 언급된 것도 거의 정확히 동일하다. 누가복음 19장에서 종교적인 사람들이 하나님의 왕국이 나타나기를 기대하고 있었을 때, 주 예수님은 하나의 비유를 드셔서 하나님의 왕국이 그들이 기대한 대로 당장 나타나지 않을 것임을 그들에게 보여 주셨다. 주님의 말씀 안에서조차도 우리는 왕국의 두 방면을 볼 수 있다. 한편으로 하나님의 왕국은 그들 가운데 있었으며, 다른 한편으로 하나님의 왕국은 오고 있었다. 누가복음 19장 11절에서 시작하여 주님은 왕국이 멀리 있다고 지적하셨다. 어떤 귀족이 왕위를 받아 오려고 먼 나라로 가게 되었다. 이 비유에서 먼 나라는 하나님 아버지께서 거하시는 하늘을 의미한다. 존귀한 분이신 주 예수님은 왕위를 받아 오시려고 먼 나라로 가셨다. 이것은 왕국이 나타나고 있는 것이 아니라 멀리 있음을 바리새인들에게 지적해 주신 것이다. 그 귀족은 먼 나라로 가면서 자기의 자본을 노예들에게 나누어 주어 그들이 그를 위해 장사를 하게 했다. 이 비유에 있는 원칙들은 마태복음 25장에 있는 원칙들과 정확히 동일하다. 첫 번째와 두 번째 노예는 귀족에게서 칭찬을 받고, 보상으로서 각각 열 도시와 다섯 도시를 다스리는 권위를 받았다. 이것은 우리가 그분과 함께 왕으로서 다스릴 것이라고 한 바울의 말과 일치한다(딤후 2:12). 도시들을 다스린다는 것은 왕으로서 다스린다는 뜻이다.

동일한 개념이 성경의 마지막 책인 요한계시록에서도 계속되는데, 거기에서 보면 이기는 이들은 민족들을 다스리는 권위를 받게 될 것이다(2:26-27). 그들은 도시들만이 아니라 민족들을 다스린다. 요한계시록 3장 21절은 이기는 이들이 주 예수님과 함께 보좌에 앉아 그분과 함께 왕으로서 다스릴 것임을 보여 준다. 마지막으로 요한계시록 20장 4절부터 6절까지는 이기는 이들이 그리스도와 함께 천 년 동안 왕들로서 다스린다는 것을 우리에게 알려 준다.

나는 우리가 모두 이 절들에 대한 전통적인 기독교의 가르침에 영향을 받고 있을까 봐 심히 염려된다. 우리는 이러한 엄중한 절들의 의미를 깨닫기가 어려운데, 그것은 우리가 다른 종류의 가르침들로 적셔져 있기 때문이다. 이 때문에 이 절들에 올 때, 우리는 합당하게 인상을 받고 그것들을 흡수하기가 어렵다. 주님께서 우리에게 긍휼을 베푸셔서 우리가 관념이 제해지고 생각이 순수해져서 하나님의 순수한 말씀으로 쉽게 인상을 받을 수 있기 바란다.

여러분은 누가복음 19장과 마태복음 24, 25장이 하나님의 말씀이라는 것을 깨달아야 한다. 무엇보다도 주님은 그 노예를 악한 노예라고 말씀하신다(눅 19:22). 구원받지 못한 사람은 주님의 노예가 될 수 없다. 구원받지 못한 사람은 주님에게서 어떤 것을 은사로 받을 수도 없다. 그러나 여기에서 노예는 주님에게서 한 므나를 받았다. 그 악한 노예가 주님께서 그에게 주신 몫을 사용하지 않았기 때문에, 주님은 그 몫을 빼앗아 그것을 열 개의 몫을 가진 사람에게 주셨다. 이것은 그 노예가 구원을 잃었다는 뜻이 아니라 손실을 입었다는 것을 의미한다. 주님은 그에게 주셨던 것을 도로 가져가셨다.

또한 마태복음 24장도 살펴보자. 47절부터 51절까지는 다음과 같이 말한다. "내가 진실로 여러분에게 말합니다. 주인이 자기의 모든 소유를 그에게 맡길 것입니다. 그러나 그 악한 노예가 마음속으로 '나의 주인이 더디 오실 것이다.'라고 하며, 동료 노예들을 때리기 시작하고, 술꾼들과 어울려 먹고 마신다면, 예기하지 않은 날, 알아채지 못하는 시각에 그 노예의 주인이 와서, 그를 엄하게 처벌하고 위선자들이 받을 벌을 내릴 것이니, 거기서 슬피 울며 이를 갈게 될 것입니다." 이 말씀은 주님께서 그를 엄하게 처벌하실 것이라고 말한다. 엄하게 처벌한다는 것은 죽인다는 뜻이 아니다. 그가 죽음을 당한다면 슬피 울거나 이를 갈 일도 없을 것이다. 엄하게 처벌한다는 것은 심각한 징벌을 의미하는 고대의 표현이다. 그 노예는 여전히 살아 있다. 왜냐하면 그가 엄하게 처벌받은 후에도 울고 이를 갈 수 있기 때문이다. 울며 이를 간다는 것은 무엇을 말하는가? 나는 모르지만, 그것이 유쾌한 것은 아니라는 것을 확신한다. 또한 나는 분명 그곳에 있고 싶지 않다. 나는 단지 울며 이를 가는 데 참여하기 위해 주님께서 다시 오시기를 기다리며 이곳에 있지 않다.

시대를 논하는 몇몇 교사들은 마태복음의 이 부분이 유대 백성에 대한 것일 뿐이라고 말할지 모른다. 그러면 누가복음 12장을 읽어 보자. 거기서는 원칙상 동일한 것을 언급할 뿐만 아니라 한층 더 심각하게 말한다. 46절과 47절은 그 노예의 주인이 그를 "엄하게 처벌하고, 믿지 않는 이들이 받을 벌을 내릴 것입니다. 주인의 뜻을 알고도 예비하지 않았거나 그 뜻대로 행하지 않은 노예는 매를 많이 맞을 것입니다."라고 말한다. 노예가 자기 주인의 뜻을 알았다는 사실은 그가 구원받은 사람임을 입증한다. 어떻게 구원받지 못한 사람이 주님의 뜻을 알 수 있겠는가? 분명히 이 사람은 구원받은 사람이다. 자기 주인의 뜻을 알고도 예비하지 않거나 주인의 뜻대로 하지 않은 노예는 매를 많이 맞을 것이다. 매는 무엇을 가리키는가? 나는 모르지만, 분명히 그것은 일종의 징벌일 것이며 유쾌하지는 않은 것일 것이다. 여러분은 매를 맞고 싶은가? 여러분은 이것이 비유일 뿐 실제로 매를 맞는 것은 아니라고 말할지 모른다. 그러나 어쨌든 그것은 여러분을 행복하고 기쁘게 해 주는 것은 아닐 것이다.

계속해서 주님은 알지 못하고 매 맞을 일을 한 노예는 매를 적게 맞을 것이라고 말씀하셨다. "많이 준 사람에게는 많이 요구할 것이고, 많이 맡긴 사람에게는 더 많이 요구할 것입니다."(눅 12:48) 한편으로 이러한 것들에 대하여 분명해진다는 것은 하나님의 긍휼이며, 다른 한편으로 결국 그것은 커다란 책무가 된다. 여러분은 이 절들에 있는 하나님의 순전한 말씀을 갖고 기도하면서 자신이 어디에 있는지를 고려해 볼 필요가 있다. 여러분은 자신이 이 악한 노예보다 더 낫다고 확신하는가? 여러분은 이런 종류의 책임을 감당할 수 없다고 말할지 모른다. 그러나 주 예수님은 결코 여러분에게 그것을 감당하라고 요구하지 않으셨다. 그보다 주님의 태도는 그분께서 요구하시고 또 그분께서 공급하신다는 것이다. 문제가 되는 단 한 가지는 우리가 그분의 공급을 받으려고 하지 않는 것이다. 그분의 은혜는 충분하다. 우리가 연약할 때마다 우리는 강하다. 우리는 오히려 우리의 약한 것을 자랑해야 한다. 왜냐하면 그때 우리는 그리스도를 우리의 충분한 은혜로 누릴 수 있기 때문이다(고후 12:9-12). 변명이 있을 수 없다. 자신이 그렇게 할 수 없다고 말하지 말라. 여러분이 그렇게 말하면, 주 예수님께서 그분이 여러분 안에 계신지 안 계신지를 물으실 것이다. 그분은 여러분에게 왜 그분을 누리지 않았는지, 왜 여러분의 상황과 필요에 그분을 적용하지 않았는지를 물으실 것이다. 그때 여러분은 무엇이라고 말하겠는가? 여러분은 그저 "주님, 저는 당신을 적용하기를 원치 않았습니다."라고 말할 수 있을 뿐이다. 그러면 주 예수님은 "너는 악하고 사악한 노예이다."라고 말씀하실 것이다. 이것은 내 말이 아니다. 이것은 왕국의 출현에 관한 주 예수님의 말씀이다.

주 예수님께서 돌아오시고 왕국이 나타날 때, 그분은 모든 그리스도인들에게 심판을 집행하실 것이다. 그분은 세상 사람들이 아니라 그분 자신의 백성을 먼저 심판하실 것이다. 열 처녀의 비유에 따르면, 우리가 어리석은 사람들이라면 결혼 잔치의 누림을 잃어버릴 것이다. 주님은 이것을 매우 분명히 말씀하셨다. 더욱이 달란트의 비유에 따르면, 우리는 무엇인가를 잃을 뿐 아니라 어떤 고통을 겪기도 할 것이다. 그것은 단지 무엇인가를 잃는 문제만이 아니라 어떤 징벌을 당하는 문제이기도 하다. 여러분이 구원받은 한 그것으로 충분하다고 말하지 말라. 여러분의 구원이 영원히 보장되는 면에 관한 한, 구원받은 것으로 분명히 충분하다. 그러나 영원 전에 천년왕국의 때가 있을 것이다. 천년왕국이 시작될 때, 주님은 우리 모두에 대하여, 즉 그분의 믿는 이들에 대하여 심판을 집행하실 것인데, 그것은 우리가 결혼 잔치에, 왕국의 다스림에, 그분의 즐거움에 참여하도록 허락받을지의 여부를 결정하는 심판이다. 또한 그분은 우리가 얼마의 징벌을 받아야 할지의 여부도 결정하실 것이다. 이것은 작은 일이 아니다. 우리가 오늘날 왕국의 실재 안에서 생활한다면, 주 예수님께서 다시 오실 때 그분은 우리를 왕국의 출현 안으로 초대하실 것이며,

우리는 보상을 받을 것이다. 그러지 않으면 우리는 결혼 잔치의 보상을 잃을 것이고, 어떤 징벌을 받게 될 것이다.

마태복음 19장은 왕국의 다스림과 통치의 방면에 대해서 우리에게 무언가를 더 말해 준다. 그 장은 주 예수님께서 천년왕국 동안 다스리실 때, 베드로나 야고보나 요한과 같은 그분의 사도들도 그분과 함께 왕으로서 다스릴 것임을 우리에게 알려 준다. 마태복음 5장과 6장과 7장은 왕으로서 다스리는 방면을 다루지 않는다. 그 장들은 단지 왕국 생활의 실재를 다룰 뿐이다. 마찬가지로 마태복음 13장도 왕국 안에서의 다스림과 통치를 다루지 않는다. 오히려 그 장은 큰 나무와 가라지와 누룩을 포함한 왕국의 외형을 다룬다. 그러나 마태복음 19장 28절에는 더 전진된 것이 있다. 곧 주 예수님께서 왕이 되시기 위해 오실 때, 그분의 사도들이 공동 왕들이 되리라는 것이다. 이것은 단지 왕국의 실재만이 아니라 왕국의 출현이 될 것이다. 이것으로부터 우리는 왕국에 세 가지 방면, 곧 왕국의 실재와 외형과 출현이 있음을 볼 수 있다. 마태복음 20장도 같은 것을 가리킨다. 그것은 그 기간 동안 주님께서 그분의 왕국에서 다스리실 때에, 어떤 이들이 그분과 함께 앉아 그분과 함께 다스릴 것임을 보여 준다. 이것은 왕국의 실재나 외형이 아닌 왕국의 출현이다. 왕국의 출현 안에서 어떤 이들은 그분과 함께 다스릴 것이다. 이것은 우리가 그분과 함께 왕으로서 다스릴 것이라고 말하는 디모데후서 2장 12절에 의해 확증된다.

이제 우리는 신약의 마지막 책인 요한계시록에 이르렀다. 여기에서 우리는 수확을 본다. 왕국의 씨는 마태복음에서 뿌려졌고, 그 수확은 요한계시록에 있다. 마태복음에는 그리스도와 함께 공동 왕들이 되는 사실의 씨가 있으며, 요한계시록에는 그리스도와 함께 공동 왕들이 되는 사실의 수확이 있다. 그 모든 신실한 사람들, 순교자들은 일으켜지고 부활할 것이며, 그리스도와 함께 공동 왕이 되어 천 년 동안 땅을 다스릴 것이다(20:4-6). 이것은 분명히 왕국의 실재나 외형이 아니라 왕국의 출현이다.

우리는 모두 왕국 복음을 받을 필요가 있다. 우리는 생명의 복음, 은혜의 복음을 받았지만, 또한 왕국 복음을 받아야 한다. 어느 날 왕국이 출현할 것이다. 그 출현에 우리가 포함되느냐 아니면 거기에서 내쫓기느냐는 작은 일이 아니다. 우리 모두는 이런 왕국의 문제에 대처하기 위해 회개하고 자신을 헌신할 필요가 있다.

38

왕국의 출현(3)

The Manifestation
of the Kingdom (3)

제38장
왕국의 출현(3)

성경: 마 16:27, 고후 5:9-10, 고전 4:5, 3:12-15, 9:24-27, 딤후 4:6-8, 벧전 5:4, 계 22:12

위에 있는 성경의 절들 모두는 세 가지 항목, 곧 주 예수님의 두 번째 오심과, 왕국의 출현과, 보상을 받느냐 아니면 손실을 입느냐의 문제와 관련된다. 많은 그리스도인들이 주 예수님의 두 번째 오심과 하나님의 왕국의 임함에 대해 말하기를 좋아한다. 불행하게도 그들은 많은 때 성경의 순수한 말씀에 따라서가 아니라, 자신들의 관념에 따라서 이러한 것들에 대해 말한다. 그들은 두 번째 오심이나 왕국에 대해서 어떤 것을 이야기하면서도 성도들이 보상을 받느냐 아니면 손실을 입느냐에 대해서는 거의 말하지 않는다. 그러나 우리가 순수한 말씀으로 되돌아간다면, 위의 절들이 마태복음 16장 27절의 발전임을 볼 것이다. 마태복음 16장에는 하나의 작은 씨가 있다. "왜나하면 사람의 아들이 아버지의 영광 안에서 자기 천사들과 함께 올 것인데, 그때에 각 사람에게 그 행위대로 갚아 줄 것이기 때문입니다." 성경의 순수한 말씀을 읽음으로써 우리는 주님의 계시에 속한 어떤 것을 볼 수 있으며, 또한 그분의 관념에 대해서도 볼 수 있다.

마태복음 16장 27절은 사람의 아들이 아버지의 영광 안에서 오실 때 그분을 믿는 각 사람을 구원하시리라고 말하지 않는다. 그보다 그분께서 각 사람에게 그 행위대로 갚아 주실 것이라고 말한다. 그 믿음대로가 아니라 그 행위대로 갚아 주신다고 말한다. 의롭게 되는 것은 믿음에 의한 것이지 행위에 의한 것이 아니다. 우리는 행위에 의해 구원받지 않고 믿음에 의해 구원받는다(엡 2:8-9). 마태복음 16장 27절은 구원의 문제가 아닌 보상의 문제와 관련된다. 나는 많은 그리스도인들이 그들의 그리스도인 사전에 이 '보상'이라는 단어가 없을까 봐 염려된다. 우리는 주 예수님께서 다시 오실 때, 그분께서 각 사람을 그 행위대로 보상하시리라는 것에 대해 강한 인상을 받아야 한다.

보상

보상은 하늘의 저택이 아니다. 다시 우리는 성경의 순수한 말씀을 살펴보아야 한다. 현명한 처녀들에게 있어서 보상은 결혼 잔치의 누림이다. 신실한 노예들에게 있어서 보상은 주님의 기쁨에 참여하는 것과 민족들에 대한 통치와 권위이다. 여러분은 주 예수님께서 오실 때, 여러분이 보상을 받으리라고 확신하는가? 여러분은 주 예수님께서 오고 계신다는 것과 여러분이 그분을 만난다는 것으로 인해 매우 기뻐할지 모르지만, 여러분이 그분을 만날 때 그분은 여러분에게 보상을 주실 것인가? 나는 주 예수님께서 다시 오실 때 우리가 보상을 얻지 못하고 폭로될까 봐 두렵다. 보상은 우리의 행위에 근거할 것이다. 구원받은 후에 우리가 주님을 위하여 어떻게 살고 행하고 기능을 발휘하고 일하는가가 주님께서 우리에게 보상하시는 근거이다. 이러한 관념은 마태복음 16장 27절에 씨로서 뿌려졌다.

이제 고린도후서 5장 9절과 10절을 읽어 보자. 이 절들에서는 마태복음 16장에서 뿌려진 씨가 꽃을 피우게 된다. "그러므로 우리는 몸을 입고 살든지 몸을 떠나서 살든지 주님을 기쁘시게 해 드리려는 큰 뜻을 품고 있습니다. 왜냐하면 우리 모두가 반드시 그리스도의 심판대 앞에 나타나, 각 사람이 선이든 악이든 자기 몸으로 행한 것에 따라 그대로 대갚음을 받기 때문입니다." 주님을 기쁘시게 해 드리기 위하여 우리는 주님을 기쁘시게 해 드리려는 큰 뜻을 품어야 한다. 이것은 하늘의 저택에 가려는 포부가 아니다. 그렇지 않다! 이 절들은 하늘의 저택을 언급하는 것이 아니라 오히려 그리스도의 심판대를 언급한다. 그 절들은 우리가 구원받기 위해 심판대 앞에 나타날 것이라고 말하지 않는다. 오히려 그 절들은 우리가 우리의 몸으로 행한 것에 따라 무엇인가를 받게 될 것이라고 말한다. 우리가 무언가 선한 일을 행했다면, 보상을 받을 것이다. 우리가 무언가 악한 일을 행했다면, 어떤 종류의 징벌을 받을 것이다.

어떤 이들은 주님의 구속이 다 이루어졌기 때문에, 곧 그분께서 그들을 위해 죽으셨기 때문에 그들은 아무런 징벌을 당할 필요가 없다고 따질지도 모른다. 그들의 관념에 따르면, 그것은 단지 구원받느냐 아니면 멸망하느냐의 문제일 뿐이다. 그들이 구원받았다면 어느 날 그들은 하늘에 가게 될 것이다. 그들이 잃어버린 바 되었다면 어느 날 그들은 지옥에 갈 것이다. 이것이 오늘날 많은 그리스도인들이 가지고 있는 근시안적이고 잘못된 관념이다.

우리는 하나님의 순수한 말씀으로 되돌아가야 한다. 고린도후서 5장 9절과 10절은 우리가 다 그리스도의 심판대 앞에 나타나리라고 말한다. 거기서는 우리가 은혜의 보좌 앞에 나타나게 된다고 말하지 않는다. 어떤 이들은 고린도후서에 언급된 그리스도의 심판대가 요한계시록 20장에서의 크고 흰 보좌와 동일하다고 잘못 생각하였다. 이것은 잘못된 생각이다. 크고 흰 보좌는 천년왕국 이후에 부활할 믿지 않는 이들의 심판을 위한 것이다. 흰 보좌에서의 심판은 보상을 위한 것이 아니라, 누가 구원을 받으며 누가 멸망을 받는가를 결정하기 위한 것이다. 그 심판은 영원한 멸망과 관계된다. 고린도후서에 언급된 그리스도의 심판대는 믿지 않는 이들에 대한 것이 아니라 믿는 이들에 대한 것이다. 그들이 구원받느냐 아니면 잃어버린 바 되느냐를 결정하는 것이 아니라, 그들이 보상을 받을 것인지 손실을 입을 것인지를 결정한다. 여기서의 '손실'이라는 단어는 사실상 약한 단어이다. '징벌'이라고 하거나 아니면 히브리서 12장에 따라 '징계'라고 하는 것이 더 낫다.

많은 근본주의적인 그리스도인들은 주님께서 오실 때 어떤 그리스도인이 징벌을 받거나 징계를 받는다고 생각하는 것을 꺼려 한다. 그리스도인들이 주님에게서 어떤 징계를 받을 필요가 있음을 인정하는 사람들까지도 그것이 단지 이 시대에 일어날 뿐 다음 시대에는 일어나지 않는다고 생각한다. 그러나 나는 하나님의 자녀들에 대한 그분의 징계가 이 시대에 일어날 뿐 다음 시대에는 일어나지 않는다고 말하는 절을 신약에서 한 군데도 찾아 볼 수 없다. 그와는 반대로, 어떤 절들은 주님께서 돌아오신 후에 그분의 자녀들을 다루시리라는 것을 가리킨다. 예를 들어, 누가복음 12장 46절과 47절은 이렇게 말한다. "예기치 않은 날, 알아채지 못하는 시각에 그 노예의 주인이 와서 그를 엄하게 처벌하고, 믿지 않는 이들이 받을 벌을 내릴 것입니다. 주인의 뜻을 알고도 예비하지 않았거나 그 뜻대로 행하지 않은 노예는 매를 많이 맞을 것입니다." 이 절들은 주님께서 이 시대뿐 아니라 다시 돌아오신 후에도 여전히 그분의 자녀들을 다루신다는 것을 보여 준다.

어떤 그리스도인들은 그들이 죽은 후 또는 주님께서 다시 오신 후에는 징벌이나 징계의 가능성이 사라질 것이라고 생각한다. 그들은 죽는 것이 징벌로부터 졸업하는 것이라고 생각한다. 그들은 자신의 관념을 떨쳐버리고 순수한 말씀으로 되돌아와야 한다. 그들은 고린도후서 5장 9절과 10절을 다시 한번 읽어 볼 필요가 있다. 어떤 이들은 주님께서 긍휼이 많으시고 은혜로우시기 때문에 그때 그들을 용서하실 것이라고 생각할지도 모른다. 그들은 그때 그들이 기도하고 회개할 수 있으며, 모든 것이 잘되리라고 생각할 수도 있다. 이것은 그들이 주님의 시대적인 경륜을 모른다는 것을 의미한다. 오늘날은 주님의 용서하심이 있는 시대이다. 일단 주님께서 돌아오시면 용서의 시대는 끝날 것이다. 그때가 되면 회개하기에는 너무 늦을 것이다. 오늘날 여러분이 회개한다면, 여러분이 여러분의 죄들을 자백한다면, 주님은 분명히 여러분을 용서하실 것이다. 그러나 여러분이 오늘 회개하거나 자백하지 않고 심판대 앞에 서는 그날까지 기다린다면, 그것은 너무 늦을 것이다. 여러분은 그때 회개하고 자백하려고 할지 모르지만, 주님은 회개하고 자백하는 시대와 때가 지나갔다고 말씀하실 것이다.

동일한 원칙이 믿지 않는 이들에게도 적용된다. 오늘날은 은혜 시대이다. 어떤 믿지 않는 이라 할지라도 주님께 회개하고 자백함으로써 구원을 받을 수 있다. 그러나 주 예수님께서 다시 오실 때에는 그 누구도 회개하고 자백함으로써는 구원을 받지 못할 것이다. 왜냐하면 그때는 그렇게 하기에 너무 늦을 것이기 때문이다. 스가랴서 12장 10절부터 14절까지는 주님께서 다시 오실 때 회개하는 유대인들을 언급한다. 지금은 우리 모두가 회개하고 우리의 실패와 허물들을 자백할 때이다. 오늘날 우리가 회개하고 자백하며 주님의 보배로운 피를 적용한다면, 분명히 그분은 우리를 용서하실 것이다. 그러나 그때는 그러지 않으실 것이다. 우리가 그리스도의 심판대 앞에 설 때, 용서의 시대는 끝날 것이다. 용서의 때가 지나갔을 것이기 때문에 여러분은 어떤 징벌을 받아야 할 것이다. 여러분이 그 고통을 손실이라 부르든 징계라 부르든 아니면 주님의 다루심 또는 징벌이라 부르든 그것은 중요하지 않다. 용어는 아무 의미가 없다. 고려해야 할 사실은 여러분이 그리스도의 심판대에 대해 말하는 고린도후서 5장 10절을 감안해야 한다는 것이다.

고린도전서 4장 5절은 "그러므로 때가 이르기 전, 곧 주님께서 오실 때까지 아무것도 판단하지 마십시오. 그분께서 어둠에 감추어진 것들을 밝혀내시고 마음의 의도들을 나타내실 것이니, 그때에 각 사람은 하나님께 칭찬을 받을 것입니다."라고 말한다. 이 절도 주님께서 다시 오실 때 그분의 자녀들을 심판하시리라는 것을 가리킨다. 그때에 그분은 외적인 일들만이 아니라 내적인 동기까지도 심판하실 것이다. 그분은 감추어진 모든 것을 밝혀내실 것이고, 여러분의 마음속에 감추어진 모든 것을 드러내실 것이다. 그때에 여러분은 주님에게서 보상을 받든지 아니면 일종의 다루심을 받든지 할 것이다.

불로 검증됨

이제 고린도전서 3장 12절부터 15절까지에 이르렀다. 이 절들은 매우 분명하다. "누구든지 이 기초 위에 금이나 은이나 보석이나 나무나 풀이나 짚으로 건축하면, 그날에 각 사람의 일이 나타나게 될 것입니다. 그날이 그 일을 밝혀 줄 것입니다. 왜냐하면 그 일이 불로 말미암아 드러나게 되기 때문입니다. 이 불이 각 사람의 일이 어떠한 종류의 것인지를 검증해 줄 것입니다. 그 기초 위에 건축한 일이 남아 있는 사람은 보상을 받을 것이고, 그 일이 불타 버린 사람은 손실을 입게 될 것입니다. 그러나 그 사람 자신은 구원을 받지만, 불을 통과하여 받는 것과 같을 것입니다." 이 절들은 우리의 모든 일이 불로 검증될 것이라고 우리에게 알려 준다. 우리가 금과 은과 보석으로 건축한다면 그것들은 남아 있을 것이다. 우리가 나무와 풀과 짚으로 건축한다면 그것들은 불타 버릴 것이다. 우리의 일이 그때 그대로 남아 있다면 우리는 보상을 받을 것이다. 위의 말씀은 우리가 구원을 받을 것이라고 하지 않고 보상을 받을 것이라고 말한다. 우리는 구원받는 것에 더하여 보상을 받을 것이다. 더 나아가 위의 말씀은 사람의 일이 불타 버리면 그가 멸망할 것이라고 말하지 않는다. 그가 손실을 입을 것이라고 말한다. 손실을 입는다는 것은 멸망한다는 뜻이 아니다. 그 절의 마지막 부분은 그 사람 자신은 구원을 받을 것이라고 말한다. 그러나 여러분은 구원받은 한 문제가 없다고 말함으로써 스스로를 위로하려고 하지 말라. '불을 통과하여'라는 말을 소홀히 여기지 말라. '불을 통과하여'라는 말은 무엇을 뜻하는가? 나는 모르지만, 성경의 순수한 말씀이 주님께서 다시 오실 때 우리가 '불을 통과하여' 구원받으리라고 말한다는 것은 안다. 분명히 이것은 유쾌한 체험이 아닐 것이다.

고린도전서에 있는 이 절들은 유대인들에게 적용된다거나, 이것은 그리스도 안에 있는 믿는 이들에게는 적용되지 않는 시대적인 문제라는 생각을 하지 말라. 고린도전서가 헬라의 한 도시인 고린도에 있던 이방인 믿는 이들에게 쓴 서신임을 기억하라. 이것은 각처에서 주님의 이름을 부르는 이들에게 쓴 편지였다(1:2). 이것은 이 편지가 또한 우리에게 쓰였음을 의미한다. 우리는 이 말씀을 주의해야 한다. 우리는 구원받은 후에 결코 구원을 잃지 않을 것이다. 일단 하나님께서 여러분에게 구원을 주시면 그것은 영원한 것이다. 손실을 입는 것은 우리의 구원을 잃는 것을 말하는 것이 아니다. 우리 하나님은 그렇게 간단하지 않으시다. 심지어 부모들도 자녀들을 다룰 때 그렇게 간단하지 않다. 자녀들이 좋을 때 부모는 자녀들에게 보상으로서 어떤 좋은 것을 줄 것이다. 또 자녀들이 나쁠 때 부모는 자녀들을 벌할 것이다. 땅의 부모에게도 이런 지혜가 있을진대, 우리 하늘의 아버지께는 훨씬 더 많은 지혜가 있으시지 않겠는가!

상을 받음

고린도전서 9장 24절부터 27절까지에서 동일한 관념이 이어진다. "경기장에서 달리기를 하는 사람들이 모두 달리지만, 상을 받는 사람은 한 사람뿐이라는 것을 여러분은 알지 못합니까? 이와 같이 여러분도 상을 붙잡기 위해 달리십시오. 경기에서 이기려고 다투는 사람마다 모든 일에 자제합니다. 그런데 그들은 썩어질 월계관을 받으려고 하지만, 우리는 썩지 않을 것을 받으려고 합니다. 그러므로 나는 이와 같이 달리되 목표가 분명하지 않은 것처럼 하지 않고, 이와 같이 권투하되 허공을 치는 것처럼 하지 않습니다. 오히려 나는 나의 몸을 쳐서 노예로 삼습니다. 이것은 내가 남들에게는 전파하면서도 정작 나 자신이 시험에 견디지 못하는 일이 없도록 하기 위한 것입니다." 이 절들에서 바울은 자신이 시험에 견디지 못하는 사람이 될까 봐 두려워했다고 말한다. 이것은 그가 자신이 멸망할 수도 있음을 두려워했다는 뜻인가? 결코 그렇지 않다! 이것은 다만 그가 상, 곧 월계관을 잃어버릴까 봐 두려워했다는 뜻이다. 그런 두려움 때문에 그는 자기 몸을 쳐서 노예로 삼기를 훈련했다. '시험에 견디지 못하다'라는 말은 사실상 거절당한다는 뜻이다. 이것은 구원이 아닌 상을 거절당한다는 뜻이다. 구원받은 후에 우리는 합당하게 경주를 해야 하며 올바른 방식으로 싸워야 한다.

의의 면류관

바울은 순교하기 직전인 생의 끝 무렵에, 자신이 상을 받으리라는 확신이 생겼다. "나는 이제 부어지고 있으며, 내가 떠날 때가 가까이 왔습니다. 나는 선한 싸움을 싸웠고, 달려야 할 길을 다 달렸으며, 믿음을 지켰습니다. 이제 후로는 나를 위하여 의의 면류관이 준비되어 있습니다. 의로운 재판장이신 주님께서 그날에 나에게 그것을 보상으로 주실 것인데, 나에게만 아니라 그분께서 나타나시기를 사모하는 모든 사람에게 주실 것입니다."(딤후 4:6-8) 바울은 자신이 이미 부어지고 있다고 말했다. 이것은 그가 순교자로 하나님께 드려질 준비가 되었다는 뜻이다. 그는 떠날 때가 가까이 왔음을 깨달았으며, 자신이 선한 싸움을 싸웠고 달려야 할 길을 다 달렸다는 확신이 있었다. 고린도전서 9장에서 그는 자신이 달리고 있다고 말했으나, 디모데후서에서는 자신이 달려야 할 길을 다 달렸다고 말했다. 그는 믿음을 지켰고 경주를 다 마쳤기 때문에, 자신에게 영원한 보증이나 은혜의 면류관이 아닌 의의 면류관이 준비되어 있다는 것을 확신했다. 그는 의로운 재판장이신 주 예수님께서 그날에 그에게 의의 면류관을 주실 것임을 확신했다. 그는 계속해서 주 예수님께서 그런 면류관을 그분께서 나타나시기를 사모하는 모든 사람에게도 주실 것이라고 말했다. 이 절들에서 바울은 주님을 은혜로운 재판장으로 보지 않고 의로운 재판장으로 본다. 의의 면류관은 우리의 구원과는 아무런 관계가 없다. 우리의 구원은 한 번 만에 해결되어 영원까지 이른다. 그러나 우리가 상으로 의의 면류관을 받을 것인지의 여부는 어떻게 경주를 하느냐에 달려 있다.

영광의 면류관

사도 베드로도 동일한 관념을 가졌다. 베드로전서 5장 4절에서 그는 "그러면 여러분은 목자장께서 나타나실 때에 시들지 않는 영광의 면류관을 받을 것입니다."라고 말했다. 영광의 면류관은 구원에 더해진 어떤 것이다. 우리는 구원을 받았다. 그러나 영광의 면류관을 받을 것인지의 여부는 우리가 어떻게 행동하며 그분을 위해 어떻게 일하는가에 달려 있다.

보상의 씨의 수확은 요한계시록 22장 12절에 있다. "보아라, 내가 속히 가겠다. 내가 줄 상벌이 나에게 있으니, 각 사람에게 그의 일에 따라 갚아 주겠다." 이 씨는 마태복음 16장에서 뿌려졌고, 서신서들에서 자라 꽃이 피었으며, 이제 요한계시록 22장 12절에서 수확된다. 주 예수님은 그분이 구원이 아닌 보상을 갖고 오시겠다고 말씀하셨다. 여러분이 죽거나 주님께서 돌아오시면 여러분의 모든 문제가 해결되리라고 생각하지 말라. 여러분이 합당한 공과를 배우지 못하고 주님 안에서 성숙하지 못했다면, 여러분에게는 여전히 문제가 있을 것이고 주님은 여러분을 다루실 것이다. 여러분이 오늘 주님을 먹지 않고, 그분으로 하여금 여러분을 적시시게 하지 않는다면, 그분께서 다시 오실 때 여러분에게는 문제가 있을 것이다. 그분은 여러분을 다루실 것이다. 여러분은 죽기 전에든 아니면 부활한 후에든 성숙되어야 하고 공과들을 배워야 한다. 오늘날에 배울지 아니면 그날에 배울지는 여러분이 결정할 사안이다. 오늘 공과들을 배우고 오늘 주님 안에서 성숙한다면, 여러분은 왕국의 출현, 곧 주님의 기쁨에 들어갈 자격을 얻게 될 것이다. 오늘 공과들을 배우지 못한다면, 여러분은 왕국의 출현을 잃어버릴 것이다. 왜냐하면 여러분에게는 들어갈 자격이 없기 때문이다. 그때에 여러분은 여전히 성숙되어야 할 것이지만, 왕국의 출현 안으로 들어가기에는 너무 늦을 것이다. 학생이 공부하지 않는다면 졸업하지 못할 것이다. 그가 공부를 잘하면 졸업할 뿐 아니라 상도 받을 것이다. 학교에서 여러분이 이번 학기에 과목을 통과하지 못하면, 다음 학기에 동일한 과목을 이수해야 할 것이다. 결국 여러분은 졸업하기 위해 모든 과목을 이수해야 한다. 나는 주 예수님을 믿는 한 죽을 때 모든 것이 잘되리라는 관념을 떨쳐 버릴 것을 여러분에게 간청한다. 여러분은 죽음으로써 졸업할 것이라고 생각하지 말라. 여러분은 여전히 자격을 갖추어야 한다.

성경의 순수한 말씀에 따라, 우리는 우리가 주님으로 적셔져야 하고, 또 성숙되어야 한다는 것을 분명히 알고 있다. 우리가 이 시대에 성숙되지 않고 적셔지지 않는다면 다음 시대에 적셔지고 성숙되어야 한다. 비록 주님께서 그때 우리를 어떻게 다루실 것인지에 대해 세세한 내용을 알려주지는 않으시지만, 그분은 우리에게 분명한 원칙을 주신다. 그 원칙은 우리가 구원받은 후에 그분과 함께 나아가야 하고, 그분을 누려야 하며,

그분으로 적셔져야 하고, 그분 안에서 성숙되어야 한다는 것이다. 그러지 않으면 우리가 어떤 고통을 겪는다는 것은 확실한 사실이다. 우리는 무엇인가를 잃어버릴 것이며 어떤 고통을 겪을 것이다. 그러나 우리가 주님과 협력한다면, 그분께서 돌아오실 때 우리는 구원에 더하여 상으로서 무엇인가를 받게 될 것이다. 이것은 왕국이 출현할 때 이루어질 것이며, 이것은 왕국의 출현의 일부분이다. 자격이 없다면 우리는 왕국의 출현에 참여할 수 없을 것이다. 우리가 왕국의 출현에 참여하려면, 우리는 오늘날 왕국의 실재 안에서 살아야 한다. 오늘날 왕국의 실재 안에서 사는 사람들만이 그날에 왕국의 출현 안으로 옮겨질 것이다. 은혜로우신 주님께서 우리가 그분과 협력할 수 있게 하시고 우리를 그분으로 적셔지게 하셔서, 그분이 다시 오실 때 우리가 보상으로서의 그리스도에 대한 최상의 누림을 얻기 위해 왕국의 출현 안으로 들어갈 수 있게 하시기를 바란다.

39

왕국의 실재가 왕국의 출현 안으로 옮겨짐

The Transfer of the Reality of the Kingdom into Its Manifestation

제39장

왕국의 실재가 왕국의 출현 안으로 옮겨짐

성경: 마 24:30, 13:39하-43, 계 14:1-5, 14-16, 3:10, 12:5-6, 출 23:19상, 레 23:22

주 예수님은 돌아오셔서 그분의 모든 종들과 계산하실 것이다. 신실했던 사람들은 칭찬받고 보상을 얻게 될 것이지만, 신실하지 못했던 사람들은 손실과 징벌을 당할 것이다. 신실하지 못한 사람들이 주님에게서 받았던 것은 그들에게서 취해져서 다른 사람들에게 주어질 것이다. 우리가 오늘날 주님께 신실하지 않다면, 그분이 다시 오셔서 우리와 계산하실 때 우리는 그분에게서 은사로 받았던 것을 잃어버릴 것이며, 결혼 잔치와 천년 동안 공동 왕들로서 주님과 함께 왕으로서 다스리는 기쁨을 놓칠 것이다. 게다가 우리는 어떤 징계, 징벌을 겪을 것이다. 이것은 성경 안에 있는 주님의 순수한 말씀에 따른 것이다. 우리는 모두 이것을 내주하시는 그리스도께 신실해야 한다는 분명하고도 진지한 경고로 받아들여야 한다. 우리가 오늘날 그분의 은혜를 남용한다면, 그분께서 돌아오실 때 우리는 고통을 겪을 것이다.

우리는 왕국에 세 방면, 곧 실재와 외형과 출현이 있음을 이미 지적했다. 이제 왕국의 출현이 바로 왕국의 실재가 옮겨진 것임을 볼 필요가 있다. 다음 시대에 왕국의 실재는 왕국의 출현이 될 것이다.

왕국의 외형은 어떻게 될 것인가? 왕국의 실재가 왕국의 출현으로 옮겨질 때 왕국의 외형은 불타 없어질 것이다. 현시대 동안에는 왕국의 실재와 왕국의 외형이 동시에 진행된다. 그러나 주님께서 다시 오실 때, 그분의 천사들이 모든 가라지들을 단으로 묶어 불구덩이 속에 던질 것이다(마 13:41-42). 가라지들이 주님의 왕국에 많은 손상을 끼쳤을 것이므로, 그분은 매우 진노하실 것이며 그것들을 혐오하실 것이다. 그러므로 그분은 다시 오실 때 먼저 왕국의 외형을 묶어 불구덩이 속에 던져 넣으심으로써 그것을 처리하실 것이다. 그런 다음 그분은 왕국의 실재를 다음 시대로 옮겨 왕국의 출현이 되게 하실 것이다.

이제 우리는 주님께서 어떻게 그러한 이전(移轉)을 이루실 것인지 살펴볼 필요가 있다. 다시 한번 천국과 하나님의 왕국 사이의 차이를 보여주는 35장의 도표를 참고함으로써, 여러분은 하나님의 왕국이 여섯 부분으로 구성되었음을 볼 수 있다. 여기에서 우리는 네 번째와 다섯 번째 부분만 다루고 있다. 네 번째 원의 가장 내부에는 천국의 실재가 있다. 이 원은 천국의 외형을 나타내는 보다 큰 원으로 둘러싸여 있다. 주 예수님께서 다시 오실 때, 그분은 천국의 외형을 묶어 그것을 불구덩이 속에 던지실 것이다. 그것은 왕국의 외형을 종결할 것이다. 네 번째 부분인 천국의 외형이 끝날 때 왕국의 실재가 다음 부분인 천년왕국 안으로 옮겨질 것이다. 그곳으로 옮겨진 후에 왕국의 실재는 왕국의 출현이 될 것이다.

참된 그리스도인들과 거짓된 그리스도인들

왕국의 실재가 왕국의 출현 안으로 옮겨지는 것은 성도들의 휴거로 성취될 것이다. 대부분의 그리스도인들은 이 시대 끝에 주 예수님께서 다시 오시고 믿는 이들이 휴거되리라는 것을 깨닫고 있다. 시대가 종결될 때 두 범주의 그리스도인들이 있을 것이다. 곧 참된 그리스도인들인 거듭난 이들과 거짓된 이들인 가라지들이 있을 것이다. 거짓된 이들은 명목상의 그리스도인들, 즉 이름뿐인 그리스도인들이다. 이들은 믿지 않는 '믿는 이들'이라고 할 수 있을 것이다. 그들은 주님의 왕국에 많은 손상을 끼쳤을 뿐 아니라 또한 주님 자신께 모욕과 모독이 되었다. 이 거짓된 그리스도인들이 왕국의 외형을 형성하며, 이 왕국의 외형은 주님께서 돌아오실 때 불태워질 것이다.

이기는 그리스도인들과 패배한 그리스도인들

진정한 참된 그리스도인들 가운데에도 추가적인 구분이 있을 것이다. 이들 가운데 어떤 이들은 이기는 그리스도인들이 될 것이고, 다른 이들은 패배한 그리스도인들이 될 것이다. 그들은 참된 그리스도인들이지만 패배했다. 그들은 참된 그리스도인들이지만 그들의 그리스도인의 삶은 실패이다. 그러나 그것이 실패라는 사실이 그들이 참된 그리스도인들이 아니라는 것을 의미하지는 않는다. 분명히 그들은 참된 그리스도인들이다. 따라서 주님께서 다시 오실 때, 우리는 이기는 이들이든지 아니면 패배한 이들일 것이다.

모든 이기는 그리스도인들은 왕국의 실재 '안에' 있으며, 그들이 왕국의 실재'이다'. 패배한 이들은 그들이 비록 교회, 즉 부름받은 이들이라 할지라도 선택된 이들은 아니다. 마태복음 22장 14절에 있는 주님의 말씀을 기억하라. "부름받은 사람들은 많으나, 선택받은 사람들은 적습니다." 교회 안에 있는 모든 사람들이 부름을 받았지만, 왕국의 실재 안에 사는 이들만이 선택될 것이다. 주 예수님께서 돌아오실 때, 이러한 세 부류의 그리스도인들이 있을 것이다. 즉 거짓 그리스도인들과, 참되고 이기는 그리스도인들과, 참되기는 하지만 패배한 그리스도인들이다. 주님께서 우리에게 긍휼을 베푸셔서 우리가 거짓 그리스도인들이나 패배한 그리스도인들이 되지 않고, 이기는 그리스도인들이 될 수 있게 하시기를 바란다.

주 예수님께서 다시 오실 때, 참된 그리스도인들은 이기는 이들이 되었든 패배한 이들이 되었든 모두 주님께 모이게 될 것이다. 주님은 그들 모두를 모으실 방법이 있으시다. 비유로 말하자면, 그분의 수확물을 거두어들일 방법이 있으시다. 밀을 수확하거나 거둔다는 것은 밀을 밭에서 채어 가는 것을 의미한다. 주 예수님은 우리를 세상인 밭에서 채어 가실 것이다. 이것은 참된 믿는 이들 모두가 땅에서 취해져 간다는 뜻이다.

마태복음 13장 30절은 "둘 다 수확 때까지 함께 자라게 두어라. 수확 때에 내가 거두는 이들에게 일러서, 가라지는 먼저 모아 단으로 묶어 불사르고, 밀은 내 곳간에 거두어들이라 할 것이다."라고 말한다. 이 절에서 주님은 그분께서 밀을 곳간으로 거두어들이실 것이라고 말씀하신다. 곳간은 무엇이며 어디에 있는가? 주 예수님은 경작처럼 그런 단순한 예를 들어 왕국의 비밀을 설명하실 만큼 참으로 지혜로우시다. 우리는 모두 농부가 곳간에서 살지 않고 집에서 산다는 것을 안다. 곳간은 밭에 있지 않고 농부의 집에도 있지 않다. 오히려 곳간은 밭과 집 사이의 어떤 곳에 있다. 그것이 집에 가까이 있을지라도 집은 아니다. 이 비유에서 세상은 밭으로 상징되고 셋째 하늘은 아버지의 집으로 상징된다. 주 예수님의 집은 셋째 하늘에 있다. 그러면 하늘과 세상 사이에는 무엇이 있는가? 그 사이에는 공중이 있다. 데살로니가전서 4장 17절은 살아남아 있는 이들이 구름 속으로 이끌려 올라가 공중에서 주님을 만나게 될 것이라고 말한다. 그 절은 그들이 땅에서나 하늘에서 주님을 만나리라고 하지 않고, 오히려 공중에서 만나리라고 말한다. 여기서의 공중은 마태복음 13장에 있는 곳간과 일치한다. 이 문제에 이를 때, 우리는 분별력을 사용해야 하며 깨어 있어야 한다. 셋째 하늘에 가는 것이 공중에 가는 것과 같다고 부주의하게 생각하지 말라. 이 둘 사이에는 큰 차이가 있는데, 그것은 농부의 곳간과 집 사이에 차이가 있는 것과 같다. 곳간이 집에서 가까울지라도 그것은 밭과 농부의 집 사이에 있는 어떤 곳이다.

어느 날 주 예수님은 구름을 타고 공중으로 오실 것이다. 분명히 하나님께서 거주하시는 셋째 하늘에는 구름이 없다. 그러나 땅을 둘러싼 공중에는 구름이 많이 있다. "또 내가 보니, 흰 구름이 있었고, 그 구름 위에는 사람의 아들과 같은 분께서 머리에 금면류관을 쓰시고 손에 예리한 낫을 가지시고 앉아 계셨습니다. 또 다른 천사가 성전에서 나와서 구름 위에 앉으신 분께 큰 음성으로 부르짖었습니다. '주님의 낫을 대시어 곡식을 거두십시오. 땅의 곡식이 익었으니 거둘 때가 되었습니다.' "(계 14:14-15) 구름 위에 앉아 계신 분은 누구이신가? 확실히 그분은 주 예수님 자신이시다! 낫은 무엇인가? 이것은 천사들을 가리킨다. 주 예수님께서 그분의 천사들을 보내시어, 가라지들은 묶어 불구덩이 속에 던지고, 모든 밀은 곳간으로 거두어들이게 하실 것이다. 마태복음 13장은 밀이 곳간으로 거두어들여질 것이라고 말하며, 데살로니가전서 4장 17절은 우리가 다 공중에서 주님을 만날 것이라고 말한다.

첫 열매

요한계시록 14장 14절에서 수확물이 거두어지기 전에, 이미 한 번의 거둠이 있었다. 요한계시록 14장 1절은 "또 내가 보니, 어린양께서 시온산에 서 계시고 그분과 함께 십사만 사천 명이 서 있는데, 그들의 이마에는 어린양의 이름과 그분의 아버지의 이름이 기록되어 있었습니다." 라고 말한다. 요한계시록 14장 4절에 따르면, 이들은 하나님과 어린양께 드려진 첫 열매이다. 그들은 공중에 서 있지 않고, 시온산 위의 보좌에 서 있다. 이곳은 하나님께서 거하시는 하늘에 있는 시온산을 가리킨다. 이와 같이 첫 열매는 공중, 즉 곳간으로 가지 않고 직접 셋째 하늘에 있는 아버지의 집으로 갔다. 그러나 수확물은 곳간, 곧 공중으로 갈 것이다.

사내아이

요한계시록 12장 5절은 "그 여자가 아들, 곧 쇠막대기로 모든 민족을 다스릴 사내아이를 낳았으며, 그 아이는 하나님과 하나님의 보좌로 이끌려 올라갔습니다."라고 말한다. 사내아이, 곧 이기는 이들은 공중으로 이끌려 올라가지 않고, 셋째 하늘에 있는 하나님의 보좌로 이끌려 올라갈 것이다. 수확물은 곳간에 해당되는 공중으로 가지만, 첫 열매는 농부의 집에 해당되는 시온산의 하나님의 보좌로 간다. 사내아이도 보좌로 휴거된다.

구약의 예표

구약은 출애굽기 23장 19절에서 이 원칙의 분명한 예표를 제시해 준다. 거기에서는 토지에서 거둔 첫 열매를 여러분의 하나님 여호와의 집에 가져와야 한다고 말한다. 첫 열매는 곳간으로 가지 않고 직접 하나님의 집으로 간다. 이것은 첫 열매가 아버지의 만족을 위한 것임을 가리킨다. 이로써 우리는 그리스도인들의 휴거가 단 한 번에 일어나지 않으리라는 것을 볼 수 있다. 먼저는 첫 열매의 휴거가 있고, 그다음에는 수확물의 휴거가 있다. 첫 열매는 셋째 하늘로 휴거될 것이지만, 수확물은 공중으로 휴거될 것이다.

사내아이의 휴거의 때

요한계시록 12장 5절과 6절에 따르면, 사내아이의 휴거 이후, 즉 이기는 이들이 셋째 하늘로 이끌려 올라간 후에, 여전히 또 다른 천이백육십 일 혹은 삼 년 반이 있게 될 것이다. 대부분의 성경 학도들은 이 삼 년 반이 다니엘서 9장에서 언급된 마지막 이레의 후반부가 되리라는 것을 깨닫고 있다. 다니엘서 9장 끝에는 칠십 이레가 있다. 먼저는 일곱 이레에 육십이 이레를 더한 육십구 이레가 있다. 그다음에는 최종적으로 마지막 한 이레가 있다. 여기서의 한 이레는 칠 년을 가리킨다. 이 칠 년의 기간은 두 부분으로 나누어진다. 삼 년 반의 첫 번째 부분과 삼 년 반의 두 번째 부분이다. 삼 년 반은 다니엘서와 요한계시록 모두에서 언급된다. 때때로 그것은 '한 때와 두 때와 반 때'(단 12:7)로 언급된다. 그것은 일 년, 이 년, 반년을 가리키며 모두 삼 년 반을 뜻한다. 다른 때에 그것은 마흔두 달 혹은 천이백육십 일로 표기되기도 한다(계 11:2-3, 12:6, 13:5). 삼 년 반 또는 마흔두 달 또는 천이백육십 일은 모두 동일한 기간을 가리킨다.

사내아이는 마지막 한 이레의 중간 시점에 휴거될 것인데, 이것은 사내아이의 휴거 후에 또 다른 삼 년 반이 있을 것임을 뜻한다. 이것은 수확물을 거두는 것이 한 번 이상 있듯이 성도들의 휴거도 한 번 이상 있다는 것을 가리킨다. 먼저는 첫 열매의 추수가 있을 것이고, 그다음에는 수확물을 거두어들임이 있을 것이다. 분명 첫 열매를 거두는 것이 먼저 있을 것이고 수확물을 거두는 것은 나중에 있을 것이다.

레위기 23장 22절에 따르면, 추가적인 수확이 더 있을 것이다. 첫 열매의 추수와 일반적인 수확물의 추수 후에도 어떤 밀알들은 여전히 익지 않았을 것이다. 이것들은 밭모퉁이에 있는 밀알들로서, 그것들이 익으려면 뜨거운 태양 아래서 더 많은 시간을 보내야 한다. 늦게 익은 이 수확물들은 레위기 23장에서 이삭들이라 불린다.

원칙적으로 하나님의 수확물도 세 단계로 거두어지게 될 것이다. 어떤 이들은 첫 열매로 거두어질 것이고, 대다수는 수확물로 거두어질 것이며, 얼마의 소수는 대환난 후의 보다 늦은 때에 수확되기 위해 모퉁이에 있는 이삭들로 세상에 남아 있게 될 것이다. 이것은 매우 심각한 문제이다. 밀밭에서 먼저 익은 밀알들은 밭 중심부 가까이에 있는 것들인 반면에, 모퉁이에 있는 밀알들은 나중에 익는다. 그것들은 작열하는 태양에 의해 고통을 겪고 태워지기 위해 보다 오랜 시간 동안 밭에 남아 있어야 한다. 그다음 그들 역시 익어 수확할 수 있는 상태가 될 것이다. 우리가 일찍 익기를 갈망한다면, 교회생활의 중심부에 있을 필요가 있다. 교회생활의 가장자리에 머물지 말라. 그렇게 한다면 여러분은 밭에서 익도록 남겨질지도 모른다.

성숙의 필요

우리는 하나님의 경작지이며(고전 3:9), 하나님의 경작지로서 우리는 적어도 세 단계의 서로 다른 수확을 가질 수 있다. 일찍 익은 사람들은 주님께 먼저 수확되어 첫 열매인 이기는 이들이 될 것이다. 주님은 이들을 하나님의 만족을 위하여 셋째 하늘에 있는 하나님의 보좌로 데려가실 것이다. 대다수는 수확되기 전까지 익기 위해 또 다른 시간 동안 밭에 남아 있게 될 것이다. 교회생활의 가장자리에, 즉 밭의 모퉁이에 있는 얼마의 사람들은 마지막까지 남아 있게 될 것이다. 이러한 유형의 수확의 예표가 출애굽기 23장과 레위기 23장에서 발견된다. 부분적인 성취는 마태복음 13장에 있으며, 온전한 성취는 요한계시록 14장에 있다. 거기에서 우리는 첫 열매와 수확물을 발견한다. 요한계시록 14장의 기술에 따르면, 첫 열매는 주 예수님으로 적셔진 성도들이다. 그들은 성숙될 때까지 완전히 그리스도로 점유된 사람들이며 그리스도에 의해 데려가진 사람들이다. 많은 주님의 자녀들이 성숙되어야 할 필요에 대해 다소 무지하고 부주의하며 둔한 것 같아서 나는 마음이 아프다. 우리가 하나님의 경작지이자 하나님의 농작물이라니, 이 얼마나 중대한 문제인가! 우리가 밀인 것은 의심할 여지가 없지만, 우리는 얼마나 성숙했는가? 우리는 첫 열매가 될 것인가, 아니면 수확물이 될 것인가, 아니면 이삭들이 될 것인가? 나는 이 말을 진지하게 받아들이고 이 문제를 주님께 가져가라고 여러분에게 간청한다. 우리가 휴거라고 부르는, 하나님의 농작물의 그런 수확을 통해 주 예수님은 왕국의 실재를 왕국의 출현 안으로 옮기실 것이다. 마태복음 13장 43절은 "그때에 의인들은 그들의 아버지의 왕국에서 해처럼 빛날 것입니다. 들을 귀가 있는 사람은 들으십시오."라고 말한다. 여기에서 의인들은 이기는 이들이다. 오늘날 천국의 실재 안에서 사는 사람들은 휴거되어 아버지의 왕국 안으로 옮겨져 그곳에서 빛나는 이들이 될 것이다.

경고가 되는 원칙들

이 문제들의 모든 세부 사항에 관한 호기심으로 인해 유혹을 받지 말라. 주님께서 우리에게 계시해 주시는 것은 하나의 원칙이다. 그 원칙은 주님의 농작물, 즉 그분의 밀이 성숙될 필요가 있다는 것이다. 성숙된 사람들이 먼저 데려가질 것이다. 이어서 첫 열매 이후에는 수확물이 있을 것이다. 첫 열매가 데려가지는 때나 수확물이 데려가지는 때를 가늠해 보려고 할 필요가 없다. 성경을 이런 식으로 이해하려고 하지 말라. 주님은 우리에게 세부 사항들이 아닌 원칙들을 계시해 주신다. 세부 사항들을 기술하려면 수만 쪽이 필요할 것이다. 우리에게 세부 사항들이 필요하지 않지만, 우리는 원칙들로부터 도움을 취할 필요는 있다. 그러므로 여러분의 호기심에 대해서는 잊어버리고, 원칙들을 경고로서 취해야 한다. 우리 모두는 이것을 경고로 취하여 자신이 성숙해야 한다는 것을 깨달아야 한다. 우리는 모두 다음과 같이 기도할 필요가 있다. "주님, 저에게 긍휼을 베푸셔서 제가 첫 열매의 일부가 되게 하시고 이기는 이가 되게 해 주십시오."

여러분이 현명한 처녀가 되도록 기도하라. 여러분이 어리석은 처녀가 되지 않도록 주님께 구원해 주시기를 기도하라. 세부 사항들을 취하려고 하지 말라. 오히려 살아 있고, 너울을 제하며, 계시를 주고, 분발시키며, 격려하는 어떤 말씀을 주님에게서 취하라. 그러지 않으면 여러분은 몇몇 자세한 사항들에 대해서는 분명할지 모르지만, 휴거는 놓칠 수 있다. 비록 여러분이 몇몇 사실들에 대해서는 분명하다 할지라도 이기는 이가 되는 것은 놓칠 수 있다. 경고를 받기 위해 원칙을 붙잡으라. 자세한 사항을 알려는 욕망에 사로잡히지 말라. 우리는 하나님의 목적과 의도를 보아야 하며, 그분과 협력해야 하는 우리의 책임을 보아야 한다. 우리는 성숙될 때까지 그리스도를 누릴 필요가 있으며, 그분께 참여하고 그분을 안으로 받아들일 필요가 있다. 결국 그분은 우리의 결혼 예복으로서 표현되실 것이고, 우리는 그분과 함께하는 공동 왕들이 될 자격을 갖추게 될 것이다. 이 모든 요점을 성경을 체계화하려는 목적으로 취하지 말라. 우리가 단순히 원칙들에 대한 순수하고도 참된 계시를 하나의 경고로서 주의할 수 있도록, 주님께서 우리를 보존해 주시기를 바란다.

40

주님께서 돌아오실 때 믿는 이들을 다루심

The Lord's Dealing with the Believers at His Coming Back

제40장

주님께서 돌아오실 때 믿는 이들을 다루심

성경: 마 24:39하-44, 살전 4:15-17, 고전 15:50-54, 살후 2:1-4, 8, 1:5-10, 빌 3:20-21, 요일 3:2, 계 2:25, 3:3, 16:15, 19:11-16, 22:7, 12

위에 있는 성경의 절들은 모두 주님께서 돌아오실 때 믿는 이들을 어떻게 다루시는지를 계시해 준다. 그 방식은 심판에 의해서, 휴거에 의해서, 선택에 의해서일 것이다.

믿는 이들의 휴거는 밀의 수확에 비유된다. 이 그림에 따르면, 휴거는 무언가 단번에 성취되는 일이 아니다. 고대에 밀의 수확은 세 단계로 이루어졌다. 첫 열매가 거두어졌고, 일반 수확물이 거두어졌으며, 그 후 이삭들이 거두어졌다. 이러한 예시에 따라, 우리는 휴거 또한 하나의 단일 사건으로 일어날 어떤 일이 아님을 볼 수 있다. 오히려 그것은 생명의 성숙의 결과로서 일어나는 일이다. 우리가 주 예수님 안에서 성숙하지 않는다면, 분명 우리는 거두어지지 않을 것이다. 땅에 있는 주님의 농작물인 밀로서 우리는 익을 필요가 있다. 즉 성숙해야 한다. 왜 주님은 그분의 오심을 그처럼 오랫동안 지체해 오셨는가? 그것은 그분의 성도들 가운데에 충분한 성숙이 결핍되어 있기 때문이다. 우리의 진보와 성숙이 그분께서 오시는 속도를 결정한다. 우리가 더 빨리 성숙한다면, 분명 그분의 오심은 더 빨라질 것이다. 어떤 의미에서, 우리는 그분의 오심을 기다리고 있지 않다. 오히려 그분이 우리가 온전히 성숙되기를 기다리고 계신다. 우리는 생명이 성숙할 필요가 있다.

어떻게 우리가 왕국의 실재에서 왕국의 출현 안으로 옮겨질 수 있는가? 그것은 오직 생명의 성장과 생명의 성숙에 의해서이다. 우리가 든 예를 다시 한번 사용하면, 농작물은 성장하여 익게 됨으로써만 곳간으로 옮겨질 수 있다. 일단 농작물이 익으면 곳간 안으로 옮겨질 것이다. 우리 모두에게는 성숙이 필요하다. 합당한 성숙은 옮겨짐의 결과를 가져올 것이다.

우리의 몸이 영광스럽게 됨

옮겨질 때에, 주님은 또한 어떤 종류의 일을 하셔야 할 필요가 있을 것이다. 빌립보서 3장 20절과 21절은 그분께서 다시 오실 때, '우리 비천한 몸을 변형시켜 그분의 영광의 몸과 같은 형상이 되게 하실' 것이라고 우리에게 말해 준다. 우리는 우리의 영 안에서 거듭났으며, 우리의 혼 안에서 변화의 과정 아래 있다. 변화가 다 이루어질 때, 우리는 생명의 성숙을 갖게 될 것이다. 이것은 우리가 주 예수님께 수확될 준비가 되었고, 그분께서 우리의 몸을 바꾸러 오실 것임을 뜻한다. 이것이 주님께서 이루어 내셔야 하는 항목이다. 여러분이 여러분의 영 안에서 거듭나고 여러분의 혼 안에서 변화된 성숙한 성도라고 하자. 여러분은 주 예수님에 의해 완전히 적셔지고 점유되었다. 여러분에게 더 필요한 것은 무엇인가? 여러분은 몸이 변형되는 것이 필요하다.

사도 바울을 예로 들어 볼 수 있다. 주님 안에서 죽은 성도로서 그는 부활할 때까지 잠들어 있다. 그가 이 땅에 살고 있었을 때, 그의 영은 완전히 주님께 점유되었고, 그의 혼은 주님에 의해 완전히 적셔지고 점유되었다. 그러나 오늘 그는 땅 아래 있으면서 그의 몸의 변형을 기다리고 있다. 그의 몸은 여전히 낡은 어떤 것, 옛 창조물에 속한 어떤 것이다. 비록 그의 영이 거듭났고 그의 혼이 변화되었다 할지라도, 그의 죽은 몸은 옛 창조물 안에 남아 있다. 주 예수님께서 돌아오실 때, 그분은 살아 있는 성도들과 죽은 성도들의 몸을 바꾸실 것이다. 살아 있는 이들과 죽은 이들 모두가 변형될 것이다. 주님은 우리의 몸을 변형시키는 일을 하실 것이다.

우리의 몸에 주님의 능력이 적용되는 것이 어떤 의미에서는 휴거이다. 주 예수님께서 우리를 공중으로 이끌어 가실 때, 그분은 우리를 땅에서 공중으로 위치상으로 이동시키실 뿐 아니라, 또한 우리의 비천한 몸을 영광스러운 몸으로 바꾸실 것이다. 우리의 비천한 몸은 추한 유충에 비유될 수 있으며, 우리의 바뀐 몸은 아름다운 나비에 비유될 수 있다. 우리가 갖게 될 영광스러운 몸이 어떤 유형일지 내게 묻지 말라. 나는 모른다. 그러나 내가 아는 것은 이 비천한 몸이 영광스러운 몸으로 바뀌리라는 것이다. 나는 우리의 몸이 그분의 부활의 몸과 같아지리라는 것을 알고 있다. 주 예수님께서 십자가에 못 박히시고 장사되시고 부활하신 후에, 그분의 물질적인 몸, 곧 육체는 여전히 물질적이지만 비밀스럽고 영광스러운 어떤 것으로 변형되었다.

그분께서 돌아오실 때 골치 아픈 이 물질적인 몸이 놀랍고 비밀스러우며 아름다운 몸으로 변형될 것이다. 그때에 그것은 더 이상 추하지 않을 것이다. 형제자매들 모두가 매우 아름다워질 것이다. 그때에 우리는 주 예수님께서 부활하신 후에 그러하셨던 것처럼 아름답고 영광스러울 것이다. 그 영광은 간단히 말해서 주님 자신일 것이다. 우리 안에 계신 그리스도께서 영광의 소망이시다(골 1:27). 그분 자신이 영광이시다. 그분은 돌아오실 때 우리 안에서 영광스럽게 되실 것이다. 이것은 그분의 영광이 우리 밖으로 나올 것이라는 뜻이다. 오늘날 그리스도의 영광은 우리의 영 안에 감추어져 있고 숨겨져 있으며, 심지어 우리의 혼 안에 제한되어 있다. 그러나 그분께서 돌아오실 때, 그분의 영광이 안에서부터 확장되어 우리 온몸을 적실 것이다. 이렇게 우리의 몸이 주 예수님의 내주하는 영광으로 적셔지는 것이 우리의 몸의 변형이 될 것이다. 주 예수님께서 그저 여러분의 몸을 바꾸시고 여러분을 데려가시기 위해 하늘에서 오실 것이라고 생각하지 말라. 일은 그런 식으로 되지 않을 것이다. 오히려 주 예수님은 우리의 몸을 안에서부터 변형시키실 것이다. 그분은 이미 우리의 영 안으로 들어오셨으며, 우리의 혼을 변화시키기 시작하셨다. 그러나 여러분에게는 아직 그분께서 적시지 못한 한 부분이 있다. 그것은 여러분의 물질적인 몸이다. 그분은 돌아오실 때 여러분의 몸을 적시실 것이고, 여러분 안에서 영광스럽게 되실 것이다. 이것이 휴거이다. 휴거란 단지 공중으로 이끌려 가는 것이 아니라, 몸의 변형과 더불어 이끌려 가는 것이다. 그분께서 우리를 이끌어 가려고 오시는 그때, 그분은 또한 우리 밖으로 나오셔서 이 죽음의 몸을 삼키실 것이다. 우리의 몸은 아픔과 질병뿐 아니라 죽음에도 굴복한다. 성경은 심지어 그것을 죽음의 몸이라 부르기도 한다(롬 7:24). 주님께서 돌아오실 때, 이 죽음의 몸이 생명으로 삼켜질 것이다. 고린도전서 15장 50절부터 54절까지에 의하면, 피와 살로 된 우리의 물질적인 몸은 왕국을 상속받을 수 없다. 왕국을 상속받으려면, 우리는 또 다른 종류의 몸, 즉 영광스럽게 된 몸이 필요하다. 우리의 몸은 주님의 생명에 의해 삼켜짐으로써 변형되어야 한다. 오늘날 우리 안에 계신 주님은 우리의 생명이시자 우리의 영광이시다. 어느 날 이 생명이 우리의 죽음의 몸을 삼킬 것이다. 우리의 온몸이 우리의 생명과 영광이신 주 예수님에 의해 적셔지고, 완전히 소유되며, 완전히 변형될 것이다.

많은 그리스도인들은 휴거가 일종의 사건으로서 발생하는 깜짝 놀랄 일이 될 것이라고 생각한다. 그들의 생각은 우리가 이곳 땅 위에서 일하고 있을 때 갑자기 주님께서 돌아오셔서 우리를 하늘로 낚아채 가실 것이라는 것이다. 그들은 사람들에게 영화관에 영화를 보러 가지 말라고 권하곤 하는데, 그것은 주 예수님께서 그들을 낚아채 가시려고 오실 때 그들을 영화관에서 발견하시면 안 되기 때문이다. 그 대신 그들은 사람들에게 기도하고 성경을 읽으며 주님께 경배하고 있어야 한다고 격려하곤 한다. 이러한 생각은 휴거의 주관적인 면, 즉 주 예수님께서 몸을 삼키시기 위해 영과 혼에서부터 나오시리라는 것을 소홀히 한 생각이다. 이것이 죽음이 삼켜졌으니 승리에 이르게 되었다고 말하는 고린도전서 15장 50절부터 54절까지의 말씀의 의미이다. 그분은 우리 안에서부터 영광스럽게 되실 것이다. 그분은 한 번에 두 가지 일을 하실 것이다. 즉 그분은 우리를 공중으로 이끌어 가시는 동시에 우리 안에서부터 나오셔서 우리의 몸을 삼키실 것이다. 그럴 때 우리는 바뀔 것이다! 우리의 몸은 변형될 것이고, 우리는 완전히 절대적으로 그분과 똑같아질 것이다(요일 3:2). 내적으로든 외적으로든 우리는 그분과 어울리게 될 것이다.

수확의 원칙

다른 그리스도인들은 휴거가 모든 그리스도인들에게 동시에 발생하리라고 생각한다. 그들은 주 예수님께서 돌아오실 때, 모든 참된 믿는 이들이 갑자기 동시에 땅에서 공중으로 데려가질 것이라고 생각한다. 이러한 관념은 수확의 원칙을 전적으로 소홀히 한 것이다. 수확의 원칙이란 열매가 익을 때 수확된다는 것이다. 어떤 농작물은 먼저 익어 첫 열매로 거두어진다. 이것은 소수이다. 그다음 대다수 농작물의 수확이 있다. 끝으로 이삭, 즉 나머지 것을 거두어들이는 일이 있다. 적어도 세 단계의 상이한 수확이 있다. 성경에 있는 이러한 그림은 대단히 분명한 예표이다. 유치원 수업에서는 어린아이들을 가르치기 위해 그림들이 많이 사용된다. 마찬가지로 주님은 수확의 그림을 사용하여 휴거의 문제를 명확하게 묘사하신다. 만일 우리가 신약의 분명한 말씀들을 단지 취하기만 한다면, 휴거를 그렇게 잘 이해하지 못할 수도 있다. 그러나 우리가 그림들을 본다면 휴거가 매우 분명해진다. 우리는 수확물을 거두는 것의 예표에서 믿는 이들의 휴거에 대한 분명한 그림을 갖는다. 이것은 구약의 예표이며 신약에서 성취된다. 마태복음 13장에는 수확물이 있고, 요한계시록 14장에는 첫 열매와 대다수의 수확물이 있다. 결국 대다수의 농작물이 성숙될 것이며, 수확의 때가 올 것이다. 이 시기가 아주 가까이 다가올 때, 얼마는 일찍 성숙해 있을 것이다. 그들은 첫 열매가 될 것이다. 대부분은 보다 늦게 익을 것이며 일반적인 수확물이 될 것이다. 그러나 밭의 가장자리나 모퉁이에 있는 어떤 이들은 여전히 익지 않았을 것이며, 성숙되기 위해서는 시간이 좀 더 필요할 것이다. 이들이 이삭들, 곧 나머지이다.

왜 주님의 수확의 때가 아직 오지 않았는가? 오늘날의 상황에 따르면, 주 예수님께서 돌아오실 가능성이 거의 없는데, 이것은 농작물의 대부분이 여전히 푸르고 익지 않았기 때문이다. 우리는 적셔지고 성숙되는 일에 있어서 주님 앞에 절박해야 한다. 농작물의 대부분이 익어 수확할 때가 되는 그때가 주 예수님께서 오셔서 거두어들이실 때이다. 이러한 추수 직전에, 일찍 성숙한 어떤 이들은 첫 열매로 거두어질 것이다.

마태복음에서 요한계시록에 이르기까지, 신약이 휴거가 단 한 번에 발생하지 않고 여러 번에 걸쳐 발생한다고 가르친다는 것은 매우 분명하다. 첫 열매의 휴거는 대환난이 있기 전에 잠시 동안 있을 것이다. 대환난은 대체로 삼 년 반의 기간이 될 것이다. 요한계시록에는 일곱 봉인이 있고, 일곱 봉인 중 마지막 것은 일곱 나팔로 구성된다. 일곱 나팔 중 마지막 나팔은 대환난 끝에 매우 가까이 이르러서 울릴 것이다. 요한계시록을 주의 깊게 읽음으로써 우리는 대환난이 아마도 첫째 나팔로부터 시작되리라는 것을 깨달을 수 있다. 그것은 첫째 봉인의 때부터 시작되지 않을 것이다. 첫째 봉인은 이미 거의 성취되었다. 둘째, 셋째, 넷째 봉인들도 성취되기 시작했으며, 여전히 성취되고 있는 중이다. 일단 이 네 봉인들이 완결될 때 다섯째와 여섯째 봉인들이 오게 될 것이며, 이것들이 끝마쳐진 후에 일곱째 봉인이 올 것이다. 일곱 나팔은 일곱째 봉인의 내용이요 총체이다. 대환난이 첫째 나팔로부터 시작되어 마지막 나팔 때까지 지속된다는 것을 기억하라.

이것을 염두에 두고 우리는 데살로니가전서 4장 15절을 읽을 필요가 있다. "우리가 주님의 말씀으로 여러분에게 이것을 말합니다. 주님께서 오실 때까지 살아남아 있는 우리가 잠든 이들보다 결코 앞서지 못할 것입니다." 이것은 죽은 믿는 이들이 먼저 부활할 것이고, 그다음에 살아 있는 믿는 이들이 휴거될 것이라는 뜻이다. 우리가 먼저 휴거되고 그다음에 죽은 이들이 부활하는 것이 아니다. 언제 이 일이 일어날 것인가? 16절은 "왜냐하면 주님께서 큰 명령 소리와 천사장의 목소리와 하나님의 나팔 소리와 함께 직접 하늘에서 내려오실 것인데, 그러면 그리스도 안에서 죽은 사람들이 먼저 일어나게 될 것이기 때문입니다."라고 말한다. 우리가 휴거될 시점은 하나님의 나팔이 울릴 때일 것이다. 이것은 첫째 나팔이 울릴 때인가 아니면 다른 나팔이 울릴 때인가? 이 질문에 답변하기 위해서 우리는 고린도전서 15장 52절을 읽어야 한다. "순식간에, 눈 깜짝할 사이에, 마지막 나팔 소리에 그렇게 될 것입니다. 나팔 소리가 울리면, 죽은 사람들이 썩지 않을 것으로 살아나고, 우리도 변모될 것입니다." 이 절은 우리가 마지막 나팔 소리에 바뀌게 될 것임을 분명히 말해 준다. 이 절은 또한 마지막 나팔 소리에 죽은 사람들이 살아날 것이라고 말한다. 이 마지막 나팔은 분명히 일곱째 나팔이다. 일곱째 나팔 소리에 모든 죽은 믿는 이들이 부활할 것이고, 살아 있는 모든 믿는 이들이 휴거될 것이다. 물론 마지막 나팔은 대환난의 거의 끝 무렵에 울린다. 이것은 믿는 이들이 다 대환난 전에 휴거되지는 않으리라는 것을 강하게 가리킨다.

데살로니가후서 2장 1절부터 5절까지에서 이 사실이 추가적으로 지적된다. 3절은 "여러분은 어느 누구에게도 어떤 방식으로든지 속아 넘어가지 마십시오. 왜냐하면 먼저 변절하는 일이 생기고, 그 불법의 사람 곧 멸망의 아들이 나타나기 전에는 그날이 오지 않을 것이기 때문입니다."라고 말한다. '멸망의 아들'은 적그리스도이다. '그날'은 주님께서 오시는 날을 말한다. 이 절은 적그리스도가 먼저 오지 않고는 주님께서 오시는 날이 이르지 않으리라는 것을 우리에게 알려 준다. 우리가 주님께로 함께 모이는 것은 불법의 사람, 곧 적그리스도의 나타남보다 앞설 수 없다. 이 두 가지 요점들, 즉 일곱째 나팔이 울리는 때와 불법의 사람이 나타나는 때는 모든 그리스도인들이 다 대환난 전에 휴거되지는 않으리라는 것을 입증해 준다.

그러나 이것은 모든 그리스도인들이 데살로니가전서 4장과 고린도전서 15장의 때에 거기에 있게 된다는 뜻은 아니다. 미리 데려가지는 첫 열매는 예외이다. 이것은 마태복음 24장에서 볼 수 있는데, 그곳에서는 둘이 밭에서 일하고 있는데, 한 사람은 데려가지고 한 사람은 남겨진다고 말한다. 둘이 집에서 맷돌질을 하고 있는데, 한 사람은 데려가지고 한 사람은 남겨진다. 이것은 두 그리스도인이 그곳에서 함께 일하고 있음을 가리키는 비유이다. 한 사람은 휴거될 것이지만, 다른 한 사람은 남겨질 것이다. 이것이 성경의 순수한 말씀이다. 다른 사람들보다 앞서 성숙될 몇몇 성도들은 데려가질 것이다. 그들이 데려가질 때, 그것은 귀중한 것을 훔치는 것과 같을 것이다. 요한계시록 3장 3절은 주님께서 무언가를 훔치시기 위해 도둑같이 오실 것임을 보여 준다. 우리가 알아차리지 못할 때, 그분은 쓰레기가 아닌 귀중한 것을 훔치러 오실 것이다. 오직 생명 안에서 성숙하고 혼 안에서 변화된 사람들만이 주님께서 훔치실 만큼 귀중할 것이다.

시련의 때

요한계시록 3장 10절은 "네가 나의 인내의 말을 지켰기 때문에, 나도 너를 지켜 주어, 땅에 거하는 사람들을 시험하기 위해 온 땅에 닥쳐올 시련의 때를 면하게 해 주겠다."라고 말한다. 의심할 여지 없이, 땅에 거하는 모든 이들을 시험하려고 오는 시련들은 대환난일 것이다. 이 절에서 주 예수님은 빌라델비아에 있는 교회가 시련의 때를 면할 것이라고 약속하셨다. 이것은 대환난의 기간이 시작되기 전에 주님께서 그들을 땅에서 데려가신다는 것을 가리킨다. 이것이 대환난 전 휴거이다. 그러나 교회 전체가 대환난 전에 휴거된다고 말하는 것은 성경적인 근거가 없는 말이다. 이 절은 빌라델비아에 있는 교회와 같은 이기는 이들이 대환난의 때 이전에 땅에서 데려가져 시련의 때를 면하게 될 것임을 우리에게 알려 준다.

만일 얼마의 추구하는 이들이 대환난 이전에 데려가지고 여러분은 남겨진다면, 여러분의 태도는 어떠할 것인가? 여러분은 여전히 세상을 사랑하겠는가? 대환난은 온갖 종류의 고통과 곤란으로 가득할 것이다. 적어도 세 방향에서 손상과 고통이 인류에게 닥칠 것이다. 그것들은 하나님에게서, 사람에게서, 사탄에게서 올 것이다. 그때에 하나님은 하늘들과 땅에 그분의 심판을 집행하실 것이다. 하나님의 심판으로 말미암아 많은 자연 현상이 바뀔 것이다. 태양이 어두워질 것이고, 땅이 지진으로 흔들릴 것이며, 비와 홍수가 들이닥칠 것이다. 마태복음 7장 24절부터 27절까지에서 주 예수님은 비가 쏟아지고, 큰물이 밀어닥치고, 바람이 몰아칠 것이라고 하셨다. 비가 쏟아지는 것은 하나님에게서 온 시험을 상징하고, 큰물이 밀어닥치는 것은 사람에게서 온 시험을 상징한다. 바람이 몰아치는 것은 사탄에게서 온 시험을 상징하는데, 왜냐하면 사탄은 공중에 있기 때문이다. 마태복음 7장에 있는 그 시련은 다가올 대환난의 축소형이다.

장차 올 대환난의 대부분은 땅과 하늘에서의 자연 현상의 이변이 될 것이다. 이러한 이변들은 하나님에게서 비롯될 것이며, 하나님은 땅을 흔드실 것이다. 그처럼 화창했던 태양이 원수가 될 것이며 달은 어두워질 것이다. 또한 사람에게서 온 시련들도 있을 것이다. 적그리스도와 그의 모든 군대는 하나님과 관련된 사람이면 누구든지 박해할 것이다. 유대인들과 그리스도인들은 모두 적그리스도와 그의 군대로부터 박해를 받을 것이다. 이것 외에도 요한계시록 12장은 사탄이 심한 분노를 품고 땅을 손상할 것임을 우리에게 알려 준다.

여러분이 그때에 즉 이런 모든 시련의 기간 동안에 땅 위에 남아 있는데, 어떤 믿는 이들이 주님에 의해 데려가졌음을 안다면, 여러분은 어떻게 하겠는가? 여러분은 주님의 농작물이지만 익지 않았고 수확되도록 준비되지 않았다. 대환난은 여러분에게서 모든 세상의 물을 말리며 여러분이 성숙하여 수확되도록 예비시키는 뜨거운 태양과 같을 것이다. 확실히 그때에 믿는 이들은 빨리 익을 것이다! 아마도 처음 몇 년 안에 상당수의 그리스도인들이 성숙될 것이다. 그들은 자신의 교육이나 직업, 가정을 사랑해서는 안 된다는 것을 그때는 아주 분명하게 알 것이다. 그들은 주님을 사랑해야 하고, 하루에 세 번뿐 아니라 아마 열 번이라도 그리스도를 먹을 필요가 있다는 것에 대해 매우 분명해질 것이다.

주님의 오심

신약은 몇 가지 상이한 용어들을 사용하여 주님의 오심을 묘사한다. 그중 한 가지는 일반적인 용어인 '오심'이다. 또 다른 용어는 '파루시아(parousia)'라는 특별한 헬라어이다. '파루시아'는 '주님의 임재'를 뜻한다.

'파루시아'라는 이 단어는 마태복음 24장 39절과 44절에서 사용된다. 주님의 임재 혹은 파루시아는 그분의 점진적인 오심이며 셋째 하늘로부터 시작된다. 요한계시록 14장에서 첫 열매가 하나님의 집으로 데려가질 때에 주님의 파루시아가 시작될 것이다.

여러 해 전에 우리는 워치만 니 형제님의 도움으로 휴거의 문제에 관하여 여러 권의 글을 펴냈다. 연구를 통해 우리는 주님의 임재, 그분의 파루시아가 첫 열매가 셋째 하늘로 데려가지는 때부터 시작될 것임을 깨달았다. 어떤 의미에서 그때 주님은 셋째 하늘을 떠나신 것이 아니겠지만, 그분의 파루시아는 그때 시작될 것이다. 주님의 파루시아는 최소한 삼 년 반 동안 지속될 것이다. 이 '파루시아'란 용어를 사용하는 모든 절을 연구함으로써 우리는 주님의 파루시아가 장기간의 문제임을 볼 수 있다. 그것은 첫 열매가 셋째 하늘로 데려가지는 때부터 시작되어 주님께서 물질적인 몸으로 세상에 나타나실 때까지 계속될 것이다. 첫 열매는 대환난 전에 데려가질 것이며, 주님께서 물질적인 방식으로 땅에 나타나시는 일은 대환난 후이거나 적어도 대환난 끝 무렵일 것이다. 첫 열매로서 성숙한 이들은 셋째 하늘로 데려가질 것이다. 그다음 그들은 주님과 함께 공중으로 다시 올 것이다. 그때 대다수의 그리스도인들이 수확물로 거두어져서 공중으로 이끌려 올라가고, 거기서 주 예수님은 그리스도의 심판대에서 그분의 심판을 집행하실 것이다. 이것은 천년왕국 후에 있을 크고 흰 보좌에서의 심판이 아니다(계 20:11-13). 크고 흰 보좌에서의 심판은 구원과 관련해서 믿지 않는 이들에 대한 것이겠지만, 그리스도의 심판대에서의 심판은 보상과 징계와 관련해서 믿는 이들에 대한 것일 것이다. 그리스도는 믿는 이들 가운데서 누가 보상을 받고, 그분의 원수를 패배시키기 위해 그분과 함께 땅에 올 자격을 가졌는지를 그분의 심판대에서 결정하실 것이다. 그때에 적그리스도와 그의 군대는 주님과 그분의 백성에 맞서 싸우면서 땅 위에 있을 것이다. 그때 주님께서 그분의 군대, 곧 이기는 성도들과 함께 오실 것이다. 휴거 후에 그리고 심판대 후에 주님은 적그리스도와 맞서 싸우기 위해 그분과 함께 올 모든 이기는 이들을 선택하실 것이다(계 19:11-16).

온전한 그림

이것이 신약에 계시된 휴거이다. 어떤 그리스도인들은 대환난 전 휴거를 주장할 것이고, 또 어떤 그리스도인들은 대환난 후 휴거를 주장할 것이다. 그들은 왜 논쟁하는가? 그것은 그들이 각자 전체 그림의 일부분만을 보았기 때문이다. 대환난 전 휴거와 관련해서 무엇인가를 본 사람들은 그것에 매달리고, 대환난 후 휴거와 관련한 어떤 것을 본 사람들은 그것을 고집한다. 그러나 우리는 휴거의 문제가 많은 조각 그림들을 맞추는 것과 같음을 깨달아야 한다. 우리는 한 조각만 붙들지 말고 온전한 그림을 얻게 될 때까지 모든 조각을 함께 맞추어야 한다. 그럴 때 그것이 어떤 그림인지 완전하고 타당하게 판독하게 될 것이다.

수확의 때에는 밭에 확실히 첫 열매와 수확물과 나머지, 즉 이삭들이 있다. 소수의 성숙한 성도들의 휴거는 대환난 전에 발생할 것이다. 대다수는 대환난 중에 휴거될 것이다. 이것은 그들이 성숙되기 위해서 대환난이 필요하기 때문이다. 끝으로 농작물 중 마지막 것은 대환난 후에 수확될 것이다. 농작물의 수확은 요한계시록 7장이나 8장에 있지 않고 14장에 있다. 이것은 농작물의 수확이 대환난 중에 발생함을 뜻한다.

이제 요한계시록 16장 13절부터 15절까지를 읽도록 하자. "또 내가 용의 입과 짐승의 입과 거짓 신언자의 입에서 개구리와 같은 더러운 영 셋이 나오는 것을 보았습니다. 더러운 영 셋은 기적들을 행하는 귀신의 영인데, 온 세상의 왕들에게 가서 전능하신 분이신 하나님의 큰 날에 있을 전쟁을 위해서 그들을 모읍니다. ('보아라, 내가 도둑처럼 갈 것이다. 깨어서 자기 옷을 지켜, 벌거벗고 다니지 않고 자기의 수치를 보이지 않는 사람이 복이 있다.')" 우리는 주님께서 "내가 도둑처럼 갈 것이다."라고 말씀하신 시점을 주목할 필요가 있다. 그것은 더러운 영 셋이 적그리스도의 군대를 아마겟돈으로 모으기 위하여 나온 때이다. 주님께서 "내가 도둑처럼 갈 것이다."라고 말씀하신 것은 어떤 믿는 이들이 그때까지도 여전히 땅에 남아 있음을 가리킨다. 이것은 그들이 아직 성숙하지 않았으며, 그들의 성숙을 재촉하기 위하여 작열하는 태양열 아래서 여전히 땅에 있음을 뜻한다. 모든 믿는 이들이 대환난 이전이나 대환난 이후에 단번에 휴거되리라고 말하는 것은 절대적으로 성경적이지 않다. 16장에서 주님께서 그분의 백성에게 주신 경고는 거의 대환난 끝 무렵에 있었다. 이것은 그분의 백성 중 어떤 이들이 대환난 기간 동안 땅에 남아 있을 것임을 가리킨다.

이 모든 절에 따라 우리는 믿는 이들의 휴거가 단번에 이루어지지 않고 오히려 약 삼 년 반의 기간 중에 이루어진다는 것을 볼 수 있다. 그 삼 년 반의 기간 중 여러분은 언제 휴거될 것인가? 그것은 여러분의 성숙의 정도에 달려 있다. 주님의 눈에 여러분이 성숙하고 익어 있다면, 분명히 그분은 여러분을 대환난이 시작되기 전에 데려가실 것이다. 이것이 주님께서 왕국의 실재를 왕국의 출현 안으로 옮기는 데 사용하실 방법이다. 달리 말해서, 우리 모두는 성숙해야 한다. 성숙하기를 갈망한다면 우리는 거듭거듭 그리스도를 안으로 받아들이고, 그분을 먹으며, 그분께서 항상 우리를 적시시게 해야 한다. 이것이 마태복음 5장과 6장과 7장에서 묘사되고 규정된 왕국 생활이며, 항상 그리스도를 그 자양분으로 받아들이는 생활이다. 그 생활은 항상 그리스도에 의해 적셔지고 점유되며 소유되고 있다. 이것이 왕국의 실재이다. 이것이 진정한 성숙이다. 만일 우리가 이러하다면, 주 예수님께서 돌아오실 때 우리는 첫 열매로 데려가질 것이다. 이것은 우리가 그분의 군대 안에 있기 위해 그분께 선택되고 선발된다는 뜻이다(계 17:14, 19:11-15). 주 예수님께 속한 싸우는 군대는 왕국의 실재 안에서 살고 있는 이기는 성도들로 구성된다. 그들은 왕국의 실재 안에 살고 있다. 그들은 싸우는 군대가 될 것이며, 싸운 후에 그들은 왕국의 출현 안에 있게 될 것이다. 그분의 군대로서 그들은 적그리스도와 그의 군대를 멸망시키기 위하여 주님과 함께 올 것이다. 그때 땅의 민족들이 그리스도의 왕국이 될 것이며, 모든 이기는 성도들로 구성된 군대는 땅을 다스리기 위하여 그분과 함께하는 공동 왕들이 될 것이다. 그들은 천 년 동안 왕국의 출현 안으로 옮겨질 것이다.

패배한 그리스도인들

그러면 모든 패배한 그리스도인들에게는 어떤 일이 일어날 것인가? 그들은 천 년 동안 그리스도와 함께한 공동 왕들로서 다스리는 데에 참여하지 못할 것이다. 그들은 어디에 있게 될 것인가? 우리는 자세히 모르지만, 그 원칙은 분명하다. 주 예수님께서 돌아오실 때 거짓 믿는 이들은 단으로 묶여 불 못 속에 던져질 것이다. 이로써 기독교 안에 있는 모든 가라지들은 종결될 것이다. 이기는 이들은 주님의 다스림을 위한 땅을 회복하기 위해 주님과 함께 싸우도록 선택될 것이다. 그들은 왕국의 출현 안에서 그리스도와 함께한 공동 왕들이 될 것이다. 패배한 그리스도인들은 불태워지지도 않고, 그리스도와 함께 다스리기 위해 왕국 안으로 들어가지도 못할 것이다. 마태복음 22장 13절과 25장 30절에 따르면, 그들은 울며 이를 가는 곳인 바깥 어두운 곳에 던져질 것이다.

요약하면, 오늘날의 기독교계는 거짓 그리스도인들과 참된 그리스도인들로 구성된다. 거짓 그리스도인들은 왕국의 외형이다. 참된 그리스도인들 가운데 소수는 이기는 이들이고 대부분은 패배한 이들이다. 주 예수님께서 돌아오실 때, 그분은 먼저 모든 거짓 그리스도인들, 곧 가라지들을 불태워서 끝내실 것이다. 그런 다음 그분은 모든 참된 믿는 이들을 그들의 성숙에 따라 공중으로 이끌어 올리실 것이다. 공중에 있는 그분의 심판대에서 그분은 누가 선발되고 선택될 것인가를 결정하기 위하여 모든 참된 믿는 이들에 대한 심판을 집행하실 것이다. 선발되고 선택된 이들은 땅으로 돌아와 적그리스도의 반역적인 군대에 대항하여 싸우는 이기는 이들이 될 것이다. 적그리스도와 그의 군대를 패배시킨 후에 이기는 이들은 땅에 있는 그리스도의 왕국 안에서 그분과 함께 왕으로서 다스리는, 그분의 공동 왕들이 될 것이다. 그것은 왕국의 출현이 될 것이다. 그것은 또한 왕국의 실재가 왕국의 출현 안으로 옮겨지는 것이 될 것이다. 오늘날 천국의 실재 안에서 생활하고 있는 사람들인 이기는 이들만이 그 출현에 참여하게 될 것이다. 천국의 출현은 이기는 이들에게 주어지는 보상 혹은 상이 될 것이다.

41

주님께서 돌아오실 때 이방인들과 유대인들을 다루심

The Lord's Dealing with the Gentiles and the Jews at His Coming Back

제41장

주님께서 돌아오실 때 이방인들과 유대인들을 다루심

성경: 욜 3:2, 9, 11–12, 슥 12:2–4, 9–10, 14:12–13,
3–4, 단 2:34–35, 44–45상, 계 14:17–20,
사 63:1–6, 계 16:12–16, 17:12–14, 19:11–21,
살후 2:8, 계 11:15, 롬 11:25–26, 렘 3:17,
사 11:10, 2:2–4상, 슥 8:20–23, 14:16–19

고린도전서 10장 32절에 따르면, 인류는 세 무리의 사람들, 곧 유대인들과 이방인들과 교회로 구분된다. 교회는 구원받아 세상에서 분별된 거듭난 사람들로 구성된다. 그리스도인들 가운데 어떤 이들은 이기는 이들이지만 대다수는 그렇지 않다. 이기는 이들은 주님께서 다시 오실 때까지 완전히 변화되어 있을 것이다. 그들은 현시대에 왕국의 실재 안에서 살아왔기 때문에 왕국의 출현 안으로 옮겨져 천 년 동안 결혼 잔치를 누리며 그리스도와 함께 왕으로서 다스릴 것이다.

그러나 많은 그리스도인들은 그때까지 변화되어 있지 않을 것이다. 그들은 변화될 수 있도록 천 년 동안 다룸을 받아야 할 것이다. 패배한 그런 그리스도인들은 주님과 결산해야 할 것이다. 그들은 주님에게서 손실과 일종의 징벌을 받을 것이다. 거짓 그리스도인들, 곧 가라지들은 묶여서 불구덩이 속에 던져질 것이다.

이방인들

이제 우리는 주님께서 두 번째로 오실 때 민족들과 백성들과 유대인들을 어떻게 다루실 것인지를 볼 필요가 있다. 요엘서 3장 2절을 읽어 보자. "내가 모든 민족을 모아 / 여호사밧 골짜기로 데리고 내려가 / 거기서 그들을 심판하리니 / 이는 그들이 내 백성과 내 유업 이스라엘을 / 민족들 가운데로 흩어 버린 탓이라. / 그들은 내 땅을 나누었고". 이 절은 주 예수님께서 모든 민족을 모아 그들을 데리고 내려가실 것임을 가리킨다. 이 일은 장래의 적그리스도의 군대들까지도 포함할 것이다. 9절과 12절은 계속하여 "민족들에게 이렇게 선포하여라. / '싸울 준비를 하여라. / 용사들을 깨워라. / 전사들이 모두 / 가까이 나아와 올라오게 하여라. … 민족들이 일어나 / 여호사밧 골짜기로 올라오게 하여라. / 내가 거기 앉아서 / 주변 모든 민족을 심판하리라."라고 말한다. 이 절들은 주님께서 돌아오실 때, 민족들이 선동되어 예루살렘을 공격하려고 일어날 것임을 가리킨다. 스스로의 인식에 따르면 그들은 예루살렘을 공격하려고 모이는 것이지만, 하나님의 목적에서 보면 그들은 심판받기 위해 그곳에 모일 것이다. 스가랴서 12장 2절부터 4절까지는 이렇게 말한다. "내가 예루살렘을 주변 모든 백성들을 비틀거리게 하는 잔으로 만들겠다. 포위될 때 일어날 일이 예루살렘에 닥치면, 그 일이 유다에도 닥칠 것이다. 그날에 내가 예루살렘을 모든 백성들에게 무거운 돌이 되게 하리니, 그녀를 들어 올리려는 이들은 모두 중상을 당할 것이다. 참으로 땅의 모든 민족이 그녀를 치려고 모여들 것이다. 여호와의 선포이다. 그날에 내가 모든 말을 쳐서 놀라게 하고, 말 탄 자를 쳐서 미치게 하겠다. 내가 내 눈을 뜨고 유다 집을 보겠고, 백성들의 모든 말을 쳐서 눈이 멀게 하겠다." 이 절들 또한 주 예수님께서 돌아오실 때 민족들이 예루살렘을 치려고 모일 것임을 우리에게 보여 준다. 그때에 주 예수님께서 그들을 패배시키고 멸망시키기 위해 공중에서 내려오실 것이다. 동시에 놀랍고 은혜로운 일 또한 일어날 것이다. 이것은 10절에서 다루어진다. "내가 다윗 집과 예루살렘 주민 위에 은혜와 간구의 영을 부어 주겠다. 그들은 나를 곧 그들이 찔렀던 이를 바라보며, 그를 두고 통곡하기를 외아들을 위하여 통곡하듯 하며, 그를 두고 슬피 울기를 맏아들을 위하여 슬피 울듯 할 것이다."

주 예수님은 적그리스도가 예루살렘을 공격하려고 그의 모든 군대를 모을 바로 그때에 돌아오실 것이다. 유대인들은 적그리스도의 군대들에 포위되어 피할 길이 없을 것이다. 그러나 주 예수님께서 나타나셔서 포위한 모든 군대들을 치시고 그분의 영을 유대 백성 위에 부어 주실 것이다. 온 유다 집은 그들이 그리스도께 반역했기 때문에 울면서 회개하고 애통해할 것이다. 그들은 그분이 그들이 십자가에 못 박고 창으로 찔렀던 분이셨음을 깨닫게 될 것이다. 그들은 회개하고 그분을 그들의 구주로 받아들일 것이다. 이렇게 주 예수님은 그분의 강림하심을 통해 두 가지 일을 성취하실 것이다. 그분은 민족들의 모든 군대를 치실 것이고, 회개하고 믿은 모든 유대 백성을 구원하실 것이다. 스가랴서 14장 3절과 4절에 따르면, 주 예수님께서 유대 백성을 구원하러 돌아오실 때 그분의 발이 올리브산 위에 설 것이다. 주 예수님께서 승천하실 때 천사들은 그분의 제자들에게 "여러분에게서 하늘로 올려지신 이 예수님은 여러분이 하늘로 가시는 것을 본 그대로 오실 것입니다."(행 1:11)라고 알려 주었다. 그분은 올리브산에서 승천하셨으므로 또한 올리브산으로 돌아오실 것이다. 주 예수님께서 올리브산 위에 발을 딛고 서실 때, 그 산이 갈라져 포위된 유대인들이 피할 수 있는 대로가 열릴 것이다. 여러분이 이기는 이라면 주님과 함께 그곳에 있게 될 것이다.

민족들을 치심

출애굽의 때에 이스라엘 자손은 원칙적으로 같은 유형의 구출을 체험했다. 파라오와 그의 군대는 이스라엘 자손을 홍해 바닷가까지 뒤쫓았다. 피할 길이 없는 것 같았을 때, 주님은 홍해의 물을 갈라지게 하셨고, 이스라엘 사람들은 바다 한가운데를 통과해 지나갔다. 장래에 이스라엘 백성은 적그리스도와 그의 군대에 포위될 것이지만, 주님께서 오셔서 올리브 산을 갈라지게 하여 그 가운데로 대로를 내심으로써 그들을 구출하실 것이다. 얼마나 놀라운가! 스가랴서 14장 12절과 13절은 "여호와께서 예루살렘을 대적하여 싸우러 온 모든 백성들을 치실 재앙은 이러하다. 그들이 제 발로 서 있는 동안에 살이 썩고, 눈이 눈구멍 속에서 썩으며, 혀가 입안에서 썩을 것이다. 그날에 여호와께서 보내신 큰 공포가 그들 가운데 있을 것이며, 각 사람이 자기 이웃의 손을 붙잡고 자기 손을 들어 자기 이웃의 손을 칠 것이다."라고 말한다.

데살로니가후서 2장 8절에 따르면, 주 예수님께서 적그리스도와 그의 군대를 그분의 입의 호흡으로 죽이실 것이다. 주님의 입의 호흡이 반역적인 사람들을 소멸시킬 것이다. 그들의 눈이 바싹 마를 것이고, 그들의 혀가 손상될 것이다. 적그리스도와 그의 군대들이 패배당하고 멸망함으로써, 이스라엘의 집은 구출될 것이다.

이제 우리는 다니엘서 2장 34절과 35절을 읽을 필요가 있다. "왕께서 보고 계실 때, 손을 대지 않고 떠 내어진 돌 하나가 그 형상의 쇠와 진흙으로 된 발을 쳐서 산산이 부수었습니다. 그러자 쇠와 진흙과 놋과 은과 금이 모두 일시에 부서져서 여름 타작마당의 겨같이 되어, 바람에 날려가 흔적도 없이 사라졌습니다. 그리고 그 형상을 친 돌은 큰 산이 되어 온 땅을 채웠습니다." 의심의 여지 없이, 손을 대지 않은 돌은 주 예수님이다. 그분은 그 형상을 내리칠, 하나님에 의해 떠 내어진(cut out) 돌이시다. 바빌론 왕 느부갓네살은 머리는 순금이고, 가슴과 팔은 은이며, 배와 넓적다리는 놋이고, 다리는 쇠이며, 일부는 쇠이고 일부는 진흙인 열 발가락을 가진 형상을 보았다. 그 큰 형상의 이상은 바빌론으로 시작하여 주님께서 다시 오실 때 종결될 이방인의 때 전체를 망라한다.

왕국에 대한 하나님의 갈망

출애굽기 19장 5절과 6절에서 하나님은 유대 민족이 이 땅에서 그분의 왕국이 되기를 바라는 갈망을 계시하셨다. 그러나 그들의 우상숭배와 타락 때문에 하나님은 바빌론의 느부갓네살왕을 보내시어 예루살렘과 성전을 파괴하게 하셨다. 성전과 성과 나라 전체가 파멸되었다. 이것은 땅 위에 있는 하나님의 왕국 또한 파멸되었음을 의미한다. 에스라기와 느헤미야기에서 하나님은 하늘의 하나님이라 불리시는데, 이것은 땅에 있는 그분의 왕국이 끝났기 때문이다. 그 반대로 아브라함은 기도할 때 하늘과 땅의 주님께 기도했다. 아브라함은 하나님의 통치를 위해 그곳에 서 있었기 때문에, 하나님은 땅의 하나님이기도 하셨다. 그러나 느부갓네살 때에 하나님의 통치를 위해 땅에 서 있는 왕국이 없었다. 그러므로 하나님은 하늘의 하나님이라 불리셨다.

이방인의 시대

이방인의 시대는 느부갓네살로 시작되었는데, 그는 큰 형상의 금으로 된 머리로 예표된다. 그에 뒤이어 메디아와 페르시아가 출현했는데, 이들은 은으로 된 가슴과 팔로 상징된다. 페르시아는 오늘날의 이란이다. 이 두 국가는 두 어깨처럼 함께 협력했다. 그들의 권세는 느부갓네살의 권세만큼 높지 않았기 때문에 그들은 은으로 상징되었다. 이 두 제국에 뒤이어 헬라 제국이 나왔는데, 이 제국은 놋으로 된 배와 넓적다리로 상징된다. 알렉산드로스 대왕은 지중해를 건너 페르시아와 메디아를 쳐부수었다. 헬라 제국 이후에 두 다리로 상징되는 로마 제국이 왔다. 역사에 따르면, 로마 제국은 서쪽(서로마)과 동쪽(동로마)으로 나누어졌다. 이처럼 두 부분은 두 다리이다. 로마 제국의 위엄은 금과 은과 놋으로 상징되었던 나라들에 필적할 수는 없었지만, 그 제국은 쇠로 상징될 만큼 아주 강했다. 성경에서 쇠는 힘과 권세를 상징한다(계 2:27, 12:5, 19:15, 시 2:9).

다니엘서와 요한계시록은 둘 다 로마 제국 이후에 열 나라가 출현할 것이라고 우리에게 알려 주는데, 이 열 나라는 요한계시록에서 열 뿔로 상징된다(계 13, 17장). 이 두 장들에서 열 뿔은 적그리스도의 다스림 아래 있는 열 나라를 상징한다. 이 열 나라는 열 발가락이기도 하다. 다니엘서 2장은 돌이 그 형상 위에, 즉 이방인들의 권세 위에 떨어질 것임을 말한다. 주 예수님께서 그 형상을 치실 것이다. 열 발가락 위에 떨어지심으로써 주 예수님은 이방인의 권세 전체를 치실 것이다. 그리스도는 이방 나라들을 쳐부술 돌이시다. 다니엘이 말했던 것은 마태복음 21장 44절에서 주 예수님께서 건축자들이 버린 돌에 대하여 하신 말씀과 일치한다. "이 돌이 누구 위에든지 떨어지면, 그를 가루로 만들어 겨같이 흩을 것입니다."

그 돌이 산이 됨

주님께서 온 이방 세계를 나타내는 형상 전체를 치신 후에, 그 돌은 온 땅을 채우는 큰 산이 될 것이다. 이것은 돌이신 그리스도께서 왕국이 되실 것이라는 뜻이다. 성경에서 산은 왕국을 상징한다. 주 예수님은 온 땅을 채우는 왕국이 되실 것이다. 이 말씀은 요한계시록 11장 15절에서 성취된다. "세상의 왕국이 우리 주님과 그분의 그리스도의 왕국이 되었으니, 그분께서 영원무궁히 왕으로서 다스리실 것입니다." 주 예수님께서 이방인의 시대를 종결하신 후에 온 땅은 그분의 왕국으로 채워질 것이다. 그분의 왕국은 바로 그분 자신의 확대이다. 돌이 산이 된다. 이것은 그리스도께서 왕국이 되신다는 뜻이다. 천국은 바로 그리스도의 확대이다. 주 예수님 자신은 왕이시다. 그분께서 우리 모두 안으로 들어오실 때, 그분은 왕국이 되신다. 이렇게 돌이 산이 된다. 곧 그리스도께서 왕국이 되신다. 구약에 이것과 관련한 다른 많은 절들이 있지만, 이것들이 대표적인 절들이다.

포도의 수확

구약에서 왕국은 예언의 문제였지만, 신약에서는 성취의 문제이다. 요한계시록 14장은 첫 열매와 수확물을 모두 계시한다. 이러한 밀의 수확 외에도 또한 포도의 수확이 있다. 하나님께서 보시기에, 땅에는 두 개의 밭 또는 농장이 있다. 하나는 그분의 백성들을 대표하는 밀 농장이다. 다른 하나는 세상 사람들을 대표하는 포도들이 자라는 포도 농장이다. 그리스도인들은 밀에 비유되며, 믿지 않는 이들은 포도에 비유된다. 요한계시록 14장 17절부터 20절까지에 따르면, 땅의 포도송이가 거두어져 하나님의 분노의 큰 포도즙 틀에 던져 넣어졌다. 그 포도즙 틀이 성 밖에서 밟히니, 포도즙 틀에서 피가 흘러나와 말고삐까지 닿았다. 이 말씀은 포도즙이 흘러나왔다고 하지 않고 피가 흘러나왔다고 말한다. 더욱이 피가 흘러나와 말고삐까지 닿았다고 말한다. 이것은 그곳에 많은 말이 있을 것임을 가리킨다. 그 피는 약 296킬로미터나 되는 긴 흐름이 되었다. 땅의 군대들에 속한 수많은 사람들이 이 포도즙 틀 안에 넣어져 포도처럼 밟힐 것이다.

누가 이 큰 포도즙 틀을 밟을 것인가? 이사야서 63장 1절부터 6절까지를 읽음으로써 우리는 그 포도즙 틀을 밟으시는 분이 바로 주님 자신이심을 볼 수 있다. 그것은 주님의 복수의 날이 될 것이다. 그분은 분노하심으로 사람들을 밟으실 것이고, 격노하심으로 그들을 취하게 하실 것이며,

그들의 병력을 그 땅에 쓰러뜨리실 것이다. 이것이 포도들, 곧 믿지 않는 이들이 거두어지는 것일 것이다.

아마겟돈

이제 우리는 요한계시록 16장 12절부터 16절까지를 읽을 필요가 있다. "여섯째 천사가 그의 대접을 큰 강 유프라테스에 쏟으니, 강물이 말라 해 뜨는 데에서 오는 왕들의 길이 마련되었습니다. 또 나는 용의 입과 짐승의 입과 거짓 신언자의 입에서 개구리와 같은 더러운 영 셋이 나오는 것을 보았습니다. 더러운 영 셋은 기적들을 행하는 귀신의 영인데, 온 세상의 왕들에게 가서 전능하신 분이신 하나님의 큰 날에 있을 전쟁을 위해서 그들을 모읍니다. ('보아라, 내가 도둑처럼 갈 것이다. 깨어서 자기 옷을 지켜, 벌거벗고 다니지 않고 자기의 수치를 보이지 않는 사람이 복이 있다.') 더러운 영 셋은 히브리 말로 아마겟돈이라 하는 곳으로 왕들을 모았습니다." 여기에서 언급된 짐승은 적그리스도이다. 이방인들이 군대를 예비하고 소집하는 동안, 주 예수님은 믿는 이들에게 경고를 발하실 것이다. 이 부분은 그때에도 여전히 땅 위에 남겨진 믿는 이들이 있을 것임을 가리킨다.

'도살의 산'을 의미하는 아마겟돈은 보스라와 자하자에서 아주 가깝다. 산과 골짜기가 서로 아주 근접해 있다. 이것은 주 예수님께서 돌아오실 바로 그때, 세 악한 영들이 동아시아에서부터 사람들을 부추기기 위해 나올 것임을 가리킨다. 요한계시록 16장 12절은 "해 뜨는 데에서 오는 왕들의 길이 마련되었습니다."라고 말한다. 해 뜨는 데에서 온 왕들은 유럽 사람들이나 중동 사람들이 아니라 유프라테스강 동쪽에서 온 사람들일 것이다.

이제 요한계시록 9장 13절부터 18절까지를 읽어 보아야 한다. "여섯째 천사가 나팔을 불자, 나는 하나님 앞에 있는 금향단의 네 뿔에서 나오는 한 음성을 들었습니다. 나팔을 가진 여섯째 천사에게 말하는 것이었습니다. '큰 강 유프라테스에 매여 있는 네 천사들을 풀어 주어라.' 그러자 네 천사가 풀려났는데, 그들은 어느 시간, 어느 날, 어느 달, 어느 해에 사람들의 그 삼분의 일을 죽이려고 준비된 이들이었습니다. 그리고 그 기병대의 수는 이억이었습니다. 나는 그들의 수에 대하여 들었습니다. 나는 이상 가운데서 말들과 그 위에 탄 이들을 보았습니다. 말 위에 탄 이들은 불빛과 풍신자석과 유황색 가슴받이를 착용하였고, 말들의 머리는 사자의 머리와 같았으며, 말들의 입에서는 불과 연기와 유황이 나왔습니다. 이 세 가지 재앙, 곧 그 말들의 입에서 나오는 불과 연기와 유황 때문에 사람들의 그 삼분의 일이 죽음을 당하였습니다." 유프라테스강이 이 부분에서도 언급된다. 위의 절들은 사람들의 삼분의 일이 죽음을 당할 것이며, 기병대의 수가 이억이 될 것이라고 말한다.

이억의 기병대

이것은 요한계시록 16장에 기록된 것과 일치한다. 악한 영들이 풀려나 동아시아에서부터 사람들을 부추길 것이며, 사람들은 이억의 기병대와 함께 올 것이다. 그들은 동아시아에서부터 유프라테스강을 통과해 아마겟돈까지 올 것이다. 아마겟돈은 적그리스도와 그의 군대들이 있게 될 예루살렘에 아주 가깝다. 이 군대들은 아마겟돈에서 불과 연기와 유황에 의해 죽음을 당할 것이다. 원칙적으로 이것들은 현대의 핵폭발과 같다. 이 군대들은 적그리스도 휘하의 군대들이 아니라 동방에서 유프라테스강을 건너온 군대들임을 기억하라. 동방에서부터 온 이 군대들은 먼저 오늘날의 이라크와 이란 지역인 유프라테스강 지역으로 올 것이며, 그다음에 예루살렘으로 올 것이다.

포도즙 틀

적그리스도가 예루살렘을 공격하는 동안 동방에서 온 이억의 기병대 또한 예루살렘으로 올 것이다. 이것은 포도원의 포도들이 포도즙 틀 속에 모아지듯이 땅의 군대들이 한 번에 함께 모아질 것임을 뜻한다. 그때 주 예수님께서 포도즙 틀을 밟으러 오실 것이다. 포도즙 틀을 밟으심으로써 주 예수님은 적그리스도의 군대들과 동아시아에서 온 이억의 기병대를 멸망시키실 것이다.

요한계시록 17장 12절부터 14절까지에 따르면, 열 왕을 나타내는 열 뿔은 짐승인 적그리스도와 더불어 한 시간 동안 왕들이 되는 권세를 갑작스럽게 받을 것이다. 이들은 어린양과 싸울 것이나 어린양께서 그들을 이기실 것이다. 그분과 함께 있는 사람들, 곧 그분의 군대들은 선택받은 신실한 사람들일 것이다. 누가 선택받은 신실한 사람들인가? 주님의 말씀을 기억하라. "부름받은 사람들은 많으나, 선택받은 사람들은 적습니다."(마 22:14) 선택받은 사람들은 주님께 신실한 사람들로서 주님의 군대가 될 이들이다.

요한계시록 19장에 따르면, 그분의 군대들은 희고 깨끗한 세마포 옷을 입을 것이다. 세마포 옷은 결혼 잔치를 위한 옷이자 전투복이기도 하다. 결혼 예복이 전투복이 될 것이다. 주님은 포도즙 틀을 밟으실 것이며, 하늘의 모든 새들을 위한 잔치를 준비하실 것이다. 사악한 자가 나타날 때 주님은 그분의 입에서 나온 예리한 칼로 그를 멸하실 것이다. 이와 같이 구약과 신약의 모든 절은 매우 일관성이 있다. 주 예수님은 그분의 입의 호흡으로 모든 반역적인 군대를 멸하기 위해 오실 것이다. 이 때문에 핏물이 그처럼 깊어질 것이다(계 14:20).

그럴 때 요한계시록 11장 15절에 따르면, 세상의 왕국이 우리 주님과 그분의 그리스도의 왕국이 될 것이다. 이방의 군대들은 멸망할 것이고, 이방인의 시대를 나타내는 형상 전체가 부서뜨려질 것이다.

유대인들

이제 주님께서 돌아오실 때 어떻게 유대인들을 다루실 것인지를 살펴보자. 교회 시대 동안 주님은 잠시 이스라엘 민족을 제쳐 놓으셨고, 그들을 이방인들처럼 취급하신다. 그들은 구원받고 교회의 지체들이 되기 위해 복음을 받아들여야 한다. 그러나 스가랴서 13장과 로마서 11장에 따르면, 이 시대 끝에 유대 국가가 복원되어 주님께로 돌아올 것이다. 그것은 대환난 기간 동안 일어날 것이기 때문에, 많은 사람이 고난을 당하고 죽을 것이다. 스가랴서 13장 8절과 9절은 살아 있는 유대인들 중 적어도 삼분의 이가 멸절되리라고 말한다. 여기에는 히틀러가 죽인 수백만 명이 포함되지 않는다. 주 예수님께서 돌아오실 때, 남아 있는 삼분의 일은 회개하고 주님을 믿을 것이다. 이스라엘 집은 그때 구원받을 것이다.

그들은 거듭나고 구원받은 후에, 땅에 있는 천년왕국 안으로 옮겨져 제사장들이 되어 민족들에게 하나님을 섬기는 법을 가르칠 것이다(슥 8장, 사 2장). 그리스도인들 가운데 이기는 이들은 천년왕국의 기간 동안 왕들, 곧 다스리는 이들이 될 것이며, 이스라엘의 구원받은 사람들은 제사장들이 될 것이다. 비록 유대인들이 거듭나고 구원받게 될지라도 그들은 변화되지 않을 것이며, 그들의 몸은 그때 변형되지 않을 것이다. 나중에 새 예루살렘 직전에 그들은 변화되고 몸이 바뀔 것이다. 로마서 11장 25절과 26절은 온 이스라엘이 구원받게 될 것이라고 말한다. 이것은 예레미야서 3장 17절에 의해 확증된다. "그때에 사람들은 예루살렘을 여호와의 보좌라 부를 것이고, 여호와의 이름이 예루살렘에 있으므로 모든 민족이 그곳으로 모일 것이다. 그들은 더 이상 자기들의 악한 마음의 고집대로 행하지 않을 것이다." 이방인 군대들의 멸망과 유대 백성의 구원 이후에, 남아 있는 이방인들은 예루살렘을 여호와의 보좌라 부를 것이다. 모든 민족이 예루살렘에서 여호와의 이름 앞으로 모이게 될 것이다. 그들은 다시는 그들의 악한 마음의 고집대로 행하지 않을 것이다. 오늘날 모든 이방인들은 그들의 악한 마음의 고집대로 행하고 있다. 그러나 그날에는 그들이 예루살렘으로, 주님의 이름 앞으로 갈 것이다.

이사야서 11장 10절도 그때에 대하여 말한다. "그날에 이새의 뿌리가 / 백성에게 현수막으로 서 있어 / 민족들은 그분을 찾게 되고 / 그분의 안식처는 영광이 되리라." 물론 그리스도는 이새의 뿌리이시다. 이새의 뿌리이신 그리스도는 모든 이방 나라들에게 현수막으로 서실 것이다. 이방 나라들은 모두 그리스도를 찾게 될 것이고, 그분의 안식처는 영광이 될 것이다.

하나님께 경배하도록 이방인들을 가르침

이사야서 2장 2절부터 4절까지도 읽어 보자. "그러나 마지막 날들에 / 여호와의 집의 산은 / 모든 산들의 꼭대기에 세워지며 / 모든 언덕들보다 높아지리니 / 모든 민족들이 그리로 밀려들리라. / 많은 백성들이 오며 말하기를 / '오십시오, 우리가 여호와의 산으로, / 야곱의 하나님 집으로 올라갑시다. / 그분께서 그분의 길을 우리에게 지시하시어 / 우리가 그분의 길을 걷게 될 것입니다.' 하리니 / 이는 지시가 시온으로부터 나오고 / 여호와의 말씀이 예루살렘으로부터 나오는 까닭이라. / 그분께서 민족들 사이를 판단하시며 / 많은 백성들의 일들을 판결하시리라. / 그들은 제 칼을 쳐서 보습을 만들고 / 제 창을 쳐서 낫을 만들게 되리니 / 민족이 민족을 대항하여 칼을 드는 일도 없고 / 그들이 더 이상 전쟁을 연습하는 일도 없으리라." 그때는 이 땅에 참된 평화가 있는 때일 것이다. 오늘날 사람들이 평화에 대하여 아무리 많이 말할지라도 평화가 없다. 주 예수님께서 왕이 되시기까지는 이 땅에 평화가 오지 않을 것이다. 이 몇몇 절들은 주 예수님께서 이방 군대들을 멸하신 후에, 유대 백성을 구원하시고 예루살렘을 땅 위에 그분의 수도로 삼으실 것임을 우리에게 알려 준다. 그분은 그곳에 그분의 보좌를 세우실 것이며, 땅에 남아 있는 이방인들은 그분을 찾으러 올 것이다. 예루살렘은 이방인들에게 주님을 섬기는 법을 가르치는 중심지가 될 것이다.

그때에 관하여 스가랴서 8장 20절부터 23절까지는 이렇게 말한다. "만군의 여호와가 이렇게 말한다. 백성들이 다시 오고 심지어 수많은 성의 주민들이 다시 올 것이다. 한 성의 주민들이 다른 성에 가서 '어서 가서 만군의 여호와의 은총을 구하고 만군의 여호와를 찾읍시다.'라고 하면, 다른 성의 주민도 '나도 가겠소.'라고 할 것이다. 참으로 많은 백성들과 강한 민족들이 와서 예루살렘에서 만군의 여호와를 찾고 여호와의 은총을 구할 것이다. 만군의 여호와가 이렇게 말한다. 그날들에는 각기 다른 언어를 말하는 민족들 가운데 열 사람이 붙잡게 되리니, 참으로 그들이 유다 사람 하나의 옷자락을 붙잡고서 말하기를 '우리도 여러분과 함께 가게 해 주십시오. 우리는 하나님께서 여러분과 함께 계신다는 말을 들었습니다.'라고 할 것이다."

고대 유대인들의 경우, 제사장들은 하나님의 백성 가운데 소수였다. 백성들은 하나님에 관하여 제사장들에게서 가르침과 지침을 받았다. 그들은 사람들에게 어떻게 하나님께 경배하고 섬기는지를 가르쳤다. 그것은 장래 천년왕국 기간 동안의 상황에 대한 그림이었다. 천년왕국 기간 동안 이방인들은 주님께 돌이킨 유대인들을 제사장들로 삼을 것이다. 열 명의 이방인들이 한 명의 유대인에게 와서 어떻게 주님께 경배하는지를 가르쳐 달라고 구할 것이다. 그들은 주님께서 유대인들과 함께하신다는 것을 들을 것이기 때문에, 어떻게 주님을 섬기는지를 배우러 올 것이다. 이것은 천년왕국 기간 동안 이방인들이 민족들이 되고, 주님께 돌이킨 유대인들이 제사장들이 되어 이방인들에게 하나님께 경배하는 것을 가르치게 됨을 의미한다.

주님께서 하신 일임

중동의 현재 상황은 매우 주목할 만하다! 1948년에 이스라엘 나라가 재건되었고, 1967년에 예루살렘이 유대인들에게로 되돌아왔다. 내가 오십 년 전에 구원받았을 때, 나는 이스라엘 국가의 재건에 대한 예언을 읽었다. 그 당시에 나는 이스라엘 나라가 재건될 수 있다는 것이 거의 믿어지지 않았다. 예루살렘이 유대인들에게 반환되는 것이 불가능해 보였다. 그러나 할렐루야! 우리에게는 불가능하게 보이는 것이 하나님께는 가능하다! 그리고 주님은 그것을 이루셨다! 그것은 주님께서 하신 일이었으며 우리 눈에 놀라웠다.

1948년에 이스라엘 나라는 갑자기 재건되었다. 그 후 1967년에 예루살렘이 단 육 일 만에 유대인들에게로 반환되었다. 주전 606년 이래로 이십오 세기 동안 예루살렘은 유대 백성의 관할 아래 있지 않았다. 그러나 갑자기 하룻밤 사이에 예루살렘이 유대인의 관할 아래에 놓였다. 분명히 이것은 주님께서 하신 일이다. 오늘날 세상은 작은 나라인 이스라엘이 중심에 위치하고 있는 중동의 상황에 촉각을 곤두세우고 있다. 모든 이스마엘 사람들, 곧 아랍인들은 여전히 유대인들에게 대항하여 음모를 꾸미고 있다. 그러나 이스라엘은 주님께서 보존하고 계신다.

중동 상황에 더하여 유럽의 상황이 있다. 유럽에는 곧 열 개의 국가가 있게 될 것이다. 중동과 유럽의 상황 외에도 동아시아가 있다. 경계선은 유프라테스강이다. 틀림없이 적그리스도가 유럽 세력들의 지도자일 것이다. 유럽인들은 그의 휘하에서 군대들을 형성할 것이다. 그들은 예루살렘을 손에 넣으려고 이스라엘 나라에 대항해 싸우기 위해 팔레스타인으로 나아갈 것이다. 동시에 이억의 기병대는 동아시아에서부터 유프라테스강을 건너올 것이다. 그 모든 세력이 함께 모일 것이다. 그들이 함께 모일 때, 주님은 포도즙 틀을 밟으러 오실 것이다. 유럽의 영토에서 군대들이 형성

될 것이며, 동아시아에서는 대환난 기간 동안 기병대가 집결할 것이다.

우리는 더 성숙한 일부 성도들이 대환난 이전에 첫 열매로 셋째 하늘에 데려가지리라는 것을 보았다. 수확물은 대환난 중에 취하여질 것이다. 첫 열매는 셋째 하늘인 하나님의 집으로 가져가질 것이다. 그들은 주 예수님과 함께 공중으로 내려올 것이며, 남은 수확물은 공중으로 이끌려 올라가 그들과 만나게 될 것이다. 거기에서 주 예수님은 모든 믿는 이들에 대한 그분의 심판을 집행하여 그분의 군대를 이루는 이기는 이들을 선발하실 것이다. 주 예수님께서 공중에서 그분의 군대를 편성하고 계시는 동안, 모든 민족은 땅 위에서 그들의 군대를 편성할 것이고 예루살렘으로 모이게 될 것이다(계 16:14, 16, 19:19). 이것은 포도원의 각 모퉁이로부터 포도들이 포도즙 틀의 중심부로 모아진다는 뜻이다(계 14:18-19). 주님은 부름받고 선택되고 신실한 사람들로 된 그분의 군대와 함께 공중에서 오실 것이며, 적그리스도와 그의 군대 및 동아시아에서 온 이억의 기병대를 멸망시키실 것이다(계 19:11-21). 동시에 포위되었던 이스라엘 위에 그 영께서 쏟아부어지실 것이다(슥 12:10). 그들은 회개할 것이며, 다윗의 온 집이 구원받을 것이다.

온 땅이 그리스도의 왕국이 될 것이다(계 11:15). 이방 세계를 친 돌은 온 땅을 채우는 산인 왕국이 될 것이다(단 2:35). 이방인들 가운데 얼마는 아마겟돈 전쟁 이후에도 살아남아 땅 위의 백성들인 민족들이 될 것이다. 주님께 돌이켜 구원받은 유대인들은 예루살렘에서 제사장들이 되어 사람들에게 주님을 섬기는 법을 가르칠 것이다. 주 예수님은 예루살렘을 그분의 수도로 세우실 것이며, 그분의 보좌에서 온 땅을 왕으로서 다스리실 것이다.

42

아마겟돈 전쟁 후 이방인들에 대한 주님의 심판

The Lord's Judgment of the Gentiles after the War at Armageddon

제42장

아마겟돈 전쟁 후 이방인들에 대한 주님의 심판

성경: 마 25:31-46, 13:47-50, 계 14:6-7, 행 10:42, 딤후 4:1, 마 19:28, 행 3:21, 사 11:6-9

주 예수님은 돌아오셔서 그리스도인들 가운데 있는 상황을 말끔히 정리하실 것이다. 먼저 거짓된 이들은 묶여서 불 못에 던져질 것이다. 이들은 가라지들이다. 그다음, 성숙한 이들은 부활한 믿는 이들과 함께 공중으로 이끌려 올라갈 것인데, 그곳에서 주님은 그들에 대한 그분의 심판을 집행하실 것이다. 그때 그들 중 얼마는 이기는 이들로 선택되어 적그리스도에게 대항하여 싸우는 주님의 군대가 될 것이다. 그들은 또한 어린양의 결혼 잔치에서 주님과 함께 잔치할 것이다. 그리스도인들 중 얼마는 패배한 이들이 될 것이며, 그들은 패배했기 때문에 어떤 징벌을 받을 것이다. 그들은 왕국의 출현인 결혼 잔치를 놓칠 것이다. 그들은 보상을 잃어버릴 것이며, 또한 어떤 종류의 다룸을 받을 것이다. 이와 같이 휴거를 통하여 주 예수님은 그리스도인들 가운데 있는 상황 전체를 정리하실 것이다.

세 부류의 백성

앞서 언급했듯이, 주 예수님께서 다시 돌아오실 때 땅 위에는 기본적으로 세 부류의 백성이 있을 것이다. 곧 그리스도인들과 유대인들과 이방인들이다(고전 10:32). 그분은 돌아오셔서 이방 군대를 패배시켜 멸망시키시고 유대 백성을 구출하실 것이다. 그들은 천년왕국 기간 동안 하나님께 제사장들이 될 것이다. 그러나 얼마만큼의 이방인들은 군대들과 함께 멸망당하지 않아 여전히 땅 위에 남아 있게 될 것이다. 비록 그처럼 많은 기병대와 군인들이 주님께 멸망당했을지라도, 민족들 가운데 얼마만큼의 사람들은 살아남아 있을 것이다. 모든 사람이 군인이 되고 모두가 멸망당하리라고 생각하는 것은 논리적이지 않다. 그보다 모든 군대는 멸망당하지만, 사람들 중 얼마는 남아 있을 것이다. 민족들 가운데 남은 이들에게는 어떤 일이 일어날 것인가? 주님은 그들의 상황을 정리하셔야 한다. 이것을 위해 그분은 자기 천사들을 보내시어 그때까지 남아 있는 모든 민족들의 백성들을 모으시고 그들에 대한 심판을 집행하실 것이다.

그들을 심판하는 데 있어서 주님은 무엇을 근거로 삼으시는가? 그것은 말하기가 어렵다. 틀림없이 그것은 율법이나 복음에 따른 심판은 아니다. 만일 복음에 따른 심판이라면, 그것은 그들이 회개하고 주 예수님을 믿지 않았기 때문일 것이다. 혹은 율법에 따른 심판이라면, 그것은 그들이 율법을 지키지 않았기 때문일 것이다. 그러나 남아 있는 민족들에 대한 심판은 이 두 가지 항목에 근거하지 않을 것이다. 그때 민족들에 대한 심판은 대환난 기간 동안 그들이 주님의 작은 형제들을 어떻게 대했느냐에 근거할 것이다(마 25:31-46). 이로써 우리는 주님께 그분의 시대적인 경륜, 즉 시대별로 사람들을 대하시는 방식이 있음을 볼 수 있다. 율법 시대에 주님은 율법에 따라 사람들을 다루셨다. 은혜 시대에 주님은 은혜에 따라 사람들을 다루신다. 그러나 대환난 기간 동안 주님은 율법이나 은혜에 따라 민족들을 다루지 않으실 것이다. 오히려 그분은 대환난 기간 동안 그들이 그분의 작은 형제들, 곧 유대인들과 남아 있는 그리스도인들을 어떻게 대했는가에 따라 그들을 다루실 것이다. 민족들이 그분의 형제들 중 가장 작은 이들을 잘 대했다면 그들은 양으로 여겨질 것이지만, 작은 이들을 잘못 대했다면 그들은 염소들로 여겨져 멸망할 것이다.

마태복음 25장 31절부터 46절까지는 양과 염소의 비유를 다룬다. 많은 그리스도인 교사들은 이 비유를 잘못 적용하여 그것이 그리스도인들을 가리키는 것이라고 말해 왔다. 그들은 주 예수님께서 믿는 이들에게 심판을 집행하시어 그들을 두 무리로 나누실 것이라고 생각한다. 한 무리는 양으로 대표되는 참된 그리스도인들이고, 다른 무리는 염소로 대표되는 거짓 그리스도인들이라는 것이다. 그들의 관념에 따르면, 선한 이들은 구원을 받아 왕국 안으로 들어갈 것이고, 악한 이들은 불 못에 던져질 것이다. 그러나 이러한 해석은 정확하지 않다. 32절은 모든 '민족'이 그분 앞에 모이게 될 것이라고 말한다. 여기서의 '민족'에 해당되는 헬라어 단어는 '이방인'에 대하여 사용된 단어와 동일하다. 그분 앞에 모이게 되는 것은 믿는 이들이 아니라 믿지 않는 이들, 곧 이방인들일 것이다. 이방인들을 그분 앞에 모으신 다음, 주님은 목자가 양을 염소와 나누듯이 그들을 서로 분리하실 것이다.

영원한 복음

민족들에 대한 주님의 이러한 심판은 경고 없이 되지 않을 것이다. 요한계시록 14장 6절과 7절은 "또 내가 보니, 다른 천사가 하늘 한가운데로 날아가는데, 땅에 거하는 사람들, 곧 각 민족과 지파와 언어와 백성에게 전할 영원한 복음을 가지고 큰 음성으로 말하였습니다. '하나님의 심판의 때가 왔으니, 하나님을 경외하고 하나님께 영광을 돌리십시오. 하늘과 땅과 바다와 샘물들을 만드신 분께 경배하십시오.' "라고 말한다. 이 절들에서 전파된 복음은 은혜의 복음이 아니라 영원한 복음이다. 그것은 사람이 전파하는 것이 아니라 천사가 전파한다. 사도행전 10장에서 한 천사가 고넬료에게 왔으나 그에게 복음을 전하지는 않았다. 오히려 천사는 고넬료에게 베드로를 부르라고 했다. 사람으로서 베드로는 은혜의 복음을 전파할 특권과 권위를 받았다. 요한계시록 14장에서는 사람이 아닌 천사가 영원한 복음을 전파하고 있다. 더 나아가 이 복음은 땅에서 전파되지 않고 공중에서 전파된다.

무엇이 영원한 복음의 내용인가? 우리는 은혜의 복음의 내용이 회개하고 믿는 것임을 안다. 이것들이 은혜의 복음의 내용이 되는 두 가지 주요 항목들이다. 그러나 요한계시록 14장의 영원한 복음의 내용은 다르다. 그것은 단지 하나님을 두려워하고 그분께 경배하라고 말한다. 민족들은 심판의 때가 다가오고 있기 때문에 하나님을 두려워할 필요가 있다. 민족들은 하나님을 그들의 구속자로 경배하라는 말을 듣지 않고 그들의 창조주, 곧 그들을 창조하신 분으로 경배하라는 말을 들을 것이다. 그들은 심판의 때가 다가오고 있기 때문에 하나님을 두려워해야 하며, 하나님께서 그들의 창조주이시기 때문에 그분께 경배하라는 말을 들을 것이다. 이 구절들을 이해하기 위하여 우리는 문맥을 살펴보아야 한다. 이 동일한 장에서 이렇게 말한다. "또 다른 셋째 천사가 뒤따라와서 큰 음성으로 말하였습니다. '누구든지 짐승과 짐승의 형상 앞에 경배하고 자기의 이마나 손에 표를 받는다면, 그도 하나님의 분노의 포도주를 마실 것입니다. 하나님의 진노의 잔에 있는 포도주는 어떤 것이 섞여서 묽어진 것이 아닙니다. 그래서 그는 거룩한 천사들 앞과 어린양 앞에서 불과 유황으로 고통을 받을 것입니다. 그 고통의 연기가 영원무궁히 올라갈 것입니다. 그래서 짐승과 짐승의 형상 앞에 경배하는 사람들과 짐승의 이름의 표를 받는 사람마다 낮에도 밤에도 쉬지 못할 것입니다.' 여기에 성도들의 인내가 있습니다. 그들은 하나님의 계명들과 예수님의 믿음을 지키는 사람들입니다."(9-12절) 이것은 적그리스도가 사람들에게 자기에게 경배하라고 강요하는 바로 그때에 영원한 복음이 천사에 의해 전파될 것이라는 뜻이다. 적그리스도가 사람들에게 자기에게 경배하라고 강요하고 있을 때, 공중에서 한 천사가 사람들에게 적그리스도에게 경배하지 말고 하나님께 경배하라고 경고할 것이다. 그것은 마치 천사가 모든 민족에게 짐승, 곧 적그리스도는 그들의 창조주가 아니라고 증언하는 것과 같다. 그들은 그에게 경배하지 말고 그들의 창조주이신 하나님께 경배해야 한다. 그들이 짐승, 곧 적그리스도에게 경배한다면, 하나님께서 그들을 심판하실 것이다. 12절은 적그리스도가 일어날 때 누가 하나님의 백성인지를 보여 준다. 여기에 성도들의 인내가 있다. 여기에서 성도들은 두 백성, 곧 하나님의 계명들을 지키는 유대인들과 예수님의 믿음을 지닌 그리스도인들을 포함할 것이다. 적그리스도는 성전에 하나의 형상을 세우고 사람들을 강요하여 자기에게 경배하게 할 것이다. 그러나 유대인들과 그리스도인들은 그의 형상 앞에 경배하기를 거절할 것이다. 심지어 그때에도 성숙되지 않아서 휴거되지 못하고 남아 있는 어떤 그리스도인들이 있을 것이다. 그들은 짐승의 형상 앞에 경배하기를 거절할 것이며, 따라서 적그리스도는 그들을 박해할 것이다. 그가 그들을 죽일 것이기 때문에 그들에게는 많은 인내가 필요할 것이다. 13절은 계속해서 "지금부터 주님 안에서 죽는 사람들은 복이 있다."라고 말한다. 확실히 이들은 적그리스도의 박해로 말미암아 죽게 될 사람들이다.

달리 말해서, 대환난 기간 동안 적그리스도는 자신의 형상을 세우고 사람들에게 그것을 우상으로 경배하도록 강요할 것이다. 그러나 유대인들과 첫 열매로 휴거되지 못하고 남아 있는 그리스도인들은 그의 형상 앞에 경배하지 않을 것이다. 그러므로 그들은 죽도록 박해를 받아 심지어 목숨을 잃기까지 할 것이다. 이런 상황에서 하나님은 천사를 보내셔서 땅의 민족들에게 영원한 복음을 전하게 하실 것이다. 그 천사는 그들에게 하나님을 경외하고 하나님께 경배하라고 경고할 것이다. 이것은 하나님의 계명을 지키는 이들과 예수님의 믿음을 지닌 이들을 박해하지 말라는 말이다. 곧 적그리스도의 형상 앞에 경배하지 않는 그런 사람들을 박해하지 말고 오히려 하나님을 경외하라는 말이다.

땅 위에 있는 모든 사람들은 공중으로부터 이 복음을 들을 것이다. 그것은 온 땅에 미칠 것이다. 이 말씀을 듣는 모든 사람들 가운데서 얼마는 그 말씀을 받아들여 유대인들과 그리스도인들을 박해하지 않을 것이다. 그때 유대인들과 그리스도인들은 많은 박해와 고난 아래 있을 것이다. 그들에게는 먹을 것과 마실 것과 의복이 부족할 것이다. 그들은 이리저리 쫓겨 다니며 나그네들이 될 것이다. 그리고 그들은 감옥에 갇힐 것이다. 마태복음 25장에서 이 모든 항목을 주 예수님께서 언급하셨다. 그 기간 동안 민족들 가운데 그리스도의 작은 형제들을 돌본 이들은 양으로 여겨질 것이다. 그때에 유대인들과 그리스도인들을 박해한 이들은 염소로 여겨질 것이다.

대환난 기간 동안 주님의 작은 형제들을 잘 대해 주었던 선한 이들은 천년왕국 안으로 옮겨져 그곳의 민족들이 될 것이다. 이기는 그리스도인들은 왕들이 되고, 주님께 돌이킨 유대인들은 제사장들이 될 것이지만, 주님께서 양으로 여기시는, 민족들 가운데의 선한 이들은 그 백성이 될 것이다. 이러한 다루심들로 말미암아 주 예수님은 세 가지 유형의 사람들을 산출하실 것이다. 곧 왕들이 되는 이기는 그리스도인들과, 주님께 돌이킨 제사장들이 될 유대인들과, 보존되기는 했지만 거듭나지는 않은 이방인들로서 백성이 될 이들이다. 모든 악한 이들, 곧 염소들은 불속에 던져질 것이다.

마태복음 25장에 있는 양과 염소의 이 비유는 마태복음 13장 47절부터 50절까지에 있는 그물의 비유와 일치한다. 마태복음 13장의 처음 여섯 가지 비유들은 주로 그리스도인들과 관련되며, 일부만 유대인들과 관련된다. 밭에 감추어진 보물은 주로 이스라엘과 함께한 왕국을 언급한다. 물에서 나온 진주는 교회를 상징한다. 둘 다 결국은 왕국을 위한 것들이다. 이와 같이 마태복음 13장에도 세 가지 유형의 사람들이 있다. 곧 밭에 감추어진 보물인 왕국과 함께한 유대인들, 거듭나서 진주 곧 교회로 변화된 이방인들, 끝으로 바다에 남아 있는 이들인 이방인들이 있다. 주님은 천사들을 보내셔서 바다에 남아 있던 사람들을 모으셨다. 바다에 던져진 그물은 거듭남이나 변화가 없는 온갖 종류의 피조물들을 모은다. 이것은 이방인들, 곧 부패한 세상에서 나온 천연적인 사람들을 가리킨다. 주님은 이 모든 사람을 그분 앞에 모아 그들을 심판하실 것이다. 선한 이들은 그릇들 안으로, 즉 천년왕국 안으로 모아져 민족들이 될 것이지만, 악한 이들은 불 못에 던져질 것이다.

살아 있는 사람들과 죽은 사람들의 심판자

사도행전 10장 42절과 디모데후서 4장 1절 모두 주 예수님께서 살아 있는 사람들과 죽은 사람들을 심판하시도록 하나님께 정해지셨음을 우리에게 알려 준다. 천년왕국 전에 주 예수님은 그분의 영광의 보좌에서 살아 있는 믿지 않는 이들을 심판하실 것이다(마 25:31). 천 년 후에 민족들 가운데 모든 죽은 사람이 부활할 것이며, 주 예수님은 크고 흰 보좌에서 그들을 심판하실 것이다(계 20:11-12). 그러므로 주님은 천년왕국 이전에는 살아 있는 믿지 않는 이들의 심판자가 되실 것이고, 천년왕국 후에는 죽은 믿지 않는 이들의 심판자가 되실 것이다. 이 두 심판으로 말미암아 주 예수님은 모든 이방인들 가운데 있는 상황을 완전히 정리하실 것이다.

그리스도인들 가운데에서 주 예수님은 그분과 함께 땅을 다스릴 한 무리의 왕들을 얻기를 갈망하신다. 유대인들 가운데에서 주 예수님은 천년왕국 기간 동안 사람들에게 그분을 섬기는 법을 가르칠 한 무리의 제사장들을 얻기를 갈망하신다. 그리고 이방 세계로부터 그분은 천년왕국 기간 동안과 새 하늘과 새 땅에서 민족들이 될 한 무리의 사람들을 얻기를 갈망하신다. 이렇게 해서 왕들과 제사장들과 백성이 있게 된다. 모든 것이 왕국을 위해 협력한다! 우리는 그때 이방인들이 거듭나지 않고 다만 보존될 뿐임을 깨달아야 한다. 그들은 유죄판결을 받아 멸망하는 데에서는 보존되겠지만 거듭나지는 않을 것이다.

복원된 창조물

사도행전 3장 21절은 만물이 복원될 때까지 하늘이 마땅히 주 예수님을 받아 두어야 한다고 말한다. 사람이 타락한 때부터 모든 피조물은 타락하게 되었다. 그때 이후로 만물은 쇠퇴하고 썩어지게 되었다. 로마서 8장에 따르면, 모든 창조물이 썩음의 노예 상태 아래서 탄식하고 있다. 새로운 모든 것이 낡게 되는 것은 쇠퇴하고 썩는 법칙 아래 있기 때문이다. 작은 아기는 아주 활기차 보이지만 노인은 그렇지 않은데, 그것은 노인은 쇠하는 과정 아래 있기 때문이다. 우리는 자랄수록 더욱 쇠하여 간다. 우리의 물질적인 몸은 썩음의 노예 상태라는 원칙 아래 있다. 주 예수님께서 돌아오실 때, 그분은 복원을 가져오실 것이다. 복원은 썩음과 반대될 것이다. 모든 것이 복원될 것이다.

이사야서 65장 20절은 복원의 때에 대하여 말하면서 "거기에는 며칠 살지 못하고 죽는 아기가 / 더 이상 없고 / 제 수명을 채우지 못하는 노인도 없으리니 / 백 세에 죽는 사람이 아이요 / 백 세에 죽는 사람이 저주받은 죄인일 것이기 때문이라."라고 말한다. 그 기간 동안 백 세가 된 사람은 아이로 여겨질 것이다. 사람마다 수백 년을 살 것이다.

이사야서 11장 6절은 더 나아가 “이리가 어린양과 함께 살고 / 표범이 새끼 염소와 함께 누우며 / 송아지와 젊은 사자와 살진 짐승이 함께하며 / 어린아이가 그것들을 이끌고 다니리라.”라고 말한다. 복원의 때에는 모든 짐승들이 온순하고 유순할 것이다. 사자들과 표범들과 들짐승들이 사람을 해치지 않을 것이다. 어린아이들이 사자들과 독사들과 독 있는 뱀들과 함께 놀 수 있다. 더 이상 전쟁도 없을 것이다. 창들이 보습이 될 것이다. 더 이상 싸움이 없고 그 대신 농경이 있을 것이다. 그때는 땅 위에 참된 평화가 있게 될 것인데, 그것은 모든 것이 복원될 것이기 때문이다.

복원

그때 양들로 여겨질 민족들은 거듭남에 의해서가 아니라 복원에 의해 보존될 것이다. 오늘날 땅 위에 있는 모든 믿지 않는 이들은 타락한 사람들이지만, 천년왕국 기간 동안 모든 민족은 복원된 사람들이 될 것이다. 그러나 그들이 거듭나게 된다는 뜻은 아니다. 믿는 이들인 우리는 거듭났다. 우리는 또 다른 생명을 우리 안으로 받아들였다. 복원된 그 민족들은 그들 안에 여전히 동일한 본성과 동일한 요소를 갖고 있을 것이다. 우리에게 있는 것은 복원이 아니라 거듭남이다. 천년왕국 기간 동안 민족들은 거듭나는 것이 아니라 복원될 것이다. 〈흠정역 성경〉은 마태복음 19장 28절의 복원을 ‘거듭남’으로 번역하는데, 헬라어 원문을 보면 그것은 보통 ‘거듭남’으로 번역하는 헬라어 단어가 아니다. 28절에 사용된 헬라어는 일종의 복원을 의미하는 단어이다. 거듭남은 우리가 자신의 타고난 생명 외에 또 다른 생명을 받아들인다는 뜻이다. 우리는 모두 부모에게서 태어남으로 타고난 생명을 받았다. 주 예수님을 믿었을 때, 우리는 또 다른 생명, 곧 하나님의 생명을 받아 거듭났다.

마태복음 25장에서 양들로 여겨질 모든 선한 이들은 다시 태어나지 않을 것이다. 그들은 또 다른 생명을 받는 것이 아니라, 하나님께서 그들의 창조된 생명을 타락 이전의 상태로 복원하실 것이다. 하나님은 모든 타락한 피조물을 복원하실 것이다. 따라서 〈흠정역 성경〉의 마태복음 19장의 '거듭남'이라는 단어는 재출생이라는 의미에서의 거듭남을 가리키지 않는다. '거듭남'이라는 단어가 믿는 이들에게 적용될 때에는 다시 태어남을 뜻하지만, 이 절에서 시대를 가리키는 데 적용될 때에는 복구 또는 복원을 의미한다.

천년왕국

주님은 그리스도인들과 유대인들과 민족들을 완전히 다루신 후 천년왕국을 가져오실 것이다. 땅 위에서 주님의 왕국이 천 년 동안 있게 될 것이다. '밀레니엄(Millennium)'이란 천 년을 뜻한다. 35장에 있는 왕국의 도표에 따르면, 그 도표의 다섯 번째 부분이 천년왕국이다. 그것은 두 부분으로 나누어진다. 윗부분은 하늘에 속한 부분이고, 아랫부분은 땅에 속한 부분이다. 하늘에 속한 부분에는 그리스도와 이기는 성도들이 함께한 왕국의 출현이 있다. 또한 의인들이 그들의 아버지의 왕국에서 해처럼 빛날 아버지의 왕국도 하늘에 속한 부분에 포함되어 있을 것이다(마 13:43). 이것은 아버지의 왕국의 하늘에 속한 부분, 즉 왕국의 윗부분이다. 아랫부분은 사람의 아들의 왕국이라 불린다. 아랫부분에서는 주님께 돌이킨 이스라엘인들이 제사장들이 되어 사람들을 이끌어 하나님께 경배하게 할 것이다. 아랫부분에 있는 유대인들 주위로는 보존되고 복원된 민족들이 있을 것이다. 마태복음 13장 41절에서 주 예수님은 그분이 자기의 천사들을 보내어, 실족하게 하는 모든 것과 불법을 행하는 이들을 그의 왕국에서 모으실 것이라고 말씀하셨다. 이와 같이 모든 악한 이들은 사라질 것이고, 주님께 돌이킨 유대인들은 제사장들이 될 것이며, 복원되고 보존된 민족들은 백성이 될 것이다. 그러므로 천년왕국 기간 동안 세 부류의 사람들이 있을 것이다. 곧 왕들과 제사장들과 백성이다. 창조물이 복원될 것이다. 더 이상 전쟁이 없을 것이고, 온 땅에 평화가 가득할 것이다. 그것은 얼마나 놀랍고 영광스러운 왕국이겠는가!

그러나 천년왕국 끝에 몇몇 민족들이 사탄의 미혹을 받아 한 번 더 하나님께 반역할 것이다(계 20:7-9). 그때 반역한 사람들은 불 못에 던져져 멸망할 것이고, 반역하지 않은 사람들은 새 하늘과 새 땅으로 옮겨져 민족들이 될 것이다. 요한계시록 21장 24절은 민족들이 새 예루살렘의 빛 가운데 다닐 것이라고 말한다. 새 예루살렘은 거듭나고 구원받고 변화된 모든 사람들로 이루어진 구성체가 될 것이다. 그러나 민족들은 단지 복원되었을 뿐인 타고난 그대로의 사람들로 그곳에 있게 될 것이다.

생명나무의 열매는 새 예루살렘에 거하는 이들의 양식이 될 것이며, 생명나무의 잎사귀들은 민족들이 존속할 수 있도록 그들을 치료하기 위한 것이 될 것이다. 새 예루살렘에서 한 무리의 왕들과 제사장들이 복원된 민족들을 다스릴 것이다.

복원된 시대가 아주 놀랍겠지만, 그것은 여전히 옛 창조 안에 있을 것이다. 그러므로 그 도표에는 여섯 번째 부분, 즉 새 하늘과 새 땅이 있다. 새 하늘과 새 땅의 때에 만물이 새롭게 될 것이며, 새 예루살렘은 그 중심이 될 것이다. 이것은 하나님의 영원한 왕국일 것이다.

양들, 곧 민족들에게는 천년왕국이 창세 '때부터' 예비된 왕국이 될 것이다(마 25:34). 그러나 거듭난 사람들은 창세'전에' 그분 안에서 선택된 사람들이다(엡 1:3-4). 민족들은 창세 때부터 예비된 어떤 것을 받을 것이지만, 우리 믿는 이들은 창세전에 예비된 어떤 것을 받을 것이다. 이것은 이 양들이 믿는 이들이 아니라는 것을 가리키는 또 하나의 분명한 표시이다. 그들은 또 다른 범주의 사람들이다. 천년왕국 동안 우리는 민족들이 아니라 왕가(王家)일 것이다. 우리는 왕들일 것이다. 누가 백성이 될 것인가? 그들은 복원된 민족들일 것이다. 이사야서 65장 20절에 따르면, 그들 복원된 사람들은 여전히 죽음을 맞이하지만 수백 세를 살 것이다. 이것은 그들이 거듭난 사람들이 아님을 가리킨다. 거듭난 사람들인 우리는 결코 죽음을 보지 않을 것이다. 그러나 그들은 여전히 저주 아래 있기 때문에 죽을 것이다. 이로써 우리는 오늘날 구원받는 것이 하나님의 한 시대적인 경륜 아래 있는 것이고, 주님께서 돌아오시는 기간 동안 구원받는 것은 하나님의 또 다른 시대적인 경륜 아래 있는 것임을 알 수 있다. 하나님께는 여러 시대적인 경륜이 있으시며, 그것들에 의해 여러 부류의 백성을 산출하신다. 율법의 경륜에 의해 하나님은 유대인들을 제사장들로 산출하실 것이다. 은혜의 복음의 경륜으로 하나님은 왕이 될 이기는 이들을 산출하실 것이다. 그리고 영원한 복음의 경륜으로 하나님은 천년왕국 기간 동안과 새 하늘과 새 땅의 기간 동안에 민족들이 될 백성을 산출하실 것이다.

43

왕국의 실재의 성장과 수확

The Growth and Harvest
of the Reality of the Kingdom

제43장

왕국의 실재의 성장과 수확

앞에서 우리는 왕국과 관련된 많은 것들이 마태복음에 씨의 형태로 있음을 지적한 바 있다. 또한 우리는 왕국에 세 방면, 즉 실재와 외형과 출현이 있음도 지적했다. 왕국의 실재의 씨는 마태복음 5장과 6장과 7장에 있다. 이제 우리는 왕국의 실재의 성장과 수확을 보아야 한다. 이전 장에서 우리는 왕국의 실재의 일곱 방면을 다루었다. 그것들은 하늘의 다스림 아래 있는 왕국의 자녀들의 특성, 왕국 백성이 세상에 주는 영향, 생명의 법의 제한 아래 있는 왕국의 자녀들의 의, 선행에 있어서 왕국의 자녀들의 순수함, 왕국의 자녀들의 마몬 또는 재물에 대한 태도, 왕국의 자녀들이 다른 사람들을 대하는 원칙, 그리고 왕국의 자녀들의 생활 및 일의 근거이다. 이 일곱 방면은 마태복음에 씨의 형태로 있다. 그것들은 이어지는 책들에서, 특별히 서신서들에서 발전되고 요한계시록에서 수확된다.

영 안에서 가난함

하늘의 다스림 아래 있는 왕국의 자녀들의 특성 중 첫 번째 방면은 그들이 영 안에서 가난하다는 것이다. 이 요점은 마태복음에 뿌려져 있고 서신서들과 요한계시록에서 발전된다. 우리는 로마서 8장 16절과 1장 9절을 읽어 보아야 한다. "그 영께서 직접 우리의 영과 함께 우리가 하나님의 자녀들인 것을 증언하십니다."(8:16) "내가 기도할 때에 항상 여러분을 얼마나 끊임없이 언급하는지에 대해서는, 하나님의 아들의 복음 안에서 그리고 나의 영 안에서 섬기는 하나님께서 나의 증인이 되십니다."(1:9) 마태복음은 우리가 영 안에서 가난해야 함을 말하고, 로마서 8장 16절은 그 영께서 우리의 영과 함께 증언하고 계신다고 말한다. 우리가 영 안에서 가난하지 않고 영 안에서 비어 있지 않다면, 그 영께서 우리 안으로 들어오셔서 우리의 영 안에서 증언하실 길이 없다. 일단 우리가 영 안에서 가난하다면, 그 영은 우리 안으로 들어오셔서 우리를 그분 자신으로 충만하게 하신다. 그 영은 우리의 영과 함께하신다. 더 나아가 로마서 1장 9절에서 바울은 그의 영 안에서 하나님을 섬겼다고 말한다. 본래 그의 영은 활동적이지 못했고 가치 없는 것들로 가득 차 있었지만, 이제 가치 없는 모든 것이 사라졌다. 하나님의 영께서 그의 영을 채우셨고, 그는 그의 영 안에서 하나님을 섬겼다.

요한계시록 1장 10절에서 요한은 "주님의 날에 내가 영 안에 있었으며, 내 뒤에서 울리는 나팔 소리 같은 큰 음성을 들었습니다."라고 말했다. 이 절의 합당한 영어 번역에 따르면, '영'에 해당하는 '스피릿(spirit)' 앞에 정관사가 없다. 더 나아가 'spirit'의 's'는 대문자 'S'가 아니라 사람의 영을 가리키는 소문자 's'여야 한다. 요한은 주님의 날에 그의 영 안에 있었고, 자기 뒤에서 울리는 큰 음성을 들었다. 12절을 보면, 그는 그 음성을 들은 후 이렇게 했다. "나는 나에게 말한 그 음성을 알아보려고 돌아섰습니다. 돌아섰을 때에 일곱 금등잔대를 보았는데". 이 절은 우리가 교회들을 보기 위해서는 반드시 우리 사람의 영 안에 있어야 함을 보여 준다. 로마서 8장은 그 영께서 우리 안으로 들어오시려면 우리가 영 안에서 가난해야 함을 지적한다. 로마서 1장은 그 영께서 우리의 영을 채우신 후에야 우리가 우리의 영 안에서 하나님을 섬길 수 있음을 지적한다. 그리고 요한계시록 1장 10절과 12절은 우리가 교회들을 보기 위해서는 우리의 영 안에 있어야 함을 지적한다.

우리는 또한 요한계시록 21장 10절과 11절을 읽어 보아야 한다. "내가 영 안에 있는데, 천사가 나를 데리고 크고 높은 산으로 올라가서, 하늘에서 하나님에게서 내려오는 거룩한 성 새 예루살렘을 나에게 보여 주었습니다. 그 성에는 하나님의 영광이 있고, 성의 빛은 가장 귀한 보석 같았고 수정처럼 맑은 벽옥 같았습니다." 이 절에서도 '영 안에'에 해당하는 원문의 정확한 영어 번역은 'in spirit'이다. 곧 '스피릿(spirit)'은 소문자 's'로 시작하고 그 앞에 정관사가 없다. 이것은 요한계시록 1장 10절과 동일하다. 우리가 거룩한 성인 새 예루살렘을 보는 길은 영 안에서 크고 높은 산으로 이끌리는 것이다.

이 모든 절을 함께 둘 때, 로마서와 요한계시록에서 사람의 영이라는 항목의 씨가 풍성하게 발전되고 수확되는 것을 볼 수 있다. 마태복음은 영 안에서 가난하게 될 필요가 있음을 말하는 것으로 시작하고, 이어서 로마서는 그 영께서 우리의 영과 함께 증언하시고 우리가 우리의 영 안에서 하나님을 섬긴다고 말한다. 결국 우리는 우리의 영 안에서 교회들과 새 예루살렘을 본다. 씨는 마태복음 5장에 있고, 성장은 로마서와 다른 서신서들에 있으며, 수확은 요한계시록에 있다.

애통함

애통함이라는 항목의 씨는 마태복음 5장 4절에 뿌려져 있다. "애통하는 사람들은 복이 있습니다. 왜냐하면 그들이 위로를 받을 것이기 때문입니다." 이제 애통함이라는 항목의 씨의 발전을 보여 주는 몇 절을 읽어 보자. 우선 사도행전 20장 31절이 있다. "그러므로 여러분은 늘 깨어 있도록 하십시오. 내가 삼 년 동안 밤낮 쉬지 않고 눈물로 각 사람을 훈계하던 것을 기억하십시오." 바울이 밤낮 눈물로 교회를 훈계한 것은 그가 교회와 믿는 이들의 상태에 대해 애통하고 있었음을 나타낸다. 로마서 9장 2절은 "나에게 큰 슬픔이 있고 내 마음에 끊임없는 고통이 있다는 것입니다."라고 말한다. 이 절은 이스라엘 백성이 구원받도록 바울이 그들을 위해 애통해했음을 보여 준다. 그들 때문에 그에게 큰 슬픔이 있었고 그의 마음에 끊임없는 고통이 있었다. 마지막으로 고린도후서 7장 7절은 "그가 온 것으로뿐만 아니라, 그가 여러분에게서 받은 그 위로로 우리는 위로를 받았습니다. 또 여러분이 사모하고 있다는 것과 애통하고 있다는 것과 나를 위하여 열정이 있다는 것을 그가 우리에게 전해 주므로, 나는 더욱 기뻤습니다."라고 말한다. 이 절은 바울뿐 아니라 고린도 사람들도 어떤 상황에 대해 애통하고 있었음을 나타낸다. 이처럼 애통함의 방면은 서신서들에서 발전된다.

온유함

마태복음에 뿌려진 왕국의 실재의 세 번째 씨는 온유함이다. 마태복음 5장 5절은 "온유한 사람들은 복이 있습니다. 왜냐하면 그들이 땅을 상속받을 것이기 때문입니다."라고 말한다. 에베소서 4장 2절은 온유함의 문제를 발전시킨다. "모든 일에 겸허하고 온유함으로 또 오래 참음으로, 사랑 안에서 서로를 짊어지며". 이 절은 온유함뿐 아니라 또한 오래 참음과 더불어 겸허한 것과 사랑 안에서 서로를 짊어지는 것을 언급한다. 이것은 그저 온유한 것보다 훨씬 이상이다. 그것은 무언가 풍성한 발전이 있음을 나타낸다. 디도서 3장 2절은 “아무도 비방하지 말게 하고, 다투지 말게 하고, 관용하게 하며, 모든 사람에게 온유함을 나타내 보이게 하십시오.”라고 말한다. 관용하고 모든 사람에게 온유를 나타내 보이는 것은 마태복음 5장 5절에 있는 온유함의 발전이다. 야고보서 3장 13절은 “여러분 가운데서 지혜롭고 박식한 사람이 누구입니까? 그런 사람은 좋은 생활 태도를 통하여 지혜에서 나오는 온유로 자신의 행위를 나타내 보이십시오.”라고 말한다. 이 절들은 마태복음에 뿌려진 온유함이라는 항목의 씨가 풍성하고도 완전하게 발전한 것을 보여 준다.

의에 굶주리고 목마름

의에 굶주리고 목마름이라는 항목의 씨는 디모데전서 6장 11절에서 발전된다. “그러나 하나님의 사람이여, 그대는 이러한 것들을 피하고, 의와 경건과 믿음과 사랑과 인내와 온유를 힘을 다해 추구하십시오.” 그것은 디모데후서 2장 22절에서 더욱더 발전된다. “그대는 청년의 정욕을 피하고, 순수한 마음으로 주님을 부르는 사람들과 함께 의와 믿음과 사랑과 화평을 추구하십시오.”

긍휼히 여김

긍휼히 여김이라는 항목은 로마서 12장 8절 하반절에서 발전된다. “긍휼을 베푸는 사람은 즐겁게 하십시오.” 이 절은 긍휼을 베푸는 것도 은사임을 지적한다. 많은 그리스도인들은 결코 이것을 생각해 본 적이 없다. 로마서 12장의 맥락을 보면, 긍휼을 베푸는 것은 가르치는 것과 인도하는 것과 권유하는 것과 신언하는 것과 더불어 하나의 은사로 나열되어 있다. 이 장에서는 심지어 손님을 대접하는 것까지도 은사이다. 긍휼을 베푸는 것과 대접하는 것, 둘 다 은사이다. 결국 골로새서 3장 12절은 "그러므로 여러분은 하나님께서 선택하신 사랑받는 거룩한 사람들이니, 불쌍히 여기는 마음과 인자와 겸허와 온유와 오래 참음을 옷으로 입으십시오."라고 말한다.

마음이 순수함

마음이 순수함이라는 항목의 씨는 디모데후서 2장 22절 하반절에서 발전된다. "순수한 마음으로 주님을 부르는 사람들과 함께". 여기에서 마음이 순수한 것에 덧붙여 어떤 것이 추가된다. 곧 여러분은 순수한 마음으로 주님을 부르는 사람들과 함께 의와 믿음과 사랑과 화평을 추구해야 한다. 순수한 마음의 문제가 있을 뿐 아니라, 그런 순수한 마음으로 부르는 문제가 있다. 마태복음 5장은 '마음이 순수한' 것을 말할 뿐이지만, 여기에서 바울은 다른 사람들과 함께 주님을 추구하고 부르는 문제를 덧붙인다. 고린도후서 3장 16절은 "그러나 언제든지 그들의 마음을 주님께로 돌이키기만 하면, 그 너울이 벗어질 것입니다."라고 말한다. 언제든지 우리의 마음을 주님께로 돌이키기만 하면, 그 너울이 벗어진다. 이것이 마음이 순수하게 되는 항목의 추가적인 발전이다. 그것은 모든 너울이 벗어지도록 주님께로 돌이켜진 마음을 갖는 것이다.

화평하게 함

화평하게 하는 문제는 히브리서 12장 14절에서 발전된다. "여러분은 모든 사람과 더불어 화평하게 지내도록 힘쓰고, 거룩하게 되도록 추구하십시오. 거룩하게 되는 것이 없이는 아무도 주님을 보지 못할 것입니다." 에베소서 4장 3절은 "화평의 매는 띠로 그 영의 하나를 힘써 지키십시오."라고 말한다. 마지막으로 야고보서 3장 18절은 "의의 열매는 화평하게 하는 사람들이 화평 가운데서 뿌려 거두는 것입니다."라고 말한다. 화평과 의는 항상 연관되어 있다. 우리에게 의가 없다면 화평을 갖기란 불가능하다. 반드시 의가 먼저 와야 한다. 그러면 화평이 올 것이다. 왜 이 땅에 화평이 없는가? 그것은 의가 없기 때문이다. 국가들이 의롭지 않기 때문에 화평이 없다. 우리에게 주 예수님이 계실 때 우리는 참된 의를 갖게 된다. 그럴 때 화평이 있다. 이 때문에 우리는 먼저 의를 추구하고 그런 다음 화평을 추구해야 한다.

의를 위하여 고난을 겪음

사도행전 14장 22절은 "제자들의 혼을 견고하게 하고, 항상 믿음 안에 머물러 있으라고 권유하며 '우리가 하나님의 왕국에 들어가려면 많은 환난을 겪어야 합니다.'라고 말하였다."라고 말한다. 이 절은 우리가 많은 환난, 즉 많은 고난을 겪고 하나님의 왕국에 들어간다고 말한다. 의를 위하여 고난을 겪는 것은 바로 왕국을 위하여 고난을 겪는 것인데, 이것은 하나님의 왕국이 의의 왕국이기 때문이다. 더 나아가 디모데후서 3장 12절은 "사실 그리스도 예수님 안에서 경건하게 살고자 하는 사람은 다 박해를 받을 것입니다."라고 말한다. 그리스도 예수님 안에서 경건하게 사는 것이 참된 의를 갖는 것이다. 참된 의는 일종의 고난을 초래한다.

그리스도를 위하여 고난을 겪음

그리스도를 위하여 고난을 겪음이라는 씨는 사도행전 5장 41절과 42절에서 발전된다. "사도들은 그 이름을 위하여 모욕당하기에 합당한 사람으로 여겨진 것을 기뻐하면서 공회 앞을 떠났다. 그들은 날마다 성전에서 그리고 이 집 저 집에서, 예수님께서 그리스도이시라는 복음을 쉬지 않고 가르치며 전하였다.” 여기에서 제자들은 그들이 그리스도를 위하여 고난을 받을 자격이 있는 사람들로 여겨진 것을 기뻐했다. 주 예수님은 제자들에게 그분을 위하여 박해받을 때 기뻐해야 한다고 말씀하셨다. 틀림없이 베드로와 요한은 주님을 믿었고, 그분께서 산에서 그들에게 하신 말씀을 기억했다. 따라서 그들은 그리스도를 위하여 받는 박해 때문에 기뻐했다. 바울은 사도행전 20장 19절과 24절에서 자신이 그리스도를 위하여 고난을 겪었음을 지적했다. “나는 모든 겸손과 많은 눈물로 노예로서 주님을 섬겼으며, 또 유대인들의 음모 때문에 닥친 시련도 겪었습니다.”(19절) “그러나 나는 나의 달려갈 길과 내가 주 예수님께 받은 사역, 곧 하나님의 은혜의 복음을 엄숙히 증언하는 일을 마치기 위해서는 나의 목숨을 조금도 귀한 것으로 여기지 않습니다.”(24절) 이 절들은 바울이 그리스도를 위하여 기꺼이 온갖 고난을 겪고, 심지어 자기 목숨까지 버리고자 했던 형제였음을 나타낸다.

우리는 이 모든 절로부터 마태복음 5장에 계시된 왕국의 실재가 발전됨을 볼 수 있다. 이 요점에 대한 결론으로서 고린도후서 6장 4절부터 10절까지를 읽어 보아야 한다. “다만 우리는 모든 일에서 우리 자신을 하나님의 사역자들로 추천합니다. 곧 우리는 많은 인내를 하고 환난과 궁핍과 곤경에 처하고 매를 맞고 감옥에 갇히고 난동을 당하고 수고하고 자지 못하고 먹지 못하였으며, 또 순수함과 지식과 오래 참음과 인자와 거룩한 영과 거짓 없는 사랑과 진리의 말씀과 하나님의 능력이 있었으며, 또한 오른쪽과 왼쪽에 의의 무기를 가졌고, 영광과 모욕, 악평과 호평을 받았습니다. 그리고 우리는 미혹시키는 사람들 같으나 진실하고, 알려지지 않은 것 같으나 유명하고, 죽는 것 같으나, 보십시오, 우리가 살아 있고, 징계를 받는 것 같으나 죽지 않고, 슬퍼하는 것 같으나 항상 기뻐하고, 가난한 것 같으나 많은 사람을 부유하게 하고, 아무것도 없는 것 같으나 모든 것을 가진 사람들입니다.” 6절에 있는 ‘거룩한 영’에 해당하는 영어 표현에서 '영(spirit)'은 소문자 's'로 시작해야 한다. 이것은 우리의 영이 거룩하게 된 것을 가리킨다. 원문에는 그 앞에 정관사가 없다.

왕국의 자녀들이 세상에 주는 영향

소금으로서

우리가 보았듯이, 소금은 부패와 누룩을 죽이는 데에 사용된다. 소금이 있는 곳에는 누룩이 없다. 땅의 소금이라는 항목의 씨는 마태복음 5장 13절에 뿌려져 있고, 고린도전서 5장 7절과 8절에서 발전된다. "여러분은 본래 누룩 없는 사람들이니, 새 반죽이 되도록 묵은 누룩을 깨끗이 없애십시오. 왜냐하면 우리의 유월절, 곧 그리스도도 이미 희생되시어 제물로 드려지셨기 때문입니다. 그러므로 우리가 그 명절을 묵은 누룩이나 악독하고 사악한 누룩으로 지키지 말고, 순수와 진실의 무교병으로 지킵시다." 이 절들은 우리가 누룩을 깨끗이 없애야 하고 명절을 무교병으로 지켜야 한다고 말한다. 이것은 바로 우리가 소금이 되어야 하고 어떤 누룩도 있게 해서는 안 된다는 것을 의미한다.

이어서 에베소서 4장 22절부터 24절까지를 읽어 보자. "여러분은 지난날의 생활 방식을 따르는 옛사람, 곧 그 속이는 것의 욕정에 따라 썩어 없어져 가는 옛사람을 벗어 버린 것이며, 또한 생각의 영 안에서 새롭게 되어 새사람, 곧 하나님을 따라 그 실재의 의와 거룩함으로 창조된 새사람을 입은 것입니다." 여기에서 옛사람은 일종의 부패이고, 새사람은 일종의 소금이다. 새사람은 하나님의 의와 거룩함을 지니기 때문에 소금이다. 우리는 옛사람이었지만, 새롭게 되어 새사람으로 변화되었다. 이제 우리는 더 이상 다른 사람들을 부패시키는 누룩이 아니라 오히려 부패를 죽이는 소금이다.

빛으로서

마태복음 5장 14절은 우리가 세상의 빛이라고 말한다. 이 씨는 빌립보서 2장 15절과 16절에서 발전된다. "그것은 여러분을 나무랄 데 없고 순결하게 하여, 어그러지고 비뚤어진 세대 가운데서 하나님의 흠 없는 자녀들이 되도록 하려는 것입니다. 여러분은 이런 세대 가운데서 세상의 발광체들로 빛나서 생명의 말씀을 밝히십시오. 그래서 내가 … 그리스도의 날에 자랑하도록 해 주십시오." 주님의 제자들이 세상의 빛이라는 항목의 씨는 요한계시록 1장 20절에서 최고도로 발전된다. "네가 본 내 오른손에 있는 일곱 별과 일곱 금등잔대의 비밀은 다음과 같다. 일곱 별은 일곱 교회의 전달자이고, 일곱 등잔대는 일곱 교회이다." 이 절은 단지 작은 등이 아니라 등잔대를 우리에게 보여 준다. 마태복음 5장에는 작은 등만 있지만 요한계시록 1장에는 일곱 등잔대가 있다. 이것은 우리가 세상에 대해 빛이 되는 것의 충만한 발전이다. 요한계시록 2장 5절은 "그러므로 네가 어디에서 떨어졌는지를 기억하고 회개하여 첫째가는 일을 하여라. 그러지 않으면 내가 너에게 갈 것이며, 네가 회개하지 않는 한 너의 등잔대를 그 자리에서 옮길 것이다."라고 말한다. 이 절은 또한 교회인 그리스도인들이 결국 등잔대가 되어야 함을 보여 준다. 마태복음 5장에는 등이 있을 뿐이지만, 요한계시록에는 어둠 가운데서 빛을 발하는 등잔대들의 충만한 발전이 있다.

생명의 법의 규제 아래 있는 왕국의 자녀들의 의

왕국의 자녀들은 다른 사람들의 의보다 뛰어난 의를 가져야 한다. 고린도전서 6장 9절은 "불의한 사람들은 하나님의 왕국을 상속받지 못한다는 것을 여러분은 알지 못합니까?"라고 말한다. 우리가 하나님의 왕국을 상속받기를 갈망한다면 의를 가져야만 한다. 불의한 사람은 결코 하나님의 왕국을 상속받을 수 없다. 다음으로 로마서 14장 17절은 "왜냐하면 하나님의 왕국은 먹는 것과 마시는 것이 아니라 의와 화평, 그리고 성령 안에 있는 기쁨이기 때문입니다."라고 말한다. 먼저 의가 있고, 이어서 화평이 있으며, 그다음에 성령 안에 있는 기쁨이 있다. 에베소서 4장 24절은 "새사람, 곧 하나님을 따라 그 실재의 의와 거룩함으로 창조된 새사람을 입은 것입니다."라고 말한다. 새사람은 하나님을 따라 의로 창조되었다. 의가 항상 첫 번째 방면이다.

요한계시록 19장 7절과 8절은 "우리가 기뻐하고 크게 기뻐하며 그분께 영광을 돌립시다. 왜냐하면 어린양의 결혼 날이 다가왔고, 그분의 아내도 자신을 준비하였기 때문입니다. 신부는 빛나고 깨끗한 세마포 옷을 입게 되었는데, 그 세마포 옷은 성도들의 의입니다."라고 말한다. 세마포는 의, 곧 성도들의 옳은 행실이다. 이 의가 신부에게 신랑의 결혼 잔치에 참석할 수 있는 자격을 부여하는 옷이 된다는 것은 이미 지적한 바 있다. 따라서 의는 지극히 중요하다. 베드로후서 3장 13절은 "그러나 우리는 하나님의 약속에 따라 의가 거하는 새 하늘들과 새 땅을 고대하고 있습니다."라고 말한다. '새 하늘들과 새 땅'은 영원을 가리킨다. 그것은 다만 다른 사람들의 의보다 뛰어난 의를 갖는 문제가 아니라, 우리에게 결혼 잔치에 참석하도록 자격을 부여하는 의를 갖는 문제이다. 결국 새 하늘과 새 땅에서 두드러지게 중요한 방면은 의일 것이다. 이것이 의라는 항목의 발전과 수확이다.

이 의라는 항목에 포함된 다섯 가지 다른 중점들이 있다. 살인하지 않는 것과 대비되는 것으로 제시된 화목함의 씨는 "어떤 사람이 누군가에게 불만이 있다면, 서로 짊어지고 서로 용서해 주십시오. 주님께서 여러분을 용서해 주신 것같이, 여러분도 용서해 주어야 합니다."라고 말하는 골로새서 3장 13절에서 발전된다. 아마도 미혼인 형제들과 자매들, 또한 남편들과 아내들도 이 절을 기도로 읽어야 할 것이다. 다음으로 에베소서 4장 32절은 "서로 친절하게 대하고 부드러운 마음으로 대하며, 하나님께서 그리스도 안에서 여러분을 용서하신 것같이 서로 용서하십시오."라고 말한다. 이것은 화목이라는 씨의 발전이다.

천국의 자녀들의 순수함이라는 항목의 씨는 데살로니가전서 4장 3절과 4절에서 발전된다. "하나님의 뜻은 바로 여러분이 거룩하게 되는 것입니다. 여러분은 음행을 멀리하고, 각자 거룩하게 됨과 존귀하게 됨으로써 자기 자신의 그릇을 지킬 줄 알아야 하며". 디모데전서 5장 2절은 "나이 많은 여자들을 어머니에게 하듯이 권유하며, 젊은 여자들을 매우 순수한 마음으로 누이에게 하듯이 권유하십시오."라고 말한다. 바울은 디모데에게 젊은 자매들을 매우 순수한 마음으로 대하라고 권했다. 이것은 몸만이 아니라 우리 존재의 속부분들이 순수한 것이다.

마태복음 5장 34절부터 37절까지에서 주 예수님은 "절대로 맹세하지 마십시오."라고 말씀하셨다. 이 씨는 야고보서 5장 12절에서 발전된다. "나의 형제님들, 무엇보다도 맹세하지 말아야 합니다. 하늘을 두고도, 땅을 두고도, 다른 어떤 것을 두고도 맹세하지 마십시오. '예'라고 할 것은 '예'라고 하고 '아니요'라고 할 것은 '아니요'라고 하여, 심판을 받지 않도록 하십시오." 사도 야고보의 말은 주 예수님의 말씀과 거의 동일하다. 주 예수님께서 산에서 말씀하셨던 것을 야고보가 그때까지 기억하고 있었던 듯하다. 에베소서 4장 25절도 맹세하지 말라는 이 씨를 발전시킨다. "그러므로 여러분은 거짓된 것을 벗어 버렸으니, 각자 자기 이웃과 더불어 참된 것을 말하십시오. 왜냐하면 우리가 서로 지체들이기 때문입니다." 우리는 서로 지체가 되었으므로 거짓된 것을 벗어 버리고, 각자 자기 이웃과 더불어 참된 것을 말해야 한다. 우리 모두는 단순하여 '예'라고 할 것은 '예'라고, '아니요'라고 할 것은 '아니요'라고 대답하기를 배워야 한다.

마태복음 5장 39절에는 악한 사람을 대항하지 않는 것의 씨가 있다. "그러나 나는 여러분에게 말합니다. 악한 사람을 대항하지 말고". 이 씨는 로마서 12장 14절에서 발전된다. "여러분을 박해하는 사람들을 축복하십시오. 축복하고 저주하지 마십시오." 그것은 12장 17절에서 이어진다. "아무에게도 악을 악으로 갚지 말고, 모든 사람이 보기에 존경할 만한 일들을 미리 생각해 두십시오." 바울은 고린도전서 4장 12절 하반절부터 13절 상반절까지에서 이 항목을 더 발전시킨다. "우리는 욕설을 들어도 축복하고, 박해를 받아도 견뎌 내고, 비방을 받아도 권유합니다." 고린도전서 6장 7절은 "여러분이 서로 소송을 제기한다는 것은 이미 여러분이 완전히 패배하였다는 것을 의미합니다. 왜 차라리 억울한 일을 당하려 하지 않습니까? 왜 차라리 속으려 하지 않습니까?"라고 말한다.

원수를 사랑하는 것의 씨는 마태복음 5장 43절부터 46절까지에 뿌려져 있고, 로마서 12장 20절과 21절에서 발전된다. "오히려 '네 원수가 굶주리거든 먹이고, 목말라하거든 마실 것을 주어라. 이렇게 함으로 네가 그의 머리에 숯불을 쌓게 되리라.'라고 하였습니다. 악에게 지지 말고, 선으로 악을 이기십시오."

의로운 행실에 있어서 왕국의 자녀들의 순수함

마태복음 6장에서 주 예수님은 구제하는 것과 기도하는 것과 금식하는 것에 있어서 우리의 태도가 어떠해야 하는지를 우리에게 말씀하셨다. 우리는 사람들에게서 영광을 얻지 않도록 은밀하게 구제해야 한다. 우리는 은밀한 가운데 보시는 아버지께서 우리에게 갚으시도록 은밀하게 기도해야 한다. 더 나아가 우리는 금식할 때 금식하고 있다는 것을 사람들에게 보이지 않도록 머리에 기름을 바르고 얼굴을 씻어야 한다. 이러한 씨들은 여러 절들에서 발전된다. 갈라디아서 5장 26절은 "헛된 영광을 구하려고 서로 다투거나 서로 시샘하지 맙시다."라고 말한다. 우리는 헛된 영광, 즉 드러내기를 갈망해서는 안 된다. 빌립보서 2장 3절 상반절은 "어떤 일도 이기적인 야심으로 하지 말고"라고 말한다. 기도와 관련해서 데살로니가전서 5장 17절은 "끊임없이 기도하십시오."라고 말한다. 다음으로 로마서 12장 12절은 "소망 가운데 기뻐하고, 환난 가운데 견디며, 기도에 꾸준히 힘쓰십시오."라고 말한다. 금식과 관련해서 사도행전 13장 3절은 "그래서 그들은 금식하며 기도한 후에 두 사람에게 안수하여 떠나보냈다."라고 말한다. 이 절들은 주 예수님께서 마태복음 6장에서 하신 말씀의 성장과 발전으로 간주될 수 있다.

왕국의 자녀들의 재물에 대한 태도

재물과 관련해서 주 예수님은 마태복음 6장에서 우리가 자신을 위하여 보물을 땅에 쌓아 두지 말고 하늘에 쌓아 두어야 한다고 말씀하셨다. 더 나아가 그분은 우리가 두 주인을 섬길 수 없다고 말씀하셨다. 우리는 이쪽을 미워하고 저쪽을 사랑하거나, 혹 이쪽을 받들고 저쪽을 멸시하게 될 것이다. 우리는 하나님과 마몬을 함께 섬길 수 없다.

주님은 또한 우리가 목숨을 위하여 무엇을 먹을까 무엇을 마실까, 또 무엇을 입을까 염려하지 말아야 한다고 하셨다. 우리의 하늘의 아버지께서 이 모든 것이 우리에게 필요한 줄을 아신다. 우리는 그것들에 대해 염려할 필요가 없다. 우리가 먼저 그분의 왕국과 의를 추구하면, 이 모든 것이 우리에게 더해질 것이다. 우리는 사도행전 4장 32절에서 이 씨의 발전을 볼 수 있다. "믿는 사람들의 무리가 마음이 하나 되고 혼이 하나 되어, 아무도 자기의 소유를 자기 것이라고 말하지 않고, 모든 물건을 공동으로 소유하였다." 그것은 34절과 35절에서 계속된다. "그들 가운데는 가난한 사람이 하나도 없었는데, 왜냐하면 땅이나 집을 소유한 사람마다 그것을 팔아서 그 판 돈을 가져와, 사도들의 발 앞에 놓았고, 사도들은 각 사람의 필요에 따라 나누어 주었기 때문이다." 이 절들로부터, 초대 교회의 믿는 이들이 물질적인 것들에 대해 염려하지 않았다는 것이 분명해진다. 재물에 대한 그들의 태도는 속박되지 않았고 매우 자유로웠다. 이에 반해서 세상 사람들은 소유하고 있는 모든 것을 잃을까 전전긍긍한다. 우리 그리스도인들은 그와 같아서는 안 된다. 우리는 물질적인 소유로부터 자유롭게 되어야 한다.

바울이 "주는 것이 받는 것보다 복이 있습니다."(행 20:35)라고 말한 것은 주 예수님의 말씀을 인용한 것이었다. 우리의 태도는 받는 것보다 주는 것을 더 좋아하는 것이어야 한다. 디모데전서 6장 8절부터 10절까지는 이렇게 말한다. "다만 먹을 것과 덮을 것이 있다면, 우리는 그것으로 만족해야 합니다. 그러나 부자가 되고 싶은 사람들은 유혹과 올무와 여러 가지 어리석고 해로운 욕심에 떨어지게 되는데, 그런 것들은 사람들을 멸망과 파멸에 빠뜨립니다. 돈을 사랑하는 것이 모든 악의 뿌리입니다. 어떤 사람들은 돈을 따라가다가 믿음을 떠나 길을 잃고, 많은 고통으로 자신을 찔렀습니다." 우리는 돈을 사랑해서는 안 되며, 먹을 것과 덮을 것이 있으면 그것으로 만족해야 한다. 17절부터 19절까지는 계속해서 이렇게 말한다. "그대는 이 시대의 부자들에게 명령하여, 거만한 생각을 갖지 말며, 믿을 수 없는 재물에 소망을 두지 말고, 우리에게 모든 것을 풍성히 주셔서 누리게 하시는 하나님께 소망을 두라고 하십시오. 또한 선을 행하고, 선한 일에 풍성해지며, 아낌없이 베풀고, 기꺼이 나누어 주라고 하십시오. 그리하여 그들의 장래를 위해서 보화인 좋은 기초를 스스로 쌓아, 참된 생명을 붙잡으라고 하십시오." 마지막으로 로마서 12장 13절 상반절을 읽어 보자. "성도들의 필요를 돌아보고". 이것은 성도들 가운데 필요가 있고 우리에게 무언가를 줄 역량이 있을 때마다, 우리가 반드시 그렇게 해야 한다는 것을 의미한다. 우리 모두는 재물에 대해 그런 합당한 태도를 유지해야 한다.

왕국의 자녀들이 다른 사람들을 대하는 원칙

마태복음에서 주 예수님은 우리에게 다른 사람들을 판단해서는 안 된다고 말씀하셨다(마 7:1-5). 이 씨는 고린도전서 4장 5절 상반절에서 발전된다. "그러므로 때가 이르기 전, 곧 주님께서 오실 때까지 아무것도 판단하지 마십시오." 우리가 다른 사람들을 판단한다면, 우리 또한 판단을 받을 것이다. 이제 로마서 14장 10절부터 13절까지를 읽어 보자. "그런데 그대는 왜 그대의 형제를 판단합니까? 왜 그대의 형제를 업신여깁니까? 우리는 모두 하나님의 심판대 앞에 서게 될 것입니다. 왜냐하면 성경에 '주의 말이다. 내가 살아 있는 것을 두고 맹세하는데, 모든 무릎이 나에게 꿇리고, 모든 혀가 하나님께 밝히 자백하게 되리라.'라고 기록되어 있기 때문입니다. 그러므로 우리 각 사람이 자신의 일을 하나님께 낱낱이 진술할 것입니다. 그러므로 우리가 더 이상 서로를 판단하지 맙시다. 오히려 형제 앞에 걸리게 하는 것이나 넘어지게 하는 것을 놓지 않았는지, 판단해 보십시오." 야고보서 5장 9절은 "형제님들, 심판을 받지 않도록 서로 원망하지 마십시오. 보십시오, 심판하시는 분께서 문 앞에 서 계십니다."라고 말한다. 야고보서 2장 13절은 "왜냐하면 긍휼을 베풀지 않는 사람에게는 긍휼이 없는 심판이 있기 때문입니다. 긍휼은 심판을 이깁니다."라고 말한다. 이 절들은 우리가 다른 사람들을 판단하거나 비판한다면 우리에게 긍휼이 부족하다는 것을 보여 준다. 우리가 지금 다른 사람들을 긍휼히 여기지 않는다면, 우리는 언젠가 주 예수님도 우리를 긍휼히 여기지 않으실 것임을 기억해야 한다.

왕국의 자녀들의 생활 및 일의 근거

좁은 문과 비좁은 길

주 예수님께서 씨로 뿌리신 첫 번째 근거는 좁은 문과 비좁은 길이다. 합당한 그리스도인의 생활은 확실히 좁다. 이 씨는 고린도전서 4장 9절 하반절부터 13절까지에서 발전된다. "왜냐하면 우리가 세상, 곧 천사들과 사람들에게 구경거리가 되었기 때문입니다. 우리는 그리스도 때문에 어리석지만 여러분은 그리스도 안에서 현명하고, 우리는 약하지만 여러분은 강하고, 여러분은 영광을 받지만 우리는 모욕을 당합니다. 지금 이 시간까지도 우리는 굶주리고, 목마르며, 헐벗고, 얻어맞으며, 정처 없이 다닙니다. 또 우리는 직접 우리 손으로 일을 하며 수고합니다. 우리는 욕설을 들어도 축복하고, 박해를 받아도 견뎌 내고, 비방을 받아도 권유합니다. 우리는 지금까지 세상의 쓰레기와 만물의 찌꺼기같이 되었습니다." 이 절들을 읽고 나서, 우리는 사도 바울이 널찍한 길을 선택했다고 생각할 수 있겠는가? 분명히 그는 비좁은 길이 있는 좁은 문을 선택했다.

고린도후서 11장 23절 하반절부터 27절까지에서 바울은 이렇게 말한다. "나는 수고도 더 많이 하였고, 감옥에도 더 많이 갇혔으며, 매도 수없이 맞았고, 죽을 고비도 여러 번 겪었습니다. 나는 유대인들에게 마흔에서 하나를 뺀 매를 다섯 번 맞았고, 세 번 몽둥이로 맞았으며, 한 번 돌로 맞았고, 세 번 파선을 당하였으며, 밤낮 하루를 꼬박 깊은 바다에서 보내기도 했습니다. 여러 번 여행하는 동안에 강에서 위험을, 강도에게 위험을, 동족에게 위험을, 이방인들에게 위험을, 도시에서 위험을, 광야에서 위험을, 바다에서 위험을, 거짓 형제들에게 위험을 당하였으며, 수고하고 애쓰며, 여러 번 밤을 지새우며, 배고프고 목마르며, 여러 번 굶고, 추위에 떨며 헐벗었습니다." 바울의 생활과 행함과 일은 무너지지 않고 서 있을 수 있었는데, 이것은 그것들이 견고한 기초 위에 세워졌기 때문이다. 그는 널찍한 길이 아닌 비좁은 길을 선택했다. 만일 우리가 널찍한 길을 선택한다면, 우리의 행함과 일과 생활은 시험을 견딜 수 없다. 언젠가 비가 쏟아지고, 큰물이 밀어닥치고, 바람이 몰아칠 것이다. 그때 우리의 존재와 한 일이 손상을 입을 것이다.

생명에서 산출된 열매

주 예수님께서 왕국의 자녀들의 생활 및 일의 근거와 관련해서 뿌리신 두 번째 씨는 생명에서 산출된 열매의 문제이다(마 7:15-20). 이 씨는 갈라디아서 5장 22절과 23절에서 발전된다. "그러나 그 영의 열매는 사랑과 기쁨과 화평과 오래 참음과 인자와 선함과 신실함과 온유와 자제이니, 이런 것들을 반대할 율법이 없습니다." 이러한 항목들은 단순히 밖의 행위가 아니라 생명에 의한 그 영의 열매이다. 에베소서 5장 8절과 9절도 읽어 보자. "여러분이 전에는 어둠이었으나, 이제는 주님 안에서 빛입니다. 빛의 자녀들답게 행하십시오. (빛의 열매는 온갖 선과 의와 참된 것에 있습니다.)" 빛의 열매는 또한 그 영의 열매이다.

하나님의 뜻

왕국의 자녀들의 세 번째 근거는 하나님의 뜻이다. 이 씨는 주 예수님께서 마태복음 7장 21절에 뿌리셨고, 로마서 12장 2절에서 발전된다. "여러분은 이 시대를 본받지 마십시오. 오직 여러분은 생각이 새로워짐으로 변화되어 하나님의 선한 뜻, 하나님께서 기뻐하시는 뜻, 하나님의 온전한 뜻이 무엇인지 분별하도록 하십시오." 로마서 12장의 문맥에 의하면, 하나님의 뜻은 몸의 생활, 즉 교회를 갖는 것임이 분명하다. 혹은 왕국을 갖는 것이라고 말할 수도 있겠다. 왕국이 하나님의 뜻이고, 교회가 왕국이다.

그리스도의 말씀

왕국의 자녀들을 위한 근거로서 그리스도의 말씀은 마태복음 7장 24절에 씨로 뿌려져 있고, 골로새서 3장 16절에서 발전된다. "온갖 지혜를 사용하여 그리스도의 말씀이 여러분 안에 풍성히 거하도록 하되, 시와 찬송과 영적인 노래들로 서로 가르치고 권면하고 여러분의 마음에서 은혜로 하나님께 찬송함으로써 거하도록 하십시오." 먼저 우리는 그리스도의 말씀으로 충만해져야 한다. 그런 다음 우리는 그리스도의 말씀을 살아 내야 한다. 바로 그리스도의 말씀이 우리의 생활과 행함과 일을 위한 근거가 된다.

서신서들과 요한계시록에서 발전되는 건축물의 씨

여러분은 주 예수님께서 산상 수훈을 건축물로 끝맺으셨다는 것을 주목해 본 적이 있는가? 산상 수훈은 건축물로 끝난다. 주 예수님은 우리가 세 방향으로부터 오는 시험을 견딜 수 있는 견고한 터 위에 우리의 집을 건축해야 한다고 말씀하셨다. 그것은 하늘로부터 비의 형태로 오는 시험과 땅으로부터 물의 형태로 오는 시험과 공중으로부터 바람의 형태로 오는 시험을 견딜 수 있다. 우리는 이미 이것들이 하나님에게서 오는 시험과 사람에게서 오는 시험과 원수 사탄에게서 오는 시험을 상징한다는 것을 언급했다. 이 세 가지 시험들은 건축물에 대한 시험들이다. 우리의 존재와 우리가 하는 것과 주님을 위한 우리의 일은 건축물과 관련되어 있다. 결국 온 성경은 건축물, 곧 새 예루살렘으로 끝맺는다. 마태복음 5장과 6장과 7장에는 이 씨가 담겨 있다. 그 후 서신서들과 요한계시록에는 건축물이라는 씨의 성장과 수확이 있다.

마태복음 7장에는 건축물이 간략하게 언급되어 있을 뿐이지만, 서신서들에는 많은 발전이 있다. 고린도전서 3장 12절부터 14절까지는 이렇게 말한다. "누구든지 이 기초 위에 금이나 은이나 보석이나 나무나 풀이나 짚으로 건축하면, 그날에 각 사람의 일이 나타나게 될 것입니다. 그날이 그 일을 밝혀 줄 것입니다. 왜냐하면 그 일이 불로 말미암아 드러나게 되기 때문입니다. 이 불이 각 사람의 일이 어떠한 종류의 것인지를 검증해 줄 것입니다. 그 기초 위에 건축한 일이 남아 있는 사람은 보상을 받을 것이고". 이것은 마태복음 7장에 나오는 건축물의 전진된 발전이다.

건축물이라는 씨의 수확을 위해서 요한계시록 21장 10절과 11절, 18절부터 21절까지를 읽어 보아야 한다. "내가 영 안에 있는데, 천사가 나를 데리고 크고 높은 산으로 올라가서, 하늘에서 하나님에게서 내려오는 거룩한 성 새 예루살렘을 나에게 보여 주었습니다. 그 성에는 하나님의 영광이 있고, 성의 빛은 가장 귀한 보석 같았고 수정처럼 맑은 벽옥 같았습니다."(21:10-11) "성벽은 벽옥으로 건축되어 있었고, 그 성은 맑은 유리와 같은 순금으로 되어 있었습니다. 그 성의 성벽의 기초는 각종 보석으로 단장되어 있었는데, 첫째 기초는 벽옥이요, 둘째는 청옥이요, 셋째는 옥수요, 넷째는 비취옥이요, 다섯째는 홍마노요, 여섯째는 홍옥수요, 일곱째는 귀감람석이요, 여덟째는 녹주석이요, 아홉째는 황옥이요, 열째는 녹옥수요, 열한째는 풍신자석이요, 열두째는 자수정이었습니다. 또 열두 문은 열두 진주로 되어 있었는데, 그 문들은 각각 하나의 진주로 되어 있었습니다. 그리고 성의 길은 투명한 유리와 같은 순금이었습니다."(18-21절)

마태복음 5장부터 7장까지에 있는 주님의 말씀은 우리가 영 안에서 가난하게 되는 것으로 시작하여 건축물로 끝맺는다. 나는 많은 그리스도인들이 산 위에서의 주님의 말씀이 건축물로 완결된다는 것을 결코 보지 못했으리라고 믿는다. 왕국의 실재 안에서 우리의 존재와 우리가 행하는 것과 우리가 성취하는 일은 반드시 건축을 위해야 한다. 그러지 않으면 우리의 일은 결코 견고하게 서 있을 수 없고, 우리의 행한 것은 파괴되거나 불태워질 것이다.

새 예루살렘은 우리의 건축 안에 있는 하나님의 건축의 일의 완결이 될 것이다. 하나님은 우리의 건축을 통하여 건축하신다. 여러분은 자신이 건축할 수 없다고 생각할지 모른다. 그러나 바울은 "나는 지혜로운 최고의 건축자로서 기초를 놓았고"(고전 3:10)라고 말했다. 그는 우리 모두가 이 기초 위에 건축해야 하고, 어떻게 건축하고 있는지 살펴보아야 한다고 말했다. 이것은 우리가 무언가를 건축할 수 있음을 의미한다. 건축은 단지 일종의 일이 아니다. 그것은 또한 우리의 매일의 행함과 매일의 생활이어야 한다. 이 모든 것이 건축 안에 있을 것이다. 마태복음 7장에 있는 건축물은 작은 씨였다. 서신서들에는 그 씨의 발전과 성장이 있다. 서신서들에는 건축물의 발전에 관한 많은 절들이 담겨 있다. 결국 건축물은 새 예루살렘으로 최종 완결된다. 새 예루살렘은 건축물의 수확이다.

왕국의 실재의 생활은 건축물을 위한 것이다. 우리가 이것을 아는 것은, 왕국의 실재에 관한 주님의 산상 수훈에서 결론의 말씀이 건축물이기 때문이다. 우리의 존재와 우리가 행하는 것, 우리의 모든 일은 건축물을 위해야 한다. 우리는 무엇을 건축하는지, 어떻게 건축하는지 살펴보아야 한다. 우리는 하나님에게서 오는 시험을 견디어 낼 수 없는 어떤 것을 세울지도 모른다. 우리는 사람에게서 오는 시험이나 심지어 사탄에게서 오는 시험까지도 견디어 낼 수 있지만, 하나님에게서 오는 시험은 결코 견디어 낼 수 없을지도 모른다. 우리가 왕국의 실재 안에서 산다면, 또 그리스도를 우리의 생명으로 취함으로 속생명에 따라 행하고 일한다면, 결국 우리는 모든 방향으로부터 오는 시험을 견딜 수 있는 무언가를 건축할 것이다. 마침내 모든 건축물은 최종적으로 하나님의 영원한 건축물인 새 예루살렘이 될 것이다.

우리의 생명이신 그리스도

우리는 왕국의 실재에 대한 이 모든 방면이 우리 자신이 성취해 낼 수 있는 것들이라고 생각해서는 안 된다. 그렇지 않다! 우리는 작은 한 항목도 성취해 내기가 불가능하다. 우리는 이 모든 방면과 항목이 우리 안에 계신 우리의 생명이신 그리스도, 이 한 가지를 의미한다는 것을 깨달아야 한다. 이 모든 방면과 이 모든 항목은 단순히 그리스도의 완전한 표현이다. 할렐루야! 그리스도께서 우리 안으로 들어오셨다! 그리스도는 이제 우리 안에 우리의 생명으로 계신다. 우리는 단순히 우리 자신을 그분께 열고, 그분과 협력하며, 그분을 안으로 취함으로써 그분을 누리고, 그분이 나오시게끔 해 드려야 한다. 그렇게 할 때 우리는 모든 방면과 모든 항목을 체험할 것이다. 이것이 왕국의 실재이다.

다니엘서 2장에서 하나의 돌이 큰 산이 된 것을 이미 본 적이 있다. 그 돌은 주 예수님을 상징하고, 산은 땅을 가득 채우는 왕국을 상징한다. 우리 모두는 그 돌이 우리 안에 있음을 깨달아야 한다. 건축하는 돌이신 그리스도께서 우리 안에 계신다. 우리 안에 있는 이 돌은 우리가 그리스도를 우리의 영양 공급과 우리의 누림으로 취한 만큼 확대될 것이다. 그분께서 돌아오시어 우리 속에서부터 나타나실 때, 그것이 왕국의 실재가 될 것이다. 왕국은 바로 내주하시는 그리스도의 확대가 될 것이다. 우리 안으로 심어진 왕국의 생명은 건축물로 최종 완결될 것이다. 복음서들은 주 예수님께서 왕국의 씨로서 우리 안으로 뿌려지신 것을 보여 주고, 서신서들은 그 씨가 우리 안에서 어떻게 자라고 발전하는지를 보여 준다. 마지막으로, 요한계시록은 성장이 어떻게 하나의 건축물인 새 예루살렘으로 완결되는지를 보여 준다. 주님을 찬양하자! 이것이 왕국이다! 이것이 왕국의 실재의 씨와 성장과 수확이신 그리스도이다.

44

왕국의 외형의 성장과 수확

The Growth and Harvest of the Appearance of the Kingdom

제44장
왕국의 외형의 성장과 수확

지난 장에서 우리는 왕국의 실재의 성장과 수확을 다루었다. 이번 장에서는 왕국의 외형의 성장과 수확을 다룰 것이다. 왕국의 외형은 주로 마태복음 13장의 세 가지 비유, 즉 가라지의 비유와 큰 나무가 되는 겨자씨의 비유와 누룩의 비유에 계시되어 있다. 이 비유들은 매우 부정적인 세 가지 것을 다룬다.

가라지들

먼저 우리는 거짓 그리스도인들인 가라지들에 관한 몇 절들을 보아야 한다. 이들은 이름만 그리스도인들인 명목상의 그리스도인들이다. 오늘날 명목상의 그리스도인들이 매우 많다. 그러나 어떤 사람들은 그리스도인들이 참되든 거짓되든 별반 차이가 없다고 생각하면서 대수롭지 않게 여긴다. 이런 생각은 매우 심각한 것이다. 사실 거짓 그리스도인이 되는 것은 아예 그리스도인이라는 칭호가 없는 것보다 훨씬 더 나쁘다. 앞 장에서 보았듯이, 주 예수님께서 돌아오실 때 그분께서 엄중하게 다루실 첫 번째 무리는 거짓 그리스도인들일 것이다. 주 예수님은 그분의 천사들을 보내어 가라지들을 단으로 묶어 그들 모두를 불 못에 던져 넣게 하실 것이다. 적그리스도와 거짓 신언자가 산 채로 불 못에 던져질 것인데, 거짓 믿는 이들도 산 채로 불 못에 던져진다는 사실은 이것이 얼마나 심각한 문제인지를 보여 준다. 주 예수님은 그들을 단으로 묶어 불 못을 의미하는 불 가운데 던져 넣으시겠다고 분명하게 말씀하셨다. 오늘날 많은 목사들과 사역자들은 그들의 교인들이 참된 그리스도인인지 혹은 거짓 그리스도인인지에 대해 무관심하다. 그들에게 상당한 수의 교인과 상당한 수의 군중과 상당한 수의 출석자가 있는 한, 또한 돈이 들어오고 있는 한, 그들은 만족한다. 그러나 우리는 하나님의 말씀에 나아와서 거짓 그리스도인이 되는 것이 얼마나 심각한 것인지를 보아야 한다.

사도행전에서

사도행전 20장 29절과 30절은 이렇게 말한다. “나는 압니다. 내가 떠난 후에, 사나운 이리들이 여러분 가운데 들어올 것이며, 그들은 양 떼를 아끼지 않을 것입니다. 그리고 제자들을 끌어내어 자기들을 따르게 하려고 어그러진 것을 말하는 사람들이 여러분 가운데서도 일어날 것입니다.” 여러분은 이들이 참된 믿는 이들이라고 생각하는가 아니면 거짓 믿는 이들이라고 생각하는가? 성경은 그들을 이리들이라고 말한다. 심지어 사도 바울이 사역하던 때인 1세기 중에도, 바울은 에베소에 있는 교회의 장로들에게 어떤 사나운 이리들이 교회 가운데 들어와 양 떼를 아끼지 않을 것이라고 말했다. 그는 이리들 중 어떤 이들이 심지어 그들 가운데서도 일어나 자기들을 따르게 하려고 어그러진 것을 말할 것이라고 말했다. 분명히 이들은 가라지들이다.

로마서에서

로마서 16장 17절과 18절은 이렇게 말한다. "형제님들, 내가 여러분에게 권유합니다. 여러분이 배운 가르침을 거슬러서 분열을 일으키고 걸려 넘어지게 하는 사람들을 주의하여 살펴보고 그들에게서 떠나십시오. 왜냐하면 그러한 사람들은 우리 주 그리스도를 섬기지 않고 그들 자신의 배를 섬기며, 그럴듯한 말과 아첨하는 말로 단순한 사람들의 마음을 속이기 때문입니다." 모든 그리스도인들이 양이라고 생각하지 말라. 어떤 이들은 이리들이다. 이 절들은 분열을 일으키고 걸려 넘어지게 하는 사람들을 주의하여 살펴보아야 한다고 우리에게 말한다. 그들은 그럴듯한 말과 아첨하는 말로 단순한 사람들의 마음을 속인다. 여러분은 이들이 참된 그리스도인들이라고 믿을 수 있는가? 분명히 그들은 가라지들임에 틀림없다. 그들은 거짓되고, 그들 자신의 배를 위해 다른 사람들을 속인다. 그들은 주님을 섬기지 않고 그들 자신의 배를 섬긴다. 그들의 배가 그들의 신이다.

고린도후서에서

또 고린도후서 11장 13절부터 15절까지를 읽어 보자. "그런 사람들은 거짓 사도들이며, 속이는 일꾼들이어서 자기를 그리스도의 사도들로 가장하는 이들입니다. 이것은 놀랄 일이 아닙니다. 왜냐하면 사탄도 자기를 빛의 천사로 가장하기 때문입니다. 그러므로 사탄의 사역자들이 자기들을 의의 사역자들로 가장한다 하더라도, 그것은 대단한 일이 아닙니다.

그들의 최후는 그들의 행위대로 될 것입니다." 이 절들은 어떤 거짓 사도들이 있음을 나타낸다. 분명히 그들은 가라지들이고, 원수인 사탄의 사역자들이다. 오늘날 어떤 사역자들은 하나님의 사역자들이 아니라 원수의 사역자들이다. 13절에서 '가장하다'는 '분장하다'라는 뜻이다. 그들은 그리스도의 사도들의 모양으로 분장한다. 그것은 참된 변형이 아니라 겉으로 분장한 것이다.

고린도후서 11장 26절의 마지막 부분은 "거짓 형제들에게 위험을 당하였으며"라고 말한다. 이 절은 거짓 형제들이 사도 바울에게 위험이 되었고, 그가 그들 때문에 고난을 당했음을 보여 준다. 참으로 교회 안에 거짓 형제들이 있다면, 그들은 정말로 우리에게 일종의 고난과 진짜 위험이 될 것이다.

갈라디아서에서

갈라디아서 2장 4절과 5절도 가라지에 대한 이 문제를 발전시킨다. "그것은 몰래 들어온 그 거짓 형제들 때문이었습니다. 그들이 살그머니 들어온 것은 그리스도 예수님 안에서 가지고 있는 우리의 자유를 엿보고 우리를 노예로 삼으려는 것이었습니다. 그러나 우리는 그들에게 잠시라도 굴복하지 않았습니다. 그것은 복음의 진리가 항상 여러분과 함께 있도록 하려는 것이었습니다." 거짓 형제들은 손상을 입히고 독을 집어넣기 위해 뱀같이 몰래 은밀히 들어왔다.

빌립보서에서

바울은 빌립보서에서 동일한 종류를 언급한다. "개들을 조심하고, 악한 일꾼들을 조심하고, 살이나 베어 내는 이들을 조심하십시오."(3:2) 여기에 언급된 개들은 누구인가? 그들은 거짓 전파자들이다. 그들은 그리스도의 이름으로 할례에 관한 것을 전파했다. 이것은 그들이 개들, 곧 거짓 그리스도인들이었음을 의미한다. 빌립보서 3장 18절과 19절은 계속해서 이렇게 말한다. "내가 자주 여러분에게 말하였고 지금도 눈물을 흘리며 말합니다만, 많은 사람이 그리스도의 십자가의 원수로 살고 있습니다. 그들의 최후는 멸망이요, 그들의 신은 자기의 배요, 그들의 영광은 자기의 수치에 있습니다. 그들은 생각을 땅의 일에 두는 사람들입니다." 이들도 거짓된 이들이다. 그들은 그리스도의 십자가의 원수들이고, 그들의 신은 그들의 배이다. 이런 모든 종류의 사람들은 가라지들이다.

디모데전서에서

디모데전서 1장 19절과 20절은 이렇게 말한다. "믿음과 선한 양심을 가지십시오. 어떤 사람들은 이것들을 버렸고, 믿음에 있어서는 파선하였습니다. 그런 사람들 가운데 후메내오와 알렉산더가 있습니다. 내가 그들을 사탄에게 넘겨준 것은 그들이 징계를 받아 하나님을 모독하지 않도록 하려는 것이었습니다." 후메내오와 알렉산더가 참된 그리스도인들이었다고 생각하는가? 심지어 성경은 그들이 악한 사람들이었음을 지적한다. 의심할 바 없이 그들은 형편없는 가라지들이었다.

디모데후서에서

디모데후서 4장 14절과 15절은 구리 세공사 알렉산더를 다시 언급한다. "구리 세공사 알렉산더가 나에게 악한 짓을 많이 하였습니다. 주님께서 그가 행한 대로 그에게 갚아 주실 것입니다. 그대도 그를 경계하십시오. 왜냐하면 그가 우리의 말을 심하게 반대하였기 때문입니다." 여기서의 '악한 짓'은 해를 의미한다. 즉 알렉산더는 바울에게 많은 해를 입혔다.

히브리서에서

이제 히브리서 12장 15절을 보자. "여러분은 아무도 하나님의 은혜에서 떨어져 나가지 않도록 주의 깊게 살펴보십시오. 또 쓴 뿌리가 돋아나서 여러분을 괴롭히지 않게 하고, 그것 때문에 많은 사람이 더럽혀지지 않도록 하십시오." 여기서의 쓴 뿌리는 여러분을 괴롭히고 더럽히기 위해 돋아나는 어떤 사람들을 가리킨다. 그들은 쓴 사람들이 될 것이다. 의심의 여지 없이 이들은 거짓된 이들이다.

베드로후서에서

"그러나 전에 백성 가운데 거짓 신언자들이 일어났던 것처럼, 여러분 가운데에도 거짓 교사들이 있을 것입니다. 그들은 사람들을 파멸시킬 이단들을 몰래 끌어들이고, 더욱이 자기들을 값 주고 사신 주인을 부인하여, 급박한 멸망을 스스로 불러들일 것입니다. 많은 사람들이 그들의 방탕을 따를 것이며, 그들 때문에 진리의 길이 욕을 들을 것입니다. 그들은 탐욕을 품고서, 지어낸 말로 여러분에게서 이득을 취할 것입니다. 그들에 대한 심판은 옛적부터 지체되지 않았으며, 그들의 멸망도 속히 닥칠 것입니다."(벧후 2:1-3) 이것은 참으로 두렵다! 틀림없이 이 사람들은 거짓 그리스도인들인 가라지들이었다.

동일한 장의 15절을 읽어 보자. "그들은 바른길을 버리고 빗나가, 브올의 아들 발람의 길을 따라갔습니다. 발람은 불의의 대가를 사랑하였습니다." 이어서 17절부터 22절까지는 다음과 같이 말한다. "이 사람들은 물 없는 샘이며, 폭풍에 밀려다니는 안개입니다. 그들에게는 캄캄한 어둠이 마련되어 있습니다. 그들은 허황된 말을 크게 부풀리고, 잘못된 생활을 하는 이들에게서 겨우 빠져나오는 사람들을 육체의 방탕한 정욕으로 유혹하며, 사람들에게 자유를 약속하지만, 자신들은 부패의 노예들입니다. 왜냐하면 누구든지 진 사람은 이긴 사람의 노예가 되기 때문입니다. 그들이 우리의 주님이시요 구주이신 예수 그리스도를 앎으로써 세상의 더러운 것들에서 벗어났다가, 다시 그것들에 얽매여 정복된다면, 그들의 나중 상태가 처음보다 더 나빠집니다. 그들이 의의 길을 알고 나서 그들에게 전해진 거룩한 명령을 저버리는 것보다는 오히려 그것을 알지 못하였던 편이 나았을 것입니다. '개는 자기가 토한 것을 다시 돌아가 먹고, 돼지는 씻겨 주어도 다시 진창 속에서 뒹군다.'라고 하는 속담이 참으로 그들에게 이루어진 것입니다." 여기에 부정하고 더러운 것들, 즉 개들과 돼지들이 있다. 이런 종류의 거짓 그리스도인들을 묘사하는 데 얼마나 무시무시하고 형편없고 추한 용어들—이리들(행 20:29), 개들, 돼지들—이 사용되었는지! 이 세 가지 끔찍한 것들은 그리스도인들 가운데 있는 가라지들이다. 이리는 매우 해를 입히고 개들과 돼지들은 아주 더럽다.

요한일서에서

가라지들은 요한일서 2장 18절과 19절에서 더 발전된다. "어린이 여러분, 지금은 마지막 시각입니다. 적그리스도가 온다는 것을 여러분이 들은 것과 같이, 지금 이미 많은 적그리스도가 나타났습니다. 이것으로 우리는 지금이 마지막 시각인 것을 압니다. 그들이 우리에게서 나갔으나 우리에게 속하지 않았습니다. 그들이 우리에게 속하였다면 우리와 함께 남아 있었을 것이지만, 그들이 나간 것은 그들이 모두 우리에게 속하지 않았다는 것을 드러내는 것입니다." 이들은 그리스도를 반대하는 사람들이기 때문에 적그리스도라 불린다. 장래에 적그리스도가 있게 될 뿐 아니라, 이미 그곳에 얼마의 작은 적그리스도들이 있었다. 그들이 나가서 초대 교회와 함께 남아 있지 않았기 때문에 그들이 거짓된 이들, 가라지들이었음이 증명된다. 요한일서 4장 1절은 "사랑하는 여러분, 아무 영이나 다 믿지 말고, 하나님에게서 나온 영들인지 시험해 보십시오. 왜냐하면 많은 거짓 신언자들이 세상에 나타났기 때문입니다."라고 말한다. 초대 교회 시절에 많은 거짓 신언자들이 있었다면, 오늘날은 어떻겠는가? 오늘날 거짓 신언자들이 없다고 믿는가? 의심할 여지 없이 1세기 때보다 지금 더 많은 거짓 신언자들이 있다.

요한이서에서

이제 요한이서 7절을 읽어 보자. "미혹시키는 사람들이 세상에 많이 나타났습니다. 그들은 예수 그리스도께서 육체로 오신 것을 시인하지 않는 사람들입니다. 이런 사람이 미혹시키는 사람이고 적그리스도입니다." 그런 사람들은 주 예수님께서 사람이 되시려고 육체가 되신 하나님이시라는 것을 시인하지 않았다. 오늘날에도 바로 이와 같은 이들이 있다. 9절부터 11절까지는 계속해서 이렇게 말한다. "그리스도에 관한 가르침에서 벗나가 그 가르침 안에 거하지 않는 사람마다 하나님이 없는 사람이며, 그 가르침 안에 거하는 사람은 아버지와 아들이 있는 사람입니다. 누구든지 이 가르침을 지니지 않고 여러분에게 오거든, 그를 집에 들이지도 말고 인사도 하지 마십시오. 왜냐하면 그에게 인사하는 사람은 그의 악한 일에 동참하는 것이기 때문입니다." 오늘날 어떤 사람들은 그리스도에 관한 가르침에서 벗나가 그 가르침 안에 거하지 않는다. 이것은 그들이 주 예수님께서 하나님이시라는 것과, 그분께서 우리의 구속을 위해 십자가에서 죽으셨다는 것과, 그분께서 부활하셨다는 것과, 오늘날 그분께서 하늘에 계신다는 것을 믿지 않음을 의미한다. 물론 그들은 주님께서 다시 오실 것이라는 것도 믿지 않는다. 이것은 매우 심각하다. 그들이 너무 지나치게 나갔기 때문에, 우리는 그들을 집에 들여 식사해서는 안 되고, 심지어 그들에게 인사도 해서는 안 된다는 말씀을 듣는다. 이것은 주님 앞에서 매우 심각하다. 우리는 그런 사람들을 대수롭지 않게 여겨서는 안 된다.

유다서에서

유다서도 가라지의 씨를 발전시킨다. 4절은 "왜냐하면 어떤 사람들이 몰래 들어왔기 때문입니다. 그들은 옛적부터 이 심판을 받기로 미리 기록되어 있는 경건하지 않은 사람들이며, 우리 하나님의 은혜를 방탕한 것으로 바꾸어 버리고, 우리의 유일하신 주인이며 주님이신 예수 그리스도를 부인하는 사람들입니다."라고 말한다. 여기에서 '몰래 들어온'이라는 말을 사용한다. 어떤 사람들이 몰래 들어왔다. 오늘날도 동일하다. 어떤 사람들은 교회를 손상하려는 의도로 교회생활 안으로 몰래 들어온다. 의심의 여지 없이 이들은 거짓된 이들이다.

계속해서 유다서 8절부터 16절까지를 보자. "그런데도 이 꿈꾸는 사람들은 여전히 마찬가지로 육체를 더럽히고 지배 권위를 무시하고 위엄 있는 이들을 욕합니다. 그러나 천사장 미가엘은 모세의 시체에 관하여 마귀와 다투며 논쟁할 때, 감히 그를 거슬러 모욕하는 심판을 내리지 않고 다만 '주님께서 그대를 꾸짖으실 것입니다.'라고 말하였습니다. 그런데 이 사람들은 자기들이 알지 못하는 것들을 욕하며, 이성 없는 짐승들처럼 본능적으로만 아는데, 이 일로 말미암아 그들이 썩어 없어져 가고 있습니다. 그들에게 화가 있을 것입니다! 왜냐하면 그들이 가인의 길로 갔고, 삯을 위하여 발람의 그릇된 길로 달려갔으며, 고라의 반역적인 길을 따라 멸망하였기 때문입니다. 이러한 사람들은 여러분이 애찬을 할 때에 암초입니다. 이들은 아무런 부끄러움도 없이 여러분과 함께 먹으면서 자기만을 챙기는 목자이고, 바람에 밀려다니는 물 없는 구름이며, 가을이 되어도 열매 하나 없이 죽고 또 죽어 뿌리까지 뽑힌 나무이며, 자기들의 수치를 거품으로 내뿜는 바다의 거친 파도이며, 떠돌아다니는 별들입니다. 이들에게는 캄캄한 어둠이 영원토록 마련되어 있습니다. 아담의 칠 대손 에녹도 이 사람들에 대하여 예언하였습니다. '보십시오, 주님께서 그분의 수많은 거룩한 이들과 함께 오셔서, 모든 사람에게 심판을 집행하시어, 경건하지 않은 모든 이들이 경건하지 않게 행한 모든 경건하지 않은 행위에 대하여, 그리고 경건하지 않은 죄인들이 주님을 대적하여 말한 모든 거친 말에 대하여, 그들을 유죄판결 하실 것입니다.' 이들은 불평하는 이들이고, 원망하는 이들이며, 자신의 욕망에 따라 행동하는 이들입니다. 그들의 입은 크게 부풀린 말을 하고, 이익을 위하여 아첨하는 이들입니다." 틀림없이 이들 모두는 가라지들이고, 에녹의 예언에 따르면 주님은 그들을 먼저 다루실 것이다.

계속해서 유다서 17절부터 19절까지는 이렇게 말한다. "사랑하는 여러분, 우리 주 예수 그리스도의 사도들이 이전에 했던 말을 기억하십시오. 그들은 여러분에게 '마지막 때에는 조롱하는 이들이 있을 것이며, 이들은 자기들의 경건하지 않은 욕망에 따라 행동할 것입니다.'라고 말하였습니다. 이들은 분열을 일으키는 이들이며, 혼적인 이들이고 영을 갖지 못한 이들입니다." 이들도 거짓된 이들이다.

요한계시록에서

요한계시록 2장 2절 하반절을 읽어 보자. "자칭 사도라 하지만 사실은 사도가 아닌 이들을 시험하여 그들이 거짓되다는 것을 밝혀낸 것도 안다.” 여러분은 가라지들에 대한 절들이 신약에 이처럼 많이 있다는 것을 깨달은 적이 있는가? 평신도 가라지들에 관한 절들이 있을 뿐 아니라, 성직자 가라지들에 관한 절들도 있다. 사실상 이 책들에 언급된 대부분의 가라지들은 성직자 계급에 있는 사역자들이다. 그들은 하나님의 사역자들이 아니라 사탄의 사역자들이다. 우리는 주님의 회복 안에서 이런 종류의 거짓된 이들을 경계해야 한다. 나는 모든 교회에서 인도하는 형제들이 거짓 교사들과 신언자들과 사역자들에 관한 사실을 깨달을 때까지 이 절들을 읽고 또 기도로 읽기를 바란다. 어떤 거짓된 이들이 심지어 자신이 사도라고 주장하리라는 것을 여러분은 상상할 수 있는가? 이 모든 절은 사도들의 시대인 초대 교회의 상황과 관련된 말씀들이다. 그러나 분명한 것은 오늘날의 상황이 더 나쁘다는 것이다.

큰 나무

우리가 큰 나무의 발전에 관한 말씀 중 단지 몇 절만 읽어 본다 해도, 그 말씀들 모두가 매우 의미가 깊다. 먼저 요한계시록 2장 12절과 13절을 읽어 보아야 한다. “버가모에 있는 교회의 전달자에게 이렇게 편지하여라. ‘양날이 선 날카로운 칼을 가진 이가 이렇게 말한다. 나는 네가 거하는 곳을 안다. 그곳은 사탄의 권좌가 있는 곳이다. 너는 나의 이름을 굳게 붙잡고 있으며, 심지어 나의 신실한 증인 안디바가 너희 가운데서 곧 사탄이 거하는 곳에서 죽음을 당하던 때에도 나에 대한 믿음을 부인하지 않았다.” 이 두 절이 큰 나무를 언급하지는 않을지라도, 거기에는 견고한 탑을 의미하는 ‘버가모’라는 단어가 있다. 사실 ‘버가모’에는 두 가지 의미가 있다. 하나는 ‘견고한 탑’이고, 다른 하나는 ‘결혼’이다. 그것은 축어적으로 ‘결혼’을 의미하고, 상징적으로는 ‘견고한 탑’을 의미한다. 이 두 가지 의미는 매우 의미심장하다. 교회 역사에 의하면, 버가모에 있는 교회는 4세기에 시작된 교회의 상태를 나타낸다. 4세기 초인 주후 313년에 로마 제국의 황제인 콘스탄티누스는 기독교를 자신의 종교로 채택함으로써 교회를 매우 거대하게 만들었다. 교회는 로마 제국과의 결혼으로 말미암아 인수나 평판 모두 크게 신장되었다. 그 이전에는 사탄이 교회를 박해했지만, 박해의 방식은 아무런 성과를 거두지 못했다. 마침내 사탄은 자신의 전략이 비효율적이라는 것을 깨달았다. 사탄은 교회를 박해하면 할수록 더욱더 실패했다. 따라서 사탄은 박해하는 데서 환영하는 데로 그의 전략을 교묘하게 바꾸었다. 콘스탄티누스는 로마 제국 안으로 기독교를 환영하며 수용했다. 박해받던 교회가 환영받는 교회가 되었다. 결과적으로 수많은 믿지 않는 이들이 침례를 받아 기독교 안으로 들어옴으로써, 기독교를 거짓된 이들로 가득한 큰 나무가 되게 했다. 전에는 그것이 겨자 나물로서, 작고 먹기에 좋았다. 주후 313년부터 그것은 많은 악한 것들과 악한 사람들과 심지어 악한 영들까지도 포함하는 큰 나무가 되었다. 많은 악한 것들이 와서 큰 나무의 가지들에 깃들였다.

큰 나무라는 씨의 수확은 요한계시록 18장 2절에 있다. "그분은 힘찬 음성으로 외쳐 말씀하셨습니다. '무너졌다! 큰 바빌론이 무너졌다! 바빌론은 귀신들의 거처가 되었고, 온갖 더러운 영의 소굴과 더럽고 가증한 온갖 새의 소굴이 되었다." 왕국의 실재가 성으로 끝나고, 왕국의 외형 또한 성으로 끝난다는 것은 매우 의미심장하다. 왕국의 실재는 거룩한 성인 새 예루살렘으로 완결될 것이지만, 왕국의 외형은 거대한 성인 큰 바빌론으로 완결될 것이다. 새 예루살렘은 작지 않음에도 불구하고 성경은 그것을 큰 성이라고 부르지 않는다. 새 예루살렘은 큰 성이 아니라 거룩한 성이다(계 21:10). 하나님은 거대한 것을 관심하지 않으시고 거룩한 것을 관심하신다. 교회는 거대하지 않고 거룩해야 한다. 우리는 거대한 교회가 아니라 거룩한 교회이다. 새 예루살렘은 하나님의 건축물이고, 큰 바빌론은 원수인 사탄의 건축물이다. 마태복음 13장에 있는 큰 나무는 누룩과 더러움과 부패와 온갖 악한 것들로 가득 찬 큰 성 바빌론으로 완전히 발전될 것이다.

누룩

사도행전에서

이제 큰 바빌론 안에 포함되어 있는 악한 것들을 보아야 한다. 이것들은 누룩으로 간주될 수 있다. 먼저 사도행전 5장 1절부터 11절까지를 읽어 보자. "그러나 아나니아라는 어떤 사람은 자기 아내 삽비라와 함께 소유지를 팔아, 그 돈의 일부를 자기를 위해 떼어 두었는데, 그의 아내도 그것을 알고 있었다. 그가 그 일부를 가져와 사도들의 발 앞에 놓았다. 베드로가 말하였다. '아나니아여, 어찌하여 사탄이 그대의 마음에 가득하여, 그대가 성령을 속이고 자신을 위하여 땅 판 돈의 일부를 떼어 두었습니까? 땅이 그대로 있을 때에도 그대의 것이 아니었습니까? 또 팔린 후에도 그대의 마음대로 할 수 있던 것이 아니었습니까? 어찌하여 이런 일을 그대 마음에 품었습니까? 그대는 사람을 속인 것이 아니라 하나님을 속인 것입니다.' 아나니아가 이 말을 듣고 쓰러져 숨을 거두었으며, 이 소식을 들은 모든 사람이 크게 두려워하였다. 젊은 사람들이 일어나 그 시체를 싸서 메고 나가 장사하였다. 세 시간쯤 지나서 아나니아의 아내가 무슨 일이 일어났는지 알지 못하고 들어오니, 베드로가 그 여인에게 '나에게 말해 보십시오. 그대들이 땅을 판 돈이 이것뿐입니까?'라고 하니, 그녀가 '예, 이것뿐입니다.'라고 하였다. 베드로가 그 여인에게 '어찌하여 그대들이 공모하여 주님의 영을 시험하였습니까? 보십시오, 그대의 남편을 장사한 사람들의 발이 문 앞에 이르렀으니, 그들이 그대를 메고 나갈 것입니다.'라고 하자, 그 여인이 즉시 베드로의 발 앞에 쓰러져 숨을 거두었다. 젊은 사람들이 들어와 그 여인이 죽은 것을 보았다. 그리고 그들이 그녀를 메고 나가 남편 곁에 장사하니, 온 교회와 이 일을 들은 사람들이 모두 크게 두려워하였다."

우리는 이것을 교회생활 안으로 기어들어 온 누룩에 대한 첫 번째 기록이라고 말할 수 있다. 이것은 어떤 종류의 누룩이었는가? 이 누룩은 위선, 거짓, 혹은 일종의 과시로 간주할 수 있다. 그들은 과시하려고 어떤 일을 했다. 그들은 그렇게 헌신하지 않았으면서도 헌신한 체했다. 이것이 사탄이 교회생활 안으로 집어넣으려고 시도했던 첫 번째 누룩이다. 이 이야기는 우리가 교회생활 가운데서 순수해야 함을 보여 준다. 우리는 왕국의 실재 안에 있어야 하고, 선을 행하는 데 있어서 순수해야 한다. 선을 행하고자 한다면 나팔을 불거나 과시해서는 안 된다. 선을 행할 때 우리 자신이 감추어지는 편이 더 낫다. 우리는 가장해서는 안 된다. 헛된 영광을 추구해서도 안 된다. 우리는 오늘날 이것을 반드시 주의해야 한다. 특별히 금전 문제에 있어서 큰 유혹이 있다. 우리는 전혀 주려고 하지 않거나, 준다면 영광을 구하는 식으로 주려고 한다. 그것이 누룩이다. 우리는 주의해야 한다. 인도하는 모든 형제들은 이런 종류의 일에 문을 닫아 놓도록 깨어 있어야 한다. 때때로 사람들이 교회에 무언가를 기부할 때 헛된 영광을 구하는 태도를 취한다. 이것이 교회생활 안으로 기어들어 온 첫 번째 누룩이다.

교회 안으로 기어들어 온 누룩에 대한 또 다른 이야기는 사도행전 8장 18절부터 23절까지에서 발견된다. "시몬은 사도들이 안수하여 그 영을 받게 하는 것을 보자, 그들에게 돈을 갖다 주며 '나에게도 이런 권위를 주어 내가 안수하는 사람마다 성령을 받게 해 주십시오.'라고 하니, 베드로가 그에게 말하였다. '그대가 하나님의 선물을 돈으로 살 수 있다고 생각하였으니, 그대는 그 돈과 함께 망할 것입니다. 그대의 마음이 하나님 앞에서 바르지 못하니, 이 일에는 그대가 상관도 없고 몫도 없습니다. 그러므로 그대의 이러한 악한 뜻을 회개하고 주님께 간구하십시오. 혹시 그대의 마음에 품은 의도가 용서받을 수 있을지도 모릅니다. 내가 보니, 그대는 쓴 독이 가득하고 불의에 얽매여 있습니다.' " 시몬이 하나님의 선물을 돈으로 살 수 있다고 생각한 것은 그의 마음이 바르지 못했음을 나타낸다. 이것 또한 일종의 누룩이었는데, 이것은 돈뿐만 아니라 교만과도 관련된다. 시몬은 사람들이 성령을 받도록 안수할 수 있기를 원했다. 그는 대단한 인물이 되기를 원했다. 이런 종류의 누룩은 매우 교묘하며, 우리 모두 안에 있다.

사도행전 15장 1절은 다음과 같이 말한다. "어떤 사람들이 유대에서 내려와 형제들에게 '여러분이 만약 모세의 관례에 따라 할례를 받지 않으면 구원을 받을 수 없습니다.'라고 가르치니". 이런 식으로 가르치는 것은 일종의 누룩이다. 그것은 잘못된 가르침의 누룩이다. 한편으로 우리는 교리들을 그렇게 많이 주의하지 않지만, 다른 한편으로 그릇된 교리들이 들어와 교회생활에 손상을 주지 못하도록 경계해야 한다.

고린도전서에서

고린도전서 5장 1절과 2절에는 더 많은 누룩이 언급되어 있다. "실지로 여러분 가운데 음행이 있다는 말을 들었습니다. 어떤 사람이 계모를 데리고 살고 있다고 하는데, 그러한 음행은 이방인들 중에서도 없는 일입니다. 그런데도 여러분은 교만에 빠져 있습니까? 오히려 여러분은 애통해야 하고, 그런 일을 저지른 사람을 여러분 가운데서 격리시켜야 하지 않습니까?" 이어서 6절부터 8절까지는 이렇게 말한다. "여러분이 자랑하는 것은 좋지 않습니다. 적은 누룩이 온 반죽을 부풀게 한다는 것을 여러분은 알지 못합니까? 여러분은 본래 누룩 없는 사람들이니, 새 반죽이 되도록 묵은 누룩을 깨끗이 없애십시오. 왜냐하면 우리의 유월절, 곧 그리스도도 이미 희생되시어 제물로 드려지셨기 때문입니다. 그러므로 우리가 그 명절을 묵은 누룩이나 악독하고 사악한 누룩으로 지키지 말고, 순수와 진실의 무교병으로 지킵시다."

계속해서 고린도전서 5장 11절부터 13절까지는 이렇게 말한다. "그러나 이제 내가 여러분에게 쓴 것은 형제라 불리는 어떤 사람이 음행을 하는 사람이거나, 탐욕이 많은 사람이거나, 우상숭배자이거나, 남을 욕하는 사람이거나, 술 취하는 사람이거나, 약탈하는 사람이라면, 그런 사람과는 사귀지도 말고 함께 먹지도 말라는 것입니다. 교회 밖에 있는 사람들을 심판하는 것이야 나와 무슨 상관이 있겠습니까? 교회 안에 있는 사람들은 여러분이 심판해야 하지 않겠습니까? 교회 밖에 있는 사람들은 하나님께서 심판하실 것입니다. 여러분은 그 악한 사람을 여러분 가운데서 격리시키십시오." 우리는 주님께서 이런 종류의 사악한 사람이 교회생활 안에 머무는 것을 결코 허락하지 않으실 것임을 깨달아야 한다. 그들은 쫓겨나야 한다. 어떤 의미에서, 그들은 몰아내져야 하고, 심지어 추방되어야 한다. 따라서 우리가 교통해서는 안 되는 두 부류의 사람들이 있음을 볼 수 있다. 첫 번째 부류는 요한이서에 언급된 이들과 같은 적그리스도들인데, 그들은 그리스도의 가르침에서 빗나가 그 가르침 안에 거하지 않는다. 적그리스도들은 그리스도께서 하나님이신 것이나 그분께서 하나님의 아들이신 것을 믿지 않는다. 그들은 그리스도께서 구속을 성취하기 위해 십자가에서 죽으셨고, 부활하셨으며, 오늘날 하늘의 보좌에 앉아 계신 것을 믿지 않는다. 이들이 적그리스도들이다. 우리는 그들에게 인사하거나 그들을 접대해서는 안 된다. 두 번째 부류는 고린도전서에 언급되어 있는 사악한 사람들이다. 만일 그들이 회개하지 않는다면 우리 가운데에 그들을 머무르게 해서는 안 되는데, 왜냐하면 그렇게 하는 것은 하나님의 증거에 모욕이 되기 때문이다. 우리가 그런 사악한 이들로 하여금 교회생활 안에 머물게 한다면, 교회생활은 더럽혀지고 오염되고 모욕을 당하게 되어 우리는 하나님의 증거를 잃을 것이다. 우리는 어떤 적그리스도도 받아들이지 않고, 어떤 악한 사람도 우리 가운데 머물게 하지 않도록 경계해야 한다. 교회는 이 모든 어두운 것이 없어야 한다.

갈라디아서에서

우리는 누룩의 씨의 발전을 갈라디아서 1장 6절부터 9절까지에서도 볼 수 있다. "나는 여러분이 그리스도의 은혜 안에서 여러분을 부르신 그 분을 그렇게 빨리 떠나서 다른 복음을 따르는 것을 이상하게 여깁니다. 그 다른 복음은 사실 복음이 아닙니다. 다만 어떤 사람들이 여러분을 혼란시켜서 그리스도의 복음을 변질시키려는 것입니다. 심지어 우리 자신이나 하늘에서 온 천사일지라도, 우리가 여러분에게 전한 복음 외에 다른 복음을 전한다면, 저주를 받을 것입니다. 우리가 전에 말한 적이 있지만, 내가 지금 다시 말합니다. 누구든지 여러분이 받은 복음 외에 다른 복음을 전한다면, 저주를 받을 것입니다." 바울이 전한 복음에서 벗어난 그런 종류의 복음은 틀림없이 일종의 누룩이다.

에베소서에서

에베소서 4장 14절은 심지어 성경의 가르침들조차도 합당치 않게 사용되면 일종의 누룩이 될 수 있음을 지적한다. "이것은 우리가 더 이상 어린아이가 되지 아니함으로, 온갖 가르침의 바람에 밀려다니거나 파도에 요동하지 않도록 하려는 것입니다. 이 가르침은 사람들의 속임수이며, 오류의 체계에 빠지게 하는 간교한 술수입니다." 우리는 가르침의 바람이 교회생활을 부패시킬 수 있음을 깨달아야 한다. 가르침을 지나치게 강조하는 것은 현명하지 못하다. 그렇게 한다면 우리에게 누룩이 생길 것이다.

빌립보서에서

빌립보서 1장 15절 상반절은 "어떤 사람들은 시기와 다툼으로 그리스도를 전파하고"라고 말한다. 심지어 그리스도를 전파하는 것에도 어떤 누룩이 있을 수 있다. 그리스도를 전파하는 것은 좋지만, 시기와 다툼은 일종의 누룩이다. 이어서 17절은 "그러나 저 사람들은 … 순수하지 못한 이기적인 야심에서 그리스도를 전파하는 것입니다."라고 말한다. 여기에 그리스도를 전파하는 것에 경쟁이 추가되었는데, 이것은 일종의 누룩이다.

골로새서에서

골로새서도 누룩의 문제를 발전시킨다. 2장 8절은 "누가 자기의 철학과 헛된 속임수로 여러분을 사로잡아 가지 않도록 조심하십시오. 그런 것들은 사람의 전통과 세상의 초보적인 교훈을 따른 것이지, 그리스도를 따른 것이 아닙니다."라고 말한다. 사람의 철학은 일종의 누룩이다. 2장 18절과 19절 상반절은 이렇게 말한다. "겸허한 척하면서 천사를 숭배하는 사람들이 여러분을 합당하지 못하다고 판단하는 것으로 말미암아, 여러분의 상을 빼앗기지 않도록 하십시오. 그러한 사람들은 자기가 본 것들에 사로잡혀, 육체의 생각을 따라 헛되이 교만에 빠져서 머리를 붙들지 않습니다. 온몸은 마디와 힘줄을 통하여 머리로부터 풍성하게 공급을 받고 함께 짜여, 하나님께서 자라심으로 자라는 것입니다." 심지어 머리를 붙들지 않는 것도 일종의 누룩이다. 우리는 모두 머리이신 그리스도를 붙들어야 한다.

골로새서 2장 20절 하반절부터 23절까지는 계속해서 이렇게 말한다. "왜 여전히 세상에 살고 있는 것처럼 규례에 복종합니까? 그 규례는 곧 '붙잡지도 마라. 맛보지도 마라. 만지지도 마라.'라는 것으로서, (이런 모든 것은 한때 쓰이고는 썩어 없어질 것들입니다) 사람의 계명과 가르침에 따른 것입니다. 이러한 것들은 제멋대로 하는 경배와 가식적인 겸허와 자기 몸을 학대하는 데에는 지혜롭다고 하는 평판이 있지만, 육체의 방종을 막는 데에는 아무런 유익이 없습니다." 겸허한 척하는 것과 천사 숭배와 지혜 있는 모양은 일종의 누룩이다.

데살로니가후서에서

우리는 또한 데살로니가후서 2장에서도 누룩을 볼 수 있다. 2장 2절은 "영으로나 또는 말로나 또는 우리에게서 받은 편지라고 하면서 주님의 날이 이미 왔다고 하더라도, 여러분의 생각이 쉽게 흔들리지 않도록 하고 또 놀라지도 마십시오."라고 말한다. 고대에 어떤 사람들은 주님의 다시 오심에 관해 무언가를 말하거나 쓰는 데 있어서 권위자들인 체했다. 이것은 일종의 누룩이다. "여러분은 어느 누구에게도 어떤 방식으로든지 속아 넘어가지 마십시오. 왜냐하면 먼저 변절하는 일이 생기고, 그 불법의 사람 곧 멸망의 아들이 나타나기 전에는 그날이 오지 않을 것이기 때문입니다."(3절) 주님의 자녀들을 속이는 모든 수단은 일종의 누룩이다.

디모데전서에서

바울은 누룩에 관해 디모데에게 많은 것을 썼다. 디모데전서 1장 3절과 4절은 이렇게 말한다. "내가 마케도니아로 갈 때, 그대에게 에베소에 머무르라고 권유하였습니다. 그것은 그대가 어떤 사람들에게 명령하여 다른 것들을 가르치지 못하게 하고, 또 꾸며 낸 이야기와 끝없는 족보에 주의를 기울이지 못하게 하려는 것이었습니다. 그런 것들은 믿음 안에 있는 하나님의 경륜을 이루기보다는 오히려 의심을 불러일으킵니다."

여기에서 바울은 다른 가르침들과 꾸며 낸 이야기와 족보를 누룩으로 간주한다. 이어서 6절과 7절은 이렇게 말한다. "그런데 어떤 사람들은 이러한 것들에서 빗나감으로써 헛된 이야기에 빠져 율법 교사가 되고 싶어 하지만, 그들은 자기들이 말하는 것이나 단정하는 것이 무엇인지도 이해하지 못합니다." 교사가 되고자 갈망하는 것은 일종의 누룩이다. 여러분이 자기가 알지 못하는 어떤 것을 가르친다면 그 가르침도 일종의 누룩이다.

이어서 디모데전서 4장 1절부터 3절까지로 가자. "그러나 그 영께서 분명히 말씀하십니다. '이후에 어떤 사람들은 믿음에서 떠나, 사람을 미혹시키는 영들과 귀신들의 가르침에 주의를 기울일 것이다. 그러한 가르침은 양심에 불도장이 찍혀 거짓말하는 사람들의 위선에서 나오는 것이다. 그들은 결혼을 금지하며, 어떤 음식물은 먹지 말라고 한다. 그러나 그러한 음식물은 믿는 이들과 진리를 온전히 아는 사람들이 감사를 드리며 먹도록 하시려고 하나님께서 창조하신 것이다.'" 틀림없이 이 모든 항목은 누룩이다.

디모데후서에서

디모데후서 2장 16절부터 18절까지에서 바울은 이렇게 말한다. "속되고 헛된 말을 피하십시오. 왜냐하면 그러한 말은 사람을 경건하지 않은 데로 더욱더 빠지게 하기 때문입니다. 그들의 말은 악성 종양처럼 퍼져 나갈 것입니다. 그러한 사람들 중에 후메내오와 빌레도가 있습니다. 그들은 진리에 있어서 목표를 잃어버렸으며, 부활이 이미 지나갔다고 말하여 어떤 사람들의 믿음을 무너뜨리고 있습니다." 이것은 어떠한 누룩인가! 그들은 부활이 이미 지나갔으므로 더 이상 부활이 없을 것이라고 가르치고 있었다. 그런 다음 20절은 "그렇지만 큰 집에는 금그릇과 은그릇이 있을 뿐 아니라, 나무그릇과 질그릇도 있습니다. 그래서 어떤 것은 귀하게 되고 어떤 것은 천하게 됩니다."라고 말한다. 의심할 바 없이, 천하게 되는 나무그릇과 질그릇은 일종의 누룩이다.

이제 디모데후서 3장 5절부터 9절까지를 읽어 보자. "경건의 모양은 있으나 경건의 능력은 부인할 것입니다. 그대는 이런 사람들에게서 돌아서십시오. 그들 중에는 남의 집에 가만히 들어가서 어리석은 여자들을 꾀는 사람들이 있습니다. 그런 여자들은 죄들로 가득 차 있고 여러 가지 욕망에 이끌리고 있어서, 항상 배우기는 하지만 진리를 온전히 아는 데는 결코 이를 수 없습니다. 얀네와 얌브레가 모세를 대적한 것처럼, 이 사람들도 진리를 대적합니다. 그들은 생각이 부패하고 믿음에 있어서 시험에 견디지 못하는 사람들입니다. 그러나 그들은 더 이상 그렇게 나아가지 못할 것입니다. 왜냐하면 그들의 어리석은 짓이 그 두 사람처럼 모든 사람에게 완전히 드러날 것이기 때문입니다." 생각이 부패하고 믿음에 있어서 시험에 견디지 못하는 것도 틀림없이 누룩이다. "그러나 악한 사람들과 사기꾼들은 더욱더 악해져서, 속이기도 하고 속기도 할 것입니다."(13절) 악한 사람들과 사기꾼들은 누룩이다. 이어서 4장 3절과 4절은 이렇게 말한다. "왜냐하면 때가 이를 것인데, 그때에는 사람들이 건강한 가르침을 받아들이지 않고, 오히려 자기들의 욕망에 따라서, 가려운 귀를 긁어 주는 선생들을 많이 두고, 그들의 귀가 진리에서 돌아서서 꾸며 낸 이야기로 향할 것이기 때문입니다." 그들은 건강한 가르침을 받아들이지 않을 것이다. 어떤 가르침을 듣고자 하는 욕구는 일종의 누룩이다. 가려운 귀가 있는 것은 일종의 누룩이다.

디도서에서

우리는 디도서에서 더 많은 누룩을 볼 수 있다. 1장 10절과 11절은 이렇게 말한다. "왜냐하면 복종하지 않는 사람, 헛된 말을 하는 사람, 속이는 사람이 많이 있기 때문인데, 특히 할례 받은 사람들 가운데 그러한 사람들이 많습니다. 그들의 입을 막아야만 합니다. 그들은 더러운 이익을 위하여 가르쳐서는 안 될 것들을 가르쳐, 온 가정을 무너뜨립니다." 복종하지 않는 사람과 헛된 말을 하는 사람과 속이는 사람이 여기에 언급되어 있다. 틀림없이 이들은 일종의 누룩이다.

히브리서에서

누룩은 히브리서에서 더 발전된다. 12장 16절은 "음행하는 사람이 없도록 하고, 한 그릇의 음식을 위하여 장자권을 팔아 버린 에서와 같은 속된 사람이 없도록 하십시오."라고 말한다. 속된 사람은 누룩이다. 이어서 13장 9절은 "여러분은 여러 가지 이상한 가르침에 끌려가지 마십시오. 마음은 음식으로 견고하게 하는 것이 아니라, 은혜로 견고하게 하는 것이 좋습니다. 음식에 관한 규례를 따라 행하는 사람들은 유익을 얻지 못하였습니다."라고 말한다. 여러 가지 이상한 가르침은 틀림없이 누룩이다.

요한삼서에서

이제 요한삼서 9절과 10절을 보자. "내가 그 교회에게 편지를 써서 보냈습니다. 그러나 그들 중에 으뜸이 되기를 좋아하는 디오드레베는 우리를 받아들이지 않습니다. 그러므로 내가 가면, 그가 행하는 일을 끄집어낼 것입니다. 그는 악한 말로 우리를 대적하여 헐뜯고, 그것으로도 성에 차지 않아 형제들을 받아들이지 않을 뿐 아니라, 받아들이려는 사람들을 그렇게 하지 못하게 하며 더욱이 교회에서 쫓아내고 있습니다." 디오드레베는 교회 안에서 으뜸가는 위치를 갈구하던 사람이었다. 그러한 사람은 교회생활 안에서 일종의 누룩이다.

요한계시록에서

이제 요한계시록에 있는 누룩의 수확에 이르렀다. 먼저 요한계시록 2장 6절을 읽어 보자. “그러나 너에게 다음과 같은 것이 있는데, 곧 네가 니골라당의 일을 미워하는 것이다. 나도 그것을 미워한다.” ‘니골라당’은 성직자를 말한다. 니골라당의 행위는 성직자의 행위이다. 그들의 행위는 일종의 누룩이다. 이어서 14절과 15절은 이렇게 말한다. “그러나 너에게 몇 가지 책망할 것이 있다. 네가 있는 그곳에 발람의 가르침을 지키는 이들이 있다는 것이다. 발람은 발락을 가르쳐, 이스라엘의 자손들 앞에 걸려 넘어지게 하는 장애물을 놓게 하여 우상 앞에 바친 희생 제물을 먹고 음행을 하게 하였다. 이와 같이 너에게 또한 니골라당의 가르침을 지키는 이들이 있다.” 여기에 두 종류의 가르침, 곧 발람의 가르침과 니골라당의 가르침이 언급되어 있다. 6절에는 니골라당의 행위가 있었지만, 결국 그 행위는 일종의 가르침이 되었다. 누룩은 항상 이런 식으로 교회 안에 들어온다. 곧 처음에는 행위로, 결국에는 일종의 가르침으로 들어오는 것이다. 이러한 가르침들은 교회를 부패시키는 일종의 누룩이다.

요한계시록 2장 20절부터 24절까지는 다음과 같이 말한다. “그러나 너에게 책망할 것이 있다. 그것은 네가 이세벨이라는 여자를 용납한 것이다. 그 여자는 여신언자로 자처하면서 나의 노예들을 가르치고 미혹시켜 음행하게 하고 우상 앞에 바친 희생 제물을 먹게 한다. 내가 그 여자에게 회개할 시간을 주었으나, 그 여자는 자기의 음행을 회개하려 하지 않는다. 보아라, 내가 그 여자를 침대에 던지고, 그 여자와 간음하는 이들도 그 여자와의 행위를 회개하지 않으면 큰 환난 속에 던지며, 내가 그 여자의 자녀들을 철저히 죽일 것이다. 그러면 내가 사람의 속부분과 마음을 살피는 이라는 것을 모든 교회들이 알게 될 것이다. 나는 너희 행위대로 너희 각 사람에게 갚아 줄 것이다. 그러나 두아디라에 남아 있는 사람들, 곧 이 가르침을 갖지 않고 그들이 말하는 사탄의 깊은 것들을 알지 못하는 너희에게 내가 말한다. 너희에게는 다른 짐을 지우지 않겠다." 이 절들은 로마 가톨릭교회에 대한 생생하고도 정확한 묘사이다. 거기에는 우상들과 음행과 가르침들과 사탄의 깊은 것들이 있다. 이 모든 항목이 바로 누룩이다. 이 여자 이세벨은 누룩을 고운 가루에 몰래 넣은 마태복음 13장의 여자와 동일하다.

이어서 요한계시록 17장 4절과 5절을 읽어 보아야 한다. "그 여자는 자주색과 진홍색 옷을 입고 금과 보석과 진주로 치장하고 손에는 금잔을 가졌는데, 그 금잔에는 가증한 것들과 자기 음행의 더러운 것들이 가득하였으며 그 여자의 이마에는 '비밀, 큰 바빌론, 땅의 창녀들과 가증한 것들의 어미'라는 이름이 적혀 있었습니다." 이 여자는 금잔을 들고 있었지만 그 안에는 가증한 것들과 그녀의 음행의 더러운 것들이 있었다. 이 어떠한 누룩인가! 그런데 이 누룩이 금잔 안에 감추어져 있다. 외관상으로는 그것이 하나님께 속한 것을 지닌 것처럼 보인다. 우리는 금이 항상 하나님의 신성한 본성을 상징한다는 것을 알고 있다. 외적으로는 하나님의 모양이 있지만, 내적으로는 많은 누룩이 있다. 큰 바빌론은 그녀 자신이 창녀이며, 많은 더 작은 창녀들의 어미이다.

의심의 여지 없이, 마태복음 13장의 여자는 요한계시록 2장과 17장의 여자이다. 마태복음 13장은 여자가 누룩을 고운 가루 속에 몰래 집어넣었다고 분명히 말한다. 고운 가루는 우리의 음식이신 주 예수님을 상징한다. 고운 가루는 그리스도의 인성을 상징하는 소제물을 만드는 데 사용되었다. 소제물은 하나님과 제사장들 모두를 위한 음식이었다. 그 음식은 바로 그리스도 자신이다. 그리스도는 하나님의 만족과 우리의 만족을 위한 고운 가루이시다. 그러나 그 악한 여자인 로마 가톨릭교회는 고운 가루 속에 누룩을 집어넣었다. 달리 말하면, 로마 가톨릭교회는 많은 악한 것들을 그리스도의 진리 안에 더했다. 예를 들어, 그리스도의 탄생은 진리이지만, 로마 가톨릭교회는 크리스마스라는 항목을 가져와 그리스도의 탄생에 추가했다. 우리는 그리스도의 탄생과 크리스마스를 구별해야 한다. 그리스도의 탄생은 고운 가루이지만 크리스마스는 누룩이다. 마태복음 1장에는 고운 가루인 그리스도의 탄생이 있다. 크리스마스는 일종의 누룩으로 추가된 것이다.

로마 가톨릭교회는 거듭거듭 악하고 이교도적이며 더럽고 사탄적이며 마귀적인 것을 들여와 그리스도의 진리 안으로 집어넣었다. 그것이 외관상으로는 합당하게 보이는 금잔을 붙들고 있지만, 많은 가증한 것들과 음행들이 그 안에 감추어져 있다. 큰 바빌론은 금과 보석과 진주로 치장했다. 그 외양은 어느 정도 거룩한 성인 새 예루살렘과 비슷하다. 그러나 거룩한 성은 이런 것들로 치장되어 있는 것이 아니라, 사실 이런 귀한 재료들로 건축되어 있다. 이것은 금과 보석과 진주가 큰 바빌론의 실질과 내적 실재가 아니라 외적인 덮개에 불과하다는 것을 의미한다. 거룩한 성 새 예루살렘은 이러한 재료들을 그 실질과 내적 실재로 삼아 건축되어 있다. 안팎이 다 금이다. 그러나 큰 바빌론의 경우에는 내부의 더러움을 덮고 있는 금의 외양만 있을 뿐이다.

마태복음에는 누룩의 씨가 있고, 서신서들에는 그 성장이 있으며, 결국 요한계시록에는 누룩의 수확이 있다. 왕국의 실재의 수확은 전체가 순금인 성이다. 왕국의 외형의 수확도 성이지만, 그것은 금으로 치장되어 있을 뿐이다. 이것은 큰 바빌론이 모조품인 거짓 성임을 의미한다. 우리는 왕국의 실재를 위해 절대적이어야 하며, 왕국의 외형과는 전혀 관계가 없어야 한다.

여러분은 어느 성 안에 있는가? 나는 여러분이 여전히 큰 바빌론에 속한 어떤 누룩을 붙들고 있을까 봐 두렵다. 부디 시간을 들여 각종 다양한 누룩에 대해 깊은 인상을 받기 바란다. 우리가 왕국에 관해 무언가를 본 것에 대해 주님을 찬양한다! 이 모든 장을 읽은 후, 여러분은 왕국에 관해 아무것도 보지 못했다고 말할 수 있는가? 여러분은 마태복음의 장들이 여러분에게 여전히 수수께끼라고 말하겠는가? 우리는 왕국의 실재와 왕국의 외형과 왕국의 출현을 보았다. 왕국의 실재와 출현에 대해 주님을 찬양한다! 그러나 왕국의 외형에 대해서는 경계하고 주의하라. 우리는 누룩을 위하지 않고 실재를 위한다. 우리는 바빌론을 위하지 않고 예루살렘을 위한다. 이것이 주님의 순수한 말씀이며, 이것은 우리에게 매우 분명하다. 왕국의 실재는 새 예루살렘을 산출하고, 왕국의 외형은 거짓의 최종 완결인 큰 바빌론을 산출한다.

45

히브리서에 계시된 왕국

The Kingdom Revealed in Hebrews

제45장

히브리서에 계시된 왕국

성경: 히 1:8, 2:10-11, 1-3상, 3:1-3, 14, 4:1, 8-9, 11-12, 5:9-10, 6:1, 4-8, 8:10-11, 9:14, 10:25-31, 12:1-2, 25, 28-29

이제 우리는 히브리서로부터 왕국에 관해 무언가를 볼 필요가 있다. 히브리서는 마태복음과 요한계시록을 제외하고 신약에서 다른 어떤 책보다 왕국과 더 많이 관련되어 있다. 대부분의 그리스도인들이 히브리서가 왕국에 관한 책임을 결코 생각해 본 적이 없다. 많은 사람들이 히브리서는 바로 그리스도께서 유대교의 모든 주요 항목보다 더 뛰어나신 것을 말하는 책이라고 생각한다. 이것도 정확하지만, 우리는 그리스도께서 유대교의 모든 항목보다 뛰어나신 것은 왕국을 위해서임을 깨달아야 한다. 그리스도는 왕국을 위하신다.

신약의 계시에 따르면, 그리스도는 왕국을 위해 오셨다. 대부분의 그리스도인들의 관념은 그리스도께서 단지 우리의 구속을 위해서 오셨다는 것이다. 그들은 그리스도께서 왕국을 위해 오셨다는 생각을 결코 하지 않는다. 그리스도께서 구속을 위해 오신 것은 사실이지만, 구속은 목표가 아니다. 구속은 목표에 이르는 과정이다. 목표는 왕국이다. 하나님의 의도는 왕국을 얻으시는 것이다. 하나님은 사람이 모든 것을 다스리고 그분의 영광을 표현할 수 있도록 그분의 형상대로 사람을 창조하셨다. 이것은 하나님께서 왕국을 가지실 수 있도록 그분의 형상대로 사람을 창조하셨음을 의미한다.

하나님의 목표

하나님의 목표는 왕국이다. 심지어 교회도 왕국을 위한다. 왜 하나님은 교회가 필요하신가? 이것은 하나님께서 교회를 통해서, 교회로 말미암아, 교회와 함께, 교회 안에서 왕국을 가지실 수 있기 때문이다. 교회를 통하지 않고서는 하나님께서 그분의 영광을 표현하기 위한 왕국을 얻으실 길이 달리 없다. 이 두 가지 항목, 즉 교회와 왕국은 마태복음 16장 18절과 19절에서 서로 긴밀히 관련되어 있다. 18절에서 주 예수님은 그분의 교회를 건축하겠다고 말씀하셨고, 그다음 절에서는 베드로에게 왕국 열쇠들을 주겠다고 말씀하셨다. 왕국 열쇠들은 교회의 건축과 관련되어 있다. 교회는 왕국을 위해 건축된다.

시대의 끝이 가까운 이 몇 년 동안, 주님은 왕국에 대한 문제로 우리에게 부담을 주셨다. 우리는 다만 구속과 복음과 구원과 거룩하게 됨과 기타의 것들을 위해 이곳에 있는 것이 아니다. 우리는 특별히 왕국을 가져오는 교회를 위해 여기에 있다. 우리는 왕국을 위해 이곳에 있다. 그처럼 오랜 기간 동안 주님은 지체해 오셨다. 주 예수님은 이십 세기 이상 동안 왕국을 구하고 계셨지만, 아직도 왕국은 오지 않았다. 왕국이 지체되는 것은 그분 때문이 아니라 우리 때문이다. 문제는 우리에게 생명의 충분한 성숙이 없다는 것이다. 여러 해 동안 우리는 한 가지, 즉 생명과 생명의 성숙을 강조해 왔다. 생명의 성숙은 왕국을 위한다.

마태복음에서 그리스도는 왕국을 산출하는 씨이시다. 1장에 그처럼 놀라운 한 분이 계신다! 그분은 마흔한 세대가 삼일 하나님과 연합한 결과이시다. 그분의 이름은 여호와 더하기이시고, 또한 하나님 더하기이시다. 그분은 우리 모두 안으로 일해 넣어진 씨이시다. 이 씨는 결국 수확물이 될 것이다. 씨는 그리스도이고 수확은 왕국이다.

부디 다니엘서 2장에 있는 이상을 기억하라. 그 장에서 손을 대지 않고 떠 내어진 한 돌이 이방 세계를 친 후 결국 큰 산이 된다. 다니엘서 2장의 돌은 주 예수님을 상징하고 큰 산은 왕국을 상징한다. 그 돌이 산이 되는 것은 그리스도께서 왕국이 되신다는 것을 상징한다. 이것은 왕국이 바로 그리스도의 확대임을 나타낸다. 왕국이 그리스도의 확대라고 말하는 것이 이상하게 들릴지 모르지만, 다니엘서 2장에 의하면 그 돌은 큰 산이 되었다. 돌은 그리스도를 상징하고 큰 산은 왕국을 상징한다.

구약의 예표들

구약에는 신약에 계시된 영적인 것들의 예표가 많이 담겨 있다. 사실상, 신약에 있는 모든 영적인 것은 거의 구약에 예표가 있다. 구약에서 가장 크고도 모든 것을 포함한 예표는 이스라엘의 역사이다. 예표로서의 이스라엘 민족은 출애굽기 1장과 함께 시작되어 구약의 마지막 책과 함께 끝난다. 먼저 이스라엘 민족은 이집트에서 유월절을 체험했다. 우리는 출애굽기 12장의 유월절이 예표임을 알고 있다. 그리스도께서 사실상 우리의 유월절이시다. 유월절 어린양은 이스라엘 백성을 위해 죽음을 당했고 그 피는 집에 뿌려졌다. 그런 다음 그들은 홍해를 건너 광야로 들어갔다. 그들은 그곳에서 만나를 먹고 갈라진 반석에서 나오는 물을 마셨다. 이 모든 다양한 체험들은 예표들이다. 유월절 어린양과 심지어 유월절의 모든 방면들까지도 바로 그리스도이다. 만나가 그리스도이고, 물이 흐르는 반석 또한 생명 주시는 영으로서 흐르시는 그리스도이다. 더욱이 가나안 땅의 산출물도 모든 것을 포함하신 그리스도의 풍성한 예표이다. 게다가 가나안 온 땅은 그리스도에 대한 모든 것을 포함한 예표이다.

히브리서는 우리에게 좋은 땅이 그리스도라고 말하지 않고 그 대신 좋은 땅이 안식이라고 말한다. 히브리서 3장과 4장에서 좋은 땅은 하나님의 백성에게 안식으로 계시되어 있다. 그들은 이집트를 떠나 광야를 통과했고, 요단강을 건너 좋은 땅으로 들어갔다. 신명기 12장 9절은 좋은 땅을 안식이라고 부른다. 그러나 좋은 땅은 단지 안식이 아니었다. 하나님께서 그분의 백성인 이스라엘 사람들을 가나안 안으로 이끄신 의도는 안식을 위해서만이 아니라 또한 왕국을 세우기 위해서이다. 하나님의 백성에게 안식이 필요했던 것만이 아니다. 하나님 자신은 왕국을 원하셨다. 하나님께서 그분의 백성을 좋은 땅인 가나안으로 이끄신 목적은 그분의 왕국을 이 땅 위에 세우시려는 것이었다. 좋은 땅에서 하나님은 그분의 백성을 통해, 그분의 백성과 함께, 그분의 백성 가운데 왕국을 세우셨다. 그것이 이 땅 위에 있는 하나님의 왕국이었다.

그 이전에 하나님은 하늘의 하나님이셨다(느 1:4). 그분은 그분 자신을 표현하기 위해 땅으로 내려오기를 갈망하고 소망하셨다. 그러나 사람의 동역이 크게 부족했다. 따라서 그분은 일하고 기다리시면서, 그분과 협력할 한 무리의 사람들을 얻으시기를 기대하고 계셨다. 결국 그분은 그분의 백성을 사탄의 지배로부터, 이집트로부터 이끌어 내시고 광야를 거쳐 좋은 땅으로 데려오셨다. 궁극적으로 그분은 좋은 땅에서 그분의 백성을 통해 모든 원수를 패배시키셨고, 그분의 백성은 성전과 성을 건축했다. 성과 성전이 건축되었을 때, 그것은 왕국이 세워진 것이었다. 성전이 완성되고 나서 봉헌되는 때에 하나님의 영광이 그곳을 가득 채웠다. 하나님의 영광은 바로 하나님 자신이다. 하나님 그분 자신이 하늘들에서 내려오셔서 그분의 거처 안으로 들어가셨다. 그런데 그분은 거주할 집을 얻으셨을 뿐 아니라 그 집을 포함하는 성도 얻으셨다. 성으로 말미암아 그분의 거처는 접근하기 쉬웠고 보호되었다. 그분의 거처를 보호하는 성은 왕국과 권위를 상징한다. 하나님은 마침내 왕국을 상징하는 성안에 땅 위의 집을 갖게 되셨다. 하나님은 그 안에 거하시면서 그분 자신을 표현하실 수 있게 되셨다. 따라서 좋은 땅은 하나님의 백성에게 안식으로서의 그리스도에 대한 예표일 뿐 아니라, 왕국으로서의 그리스도에 대한 예표였다.

왕국은 바로 생명이신 그리스도의 성숙이다. 그것은 그리스도에 대한 우리의 누림의 최종 완결이다. 먼저 우리는 그리스도를 땅으로 누리며, 결국 그리스도에 대한 우리의 누림은 왕국이 될 것이다. 우리는 처음 구원받았을 때 그리스도를 단지 작은 어린양으로서 누렸다. 그 당시 우리는 아마 작은 몫만을 먹었을 것이다. 그때부터 우리는 주 예수님을 더욱더 먹기 시작했고, 결국 항상 그분을 충만히 누리는 정도가 되었다. 그리스도에 대한 누림의 최종 완결이 왕국이다. 우리는 그리스도를 우리의 생명으로서 우리 안으로 받아들이며, 이 생명은 우리 안에서 점차적으로 다스린다. 오늘 조금, 내일 조금 다스리는 것이다. 그분은 매우 인내가 많으시다. 우리는 그분과 함께 성장하고 있으며, 그분의 생명은 우리와 함께 성장하고 있다. 언젠가 우리에게 그분의 생명의 성숙이 있을 것이며, 이것이 왕국이 될 것이다.

히브리서에 있는 왕국

히브리서는 얼마나 놀라운 책인가! 이 책은 그리스도께서 유대교의 모든 항목보다 더 뛰어나시다는 것을 계시한다. 그러한 그리스도께서 결국 왕국이시다. 히브리서는 왕국에 관한 책이다. 히브리서가 왕국과 관련된 책임을 어떻게 입증할 수 있는가? 히브리서 1장 8절을 읽어 보자. "아들에 관해서는 '오, 하나님! 왕의 보좌는 영원무궁하며, 왕의 왕국의 지휘봉은 올곧은 지휘봉입니다." 이 절은 "아들에 관해서는 … 왕의 보좌는"이라고 말하며 '주님의 왕국'을 언급한다. 이 절은 주님의 구속이나 주님의 구원, 주님의 사랑, 주님의 능력을 말하지 않는다. 이 절이 '주님의 보좌'와 '주님의 왕국'을 말한다는 사실은 왕국의 문제를 가리킨다.

히브리서 12장 28절을 읽어 보자. "그러므로 우리가 흔들리지 않는 왕국을 받았으니 은혜를 지닙시다. 은혜를 통하여 우리가 경건함과 경외함으로 하나님을 기쁘게 섬겨야 합니다." 이 절은 우리가 구원이나 구속이나 혹은 평안을 받는다고 말하는가? 아니다! 우리가 왕국을 받는다고 말한다. 주님의 순수한 말씀에 따르면, 히브리서는 구원뿐 아니라 왕국에 관한 책이다. 왕국이란 무엇인가? 왕국은 우리에게 생명이신 그리스도의 성숙이고, 그리스도에 대한 누림의 최종 완결이다. 히브리서는 그리스도를 누리는 것에 관한 책이고, 이 누림은 왕국 안에서 완결될 것이다.

천사들보다 더 뛰어나신 분

히브리서는 그리스도께서 유대교의 모든 항목보다 훨씬 더 나으시다는 것을 분명히 보여 준다. 유대교의 주요 항목들은 무엇인가? 첫 번째는 천사들이었다. 이들을 통해 율법이 주어졌다. 그다음은 모세와 여호수아와 같은 인도자들이었다. 그다음은 아론과 같은 제사장들이었고, 마지막은 구약, 즉 옛 언약이었다. 히브리서 저자는 성령의 영감을 받아 그리스도를 이 모든 항목과 비교하면서 그리스도께서 그것들보다 훨씬 뛰어나심을 보여 준다. 첫 두 장에서 그리스도는 천사와 비교되신다. 그분은 천사들보다 훨씬 높고 훨씬 더 뛰어나신데, 이것은 그분께서 하나님과 사람둘 다이시기 때문이다. 그분은 하나님-사람이시다. 그분은 만물을 창조하셨다. 그분은 우리를 위해 죽음을 맛보셨고, 사탄과 죽음의 권세를 멸망시키셨다. 주 예수님은 우리를 위해 모든 것을 성취하시고 영광스럽게 되신 후, 하늘에서 관을 쓰셨다. 현재 그분은 우리를 그분의 형제들로 만드시려고 그분 자신을 우리 안에 넣는 일을 하고 계신다. 그분은 하나님의 아들이시며 또한 우리를 그분의 형제들인 하나님의 아들들로 만들고 계신다. 지금 그분은 우리를 영광 안으로 이끌고 계신다. 그분은 우리를 위해 모든 것을 하셨다. 즉 그분은 고난을 당하셨고, 구해 내셨고, 구원하셨다. 그분은 그처럼 놀라운 분이시다!

천사들은 어떠한가? 천사들은 그저 섬기는 영들이다. 그들은 그리스도와 비교될 수 없다. 그분은 그처럼 놀라운 분이시고, 우리의 구원이시다. 우리의 구원은 어떤 '사물'이 아니라 놀라운 인격이다! 오, 얼마나 큰 구원인가! 저자는 그토록 큰 구원을 어떻게 말로 묘사할 길이 없어서, 그저 '그토록'이란 말을 사용했다! 얼마나 큰 구원인가! 얼마나 큰지를 묘사하기란 불가능하다. 그러나 저자는 우리가 그토록 큰 구원을 소홀히 여긴다면 분명히 무언가 고통을 겪을 것이라고 말한다(히 2:3).

여러분은 히브리서가 믿지 않는 이들에게 쓰인 것이 아니라 히브리 믿는 이들에게 쓰였다는 것을 깨달은 적이 있는가? 그들 모두는 구원받았다. 그러나 그들에게 문제가 있었다. 그것은 그들이 그리스도를 누리는 데서 빗나간 것이다. 그들은 구원받았고 그리스도께 참여하기 시작했지만, 그리스도에게서 빗나가 유대교로 되돌아갈 위험한 처지에 놓여 있었다. 이러한 일이 일어난다면, 그들은 그리스도에 대한 누림을 완전히 잃어버릴 것이다. 이것은 그들이 그토록 큰 구원을 소홀히 여기게 된다는 말이다. 그들이 그리스도에게서 빗나가고 그토록 큰 구원을 소홀히 여긴다면, 그들은 주님에게서 어떤 벌을 받게 될 것이다. 우리가 그토록 큰 구원을 소홀히 여긴다면, 어떤 벌을 받는 것을 어떻게 피할 수 있겠는가? 그렇지만 이 말이 우리가 우리의 구원을 잃어버리는 것을 의미한다고는 생각하지 말라. 그렇지 않다! 우리의 구원은 영원하다. 일단 구원을 받았으면, 우리는 결코 우리의 구원을 잃어버리지 않는다. 히브리서는 우리의 구원을 '영원한 구원'이라고 칭하기까지 한다(히 5:9). 그러나 구원받은 후 우리는 완결에 이르기까지 그리스도를 계속해서 더욱더 누려야 한다. 그것은 구원받거나 구원을 잃어버리는 문제가 아니다. 그것은 그리스도에 대한 더 많고 더 높은 누림의 문제이다. 우리가 그토록 큰 구원에 대한 누림을 소홀히 여긴다면, 우리는 어떤 손실을 입을 것이다.

모세와 여호수아보다 더 뛰어나신 분

이 책의 두 번째 부분은 주로 3장과 4장인데, 이 장들은 우리에게 그리스도께서 모세와 여호수아보다 훨씬 뛰어난 분이시라고 말한다. 모세와 여호수아 모두 하나님께 보냄을 받아 그분의 백성을 인도했지만, 그리스도는 이 두 사람보다도 훨씬 뛰어난 분이시다. 모세는 사도로서 하나님께 보냄을 받았고, 그리스도 역시 하나님께 보냄을 받으셨다. 그분은 우리의 사도이시고 인도자이시다. 그러한 분으로서 그분은 모세보다 뛰어난 분이시다. 모세는 하나님의 집이었지만, 그리스도는 그 집의 건축자이시다. 집의 건축자로서 그리스도는 집 자체보다도 훨씬 더 큰 영광을 지니고 계신다.

그러나 모세는 하나님의 백성을 안식 안으로 이끌지 못했다. 오히려 여호수아가 백성을 안식 안으로 이끌었다. 물론 여호수아는 예수의 히브리어 이름이다. 여호수아는 백성을 좋은 땅으로 인도하신 그리스도의 예표였다. 결국 여호수아와 좋은 땅 둘 다 바로 그리스도이다. 안식이신 그리스도께서 왕국이 되신다.

그러나 여호수아는 혼자서 백성을 좋은 땅으로 이끌지 않았다. 그에게는 갈렙이라는 동반자가 있었다. 히브리서 3장 14절에 의하면, 우리가 그리스도께 갈렙들이다. 우리는 그분의 동반자들이고 동료들이다. 여기에 사용된 헬라어 단어는 '참여자들'만을 의미하지 않고 '동반자들'이라는 뜻도 있다. 여호수아에게는 단 한 명의 동반자인 갈렙이 있었지만, 오늘날 그리스도께는 많은 동반자들이 있다. 그분의 몸의 모든 지체들이 그분의 동반자들이다. 우리는 그리스도와 함께 큰 유업을 물려받을 동반자들이다. 히브리 그리스도인들은 그리스도와 함께 동반자들이 되었지만, 그들은 빗나가 좋은 땅에 들어가지 못할 위험에 처해 있었다. 모든 이스라엘 백성이 여호수아와 함께 동반자들이 되어야 했지만, 실제로는 단 한 사람만이 여호수아와 함께 좋은 땅 안에 들어갔는데, 그가 바로 갈렙이었다. 우리가 그리스도를 누리는 데서 빗나간다면, 더 이상 그분의 동반자들이 되지 못하고 왕국의 출현이라는 보상을 놓칠 것이다.

우리의 영 안에서 그리스도를 누림

히브리서 3장과 4장은 우리가 거치는 과정이 세 단계로 되어 있음을 지적한다. 먼저 우리는 이집트에서 나오고, 그런 다음 광야를 통과하며, 마침내 좋은 땅에 들어간다. 우리가 좋은 땅에 이를 때 안식 안에 있게 된다. 결국 그것이 왕국이 될 것이다. 이 세 단계, 곧 이집트와 광야와 좋은 땅은 우리 전 존재의 세 부분과 부합한다. 우리의 몸은 이집트와 부합하고, 우리의 혼은 광야와 부합하며, 그리스도께서 그 안에 계시는 우리의 영은 좋은 땅과 부합한다. 구원받기 전에 우리는 이집트에 있었다. 우리는 일단 구원을 받자마자 혼의 광야에서 방황하기 시작했다. 만일 우리가 우리의 혼을 잊어버리고 우리의 영을 주의한다면, 우리의 영 안에 계신 그리스도를 좋은 땅으로 누릴 것이다. 그곳에서 우리는 그리스도를 우리의 안식으로서 누릴 것이다. 우리가 그분을 우리의 영 안에서 누릴 때, 이 누림이 왕국이 될 것이다.

히브리서 4장 12절은 이 점에 있어서 전략상 아주 중요한 말씀이다.

11절은 우리가 안식에 들어가기를 힘써야 한다고 말하고, 12절은 우리가 어떻게 그 안식에 들어갈 수 있는지를 말한다. 그 안식에 들어가는 길은 우리의 영이 우리의 혼과 분별되고 분리되는 것이다. 오늘날의 좋은 땅은 우리의 영 안에 계신 그리스도이다. 우리가 우리의 생각 안에 머문다면, 이것은 우리가 광야에서 방황하고 있다는 것을 의미한다. 우리는 우리의 생각에서, 우리의 혼에서 나와 그리스도께서 우리의 안식이 되시는 곳인 우리의 영 안으로 들어가야 한다. 이 안식이 결국 왕국이 된다. 우리는 이집트나 광야에 있어서는 안 된다. 우리는 모두 좋은 땅 안에, 즉 그리스도와 함께 우리의 영 안에 있어야 한다. 이것은 바로 우리가 우리 육신의 몸 안에서 육체를 따라 살거나 우리의 혼을 따라 살아서는 안 된다는 것을 의미한다. 주님을 찬양하자! 우리에게는 우리의 혼에서 나와 우리의 영 안으로 들어갈 수 있는 가능성이 있다. 우리가 우리의 영 안으로 들어갈 때, 그곳에 그리스도께서 계신다. 우리는 좋은 땅을 체험하고 안식을 갖는다. 우리 모두는 혼 안에서 방황하고 있을 때 안식이 없음을 체험했다. 그러나 우리가 일단 우리의 영으로 돌이키자마자, 우리는 즉시 안식에 들어갔다. 안식 안에서 우리는 좋은 땅의 모든 풍성을 누렸다. 결국 성전이 건축될 것이고 성이 지어질 것이다. 왕국이 세워질 것이며, 하나님의 영광이 그 집을 가득 채울 것이다. 이것이 그리스도에 대한 누림의 최종 완결이다.

우리는 방해를 받아 그리스도에게서 빗나갈 위험이 늘 도사린다. 어떤 가르침의 바람이 우리를 그리스도에 대한 누림에서 빗나가게 할 수 있다. 히브리 믿는 이들에게 그런 위험이 있었고 오늘날 우리에게도 마찬가지이다. 우리도 우리의 안식이신 그리스도를 누리기 위해 우리의 영으로 돌이키는 것에서 빗나갈 수 있다. 우리가 그리스도에 대한 완전한 누림을 갖는 것은 바로 우리의 영 안에서이다. 오늘날 많은 것들이 그리스도에 대한 완전한 누림에서 벗어나게 하는 것들일 수 있다. 우리는 그리스도에 대한 충만한 누림을 가질 때에만 왕국을 가질 가능성이 있다. 그리스도에 대한 충만한 누림은 왕국으로 완결될 것이다.

우리를 위한 본보기

고린도전서 9장에서 사도 바울은 그리스도인의 생활을 경주에 비유한다. 이 경주가 끝날 때 우승자에게는 상이 기다리고 있다. 이스라엘 자손의 역사에 관한 장인 10장이 바로 뒤이어 온다. 물론 원문에서는 장의 구분이 없기 때문에 이것은 연속되는 하나의 이야기이다. 바울의 관념에 따르면, 이스라엘 온 민족이 광야에서 경주하고 있었다. 그들은 모두 홍해를 건넜고, 모두 똑같은 음식을 먹었으며, 모두 똑같은 영적인 물을 마셨다. 그러나 그들 모두가 좋은 땅에 들어간 것은 아니다. 고린도전서 10장 11절은 "그들에게 일어난 이러한 일들은 본보기가 되었습니다."라고 말한다. 사실 '본보기가 되었습니다.'라는 구의 원뜻은 '예표로서 발생했습니다.'이다. 즉 그것은 예표와 관련된다. 달리 말하자면, 이스라엘 자손에게 일어난 모든 일은 예표들이었다. 그들의 체험은 우리에게 예표였다. 그들이 홍해를 건넌 것은 침례의 예표였다. 그들이 만나를 먹은 것은 우리가 그리스도를 먹는 것의 예표였다. 그들이 반석에서 물을 마신 것은 우리가 그 영을 마시는 것의 예표였다.

더욱이 모두가 광야에서 방황하였고, 오직 네 사람만 좋은 땅에 들어갔다. 그 세대 중에는 살아 있는 두 사람, 즉 여호수아와 갈렙이 좋은 땅에 들어갔고, 죽은 두 사람인 야곱과 요셉이 그 땅에 들어갔다.* 이것도 역시 우리에게 예표이다. 이것은 주 예수님께서 돌아오실 때, 몇몇 살아 있는 성도들과 몇몇 죽은 성도들—이들은 모두 이기는 이들임—이 왕국의

* 창세기 50장 13절에 의하면, 야곱은 이집트에서 죽어 좋은 땅에 들어가 장사되었음—역자 주

출현 안으로 들어갈 것임을 의미한다. 많은 그리스도인들이 홍해를 건너고 나서 광야에서 방황하고 있지만, 예표에 따르면 요단강을 건너 안식에 들어갈 사람들은 많지 않을 것이다. 우리는 이것을 심각하고도 진지한 경고로 받아들여야 한다. 이것은 우리에게 우리의 생각 안에 머물지 말고, 그리스도를 우리의 안식으로 누릴 수 있는 곳인 우리의 영으로 돌이키라고 강력하게 경고한다. 우리의 영 안에서 우리는 그리스도의 풍성에 대한 충만한 누림을 가질 수 있으며, 이것이 왕국으로 완결될 것이다.

아론과 모든 제사장들보다 더 뛰어나신 분

히브리서의 세 번째 부분은 4장의 마지막 절들로 시작하여 7장 끝까지 계속된다. 이 부분에서 그리스도는 대제사장인 아론과 비교되신다. 그리스도는 아론보다 훨씬 더 뛰어나신 분으로 계시되신다. 그리스도는 아론의 계통에 따르지 않고 멜기세덱의 계통에 따라 대제사장이 되셨다. 멜기세덱의 계통은 영원한 계통이다. 그분은 율법의 어떤 규정이나 계명에 따라서가 아니라, 파괴할 수 없는 생명의 능력에 따라서 사역하셨다(7:16). 그분은 이러한 제사장 직분이 있으시기에 우리를 철저히 구원하실 수 있다. 만일 우리가 철저히 구원받지 못한다면, 이것은 그분께서 구원하실 수 없다는 것을 의미하지 않는다. 오히려 그것은 우리가 기꺼이 구원을 받으려고 하지 않는다는 것을 의미한다. 우리에게는 변명의 여지가 없을 것이다. 우리가 기꺼이 구원받으려고 한다면, 틀림없이 그분은 우리를 철저히 구원하실 것이다(25절).

또다시 기초를 놓는 일을 하지 않음

히브리서 6장 1절과 2절도 읽어 보자. "그러므로 우리는 그리스도에 관한 초보적인 말씀에 머물지 말고, 성숙에 이르도록 전진합시다. 우리는 죽은 행실에서 벗어나는 회개와 하나님에 대한 믿음과 침례에 관한 가르침과 안수와 죽은 사람들의 부활과 영원한 심판에 관하여 또다시 기초를 놓는 일은 하지 맙시다." 여기에서 사도 바울은 우리가 그리스도에 관한 초보적인 말씀에 머물지 말고, 성숙에 이르도록 전진해야 한다고 말한다. 오늘날 많은 그리스도인들이 초보적이고 기초적인 원칙들에 완전히 점유되어 있다. 그들이 말하는 것이라고는 구속과 믿음에 의해 의롭게 됨과 죄들의 용서와 천국에 가는 것이 전부이다. 해가 바뀌어도 그들은 똑같은 것들을 말한다. 여러분이 그들과 함께 있을 때, 그 밖의 다른 것은 거의 들어 볼 수 없다. 원칙적으로 이것은 아직도 초등학교에서 공부하고 있는 할아버지와 같다. 할아버지가 여전히 초등학교에 있을 뿐만 아니라, 그의 아들과 손자 심지어 증손자도 모두 여전히 같은 초등학교에서 공부하고 있다. 무언가 전진해 나가는 것이 없다. 그러나 우리는 나아가자! 그리스도에 관한 초보적인 가르침들에서 성숙에 이르도록 나아가자.

히브리서 6장 4절부터 6절까지를 읽어 보자. "한번 빛 비춤을 받고, 하늘에 속한 선물을 맛보고, 성령을 함께 소유하고, 또 하나님의 선한 말씀과 장차 올 시대의 능력을 맛보고 나서도 떨어져 나간 사람들이 회개에 이르도록 자신들을 다시 새롭게 한다는 것은 있을 수 없는 일입니다. 그것은 그들이 자신들을 위하여 하나님의 아들을 다시 십자가에 못 박고, 분명하게 수치 당하시게 하는 것이기 때문입니다." 이 절들에서 바울은 다수의 항목들을 다룬다. 그는 성도들 중 어떤 이들이 빛 비춤을 받았고, 성령을 함께 소유하게 되었으며, 하늘에 속한 선물을 맛보았다고 말한다. 그들은 또한 하나님의 선한 말씀과 장차 올 시대의 능력을 맛보았다. 무엇이 하늘에 속한 선물인가? 분명히 그것은 하늘에서 주어진 어떤 것이다. 그것은 아마도 용서이거나 구원의 기쁨일 것이다. 우리는 구원받았을 때 우리에게 어떤 참된 누림이 있었다는 것을 안다. 우리는 기쁨과 평안과 위로와 용서와 기타의 것들을 체험했다. 여러분은 어떤 사람이 빛 비춤을 받고, 하늘에 속한 선물을 맛보며, 성령을 함께 소유하고, 하나님의 선한 말씀과 장차 올 시대의 능력을 맛보았는데도 아직 구원받지 못했을 수 있다고 생각하는가? 그것은 불가능하다! 그러나 대부분의 그리스도인 교사들이 그러한 사람은 아직 구원을 받지 못했다고 간주한다. 6절은 어떤 사람들이 떨어져 나갔다고 말한다. 그러나 떨어져 나가는 것과 잃어버린 바 되는 것은 별개의 문제이다. 구원받은 많은 사람들이 떨어져 나갔다. 신체적인 방면에서도 우리는 태어난 후에 여러 번 넘어졌다. 그러나 우리가 넘어졌다고 해서 잘못된 사람이 되는 것은 아니다.

어떤 사람들은 히브리서 6장 4절부터 6절까지의 말씀을 들어 일단 사람이 떨어져 나가면 구원받는 것이 불가능하다고 말한다. 그러나 1절은 "전진합시다."라고 말한다. 우리는 기초를 놓는 일을 하지 말고 전진해야 한다. 기초의 첫 번째 방면은 회개이다. 우리는 그것이 기초를 이루는 첫 번째 돌이라고 말할 수 있다. 첫 번째 돌인 회개를 포함하여 여섯 조각의 돌로 이미 기초가 놓였다. 바울의 관념은 히브리 믿는 이들이 이미 기초를 놓았기 때문에, 그들이 단순히 전진하면 된다는 것이었다. 그들은 또다시 기초를 놓을 필요가 없었다. 그들이 그렇게 하고자 한다고 해도 또다시 기초를 놓는 것은 불가능했다. 결혼한 부부를 예로 들어 이것을 설명할 수 있다. 그들이 갈라섰다가 나중에 다시 돌아와 함께한다고 해 보자. 그들은 다시 결혼했다고 말할지 모르지만, 사실 그들이 다시 결혼하기는 불가능하다. 그들은 이미 결혼했었기 때문이다. 이미 결혼의 기초가 놓였다. 마찬가지로 히브리 그리스도인들은 이미 기초를 놓았다. 그들은 단순히 계속 나아가기만 하면 되었다. 그들은 기초에서 머뭇거려서는 안 되었다.

부흥회에 참석한 많은 그리스도인들이 거듭해서 되돌아가 기초를 놓는다. 한 해가 지나 또 다른 부흥회가 열릴 때, 그들은 다시 회개한다. 그들은 다시 한번 기초를 놓는다. 그들은 근소한 거리를 나아가지만, 그런 다음에는 타락한다. 타락한 후 또 다른 부흥이 오고, 그들은 되돌아가 다시 회개한다. 그들은 끊임없이 돌아가서 동일한 기초를 놓는다. 이것은 그들이 계속해서 전진하지 않음을 의미한다. 이 절들은 일단 우리가 타락하면 회복되기가 불가능함을 의미하지 않는다. 그 절들이 의미하는 바는, 타락한 후 우리가 하나님의 은혜로 말미암아 일어나 계속해서 나아가야 한다는 것이다. 기초가 이미 놓였다. 또다시 기초를 놓으려고 하는 것은 시간을 낭비하는 셈이다.

어떤 건물을 건축하는데, 기초가 놓였지만 공사가 중단되었다고 하자. 한 해가 지나 공사가 다시 재개될 때, 그 기초 위에 건축을 하는 대신에 또 다른 기초가 첫 번째 기초 옆에 놓인다. 다시 공사가 중단되었다가, 나중에 세 번째 기초가 두 번째 기초 옆에 놓인다. 얼마나 우스꽝스러운가! 결국 여러 기초가 서로 곁에 놓이지만 건물이 지어져 올라가는 것은 없는 격이 될 것이다. 이것이 이 절들의 합당한 의미이다.

오순절 계열의 교사들은, 이들이 참된 믿는 이들이지만 그들의 구원을 잃어버렸고 떨어져 나갔기 때문에 다시 구원받을 수 없다고 말한다. 이 관념은 정확하지 않다. 바울이 의미하는 바는 히브리 그리스도인들이 기초를 놓았지만 빗나갔다는 것이다. 그들은 건축하기를 중단했다. 이제 그들은 계속해서 나아가야 함을 깨달을 필요가 있었다. 그들이 계속 나아가려고 다시 기초를 놓을 필요는 없었다. 그들은 다만 계속 나아가기만 하면 되었다. 우리도 초보적인 것들에 머물지 말고 더 전진된 방식으로 그리스도를 누리도록 계속 나아가야 한다. 우리가 계속 나아가지 않는다면 분명히 어떤 벌을 받을 것이다.

그리스도를 더 많이 누리기 위해 나아감

이제 히브리서 6장 7절과 8절을 읽어 보자. "땅이 그 위에 자주 내리는 비를 흡수하여 경작하는 사람들에게 필요한 농작물을 산출하면, 그 땅은 하나님에게서 오는 복을 누리는 것이지만, 가시나무와 엉겅퀴를 낸다면, 내버려지고 저주에 가까운 것을 받게 되고, 결국 불태워지게 됩니다.” 우리가 기초를 놓는 일을 그만두고 그리스도를 더 많이 누리기 위해 나아가지 않는다면, 우리는 마치 비를 흡수하지만 제대로 열매를 내지 못하는 땅과 같다. 이것은 우리로 손실을 입게 하겠지만, 우리 자신들이 잃어버린 바 되는 것은 아니다. 그것은 계속해서 나아가지 않음으로 인해 무언가 고통을 당하는 것이다. 계속해서 나아가자! 우리는 여기에서 머뭇거려서는 안 된다. 우리는 다시 기초를 놓으려고 돌아가서는 안 된다. 기초는 놓였으니 그 위에 건축하자. 이것은 우리가 그리스도를 더욱더 누리는 데로 계속 나아가야 한다는 것을 의미한다. 우리는 많은 때 넘어질 수 있지만, 일어나서 피를 적용하고 주님과 함께 계속해서 나아가야 한다. 원수 사탄은 항상 우리를 기초에서 머뭇거리게 하려고 할 것이다. 여러분은 그 간교한 자에게, 여러분에게 주 예수님의 피와 이미 놓인 기초가 있다는 것을 말해 주어야 한다.

우리는 율법의 계명에 따라서가 아니라, 파괴할 수 없는 생명의 능력에 따라서 하늘의 성소에서 사역하시는, 우리의 위대한 대제사장이신 그리스도를 누리는 데로 나아가야 한다. 그분은 아론의 계통에 따르지 않고 멜기세덱의 계통에 따른 우리의 대제사장으로서, 우리를 철저히 구원할 수 있으시다. 우리는 단순히 그분을 더욱더 누려야 하며, 과거를 돌아보거나 우리 뒤에 있는 것을 신경 쓰지 말아야 한다. 우리는 분발해야 한다! 사탄은 항상 우리의 과거와 어제 행했던 것을 우리에게 상기시킨다. 우리는 그에게, 우리는 오직 오늘을 주의하고 내일을 기대할 뿐이라고 말해야 한다. 우리는 어제를 신경 쓰지 않는다. 우리 모두는 뒤에 있는 것들을 잊어버리고 앞에 있는 것들을 향하여 나아가야 한다. 그리스도를 더 많이 누리기 위해 나아가자.

옛 언약보다 더 뛰어나신 분

우리는 히브리서의 세 부분을 다루었다. 첫 번째 부분에서 그리스도는 천사들보다 더 뛰어나신 분이시고, 두 번째 부분에서 그분은 모세와 여호수아보다 더 뛰어나신 분이시며, 세 번째 부분에서 그분은 아론과 모든 제사장들보다 더 뛰어나신 분이시다. 8장에서 10장에 이르는 네 번째 부분은 그리스도와 그분의 피가 옛 언약보다 훨씬 뛰어남을 보여 준다. 신약은 우리에게 우리 밖에 있는 문자로 된 법이 아닌 우리 안에 있는 생명의 법을 준다. 그러므로 아무도 우리를 가르칠 필요가 없다(히 8:8-11). 우리 안에 살아 있는 법이 있는데, 이것은 밖의 문자로 된 법보다 훨씬 더 나은 것이다.

이뿐 아니라, 그분의 보배로운 피는 살아 계신 하나님을 섬기게 하기 위하여 우리의 양심을 씻어 깨끗하게 한다(히 9:14). 새 언약은 옛 언약보다 훨씬 더 낫고 훨씬 더 뛰어난 언약이다. 히브리서가 기록되던 당시에, 히브리 그리스도인들은 유대교로 다시 돌아가도록 설득될지도 모를 위험에 처해 있었다. 아마도 그들의 친구들과 가족들은 그들을 유대교로 다시 이끌려고 하고 있었을 것이다. 그들은 옛 언약이 하나님께서 주신 것이며 매우 놀라운 것이라고 신약의 믿는 이들에게 지적했을지도 모른다. 히브리 믿는 이들이 옛 언약과 새 언약 사이에서 머뭇거리고 있었기 때문에, 사도 바울은 그들에게 옛 언약에 관해 경고했다. 그는 그들에게 옛 언약이 성취되었다고, 즉 끝났다고 말했다. 죄들에 대한 희생 제물이 더 이상 없는데, 이것은 그리스도께서 죄들 때문에 죽으셨을 때 죄들에 대한 희생 제물을 폐지하셨기 때문이다. 그리스도는 속죄제물의 예표를 성취하셨다. 따라서 죄들에 대한 희생 제물이 더 이상 없다(10:26). 다시 한번 돌아가서 죄들에 대한 구약의 희생 제물들을 드리는 것은 주님께 참으로 모욕이 될 것이다.

더 나아가 바울은 그들에게 믿는 이들과의 모임을 중단하지 말라고 말했다(히 10:25). 그들은 다른 그리스도인들과 함께하는 모임을 경홀히 여겨서는 안 되었다. 믿는 이들과의 모임을 중단하는 것은 유대교로 돌아가는 것을 의미했으며, 이것은 하나님의 눈에 죄가 되는 일이었다. 유대교로 되돌아가는 것은 고의적으로 죄를 범하는 것이었다. 이것은 얼마나 심각한 문제였던가!

고의적으로 죄를 범하지 말라

히브리서 10장 26절은 "우리가 진리에 관한 지식을 받아들인 후에도 고의적으로 죄를 범하면, 죄들에 대한 희생 제물은 더 이상 없고"라고 말한다. 어떤 그리스도인 교사들은 이 절이 우리가 고의적으로 죄를 범하면 용서받을 수 없음을 의미한다고 가르쳤는데, 이것은 부정확한 가르침이다. 이것은 이 절을 합당하게 이해한 것이 아니다. 합당한 이해는 주 예수님께서 십자가에서 죽으셨을 때 구약의 모든 희생 제물이 성취되었다는 것이다. 그 짐승의 희생 제물들로 되돌아가는 것은 주님께 죄를 짓는 일이다. 주님께서 십자가에서 제물로 드려지신 후에 다시 유대교로 되돌아가는 것은 고의적으로 죄를 범하는 것이다. 하나님께는 더 이상 속죄제물이 없는데, 이것은 그분의 아들이 한 번 만에 영원히 자신을 드리셨기 때문이다.

바울은 또한 히브리 믿는 이들이 되돌아가서 짐승의 희생 제물들을 드린다면, 하나님께서 그들을 심판하실 것이라고 말했다(히 10:27). 그들이 되돌아가는 것은 그리스도의 피를 하찮은 것이 되게 하는 것일 것이다. 그러나 그분의 피는 소나 양의 피같이 하찮은 것이 아니다. 사실상 짐승의 제물의 피는 구속할 수 없었지만, 그리스도의 피는 구속할 수 있다. 유대교로 되돌아가 죄에 대한 희생 제물로 소나 양의 피를 드린다는 것은 그리스도의 피를 하찮은 것으로 여기는 것이다. 이것은 하나님의 심판을 초래할 것이다.

은혜의 영을 모욕하지 말라

이에 더하여, 유대교와 짐승의 희생 제물로 돌아가는 것은 내주하시는 영에 대한 일종의 불순종이 될 것이다. 히브리서 10장 29절에서 바울은 은혜의 영을 모욕하는 것에 대해 말한다. 유대교로 되돌아가는 것은 은혜의 영을 모욕하는 것이다. 이 부분의 말씀은 일단 우리가 신약의 길을 누리고 거기에 참여했다면, 그것을 최고도로 누려야 함을 보여 준다. 우리는 옛 길, 옛 언약으로 되돌아가서는 안 된다. 옛 길로 되돌아가는 것은 주님께 죄를 짓는 일이며, 그분의 심판이 우리 위에 임하게 할 것이다. 되돌아가는 것은 주님의 피를 하찮은 것이 되게 할 것이며, 내주하시는 영에 대해서는 일종의 불순종이 될 것이다.

믿음의 길

이제 히브리서 11장으로 시작되는 다섯 번째 부분에 이르렀다. 이 부분에서 바울은 우리에게 믿음의 길을 보여 준다. 우리는 주님과 함께 나아갈 때, 믿음을 우리의 길로 취해야 한다. 우리가 우리의 길에 있을 때 많은 증인들이 우리를 둘러싸고, 즉 에워싸고 있다. 믿음의 길은 매우 유력하다. 여기에서 우리에게는 우리 믿음의 창시자이시며 완성자이신 주 예수님이 계신다. 우리 모두는 그분을 주목해야 한다. 우리는 주변 상황에 마음을 두어서는 안 된다. 우리는 나아가기 위한 길이신 주 예수님을 단순히 주목해야 한다. 만일 우리가 돌이켜 우리의 길이신 주 예수님을 주목하지 않는다면, 우리는 무언가를 잃어버리고 고통을 겪게 될 것이다.

우리는 흔들리지 않는 왕국을 받았으니 은혜를 지니고 적극적으로 나아가야 한다. 우리는 어려운 상황들과 환경들로 인해 흐트러져서는 안 된다. 믿음으로 나아가라. 주 예수님은 우리 믿음의 창시자이시며 완성자이시다. 우리는 단순히 그분을 주목해야 한다. 이로써 우리는 계속 나아가도록 강화될 것이다.

경주를 하라

히브리서 12장은 우리가 모든 무거운 짐을 떨쳐 버리고 경주를 해야 함을 보여 준다. 경주하는 동안 넘어진다면, 다만 일어나서 계속 달리면 된다. 출발점으로 되돌아갈 필요 없이 넘어진 바로 그곳에서 시작하라. 경주하는 도중에 넘어지면 출발점으로 되돌아가 다시 시작할 정도로 어리석은 주자는 없을 것이다. 오히려 그는 넘어진 그곳에서 일어나 계속 경주할 것이다.

그럼에도 불구하고 많은 그리스도인들이 바로 그렇게 한다. 해마다 부흥회가 열리면, 그들은 처음으로 되돌아가 다시 한번 회개한다. 그들은 이렇게 할 필요가 없다. 그들은 넘어졌던 바로 그곳에서 일어나 왕국을 위해 경주하기만 하면 된다.

만일 우리가 주님께 순종하며 나아가려고 하지 않는다면, 우리는 우리의 하나님께서 태워 버리는 불이시라는 것을 깨달아야 한다(12:29). 우리가 은혜를 지니고 계속 나아가기를 거절한다면, 분명히 하나님은 언젠가 우리에게 어떤 심판을 집행하실 것이다. 이것은 우리가 잃어버린 바 된다는 뜻이 아니라 어떤 고통을 겪게 된다는 뜻이다.

우리는 모든 것보다 더 뛰어난 분이신 그런 놀라운 그리스도께서 우리에게 계신다는 것을 보아야 한다. 그분은 천사들보다도, 모세와 여호수아보다도, 아론과 제사장들보다도, 옛 언약보다도 더 뛰어난 분이시다.

더 나아가 우리에게는 계속 나아갈 유력한 길, 곧 믿음의 길이 있다. 우리는 그리스도를 누리기 위해 계속 나아가며 이기는 길을 취해야 한다. 결국 우리는 왕국 안에서 완결될 그리스도에 대한 충만한 누림을 가질 것이다. 그러나 우리가 그런 놀라운 방식으로 그리스도를 누리기 위해 계속 나아가지 않는다면, 우리는 무언가를 놓치고 어떤 고통을 겪게 될 것이다. 히브리서의 이 모든 항목은 왕국과 관련해서 마태복음에 뿌려진 씨들의 발전이다.

46

요한계시록에 있는 왕국의 수확

The Harvest of the Kingdom in Revelation

제46장
요한계시록에 있는 왕국의 수확

성경: 계 1:9상, 2:7, 10-11, 17, 25-29, 3:4-6, 10-13, 20-22, 12:10-11

왕국의 수확은 요한계시록에 있다. 원칙적으로, 책의 첫 쪽에 나타난 것이 무엇이든 그것은 그 책의 중점이다. 예를 들어, 창세기는 "태초에 하나님께서 하늘들과 땅을 창조하셨다."로 시작한다. 틀림없이 창세기는 하나님의 창조를 계시하는 책이다. 요한계시록의 처음 몇 절에 계시되어 있는 것은 무엇인가? 1장 9절에서 요한은 그 자신이 우리의 형제이며 예수님 안에서 환난과 왕국과 인내에 참여한 사람이라고 우리에게 말한다. 그는 왕국 안에서 우리의 동료이다! 이 책에서 주님의 의도는 모든 성도들에게 왕국의 문제를 열어 주는 것이다. 그러나 요한계시록의 처음 몇 장에는 왕국이 아닌 등잔대들과 교회들이 계시되어 있다. 이것은 실지적으로 말해서 교회들이 왕국이라는 뜻이다. 합당한 교회생활이 왕국의 실재이다. 교회들은 교회들 그 자체를 위한 것이 아니라 왕국을 위한 것이다. 요한계시록에서 요한은 그가 그리스도의 몸의 지체들 중 하나라고 말하지 않고, 예수님 안에서 환난과 왕국과 인내에 참여한 우리의 동료라고 말한다. 왕국을 위해서는 환난이 요구되고, 환난에 대해서는 인내가 요구된다. 왕국에 들어가려면 고난을 겪어야 한다. 고난을 겪으려면 어느 정도의 인내가 필요하다. 그런데 이것은 우리의 인내가 아니라 예수님의 인내이다. 이렇게 요한계시록은 왕국으로 시작한다.

요한계시록 12장에는 사내아이의 출생이 있다. 사내아이는 민족들을 다스리는 권위를 지닌 이기는 이들을 상징한다. 이 사내아이는 하늘에 있는 하나님의 보좌로 휴거될 것이다. 사내아이가 보좌로 휴거될 때 하늘에서는 사탄과의 큰 전쟁이 있게 되고, 사탄은 땅으로 내던져질 것이다. 오늘날 원수 사탄은 여전히 하늘에 있지만, 일단 이기는 이들이 그곳에 이르면 그는 있을 곳이 없게 될 것이다. 그는 내던져질 것이다. 그가 내던져지자마자 다음처럼 선언하는 큰 음성이 있을 것이다. "우리 하나님의 구원과 능력과 왕국과 그분의 그리스도의 권위가 이제 나타났다. 왜냐하면 우리 하나님 앞에서 밤낮으로 우리 형제들을 비난하던 그 비난자가 내던져졌기 때문이다."(10절) 이처럼 요한계시록은 1장에서 왕국으로 시작하고, 역시 12장에서도 왕국이 오는 것을 선언한다. 이것은 요한계시록이 왕국에 관한 책임을 가리킨다. 마태복음에는 왕국의 씨가 담겨 있고, 서신서들에는 씨의 성장이 담겨 있으며, 요한계시록에는 왕국의 씨의 수확이 담겨 있다.

왕국의 수확이란 무엇을 말하는가? 왕국의 수확의 첫 번째 방면은 일곱 등잔대들이고, 왕국의 최종적인 수확은 거룩한 성인 새 예루살렘이 될 것이다. 새 예루살렘은 바로 왕국의 수확이 최고도에 이른 것이다. 새 예루살렘에서 왕국은 완전히 나타나게 될 것이다. 심지어 천년왕국도 왕국의 궁극적인 출현이 되지 못할 것이다. 반면 새 예루살렘은 왕국의 최종 완결과 충만한 출현이 될 것이다.

요한계시록의 처음 몇 장은 우리가 왕국에 참여하는 것을 보여 준다.

교회에 대한 하나님의 의도는 왕국을 갖는 것이며, 이것을 위해 그분의 모든 믿는 이들은 왕국의 실재 안에 살아서 왕국의 출현을 가져올 수 있을 정도까지 성숙해야 한다. 우리는 왕국의 출현이 바로 왕국 생활의 성숙과 궁극적인 성장이 되리라는 것을 이미 보았다. 우리가 왕국의 최종적인 상태 안에서 왕국의 실재를 살아 낼 때, 그것이 왕국의 출현이 될 것이다. 하나님의 목적은 그분의 왕국을 가져올 수 있는 교회를 갖는 것이다. 많은 그리스도인들이 하나님의 목적과 하나님의 목표를 본 적이 없다. 그들은 그리스도의 구속에 담긴 하나님의 목적이 사람들을 천국에 갈 수 있게 하는 것이라고 생각한다. 우리는 모두 성경의 순수한 말씀으로 돌아와서 그리스도의 구속이 왕국을 가져오기 위한 것임을 보아야 한다. 정상적인 상태 안에 있는 교회가 바로 왕국의 실재이며, 이 실재는 왕국의 출현으로 완결될 것이다.

불행하게도 많은 참된 그리스도인들이 이 관점을 갖지 못했고 이에 대한 체험이 부족하다. 대부분이 정상적인 생활의 표준 아래로 하락했다. 그러므로 신약의 마지막 책인 요한계시록에서 주 예수님은 믿지 않는 이들에게가 아니라, 믿는 이들에게 부르는 음성을 발하셨다. 모든 믿는 이들은 다 주님께 한 번은 부름을 받았다. 그러나 요한계시록 2장과 3장에서 주 예수님은 믿는 이들을 두 번째로 부르셨다. 곧 이기는 이들이 되라고 부르셨다. 우리 모두는 부름을 받아 믿었고, 우리 모두는 부름을 받아 교회생활 안에 들어왔다. 그러나 많은 사람들이 여전히 주님의 목적에 미치지 못하고 있고, 왕국의 출현을 가져오기에 적합한 정상적인 수준에 이르지 못했다. 매우 많은 사람들이 정상적인 수준에 미치지 못하기 때문에, 그들은 생명 안에서 자랄 가능성이 없다. 주 예수님의 생명이 믿는 이들 안에 있을지라도 자랄 길이 없는데, 이것은 그들이 정상적인 수준에 미치지 못하기 때문이다. 이 때문에 주 예수님은 이기는 이들을 부르셨다.

에베소

첫째가는 사랑을 버림

주 예수님은 요한계시록 2장과 3장의 일곱 교회에게 보내는 서신들에서 이기는 이들을 부르셨다. 주 예수님은 이기는 이들을 부르시면서 왕국을 위한 교회의 합당한 상태를 계시하셨다. 2장 4절에서 주님은 에베소에 있는 교회에게 "그러나 너에게 책망할 것이 한 가지 있다. 그것은 네가 첫째가는 사랑을 버린 것이다."라고 하셨다. 우리가 왕국을 가져오는 합당한 교회가 되려면, 주 예수님께서 우리의 첫째가는 사랑이시자 제일 좋은 사랑이 되셔야 한다. 이것이 첫 번째 요구이다. 우리는 주님을 향한 우리의 사랑에 주의해야 한다. 오늘날 많은 그리스도인들이 주님을 향한 첫째가는 사랑을 잃어버렸다. 그들은 주님을 위해 일하고 주님을 위해 많은 것들을 행하는 면에서 여전히 좋다. 그러나 그들은 처음에 그랬던 것처럼 주님을 사랑하지 않는다. 이것은 그들이 주님을 향한 첫째가는 사랑, 원래 가졌던 사랑, 제일 좋은 사랑을 잃어버렸음을 의미한다. 그들에게 일은 있지만 사랑은 없다. 그러므로 이기는 이들을 부르는 주님의 첫 번째 부름은 되돌아와서 그분을 최고도로 사랑하고 그분을 제일 사랑하라는 것이다. 주님은 "이기는 이에게는 내가 하나님의 낙원에 있는 생명나무를 주어서 먹게 할 것이다."(2:7)라고 약속하셨다. 우리가 주님을 향한 첫째가는 사랑이자 제일 좋은 사랑으로 돌아간다면, 우리는 생명나무를 받아서 먹게 될 것이다.

하나님의 낙원

생명나무는 또한 새 예루살렘에 있는데, 이것은 새 예루살렘이 하나님의 참된 낙원임을 우리에게 보여 준다. 창세기 1장과 2장의 에덴동산은 하나님의 첫 번째 낙원으로 간주될 수 있다. 누가복음 23장에서 주님은 못 박힌 강도에게 그가 그분과 함께 낙원에 있게 될 것이라고 말씀하셨다. 그 낙원은 에덴동산이나 새 예루살렘이 아니라, 음부에 있는 즐겁고 위로가 있는 구역으로서 모든 죽은 성도들의 영이 보존되어 있는 곳이다. 이것이 성경의 두 번째 낙원이다. 결국 하나님의 백성은 거룩한 성인 새 예루살렘에 모두 모일 것이고, 그곳은 그 중앙에 생명나무가 있는 영원한 낙원이 될 것이다. 요한계시록 2장에서 주님께서 하신 약속은, 우리가 현재의 상태를 이기고 그분을 향한 첫째가는 사랑과 제일 좋은 사랑을 회복한다면, 하나님의 낙원인 새 예루살렘에 들어가는 권리를 얻으며 보상으로서 생명나무를 먹게 되리라는 것이다.

이기는 이들에게 주어지는 보상

우리는 그 안에 생명나무가 있는 새 예루살렘이 천년왕국 기간 동안 보상이 될 것임을 깨달아야 한다. 구원받은 사람 모두가 천년왕국에 들어가는 것은 아닐 것이다. 오직 이기는 이들만이 천년왕국 동안 생명나무를 누릴 것이다. 천년왕국의 천 년 동안 하나님의 낙원인 새 예루살렘은 일종의 보상이 될 것이다. 그러나 천년왕국 후에, 새 하늘과 새 땅에서의 새 예루살렘은 구원받은 모든 이들에게 축복이 될 것이다. 그것이 천년왕국 기간에는 이기는 이들에게 보상이 되겠지만, 결국 하나님의 모든 백성에게 보편적인 축복이 될 것이다. 천년왕국 기간 동안 새 예루살렘은 신부일 것이다. 그러나 새 하늘과 새 땅에서 새 예루살렘은 아내일 것이다. 신부는 하루 동안만 신부이다. 결혼하는 여인은 결혼 첫날만 신부이고 그 후에는 아내이다. 둘째 날이 되면 신선함이 약간 사라질 것이다. 기쁨이 있을지라도 그 기쁨은 그렇게 신선하지 않다. 우리가 이기는 이들이 되지 못하면 천년왕국에서 새 예루살렘의 신선함을 누리지 못할 것이다. 우리는 그 부분을 놓칠 것이다. 천년왕국 후에 우리는 새 예루살렘을 누리겠지만, 그것은 신부로서 누리는 것이 아니다. 우리는 단지 아내로서 보편적으로 새 예루살렘을 누릴 것이다. 주님은 우리가 지금 이기는 이가 되면 새 예루살렘에 있는 생명나무를 주어 먹게 하시겠다고 약속하신다. 이것은 틀림없이 천년왕국 기간의 일이다. 요한계시록의 이 두 장에 있는 일곱 서신 각각은 천년왕국 기간 동안 보상이 되거나 아니면 일종의 손실 또는 징벌이 되는 어떤 것을 우리에게 계시한다.

서머나

서머나는 박해를 받았던 교회이다. 우리 모두가 주님을 향한 첫째가는 사랑으로 돌이킨다면 틀림없이 박해가 일어날 것이다. 1세기와 2세기와 3세기에 걸쳐 교회는 많은 박해를 받았다. 사탄은 로마 제국을 이용하여 교회를 박해하고 믿는 이들을 많이 죽였다. 〈폭스의 순교사〉라는 책은 초기의 많은 그리스도인들이 주 예수님을 위해 어떻게 박해받고 순교했는지를 말해 준다. 주 예수님은 그러한 박해받는 이들에게, 그들이 이기면 생명의 면류관을 받을 것이고 둘째 죽음의 해를 받지 않을 것이라고 약속하셨다. 둘째 죽음의 해를 당한다는 것은 잃어버린 바 되는 것을 의미하지 않고, 어떤 고통을 당하게 되는 것을 의미한다. 어떤 종류의 고통이 되었든 그것은 유쾌하지 않을 것이다. 둘째 죽음에 관한 세부 사항들에 대해 염려하지 말라. 단순하게 주님의 경고를 받아들이라. 주 예수님은 세부 사항들을 우리에게 제시하지 않으시는데, 이것은 우리가 그곳에 있기를 바라지 않으시기 때문이다. 그분은 우리 모두가 생명의 면류관을 받기를 고대하신다. 물론 생명의 면류관은 오늘날 주어지지 않고 천년왕국 기간 동안에 주어진다. 여러분이 오늘날 주 예수님을 위해 얼마나 많이 고난을 당하든 이 시대에는 면류관을 받지 못할 것이다. 심지어 사도 바울조차도 아직 면류관을 받지 못했다. 그도 자기 면류관을 받기 위해 여전히 천년왕국 시대를 기다리고 있다. 그때에는 모든 이기는 이들이 그리스도와 함께 공동 왕들이 되어 면류관을 받을 것이다.

버가모

교회에 대한 사탄의 박해는 성공을 거두지 못했다. 그가 교회를 박해하면 할수록 그리스도인들은 더욱더 강해졌다. 그래서 그는 더 간교한 공격을 사용했다. 4세기 초, 콘스탄티누스 대제 시대에 사탄은 자신의 계략을 바꾸었다. 그는 교회를 박해하는 데서 환영하는 데로 전환했다. 이것은 버가모에 있는 교회로 상징된다. '버가모'는 문자적으로 '결혼'을 의미하고, 상징적으로 '견고한 탑'을 의미한다. 이것은 교회가 세상과 일종의 악한 결혼을 하여 무언가 거대한 것이 되어 버린 것을 상징한다. 콘스탄티누스는 세상을 교회 안으로 가져왔으며 다시 교회를 세상으로 가져갔다. 이것이 악하고 불법적인 결혼이 되었다. 교회는 세상과 결혼했다. 교회가 세상과 결혼했기 때문에 교회는 거대한 어떤 것인 견고한 탑이 되었다.

이것은 마태복음 13장에 언급되어 있는 큰 나무의 시작이었다. 버가모 안에는 발람과 니골라당의 가르침들이 있었다(계 2:14, 15). 이 가르침들은 교회 안에 있는 일종의 악한 누룩이었다. 주 예수님은 오셔서 이기는 이들을 불러내셨고, 그들에게 두 가지 것, 즉 감추어진 만나와 흰 돌을 약속하셨다. 그 돌은 건축을 위한 것이고, 흰색은 주님께서 그것을 인정하시고 기뻐하신다는 것을 나타낸다. 그 흰 돌에는 자기 자신 외에는 아무도 모르는 새 이름이 적혀 있다. 많은 때 우리에게는 다른 사람들이 이해할 수 없는, 주님과의 특별한 체험들이 좀 있어야 한다. 때때로 가족일지라도 주님에 대한 우리의 체험을 이해할 수 없다. 우리는 다른 사람들이 이해할 수 없는 새롭고 신선한 무언가를 체험한다. 새 이름은 주님에 대한 신선하고 새로운 체험들을 나타낸다.

우리가 주님을 감추어진 방식으로 누린다면, 주님은 우리에게 감추어진 만나가 되실 것이고, 우리는 주님의 건축물을 위해 주님께 매우 기쁘게 여겨지는 인정받는 돌이 될 것이다. 우리는 다른 사람들이 이해할 수 없는 체험들을 누릴 것이다. 이것이 왕국을 위한 이기는 생활이다. 각 지방의 교회 안에 있는 많은 사랑스러운 이들이 새 이름을 지닌 흰 돌이 되고 주님에 대한 참되고도 풍성한 체험들을 누리고 있을지도 모른다. 만일 그렇다면 그들은 주 예수님을 광야의 공개된 만나로서가 아니라, 지성소 안에 감추어진 만나로서 누리는 권리와 특권을 가질 것이다. 지성소 안에는 궤가 있었고, 궤 안에는 만나가 들어 있는 금항아리가 있었다. 이곳의 만나는 매우 감추어진 것이며 하나님의 임재에 아주 가까이 있다. 이기는 이들이 주님과 하나이고 그분과 아주 가까이 있기 때문에, 그들은 그분을 감추어진 만나로 누린다. 이 누림은 왕국을 위한다.

두아디라

교회와 세상의 불법적인 결혼을 나타내는 버가모에 뒤이어 두아디라가 온다. 두아디라는 로마 가톨릭교회를 상징하는데, 이 교회는 부패시키는 온갖 누룩으로 가득 차 있다. 우상들, 음행, 악한 가르침들, 이세벨의 행위가 로마 가톨릭교회 안에 있는 누룩이다. 이 가톨릭교회는 밀가루 서 말 속에 누룩을 몰래 집어넣은 마태복음 13장의 악한 여자이다. 주님은 두아디라 안에서도 이기는 이들을 불러내셨다. 그분은 음행과 악한 가르침들과 악한 모든 행위를 이기라고 그들을 부르셨다. 로마 가톨릭교회에서 촛불을 켜는 것, 향을 태우는 것, 온갖 우상들을 숭배하는 것은 참으로 주님에 대한 모독이다. 어떤 사람들은 그들이 로마 가톨릭교회에서 도움을 받았고 또한 그곳에 많은 사랑스러운 믿는 이들이 있다고 말할지도 모른다. 의심할 바 없이, 로마 가톨릭교회는 많은 보배로운 사람들과 귀한 것들로 치장되어 있고 덮어져 있다. 그러나 이것은 사람들을 속이기 위한 것이다. 이것은 거짓된 겉치레이다. 컵의 외부는 금과 진주와 보석으로 치장되어 있지만, 컵의 내부는 가증한 것들로 가득 차 있다(계 17:4). 우리 모두는 가증한 것들, 곧 우상들과 영적 음행과 온갖 누룩을 이겨야 한다. 우리는 주님께서 우리에게 보여 주신 것을 붙잡아야 한다. 결국 이기는 이들은 천 년 동안 민족들을 다스릴 것이다.

믿는 이들 전부가
이기는 이들이 되는 것은 아님

우리는 믿는 이가 되는 것과 이기는 이가 되는 것이 동일하지 않음을 보아야 한다. 어떤 그리스도인 교사들은 주 예수님 안에 있는 참된 믿는 이들 모두가 왕들로서 다스릴 것이라고 가르친다. 나는 이 항목에 있어서 교리적으로 말하기보다 체험적으로 말하기를 더 좋아한다. 나는 그들에게 그들 자신의 상태에 대해 묻고 싶다. 그들에게 왕의 모습이 있는가? 그들의 매일의 생활이 왕의 생활인가? 그들은 훈육과 훈련을 받았는가 아니면 느슨하고 부주의한가? 그들은 주님과 함께 다스릴 왕들이 될 준비가 되었는가? 나는 주 예수님께서 오실 때, 그들이 "오, 주 예수님! 저는 아직 준비가 되어 있지 않습니다."라고 말할까 봐 염려가 된다.

주 예수님과 함께 왕들로서 다스리려면, 우리는 그분께 훈련받고 엄하게 훈육받을 필요가 있다. 영국의 차기 왕이 될 그 왕자는 매일 끊임없이 엄격한 훈련과 훈육을 받는다. 이러한 훈련은 그가 왕이 될 자격을 갖추게 하려는 것이다. 그는 왕처럼 보고, 왕처럼 말하며, 왕처럼 처신하도록 교육을 받고 있다. 여러분 자신은 어떠한가? 오늘날 여러분은 한담하고 투덜거리며 몹시 느슨하다. 여러분은 왕으로서 다스릴 준비가 되었는가? 왕이 될 자격이 갖추어져 있는가? 이로써 우리는 단지 믿는 이가 되는 것만으로는 이기는 이가 되어 그리스도와 함께 다스리고 통치하기에 충분하지 않음을 볼 수 있다. 우리는 주님께 훈련과 훈육을 받아야 한다. 그러지 않으면 우리가 어떻게 다섯 도시 혹은 열 도시를 다스릴 수 있겠는가(눅 19:17, 19)?

사데

사데에 있는 교회는 종교 개혁의 교회를 예표한다. 어떤 의미에서, 개혁된 교회의 개신교인들은 로마 가톨릭교인들보다 훨씬 낫다. 그러나 주님은 그들이 개혁되고 소생했을지라도 여전히 매우 약하다고 말씀하신다. 요한계시록 3장 1절에서 주님은 사데가 살아 있다는 이름은 가지고 있으나 사실 죽어 있다고 말씀하셨다. 2절에서 그분은 그들이 깨어 있어야 하고, 아직 남아 있기는 하지만 죽어 가고 있는 것들을 견고하게 해야 한다고 말씀하셨다. 개신교 교회들의 두드러진 특성은 그들에게 생명이 부족하다는 것이다. 많은 것들이 옳을 수 있지만 생명이 거의 없다. 근본주의 기독교에서는 거의 모든 것이, 곧 기도와 성경 읽기와 복음 전파 등이 약하고 죽어 가고 있다. 사실 그들은 영향력이 거의 없다. 그러나 주님은 "사데에는 자기 옷을 더럽히지 않은 몇몇 사람이 있다. 그들은 자격이 있기 때문에, 흰옷을 입고 나와 함께 행할 것이다."(4절)라고 말씀하셨다. 더럽혀진 옷은 죽음이 있는 것 또는 생명의 부재를 나타낸다. 그러한 상태에서 이기는 것은 자기 자신을 죽음에서 지키는 것이다.

이것은 우리가 살아 있고 강해야 하며, 또 영향력이 있어야 한다는 것을 의미한다. 우리는 일어나서 간증을 나눌 때에 죽은 방식으로 해서는 안 된다. 오히려 우리는 강화되고 해방된 우리의 영으로 말해야 한다. 우리는 개신교 안의 죽어 있는 상태를 이겨야 한다. 우리는 온갖 종류의 죽음을 이겨야 한다. 우리는 죽음의 자국이 전혀 없는 흰옷을 입어야 한다. 이것이 우리의 상태라면, 우리의 이름이 생명책에서 지워지지 않을 것이다(계 3:5). 어떤 사람의 이름이 생명책에서 지워진다는 것은 그가 잃어버린 바 되는 것을 의미하지 않는다. 그것은 보상이나 징벌의 문제와 관련이 있다. 성경을 이해하기 위해서는 항상 기본적인 원칙들을 지켜야 한다. 구원에 관한 원칙은 그것이 영원하다는 것이다. 우리가 일단 구원받으면 영원히 구원받는다. 우리는 결코 잃어버린 바 될 수 없다. 그러므로 생명책에서 우리의 이름이 지워진다는 것은 구원을 잃어버리는 것과 관련되지 않고, 주님에게서 받는 보상을 잃어버리는 것과 관련된다. 우리가 온갖 죽어 있는 상태를 이기지 못한다면, 우리는 손실을 입을 것이다.

빌라델비아

주 예수님은 빌라델비아를 어떤 것에 대해서도 책망하지 않으셨다. 오히려 그분은 그들이 그분의 말씀을 지켰고, 그분의 이름을 부인하지 않았기 때문에 온 땅에 닥쳐올 시련의 때를 면하게 해 주겠다고 말씀하셨다. 이것은 대환난이 오기 전에 그분께서 그들을 데려가시겠다는 뜻이다. 더욱이 그분은 그들을 하나님의 성전에 기둥이 되게 하실 것이다. 2장에는 흰 돌이 있고, 3장에는 성전에 건축된 기둥이 있다. 모든 이기는 이들은 하나님의 성전의 건축을 위하며, 이것은 왕국을 위한다.

라오디게아

라오디게아는 빌라델비아에 있는 교회가 타락하고 하락한 것이다. 그들은 매우 교만해서 자신들이 모든 것을 갖고 있고, 모든 것을 알며, 모든 것을 보았다고 생각한다. 그러나 주님의 눈에는 그들이 가난하며 벌거벗었다. 그러므로 주님은 금을 사고, 안약을 사서 눈에 발라 보도록 하라고 그들에게 권면하셨다(계 3:18). 그들은 자신의 교만을 회개하고 자신을 주님께 열어 드려서, 주님께서 안으로 들어오실 수 있도록 해야 한다. 결국 그들 가운데 이기는 이들은 천 년 동안 주님과 함께 먹고 주님의 보좌에 그분과 함께 앉을 것이다.

왕국을 위해 성장함

이 일곱 서신으로부터 우리는 우리가 보상을 받을지 아니면 손실을 입을지는 왕국과 관련되어 있음을 볼 수 있다. 우리가 왕국의 출현을 위해 싸우고 자라며 계속해서 나아가게 하기 위해 이것들이 계시되었다. 우리는 오늘날 왕국의 출현을 위해 자라고 있다. 주님께서 돌아오시는 것도 왕국의 출현과 관련된다. 우리가 주님의 오심이나 그것과 관련된 예언들에 대해 많이 말할지라도, 만일 우리가 자라지 않는다면 그분은 돌아오실 수 없다. 우리는 성숙에 이르도록 싸워야 한다. 요한계시록 12장에 의하면, 자라고 싸움으로써 사내아이가 출산될 것이고, 이기는 이들에 의해 비난자가 내던져졌기 때문에 주님의 왕국이 나타났다는 선포가 있을 것이다. 오늘날 주 예수님은 이기는 이들을 부르고 계시며 우리의 협력을 기다리고 계신다. 우리 모두는 이렇게 말씀드려야 한다. "주 예수님, 저는 주님의 부름에 응답합니다. 주 예수님, 저는 당신을 사랑할 것입니다. 저는 죽기까지 충성할 것이고, 큰 나무의 어느 부분에도 결코 참여하지 않겠습니다. 저는 로마 가톨릭교 안에 있는 모든 누룩과 오늘날 개신교의 모든 죽어 있음을 이기겠습니다. 저는 당신의 살아 있는 말씀을 지킬 것이며, 당신의 귀한 이름을 시인하겠습니다. 저는 영적인 교만에서 제 자신을 지키겠습니다. 주님, 제가 당신과 함께 계속해서 먹게 하시고, 당신께서 저와 함께 계속해서 먹어 주십시오." 우리가 자란다면 이길 것이고, 왕국의 출현을 이끌어 올 것이다. 왕국의 출현은 뜻하지 않게 오는 것이 아니라, 우리의 성장에 의해 점차적으로 올 것이다. 할렐루야! 오늘날 우리는 요한계시록에 있는 왕국의 출현의 수확에 이르는 노정에 있다.

47
왕국의 여러 방면들
Different Aspects of the Kingdom

제47장
왕국의 여러 방면들

성경: 마 3:2, 12:28, 11:11-12, 19:23-24, 21:43, 13:41, 43, 16:28, 막 9:1, 엡 5:5, 삼하 7:13, 눅 1:32-33, 행 15:16, 1:6, 마 25:34, 눅 19:12, 15상, 단 7:13-14, 2:44, 계 11:15, 고전 15:24-26

신약에는 왕국에 관한 세 권의 주된 책이 있다. 곧 마태복음과 히브리서와 요한계시록이다. 히브리서는 왕국으로 시작해서 왕국으로 끝난다. 히브리서 1장 8절은 "아들에 관해서는 '오, 하나님! 왕의 보좌는 영원무궁하며, 왕의 왕국의 지휘봉은 올곧은 지휘봉입니다."라고 말한다. 그런 다음 12장 28절은 "그러므로 우리가 흔들리지 않는 왕국을 받았으니"라고 말한다. 요한계시록도 왕국으로 시작한다. "여러분의 형제이며 예수님 안에서 환난과 왕국과 인내에 참여한 사람인 나 요한은"(계 1:9). 요한계시록은 왕국의 실재 안에 있는 교회와 함께 계속되고, 출현한 왕국과 함께 끝맺는다.

요한계시록의 마지막 장들에 계시되어 있는 왕국은 그리스도에 대한 누림의 완결이다. 우리는 바로 이 책에서 우리의 생명 공급이신 그리스도를 먹어야 함을 듣는다. 그분은 생명나무이시고 생수이시다. 2장에서 그분은 감추어진 만나이시고, 3장에서 그분은 잔치이시다. 요한계시록의 마지막 부분에는 부름이 있다. "그 영과 신부께서 말씀하십니다. '오십시오! 이 말씀을 듣는 사람도 '오십시오!'라고 말하십시오. 목마른 사람은 오십시오. 원하는 사람은 다 생명수를 거저 받아 마시십시오.' "(22:17) 우리가 어떻게 왕국을 깨달을 수 있고 체험할 수 있는가? 그것은 왕국에 관한 교리들을 배움으로써가 아니라, 그리스도를 먹고 마심으로써이다. 결국 그리스도를 먹고 마시는 것은 왕국으로 완결될 것이다. 왕국이 바로 그리스도의 확대인 것은 이러한 이유에서이다. 그리스도는 하룻밤 사이에 '버섯이 자라듯이' 확대되지 않으실 것이다. 그리스도의 확대는 매일매일 먹음에 의해 있게 된다. 우리는 그분을 날마다 조금씩 먹는다. 그분을 먹고 마실수록 그분은 우리 안에서 더욱더 확장되신다. 그분께서 우리 안에서 확장되실수록 왕국은 더욱더 나타난다. 많은 그리스도인들이 왕국을 단지 일종의 시대나 영역으로 생각한다. 그러나 우리는 왕국의 생명 방면을 보아야 한다. 다니엘서 2장의 돌을 기억하라. 그것은 사람의 손을 대지 않고 떠 내어졌지만 결국 큰 산이 된다. 한 조각의 돌이신 그리스도께서 큰 산이 되실 것이다. 또한 왕국의 씨이신 그리스도께서 왕국의 수확이 되실 것이다. 우리가 그리스도를 왕국으로 깨닫는 길은 그분을 생명나무와 생명수로 먹고 마시는 것이다. 이 두 항목, 즉 생명나무와 생명수는 영원토록 우리의 몫이 될 것이다.

무엇이 교회생활인가? 교회생활은 다른 것이 아니라 온종일 그리스도를 먹고 마시는 생활이다. 그것은 교리나 규정이나 형식에 속한 생활이 아니다. 교회생활은 그리스도를 매일 먹는 생활이다. 여러분은 오늘 그리스도를 먹었는가? 요한계시록은 왕국을 보여 주되, 그리스도를 누리는 것의 최종 완결 상태에 이른 왕국을 보여 준다.

우리는 앞의 모든 장에서 왕국의 생명 방면을 주로 보았다. 이제 우리는 교리적인 방면을 보아야 한다. 균형을 잡기 위해서는 우리에게 생명뿐 아니라 교리도 필요하다. 서두에 제시된 참고 절들은 열 가지 종류의 왕국들을 보여 준다. 첫 번째는 천국이다. 마태복음 3장 2절은 "회개하십시오. 천국이 가까이 왔습니다."라고 말한다.

마태복음 12장 28절에서 주 예수님은 "그러나 내가 하나님의 영에 의해 귀신들을 쫓아낸다면, 하나님의 왕국이 이미 여러분에게 와 있는 것입니다."라고 말씀하셨다. 이것은 천국이 아니라 하나님의 왕국이다. 마태복음 19장 23절과 24절은 이 두 종류의 왕국을 모두 언급한다. "그러자 예수님께서 제자들에게 말씀하셨다. '내가 진실로 여러분에게 말합니다. 부자가 천국에 들어가는 것은 참으로 어렵습니다. 다시 여러분에게 말합니다. 낙타가 바늘귀를 통과하는 것이 부자가 하나님의 왕국에 들어가는 것보다 쉽습니다.' " 마태복음 21장 43절도 하나님의 왕국을 언급한다. "그러므로 내가 여러분에게 말합니다. 여러분은 하나님의 왕국을 빼앗길 것이고, 그 왕국의 열매를 맺는 백성은 받을 것입니다." 이 절들을 읽어 봄으로써 우리는 하나님의 왕국이 이미 그곳에 있었지만, 천국은 아직 오지 않았음을 알 수 있다.

마태복음 13장 41절은 사람의 아들의 왕국을 말한다. "사람의 아들이 자기의 천사들을 보내어, 실족하게 하는 모든 것과 불법을 행하는 자들을 그의 왕국에서 모아다가". 사람의 아들의 왕국은 성경에 언급된 세 번째 종류의 왕국이다.

마태복음 13장 43절에는 아버지의 왕국이 있다. "그때에 의인들은 그들의 아버지의 왕국에서 해처럼 빛날 것입니다. 들을 귀가 있는 사람은 들으십시오."

에베소서 5장 5절은 그리스도와 하나님의 왕국을 언급한다. "여러분도 이것을 깨닫고 알겠지만, 음행하는 사람이나 더러운 사람이나 탐욕을 부리는 사람, 곧 우상숭배자는 누구든지 그리스도와 하나님의 왕국에서 상속받을 것이 없습니다." 그리스도와 하나님의 왕국은 다섯 번째 왕국이다.

사무엘기하 7장 13절은 그리스도에 관한 약속 또는 예언이다. “그가 나의 이름을 위하여 집을 건축할 것이고, 나는 그의 왕국의 보좌를 영원토록 견고하게 할 것이다.” 그리스도는 하나님의 집을 건축할 다윗의 자손이시고, 하나님은 영원토록 그분의 왕국과 함께 그분의 보좌를 세우실 것이다. 이것이 다윗의 자손의 왕국 또는 다윗의 왕국이다. 다윗의 자손의 왕국은 누가복음 1장 32절과 33절에도 언급되어 있다. “그분은 위대하신 분이 되실 것이고, 가장 높으신 분의 아들이라 불리실 것이며, 주 하나님께서 그분께 조상 다윗의 보좌를 주실 것이니, 그분께서 야곱의 집을 영원히 다스리실 것이며, 그분의 왕국이 무궁할 것입니다.” 주 예수님께서 태어나시기 전에 천사는 그분의 어머니에게 그녀의 아들이 다윗의 보좌를 계승할 사람이라고 말했다. 이것이 다윗의 왕국 또는 다윗의 자손의 왕국이다. 사도행전 15장 16절은 “이 일이 있은 후에 내가 다시 돌아와 다윗의 무너진 장막을 다시 건축할 것이고, 그 허물어진 것을 다시 건축하여 바로 세울 것이다.”라고 말한다. 이 절은 다윗의 장막이 황폐하게 되었지만, 주님께서 다시 오셔서 그것을 복원하고 다시 건축하실 것임을 보여준다. 이것이 다윗의 왕국이다. 다윗의 자손의 왕국 또는 다윗의 장막은 성경에 언급된 여섯 번째 왕국이다.

일곱 번째 왕국은 사도행전 1장 6절에 언급되어 있다. “함께 모인 사람들이 예수님께 여쭈었다. ‘주님, 주님께서 이스라엘 왕국을 복원하실 때가 바로 이때입니까?’ ” 여기에는 이스라엘 왕국이 있다. 마태복음 25장 34절은 “그때 왕이 자기 오른편에 있는 사람들에게 말할 것입니다. ‘오시오, 내 아버지의 축복을 받는 사람들이여. 창세 때부터 여러분을 위하여 예비된 왕국을 상속받으시오.”라고 말한다. 여기에 창세‘전’이 아니라 창세 ‘때부터’ 예비된 왕국이 있다. 이것이 여덟 번째 종류의 왕국이다. 아홉 번째 왕국은 천년왕국이다(계 11:15, 20:4-6). 마지막으로 메시아의 왕국이 있다(단 7:14).

천국의 시작과 끝과 그 과정

천국은 두 기간으로 나누어진다. 즉 천국의 외형과 실재의 기간과 천국의 출현의 기간이다. 왕국의 외형과 실재는 교회로 시작하고 발전하며 끝난다. 천국의 출현은 천년왕국으로 시작하고 발전하며 끝난다. 마태복음 3장 2절과 4장 17절과 10장 7절은 우리에게 몇 가지 것들을 보여 준다. 먼저 그 절들은 천국이 시작되었음을 보여 준다. 천국은 정확한 때에 왔고, 오기 전까지는 가까이 있었을 뿐이다. 둘째, 침례자 요한이 오기 전에는 천국이 아직 오지 않았다. 셋째, 침례자 요한이 나와서 전파했을 때에도 천국이 아직 오지 않았고 다만 가까이 있었다. 넷째, 심지어 주 예수님께서 전파하기 시작하셨을 때에도 천국은 아직 오지 않았고 여전히 가까이 있었다. 다섯째, 주 예수님께서 열두 제자와 칠십 명의 제자를 보내시어 전파하게 하셨을 때에도 천국은 아직 오지 않았고 여전히 가까이 있었다. 마태복음 11장 11절은 "내가 진실로 여러분에게 말합니다. 여자에게서 태어난 사람들 중 침례자 요한보다 더 큰 사람이 일어난 적이 없습니다. 그러나 천국에서는 가장 작은 사람도 요한보다 큽니다."라고 말한다. 이 절은 구약 시대에는 천국이 아직 오지 않았다는 것을 입증한다. 천국은 침례자 요한의 때에도 오지 않았는데, 이것은 구약의 신언자들과 침례자 요한이 천국 안에 있는 사람들이 아니었기 때문이다. 마태복음 11장 12절에 의하면, 침례자 요한이 나와서 복음을 전한 때로부터 그가 투옥될 때까지도 천국은 아직 공식적으로 오지 않았다. 침례자 요한부터 천국이 공식적으로 이르기까지의 기간은 과도기였다. 그 과도기 동안에 천국이 아직 공식적으로 이르지 않았을지라도, 사람들은 정말로 원한다면 들어갈 수 있었다. 우리는 새 매장이 공식적으로 개점하기도 전에 매매를 하는 예를 들어 이것을 설명할 수 있다. 그 매장은 한동안 장사를 하고 나서 개점 축하식을 개최한다. 천국의 성대한 개점 축하식은 오순절 날에 있었지만, 베드로와 요한 같은 사람들은 그 이전에 천국에 들어갔다.

거의 모든 경우 마태복음은 '천국'이라는 용어를 사용했다. 그러나 마태복음 12장에서 주님은 '하나님의 왕국'이라는 용어를 사용하셨다. 주 예수님은 말씀하실 때 매우 신중하셨다. 그 장에서는 '천국' 대신 '왕국'이 사용되는데, 이것은 그 당시에 천국이 아직 공식적으로 오지 않았기 때문이다. 주 예수님은 귀신들을 내쫓으셨을 때 유대인들 앞에서 하나님의 권위를 나타내셨지만, 그것은 그들에게 천국이 아닌 하나님의 왕국이 온 것에 불과했다. 이것은 천국이 오기 전에 이미 하나님의 왕국이 존재했다는 것을 나타낸다.

이제 마태복음 21장 43절을 보자. "그러므로 내가 여러분에게 말합니다. 여러분은 하나님의 왕국을 빼앗길 것이고, 그 왕국의 열매를 맺는 백성은 받을 것입니다." 이 절은 천국이 아닌 하나님의 왕국이 그 당시에 유대인들 가운데 존재했었다는 것을 입증한다. 마태복음 22장 2절부터 4절까지에 있는 비유는, 주 예수님께서 죽으시고 부활하시고 구속을 성취하신 후 복음이 전파되던 때에 천국이 시작되었음을 보여 준다.

마태복음 13장의 씨를 뿌리는 사람의 비유에서 주 예수님은 "천국은 …과 같습니다."라고 하지 않으셨다. 주님께서 "천국은 …과 같습니다." 라고 말씀하신 것은 가라지의 비유에 이르러서였다. 이것은 천국의 외형과 실재가 가라지의 비유에서 다루어진 사건, 즉 오순절에 일어난 일들로부터 시작되었기 때문이다.

마태복음 16장 18절과 19절에서 주 예수님은 그분이 그분의 교회를 건축하시겠다고 말씀하신 후에, 또한 천국 열쇠들을 베드로에게 주시겠다고 말씀하셨다. 이것은 베드로가 천국 열쇠들을 사용하기 시작했을 때, 주님께서 교회를 건축하기 시작하셨다는 것을 보여 준다. 베드로가 천국 열쇠들을 사용해서 문을 열어 사람들로 하여금 믿고 천국에 들어가게 한 때는 오순절 날이었다. 따라서 오순절 날 교회가 시작된 것은 천국의 시작이기도 했다.

일단 교회가 시작되자, 교회 안에는 마태복음 5장부터 7장까지에 기록된 말씀과 같이 천국의 실재 안에 사는 이기는 믿는 이들이 있었다. 따라서 천국의 실재가 그때 시작되었다. 또 한편 일단 교회가 존재하게 되자 사탄은 거짓 그리스도인들인 가라지들을 참된 그리스도인들과 섞어 놓았다. 따라서 천국의 외형도 그때 시작되었다. 그러므로 천국의 실재와 외형이 오순절 이후 교회와 거의 동시에 시작되었다.

마태복음 18장 17절과 18절은 교회가 시작될 때, 베드로가 가졌던 천국의 권위를 나중에 교회도 갖게 되었음을 보여 준다. 정상적인 상태에서는 하늘에서 묶은 것을 묶고 하늘에서 푼 것을 푸는 천국의 권위가 교회에게 있다. 이것은 천국과 교회가 함께 진행됨을 입증한다. 교회가 있는 곳은 어디든지 교회 안에서 천국의 실재 안에 사는 이기는 믿는 이들도 있다. 동시에 섞여 들어와 천국의 외형을 산출하는 거짓 믿는 이들도 있다. 그러므로 천국의 실재와 외형은 교회와 함께 시작해서 교회와 함께 진행된다. 천국의 실재와 외형은 교회와 함께 진행되며 교회에게 달려 있다. 한편으로 천국의 실재는 교회 안에 감추어져 있고, 또 한편으로 천국의 외형은 교회의 주변에서 함께 진행된다. 주 예수님께서 돌아오셔서 교회 시대를 끝내실 때, 천국의 실재와 외형도 끝날 것이다. 그때 주 예수님은 천국의 외형, 즉 소위 기독교계를 불태우실 것이다. 동시에 천국의 실재는 천국의 출현이 될 것이다.

다니엘서 7장 13절과 14절은 이 시대 끝에 주 예수님께서 하나님께 왕국을 받아 땅으로 오셔서 그분의 왕국을 세우실 것임을 보여 준다. 다니엘서 2장 44절은 이 시대 끝에 주님께서 그분의 왕국을 세우시려고 땅의 민족들을 산산이 부서뜨리실 것임을 보여 준다. 요한계시록 11장 15절은 이 시대 끝에 주님께서 민족들을 산산이 부서뜨리신 후 세상 왕국이 우리 주님의 왕국이 될 것임을 계시한다.

천국의 출현은 그때 시작될 것이다. 그때로부터 주님과 이기는 믿는 이들은 천국의 출현 안에서 천 년 동안 함께 통치하고 땅을 다스릴 것이다(계 20:4, 6).

고린도전서 15장 24절부터 26절까지는 끝이 이르렀을 때, 즉 천년왕국 끝에 주님께서 사탄의 모든 능력을 없애 버리실 것임을 우리에게 말해준다. 그분께서 없애 버리실 마지막 원수는 죽음이다. 그 후 그분은 하나님께 받으신 왕국을 하나님께 넘겨드리실 것이다. 천년왕국이 끝날 때 천국의 출현도 끝날 것이다. 그때 이후로는 하나님의 영원한 왕국인 새 하늘과 새 땅이 있게 된다.

마치 천국의 실재와 외형이 교회와 함께 시작되어 진행되고 끝나게 되는 것과 마찬가지로, 천국의 출현도 천년왕국과 함께 시작되어 진행되고 끝나게 된다. 간단히 요약하면, 천국은 교회와 함께 시작되어 천년왕국과 함께 끝난다. 교회가 있기 전에 천국이 없었고, 천년왕국 이후에도 천국이 없을 것이다. 천국은 교회와 천년왕국의 두 시대 안에 포함되어 있고, 이 두 시대에 둘러싸여 있다. 이 두 시대의 시작은 천국의 시작이고, 이 두 시대의 진행은 천국의 진행이며, 이 두 시대의 끝은 천국의 끝이다.

천국과 하나님의 왕국의 차이

이제 우리는 이런 종류의 왕국들 사이의 차이점을 고려해 보아야 한다. 첫째, 천국과 하나님의 왕국의 차이가 있다. 이 둘은 구별은 되지만 분리될 수는 없다. 예를 들어, 우리는 몸에서 손을 구별할 수 있지만 그것들을 분리할 수는 없다. 몸이 전체인 반면에 손은 전체 몸의 일부분이다. 둘이 구별될 수는 있지만 분리될 수는 없다. 마찬가지로, 하나님의 왕국이 전체인 반면에 천국은 전체에 속한 한 부분이다. 그것들은 구별될 수 있지만 분리될 수는 없다.

하나님의 왕국은 하나님의 다스림이다. 그것은 하나님의 다스림이기 때문에, 하나님의 존재하심에 뒤따른다. 하나님의 존재하심은 시작도 끝도 없이 영원부터 영원에 이른다. 그러므로 하나님의 다스림, 즉 하나님의 왕국도 시작도 끝도 없이 영원부터 영원에 이른다. 성경은 하나님의 왕국이 이쪽 끝에서 저쪽 끝까지 걸쳐 있음을 우리에게 보여 준다. 그것은 창세전 시작이 없는 영원, 동산의 아담, 선택된 조상들, 구약의 이스라엘 나라, 오늘날의 교회, 장래의 천년왕국과 천국, 그리고 영원하며 끝이 없는 새 하늘과 새 땅에 걸쳐 있다. 이 여섯 항목 모두가 하나님의 왕국에 포함되며 하나님의 왕국의 일부분들이다.(35장의 도표를 참조하라.)

다니엘서 7장 13절과 14절은 주 예수님께서 두 번째 오실 때 가져오실 왕국이 하나님께서 이 땅 위에 세우실 영원한 왕국이고(단 2:44), 항상 계신 이에게서 받은 왕국이며(눅 19:12, 15), 항상 계신 이 곧 하나님께 속한 왕국임을 보여 준다. 이것은 주 예수님께서 이 땅 위에 세우실 왕국이 하나님의 왕국일 뿐 아니라, 그 왕국이 옛적부터, 곧 영원부터 있다는 것을 입증한다.

마태복음 3장 2절과 4장 17절과 10장 7절은 침례자 요한과 주 예수님과 제자들이 나와서 복음을 전했을 때, 천국이 아직 오지 않았고 다만 가까이 왔었다는 것을 보여 준다. 마태복음 21장 43절은 천국이 오기 전에 하나님의 왕국이 이스라엘 사람들 가운데 이미 있었다는 것을 보여 준다. 그러나 그들은 합당한 열매를 맺지 못했기 때문에 하나님의 왕국을 빼앗겼고, 열매를 맺을 백성 곧 교회는 받았다. 따라서 오늘날 하나님의 왕국은 교회이다. 이것은 구약의 이스라엘 나라와 신약의 교회 모두 하나님의 왕국이며, 하나님의 왕국의 일부분들임을 증명한다.

이제 누가복음 13장 28절과 29절을 보기로 하자. "아브라함과 이삭과 야곱과 모든 신언자는 하나님의 왕국 안에 있는데, 여러분만 밖으로 쫓겨나 있는 것을 여러분이 보게 될 때에 거기서 슬피 울며 이를 갈게 될 것입니다. 사람들이 동쪽과 서쪽에서 오고 남쪽과 북쪽에서 와서, 하나님의 왕국에서 잔칫상에 앉을 것입니다." 이 절들은 장차 있을 천년왕국도 하나님의 왕국의 일부임을 입증한다. 하나님의 왕국에서 잔칫상에 앉을 사람들에 관해 여기에 언급된 것은 천년왕국과 관련된다. 그것이 천년왕국 안에서 이루어지는 일인데도 말씀은 '하나님의 왕국 안에서'라고 말한다. 이것은 천년왕국이 하나님의 왕국의 일부이기 때문이다.

에베소서 5장 5절과 요한계시록 11장 15절은 장래의 천국도 하나님의 왕국의 일부임을 계시한다. 이 절들은 또한 그리스도와 하나님의 왕국, 우리 주님과 그분의 그리스도의 왕국을 말한다. 두 경우 모두 원문에서 '왕국'이 단수형이며, 이것은 그리스도와 하나님의 왕국과 우리 주님과 그분의 그리스도의 왕국이 두 왕국들이 아니라 한 왕국임을 보여 준다. 이 왕국은 장차 있을 천국이고, 또한 베드로후서 1장 11절에 언급된 그리스도의 영원한 왕국이기도 하다. 장차 있을 이 천국은 왕이신 그리스도의 다스림이다. 따라서 그것은 그리스도의 왕국이다. 동시에 그것은 하나님의 다스림이기 때문에 하나님의 왕국이기도 하다.

고린도전서 15장 24절은 끝에, 즉 천년왕국 끝에 그리스도께서 사탄의 모든 능력을 없애 버리실 때, 왕국을 하나님께 넘겨드리실 것이라고 말한다. 이것은 천년왕국 이후 새 하늘과 새 땅의 시대에도 하나님의 왕국이 여전히 존재할 것임을 증명한다. 그러므로 장차 있을 새 하늘과 새 땅도 하나님의 왕국의 일부이다.

그러므로 성경에 의하면, 하나님의 왕국은 시작도 끝도 없이 영원부터 영원에 이른다. 그것은 범위가 매우 넓다. 시작과 끝이 있는 천국은 하나님의 왕국의 일부이지만 그 범위는 보다 좁다. 천국이 시작되기 전에 이미 하나님의 왕국이 있었다. 천국이 끝난 후에도 하나님의 왕국은 영원토록 계속해서 존재할 것이다. 천국의 기간 동안은 천국이 하나님의 왕국이다. 그러므로 때때로 천국은 하나님의 왕국이라 불리기도 한다.

마태복음 19장 23절과 24절은 천국이 하나님의 왕국임을 보여 준다. 누가복음 13장 18절부터 21절까지와 7장 28절과 13장 28절과 29절, 마태복음 13장 31절부터 33절까지와 11장 11절과 8장 11절을 비교해 보면, 역시 천국이 하나님의 왕국임이 증명된다. 천국은 하나님의 왕국의 일부이기 때문에 하나님의 왕국이라 불릴 수도 있다. 캘리포니아는 미국의 일부이기 때문에 미국이라 할 수도 있다. 예를 들어, 캘리포니아에 온 외국인 방문객은 미국에 온 것이기도 하다. 캘리포니아를 미국이라 할 수 있지만 미국을 캘리포니아라 할 수는 없다. 마찬가지로 천국을 하나님의 왕국이라 할 수 있지만, 하나님의 왕국을 천국이라 할 수는 없다. 이것은 하나님의 왕국은 천국을 포함하지만, 천국은 하나님의 왕국을 포함하지 못하기 때문이다.

하나님의 왕국은 영원부터 영원에 이르는 그분의 전반적인 다스림이다. 천국은 교회의 출현부터 천년왕국 끝까지에 이르는 하늘들의 다스림이다. 천국에 있는 사람은 누구든지 하나님의 왕국 안에 있다. 그러나 하나님의 왕국에 있는 사람 모두가 반드시 천국 안에 있는 것은 아닐 것이다. 구원받은 이들 모두가 하나님의 왕국 안에 있고, 모두가 하나님의 왕국 안에 들어가지만, 그들 모두가 천국에 들어가는 것은 아닐 것이다. 오직 이기는 믿는 이들만 천국의 실재에 참여하며 천국의 출현 안으로 들어갈 수 있을 것이다. 이것이 천국과 하나님의 왕국의 차이이다.

천국과 천년왕국의 차이

천년왕국은 그리스도께서 세상을 다스리시기 위해 왕으로서 다시 오신 후부터 새 하늘과 새 땅이 있기 전까지의 기간을 말한다(계 20:4-6). 그것은 두 부분, 즉 하늘에 속한 부분과 땅에 속한 부분으로 나누어진다. 땅에 속한 부분은 유대인들이 고대하고 있는 메시아의 왕국 혹은 마태복음 13장 41절에 언급된 사람의 아들의 왕국이다. 그것은 두 무리의 사람들로 이루어진다. 한 무리는 백성들이 되는 민족들(마태복음 25장의 양들)이며, 또 한 무리는 제사장들인 유대인들로서 이들은 수도인 땅의 예루살렘에서 민족들인 백성들을 인도하여 하나님을 섬기게 한다(슥 8:20-23, 14:16-17, 사 2:2-3, 렘 3:17).

하늘에 속한 부분은 천국의 출현 혹은 출현된 천국이다. 그것은 마태복음 13장 43절에 언급된 아버지의 왕국이기도 하다. 오늘날 천국의 실재 안에서 훈련받고 있는 모든 믿는 이들은 장래 천년왕국의 하늘에 속한 부분으로 들어가서 왕국의 영광과 기쁨을 누리며 천 년 동안 주님과 함께 왕들로서 민족들을 다스릴 것이다.

그러므로 천년왕국은 그리스도께서 왕으로서 세상을 다스리시는 기간인 반면에, 천국(천국의 출현을 말함)은 그리스도와 이기는 성도들이 왕들로서 세상을 다스리는 천년왕국의 하늘에 속한 부분이다(계 2:26-27, 20:4-6, 딤후 2:12, 눅 19:17, 19).

천국과 메시아의 왕국의 차이

구약에서 주님은 유대인들에게 기름부음 받으신 분, 즉 메시아(히브리어 '메시아'는 기름부음 받은 분을 의미함)가 와서 다윗의 보좌를 이어받아 유대 나라, 즉 이스라엘 나라를 복원하실 것이라고 약속하셨다. 우리는 이것을 창세기 49장 10절, 사무엘기하 7장 13절과 16절, 시편 2편 8절과 9절, 72편 1절부터 20절까지, 89편 4절, 110편 2절과 3절, 이사야서 9장 6절과 7절, 11장 1절부터 5절까지, 10절, 예레미야서 23장 5절과 6절, 30장 9절, 33장 14절부터 17절까지, 에스겔서 21장 27절, 34장 23절과 24절, 37장 24절과 28절, 다니엘서 2장 35절과 7장 14절, 호세아서 3장 5절, 아모스서 9장 11절과 12절, 스가랴서 3장 8절과 6장 12절과

13절, 9장 9절과 10절에서 볼 수 있다.

주 예수님께서 첫 번째로 오셨을 때, 유대인들은 메시아가 그분의 왕국을 복원하시기를 기대하고 있었다(눅 2:25, 3:15, 7:19, 요 1:41, 7:27, 41). 그러나 주님께서 메시아의 왕국을 복원하실 때는 그분께서 다시 오실 때일 것이다(마 23:39). 메시아이신 주님께서 복원하실 왕국, 즉 장차 복원될 이스라엘 왕국 혹은 메시아의 왕국(행 1:6)은 천년왕국의 땅에 속한 부분이다. 그것은 주님께서 다시 세우실 '다윗의 장막'(행 15:16)이고, 하나님께서 천년왕국 동안 땅에서 백성이 될 '양들'을 위해 창세 때부터 예비하신 왕국이다(마 25:32-34). 주님은 천년왕국 동안 '다윗의 보좌'에 앉으셔서 '야곱의 집을 다스리시며'(유대 백성, 눅 1:32-33), 땅의 민족들을 다스리실 것이다(시 2:8, 72:8, 단 7:14, 2:35).

따라서 천국은 메시아의 왕국과는 분명히 다르다. 메시아의 왕국은 천년왕국의 땅에 속한 부분이고, 천국 곧 천국의 출현은 천년왕국의 하늘에 속한 부분이다. 메시아의 왕국은 땅에 속하고 천국은 하늘에 속한다. 메시아의 왕국이 이르기 전에 천국, 즉 천국의 실재는 이미 이기는 믿는 이들에게 있다. 메시아의 왕국은 장차 복원될 유대 백성과 '양들'인 이방인들을 위한 것이다. 천국은 교회 안의 이기는 이들을 위한 것이다. 장차 있을 메시아의 왕국은 유대인들이 고대하는 것이고, 장래의 천국 즉 천국의 출현은 믿는 이들(이기는 이들)이 고대하는 것일 것이다. 메시아의 왕국에는 제사장들인 유대인들과 백성들인 이방인들이 있을 것이고, 장래의 천국에는 오직 왕들만 있고 백성들은 없다. 장래의 천국에서 왕들의 다스림을 받을 백성은 메시아의 왕국 안에 있게 될 이들이다. 그러므로 메시아의 왕국은 장래의 천국에 지배되며, 장래의 천국은 메시아의 왕국을 다스리는 권위이다. 교회 안의 이기는 이들은 천국에서 천 년 동안 그리스도와 함께 다스리면서, 메시아의 왕국 안에 있는 유대인들과 이방인들을 다스릴 것이다(계 20:4, 6, 마 19:28, 계 2:26).

하늘들과 천국의 차이

여기에 언급된 하늘들은 하나님과 주 예수님께서 거하시는 곳인 셋째 하늘을 가리킨다. 셋째 하늘은 오늘날 하나님과 주 예수님께서 계신 거처이다. 천국은 왕국, 곧 오늘날의 하늘들의 다스림이며, 거기에서 추구하는 믿는 이들은 하늘에 속한 권위에 복종하고 하늘에 속한 규율과 통제와 훈련을 받고 있다. 장래 천국은 천년왕국 기간 동안 하늘들의 다스림의 나타남이다. 그때 주 예수님과 이기는 성도들은 세상을 다스릴 것이다. 셋째 하늘은 하늘에 있고, 천국은 땅에 있다.

천국과 교회의 차이

교회는 물질적인 건물도, 장소도, 조직도, 교파도, 복음 단체도 아니다. 원어에서 '교회'는 '에클레시아'로서, 이것은 '부름받아 나온 회중'을 의미한다. 교회는 하나님께서 세상에서 불러내신 한 무리의 사람들이다. 한편으로 이 사람들의 총체는 그리스도의 몸(엡 1:23)이고, 또 한편으로는 하나님의 집(딤전 3:15)이다. '그리스도의 몸'은 교회가 그리스도와 맺는 관계와 그리스도에 대하여 갖는 기능 둘 다를 가리킨다. '하나님의 집'은 교회가 하나님과 맺는 관계와 하나님에 대하여 갖는 기능 둘 다를 가리킨다. 그리스도와 관련해서, 교회는 그리스도에게서 나왔으며 그분의 생명을 갖고 있다. 따라서 교회는 몸, 곧 그리스도의 충만으로서 그분의 연속과 연장과 확장이다. 교회는 언제 어디서나 그리스도를 표현하고 증언할 수 있다. 하나님과 관련해서, 교회는 하나님에게서 태어났으며 그분의 생명을 갖고 있다. 따라서 교회는 하나님의 집, 그분의 거처로서, 이 땅에서 그분이 안식하시고 그분의 갈망을 표현하시며 그분의 목적을 성취하시고 그분의 영광을 나타내실 수 있는 장소를 얻게 한다.

우리는 이 한 가지, 즉 교회가 기독교와 다르다는 것에 분명해야 한다. 세상 사람들의 눈에는 기독교가 곧 교회이다. 그러나 하나님의 눈과 하나님을 아는 사람들의 눈에는 기독교와 교회 사이에는 큰 차이가 있다. 기독교는 사람들이 세상에서 조직화한 것이고, 교회는 하나님께서 세상에서 구해 내신 것이다. 기독교는 종교적인 조직, 즉 천국의 외형이고, 교회는 살아 있는 유기체, 즉 그리스도의 몸이자 하나님의 영적인 거처이다.

기독교의 한 부분이 되려면 침례 의식(儀式)을 거치고 기독교에 입교하기만 하면 된다. 이것으로써 명목상 그리스도인이 될 수 있다. 교회에 참여하는 것에는 하나님에 대한 회개와 그리스도에 대한 믿음을 통한 거듭남이 요구되며, 이렇게 할 때 사람은 그리스도의 지체와 하나님의 자녀가 된다. 세상 사람들의 눈에 기독교 안에 있는 사람들은 곧 교회 안에 있다. 그러나 하나님의 눈에는 기독교 안에 있는 사람들 모두가 교회 안에 있는 것은 아닐 수 있다. 이것은 기독교 안에는 하나님에 대한 회개와 그리스도에 대한 믿음을 통해 거듭나지 않은 이들이 많이 있기 때문이다. 따라서 그들은 그리스도의 지체들도 아니고 하나님의 자녀들도 아니다.

교회는 그리스도의 몸이고 하나님의 집인 반면에, 천국은 하늘에 속한 왕국이다. '교회'는 믿는 이의 생명과 기능과 더불어 그가 얻는 위치와 축복을 가리킨다. '천국'은 오늘날 믿는 이의 생활과 책임과 더불어 장래 그가 얻을 권위와 영광을 가리킨다. 교회는 믿는 이가 받는 은혜이고, 천국은 믿는 이가 오늘날 받는 훈련과 장래에 받을 보상이다. 교회 안의 믿는 이는 그리스도를 생명으로 누리는 그리스도의 지체이고, 또한 하나님의 집에서 축복을 누리는 하나님의 자녀이다. 천국 안의 믿는 이는 오늘날 하늘의 백성으로서 하늘의 권위에 복종하며 하늘의 통제와 훈련을 받고, 장래에는 하늘에 속한 왕으로서 하늘의 권위를 행사하여 민족들을 다스리고 그리스도와 함께 하늘의 영광과 기쁨을 누릴 것이다. 어떤 사람에게 하나님의 생명이 있는 한, 그는 교회 안에 있다. 그러나 그가 천국 안에 있으려면 하늘에 속한 생활을 가져야 한다. 구원받은 모든 이들이 교회 안에 있지만, 구원받은 이들 모두가 다 천국 안에 있는 것은 아니다. 이것은 구원받은 모든 이들이 오늘날 천국의 실재 안에 살면서 왕국의 훈련을 받는 것은 아니기 때문이다. 그는 장래에 보상을 받도록 천국의 출현 안에도 있지 않을 것이다. 현재 하늘의 권위에 복종하며 천국의 훈련을 받고 있는 이들만이, 오늘날 천국 안에 있고 결과적으로 천국의 출현 안에 들어가 왕들로서 다스릴 수 있을 것이다. 천국, 즉 천국의 실재와 출현에 참여하는 이들은 당연히 교회에 참여하지만, 교회에 참여하는 이들이라고 해서 반드시 천국에 참여하는 것은 아니다. 구원받은 사람은 교회에 참여할 뿐이지만, 구원받고 이기는 이는 교회와 천국 모두에 참여한다. 교회에 참여하려면 믿음을 통해 구원받기만 하면 되지만, 천국에 참여하려면 구원을 체험한 후에 이기기를 추구하고, 하늘의 권위에 복종하며, 하늘의 통제와 훈련을 받는 것이 더 요구된다.

천국과 하나님의 왕국과 교회의 비교

천국의 외형은 매우 넓은 범위에 걸쳐서, 참되든 거짓되든 그리스도인이라 불리는 모든 이들을 포함한다. 천국의 외형에 속한 모든 이들이 교회 안에 있는 것은 아닌데, 이것은 그들 모두가 구원받은 것은 아니기 때문이다. 그들 가운데서 구원받은 이들만이 교회 안에 있다. 그러므로 교회의 범위는 천국의 외형의 범위보다 더 좁다. 교회는 그리스도의 생명을 갖고 있는 참된 믿는 이들만을 포함한다.

교회 안에 있는 모든 사람은 또한 하나님의 왕국 안에 있는데, 이것은 교회 시대 동안 교회가 하나님의 왕국이기 때문이다. 교회 시대 동안 교회의 범위와 하나님의 왕국의 범위는 일치한다. 그러나 교회 안에 있는 이들 모두가 천국의 실재 안에 있는 것은 아닌데, 그것은 그들 모두가 이기는 이들인 것이 아니기 때문이다. 교회 안의 이기는 이들만이 천국의 실재 안에 있다. 따라서 천국의 실재의 범위는 교회의 범위와 하나님의 왕국의 범위보다 더 좁다. 거기에는 하늘에 속한 생활을 하며 이기는 믿는 이들만이 포함된다.

오늘날 천국의 실재 안에서 훈련받고 있는 이들이 장래에 천국의 출현 안에서 다스릴 이들이다. 그러므로 천국의 실재의 범위는 천국의 출현의 범위와 동일하다.

천국의 외형, 즉 기독교계는 이름뿐인 그리스도인들과 관련이 있다. 교회와 하나님의 왕국은 구원받은 이들과 관련이 있다. 천국의 실재와 천국의 출현은 이기는 이들과 관련이 있다. 이름뿐인 그리스도인은 천국의 외형, 즉 기독교계 안에 있을 뿐이다. 단지 구원만 받은 이는 교회와 하나님의 왕국 안에 있다. 구원받았고 이기기를 추구하며 하늘의 권위에 복종하고 하늘에 속한 훈련을 받고 있는 이들만이 오늘날 천국의 실재 안에 있고 장래에 천국의 출현 안으로 들어갈 수 있다.

하나님의 원래의 의도와 구원에 따르면, 이런 차이와 비교가 있어서는 안 된다. 하나님의 원래의 의도는 교회 시대 동안 천국과 하나님의 왕국과 교회를 그 범위에 있어서 일치시키는 것이었다. 교회는 하나님의 왕국이다. 하나님의 왕국은 천국이다(마 16:18-19). 교회 안에 있는 이들은 하나님의 왕국 안에 있는 이들이고, 하나님의 왕국 안에 있는 이들은 천국 안에 있는 이들이기도 하다. 셋의 범위가 동일하지만 그 정의는 서로 다르다. 교회는 믿는 이들의 위치를 가리킨다. 그들은 세상에서 부름받아 나와 세상 밖에 서 있다. '교회'는 헬라어로 '에클레시아'인데, 이 말은 '부름받아 나온 회중'을 의미한다. '하나님의 왕국'은 믿는 이들의 생명을 가리키는데, 이 생명은 하나님께 속하며 하나님의 영역 안에서 살 수 있다. 하나님의 왕국 안에 있는 모든 이들은 하나님에게서 났다(요 3:3, 5). '천국'은 하늘에 속한 다스림에 복종하고 하늘에 속한 훈련을 받고 있는 믿는 이들의 생활을 나타낸다. 천국은 하늘들의 다스림이다. 하나님의 의도에 의하면, 이 세 용어의 정의는 서로 다를 수 있지만 그것들의 범위는 절대적으로 같아야 한다. 교회 안에 있는 이들은 모두 하나님의 왕국 안에 있어야 하고, 하나님의 왕국 안에 있는 이들은 모두 천국 안에 있어야만 한다. 이것이 하나님의 의도이며, 하나님의 구원은 우리를 그러한 정도까지 구원한다.

그렇다면 왜 이 세 부분의 범위가 달라졌는가? 왜 천국의 외형의 범위가 교회와 하나님의 왕국의 범위보다 더 넓은가? 또 왜 천국의 실재의 범위는 교회와 하나님의 왕국의 범위보다 더 좁은가? 이러한 차이들은 사탄의 혼란시킴과 믿는 이들의 하락으로 인한 것이다. 사탄이 거짓 믿는 이들을 이끌어 들이지 않았다면, 또 참된 믿는 이들이 하락하지 않았다면, 천국과 하나님의 왕국과 교회의 범위는 동일했을 것이다.

천국의 외형은 교회와 하나님의 왕국보다 범위가 더 넓은데, 이것은 사탄이 많은 가라지들인 거짓 믿는 이들을 기독교 안으로 넣었기 때문이다. 이들 거짓 믿는 이들은 겉보기에 세상 사람들과 다르지만 실제로는 그렇지 않다. 그들은 어떤 변화도 없이 여전히 세상에 속한 사람들이다. 그들은 그저 외적으로 그리스도인이라는 칭호를 취했을 뿐이다. 외관상 그들은 교회 안에 있지만 실제로는 교회 밖에 있다. 교회는 세상에 속한 사람들과 다른 것 못지않게 그들과도 다르다. 이들 거짓된 이들이 기독교에 가입했기 때문에, 기독교는 거대해졌고 교회와 하나님의 왕국보다 그 범위가 더 커졌다.

천국의 범위는 교회와 하나님의 왕국의 범위보다 더 좁은데, 이것은 교회 안에, 즉 하나님의 왕국 안에 있는 대단히 많은 수의 믿는 이들이 하락하여 천국의 표준에 이르지 못했기 때문이다. 구원받은 믿는 이들 모두가 교회 안에 또 하나님의 왕국 안에 있을지라도, 많은 이들이 천국의 실재에서 떨어져 나갔다. 패배한 믿는 이들과 천국의 실재 안에 있는 믿는 이들이 모두 교회와 하나님의 왕국 안에 있고 분리되지 않는다 해도, 패배한 이들은 교회의 하늘에 속한 위치를 상실했고, 하나님의 왕국의 신성한 생명을 소홀히 했다. 하나님의 구원이 그들을 천국의 실재 안으로 구원하여 그처럼 높은 위치에 두었다. 그러나 그들은 천국의 다스림에 불복종하고 하늘에 속한 다스림과 훈련에 불순종하였기 때문에, 하나님의 구원에서 떨어져 나갔다. 교회의 하늘에 속한 위치는 천국의 실재만큼 높이 올려져 있다. 천국의 실재는 교회의 하늘에 속한 위치이다. 그들이 천국의 실재에서 떨어져 나갔다 해서 그들이 교회 안에 있는 사실이 번복되는 것은 아니다. 그러나 그것은 그들로 하여금 교회의 하늘에 속한 위치를 잃어버리게 할 수 있다. 그들이 여전히 하나님의 자녀일지라도, 그들은 하나님의 표준, 즉 천국의 실재에서 떨어져 나간 자녀들이다. 그들은 하늘에 속한 백성일지라도 하늘에 속한 백성으로 살지 않는다. 그들은 하늘에 속한 다스림에서 떨어져 나간 하늘에 속한 백성이다. 오, 오늘날 타락한 그리스도인들이 얼마나 많은지! 하나님의 구원에서, 하나님의 구원의 수준에서, 교회의 하늘에 속한 위치에서, 천국의 실재에서 떨어져 나간 믿는 이들을 도처에서 찾아 볼 수 있다. 구원받은 이들 가운데 하나님의 구원의 위치와 교회의 하늘에 속한 위치와 천국의 실재의 본성을 잃어버리지 않은 사람들은 얼마나 되는가? 아주 많은 그리스도인들이 이런 것들에서 떨어져 나갔다. 이렇게 해서 천국의 실재의 범위는 교회와 하나님의 왕국의 범위보다 더 좁아졌다.

주님께서 우리에게 은혜를 주셔서, 우리가 하나님의 원래의 의도에 맞는 그리스도인들이 되도록, 그분의 구원의 수준 위에 서 있거나 그 수준으로 되돌아올 수 있기를 바란다. 우리가 교회의 하늘에 속한 위치를 잃어버리거나 하나님의 왕국의 신성한 생명을 소홀히 하지 않고, 오늘날 천국의 실재 안에서 훈련받음으로 장래에 천국의 출현 안에서 그분과 함께 다스릴 수 있기를 바란다.

48

왕국의 다스림 아래 있는 생활

Life under the Ruling of the Kingdom

제48장

왕국의 다스림 아래 있는 생활

성경: 겔 28:11-19, 사 14:12-20, 계 12:3-4, 롬 14:17, 고전 3:9, 5:1-5, 6:6-7, 9-10, 3:13-15, 마 24:38-51, 25:1-30

왕국의 참된 의미는 무엇인가? 왕국은 다스림과 통치이며, 하나님의 왕국은 간단히 말해서 하나님의 다스림과 통치를 의미한다. 영원부터 영원까지 하나님은 왕이시며, 주권적이고 전능하신 온 우주의 통치자이시다. 영원부터 영원까지 온 우주는 하나님의 왕국이다. 에스겔서 28장 11절부터 19절까지와 이사야서 14장 12절부터 20절까지에 따르면, 천사장들 중 하나인 루시퍼가 하나님을 거슬러 반역했고, 상당수의 천사들이 그를 따라 반역에 가담했다(계 12:3-4). 사람이 창조된 후, 루시퍼 즉 사탄이 와서 사람을 꾀어 사람 역시 반역하게 만들었다. 이 두 반역, 곧 사탄과 그의 천사들의 반역과 사람의 반역 때문에 하나님의 다스림과 통치가 크게 훼방받고 시험받고 공격받았다. 땅은 하나님의 다스림과 통제 아래 있는 대신, 사탄과 타락한 사람의 다스림과 통제 아래 있게 되었다. 이것이 땅에 속한 왕국이다. 주 예수님께서 육체가 되심으로 땅에 오실 때까지,

거의 온 땅이 땅에 속한 왕국이었고 사탄과 사람에게 지배받았다. 주 예수님은 하나님의 왕국을 이 땅에 가져오는 하나님의 뜻을 수행하시기 위해 오셨다. 하나님의 의도는 땅이 하늘들의 지배를 받게 하는 것이다. 이러한 이유로, 그분은 그분의 왕국을 땅으로 이끄실 필요가 있다. 온 땅이 하늘에 속한 다스림과 통치 아래로 이끌려야 한다. 주 예수님은 땅을 천국의 지배 아래로 이끄시기 위해 오셨다.

침례자 요한이 “회개하십시오. 천국이 가까이 왔습니다.”(마 3:2)라고 외쳤던 것은 바로 이러한 이유에서이다. 사람들은 회개하고 하늘에 속한 다스림 아래로 와야 했다. 주 예수님께서 천국과 함께 오셨을 때, 그분은 유대 백성에게 거절당하셨다. 그래서 그분은 이방인들에게로 향하셔서 그들 가운데 그분의 교회를 세우셨다. 교회 안에서 그분은 모든 것을 하늘들의 지배와 통치 아래로 이끄셨다. 교회 안에는 하늘에 속한 다스림과 통치가 있고 천국의 실재가 있다. 그러나 교회 시대 기간 동안 천국, 곧 하늘에 속한 다스림은 공개적으로 나타나지 않는다. 오히려 그것은 매우 비밀스럽고 감추어진 방식의 하늘에 속한 다스림이다. 하늘에 속한 다스림의 실재는 아직 나타나지 않았을지라도 현존한다. 교회 안에서 그리스도인들 가운데 최소한 몇 명은 하늘들의 다스림 아래 있다. 그들에게 천국의 실재가 있다.

주 예수님께서 돌아오실 때, 그분은 온 세상을 정복하실 것이고 이 세상의 왕국들은 주님의 왕국이 될 것이다. 그때 천국은 공개적으로 나타날 것이다(계 11:15). 천국은 다스리는 능력이 될 것이고, 비밀스럽고 감추어진 방식으로가 아니라 드러나고 공개적인 방식으로 통치할 것이다. 지금은 천국이 교회 안에서 감추어지고 비밀한 방식으로 다스리지만, 그때에는 천국이 완전히 나타날 것이다. 천국은 바로 하늘에 속한 다스림과 통치를 의미한다. 여러분이 천국의 실재 안에 있다면, 여러분은 하늘들의 지배와 다스림 아래 있다.

주 예수님께서 천국을 교회가 되게 하셨을 때, 그분은 한 무리의 사람들을 세상에서 이끌어 내어 하늘에 속한 지배 아래 두셨다. 거듭남을 통해 모든 그리스도인들은 천국 안으로 인도되었다. 이것은 모든 그리스도인들이 거듭남으로 말미암아 하늘들의 지배 아래로 인도되었음을 의미한다. 이것은 놀라운 시작이지만, 거듭남을 통한 그런 좋은 시작을 가진 이후에 기꺼이 하늘들의 지배를 받고자 하는 이들은 많지 않다. 따라서 그들은 주님에 의해 거듭나고 구원받았지만 패배했다. 그들은 좋은 시작을 가졌지만 지속적으로 좋지는 않았다. 그들은 새로운 출생으로 왕국 안으로 인도되었지만, 기꺼이 하늘에 속한 다스림에 지배받고자 함으로써 실지적으로 왕국 안에 지속적으로 있지 못했다. 교회 안의 참된 믿는 이들은 거듭났고 하나님의 왕국 안으로 인도되었다. 그러나 이 참된 믿는 이들 가운데 많은 이들이 패배했다. 오직 소수만이 승리를 거두고 이기고 있다. 이기는 이들은 기꺼이 천국의 지배 아래 있고자 하는 이들이다. 그들은 마태복음 5장부터 7장까지에 있는 왕국의 실재에 관한 주님의 가르침에 따라 기꺼이 살고 행하며 일한다. 그들은 거룩하게 된다. 그들은 죄와 자아와 육체와 세상에 대해 승리를 거둔다. 그리고 그들은 변화되는 과정에 있다.

하늘들의 다스림 아래 있다는 것이 무슨 뜻인지를 여러분이 이해하는데 도움이 될 몇 가지 예를 들어 보겠다. 대학교에는 구원받지 못한 학생들이 많이 있다. 다른 학생들도 있는데, 그들은 거듭나고 구원받은 그리스도인들이기는 하나 승리하지 못하고 이기지 못하는 이들이다. 오히려 그들은 패배한다. 오직 소수의 그리스도인들만이 승리를 거두며 이긴다. 대부분의 학생들이 말썽을 피우기 때문에 그들은 학교의 통제를 받아야 한다. 그러나 만일 여러분이 천국의 다스림 아래 있는 그리스도인이라면, 학교의 통제가 필요하지 않을 것이다. 10시 30분까지는 소등을 해야 하는 규정이 있다면, 여러분의 경우 누군가가 와서 이 규정을 시행하는지

확인할 필요가 없을 것이다. 그러나 믿지 않는 이들과 패배한 그리스도인들은 등을 덮어씌우면서라도 새벽 2시까지 계속해서 공부할지도 모른다. 여러분이 천국의 다스림 아래 있다면, 그런 일을 했을 때 분명 회개하면서 학교 담당자에게 가서 용서를 빌고 전기 요금을 지불할 것이다. 여러분이 천국의 다스림 아래 있다면, 어떤 사람도 여러분을 통제할 필요가 없다. 우리를 통제할 경찰관이 필요하다면, 그것은 우리가 패배한 그리스도인들임을 의미한다. 우리는 하늘에 속한 다스림과 하늘에 속한 통제와 하늘에 속한 통치 아래 있는, 하늘에 속한 그런 이들이어야 한다. 우리에게 다른 어떤 종류의 통제가 필요하지 않을 것이다.

교양 있고 학식 있는 신사 숙녀들도 기회가 주어진다면 때로는 뭔가를 훔칠 것이다. 이것은 그들이 다만 이 땅의 통제 아래 있고 하늘들의 통제 아래 있지 않음을 의미한다. 만일 주요 도시에 경찰이 없어진다면 어떠한 혼란과 무질서가 초래되겠는가! 이것은 오늘날 사람들이 천국의 통제가 아닌 땅의 통제와 땅에 속한 통치 아래 있기 때문이다.

하늘에 속한 백성으로서 우리는 하늘에 속한 통제 아래, 즉 천국 아래 있어야 한다. 이것이 천국의 실재이다. 우리를 거듭나게 하신 하나님의 의도는 우리를 그분의 하늘에 속한 통제 아래로 이끄시는 것이다. 그러나 우리 중 많은 이들이 거듭난 후 기꺼이 하늘에 속한 다스림에 통제받으려고 하지 않는다. 우리는 교회 안에 있지만 천국의 실재 안에 있지는 않다.

천국은 영 안에서 가난하고, 마음이 순수하며, 온유하고, 그 의가 바리새인들의 의보다 더 뛰어나며, 하나님의 뜻을 행하는 사람들의 것이다. 누구든지 그렇게 사는 사람은 천국 안에 있고, 천국은 그들의 것이다. 말씀은 여러분의 것이 '될 것이다'라고 하지 않고, 여러분의 '것이다'라고 말한다. 우리의 마음이 순수하고, 우리가 영 안에서 가난할 때, 왕국은 우리의 것이다. 이것은 우리가 지금 왕국 안에 있으며, 우리가 지금 천국의 다스림 아래 있음을 의미한다.

왕국은 의와 화평과 기쁨임

로마서 14장 17절에서 사도 바울은 "왜냐하면 하나님의 왕국은 먹는 것과 마시는 것이 아니라 의와 화평, 그리고 성령 안에 있는 기쁨이기 때문입니다."라고 말한다. 우리 자신들에 대해서 우리는 의로워야 하고, 다른 사람들과는 화평을 유지해야 하며, 하나님 앞에서는 기쁨을 가져야 한다. 이 세 가지 중 어느 하나라도 부족하면, 그것은 우리가 틀렸음을 의미한다. 그것은 우리가 천국의 실재 안에 살고 있지 않음을 나타낸다. 여러 해 전에, 나는 모든 그리스도인들이 놀라운 이들이라고 생각했지만, 지금은 많은 그리스도인들이 매우 이기적임을 깨닫는다. 그들은 하늘들의 통제 아래 있지 않다. 그들은 자신에 대해 엄격하지 않아 의롭지 못하다. 그들은 다른 사람들과도 온전한 화평이 없다. 그들은 하나님 앞에서 또한 하나님에 대해 기쁨이 없다. 여러분이 하늘들의 통제 아래 있다면, 의에 따라 자신을 대할 것이고, 다른 사람들과 화평을 유지할 것이며, 하나님 앞에서 또 하나님에 대해 기뻐할 것이다. 이것이 하늘에 속한 다스림, 하늘에 속한 통치이고, 이것이 천국의 실재이다.

여러분이 교회의 거듭난 지체일지라도 하늘의 통제 아래 있지 않을 수 있다. 여러분이 교회 안에 있을지라도 천국의 실재 안에는 있지 않다. 여러분이 천국의 실재 안에 살고 있지 않은 패배한 그리스도인이라면, 주 예수님께서 돌아오실 때 여러분은 어디에 있겠는가? 과거에 어떤 사람들은 여러분이 지금 패배할지라도 주 예수님께서 다시 오실 때에는 이기고 승리한 이들과 동일하게 대해질 것이고, 천국의 출현 안으로 들어가 주님과 함께 왕이 될 것이라고 가르쳤다. 이것은 비논리적이다.

유업으로서의 왕국

고린도전서 5장의 경우를 숙고해 보라. 고린도에 있는 교회의 한 형제가 세상 사람들마저 유죄판결 할 죄를 범했다. 고린도전서 5장 1절과 5절을 보자. "실지로 여러분 가운데 음행이 있다는 말을 들었습니다. 어떤 사람이 계모를 데리고 살고 있다고 하는데, 그러한 음행은 이방인들 중에서도 없는 일입니다."(1절) "그런 사람을 사탄에게 넘겨주어, 그의 육체를 멸망하게 한 것은 그의 영이 주님의 날에 구원받도록 하기 위한 것입니다."(5절) 주 예수님께서 다시 오실 때 그런 죄 있는 사람은 잃어버린 바 되는가? 아니다! 5절은 "그의 영이 주님의 날에 구원받도록 하기 위한 것입니다."라고 말한다.

주 예수님께서 돌아오실 때 사도 바울은 틀림없이 천국의 출현 안으로 옮겨져 주 예수님과 함께 왕으로서 다스릴 것인데, 이것은 그가 이미 천국의 실재 가운데 살고 있었기 때문이다. 그러나 고린도의 그 죄 있는 형제는 어떤가? 여러분은 그가 천국의 실재 안에 살고 있었다고 생각하는가? 그는 고린도에 있는 교회 안에는 있었지만 천국의 실재 안에는 있지 않았다. 그렇게 패배하고 죄 있는 믿는 이인 그는 확실히 주님과 함께 다스리고 통치하도록 천국의 출현 안으로 옮겨지지 않을 것이다.

고린도전서 6장 6절과 7절도 읽어 보자. "형제가 형제를 고소할 뿐 아니라, 그것도 믿지 않는 사람들 앞에서 하고 있습니다. 여러분이 서로 소송을 제기한다는 것은 이미 여러분이 완전히 패배하였다는 것을 의미합니다. 왜 차라리 억울한 일을 당하려 하지 않습니까? 왜 차라리 속으려 하지 않습니까?" 음행에 빠진 형제와 서로를 속이는 이들에 대한 주님의 태도가 9절과 10절에 나와 있다. "불의한 사람들은 하나님의 왕국을 상속받지 못한다는 것을 여러분은 알지 못합니까? 미혹당하지 마십시오. 음행하는 사람들이나, 우상숭배자들이나, 간음하는 사람들이나, 남창이나, 동성연애를 하는 남자들이나, 도둑질하는 사람들이나, 탐욕이 많은 사람들이나, 술 취하는 사람들이나, 남을 욕하는 사람들이나, 약탈하는 사람들은 하나님의 왕국을 상속받지 못할 것입니다." 5장은 음행하는 사람도 여전히 구원받는다는 것을 보여 주지만, 6장은 그러한 사람은 하나님의 왕국을 상속받지 못한다는 것을 보여 준다. 말씀은 그가 하나님의 왕국 안에 들어갈 수 없다고 말하지 않고 하나님의 왕국을 상속받을 수 없다고 말한다. 하나님의 왕국에 들어가는 것과 하나님의 왕국을 상속받는 것 사이에는 큰 차이가 있다. 하나님의 왕국에 들어가려면 다만 새로운 출생이 필요하다(요 3:3, 5). 그러나 하나님의 왕국을 상속받으려면 지금 천국의 실재 안에서 살아야 한다.

언제 이기는 이들, 승리하는 이들이 하나님의 왕국을 상속받는가? 틀림없이 주 예수님께서 돌아오시는 그때일 것이다. 오늘날 왕국은 누림이 아닌 훈련이다. 오늘날 우리는 누리거나 상속받고 있지 않다. 오늘날 우리는 훈련받고 있다. 그러나 주 예수님께서 돌아오실 때 왕국은 우리에게 누림이 될 것이다. 그때 우리는 왕국을 누리고 주 예수님과 함께 다스리는 왕들이 될 것이다. 왕국은 우리에게 유업이 될 것이다. 왕국 안으로 구원받는 것과 하나님의 왕국을 상속받는 것은 별개의 문제이다.

손실을 입음

주 예수님께서 돌아오실 때, 사도 바울은 왕국의 출현을 상속받을 것이다. 그러나 고린도전서 5장의 그 죄 있는 형제는 어떤가? 그가 하나님의 왕국을 상속받겠는가? 아니다! 그에게 어떤 일이 발생하겠는가? 이에 대한 해답은 고린도전서 3장 13절부터 15절까지에서 발견된다. "그날에 각 사람의 일이 나타나게 될 것입니다. 그날이 그 일을 밝혀 줄 것입니다. 왜냐하면 그 일이 불로 말미암아 드러나게 되기 때문입니다. 이 불이 각 사람의 일이 어떠한 종류의 것인지를 검증해 줄 것입니다. 그 기초 위에 건축한 일이 남아 있는 사람은 보상을 받을 것이고, 그 일이 불타 버린 사람은 손실을 입게 될 것입니다. 그러나 그 사람 자신은 구원을 받지만, 불을 통과하여 받는 것과 같을 것입니다." 주 예수님께서 돌아오실 때, 불이 각 사람의 일을 점검할 것이다. 어떤 사람의 일이 남아 있으면 그는 구원이 아니라 보상을 받을 것이다. 이 절들은 우리 구원의 보장과 관련이 있는 것이 아니라, 주님께서 돌아오실 때 우리가 보상을 받느냐 아니면 손실을 입느냐와 관련이 있다. 15절은 "그 일이 불타 버린 사람은 손실을 입게 될 것입니다. 그러나 그 사람 자신은 구원을 받지만, 불을 통과하여 받는 것과 같을 것입니다."라고 말한다. 여러분이 일단 구원을 받으면 어떤 문제도 없을 것이라고 생각하지 말라. 구원받는 것과 보상을 받거나 손실을 입는 것은 별개의 문제이다. 여러분은 구원을 받았어도 손실을 입을 수 있다. 여러분이 손실을 입을지라도 여전히 구원은 받을 것이다. 우리가 일단 구원받으면, 결코 잃어버린 바 될 수 없다(요 10:28-29). 하지만 일단 구원받았다면 우리는 주님께 보상을 받거나 손실을 입을 수 있다.

왕국의 훈련

하나님은 두 가지 목적을 위해 천국을 사용하신다. 첫 번째는 그분의 자녀들을 훈련시키기 위해서이다. 두 번째는 그분의 자녀들에 대한 보상을 위해서이다. 오늘날 천국은 훈련이다. 우리는 은혜로 구원받았고, 모든 것이 은혜로 말미암는다고 말하지 말라. 물론 우리에게 은혜이신 그리스도께서 계시지만, 또한 훈련으로서의 왕국도 있다. 심지어 합당한 가정생활조차도 이 두 방면이 있다. 성경에는 분명히 누림과 은혜의 방면이 있지만, 훈련과 책임의 방면도 있다. 그리스도는 은혜이시고 왕국은 훈련이다. 주 예수님은 그분의 부활로 말미암아 우리를 거듭나게 하셨다(벧전 1:3). 그러나 이제 우리는 거듭났기 때문에 왕국 안에서 훈련을 받아야 한다. 우리는 단지 하나님의 가정 안에 있는 것이 아니다. 우리는 또한 하나님의 왕국 안에 있다. 가정은 은혜와 누림을 위한 곳이지만, 왕국은 훈련을 위한 곳이다. 많은 그리스도인들이 그저 하나님의 가족의 가정생활만을 누리며 왕국 생활의 훈련은 소홀히 여긴다. 하나님은 우리를 훈련시키시려고 천국을 사용하신다.

왕국의 보상

하나님은 또한 그분의 신실한 자녀들에게 주실 보상으로 천국을 사용하신다. 우리가 구원받은 후 자신을 합당히 훈련한다면, 우리는 천국의 출현을 보상으로 누릴 것이다. 오늘날 천국은 우리에게 훈련이지만 장래에는 누림이 될 것이다. 중요한 것은 우리가 천국을 상속받을 자격을 갖추느냐 갖추지 않느냐이다. 하나님은 매우 은혜로우시지만 또한 매우 지혜로우시다. 그분은 우리를 그분의 은혜로 구원하시지만 그분의 지혜에 있어서는 왕국에 의해 훈련받게 하시고, 우리에게 왕국으로 보상하실 것이다. 우리가 패배한다면, 그분은 돌아오실 때 분명 우리를 징벌하실 것이다. 우리는 천국의 출현을 우리의 유업으로 누리지 못할 것이다.

이제 마태복음 24장 37절부터 44절까지를 읽어 보자. "노아의 때와 같이, 사람의 아들이 오는 것도 그러할 것입니다. 왜냐하면 홍수가 나기 전에, 사람들은 노아가 방주 안으로 들어가던 날까지 먹고 마시고 장가가고 시집갔으며 홍수가 나서 모든 것을 휩쓸어 갈 때까지 심판이 오고 있는 것을 알지 못하였는데, 사람의 아들이 오는 것도 이와 같을 것이기 때문입니다. 그때에 두 남자가 밭에 있는데, 한 사람은 데려가고, 한 사람은 남겨 둡니다. 두 여자가 맷돌질을 하고 있는데, 한 사람은 데려가고, 한 사람은 남겨 둡니다. 그러므로 깨어 있도록 하십시오. 왜냐하면 여러분의 주님께서 어느 날에 오실지 알지 못하기 때문입니다. 그러나 여러분은 이것을 아십시오. 만일 집주인이 밤 어느 시각에 도둑이 오는지를 안다면,

깨어 있어 자기 집을 뚫고 들어오지 못하게 할 것입니다. 이러므로 여러분도 예비하고 있도록 하십시오. 왜냐하면 여러분이 생각하지도 않은 시각에 사람의 아들이 올 것이기 때문입니다." 이 절들은 주 예수님께서 돌아오실 때 방문객처럼 오시지 않고 도둑처럼 오셔서 여러분을 훔쳐 가시거나 아니면 여러분을 그곳에 남겨 두실 것임을 보여 준다. 도둑이 오면 항상 귀중한 것들만 훔쳐 간다. 여러분이 귀중한 사람이라면, 주님께서 돌아오실 때 여러분을 훔쳐 가실 것이다. 그러나 여러분이 패배한 믿는 이라면, 여러분은 주님께 그다지 귀하지 않기 때문에 주님은 여러분을 데려가지 않으실 것이다. 주님의 말씀은 이렇다. "이러므로 여러분도 예비하고 있도록 하십시오. 왜냐하면 여러분이 생각하지도 않은 시각에 사람의 아들이 올 것이기 때문입니다."

마태복음 24장 45절부터 51절까지도 읽어 보자. "신실하고 현명한 노예가 되어, 주인이 맡긴 집안 식구들에게 제때에 양식을 나눠 줄 사람이 누구입니까? 주인이 와서 노예가 그렇게 하고 있는 것을 본다면, 그 노예는 복이 있습니다. 내가 진실로 여러분에게 말합니다. 주인이 자기의 모든 소유를 그에게 맡길 것입니다. 그러나 그 악한 노예가 마음속으로 '나의 주인이 더디 오실 것이다.'라고 하며, 동료 노예들을 때리기 시작하고, 술꾼들과 어울려 먹고 마신다면, 예기치 않은 날, 알아채지 못하는 시각에 그 노예의 주인이 와서, 그를 엄하게 처벌하고 위선자들이 받을 벌을 내릴 것이니, 거기서 슬피 울며 이를 갈게 될 것입니다." 엄하게 처벌받은 노예가 믿지 않는 이를 가리킨다고 생각하지 말라. 그가 노예라는 사실은 그가 구원받았다는 것을 나타낸다. 여러분 자신의 상태를 고려해 보라. 여러분은 구원받았지만 주님의 신실한 노예인가? 여러분은 첫 번째 노예인가 아니면 두 번째 노예인가? 여러분이 첫 번째 노예라면, 주 예수님께서 돌아오실 때 그분의 모든 소유를 여러분에게 맡기실 것이다. 그러나 여러분이 두 번째 노예라면, 여러분은 이 다스림의 방면이 나타날 때 거기에서 제해질 뿐 아니라, 더 나아가 고통을 겪을 것이다. 여러분은 슬피 울며 이를 갈 것이다.

열 처녀의 비유

이 부분은 마태복음 25장 1절에서 계속된다. '그때에'는 25장이 24장의 연속임을 나타낸다. '그때에 천국은'이라는 구는 앞의 이야기도 천국과 관련됨을 나타낸다. 25장에서 천국은 등을 들고 신랑을 맞으러 나간 열 처녀에 비유되어 있다. 열 처녀 각자에게 등이 있었다는 것은 각자가 거듭났음을 나타낸다. 그러나 그들 중 다섯은 현명하였고 다섯은 어리석었다. 어리석은 처녀들은 등은 가져갔지만 그릇에 기름을 담아 가지 못했다. 그들의 등은 켜졌지만 그들에게는 여분의 기름이 없었다. 그러나 현명한 처녀들은 기름을 그릇에 담아서 등과 함께 가지고 갔다. 그들은 등에 기름이 있었고 그릇에도 여분의 기름이 있었다. 기름은 물론 하나님의 영을 예표한다. 하나님의 영은 우리의 거듭난 영 안에 계신다. 그러나 그 영의 이 몫 외에 우리는 또 다른 몫, 즉 그릇인 우리의 혼 안에 그 영의 충만이 있어야 한다. 우리는 거듭날 때 우리의 영 안에 받은 것에 더해 추가적으로 그 영의 몫을 갖는 것이 필요하다.

마태복음 25장 5절은 신랑이 더디 오는 동안 그들 모두가 졸다가 잠이 들었다고 말한다. 어리석은 다섯 처녀들만이 졸다가 잠이 든 것이 아니라 현명한 처녀들도 졸다가 잠이 들었다. 여기서의 잠은 죽음을 가리킨다(살전 4:15). 이것은 열 처녀 모두가 죽었음을 의미한다. 주님께서 이 여러 해 동안 지체하셨기 때문에, 이기는 이들을 포함하여 한 성도 한 성도 죽음을 맞이했다. 이것은 열 처녀가 살아 있는 성도들을 대표하지 않고 죽은 성도들을 대표함을 보여 준다. 교회를 상징하는 숫자는 10이 아니라 12인데, 그렇다면 남은 두 성도는 어디에 있는가? 그들은 앞 장에 포함되어 있다. 24장 40절과 41절에서 주님은 두 남자가 밭에 있거나 두 여자가 맷돌질하고 있음을 지적하셨다. 이 두 사람은 주 예수님께서 돌아오시는 그때까지 살아 있는 믿는 이들을 상징한다. 주님께서 돌아오실 때 대다수의 그리스도인들은 죽어 있을 것이다. 10은 12의 대다수이다. 이것은 성경에 있는 원칙이다. 구약 시대에 열 지파가 다윗의 집을 거슬러 반역했다. 오직 두 지파, 곧 유다 지파와 베냐민 지파만 남았다. 이것은 지파들 중 대다수가 반역했다는 것을 의미한다. 주 예수님께서 돌아오실 때 대다수의 그리스도인들은 죽어 있을 것이고, 소수만이 아직 살아남아 있을 것이다. 열 처녀는 죽은 성도들을 대표한다. 주님께서 더디 오심으로 말미암아 이들 모두가 졸다가 잠이 들 것이다. 데살로니가전서 4장 13절부터 15절까지에서 바울은 죽은 이들을 나타내는 데 '잠든'이라는 단어를 사용한다. 우리는 열 처녀가, 주님께서 돌아오시기 전에 죽었을 대다수의 그리스도인들을 나타낸다는 것을 보아야 한다. 어리석은 이들이 죽어 있을 뿐 아니라 현명한 이들도 죽어 있을 것이다.

한밤중에 "보십시오, 신랑입니다! 맞으러 나오십시오!"(마 25:6)라고 외치는 소리가 났다. 그때 모든 처녀들이 일어나 자기의 등을 손질하였다. 이것은 그들이 부활 안에서 일어났음을 의미한다. 죽은 성도들이 일어나 자기의 등을 손질하였다. 그때 어리석은 처녀들은 현명한 처녀들에게 기름을 구했다. 그들 자신의 등은 꺼져 가고 있었고, 그들의 그릇에는 기름이 없었다. 그들의 등이 꺼져 가고 있었는데, 이것은 등이 켜진 적이 있었다는 것을 의미하고 그들이 구원받았다는 것을 가리킨다. 심지어 어리석은 처녀들도 켜진 등이 있었지만, 그녀들은 장차 사용하기 위한 여분의 기름이 없었다. 어리석은 처녀들은 가서 자신을 위하여 기름을 사야 한다는 말을 들었다. 그들이 사러 간 사이에 신랑이 왔고, 예비되었던 처녀들은 신랑과 함께 결혼 잔치에 들어가고 문이 닫혔다. 나중에 어리석은 처녀들이 결혼 잔치에 몹시 들어가기를 갈망하면서 왔지만, 주님의 대답은 그분이 그들을 알지 못하신다는 것이었다. 어리석은 처녀들은 큰 손실을 입었다. 그들은 결혼 잔치에 들어갈 수 없었다.

주 예수님께서 돌아오실 때, 죽은 성도들 모두가 부활할 것이고, 예비된 이들은 결혼 잔치를 누릴 것이다. 달리 말해서, 그들은 주님의 경작지(고전 3:9)로서 성숙하고 익었기 때문에 어린양의 결혼 잔치에 들어갈 준비가 되어 있었다. 결혼 잔치는 바로 천년왕국의 천 년의 기간이다. 주 예수님의 결혼식은 길게 천 년이나 지속될 것이다. 여러분의 결혼식은 하루밖에 안 되지만, 주님의 결혼식은 천 년 동안 지속될 것이다. 주님께는 천 년이 하루 같다(벧후 3:8). 천 년은 주님께 결혼식이 될 것이고, 그날은 결혼 잔칫날이 될 것이다. 여러분이 예비된다면, 무르익었다면, 승리한다면, 주님은 여러분을 그 결혼 잔치 안으로 초대하실 것이다. 그 결혼 잔치는 또한 천국의 나타남이기도 하다.

주 예수님께서 돌아오시기 전에 여러분이 무르익거나 승리하지 않은 채 죽는다고 가정해 보자. 주님께서 돌아오실 때 여러분은 부활하게 될 것이고, 그분은 여러분에게 가서 기름을 사라고 말씀하실 것이다. 여러분은 천국의 출현을 누리도록 예비되어 있지 못할 것이다. 여러분은 결혼 잔치 안에 들어갈 준비가 되어 있지 않기 때문에, 대가를 치르고 어떤 손실을 입어야만 할 것이다. 왜 주님은 그들에게, 그들을 알지 못한다고 하셨는가? 마태복음 25장 12절에서 '안다'로 번역되어 있는 헬라어 단어는 로마서 7장 15절에서는 '인정하다'로 번역되어 있다. 마태복음 25장에서 이 단어를 '인정하다'로 번역한다면 이해하기가 쉬울 것이다. 그것은 "내가 결단코 여러분을 인정하지 않는다."라는 뜻이다. 그것은 주님께서 결단코 승인하지 않으셨음을 의미한다. 주님은 그들이 구원받은 후에 행한 일을 승인하지 않으셨다. 주님께서 그들을 알지 못한다고 하신 것은 그들을 인정하지 않으신다는 뜻이다. 그들은 많은 것을 행했지만, 그들에게 그렇게 하도록 허락한 이는 주님이 아니셨다. 그렇다면 어리석은 처녀들은 무엇을 해야 하는가? 그들은 대가를 지불하여 기름을 얻음으로 무르익고 성숙해야 한다.

어떤 사람이 주님을 믿는다고 가정해 보자. 그러나 그는 주님을 믿어 구원받은 후 주님을 추구하지도, 사랑하지도 않는다. 오히려 그는 마치 세상 사람처럼 산다. 이십 년이 지나서 그는 무르익지도 성숙하지도 않은 채 죽는다. 주 예수님은 다시 오실 때 분명히 그 사람을 다루실 것이다. 여러분은 그가 주님을 맞을 준비가 되어 있다고 생각하는가? 사도 바울은 준비되어 있지만 그 사람은 준비되어 있지 않다. 사도 바울은 성숙하고 무르익었지만 그는 그렇지 않았다. 원칙적으로 확실히 주님은 그 사람이 무르익고 성숙되도록 무언가를 하셔야만 한다. 원칙적으로 그는 대가를 지불하여 무르익어야 한다. 주님께서 우리에게 상세한 내용을 알려 주지는 않으시지만, 원칙적으로 패배한 그리스도인들은 천국의 출현을 누릴 준비가 되어 있지 못한 사람들임을 우리는 알 수 있다. 그들은 성숙하도록 무언가 값을 지불하고 어떤 손실을 입어야만 할 것이다.

달란트 비유

마태복음 25장에 있는 두 번째 비유인 달란트 비유도 동일한 원칙을 보여 준다. 모두가 노예들이지만 어떤 노예들은 천국의 출현 안에 들어가도록 허락되지 않는다. 22절부터 읽어 보기로 하자. "두 달란트 받은 사람도 나아와 '주인님, 나에게 두 달란트를 맡기셨는데, 보십시오, 내가 두 달란트를 더 벌었습니다.'라고 하자, 주인이 그에게 '잘하였다, 착하고 신실한 노예야. 네가 적은 일에 신실하였으니, 내가 많은 일을 너에게 맡길 것이다. 네 주인의 기쁨에 참여하여라.'라고 하였습니다. 그다음에 한 달란트 받은 사람도 나아와 '주인님, 주인님은 심지 않으신 데서 거두시고 키질하지 않으신 데서 모으시는, 마음이 굳은 분이신 줄 알았으므로, 두려워하며 물러가서, 주인님의 달란트를 땅에 감추어 두었습니다. 보십시오, 주인님의 것이 여기 그대로 있습니다.'라고 하자, 주인이 그에게 대답하였습니다. '악하고 게으른 노예야, 내가 심지 않은 데서 거두고, 키질하지 않은 데서 모으는 줄 알았으면, 너는 마땅히 내 돈을 돈 바꾸는 사람들에게 맡겼다가, 내가 돌아왔을 때, 본전과 이자를 되찾게 해야 했다. 그에게서 그 한 달란트를 빼앗아, 열 달란트를 가진 사람에게 주어라. 있는 사람마다 더 받아 넘치게 될 것이지만, 없는 사람은 가지고 있는 것마저도 빼앗길 것이다. 그 쓸모없는 노예를 바깥 어둠 속으로 내던져라. 거기서 슬피 울며 이를 갈게 될 것이다.' "(22-30절) 신실한 노예들은 주님의 기쁨에 초대되었지만, 게으른 노예들은 주님께 책망을 받고 슬피 울며 이를 가는 체험을 할 바깥 어둠 속으로 내던져졌다. 게으른 노예는 무르익고 성숙하도록 징벌을 받았다.

심각한 경고

천국은 주 예수님의 하늘에 속한 다스림, 하늘에 속한 통치이다. 우리는 거듭난 이후 이 다스림 아래에 있어야 한다. 이 다스림 아래에 있다면 우리는 승리하고 이기게 될 것이다. 우리는 천국의 실재 안에 있게 될 것이고, 천국의 출현 안에 들어가 주님과 함께 다스리고 통치할 것이다. 그러나 우리가 패배한 그리스도인이라면, 주 예수님께서 돌아오실 때 우리는 손실을 입을 것이고, 성숙하도록 징벌을 받을 것이다. 주님께서 돌아오실 때 우리는 왕국 안에 사는 훈련의 유무에 따라 보상을 받든지 징벌을 받든지 할 것이다. 우리의 훈련이 천국 안에 있는 합당한 것이라면, 주님께서 우리에게 왕국의 출현으로 보상하실 것이다. 우리가 천국 안에서 사는 훈련을 하지 않았다면, 주님은 우리에게 일종의 징벌을 가하실 것이다. 이것은 우리가 잃어버린 바 된다는 의미가 아니라, 우리를 무르익도록 돕는 어떤 손실을 입게 된다는 뜻이다. 우리는 주님의 자녀들이고, 그분의 농작물이며, 그분의 경작지이다(고전 3:9). 주님의 농작물로서 우리는 이 시대에든 다음 시대에든 결국은 성숙해야 한다. 우리가 이 시대에 기꺼이 무르익지 않는다면, 주님께서 다시 오실 때 그분은 우리를 다루실 것이고, 우리는 다음 시대 동안 무르익지 않으면 안 될 것이다. 한편으로 우리에게는 영원한 보장이 있다. 즉 일단 구원받으면 우리는 영원히 구원받는다. 그러나 또 한편 심각한 경고가 있다. 오늘날 주님께서 우리에게 천국을 주실 때, 그분은 우리를 시험하는 일종의 훈련으로서 주신다. 우리가 합당하게 훈련한다면, 그분은 돌아오실 때 우리에게 천국을 보상으로 주실 것이다. 그러지 않는다면 그분은 우리가 대가를 지불하여 무르익을 수 있도록 우리에게 어떤 징벌을 가하실 것이다. 주님께서 우리 모두에게 은혜를 베푸시기를 바란다.

49

왕국의 훈련

The Exercise of the Kingdom

제49장
왕국의 훈련

성경: 고전 3:12-15, 눅 12:42-47, 마 24:37-51, 25:1-13, 행 14:22, 요 3:5, 고전 5:1, 5, 6:9-10, 엡 5:3-5, 갈 5:19-21, 살후 1:5, 고전 9:24-27, 빌 3:13-15, 딤후 4:1, 6-8, 18

하나님의 영원한 생명이 왕국의 요구를 이룸

앞 장에서 지적했듯이, 침례자 요한과 주 예수님이 하신 첫 번째 복음 전파는 모두 천국에 관한 것이었다. 우리의 타고난 관념 때문에 우리는 신약의 복음의 첫 번째 항목은 죄들의 용서이고 두 번째 항목은 영원한 생명이라고 생각하는 경향이 있다. 부정적으로는 우리의 죄들이 용서받았고, 긍정적으로는 우리에게 영원한 생명이 있다. 그러나 사실상 신약의 복음의 첫 번째 말씀은 천국을 위해 회개하라는 것이었다(마 3:2, 4:17). 우리는 영원한 생명을 얻도록 죄들을 용서받는 것이 필요하고, 하늘에 속한 다스림 아래에 있을 수 있도록 영원한 생명이 필요하다. 왕국은 복음의 요구이고, 생명은 복음의 공급이다. 복음이 요구한 것을 복음이 또한 공급한다. 복음은 우리가 왕국의 통치와 다스림을 받기를 요구한다. 복음은 우리가 왕국의 요구들을 이룰 수 있도록 우리에게 신성한 생명을 공급하기도 한다.

위로부터 난 그리스도인들인 우리는 땅에 속한 어떤 정부가 우리를 다스리는 것이 필요하지 않을 것이다. 우리는 이미 우리를 다스리는 하늘에 속한 통치를 소유하고 있다. 이것이 천국의 참된 의미이다. 왕국이 바로 복음의 요구이다. 복음은 우리에게 죄가 없기를 요구할 뿐만 아니라, 또한 하늘에 속한 통치에 의해 통제받고 다스림 받기를 요구한다.

우리가 그러한 높은 표준의 요구들을 이루려고 한다면, 우리에게는 동일하게 높은 수준의 생명이 있어야 한다. 그렇지 않으면 우리는 그처럼 높은 표준을 만족시킬 수 없다. 오직 신성한 생명만이 그처럼 높은 표준을 만족시킬 수 있다. 오직 신성한 생명만이 하늘에 속한 통치의 요구들을 만족시킬 수 있다. 왕국은 신약의 복음의 요구 사항이며, 영원한 생명은 그리스도 자신으로서 그 공급이다. 신성한 생명이 왕국의 요구들을 이룰 수 있다. 일단 우리가 왕국의 문제를 본다면, 우리는 복음이 얼마나 높은 표준을 요구하는지를 알 수 있다. 구원받은 후 우리 속에는 높은 수준에서 살기를 요구하는 하늘에 속한 요구가 있다. 이 수준은 신성한 생명의 공급에 의해서만 도달될 수 있다.

하나님의 지혜와 의

왕국은 또한 하나님의 지혜와 의와 관련된다. 왕국은 하나님의 지혜와 의 모두를 입증해 준다. 왕국이 없다면 하나님의 지혜와 의는 충분히 증명될 수 없다. 또한 왕국에 대한 진리를 떠나서는 칼뱅주의와 아르미니우스주의 사이의 논쟁을 해결하기가 매우 어렵다. 칼뱅주의자들은 영원 보장을 강조하는 반면, 아르미니우스주의자들은 사람이 자신의 구원을 잃어버릴 수도 있음을 강조한다. 역대로 이 두 무리는 다투고 논쟁해 왔다. 이 두 편의 주장은 모두 나름대로 일리가 있다. 칼뱅주의자들은 영원 보장을 강조하는 많은 절들을 지적해 낼 수 있다. 그러나 아르미니우스주의자들은 사람이 구원받았으나 타락하게 되면 구원을 다시 잃어버릴 수 있음을 가리키는 듯한 히브리서 6장과 10장과 같은 다른 부분들을 제시할 것이다. 왕국의 진리가 없다면 이 두 극단은 결코 조화를 이룰 수 없다.

일단 우리가 구원받았다면 영원히 구원받는다는 것에는 의심의 여지가 없다. 우리의 구원은 영원히 보장된다. 그러나 다른 한편으로 하나님의 구원 외에 하나님의 지혜가 있다. 왕국에 관한 진리가 있다. 구원에 더하여 왕국의 문제가 있다. 오늘날 왕국은 우리에게 일종의 훈련이다. 우리가 구원받은 후, 하나님은 우리 앞에 일종의 훈련으로서 왕국을 두셨다. 어떤 의미에서 우리는 하나님의 집 안에서 태어났지만, 또한 하나님의 왕국 안에서 훈련받고 있다. 집은 출생과 누림의 장소이지만, 왕국은 훈련과 책임의 장소이다. 거듭난 후에 우리는 훈련을 받아야 한다. 집은 은혜를 누리는 장소이지만 왕국은 책임지는 것을 훈련하는 장소이다. 우리는 하나는 취하고 다른 하나는 소홀히 해서는 안 된다. 우리는 은혜를 취해야 하며 또한 책임을 취해야 한다. 우리는 집을 취해야 하며 또한 왕국을 취해야 한다. 우리는 은혜에 참여함으로써, 집에서 누리고 몫에 참여한다. 우리는 책임을 감당하기 위해 훈련받음으로써 왕국에서의 몫에 참여한다. 오늘날 교회 시대에 왕국은 우리에게 일종의 훈련이다. 다가오는 시대, 곧 천년왕국 기간에 왕국은 우리에게 일종의 보상이 될 것이다. 우리가 오늘 잘 훈련한다면, 주님은 그날 우리에게 보상하실 것이다. 우리가 오늘 잘 훈련하지 않는다면, 우리는 왕국의 보상을 잃어버릴 것이다. 이로써 하나님의 지혜가 입증되며, 하나님의 의가 유지된다.

왕국의 훈련

우리는 구원에 더해 왕국의 훈련이 있다는 것을 가리키는 많은 절들을 읽을 필요가 있다. 고린도전서 3장 12절부터 15절까지는 이렇게 말한다. "누구든지 이 기초 위에 금이나 은이나 보석이나 나무나 풀이나 짚으로 건축하면, 그날에 각 사람의 일이 나타나게 될 것입니다. 그날이 그 일을 밝혀 줄 것입니다. 왜냐하면 그 일이 불로 말미암아 드러나게 되기 때문입니다. 이 불이 각 사람의 일이 어떠한 종류의 것인지를 검증해 줄 것입니다. 그 기초 위에 건축한 일이 남아 있는 사람은 보상을 받을 것이고, 그 일이 불타 버린 사람은 손실을 입게 될 것입니다. 그러나 그 사람 자신은 구원을 받지만, 불을 통과하여 받는 것과 같을 것입니다." 이 몇 절들은 우리가 합당하게 훈련한다면 보상을 받게 될 것이지만, 합당하게 훈련하지 않는다면 손실을 입게 될 것임을 분명히 보여 준다. 그것은 우리가 구원을 잃는다는 뜻이 아니라 손실을 입는다는 뜻이다. 보상과 손실 모두 구원 외의 추가적인 어떤 것이다. 일단 우리가 구원을 받아들이면 영원히 그것을 소유한다. 그러나 구원 외에 보상 또는 손실의 문제가 있다. 구원받은 후에 우리는 훈련받기 위해 왕국 안으로 넣어졌다는 것을 깨달아야 한다. 우리는 다시 태어났기 때문에 천국의 통제 아래, 즉 하늘에 속한 다스림과 통치 아래 있어야 한다. 이 훈련에 대해 보상 또는 손실이 있을 것이다. 구원과 관련해서는 아무 문제가 없지만, 훈련과 관련해서는 문제가 있다.

신실하고 현명한 청지기

이제 누가복음 12장 42절부터 47절까지를 읽어 보도록 하자. "주님께서 말씀하셨다. '신실하고 현명한 청지기가 되어, 주인이 맡긴 이들에게 제때에 일정한 양식을 나눠 줄 사람이 누구입니까? 주인이 와서 노예가 그렇게 하고 있는 것을 본다면, 그 노예는 복이 있습니다. 내가 진실로 여러분에게 말합니다. 주인이 자기의 모든 소유를 그에게 맡길 것입니다. 그러나 그 노예가 마음속으로 '나의 주인이 더디 오실 것이다.'라고 하며, 남종들과 여종들을 때리기 시작하고, 또 먹고 마시며 술에 취한다면, 예기치 않은 날, 알아채지 못하는 시각에 그 노예의 주인이 와서 그를 엄하게 처벌하고, 믿지 않는 이들이 받을 벌을 내릴 것입니다. 주인의 뜻을 알고도 예비하지 않았거나 그 뜻대로 행하지 않은 노예는 매를 많이 맞을 것입니다." 그 청지기가 신실하다면, 주인은 다시 올 때 자기의 모든 소유를 그에게 맡길 것이다. 그러나 그 청지기가 신실하지 않다면 엄하게 처벌될 것이고, 믿지 않는 이들이 받을 벌을 받을 것이다. 동일한 청지기에게 두 가지 가능성이 있음을 부디 주목하기 바란다. 두 가지 가능성은 동일한 사람에 대한 것이다. 이것이 왕국 보상의 문제이다. 오늘날 우리는 다스림을 받는 왕국 안에 있으나 다음 시대에 우리는 다스리는 왕국 안에 있을 것이다. 오늘날 왕국은 훈련이지만 다음 시대에 왕국의 출현은 보상이 될 것이다. 우리는 먼저 다스림을 받아야 한다. 그럴 때 우리는 무언가를 다스릴 수 있다. 우리가 다스림을 받아 본 적이 없다면, 우리는 결코 무언가를 다스릴 수 없다. 우리는 다음 시대에 다스릴 자격을 갖추기 위하여 이 시대에 훈련을 받아야 한다. 현시대는 주님께서 그분의 자녀들을 훈련시켜 그분의 왕들을 예비하시는 시대이다. 우리 모두가 예비되어야 한다. 청지기로서 여러분은 주님의 집안 식구를 어떻게 돌보는지를 배워야 한다. 여러분은 훈련을 받아 어떻게 왕이 되어 다스리는지를 배워야 한다. 주님께서 돌아오실 때 여러분은 왕국 안에서 다스리도록 세워질 것이다. 그때에 천국의 출현은 여러분에게 보상이 될 것이다.

동일한 노예에게 두 가지 가능성이 있다. 첫 번째 가능성은 그가 신실하여 주인의 모든 소유를 맡게 되는 것이다. 두 번째 가능성은 그가 게으른 노예가 되어 주인에게 처벌을 받는 것이다. 어떤 그리스도인들은 이들이 두 명의 다른 노예들이라는 그릇된 관념을 갖고 있다. 그들은 한 명은 참된 노예이고 다른 한 명은 거짓된 노예라고 생각한다. 그러나 주의 깊게 읽어 보면 이들이 두 명의 다른 노예가 아님을 알 수 있다. 두 가지 가능성을 지닌 동일한 노예인 것이다. 그 노예는 신실한 대신 형제자매들과 다투며 그들을 때릴지도 모른다. 그의 주인이 올 때, 주인은 분명히 그 노예를 엄하게 처벌할 것이고, 믿지 않는 이들이 받을 벌을 내릴 것이다. 그는 믿는 이이지만 그때 믿지 않는 이처럼 고통을 겪을 것이다. 이것은 그가 구원을 잃어버린다는 뜻이 아니다. 이것은 그가 어떤 손실을 입는다는 뜻이다. 주님께서 돌아오실 때 그는 매를 맞을 것이다. 어떤 그리스도인들은 주님께서 돌아오실 때 우리 모두가 다만 부활하여 그분과 함께 있도록 위로 이끌려 올라갈 것이라고 주장하곤 한다. 그들은 주님께서 어떤 믿는 이들에게 벌을 주시리라는 것을 떠올릴 수 없다. 주인이 노예를 때린다는 것은 내 말이 아니다. 성경에서 주인이 노예를 때릴 것이라고 말한다.

우리는 몇 가지 요점을 아주 분명히 보아야 한다. 분명히 이 청지기는 구원을 받았다. 왜냐하면 우리가 한번 구원받으면 결코 구원을 잃어버리지 않기 때문이다. 그러나 그가 신실하지 않았으므로 그 청지기는 주인에게서 매를 맞는 고통을 겪을 것이다. 주인은 신실한 이에게는 보상하시지만, 신실하지 않은 이는 벌하실 것이다.

네 시대에 걸친 주님의 다루심

주님께서 그분의 일을 성취하시는 데에는 네 시대 혹은 네 때가 있음을 우리는 깨달아야 한다. 그것은 아담부터 모세까지의 시대(롬 5:14), 모세부터 그리스도까지의 시대(요 1:17), 교회 시대, 그리고 천년왕국 시대이다. 이 네 시대의 마지막인 천년왕국은 완전함의 시대가 아니라 복원의 시대가 될 것이다. 이것은 그때가 다루심의 시대, 즉 주님께서 무언가를 성취하시는 시대가 될 것이라는 뜻이다. 천년왕국 기간 동안 땅 위에는 아직도 어떤 저주가 남아 있을 것이다. 어떤 이들은 죽을 것이고, 심지어 천년왕국 끝에 민족들이 반역을 일으킬 것이다. 이것은 천년왕국이 완전함의 시대가 아닌 복원의 시대임을 입증한다. 주님께서 믿는 이들을 다루시는 것은 주로 두 시대, 곧 교회 시대와 천년왕국 시대에 걸쳐 이루어진다. 우리가 이 시대에 주님께 기꺼이 철저히 다룸을 받고자 한다면, 우리는 다음 시대에 보상을 누릴 것이다. 그러나 우리가 이 시대에 그분께 기꺼이 다룸을 받고자 하지 않는다면, 그분은 돌아오셔서 여전히 우리를 다루실 것이다. 이때가 되었든 그때가 되었든, 곧 이 시대가 되었든 다음 시대가 되었든 우리는 다룸을 받아야 한다. 그러나 여기에는 커다란 차이가 있다. 우리가 이 시대에 자원하여 주님께 다룸을 받는다면, 우리는 보상을 받을 것이다. 그러지 않는다면 우리는 다음 시대 동안 벌을 받게 될 것이다. 어느 경우가 되었든 우리는 주님께 다룸을 받을 것이다.

왜 주님은 다음 시대 동안에도 여전히 우리를 다루시는가? 그것은 우리가 그분의 수확물, 그분의 농작물이기 때문이다. 농작물인 우리는 익어야 한다. 그러지 않으면 농부가 우리를 곳간으로 거두어들일 수 없다. 우리가 이 시대에 익지 않으려고 하면, 주님은 다음 시대에 우리를 익게 하실 것이다. 만일 우리가 주님께서 돌아오실 때까지 이 시대에 성숙하지 않는다면, 그분은 다음 시대에 우리를 성숙되게 하실 것이다. 농작물이 성숙하는 것은 정해진 원칙이다. 우리는 반드시 성숙해야 한다. 주님의 농작물로서 우리는 성숙하고 익어야 한다. 우리가 이 시대에 기꺼이 익고 성숙한다면, 주님은 이런 자원함에 대해 우리에게 보상하실 것이다. 만일 우리가 이 시대에 기꺼이 성숙하지 않거나 익지 않는다면, 주님은 다음 시대에 우리를 성숙되게 하시거나 익게 하실 것이다. 하지만 우리는 고통을 겪을 것이다.

오늘날 많은 그리스도인들은 일단 죽으면 모든 것이 잘될 것이라는 잘못된 생각을 갖고 있다. 결코 그렇지 않다! 우리가 주님에 대하여 갖고 있는 문제는 어떤 것이든 우리가 죽은 후에도 여전히 남아 있게 될 것이다. 우리가 죽기 전에 예비되고 성숙되지 못한다면, 우리는 죽은 후에도 동일한 상태로 남아 있게 된다. 그 후 주 예수님께서 돌아오시고 우리가 부활할 때, 그분은 우리가 예비되지 않았다는 것과, 우리가 익고 성숙하려면 대가를 지불해야 한다는 것을 알려 주실 것이다. 이 원칙은 아주 논리적이다. 한편으로 그것은 우리가 영원히 구원받았다고 말하는 칼뱅주의와 일치하고, 다른 한편으로 그것은 우리가 구원을 다시 잃어버리지는 않지만 징벌을 받을 수도 있다는 사실로 아르미니우스주의를 바로잡는다. 주님께서 돌아오실 때, 성숙하지 못한 믿는 이들은 구원을 잃어버리지는 않겠지만 어떤 종류의 징벌을 받을 것이다. 오늘날 우리가 천국의 실재 안에 살지 않고 하늘에 속한 다스림의 통제 아래 살지 않는다면, 우리는 다음 시대에 보상으로 주어지는 왕국의 출현에 들어가지 못할 것이다. 우리가 다음 시대에 왕국의 출현 안에 들어가려면, 오늘 반드시 천국의 실재 안에 살아야 한다. 달리 말해서, 다음 시대에 다스리려면 우리는 이 시대에 다스림을 받아야 한다. 우리는 왕국 안에 들어가서 다스리기 위해 왕국의 이 문제에 있어서 훈련을 받아야 한다.

왕국은 복음의 요구이며, 우리가 거듭날 때 얻은 생명은 이런 요구를 이루게 하는 공급이다. 그리스도인이 되는 것은 느슨하거나 가벼운 문제가 아니다. 그것은 매우 진지한 문제이다. 우리는 구원받아 하늘에 속한 왕가 안으로 태어났다. 그러므로 우리는 다음 시대에 하늘에 속한 왕들이 될 자격을 갖추기 위하여, 하늘에 속한 길 안에서 훈련받으며, 하늘에 속한 다스림에 의해 다스림을 받고 통치받아야 한다.

신약의 훈련

신약의 많은 절들이 왕국을 위한 훈련의 필요성을 우리에게 보여 준다. 사도행전 14장 22절은 "제자들의 혼을 견고하게 하고, 항상 믿음 안에 머물러 있으라고 권유하며 '우리가 하나님의 왕국에 들어가려면 많은 환난을 겪어야 합니다.'라고 말하였다."라고 말한다. 이 절과 요한복음 3장 5절을 비교해 봄으로써 우리는 하나의 커다란 차이가 있음을 볼 수 있다. 요한복음 3장 5절은 다만 물과 그 영으로 태어남으로써 우리가 하나님의 왕국에 들어갈 수 있다고 말한다. 요한복음에 의하면, 왕국에 들어가는 것은 또 다른 출생의 문제이다. 그러나 사도행전 14장은 우리가 하나님의 왕국에 들어가려면 많은 환난을 겪어야 한다고 말한다. 이 두 절은 두 방면을 보여 준다. 하나님의 왕국에 들어가는 것과, 유업을 받는 방식으로 거기에 들어가는 것은 별개의 일이다. 하나님의 왕국을 상속받고자 한다면 우리는 환난을 겪어야 한다. 우리는 시험받고 훈련받아야 한다.

고린도전서 5장과 6장에서 동일한 원칙을 볼 수 있다. 5장은 끔찍한 음행을 범한 한 형제도 여전히 구원받을 것임을 가리킨다. 그처럼 죄 많고 패배한 믿는 이도 여전히 구원받을 것이다. 그렇지만 6장에서 우리는 음행하는 사람들이 하나님의 왕국을 상속받지 못한다는 말을 듣는다. 이것은 그런 음행하는 사람들이 보상으로서의 천국을 누리거나 상속받을 수 없다는 뜻이다.

이제 에베소서 5장 3절부터 5절까지를 읽어 보자. "음행과 온갖 더러운 것이나 탐욕은 여러분 가운데에 언급되는 일조차 없게 하십시오. 이것이 성도들에게 합당한 것입니다. 더러운 말이나 어리석은 말이나 상스러운 농담은 합당하지 않으니, 오히려 감사하는 말을 하십시오. 여러분도 이것을 깨닫고 알겠지만, 음행하는 사람이나 더러운 사람이나 탐욕을 부리는 사람, 곧 우상숭배자는 누구든지 그리스도와 하나님의 왕국에서 상속받을 것이 없습니다." 그리스도와 하나님의 왕국은 하나님의 왕국의 한 부분인 천국이다. 전반적으로 보면 그것은 하나님의 왕국이지만, 구체적으로 보면 천국이다. 하나님과 그리스도의 왕국 안에는 죄 있는 사람에게 주어질 유업이 없다. 여러분이 여전히 더럽고 죄악된 것 가운데 있다면, 비록 성도 곧 구원받은 사람이라 할지라도 여러분은 그리스도와 하나님의 왕국 안에서 아무 유업이 없을 것이다.

갈라디아서 5장 19절부터 21절까지는 이렇게 말한다. "육체의 일들은 분명합니다. 곧, 음행과 부정과 음란과 우상숭배와 마술과 적대감과 다툼과 시기와 분노와 편 나누기와 분열과 종파와 시샘과 술 취함과 흥청거리는 술잔치와 또 그 밖에 이와 비슷한 것들입니다. 내가 전에 말했던 것처럼 지금도 미리 말해 두는데, 이런 것들을 일삼는 이들은 하나님의 왕국을 상속받지 못할 것입니다." 이처럼 성경의 세 부분, 즉 고린도전서 6장과 에베소서 5장과 갈라디아서 5장은 기본적으로 동일한 것을 우리에게 말한다. 여러분이 구원받은 사람일 수 있지만, 만일 여전히 죄와 더러움 가운데 생활한다면 여러분은 하나님의 왕국을 상속받지 못할 것이다. 여러분은 자격이 없기 때문에 천국의 나타남에 참여하지 못할 것이다.

데살로니가후서 1장 5절은 "박해와 환난은 하나님의 의로운 심판의 명백한 표시로서, 여러분을 하나님의 왕국에 합당한 사람으로 인정받도록 해 주는 것입니다. 여러분도 이 왕국을 위하여 고난을 받는 것입니다."라고 말한다. 이 절은 박해를 받는 것이 사람을 하나님의 왕국에 합당한 사람으로 인정받게 해 준다고 말한다. 이것은 사람이 하나님의 왕국을 상속받게 할 수 있다.

또한 디모데후서 4장 18절, 7절과 8절, 1절을 읽어 보도록 하자. "주님께서 나를 온갖 악한 일에서 구출하시고, 그분의 하늘에 속한 왕국 안으로 나를 구원하실 것입니다. 영광이 그분께 영원무궁히 있으시기를 바랍니다. 아멘."(4:18) "나는 선한 싸움을 싸웠고, 달려야 할 길을 다 달렸으며, 믿음을 지켰습니다. 이제 후로는 나를 위하여 의의 면류관이 준비되어 있습니다. 의로운 재판장이신 주님께서 그날에 나에게 그것을 보상으로 주실 것인데, 나에게만 아니라 그분께서 나타나시기를 사모하는 모든 사람에게 주실 것입니다."(7-8절) "내가 하나님 앞에서, 또 산 사람들과 죽은 사람들을 심판하실 그리스도 예수님 앞에서, 그분께서 나타나시는 것과 그분의 왕국을 두고 그대에게 엄숙히 명령합니다."(1절) 바울의 생애 끝 무렵에 쓰인 이 절들은 그가 선한 싸움을 싸웠고, 달려야 할 길을 다 달렸으며, 믿음을 지켰기 때문에 하늘에 속한 왕국 안에 있게 될 것을 확신했음을 보여 준다.

사도 바울의 본

확실히 우리는 영원히 구원받았다. 그러나 문제는 우리가 왕국의 출현에 참여할 수 있을지의 여부이다. 결론의 말로서 우리는 사도 바울의 역사를 살펴볼 필요가 있다. 먼저 고린도전서 9장 24절부터 27절까지를 읽어 보도록 하자. "경기장에서 달리기를 하는 사람들이 모두 달리지만, 상을 받는 사람은 한 사람뿐이라는 것을 여러분은 알지 못합니까? 이와 같이 여러분도 상을 붙잡기 위해 달리십시오. 경기에서 이기려고 다투는 사람마다 모든 일에 자제합니다. 그런데 그들은 썩어 없어질 월계관을 받으려고 하지만, 우리는 썩지 않을 것을 받으려고 합니다. 그러므로 나는 이와 같이 달리되 목표가 분명하지 않은 것처럼 하지 않고, 이와 같이 권투하되 허공을 치는 것처럼 하지 않습니다. 오히려 나는 나의 몸을 쳐서 노예로 삼습니다. 이것은 내가 남들에게는 전파하면서도 정작 나 자신이 시험에 견디지 못하는 일이 없도록 하기 위한 것입니다." 분명히 바울은 자신이 구원을 받았다는 확신이 있었다. 그러나 그는 자신이 경주하고 있다는 것을 우리에게 강조하여 말했다. 바울이 살던 당시에도 사람들이 상을 얻기 위해 경주하는 그리스 올림픽 경기가 있었다. 바울은 이것을 예로 사용하여 자신 또한 상을 얻기 위해 경주하고 있다고 말했다.

빌립보서 3장 13절부터 15절까지는 이렇게 말한다. "형제님들, 나는 아직 내가 붙잡았다고 여기지 않습니다. 나는 오직 한 가지 일만을 합니다. 즉 뒤에 있는 것들은 잊어버리고 앞에 있는 것들을 향하여 힘을 다해 수고함으로써, 나에게 주실 상을 위하여 푯대를 향해 달려가고 있습니다. 하나님은 상을 위하여 그리스도 예수님 안에서 나를 위로 부르셨습니다. 그러므로 누구든지 충분히 성장한 사람들은 이 일을 생각해야 합니다. 만일 여러분이 다른 어떤 일을 생각한다면, 하나님께서 이것도 여러분에게 계시하실 것입니다." 바울이 빌립보서를 썼을 때, 그는 나이가 들었고 주님과 함께해 온 지 많은 해가 지난 때였다. 그러나 그는 목표에 도달했는지 여전히 확신이 없었다. 디모데후서를 쓸 무렵이 되어서야, 곧 순교할 때가 가까워져서야 그는 자신이 목표에 이르렀다는 확신을 가졌다. 이것은 그가 구원받았는지의 여부를 확신할 수 없었다는 뜻이 아니라, 왕국의 출현이라는 보상을 받게 될 것인지의 여부를 확신할 수 없었다는 뜻이다. 그가 디모데후서를 썼을 때, 그는 자신을 위하여 의의 면류관이 준비되어 있음을 확신했다. 그것은 왕이 되는 면류관이다. 이것은 주님께서 돌아오실 때 바울이 천국의 출현을 보상으로 받을 것이라는 뜻이다. 이에 대해 우리는 매우 분명해야 한다. 구원받는 것과 왕국 안에서 훈련받는 것은 별개의 일이다. 우리는 내일 보상을 받을 수 있도록 오늘 훈련받아야 한다.

50

왕국 안으로 넉넉히 들어감

A Rich Entrance into the Kingdom

제50장
왕국 안으로 넉넉히 들어감

성경: 약 2:5, 눅 12:29–32, 9:62, 딤후 4:1, 18,
벧후 1:1, 3–11, 3:11–12상, 18

바울과 요한과 베드로를 비롯한 신약의 거의 모든 저자들이 왕국에 대하여 무언가 말할 것이 있었다. 누가도 무언가를 말했으며, 심지어 야고보도 그의 짧은 책에 왕국에 대한 아주 달콤한 절을 담았다. "나의 사랑하는 형제님들, 들어 보십시오. 하나님은 세상에서 가난한 사람들을 선택하시어 믿음을 부유하게 하시고, 하나님을 사랑하는 사람들에게 약속하신 왕국의 상속자가 되게 하지 않으셨습니까?"(약 2:5) 우리는 믿음이 부유한 사람들일 뿐만 아니라, 하나님께서 그분을 사랑하는 사람들에게 약속하신 왕국의 상속자들이기도 하다. 왕국은 하나님께서 약속하신 것이며 그렇기에 선물이다. 왕국은 값없는 선물이다! 하나님은 그분의 약속에 따라 우리에게 왕국을 주실 것이다. 누가도 그의 복음서에서 동일한 것을 말했다. "적은 양 떼여, 두려워하지 마십시오. 왜냐하면 여러분의 아버지께서 왕국을 여러분에게 주시기를 기뻐하셨기 때문입니다."(눅 12:32) 하나님은 우리에게 왕국을 주시겠다고 약속하셨을 뿐 아니라 그렇게 하시는 것을 기뻐하셨다. 하나님은 우리에게 왕국을 주시는 것을 너무나도 기뻐하신다. 우리에게 왕국을 주시는 것은 그분의 큰 기쁨이고, 그분의 선한 의도이며, 그분의 즐거움이다.

기꺼이 왕국을 받음

비록 하나님께서 우리에게 왕국을 주시기를 기뻐하신다 할지라도, 우리는 기꺼이 왕국을 받으려고 하는가? 이 선물은 주고받는 문제이다. 양편 모두에게 달려 있는 문제이다. 내가 여러분에게 줄 선물이 있지만 여러분이 그것을 받으려고 하지 않는다면, 나는 어떻게 해야 하는가? 나는 어쩔 도리가 없다. 하나님은 우리에게 왕국을 주기를 기뻐하시지만, 우리는 왕국을 받을 준비가 되어 있는가? 그것은 구원과도 같다. 하나님은 그분의 구원을 사람들에게 값없는 선물로 주기를 기뻐하시지만, 그토록 많은 세상 사람들은 그분의 구원을 받아들이지 않았다. 왜 그런가? 이것은 그들이 그것을 기꺼이 받으려고 하지 않기 때문이다. 하나님은 주실 준비가 되어 있지만, 그들은 그것을 받으려고 하지 않는다. 여러분은 기꺼이 왕국을 받겠는가? 하나님은 왕국을 주실 준비가 되어 있으며, 우리는 기꺼이 그것을 받을 준비가 되어 있어야 한다. 우리 모두는 "할렐루야! 왕국으로 인하여 주님께 감사합니다. 저는 아주 기꺼이 왕국을 받고자 합니다."라고 말해야 한다.

왕국만을 추구함

우리가 기꺼이 왕국을 받고자 한다면, 누가복음은 우리에게 또 다른 절을 제시해 준다. "예수님께서 그에게 말씀하셨다. '손에 쟁기를 잡고 뒤를 돌아보는 사람은 하나님의 왕국에 합당하지 않습니다.' "(눅 9:62) 우리가 왕국을 받을 때 손에 쟁기를 잡고 뒤를 돌아본다면, 우리는 왕국에 합당하지 않다. 기꺼이 왕국을 받고자 한다면 우리는 계속 나아가야 한다. 우리는 뒤를 돌아보아서는 안 된다. 우리는 세상 사람들이 추구하는 것과 동일한 것들을 추구하지 말아야 한다. 우리는 무엇을 먹을까, 무엇을 입을까에 대해, 또 그 밖의 수많은 것들에 대해 염려하지 말아야 한다. 오히려 우리는 하나님의 왕국을 추구해야 한다. 그러면 하나님께서 이 모든 것을 우리에게 더하실 것이다. 우리가 하나님의 왕국을 추구한다면, 분명히 하나님은 왕국을 주시는 것에 더하여 우리의 모든 필요를 채워 주실 것이다.

왕국을 받는 것이 너무 높고 어려운 일이라고 생각하지 말라. 그것은 하나님의 약속에 속하고 값없는 선물에 속한 것이기 때문에, 그것을 받기란 그렇게 어렵지 않다. 우리에게 왕국을 주시는 것이 하나님의 큰 기쁨이다. 그분은 우리에게 왕국을 주기를 기뻐하신다. 유일한 필요는 우리가 기꺼이 왕국을 받고자 하는 것이다. 우리가 기꺼이 왕국을 받고자 한다면, 다른 모든 것에 대해서는 잊어버려야 한다. 하나님께서 우리의 필요, 곧 먹을 것과 마실 것을 돌보아 주실 것이다. 우리는 그러한 것들에 대해 생각하지 말아야 한다. 하나님께서 그것들을 돌보아 주실 것이다.

왕국에 들어가는 길

나는 베드로가 왕국에 대하여 말한 것을 사랑한다. 매우 달콤하고 사랑스럽고 귀한 방식으로 베드로는 우리가 어떻게 왕국에 들어갈 수 있는지를 알려 준다. 베드로후서 1장 1절과 3절은 이렇게 말한다. "예수 그리스도의 노예이며 사도인 시몬 베드로는 우리의 하나님이시며 구주이신 예수 그리스도의 의 안에서 우리와 함께 동일하게 보배로운 믿음을 할당

받은 이들에게 편지합니다. … 그분은 자신의 영광과 미덕으로 우리를 부르신 그분에 관한 온전한 지식을 통하여, 우리에게 그분의 신성한 능력으로 생명과 경건에 관련된 모든 것을 주셨습니다." 여기에서 베드로는 우리 모두가 보배로운 믿음을 받았다고 말한다. 우리 스스로 믿음을 가질 수 있다고 생각하지 말라. 우리는 믿음을 가질 수 없다. 보배로운 믿음이란 우리 속에서 비롯된 것이 아니고 하나님께서 주신 것이다. 우리는 하나님께 보배로운 믿음을 받는다. 이어서 베드로는 하나님께서 우리에게 그분의 신성한 능력으로 생명과 경건에 관련된 모든 것을 주셨다고 말한다. 하나님께서 우리에게 생명과 경건에 관련된 모든 것을 주셨다니 얼마나 놀라운가! 우리가 주 예수님을 우리 안에 씨로 소유하고 있다면, 생명과 경건에 관련된 모든 것을 갖고 있는 것이다. 우리 안에 있는 그러한 씨로서 주 예수님은 모든 것을 포함하신다. 작은 식물의 씨가 모든 것을 포함하고 있음을 잊지 말라. 카네이션씨는 모든 것을 포함하고 있다. 카네이션이라는 식물의 모든 것이 그 씨 안에 담겨 있다. 뿌리, 줄기, 가지, 잎사귀들, 꽃, 색채, 실질, 형태 등 모든 것이 그 씨 안에 담겨 있다. 카네이션 생명의 모든 아름다움까지도 그 씨 안에 포함되어 있다. 일단 씨가 땅속에 심어지면 그 생명에 관련된 모든 것이 거기에 심어진다. 오늘날 주 예수님은 우리 안에 씨로 계신다. 그 씨 안에는 안의 생명과 밖의 경건에 관련된 모든 것이 있다.

신성한 본성에 동참한 사람들

베드로후서 1장 4절은 계속해서 "그분은 이 영광과 미덕을 통하여 보배롭고 지극히 큰 약속들을 우리에게 주셨습니다. 그것은 여러분이 이 약속들을 통하여, 세상에서 정욕으로 부패되는 데서 벗어나, 신성한 본성에 동참하는 사람들이 되도록 하시려는 것이었습니다."라고 말한다. 하나님은 우리에게 생명과 경건에 관련된 모든 것을 주셨을 뿐 아니라, 우리가 신성한 본성에 동참하는 사람들이 되도록 보배롭고 지극히 큰 약속들을 주셨다. 1절에서 우리는 믿음을 받았고, 3절에서 생명과 경건에 관련된 모든 것을 받았으며, 4절에서는 보배롭고 지극히 큰 약속들을 받아 그것들을 통하여 신성한 본성에 동참하는 사람들이 되었다. 이 항목들은 얼마나 놀라운지!

생명의 씨를 발전시킴

그러면 우리는 무엇을 해야 하는가? 오직 한 가지를 해야 한다. 곧 그분이 우리 안에서 자라시게 하는 것이다! 그렇지만 그분이 우리 안에서 자라시는 데에는 우리의 협력이 필요하다는 것을 깨달아야 한다. 그러므로 베드로후서 1장 5절은 계속해서 "바로 이러한 이유로 여러분은 각별히 부지런하여 여러분의 믿음에다 미덕을, 미덕에다 지식을"이라고 말한다. 우리는 보배로운 믿음을 받았지만, 우리 안에 있는 그분의 생명과 협력함으로써 많은 것들을 발전시킬 필요가 있다. 우리는 처음 것을 발전시켜야 하고, 그다음에는 두 번째 것을, 그다음에는 세 번째 것을, 그다음에는 네 번째 것을 발전시켜야 한다. 거듭거듭 우리는 어떤 것을 발전시켜야 한다. 우리는 어떻게 어떤 것을 발전시킬 수 있는가? 우리는 항상 자신을 주님께 열기를 배워야 한다. 우리가 "오, 주 예수님!"이라고 그분의 이름을 부를 때, 우리 자신을 그분께 연다. 그런 다음 우리는 말씀을 기도로 읽으면서 주님과의 접촉을 갖고 날마다 주님과 동행해야 한다. 이것은 우리의 존재 안에 매우 많은 것들을 발전시킬 것이다.

첫째로, 작은 씨는 뿌리를 발전시킨다. 그다음으로 그것은 줄기를, 그 후에는 가지들을 발전시킨다. 가지들은 잎사귀들을 발전시키며, 후에는 꽃들이 피게 된다. 우리 안에는 씨인 믿음이 있으며, 이제 다만 우리 자신을 열 필요가 있다. 우리는 주님의 말씀을 기도로 읽으며 그분을 사랑하고 그분을 받아들일 필요가 있다. 우리가 날마다 그분을 따르고 그분과 함께 나아간다면, 또 그분의 내적인 인도에 순종한다면, 무언가가 우리 안에서 발전할 것이다. 어떤 것이 우리 안에서 자랄 것이다. 이것이 생명의 성장이다. 베드로는 그의 서신 맨 끝에서 "은혜…로 자라십시오."(벧후 3:18)라고 말한다. 이것은 무슨 뜻인가? 바로 우리 안으로 심어진 그 씨를 발전시키는 것이다.

생명의 성장

한편으로 나는 여러분에게 왕국을 추구하도록 권면하고 격려하며 분부한다. 그렇지만 다른 한편으로 나는 여러분이 왕국에 들어가는 놀라운 길이 여러분 안에 있는 모든 항목을 한 단계씩 발전시키는 것이라는 점을 여러분과 함께 교통하고 싶다(벧후 1:5-11). 베드로는 우리가 이런 식의 발전에 의해 그리스도의 영원한 왕국 안으로 넉넉히 들어갈 것이라고 말한다. 왕국에 들어가는 길은 생명이 자라는 것이다. 나는 "풍성하고 넘치는 공급을 받아 … 왕국에 들어갈 것입니다."라는 표현을 좋아한다. 이것은 영원한 왕국에 넉넉히 들어간다는 뜻이다. 그냥 왕국에 들어갈 수 있는 것이 아니다. 우리는 자라고 발전함으로써 왕국에 들어간다. 왕국에 들어가는 비결은 다만 생명 안에서 자라는 것이다. 생명의 씨는 이미 우리 안에 있다. 우리는 다만 이 생명의 씨로 무언가를 발전시켜야 한다. 우리 모두는 우리 안에 놀라운 생명의 씨를 갖고 있다. 그러나 우리는 이 씨로 무언가를 자라게 하고 발전시켜야 한다. 우리는 속생명의 증가에 의해 날마다 왕국에 들어간다.

여러분이 사흘 밤낮을 기도하며 금식한다고 해서 왕국 안으로 들어갈 수 있게 될 것이라고 생각하지 말라. 그렇지 않다. 그것은 신성한 경륜이 아니다. 그것은 합당한 길이 아니다. 왕국 안으로 들어가는 합당한 길은 여러분이 주 예수님을 믿은 그날 이후, 여러분 안으로 뿌려진 작은 씨를 받았다는 사실이다. 사실 여러분은 그처럼 빨리 자랄 필요가 없다. 단지 주님으로 기뻐하며 그분께 감사하라. 주님께 가서 그분께 감사하고 그분을 찬양하라. 여러분 자신을 주님께 열어 드리라. 주님께서 그분 자신을 여러분 안에 심으신 것과 여러분 안에서 자라시고 확장되고 계신 것에 대해 그분께 감사하라. 주님의 방식은 생명의 방식이며, 생명의 방식은 매우 단순하다. 여러분이 카네이션씨를 땅속에 심었다면, 기도하고 금식할 필요가 없다. 다만 제대로 씨를 심고 집에 가서 안식하면 된다. 가끔 여러분은 가서 그 씨에 물을 줄 필요가 있다. 그것은 여러분이 애쓰지 않아도 자랄 것이다. 왕국에 들어가기 위해 우리는 다만 생명 안에서 자라고 은혜 안에서 자라면 된다.

주님의 오심을 재촉함

이제 베드로후서 3장 11절과 12절을 읽도록 하자. "이 모든 것이 이렇게 풀어질 것인데, 여러분은 어떠한 사람이 되어야 하겠습니까? 여러분은 거룩한 방식으로 생활하고 경건하게 살면서, 하나님의 날이 오기를 고대하고 재촉해야 합니다. 하나님의 날이 오기 때문에 하늘들은 불에 타서 풀어질 것이고, 원소들은 뜨거운 열에 타서 녹아 버릴 것입니다." 우리가 생명의 성장에 의해 왕국을 추구하면 추구할수록, 우리는 더욱더 주님의 날이 오기를 재촉할 것이다. 분명히 주님께서 오시는 속도는 우리의 성장의 속도에 달려 있다. 그것은 우리의 추구에 달려 있다. 우리가 추구하지 않고 자라지 않는다면, 그분의 오심은 지체된다. 우리는 주님께 빨리 오시라고 기도할지 모르지만, 그분은 우리에게 "빨리 자라라."라고 말씀하실 것이다. 그분 편에서는 문제가 없다. 문제는 우리 편에 있다. 우리가 빨리 자란다면, 분명히 주 예수님은 기뻐하실 것이다. 그분은 준비되어 계시지만 우리는 그렇지 않다. 여러분은 오늘날 모든 그리스도인들 가운데 어디에서 생명의 성장을 볼 수 있는가? 여러분은 사역의 일과 교회 조직과 다른 언어로 말함과 성경의 가르침을 발견할 수 있다. 여러분은 사람들이 능력과 기적들과 치료를 추구하는 것을 발견할 수 있다. 하지만 생명의 성장은 어디에 있는가? 어떤 그리스도인들은 구원받은 지 이십 년이 되었지만 조금도 바뀌지 않았다. 그들은 생명이 하나도 자라지 않았다.

주님께서 우리에게 은혜를 주셔서 그분의 오심을 위하여 우리가 생명의 성장을 갖게 하시기를 바란다. 우리의 생명 성장은 그분의 오심을 앞당길 것이다. 그분께서 얼마나 빨리 오시는지는 우리의 성장에 달려 있다. 우리는 어떻게 그분의 오심을 재촉할 수 있는가? 경건하게 되고 경건의 실재를 가짐으로써 그렇게 할 수 있다. 합당한 경건은 바로 속생명의 발전이다. 우리가 속생명에 있어서 무엇인가를 발전시킬수록 우리는 더 경건해질 것이다. 우리가 더 경건을 표현할수록 우리는 더 주님의 오심을 재촉하게 될 것이다.

교회는 왕국을 위해 존재함

주님의 영원한 목적은 왕국을 가지시는 것이다. 그러나 그분의 원수 사탄은 이것을 알고 있다. 사탄은 왕국을 위하는 것이라면 그 무엇이 되었든 그것을 손상하기 위해 할 수 있는 모든 일을 한다. 교회는 교회 자체를 위해 있는 것이 아니라 왕국을 위해 있다. 그러므로 사탄은 교회를 파괴하고 황폐하게 하며 부패시키기 위해 최선을 다한다. 첫째로, 그는 가라지들을 뿌림으로써 교회 안에 혼란을 초래한다. 그다음으로, 그는 교회를 세상과 혼합하여 큰 나무가 되게 함으로써 교회의 본성이 바뀌게 한다. 더 나아가, 그는 교회생활 안에 많은 누룩을 몰래 집어넣어 교회를 부패시킨다. 이것 때문에 주 예수님은 오셔서 이기는 이들을 부르신다. 이기는 이들은 다름 아닌 가라지들로 인한 혼란과 큰 나무의 세상적임과 누룩의 모든 부패를 이기는 이들이다. 그들은 정상적인 교회생활을 갖기 위하여 모든 것을 이긴다. 오늘날 교회생활의 회복은 왕국을 위한 것이다. 사탄은 하나님께서 왕국을 가지시는 길이 교회를 통한 것임을 알고 있기에, 교회를 손상하기 위해 최선을 다한다. 우리는 사탄이 끼친 모든 손상을 이겨야 한다.

주님의 지혜

여기에서 우리는 주님의 지혜를 본다. 주님은 참으로 구원받은 그분의 사랑스러운 자녀들 중 얼마가 그분께 신실하지 않고 그분과 협력하지 않으리라는 것을 알고 계신다. 그러므로 그분은 그들이 필사적으로 그분을 추구하게끔 일종의 보상과 상급으로서 그분의 왕국의 부분을 제시하신다. 그분은 그들에게 왕국을 추구하라고 촉구하신다. 신실하고 부지런한 사람들은 왕국의 출현에 참여할 것이지만, 신실하지 않고 협력하지 않는 사람들은 무언가를 잃을 것이고 어떤 징벌을 받을 것이다. 주님은 천년왕국의 하늘에 속한 부분을 그분의 신실하고 이기는 모든 이들에게 상과 보상이 되게 하실 것이다. 모든 신실한 이들에게 주어지는 보상의 소망이 왕국을 추구하게끔 하는 강한 격려제가 될 것이다. 오늘날 우리는 구원을 소유하고 있을지 모르지만, 아직 상과 보상은 소유하고 있지 않다. 우리가 보상을 받을 것인지의 여부는 우리에게 달려 있다. 주님께서 우리 모두에게 긍휼을 베푸셔서 우리가 필사적으로 왕국을 추구할 수 있게 하시기를 바란다!

왕국

인쇄일/ 2025년 10월 13일
발행일/ 2025년 10월 30일
저자/ 위트니스 리
역자/ 한국복음서원 편집부
발행인/ 이희득
발행처/ 한국복음서원
등록/ Ⓡ1978.3.6. 제16-12호

주소/ 경기도 성남시 중원구 사기막골로 124,
SKn테크노파크 비즈센터 B210호(13207)
전화/ 1600-3191
팩스/ 031) 709-3389

ISBN/ 979-11-6857-307-9 03230

http://www.kgbr.co.kr
E-mail:kgbr@kgbr.co.kr

정가 35,000원